U0906551

中国年鉴资源全文数据库
YB
核心年鉴
CHINA YEARBOOK DATABASE

图书在版编目（CIP）数据

北京工业年鉴. 2021 / 北京市经济和信息化局编.
— 北京：北京出版社，2021.12
ISBN 978-7-200-16705-4

Ⅰ. ①北… Ⅱ. ①北… Ⅲ. ①地方工业经济—北京—2021—年鉴 Ⅳ. ①F427.1-54

中国版本图书馆CIP数据核字（2021）第245003号

策　　划　白　珍
责任编辑　白　珍
特约编辑　杨秀珍
装帧设计　云伊若水
责任印制　武绽蕾

北京工业年鉴 2021
BEIJING GONGYE NIANJIAN 2021
北京市经济和信息化局　编
*
北　京　出　版　集　团
北　　京　　出　　版　　社　出版
（北京北三环中路6号）
邮政编码：100120
网　址：www.bph.com.cn
北京出版集团总发行
新　华　书　店　经　销
北京华联印刷有限公司印刷
*
889毫米×1194毫米　16开本　27.75印张　插页24　949千字
2021年12月第1版　2021年12月第1次印刷
ISBN 978-7-200-16705-4
定价：380.00元

质量监督电话：010-58572393

本书附同版本 CD-ROM 一张，光盘内容以书面文字为准

《北京工业年鉴》编纂委员会

顾　问

殷　勇

主　任

杨秀玲（女）

副主任

续　栋	潘　锋	刘京辉（女）	姜广智
顾瑾栩	王　磊	彭雪海	王立勋（挂职）
王　伟	任世强	邹　彤（女）	

委　员

（按姓氏笔画排序）

王　岩	王国华	王贵平	王晓华	史硕致
兰雄景	刘　佳（女）	阮忠奎	孙　凯	李　刚
李　辉	李　欣	李　钟	李学红	李建荣
杨惠芬（女）	吴　立	何建吾	张水宁	张功焰
张永梅（女）	张劲松	张劲柏	胡东升	胡宝琛
姜　武	姜德义	洪艳华（女）	祝　刚	祝　珺（女）
秦晓波	耿　磊	高玉清	高振华	郭钧岐
郭福明	黄金龙	曾　劲	翟立新	蔡景仁
潘敬东	魏连伟			

《北京工业年鉴》编辑部

《北京工业年鉴》组稿人员

（按姓氏笔画排序）

于凌燕（女）	马　晓	王　锦（女）	王　蕾（女）
王善高	尹亚昌	代　蓉（女）	邢　蕊（女）
朱宝刚	朱紫辰	刘　咪（女）	刘　莉（女）
杜金岗	李　京	李　淦	李常富
李童瑶（女）	李静怡（女）	宋慧宇（女）	张一鸣
张希臣	陈　静（女）	陈　璐（女）	陈宗河
范正廷	罗　骏	周　梅（女）	周燕平
赵　浚（女）	赵爽辰（女）	贾苗苗（女）	贾岩琦（女）
徐　程	徐博非（女）	龚晓平	康　蕊（女）
彭立亮	蔡　琍（女）		

编辑说明

一、《北京工业年鉴》编纂以马克思列宁主义、毛泽东思想、邓小平理论、“三个代表”重要思想、科学发展观、习近平新时代中国特色社会主义思想为指导，遵循实事求是的原则，科学、客观地反映实际情况。

二、《北京工业年鉴》是一部反映北京工业经济发展情况的资料性年刊，自 1991 年起逐年编纂并公开出版。《北京工业年鉴（2021）》为第 31 卷，由北京市经济和信息化局主编，北京市产业经济研究中心承编。

三、《北京工业年鉴 2021》采用文章和条目两种体裁，以条目体为主。用规范的语体文、记述体直陈其事。通过大量文字、数据、图片，较全面、系统、客观地记录了上年度北京工业经济发展的基本情况以及年度新发展、新成就、新亮点，为了解和掌握新动态、服务于政府科学决策、指导下年度经济工作提供借鉴和依据。

四、《北京工业年鉴（2021）》首次采用全彩印制，卷首设有专题片，内文附有随文图。本卷在《北京工业年鉴（2020）》的基础上对框架结构进行了调整，增设“新冠疫情防控与复工复产”“聚焦数字经济”“社会信用体系建设”类目和“中小企业”“产业联盟”“研究机构”“‘十三五’回顾”分目。本卷设有综述，特载，专文，大事记，新冠疫情防控与复工复产，聚焦数字经济，电子信息产业，软件与信息服务业，汽车与交通设备产业，智能制造与装备产业，生物与医药产业，都市产业，材料与绿色环保产业，国防科技工业，中小企业、私营个体经济、校办产业与民政工业，社会信用体系建设，区域工业，行业协会、产业联盟与研究机构，综合管理，产品，京工人物，工业数据，法规政策文件以及附录共 24 个类目。为方便读者阅览，配有双重检索系统，卷首设有中英文目录，卷尾设有主题词索引，后附光盘。

五、《北京工业年鉴（2021）》采用“互联网 +”形式拓展阅读渠道，在卷首专题片“数读北京经信”中增设“首都之窗”“北京经信局官方微博”“北京经信局官方微信”3 个二维码，为读者提供媒体网络阅读便利，扩充相关信息。

六、《北京工业年鉴（2021）》记述时限为 2020 年 1 月 1 日至 12 月 31 日（部分内容根据实际情况，时限略有前后延伸）。

七、《北京工业年鉴（2021）》卷首专题片除署名外，均由北京市经济和信息化局提供。随文图除需要说明外，不再附图注。条目中凡 2020 年事项，除概述、概况外，均直书月、日，不再另写年份。涉及其他年份的事项均标明年份。

八、《北京工业年鉴（2021)》选用资料来源于北京市、区政府委办局相关部门、行业协会、科研院所、企业提供以及官网、官媒，编辑部按照年鉴体例进行了整合、加工，并经各主管部门负责人审核。工业数据主要来源于市统计局，其他数据来源于参编单位或部门提供。书中部分综合数据由于统计口径及记述规范，分项之和不等于合计数。统计表中的“*”和空项为数据不易公开或无数据。

九、《北京工业年鉴（2021)》所使用机构简称参照市政府委办局规范简称，以及行业协会、科研院所、企事业单位简称。如遇中央、地区机构名称等并列，按照形式服从内容原则，局部统一全称或简称。

数读北京经信

Digital of Beijing Economy&Information Technology Industry

2020 年，北京经信系统坚持以习近平新时代中国特色社会主义思想为指导，在市委、市政府的领导下，在服务首都发展大局中加快推进高精尖产业发展和智慧城市建设，为构建现代经济体系、提升城市治理能力提供有力支撑，全面完成“十三五”发展任务。

全力投入北京市新冠肺炎疫情防控。北京市经济和信息化局迅速组织紧缺物资自产保供，口罩最高日产 1200 万只，新冠肺炎疫苗形成年产 2.5 亿剂生产能力。应用大数据精准防疫，“北京健康宝”提供 30 亿次健康状态查询，获中国设计红星奖金奖。加强复工复产监测分析，开展 6 轮入企服务指导，为企业协调解决物资进出京、稳定供应链等困难，参与妥善处置涉及新发地及金马工业园疫情，推动产业稳步恢复。

产业发展质量不断提高，产业创新动力更加强劲，数字经济蓬勃发展，智慧治理能力加快提升，持之以恒加强党的建设。2020 年规模以上工业、软件和信息服务业增加值合计占全市 GDP 的 27%，比 2019 年提高 1.5 个百分点。

首都之窗

官方微博

官方微信

科技创新

Technological Innovation

2020 年 2 月 18 日，北京工业互联网技术创新与产业发展联盟中医药行业专委会成立

2020 年 4 月 16 日，国家信息技术应用创新核心基地攻关适配云公共支撑平台建设启动

2020 年 9 月 25 日，北京·亦庄离岸创新中心发布及授牌仪式举行（孙玲摄　经开区提供）

2020 年 9 月 27 日，中国（北京）自由贸易试验区科技创新片区挂牌仪式在昌平区举行（昌平区经济和信息化局提供）

2020 年 11 月 15 日，“赋能与创新——工业互联网与制造业的数字化转型”圆桌论坛举办

星河动力（北京）空间科技有限公司的火箭将北京国电高科的卫星送入预定轨道。图为星河动力“谷神星一号”（2020 年摄）

协同发展

Collaborative Development

2020 年 7 月 29 日，北京清河三羊毛纺集团有限公司、北京京兰非织造布有限公司与天津工业大学纺织学院在北京毛纺集团所属的中关村平谷园——应急产业园举行联合研发中心暨马计兰职工创新工作室落成仪式

2020 年 9 月 29 日，“创客中国”首届京津冀中小企业创新创业大赛颁奖仪式举行

2020 年 10 月 22 日至 23 日，北京市经济和信息化局领导带队赴乌兰察布市开展产业对接

2020 年 11 月 19 日，京津冀三地经信部门联合举办 2020 京津冀产业链（产业规划）协同发展对接活动

2020 年 12 月 8 日，北京市“回顾十三五、展望十四五”系列新闻发布会——京津冀协同发展专场召开。两图为新闻发布会现场

新冠肺炎疫情防控

Prevention and Control of COVID-19

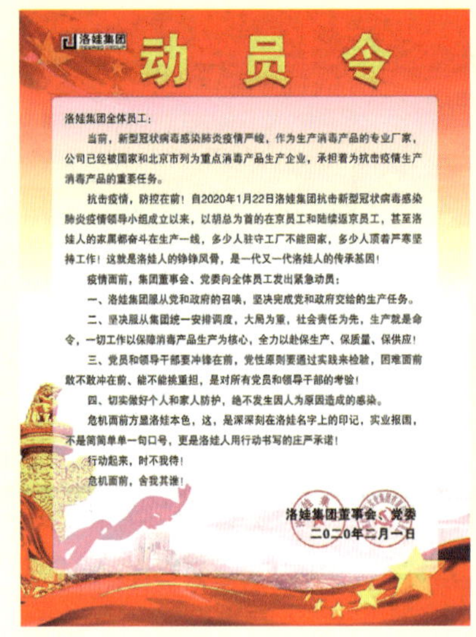

洛娃集团

动员令

洛娃集团全体员工：

当前，新型冠状病毒感染肺炎疫情严峻，作为生产消毒产品的专业厂家，公司已经被国家和北京市列为重点消毒产品生产企业，承担着为抗击疫情生产消毒产品的重要任务。

抗击疫情，防控在前！自2020年1月22日洛娃集团抗击新型冠状病毒感染肺炎疫情领导小组成立以来，以胡总为首的在京员工和陆续返京员工，甚至洛娃人的家属都奋斗在生产一线，多少人驻守工厂不能回家，多少人顶着严寒坚持工作！这就是洛娃人的铮铮风骨，是一代又一代洛娃人的传承基因！

疫情面前，集团董事会、党委向全体员工发出紧急动员：

一、洛娃集团服从党和政府的召唤，坚决完成党和政府交给的生产任务。

二、坚决服从集团统一安排调度，大局为重，社会责任为先，生产就是命令，一切工作以保障消毒产品生产为核心，全力以赴保生产、保质量、保供应！

三、党员和领导干部要冲锋在前，党性原则要通过实践来检验，困难面前敢不敢冲在前、能不能挑重担，是对所有党员和领导干部的考验！

四、切实做好个人和家人防护，绝不发生因人为原因造成的感染。

危机面前方显洛娃本色，这，是深深刻在洛娃名字上的印记，实业报国，不是简简单单一句口号，更是洛娃人用行动书写的庄严承诺！

行动起来，时不我待！

危机面前，舍我其谁！

洛娃集团董事会、党委

二〇二〇年二月一日

2020 年 2 月 1 日，洛娃集团在新冠肺炎疫情期间发布动员令

2020 年 2 月 12 日至 13 日，北京市经济和信息化局推动大数据、人工智能技术在街道社区新冠肺炎防疫工作中的试点应用

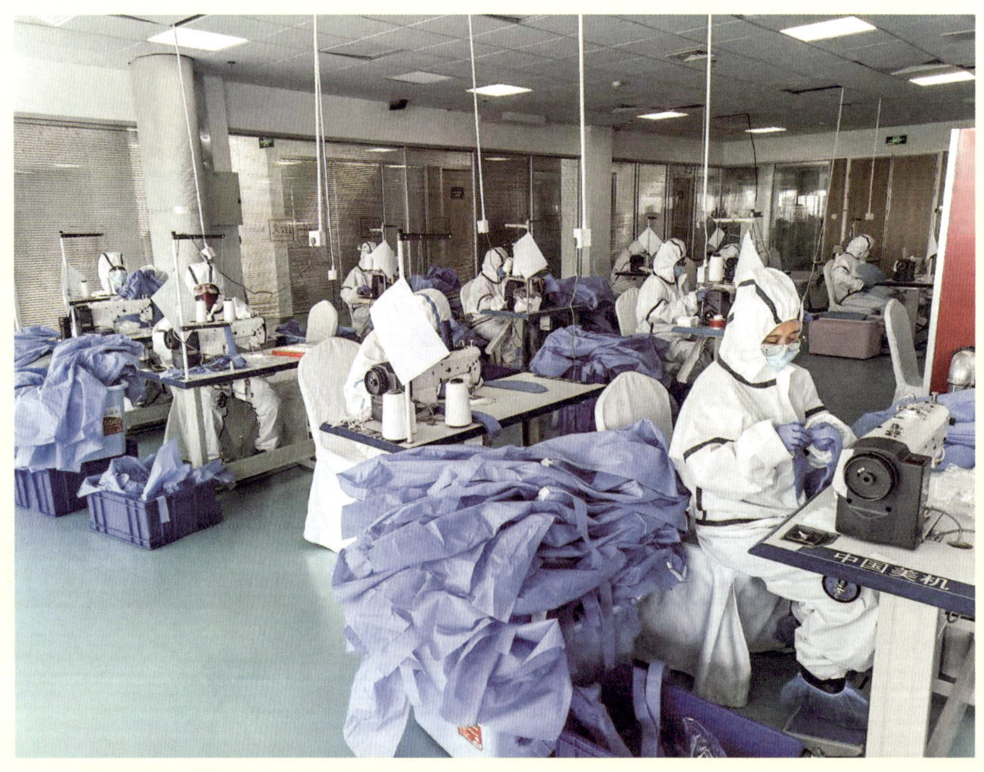

2020 年 2 月 22 日，北京依文服饰股份有限公司生产车间赶制防护服现场

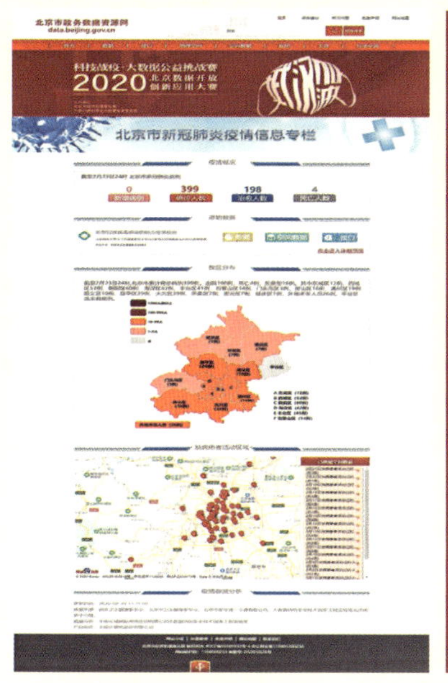

2020 年 2 月 22 日，2020 北京数据开放创新应用大赛——科技战疫·大数据公益挑战赛线上竞赛平台开通

2020 年 4 月 10 日，2020 北京数据开放创新应用大赛——科技战疫·大数据公益挑战赛线上发布会举办

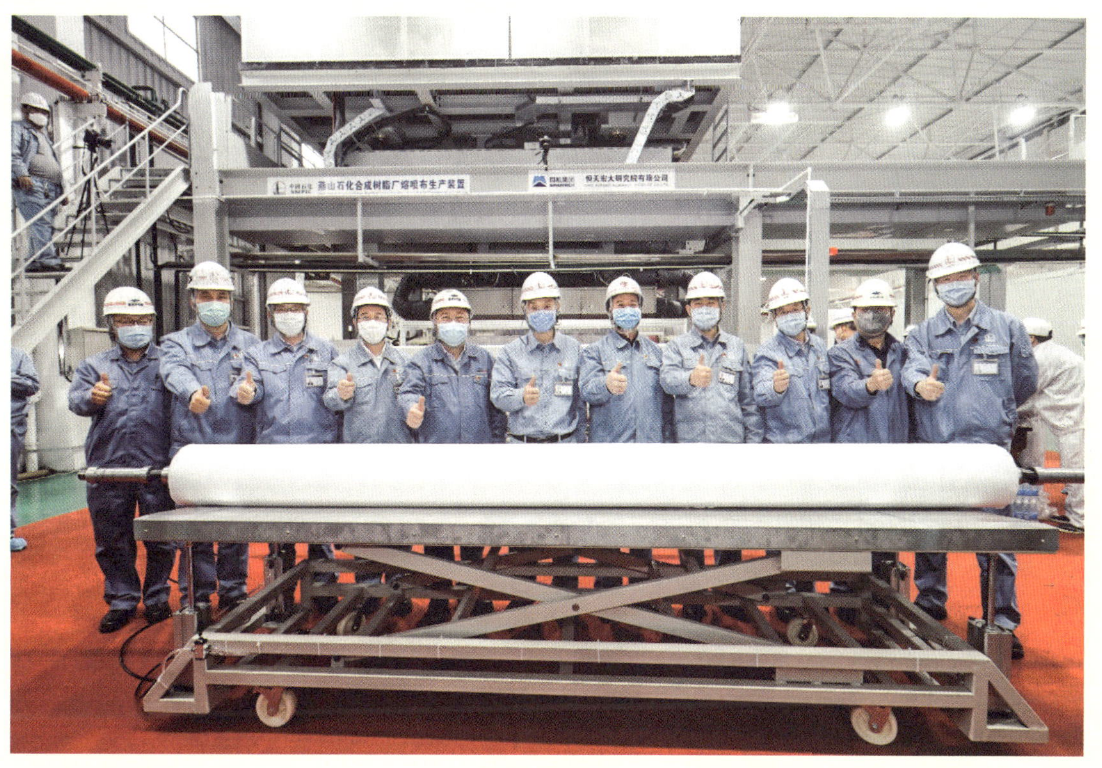

2020 年 3 月 6 日，燕山石化用 12 天时间建成的第一条熔喷无纺布生产线投产

新冠肺炎疫情防控

Prevention and Control of COVID-19

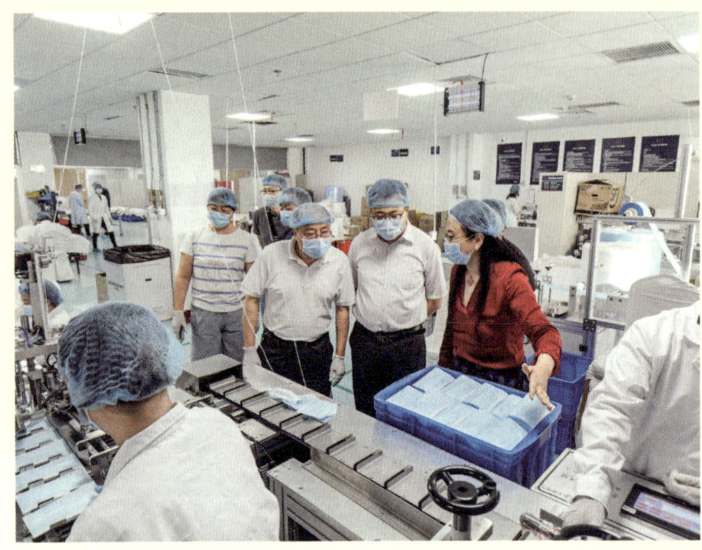

2020 年 6 月 16 日，北京市经济和信息化局领导调研依文集团防疫应急物资生产基地

2020 年 7 月 1 日，昌平区经济和信息化局组织企业进出京人员进行核酸检测（昌平区经济和信息化局提供）

2020 年 11 月 24 日，北京市经济和信息化局赴大兴区调研进口冷链食品企业新冠肺炎疫情防控情况

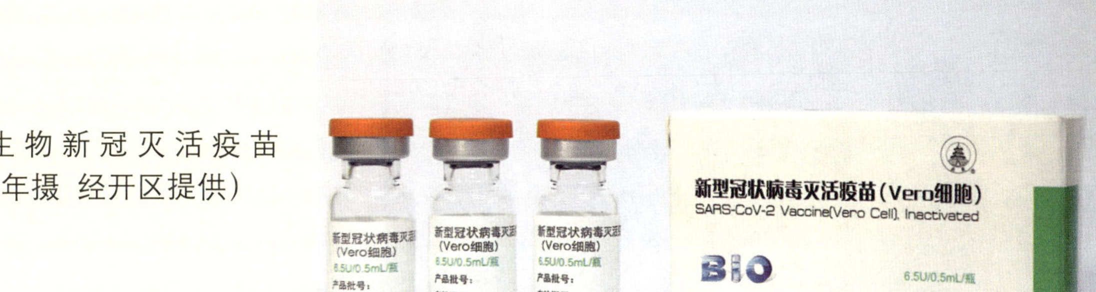

北京生物新冠灭活疫苗（2020 年摄　经开区提供）

平谷区经济和信息化局检查高新技术企业新冠肺炎疫情防控情况（2020 年摄　平谷区经济和信息化局提供）

北京一轻日用化学有限公司全力保障新冠肺炎防疫物资供应（2020 年摄　一轻提供）

数字经济

Digital Economy

2020 年 9 月 18 日，北京市政务服务中心数据服务窗口设立

2020 年 9 月 18 日，2020 中关村论坛全球医药健康大数据平行论坛举办

2020 年 9 月 19 日，北京市经济和信息化局、北京市市场监督管理局联合发布《北京市大数据标准体系》

2020 年 9 月 21 日，北京市信息消费节系列活动上为京东、酒仙网、苏宁、多点等获 2020 年新型信息消费示范项目北京入围单位授牌

2020 年 12 月 22 日，2020 信用北京暨第六届信用中关村高峰论坛“数字经济 & 服务业开放高地‘信用经济创新动能’”举办

北京 ABB 开关有限公司推出数字化环网柜新品 Safe Digital 2.0（方针 2020 年摄 经开区提供）

行业动态

Industry News

2020年7月28日，国家生态环境部举行新闻发布会宣布，首钢股份迁安钢铁公司是世界上首家实现全流程超低排放的企业

2020年，首钢9项产品获评金杯特优产品和金杯优质产品，在钢铁企业专利技术能力排名中，首钢位列世界钢企第六名、中国钢企第二名

安川首钢解耦炉具机器人自动生产线（2020年摄　经开区提供）

2020 年 8 月 8 日晚上，国家大剧院“华彩秋韵”线上系列音乐会的首场演出进行全球首次舞台艺术“5G+8K”直播

2020 年 9 月 10 日，北京市开放自动驾驶载人测试启动仪式在百度 Apollo Park 举行

行业动态

Industry News

2020 年 9 月 9 日，2020 服贸会文化板块——第十四届北京工艺美术展国礼展区

2020 年 9 月 15 日，2020 北京时装周在新首钢高端产业综合服务区三高炉展区开幕

2020 年 9 月 15 日，2020 北京时装周开幕，举办“点亮京城时尚之夜”演出

2020 年 9 月 19 日，北京市高级别自动驾驶示范区建设方案发布。北京市市长陈吉宁通过视频为发布会致辞

2020 年 9 月 19 日，北京市高级别自动驾驶示范区发布会在北京经济技术开发区举行（陈伟摄 经开区提供）

2020 年 9 月 29 日，北京市中小企业公共服务平台“北京服务”启动

行业动态

Industry News

2020 年 10 月 10 日，北京民营企业 100 强发布会在北京经济技术开发区举行（方针摄 经开区提供）

2020 年 10 月 20 日，2020 世界智能网联汽车大会新闻发布会召开

2020 年 10 月 22 日，北京市经济和信息化局 2020 年度民爆物品储存安全事故应急预案演练

2020 年 11 月 1 日，在 2020 中国科幻大会上，首钢园科幻产业聚集区揭牌仪式举行

2020 年 11 月 4 日，2020 京津冀石墨烯大会暨产业领袖峰会在北京召开。北京市经济和信息化局党组书记、局长杨秀玲发表视频致辞

2020 年 12 月 26 日，北京工艺美术出版社划转工作会在北京出版集团举行

2020 年 12 月 26 日，北京出版集团、北京工艺美术行业发展促进中心、北京工艺美术出版社签署划转协议

2020 年，燕山石化两期共 4 条熔喷布生产线投产。图为建设中的生产线（房山区经济和信息化局提供）

行业动态

Industry News

首批登上地铁专列的“中华老字号”义利、北冰洋品牌广告（2020 年摄　一轻提供）

星际荣耀双曲线二号验证型火箭（SQX–2Z）主发动机传力结构（2020 年摄　经开区提供）

航天工程公司超大型粉煤气化炉出厂（2020 年摄　经开区提供）

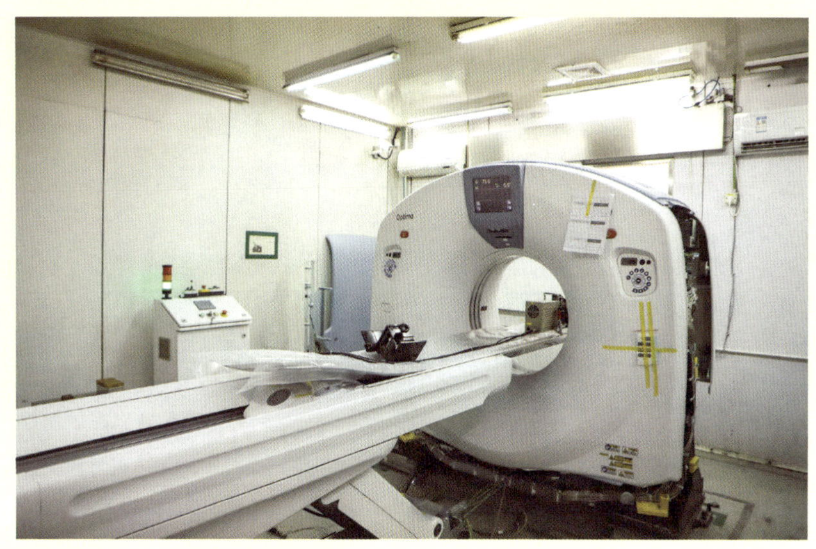

CE 医疗北京影像设备制造基地的超高端 256 排 Revolution CT 生产线在北京经济技术开发区 GE 航卫工厂投产。图为该生产线场景（经开区提供）

丹大生物研发项目“主动健康和老龄化科技应对”启动（方针 2020 年摄　经开区提供）

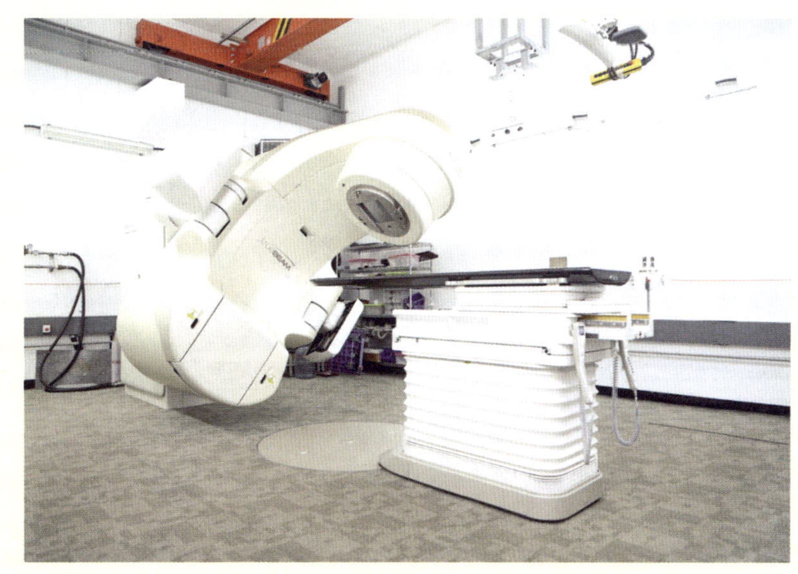

瓦里安新生产的高端医用直线加速器 TrueBeam（2020 年摄　经开区提供）

行业动态

Industry News

中关村智能应急装备产业园揭牌。图为中关村新兴产业前沿技术研究院全面运营暨智能应急装备产业发展论坛（2020 年摄　房山区经济和信息化局提供）

北京经济技术开发区的中法智能制造产业示范园（2020 年摄　经开区提供）

北京经济技术开发区的中日工业自动化产业园（2020 年摄　经开区提供）

2020 年 11 月 26 日，北京市应急管理局在延庆区组织开展北京冬奥会外围保障综合应急演练桌面推演暨第一次合练。图为一辆宽带集群应急通信车前往现场开展通信保障

2020 年 12 月 8 日，北京冬奥会无线电管理协调小组第一次会议在北京召开

新首钢高端产业综合服务区建成首钢滑雪大跳台（2020 年摄 首钢集团提供）

服务保障

Service Assurance

2020年3月26日，北京市经济和信息化局无线电监督检查处组织相关部门现场查证民航GPS干扰源

2020年7月10日，北京市经济和信息化局完成2020年高考无线电安全保障工作。图为考场外景

2020年7月10日，北京市经济和信息化局完成2020年高考无线电安全保障工作。图为监控现场

服务保障

Service Assurance

2020 年 5 月 21 日至 28 日，北京市经济和信息化局完成 2020 年全国“两会”期间无线电安全保障工作

2020 年 11 月 24 日，2020 年度北京市电子政务信息安全管理人员培训会召开

2020 年 12 月 4 日，北京市核应急委员会办公室组织开展乏燃料运输事故应急演练

组织建设

Organization Building

2020 年 4 月 16 日，共青团北京市经济和信息化局机关第一次团员大会召开。图为会场 1

2020 年 9 月 29 日，北京市大数据中心党总支部成立暨第一次党员大会召开

2020 年 10 月 21 日至 23 日、28 日至 30 日，北京市经济和信息化局在中华全国总工会国际交流中心，分两批举办 2020 年处级干部（党支部书记）学习贯彻《习近平谈治国理政》第三卷专题轮训班

目　录

综　述

特　载

专　文

大事记

新冠肺炎疫情防控与复工复产

聚焦数字经济

电子信息产业

软件与信息服务业

汽车与交通设备产业

智能制造与装备产业

生物与医药产业

都市产业

材料与绿色环保产业

国防科技工业

中小企业、私营个体经济、校办产业与民政工业

社会信用体系建设

区域工业

行业协会、产业联盟与研究机构

综合管理

产　品

京工人物

工业数据

法规政策文件

附 录

索 引

Contents

Automobile and Transportation Equipment Industry

Intelligent Manufacturing and Equipment Industry

Biological and Pharmaceutical Industry

Urban Industry

Materials and Green Environmental Protection Industry

National Defense Science and Technology Industry

Small and Medium-sized Enterprises, Private Individual Economy, School-run Industry and Civil Affairs Industry

Construction of Social Credit System

Regional Industry

Industry Associations, Industrial Alliances and Research Institutions

Integrated Management

Products

Beijing Industrial Figures

Industrial Data

Regulatory Policy Documents

Appendix

Indexes

综 述

本栏目采用文章体，刊载2020年北京经信系统全力投入新冠肺炎疫情防控、有序开展复工复产，扎实落实“六稳”“六保”，确保全年重点目标任务完成情况，以及“十三五”时期北京工业转型升级规划任务总体完成情况。

2020年北京工业和软件信息服务业运行情况概述

2020年，面对错综复杂的国内外形势和突如其来的新冠肺炎疫情冲击，在市委、市政府的领导下，全市经信系统扎实落实“六稳”的基本要求和“六保”工作任务，完成全年重点目标任务。全市规模以上工业增加值同比增长2.3%，增速高于全市GDP 1.1个百分点；工业重点产业完成固定资产投资378亿元，同比增长56%；软件和信息服务业增加值同比增长14.4%。全市工业、软件和信息服务业合计实现增加值9757亿元，占全市GDP的比重为27%，拉动全市GDP增长2.2个百分点，为全市经济平稳发展发挥重要支撑作用。

压实疫情防控责任，复工复产有序开展。在全市复工复产防控组的统筹领导下，落实市复工复产工作小组组长单位职责，建立全市工业企业防疫责任台账，先后编制发布8版企业疫情防控指引，开展多轮复工复产防疫走访指导，出台工业常态化复工复产及冬春季防疫工作方案，督促各区和企业落实四方责任。组织全市防疫物资自产保供，实现口罩、防护服等重要医疗物资从严重短缺到充分供应的快速提升，口罩日产能达1200万只，医用防护服日产能达4万件。会同有关区妥善处置涉新发地及金马工业园疫情，推动相关企业有序复产。协调解决重点企业跨省配套企业复工复产问题，全年累计发放物流转运证明338张。全市规模以上工业、软件和信息服务业企业4月底全面开复工。

强化产业运行调度，工业生产平稳回升。开展产业大区全覆盖走访调度，市区联动做好生产要素保障，促进企业复产达产和扩产增效，2020年全市规模以上工业增加值同比增长2.3%。产业结构持续优化，规模以上高技术制造业和战略性新兴产业增加值同比分别增长9.5%和9.2%，快于规模以上工业增速7.2个和6.9个百分点，占全市工业比重为27.7%和34.6%，比2019年分别提高1.7个和2.2个百分点。智能手机、工业机器人、集成电路等高技术领域产品产量同比分别增长18.9%、13.4%、9.7%。

加强企业精准服务，重点产业恢复良好。市领导带队赴小米集团、旷视科技、国家电网等重点企业上门服务。市经济和信息化局建立市区两级产业链龙头企业常态化服务工作机制，帮助300余家企业协调解决困难问题140余项。2020年，全市规模以上工业实现产值20253.4亿元，同比增长2.9%，产值规模首次突破2万亿元，工业六大产业“四升两降”。电子信息产业实现产值2855亿元，同比增长11.6%，小米通讯海外市场快速拓展，产值同比增长30%左右。汽车与轨道交通产业实现产值4403.4亿元，同比增长3.9%，北京奔驰高端车销售良好，产量60万辆，同比增长7.3%，实现产值1926亿元，同比增长8.7%；商用车市场需求不断加大，北汽福田产量61万辆，同比增长25%，实现产值880亿元，同比增长30.2%。智能装备产业实现产值2659.7亿元，同比增长5.7%，三一重能、北京金风、中材科技等风电产业抢装风机，产值均高速增长。生物医药产业实现产值1312.9亿元，同比增长7.5%，北生研、科兴中维两家新冠疫苗企业合计实现产值79.3亿元，拉动该产业增长5.4个百分点。基础材料、都市产业实现产值7772.8亿元、1249.7亿元，同比分别下降0.6%、5.9%。

加大重大项目投资，超额完成目标任务。建立重大项目分级调度机制，推进北方华创半导体装备研发及产业化扩产、北京沃森创新疫苗产业园等重点产业项目落地，推动福田戴姆勒高端重卡、京东方科技产业基地等一批项目开工，推动电控燕东8英寸集成电路生产线等一批项目竣工投产。新增5G基站1.5万个，推动5G+8K超高清产业创新发展，完成高级别自动驾驶示范区1.0阶段建设，全市自动驾驶路测安全行驶里程超200万公里。全年工业重点产业、软件和信息服务业完成固定资产投资378亿元和323.4亿元，超额完成210亿元和255亿元的投资目标。

推动软件信息服务业发展，韧性增强创新活跃。以在线教育、协同办公、在线医疗等为代表的在线经济快速发展，带动软件和信息服务业企业营业收入增速居全市各行业首位。重点企业创新业务，字节跳动营业收入同比增长100%，抖音日活跃用户数破6亿，海外版TikTok突破20亿次下载量。软件和信息服务业大中型企业研究开发费用1603.7亿元，同比增长18.5%；期末有效发明专利数7.49万件，同比增长28.7%；专利授权量为1.15万件，同比增长8.1%，其中发明专利授权量占比超五成。

（市经济和信息化局）

“十三五”时期北京工业转型升级规划任务总体完成情况概述

“十三五”以来，全市工业系统贯彻习近平总书记视察北京重要讲话精神，坚持“四个中心”首都城市战略定位，树立和落实新发展理念，推动在疏解中谋发展。《工业规划》提出的主要目标和任务总体进展顺利，工业转型升级取得进展。

工业转型发展的顶层设计基本完成。发布10个高精尖产业发展指导意见及财政、土地、人才等一揽子支持政策，相关部门制定5G、人工智能、医药健康、智能网联汽车、氢燃料电池汽车、超高清视频、机器人、工业互联网等细分产业发展行动计划和方案。制定“智造100”工程、绿色制造实施方案，支持存量瞄准高精尖转型升级。制定互联网信息领域开放改革3年行动计划，全面推动互联网信息领域新一轮扩大开放。

产业疏解退出取得阶段性成果。统筹推进一般制造业疏解退出、“散乱污”企业清理整治。2016年至2020年，全市累计退出一般制造业企业2154家。2016年至2017年牵头完成1.1万家“散乱污”企业清理整治；2018年至2020年配合市环保局清理整治“散乱污”企业985家。完成东方化工厂拆除工作。

高精尖产业新体系加快构建。建立高精尖重大项目库，设立高精尖产业基金、科创基金等政府引导基金，全方位推动高精尖产业发展。创建3家国家制造业创新中心，制造业单项冠军、专精特新“小巨人”、智能制造系统解决方案提供商数量位居全国前列。大力支持企业自主创新，京东方液晶显示屏在智能手机、平板电脑、笔记本电脑、显示器等领域市场占有率位列全球第一；建设全球首个网联云控式高级别自动驾驶示范区，建成全国首个由政府认证的第三方自动驾驶车辆模拟仿真测试平台，道路测试安全里程、开放测试道路服务规模以及自动驾驶技术水平居全国前列。

京津冀产业协同向纵深推进。建立京津冀产业协同发展工作机制，签署《进一步加强产业协同发展备忘录》。京冀互派挂职干部，在推动协同发展工作中发挥积极作用，协助编制北京（曹妃甸）现代产业发展试验区、石家庄正定等地产业发展规划，支持北京高精尖产业到雄安新区发展，集中打造北京（曹妃甸）现代产业发展试验区、北京·沧州生物医药产业园、北京·张北云计算产业基地等一批共建园区，推动实施生物医药和保健品产业异地监管等机制创新。首钢、北汽、金隅等企业在河北省、天津市布局。

规划主要目标指标完成情况。质量效益指标完成好于预期。2016年至2020年，全市规模以上工业增加值年均增速达到3.6%，高于年均增长2.5%的规划目标；2019年规模以上工业全员劳动生产率达到50.3万元/人，高于38万元/人的规划目标；2020年末规模以上工业从业人员总数降至80.5万人，提前实现95万人左右的控制目标。创新能力指标快于时间进度。2020年规模以上制造业企业研发经费内部支出占主营业务收入比重达到1.9%（2015年为1.3%）；2017年规模以上制造业每亿元主营业务收入有效发明专利数达到2.1件，提前实现≥1.8件的规划目标；创建动力电池、轻量化材料、智能网联3家国家级制造业创新中心，实现创建2～3家国家级制造业创新中心的目标。高精尖产业培育指标完成情况总体良好。截至2020年年底，高技术制造业增加值占制造业的比重达到37.5%，实现规模占比达到30%以上的规划目标；初步培育形成新一代信息技术（含软件信息服务业）、科技服务业2个万亿级和智能装备、医药健康、节能环保、人工智能4个千亿级产业集群，拥有集成电路芯片、新型显示器件、智能硬件、智能机器人、新一代诊疗设备等一批高精尖产品（服务）。两化融合水平位列全国第一梯队。2020年两化融合发展水平61.2，全国第五。节能减排指标落实成效显著。截至2019年年底，万元工业增加值能耗为0.425吨标准煤，比“十二五”末下降17.6%，2019年万元工业增加值水耗为7.78立方米（“十三五”预期≤10立方米）；工业用新水保持零增长，符合规划预期要求；19家市级以上开发区全部建成生态园区，实现规划目标；2019年市级以上开发区地均产值达到1.71亿元/公顷，市级以上开发区完成工业总产值占全市工业总产值的比重达到72%（2015年为58.4%），超额完成规划目标。

规划实施过程中存在问题。主要包括制造业比重下滑过早过快，对北京市构建现代经济体系和建设国际科创中心的支撑不牢；传统产业智能化绿色化改造升级还需提速。

（市经济和信息化局）

特 载

本栏目采用文章体，刊载北京市人民政府、北京市经济和信息化局2021年工作报告。

北京市人民政府2021年工作报告

——2021年1月23日在北京市第十五届人民代表大会第四次会议上

北京市市长　陈吉宁

各位代表：

现在，我代表北京市人民政府，向大会报告政府工作，请予审议，并请市政协委员提出意见。

一、“十三五”时期经济社会发展回顾

“十三五”时期是北京发展史上具有重要里程碑意义的5年。在以习近平同志为核心的党中央坚强领导下，在中共北京市委直接领导下，在市人大及其常委会监督支持下，我们坚持以习近平新时代中国特色社会主义思想为指导，全面贯彻落实党的十九大和十九届二中、三中、四中、五中全会精神，深入贯彻落实习近平总书记对北京重要讲话精神，奋发有为推进首都各项事业，顺利完成“十三五”规划主要目标任务，三大攻坚战取得决定性成就，率先全面建成小康社会，国际一流的和谐宜居之都建设取得重大进展。

——这5年，我们全面落实首都城市战略定位，城市转型发展取得新突破。“四个中心”功能建设全面提速，“四个服务”水平显著提高，在人口、建设用地、建筑规模“三个减量”的同时，全员劳动生产率从2015年的人均21.2万元提高到28万元以上，超大城市减量发展迈出坚实步伐。

——这5年，我们坚决贯彻新发展理念，首都高质量发展再上新台阶。地区生产总值从2.5万亿元提升至3.6万亿元；人均地区生产总值约2.4万美元，达到发达经济体中等水平。营商环境大幅改善，经济结构持续优化，数字经济占比达到38%，居全国前列。

——这5年，我们坚持以人民为中心，民生福祉达到新水平。全市居民人均可支配收入增至6.9万元，人均期望寿命提高到82.43岁。率先建成城乡统一、覆盖全民的社会保障体系，教育、医疗、养老、文化等公共服务水平全国领先。

——这5年，我们以钉钉子精神治理“大城市病”，城市宜居水平实现新跃升。生态环境明显改善，森林覆盖率达到44.4%。交通拥堵趋势得到缓解。污染防治攻坚战取得重大进展，劣Ⅴ类水体断面全面消除，细颗粒物年均浓度累计下降53%、进入“3时代”，北京大气污染防治经验被联合国环境署纳入“实践案例”。

5年来，我们主要做了以下工作：

（一）强化城市总体规划引领作用，持续优化提升首都功能。坚持首都规划重大事项向党中央报告制度，首都规划体系得到历史性深化和完善。全国政治中心服务保障能力显著提升，圆满完成新中国成立70周年庆祝活动等一系列重大活动服务保障任务。扎实推进全国文化中心建设，确立“一核一城三带两区”总体框架，文化软实力和影响力进一步增强。着力提升国际交往中心功能，对外开放的广度和深度不断拓展。聚力全国科技创新中心建设，全面深化科技体制改革，完善创新生态，激发创新活力，涌现出一大批重大原创性成果，成为全球创新创业最活跃的城市之一。

（二）紧紧抓住疏解非首都功能“牛鼻子”，扎实推进京津冀协同发展。大力开展疏解整治促提升专项行动，基本完成一般制造业企业集中退出、区域性批发市场大规模疏解任务，完成3500条背街小巷环境整治。建设提升基本便民商业网点6000余个，城市生活更加宜居便利。城市副中心框架全面拉开，首批市级机关顺利迁入，城市绿心森林公园开园运营。主动支持雄安新区建设，大兴国际机场建成通航，重点领域协作成效显著。

冬奥会、冬残奥会筹办工作有序推进，竞赛场馆全部完工，京张高铁、京礼高速全线通车。实施科技冬奥行动计划，发布冬奥愿景、会徽和吉祥物，开展“共享冬奥”公众参与计划，大众冰雪运动蓬勃开展。

（三）深入实施创新驱动发展战略，大力推动经济高质量发展。统筹推进“三城一区”主平台和中关村国家自主创新示范区建设，举全市之力，筹建国家实验室，规划建设综合极端条件实验等5个大科学装置和材料基因组等13个交叉研究平台。抢抓机遇积极布局量子、脑科学等一批新型研发机构，围绕集成电路、人工智能、区块链等推进一批重大项目。实施促进科技成果转化条例，制定实施“科创

30条”、高精尖产业“10+3”等系列政策，国家高新技术企业达到2.9万家，独角兽企业93家，数量居世界城市首位。深入推进供给侧结构性改革，新一代信息技术和医药健康产业双引擎作用持续发挥，高技术产业、战略性新兴产业增加值分别累计增长56.9%和58.5%，金融、科技、信息等现代服务业增加值比重进一步提升，高精尖经济结构加快构建。

（四）深化改革开放，全力打造国际一流营商环境。持续推进营商环境1.0至4.0版改革，98%的政务服务事项实现了网上办、“最多跑一次”，企业和群众办事法治化便利化水平不断提高。顶格落实国家减税降费政策，为企业和社会减负超过4700亿元。深化国资国企改革，北方华创等成为国企改革样本，国有经济活力和竞争力明显提升。开展服务业扩大开放综合试点，实施403项创新举措，一大批标志性外资企业落地，服务贸易占全国1/5左右。国家服务业扩大开放综合示范区和中国（北京）自由贸易试验区建设全面启动。

（五）着力加强超大城市治理，不断提升城市和谐宜居水平。以绣花功夫推进城市精细化管理，建立“吹哨报到”“接诉即办”机制，努力解决好群众操心事、烦心事、揪心事。坚持优供、控需、强治，大力开展交通综合治理，实施慢行系统品质提升行动，推动“四网融合”，城市轨道交通运营总里程达到727公里，建成次支路197条，分级治理堵点943处，停车秩序明显改善，绿色出行深入人心。强化非道路移动机械管理，淘汰老旧机动车109万辆，降尘量从2018年的每月7.5吨/平方公里大幅降至5.1吨/平方公里。污水处理率提高到95%。实施生活垃圾管理、物业管理两个条例，家庭厨余垃圾日均分出量比条例实施前增长12.7倍，物业服务覆盖率达到90.9%。开展433个老旧小区综合整治，累计加装电梯1843部。深入开展“回天有我”社会服务活动，完成“回天地区”第一个3年行动计划。

（六）全面落实乡村振兴战略，促进城乡区域协调发展。推动农业与科技、服务相融合，努力带动农民增收致富，农村居民人均可支配收入年均增速快于城镇居民。完成3254个村庄人居环境整治任务，美丽乡村建设取得重要进展。深化农村改革，出台农村宅基地及房屋建设管理意见，扎实推进“大棚房”整治等规划自然资源领域问题整改，严守农地农用底线。城市南部地区3年行动计划全面完成，新首钢地区成为网红打卡地。基本完成“一绿”地区6个乡城市化建设。持续加大对生态涵养区转移支付力度，决不让保护生态环境的吃亏。

坚决落实中央交予的扶贫协作任务，助力受援地区73个贫困旗县全部摘帽，200余万贫困人口全部脱贫。全力做好本市低收入农户帮扶，低收入农户收入全部过线，低收入村全面消除。

（七）紧扣“七有”“五性”改善民生，进一步增强人民群众获得感幸福感安全感。实施就业优先政策，帮扶74.2万城乡就业困难人员就业，支持多渠道灵活就业，城镇调查失业率控制在5%以内。大幅增加学前教育投入，新增学位23万个，新建改扩建中小学校126所，加大高校“双一流”建设支持力度。医药分开、医耗联动综合改革成效显著，居民医药负担进一步减轻。构建“三边四级”就近养老服务体系，社区养老服务驿站从无到有累计建成运营1000余家。整合各类救助政策，低保标准提高到月人均1170元。不断增加保障性住房有效供给，建设筹集各类政策性住房41.4万套。体育事业蓬勃发展。5年来，共完成152件重要民生实事，努力把老百姓的事情办实办好。

统筹开展安全生产专项整治和城市安全隐患治理，生产安全死亡事故起数、死亡人数分别下降33.2%和35.4%。建立完善金融监管体系和金融风险防范化解机制，存量金融风险有序化解，新增金融风险有力遏制。深化矛盾纠纷排查化解，纵深推进扫黑除恶专项斗争，首都保持和谐稳定良好局面。国防动员和双拥共建工作取得明显成效，退役军人服务保障体系全面建成，人民防空工作进一步加强，军民融合发展深入推进。妇女儿童、民族、宗教、侨务工作取得新进展。

（八）坚决贯彻全面从严治党要求，狠抓政府自身建设。认真开展“两学一做”学习教育、“不忘初心、牢记使命”主题教育。5年来，共办理市人大代表议案18项、建议4722件，办理市政协提案4893件，提请市人大审议地方性法规草案43项。顺利完成市区机构改革，统筹推进综合执法体制改革。切实增强过“紧日子”意识，全面开展全成本预算绩效管理，绩效节支261.4亿元，压减一般性支出159亿元，“三公经费”减少39.8%。力戒形式主义、官僚主义，要求社区填报的表格从44项精简为3项，全市考核事项从75项减少到16项，市区两级政府设定的证明全部取消。深化落实全面从严治党主体责任，拓展审计监督的广度和深度，持续营造风清气正的政治生态。

各位代表！2020年是极不平凡的一年。面对严峻复杂的国际形势、艰巨繁重的国内改革发展稳定任务特别是新冠肺炎疫情的严重冲击，习近平总书记亲自部署、亲自指挥，两次亲临北京抗疫一线视察并多次做出重要指示，为我们打好疫情防控阻击战、做好首都各项工作指明了方向。我们坚持人民至上、生命至上，把疫情防控作为压倒一切的头等大事，在中央统一领导下，坚定信心、同舟共济、科学防治、精准施策，先后遏制了外来输入型、新发地批发市场聚集性等疫情，首都抗疫斗争取得重大战略成果。出台实施加强首都公共卫生应急管理体系建设的若干意见和行动计划，巩固拓展疫情防控成果。

同时，统筹推进疫情防控和经济社会发展，扎实做好“六稳”工作，全面落实“六保”任务，把保市场主体作为保就业、保基本民生的关键，第一时间出台纾困惠企系列政策，全力推动复工复产达产。全年新增减税降费超过2000亿元，“减免缓”社保费1482.4亿元，减免中小微企业房租84.5亿元，向企业核准返还失业保险费47.6亿元，发放岗位补贴和社保补贴等72.7亿元。积极做好生活必需品保供稳价，加强市场大宗商品储备调度，完善“救急难”机制，向困难群众、优抚对象等发放临时价格补贴1.7亿元。千方百计稳投资促消费，审时度势实施“五新”政策，转危为机推动高质量发展，首都经济逐渐转好，社会民生保障有力。初步核算，全市地区生产总值增长1.2%，一般公共预算收入完成5483.9亿元、下降5.7%，均好于调整后的年度预期目标；城镇新增就业26.1万人，居民消费价格上涨1.7%。这些成绩来之不易，历程极为艰辛。在各种急难险重任务和风险挑战面前，全市上下万众一心、风雨同舟、顽强奋战，首都市民识大体顾大局，充分理解支持党和政府，众志成城、守望相助，特别是奋斗在一线和驰援各地的干部群众，以生命赴使命、用挚爱护苍生，是群众家园的最美守护者，展现了深厚的家国情怀和无私的奉献精神。

5年来，我们紧紧围绕“建设一个什么样的首都，怎样建设首都”这一重大时代课题，团结奋斗、砥砺前行，首都改革开放和现代化建设取得新的重大成就，北京这座伟大城市的发展正在发生深刻转型。这是以习近平同志为核心的党中央坚强领导的结果，是习近平新时代中国特色社会主义思想科学指导的结果，是全国各族人民大力帮助、社会各界关心支持的结果，是全市人民迎难而上、奋力拼搏的结果！在此，我谨代表北京市人民政府，向全市人民，向全体人大代表、政协委员，向各民主党派、各人民团体和各界人士，向中央和国家机关各部门各单位、各兄弟省区市，向驻京解放军和武警部队官兵，向所有关心支持首都建设的香港特别行政区同胞、澳门特别行政区同胞、台湾同胞、海外侨胞和国际友人，表示衷心的感谢！

在肯定成绩的同时，我们清醒地认识到，疫情变化和外部环境存在诸多不确定性，经济全面恢复的基础还不牢固，关键核心技术“卡脖子”问题突出，企业经营仍面临不少困难，消费市场尚未完全回暖，财政平衡压力较大；城市管理不够精细，减量发展下的城市更新任务繁重；城乡区域间发展差距仍然较大，民生保障、公共安全等领域还有不少短板；干部能力水平还有欠缺，政府治理体系和治理能力现代化需要大力推进。对于这些问题，我们一定要攻坚克难、实干苦干，采取有力有效措施加以解决。

二、“十四五”时期的主要目标与任务

“十四五”时期是我国全面建成小康社会、实现第一个百年奋斗目标之后，乘势而上开启全面建设社会主义现代化国家新征程、向第二个百年奋斗目标进军的第一个5年，也是北京落实首都城市战略定位、建设国际一流的和谐宜居之都的关键时期。根据《中共北京市委关于制定北京市国民经济和社会发展第十四个五年规划和二〇三五年远景目标的建议》，我们编制了《北京市国民经济和社会发展第十四个五年规划和二〇三五年远景目标纲要（草案）》。锚定率先基本实现社会主义现代化的远景目标，我们按照市委确定的“十四五”时期北京经济社会发展指导思想，坚持以首都发展为统领，更加突出创新发展、京津冀协同发展、开放发展、绿色发展、以人民为中心的发展、安全发展，努力实现以下主要目标：

——首都功能明显提升。中央政务活动服务保障能力明显增强。全国文化中心地位更加彰显。国际交往环境及配套服务能力全面提升。国际科技创新中心基本形成。成功举办北京2022年冬奥会和冬残奥会，国际影响力进一步扩大。

——京津冀协同发展水平明显提升。疏解非首都功能取得更大成效，城市副中心框架基本成型。“轨道上的京津冀”畅通便捷，生态环境联防联控联治机制更加完善，区域创新链、产业链、供应链布局取得突破性进展，推动以首都为核心的世界级城市群主干构架基本形成。

——经济发展质量效益明显提升。具有首都特点的现代化经济体系基本形成，劳动生产率和地均产出率持续提高，全员劳动生产率达到35万元/人，人均地区生产总值达到21万元。数字经济成为发展新动能，战略性新兴产业、未来产业持续壮大，服务业优势进一步巩固，形成需求牵引供给、供给创造需求的更高水平动态平衡。城乡区域发展更加均衡。重要领域和关键环节改革取得更大突破，开放型经济发展迈上新台阶。

——生态文明明显提升。绿色发展理念深入人心，绿色生产生活方式普遍推广，垃圾分类成为全市人民自觉行动。能源资源利用效率大幅提高，单位地区生产总值能耗、水耗持续下降，生产生活用水总量控制在30亿立方米以内。碳排放稳中有降，碳中和迈出坚实步伐，为应对气候变化做出北京示范。主要污染物排放总量持续削减，基本消除重污染天气，消除劣V类水体，森林覆盖率达到45%，平原地区森林覆盖率达到32%，绿色北京建设取得重大进展。

——民生福祉明显提升。实现更加充分更高质量就业，城镇调查失业率控制在5%以内，居民人均可支配收入增长与经济增长基本同步，劳动报酬提高与劳动生产率提高基本同步，分配结构明显改善，中等收入群体持续扩大。健康北京建设全面推进，公共卫生应急管理体系建设取得重大进展。教育、社保、住房、养老、文化、体育等公共服务体系更加健全，基本公共服务均等化水平走在全国前列。

——首都治理体系和治理能力现代化水平明显提升。城市治理各领域基础性制度体系基本形成。基层治理水平大幅提升，社会治理总体效能持续增强，市民素质和城市文明程度明显提高。平安北京建设深入推进，防范化解重大风险体制机制不断健全，突发公共事件应急能力显著增强，城市韧性全面提升，发展安全保障更加有力。

"十四五"时期经济社会发展的主要任务：一是全力做好政治中心服务保障；二是扎实推进全国文化中心建设；三是持续强化国际交往中心功能；四是加快建设国际科技创新中心；五是纵深推动京津冀协同发展；六是构建特色与活力兼备的现代化经济体系；七是建设高品质宜居城市；八是大力推动绿色北京建设；九是携手共建健康北京；十是切实保障和改善民生；十一是推进高水平改革开放；十二是塑造更加安全的城市。

三、2021年重点任务

今年是中国共产党成立100周年，是我国现代化建设进程中具有特殊重要性的一年，"十四五"开局，全面建设社会主义现代化国家新征程开启，做好今年各项工作意义重大。我们要胸怀"两个大局"，深刻认识国内外环境正在发生的深刻复杂变化，坚持系统观念，进一步增强机遇意识、风险意识，勇于开顶风船，善于化危为机，推动构建新发展格局迈好第一步、见到新气象。我们要准确把握疫情防控依然严峻复杂的形势，严防死守，科学精准打好疫情防控阻击战，全力保障人民群众生命安全和身体健康。我们要坚持以首都发展为统领，切实履行首都职责，全力做好中国共产党成立100周年庆祝活动服务保障工作，全力做好北京冬奥会、冬残奥会筹办工作，向党和人民交上满意答卷。

今年政府工作的总体要求是：坚持以习近平新时代中国特色社会主义思想为指导，全面贯彻党的十九大和十九届二中、三中、四中、五中全会及中央经济工作会议精神，深入贯彻习近平总书记对北京重要讲话精神，坚持稳中求进工作总基调，坚定不移贯彻新发展理念，坚持以首都发展为统领，深入实施人文北京、科技北京、绿色北京战略，大力加强"四个中心"功能建设、提高"四个服务"水平，以推动高质量发展为主题，以深化供给侧结构性改革为主线，以改革创新为根本动力，以满足人民日益增长的美好生活需要为根本目的，以建设国际科技创新中心为新引擎，以疏解非首都功能为"牛鼻子"推动京津冀协同发展，以高水平对外开放打造国际合作和竞争新优势，扎实做好"六稳""六保"工作，统筹发展和安全，率先探索构建新发展格局的有效路径，推进首都治理体系和治理能力现代化，不断将全面从严治党引向深入，更加奋发有为地推动首都新发展，确保"十四五"开好局、起好步，以优异成绩庆祝中国共产党成立100周年。

按照上述要求，综合分析研判形势，对接"十四五"规划，提出今年全市经济社会发展的主要预期目标是：地区生产总值增长6%以上，一般公共预算收入增长3%以上，城镇调查失业率低于5%，居民消费价格涨幅3%左右，居民收入稳步增长，生态环境质量进一步改善。

重点做好以下几个方面的工作。

（一）强化创新核心地位，加快建设国际科技创新中心

坚持科技自立自强，深入实施科教兴国战略、人才强国战略、创新驱动发展战略，更好服务和支撑科技强国建设。

着力打造国家战略科技力量。发挥社会主义市场经济条件下新型举国体制优势，全力做好中关村、昌平、怀柔国家实验室建设，推进国家重点实验室体系重组。充分发挥中央在京创新资源作用，推动各方科技力量优化配置和资源共享，加快建设各类创新平台和新型研发机构，着力推动量子、人工智能、生命科技等前沿关键核心技术联合攻关取得突破。

更大力度推动“三城一区”融合发展。中关村科学城要深化创新体制改革，精心做好创新企业服务，提升科技创新体系化能力。怀柔科学城要着力培育创新创业生态，推进大科学装置和交叉研究平台建设运行。未来科学城要加快实施生命技术赶超工程，大力推动国际先进能源产业集聚。北京经济技术开发区要做好扩区后战略性产业布局，提高国际化发展水平，推动一批重大项目落地。抓好顺义创新产业集群示范区建设。

建设国际一流人才高地。围绕创新链与产业链，更大力度吸引国际高层次人才落户，集聚培养一大批优秀青年人才，加快形成多层次创新人才生态。抓好国际人才社区、国际学校、国际医院建设，构建国际化学术环境和生活环境，让各类人才心无旁骛专注事业，人尽其才、才尽其用。

持续优化创新创业生态。统筹推动中关村“一区多园”协同发展。完善政策机制，激发创新主体活力，在全社会营造懂科技、敢创新、爱奋斗的浓厚氛围。推动知识产权综合立法，设立申请绿色通道，鼓励创新主体联合打造重点领域专利池。支持公共科技服务平台建设，吸引国内外创投机构聚集，推进专业化孵化器能级提升。积极培育隐形冠军企业、独角兽企业和瞪羚企业。加强国际科技交流合作。

（二）高标准推进“两区”建设，推动改革开放取得新进展

坚持以开放促改革促发展，抓住“两区”建设重大机遇，在服务新发展格局中主动担当、率先行动，为推动全方位扩大开放做出更大贡献。

推进高水平制度型开放。加强市区统筹，全面落实“两区”251项开放改革举措，加快形成与国际接轨的投资贸易服务体系。对标国际先进规则和最佳实践，探索实施供地、融资、人才、技术、数据等要素配置的突破性政策，加紧建设国际商事仲裁中心。开展跨境数据流动试点，打造国际信息产业和数字贸易港。加快自贸区各片区组团建设，推动首都机场临空经济示范区发展提升、大兴机场综保区一期封关运行，着力推动中德、中日等国际创新合作园区建设。高水平办好中国国际服务贸易交易会、中关村论坛、金融街论坛。加快组建全球服务贸易联盟，支持国际组织、跨国公司等机构落地。引导企业和社会组织参与共建“一带一路”，深化京港、京澳、京台交流合作。

大力支持金融业开放发展。服务保障国家金融管理中心功能，率先落地国家金融对外开放政策。推动出台实施绿色金融、科创金融两个改革创新试验区方案，加快金融科技与专业服务创新示范区建设，推进数字货币试点应用，完善“监管沙箱”实施机制，着力发展财富管理、基础设施金融等新兴金融业务。推动新三板改革，发挥好首贷、续贷、确权融资、知识产权质押融资中心作用。支持设立金融法院。

持续深化4.0版营商环境改革。深入推进“证照分离”和告知承诺制，坚决清除隐性壁垒。加强事中事后监管，完善“双随机、一公开”，提升执法规范化水平，推动全流程信用监管、风险监管，减少对企业正常经营的影响。企业开办和重要民生事项全面推行“一件事”办理，深化全程网办和全城通办，让群众和企业少跑腿。稳步推进国有企业战略性重组和结构调整，加强公共服务类企业绩效考核。完善“服务包”“服务管家”制度，实施促进中小企业发展条例，继续推出一批普惠性政策，支持民营企业发展壮大。提升新业态新模式监管能力，创造公平竞争的市场环境。

（三）大力发展数字经济，构筑高质量发展新优势

坚持以数字经济为先导，深入实施“五新”政策，建设全球数字经济标杆城市。

加快数字基础设施建设。推广应用千兆固网、IPv6，新增5G基站6000个，建设基于区块链的可信数字基础设施，加快人工智能算力算法数据一体化开放服务平台建设，统筹谋划卫星互联网、工业互联网、边缘计算节点建设。组建国际大数据交易所，推动数据资源高效有序流动和深度开发利用。

以数字化引领高精尖产业发展。优化高精尖产业发展政策，促进重大项目落地。壮大信息技术、健康医疗、智能制造、区块链和先进计算等优势产业规模，做优做强集成电路、新材料等战略性新兴产业，推进高级别自动驾驶示范区建设，加快卫星航天、高端精密仪器和传感器等产业发展。实施产业基础再造和重大技术改造升级工程，落实中小企业数字化赋能行动方案，推动产业数字化智能化绿色化升级改造。

以供给侧结构性改革引领和创造新需求。大力建设国际消费中心城市，推动在线教育、远程办公等新业态发展，扩大健康、养老、文旅、体育等服务消费。优化布局免税店，持续吸引国内外知名品牌首店首发，完成22个传统商圈改造提升。探索通过孵化机制，加速培育消费新品牌新模式。推出一批“两新一重”投资项目，实施“3个100”重点工程。合理布局和规范提升物流基地。

全面推进智慧城市建设。加强顶层设计，布局全域应用场景，一体建设数字政府、数字经济、数字社会。构建标准化的城市基础信息编码体系，推进泛

在有序的城市感知体系初具规模，实现城市运行管理“一网统管”。实施“十百千”工程，重点发展智慧交通、智慧市政、智慧教育、智慧医疗、智慧养老，提升民生领域智能化服务水平，解决好老年人运用智能技术的“数字鸿沟”问题，创造普惠便捷的智慧生活服务。

（四）坚定有序疏解非首都功能，提升京津冀协同发展水平

坚持“一核两翼”联动，强化区域协调合作，推动京津冀协同发展向更高水平迈进。

开展新一轮疏解整治促提升专项行动。以攻坚和提升为重点，强化系统观念，一体化推进功能疏解、综合治理和优化升级。拆除违法建设2500万平方米、腾退土地3000公顷，“留白增绿”860公顷。分类推进背街小巷环境精细化整治提升，打造200条精品街巷。加强社区商业网点建设，便利店等基本便民商业服务功能实现城市社区全覆盖。持续推动医院、学校等公共服务资源合理布局。

高质量建设城市副中心。保持每年千亿以上投资强度，加快行政办公区二期、综合交通枢纽、三大文化设施、医疗教育设施和潮白河生态带等项目建设，提升副中心承载能力。发挥副中心投资基金作用，培育发展运河商务区高端服务业，高水平运营好环球主题公园一期。持续开展老城双修。推动与北三县一体化联动发展。

构建更加紧密的协同发展格局。全力支持雄安新区建设，“三校一院”交钥匙项目3所学校实现竣工、医院主体结构封顶。推动京唐城际北京段建设。深化区域大气、水和固体废物污染联防联控联治机制。以京津冀国家技术创新中心建设为抓手，强化创新链、产业链、供应链对接协作，促进北京空港、陆港与天津港的规划衔接和融合。加强就业、养老、社保等政策衔接。

（五）深入落实城市总体规划，切实提高城市精细化管理水平

坚持一张蓝图干到底，下足绣花功夫，持续推进精治共治法治。

做好城市总体规划实施工作。落实首都功能核心区控制性详细规划行动计划，着力提升核心区服务保障功能。规划建设一批轨道交通微中心，推进站城融合发展。完善规划综合实施机制，严格落实城乡建设用地减量，开展城市总体规划实施首次评估。持续推进规划自然资源领域问题整改。

大力实施城市更新行动。以街区为实施单元，注重城市设计，创新政策机制，鼓励引导各方力量参与，实现利益共享、多方共赢。抓好核心区平房区院落申请式改善和简易楼腾退改造，多种模式推进老旧小区、危旧楼房、老旧楼宇、老旧厂房改造。加快低效楼宇升级改造和存量土地资源盘活利用。完成不少于300公顷商品房供地，建设筹集各类政策性住房5万套，完善长租房政策，规范租赁市场秩序，努力解决好住房突出问题。

统筹区域协调发展。滚动实施城市南部地区行动计划，抓好丽泽金融商务区、大兴生物医药基地、房山高端制造基地等建设。加快新首钢地区和京西产业转型升级示范区发展。启动新一轮“回天地区”行动计划。持续推进“一绿”城市化、“二绿”城乡接合部改造。促进平原新城高质量发展、生态涵养区绿色发展。

深化交通综合治理。坚持慢行优先、公交优先、绿色优先，推动轨道交通与地面公交、慢行系统多网融合发展，加快建设公共交通网络化智能调度体系。强化停车综合治理和交通秩序管理，持续开展景区、商圈等周边交通秩序整治。充实首都交警铁骑队伍。深入实施慢行系统品质提升行动，新开通7条段城市轨道交通线路，优化地面公交网，让绿色出行更加通畅便捷。

坚定不移打好污染防治攻坚战。加强细颗粒物、臭氧、温室气体协同控制，突出碳排放强度和总量“双控”，明确碳中和时间表、路线图。推进能源结构调整和交通、建筑等重点领域节能。严格落实全城全过程扬尘管控。实施节水行动方案，全市污水处理率达到95.8%。加强土地资源环境管理，新增造林绿化15万亩。

提高基层治理效能。推动出台接诉即办条例，优化12345市民热线、企业热线和网上平台功能，实施群众诉求首接负责制。深化街道乡镇管理体制改革，完成社区和村“两委”换届。精心办好“向前一步”节目，发挥群团组织、社会组织作用，实现共建共治共享。持续推进生活垃圾分类和减量，深入开展物业管理突出问题专项治理，切实改善居民生活环境。

（六）全面推进乡村振兴，加快农业农村现代化

坚持优先发展农业农村，制定实施率先基本实现农业农村现代化行动方案，促进城乡融合发展。

提升都市型现代农业发展水平。加大农业产业基础设施建设力度，实施种业3年行动计划，加快平谷农业科技创新示范区建设。大力发展数字农业、观光农业、特色农业和林下经济，打造更多精品民宿，提高农村产业质量和效益。坚决遏制耕地“非农化”，

确保“米袋子”“菜篮子”等重要农产品稳产保供。

开展乡村建设行动。深入推进美丽乡村建设，启动实施村庄基础设施建设工程，健全运营管护长效机制。制定农村人居环境提升工作方案，深化“厕所革命”，做好农村污水治理、垃圾分类。编制实施好村庄规划，加强传统村落和乡村风貌保护。

千方百计促进农民增收。开展集体经济薄弱村帮扶专项行动，加大低收入边缘户和返低风险户帮扶力度。实施新型职业农民培育工程，推动本市3万名农村劳动力转移就业。抓好农民合作社规范提升行动和家庭农场示范创建活动，推进农村集体经营性建设用地入市，规范引导闲置农宅盘活利用，增加农民财产性收入。

巩固拓展扶贫支援成果。落实“四个不摘”要求，完善东西部协作和对口支援长效机制，助力受援地区脱贫不返贫，做好同乡村振兴有效衔接。

（七）进一步坚定文化自信，做好首都文化这篇大文章

坚持以社会主义核心价值观引领文化建设，繁荣发展首都文化事业和文化产业，推动全国文化中心建设取得新成效。

提高城市文明程度。扎实开展庆祝中国共产党成立100周年群众性主题宣传活动，加强党史、新中国史、改革开放史、社会主义发展史教育。抓好革命文物集中连片保护。落实新时代公民道德建设实施方案。深化新时代文明实践中心建设。实施文明行为促进条例，倡导践行“光盘行动”。

擦亮历史文化“金名片”。推动中轴线文化遗产保护立法，做好钟楼和正阳门箭楼文物保护修缮。持续开展老城胡同和四合院保护利用工作。出台大运河和长城国家文化公园建设保护规划，加快“三山五园”国家文物保护利用示范区建设。

增强公共文化服务能力。创新实施文化惠民工程。建设“博物馆之城”“书香北京”。加强老字号传承创新。聚焦重大革命、历史、现实题材和北京题材，推出一批优秀文艺作品。开展传统节日、传统民俗振兴发扬等文化活动。

大力发展现代文化产业。促进文化与科技、旅游融合发展，积极培育电子竞技、科幻产业、网络视听等文化业态。提高全域旅游示范区发展水平。完善文化投融资服务体系。规范市级文化产业园区运营管理。推进市属国有文化企业改革。办好系列品牌活动，增强文化发展活力。

（八）持续改善生活品质，让人民群众更好共享发展成果

坚持共同富裕方向，认真办好31件重要民生实事，着力补齐民生领域短板，提升民生保障和公共服务水平。

全方位全周期保障人民健康。实施健康北京行动计划。着力构建公共卫生应急管理体系和医疗卫生服务体系，推进市区两级疾控中心标准化建设。优化分级诊疗服务，提升社区卫生服务中心和家庭医生服务水平，推动预约挂号更多依靠基层转诊。出台促进中医药传承和创新发展实施方案。实现地铁站、火车站、学校自动体外除颤器全覆盖，做好急救技能培训，提高市民自救互救能力。扎实推进爱国卫生运动专项行动。统筹社区各类资源为老年人提供就餐、就医、照护等服务，加快建立居家社区机构相协调、医养康养相结合的养老服务体系。加强公共体育服务，新建一批群众身边的健身场所和设施，做好亚足联亚洲杯筹办工作。

不断提升教育发展质量。落实立德树人根本任务，坚持“五育并举”，完善科学实践和社会实践教育，推进学校体育改革。启动实施学前教育质量提升行动，着力提高办园质量和水平。推动义务教育优质均衡发展，深化区域集团化办学、学区制改革，新增2万个中小学学位。持续支持在京高校“双一流”建设，促进市属高校内涵、特色、差异化发展。加强职业教育职普融通、产教融合、校企合作，统筹发展民族教育、特殊教育和继续教育。

积极做好就业增收和社会保障工作。坚持经济发展就业导向，多措并举稳定和扩大就业，研究制定居民人均可支配收入持续稳定增长行动计划。稳步提高社保待遇标准，健全分层分类社会救助体系。保障妇女儿童合法权益，加强老年人、残疾人关爱服务，完成无障碍环境建设行动目标任务。

（九）牢牢守住安全发展底线，确保首都和谐稳定

坚持总体国家安全观，把维护首都安全作为第一位的政治责任和政治任务，防范化解各类风险隐患，努力打造人民群众满意的安全城市。

毫不放松抓好常态化疫情防控。坚持“外防输入、内防反弹”，压实“四方责任”，完善常态化防控机制。坚持“人”“物”同防，强化疫情监测预警，严格进口冷链食品检测、消毒和追溯管理，持续做好社区、公共场所、人员密集和空间密闭场所等常态化防控，加强农村和城乡接合部地区疫情防控。有序实施新冠疫苗接种方案。

提升城市安全保障能力。大力推进韧性城市建设，加强水、电、油、气、粮食等战略资源应急储备和调度，保障生命线工程安全，完善城市管网系统，确保城市平稳运行。深入实施安全生产专项整治3年行动，坚决遏制重特大安全事故。强化食品药品全过程监管。开展自然灾害综合风险普查，做好城市消防、森林防火、防汛抗旱等工作。健全突发事件指挥机构运行管理机制，提高突发事件应急处置能力。

推进平安北京建设。完善维护政治安全工作体系，保持对暴恐活动严打高压态势。坚持和发展新时代“枫桥经验”，依法解决群众合理诉求。实施地方金融监管条例，防范化解金融和债务风险。继续提高治安科学化水平，增强不同警种合成作战能力。健全扫黑除恶长效机制，依法严厉打击突出违法犯罪，确保首都安全稳定。

深入贯彻党的民族政策和宗教工作基本方针。更好服务国防和军队建设全局，广泛开展双拥共建活动，做好人民防空工作，完善退役军人服务保障，推进军民融合深度发展。

（十）持之以恒加强政府自身建设，全面提升政府服务能力和水平

坚持把党的领导贯穿始终，加快转变政府职能，不断提高政府效能，努力建设法治政府和服务型政府。

强化政治引领。增强“四个意识”，坚定“四个自信”，做到“两个维护”，始终在思想上政治上行动上同以习近平同志为核心的党中央保持高度一致，不折不扣落实党中央各项决策部署。严守政治纪律、政治规矩，从严从实抓好中央第六轮巡视等反馈问题整改。结合巩固深化“不忘初心、牢记使命”主题教育成果，开展党史学习教育。

严格依法行政。深入贯彻习近平法治思想，把政府工作全面纳入法治轨道。自觉接受市人大及其常委会法律监督、工作监督，自觉接受市政协民主监督，认真办理市人大代表议案建议和市政协提案。加快推动重点领域、新兴领域立法。推进事业单位改革。深化综合执法体制改革，提升执法效率和监管水平。

增强政府效能。加强公务员教育管理，引导激励干部想干事、能干事、干成事，奋发有为建功新时代，努力打造一支忠诚干净担当的高素质专业化干部队伍。加大督查考核力度，构建上下贯通的抓落实体系。坚持政府过“紧日子”，全面加强绩效管理，压减非紧急、非必需项目支出，切实把钱用在为民办实事上。强化服务意识，做好税源涵养，让企业安心成长、发展壮大。

加强廉政建设。严格落实中央八项规定精神，持续纠治形式主义、官僚主义，进一步精简会议文件，切实为基层减负。推进审计监督全覆盖。层层压实全面从严治党主体责任，坚决惩治各领域腐败问题，树立干部清正、政府清廉的良好形象。

各位代表！北京冬奥会、冬残奥会筹办已进入决胜冲刺阶段，我们要全面落实绿色、共享、开放、廉洁的办奥理念，创新工作方式，克服各种困难，团结一心、通力协作，高质量完成各项准备工作，全力筹办一届精彩、非凡、卓越的奥运盛会。

各位代表！百年复兴催人进，砥砺奋斗谱华章。我们要紧密团结在以习近平同志为核心的党中央周围，坚持以习近平新时代中国特色社会主义思想为指导，在中共北京市委坚强领导下，齐心协力、勇往直前，奋力谱写新时代首都发展新篇章，以优异成绩庆祝中国共产党成立100周年，为全面建设社会主义现代化国家、实现中华民族伟大复兴的中国梦做出新的更大贡献！

坚持创新引领 加快开放合作
奋力开创首都经信事业发展新局面

——北京市经济和信息化局2021年工作报告

一、过去5年工作回顾

过去5年，是首都经济和信息化发展史上不平凡的5年，具有里程碑意义。在市委市政府的坚强领导下，我们坚持以习近平新时代中国特色社会主义思想为指导，深入贯彻落实习近平总书记对北京重要讲话精神，认真落实首都功能定位，在制造强国、网络强

国建设中积极发挥创新引领作用，顺利完成“十三五”规划主要目标任务，推动全市经济和信息化建设取得新成就。

5 年来，我们坚决贯彻新发展理念，推动产业经济健康发展。2019 年高精尖产业实现增加值 9115.2 亿元，占全市 GDP 比重达到 25.8%。2016 年至 2020 年，规模以上工业增加值年均增长 4.1%，规模以上软件和信息服务业营业收入年均增长 13.6%；高技术产业和战略性新兴产业增加值分别累计增长 56.9% 和 58.5%。2020 年，规模以上工业人均产值达到 252 万元，比 2015 年增长 53.5%，万元工业增加值能耗为 0.33 吨标准煤，比 2015 年下降 36%。

5 年来，我们始终坚持创新引领，推动产业发展新动力更加强劲。2019 年，高精尖产业研发经费投入占收入比重达到 7.8%，居于全国领先水平。推进“三城一区”创新成果对接。在动力电池、智能网联汽车等领域布局产业创新载体，创建国家级制造业创新中心 3 家、工业设计中心 8 家、企业技术中心 32 家、技术创新示范企业 30 家、产业技术基础公共服务平台 21 家。支持建成微芯研究院、5G 研究院、自动驾驶模拟仿真测试平台等一批新型产业研发机构。完善中小企业服务体系，推动大中小企业融通发展，入选国家级中小企业服务示范平台 33 家、中小微企业双创示范基地 20 家、制造业单项冠军企业 19 家。

5 年来，我们持续提高发展质量，推动新旧动能加快转换。出台实施发展高精尖产业“10+3”系列政策，编制 5G、人工智能、智能网联汽车、超高清视频、机器人等新兴领域政策方案，推动互联网领域扩大开放。新一代信息技术和医药健康产业双引擎作用持续发挥。开展“智造 100”、绿色制造专项行动，创建绿色工厂 64 家，绿色供应链管理企业 11 家，智能制造标杆企业 63 家。全国 70% 的 AI 医疗企业汇聚我市，医药工业百强企业达到 14 家，居全国首位。建设全市统一项目库，引导各区优化产业布局，落地福田戴姆勒高端重卡等重点项目 392 个，投资超过 2000 亿元。推动集成电路装备自主供应能力不断提升，布局集成电路制造重大项目，培育出百度、小马智行等智能网联汽车领军企业，集成制造全球领先的“5G+8K”转播车，产业化落地一批一类新药，建成工业互联网标识解析国家顶级节点，3 家互联网企业入选全球十大“独角兽”。

5 年来，我们大力实施协同发展，推动形成区域产业发展新格局。坚持疏解整治促提升，关停退出一般制造和污染企业 2154 家，2016 年至 2017 年清理整治“散乱污”企业 1.1 万家，2017 年至 2019 年清理整治工业大院 236 个、镇村产业聚集区 27 个。基本完成一般制造业集中退出，为产业高端发展腾出空间，制造业的智能化和低碳化水平提升。推动京津冀产业协同发展，构建“2+4+N”合作格局，服务河北雄安新区和北京城市副中心建设，打造北京（曹妃甸）现代产业发展试验区、北京·张北云计算产业基地、北京·滦南大健康产业园等一批共建园区，引导首钢、金隅、北汽等企业产业链在河北布局，保定京车基地、沧州现代四工厂、石家庄新乐三元工业园等一批标志性项目投产，京津冀产业协同从蓝图走向现实。扎实做好扶贫攻坚、对口支援合作。

5 年来，我们加快建设智慧北京，推动城市治理水平实现新提升。实施大数据行动计划，确立“四梁八柱深地基”总体架构，构建起“汇、管、用、评”四位一体的数字生态蓝图。完成市级部门政务信息系统迁入政务云。打造目录区块链系统，破解数据汇聚共享难题。在全国率先建设公共数据开放创新基地，打造数据开放专区。通过数据汇聚共享开放，有效支撑了领导驾驶舱、城市规划管理、智慧交通、一网通办等重点领域应用。在城市副中心、海淀区、回天地区分别开展以生态环保、城市管理、基层治理为特色的“城市大脑”试点。建设全市统一的公共信用信息服务平台，初步建立起基于信用的事前事中事后监管体系，社会信用建设走在全国前列。全面建成光网城市，千兆固网完成布局，百兆宽带成为主流。在医疗、医保、社保、就业、养老、教育、文旅、司法等民生服务领域开展智能化应用建设，形成管理高效、服务便捷的“优政、惠民”新体系，增强了人民群众获得感。

5 年来，我们着力加强自身建设，推动服务效能持续提高。深化“放管服”改革，政务服务事项网上可办率达到 100%。当好企业服务管家，用好“服务包”机制，采取“一企一策”和普惠性政策相结合，解决企业发展痛点难点问题。不断完善安全生产“党政同责、一岗双责”工作体系，实现本市民爆物品生产、销售企业“零”生产安全事故。加强无线电管理，对“伪基站、黑广播”保持高压打击态势。圆满完成新中国成立 70 周年等重大活动期间通信保障、无线电管理、安全生产等任务。坚持以政治建设为统领，持之以恒推进全面从严治党，坚决肃清王刚涉嫌严重违纪违法恶劣影响，加强正风肃纪，深入开展学习教育活动，完成机构改革任务，强化支部规范化建设，加强干部和人才队伍建设，推进党建和业务紧密融合。

同志们，刚刚过去的一年，面对错综复杂的国际形势和突如其来的新冠肺炎疫情冲击，我们在市委市政府的坚强领导下，扎实做好“六稳”“六保”工作，统筹抓好疫情防控和经信事业发展，抓住“两区”建设机遇，加快高精尖产业建设，实施大数据行动计划，奋力完成了全年重点目标任务。规模以上工业、软件和信息服务业增加值分别增长2.3%和14.4%，合计占全市GDP的27%，比2019年提高1.5个百分点。

2020年，重点做了以下工作：

一是全力投入疫情防控，有序开展复工复产，推动产业经济加快恢复。认真落实疫情防控、复工复产系列政策措施，先后发布8版企业防疫指引，开展6轮入企服务指导，为企业协调解决物资进出京、外籍人员入境、上下游复工等困难，稳定产业链供应链。推动本市防疫物资纳入工信部保障计划，迅速组织自产保供，实现了从严重短缺到充分供应的快速提升。口罩最高日产能1200万只，医用防护服日产能4万件，84消毒液日产能260吨，核酸检测试剂日产能90万人份，新冠肺炎疫苗形成年产2.5亿剂生产能力，负压救护车等产品加快生产供应。服务全市科技抗疫重点产品出口，订单额近16亿美元。应用大数据精准防疫，开发“疫情跟踪数据报送系统”，支撑全市7200个社区防疫；上线“北京通”App抗疫专栏；研发“北京健康宝”，全年提供30亿次健康状态查询服务。落实帮扶中小微企业政策措施，为1292家中小微企业减免房租接近2697万元，约1.8万家企业获得中小企业服务券支持。全市规模以上工业、软件和信息服务业4月底开复工率达到100%，从4月开始实现月度正增长。

二是大力发展数字经济，推进产业融合创新，塑造创新发展新优势。抓住“两区”建设重大机遇，进一步深化政策和制度创新，形成经信领域推进“两区”建设工作方案和任务、政策、企业、项目4个清单。编制实施促进数字经济创新发展行动纲要，围绕数字基础设施、数字产业化、产业数字化、数字化治理、数据价值化和数字贸易发展，实施9项重点工程。开展新型基础设施建设行动，聚焦“新网络、新要素、新生态、新平台、新应用、新安全”，实施110项建设任务。统筹数据中心总量控制、增量优化、存量提质。新增5G基站1.5万个，聚焦综测仪、云化小基站等梳理23个5G重点研发和产业化项目，推动5G+8K超高清产业创新发展。落实商业航天保险贴费等政策，服务星河动力实现500公里太阳同步轨道发射，银河航天首发星双向视频通话，国电高科、和德宇航等企业物联网星座实验运行。完成高级别自动驾驶示范区1.0阶段建设。北斗产业创新基地投入运营。加快信创园建设，国家网络安全产业园区入驻企业达到132家。发展智能制造、高端制造，实施小米无人工厂等智能制造示范项目，发布21家智能制造标杆企业，工业互联网标识注册量达到29亿。顺义区、海淀区、朝阳区、石景山区联合入选工业互联网领域国家新型工业化产业示范基地。

三是瞄准高精尖发展方向，抓紧落地重点项目，产业发展后劲持续增强。梳理29个高精尖产业细分领域，明确市级牵头部门和重点承载区。申请中央专项资金支持项目411个，推荐列入国家再贷款及税收优惠名单企业304家。推动高精尖产业资金普惠易得，高精尖产业基金投资规模超过220亿元。强化重大产业项目统一管理调度，推动96个重点项目开工。全年完成工业重点产业固定资产投资378.35亿元，同比增长56%；软件和信息服务业超额完成255亿元固定资产投资目标。服务创新型产业集群与制造业高质量发展。推动中日创新合作示范区、中德国际合作产业园完善产业生态。建设首都创新设计研究院。发布氢燃料电池汽车产业规划，推进国际氢能中心建设，落地燃料电池联合研发中心。新增市级企业技术中心126家、高精尖产业设计中心22家。支持产业绿色化提升，创建国家级绿色工厂27家。促进装备、汽车、保健品等产业在京津冀协同布局。助力对口支援合作地区产业发展、打赢脱贫攻坚战。

四是营造良好营商环境，加大服务企业力度，创新创业更加活跃。建立市区两级产业链龙头企业常态化服务工作机制，帮助企业协调解决困难问题140余项。探索“龙头企业＋中小创新型企业＋平台”的合作模式，服务央企在京发展高精尖产业。完成中小企业发展条例修订。推动数字化赋能中小企业发展。新认定国家级公共服务示范平台7家、市级58家，国家级创业创新示范基地4家、市级16家。进一步完善“1+16+N”的中小企业服务平台网络体系，全年服务中小企业100多万家次；“创客北京”大赛推荐项目连续两年获得全国一等奖；支持担保、租赁机构为中小企业提供融资服务，受惠中小企业8100多家，融资规模达到265亿元；持续推动担保降费，综合担保费率自2015年2.5%降至1.8%；建立企业梯队培养体系和专项服务机制，认定市级“专精特新”企业819家，入选国家级“专精特新‘小巨人’”企业85家。推广北京经开区大中小企业融通发展经验，中关村顺义园获评2020年大中小企业融通发展载体。发挥市减轻企业负担联席会议机制作用，整治涉企违规收费，推动惠企政策落实。提前完成无分歧欠款清欠任务。

五是实施大数据行动计划，完善社会信用体系，智慧化治理能力不断提升。编制智慧城市发展行动纲要、感知体系建设指导意见以及重点领域行动方案，发布大数据标准框架体系。政务云的格局基本成形，持续开展“上云”“入链”“汇数”，完成市级部门入云和系统“交钥匙”工作，市级大数据平台2.0版投入使用。依托目录区块链推动数据开放，支撑了金融公共数据专区等一批典型应用。建立全市政府网站集约化统一技术平台，实现全市政府网站信息“一网通查”。建设涵盖数、云、网、端的纵深安全防护体系，保障政务信息系统安全稳定运行，支撑政务数据共享开放。建立基于市级大数据平台的信用信息归集共享机制，归集数据超过25亿条。持续开展各区信用环境状况月度监测工作，完成“信易贷”平台北京站建设，试点开展“先诊疗后付费”等创新服务。京津冀联合发布实施守信激励试点建设方案，签署社会信用标准框架合作协议。我市在全国城市信用状况监测评价中连续3年保持全国第一。加强信用分级分类监管机制建设，推动构建以信用为基础的新型监管机制。政务诚信建设被世界银行发布为优化营商环境的“北京经验”。

六是充分发挥党建引领作用，持续加强作风建设，党员干部的凝聚力、战斗力进一步增强。以党的政治建设为统领，压紧压实全面从严治党责任。局党组26次研究涉及机关党建有关事项，制定党建工作要点，修订机关党委工作制度，开展党支部书记抓基层党建述职评议考核，成立大数据中心党总支和9个党支部，编写党支部组织生活工作指南和会议记录范例，落实好“三会一课”等制度。强化理论武装，党组理论学习中心组组织17次集体学习、专题研讨，开展青年干部忠诚教育，举办两期处级领导干部和党支部书记轮训班，形成学习体会材料汇编，推动党建工作和业务工作深度融合。发挥党支部战斗堡垒作用和党员先锋模范作用，为圆满完成紧缺防疫物资保障、健康宝运行维护、大数据分析比对、推进复工复产、机关干部下沉社区（村）和“双报到”、主题教育“回头看”等任务提供组织保证。组织开展“两优一先”评选表彰活动。一批先进集体和个人受到国家、市级表彰。推进北京市大数据中心组建，完成中心岗位设置和人员转隶。做好老干部工作，开展丰富多彩的工会活动。深入开展高精尖产业技能提升行动，为高精尖产业发展提供技能人才保障。学习贯彻十九届中纪委四次全会和市纪委十二届五次全会精神，召开领导班子专题民主生活会、“以案为鉴、以案促改”警示教育大会，开展“一案四查”，肃清王刚涉嫌严重违纪违法恶劣影响。制定《关于进一步发挥基层党组织纪检委员作用的意见》，与驻局纪检监察组定期分析全面从严治党形势，一体落实主体责任，严格落实中央八项规定精神，运用“四种形态”深化管理监督，营造风清气正的干事创业氛围。

我们取得的工作成绩，是市委市政府正确领导和工信部关怀指导的结果，是各市直部门大力支持的结果，是各区政府、开发区、广大企业以及产业界同人埋头苦干的结果。我代表市经济和信息化局，对各界的支持和帮助，表示诚挚感谢！

在肯定成绩的同时，我们清醒地认识到发展中还面临不少困难和问题。一是疫情防控和经济恢复还有很大不确定性，产业经济恢复的基础还不牢固，发展新动能需要加快培育。二是优化产业结构、不断提升制造业比重需要付出艰苦努力。三是产业基础能力有待提升，产业创新突破步伐不够快，部分关键原材料、核心技术和产品依靠进口，面临“卡脖子”问题。四是大数据治理能力和应用水平还跟不上城市治理现代化的发展需求，社会信用改善营商环境的重要作用需要进一步发挥。对于这些问题，我们要攻坚克难，采取有效措施切实加以解决。

二、“十四五”时期发展目标和任务

“十四五”时期是开启全面建设社会主义现代化国家新征程、向第二个百年奋斗目标进军的第一个五年。我们要站在更好服务首都率先实现现代化和在构建新发展格局中走在前列的战略高度，紧紧抓住建设国际科创中心和“两区”“三平台”的重大发展机遇，充分发挥首都创新资源优势，大力发展数字经济，稳步提高制造业的比重，加快制造业高端化转型，推动制造和服务融合发展，为首都构建现代化经济体系提供有力支撑。

按照市委、市政府关于全市“十四五”发展蓝图的总体擘画，我们编制了经济和信息化领域系列发展规划，坚持战略愿景和落地实施相统一，重点确定了以下发展目标。

——产业结构更加优化。数字经济增加值年均增长7.5%左右。高精尖产业占GDP比重达到30%以上，形成4～5个万亿级产业集群，推动制造业增加值在全市GDP中的比重回升。在高精尖产业领域新设立规模以上外资企业100家。

——创新能力大幅提升。数字化赋能实体产业加快创新。规模以上高精尖企业研发经费内部支出占主营业务收入比重达到8.5%，重点行业装备数控化率达到85%，新增50家单项冠军企业，突破一批“卡脖子”技术。

——质量效益持续提高。高精尖产业全员劳动生产率较2020年提高30%以上，制造业增加值率达到25%左右。单位制造业增加值能耗、水耗在2020年的基础上分别下降5%，形成更加绿色的产业体系。

——智慧城市更加高效。以“优政、兴业、惠民”为宗旨，基本建成根基强韧、高效协同、蓬勃发展的新一代智慧城市有机体，形成服务高效的数字政府、智能协同的数字社会、万亿产值的经济，将北京建设成为全球智慧城市的标杆城市。

——信用体系更加完善。信用信息和产品得到广泛应用，信用在优化营商环境、提升市场监管效能、创新社会治理方式等方面发挥基础性作用，政务诚信、商务诚信、社会诚信、司法公信建设取得显著成效，“信用北京”成为全国社会信用体系规范运行的示范区。

“十四五”时期，全市经济和信息化发展的主要任务：一是培育高精尖产业，推动产业基础高级化、产业链现代化，构建现代产业体系。二是优化产业结构，发展智能制造、高端制造，壮大实体经济根基。三是推动数字产业化、产业数字化，完善数字经济生态，建设全球数字经济标杆城市。四是实施智慧城市发展行动纲要，打造健康、宜居、安全、韧性的新型智慧城市发展样板，助力提升城市共治、精治水平。五是提高服务企业的能力和水平，打造公平、普惠、易得的服务体系，不断优化营商环境。六是加强社会信用制度建设，推进信用信息创新应用，建设北京特色的社会信用体系。

三、2021年重点任务

今年是中国共产党成立100周年，是“十四五”开局之年，做好全年工作具有重要意义。我们要坚持以习近平新时代中国特色社会主义思想为指导，全面贯彻党的十九大和十九届二中、三中、四中、五中全会及中央经济工作会议精神，深入贯彻习近平总书记对北京重要讲话精神，坚决落实市委市政府工作部署，毫不松懈抓好疫情防控，做好“六稳”“六保”工作，抓住“两区”建设机遇，在首都率先构建新发展格局中拿出经信系统的具体行动，着力提升产业基础能力和产业链水平，着力提升数据治理能力和智慧化水平，实现“十四五”良好开局。

今年，全市经济和信息化发展的主要预期目标是：数字经济增长7.5%左右；规模以上工业增加值增长4%左右，完成重点产业固定资产投资600亿元，重点行业装备数控化率提升至75%；规模以上软件和信息服务业营业收入增长13.5%左右，固定资产投资增长3%。完成智慧城市建设行动纲要年度工作目标。完成中小企业服务、社会信用体系建设、政务信息安全、无线电管理、重大活动保障等重点工作任务。

重点做好以下几个方面的工作：

（一）培育产业创新生态，做强高精尖产业集群

一是培育万亿级产业集群。坚持智能制造、高端制造方向，推动先进制造业与现代服务业融合发展。建立“五个一”工作机制，聚焦智能制造、医疗健康、产业互联网、智能网联汽车等领域谋划培育万亿级产业集群，带动产业基础提升和产业结构优化。智能制造领域，推动怀柔国家级高端仪器仪表与传感器基地、北京经开区工业机器人产业基地建设，在机器人、智能制造系统两个领域筹建产业协同创新平台，建设一批智能制造标杆工厂。医疗健康领域，促进新药研发和生产，推动体外膜肺氧合器等高端医疗器械产业化，加快布局互联网医疗，推进京东方生命科学产业基地等标志性项目建设。在产业互联网领域，推动优势电商平台、工业云平台、工业互联网平台加快发展，加快工业设计、检测、加工等资源和能力的网络化协同。在智能网联汽车领域，推进高级别自动驾驶示范区2.0阶段建设，分阶段开放自动驾驶高速公路测试，开展高精地图试点应用，开展基于网联云控技术路线车辆的正向研发，加快代客泊车、智慧公交、智慧物流等示范场景落地，探索自动驾驶车辆收费和智能化道路基础设施运营等商业模式。

二是构建“平台+产业”创新生态。做大做强人工智能、区块链、隐私计算、数据交易等核心平台，赋能传统产业数字化转型，快速孵化或吸引产业上下游企业，不断壮大产业生态规模。打造人工智能算力平台，创建国家人工智能创新应用先导区，建设国家人工智能测试中心，在芯片、信息消费、城市运行领域培育人工智能领军企业，重点支持人工智能在交通、医疗、教育、金融、商业、政务等领域创新应用。打造区块链底层技术平台，面向普惠金融、医疗健康和自动驾驶等应用场景，带动数据经纪、标注、评估、合规、保险等新业态发展。支持卫星互联网星座构建、打造运控平台，实现商业化运营服务。加快培育发展一批工业互联网平台及细分行业平台，推进工业级网络操作系统、工业App平台技术的研发和产业化。

打造新材料生产应用、测试评价平台，推动新材料项目落地，加快航空航天、电子信息等新材料产业集群建设，出台新材料首批次应用补贴实施办法，加快新材料产品推广应用。

三是提升产业创新能力。实施产业基础再造工程，发挥头部企业带动作用，推动创新链、产业链、供应链联动。强化企业创新主体地位，促进产学研深度融合，在量子、光电器件、传感器、新型存储等领域挖掘和支持一批颠覆性创新项目。实施产业创新中心创建“揭榜制”，进一步优化市级产业创新中心分布，推动国家制造业创新中心在京布局。引导企业技术中心提高研发投入强度，加强标准和知识产权布局，提升高精尖产品创造能力。推进高精尖设计中心建设，推动智能网联汽车、集成电路、智能装备等领域强化以设计为引领的研发创新体系。推动首都创新设计研究院建设。支持企业在车联网、5G、新材料等领域开展研发设计、计量测试、检验检测等公共服务平台建设。推广先进质量管理方法，开展“企业标准领跑者”建设，完成地方标准立项20项以上。对接冬奥会、城市副中心和新机场建设等重大场景，推动优质产品和服务落地应用。

（二）释放“两区”政策红利，大力发展数字经济

一是建设数字基础设施。加快千兆固网、IPV6推广应用，新增5G基站0.6万个，率先推进自贸区5G信号覆盖。建设基于区块链的可信数字基础设施。加快工业互联网标识解析行业二级节点建设。建设高端算力基础设施，构建云网边端融合的工业互联网大数据中心，加速人工智能算力算法数据一体化开放服务平台建设，布局新一代超算中心。做好频谱资源统筹，维护空中无线电波秩序。完成800兆窄带集群专网和1.4G宽带集群专网系统级互联互通工作，完善网络覆盖，开展网络压力测试，为冬奥会等重大活动创造安全稳定的专网环境。

二是释放数据要素价值。研究制定《北京数据交易服务标准规范体系》，建立数据交易规则、安全保障体系和平台监管机制，推动建设北京国际大数据交易所。加快推动公共数据开放，推进数据专区建设，引导社会机构依法开放自有数据。在特定领域开展央地数据合作，推动政务数据与社会化数据平台对接。稳妥有序推进数据跨境流动，制定数据分类分级规范、数据保护能力认证机制，开展数据跨境流动安全管理试点。制定增值电信业务进一步试点开放实施方案。

三是培育数字相关产业。推动数字产业化和产业数字化，加快建设全国数字经济发展的先导区和示范区。围绕集成电路规模化量产、先进工艺验证，加强装备、零部件、材料和运行维护保障。实施超高清产业培育“1+N+1”计划，推动组建5G+8K超高清直播公司和北京超高清产业基金，支持海淀区建设8K产业园，推动构建全国领先的8K超高清产业集群。推进小米高端智能手机工厂开工建设。推动国家网络安全产业园区建设信创产业生态。支持开放原子开源基金会加快引进、孵化开源项目。推动国际信息产业和数字贸易港、苹果生态、SAP公司等重点项目建设。实施信息消费升级工程，建设一批信息消费体验中心。加强工业互联网、物联网、北斗等产业技术示范应用，在远程办公、在线教育、智慧零售等领域培育一批特色平台企业，支持基于数字技术的新模式、新业态发展。

（三）加大招商引资力度，推动重点项目落地

一是面向全球开展招商活动。综合运用专业平台、投资基金，通过对接跨国公司、中介招商、平台招商、园区招商、场景招商、产业链供应链招商等多种渠道，吸引外资企业总部机构、研发中心、旗舰项目、功能平台等在京发展。强化市区联动，加强规划引导，围绕土地厂房、园区配套、金融信贷、资金扶持、项目落地，加强产业投资的全生命周期统筹服务。推动各区完善招商体系，加强与驻区重点企业、国际商会等机构联系，充分挖掘投资线索。发挥市场力量，高质量办好中国国际服务贸易交易会、世界机器人大会、世界智能网联汽车大会、世界能源转型大会等重点活动，吸引世界500强、独角兽、隐形冠军等头部企业投资高精尖产业。

二是完善重点产业项目落地机制。制定发布促进制造业重大项目落地三年行动计划，会同市科委、中关村管委会、市发展改革委、市财政局进一步研究共建共享高精尖产业项目库。用好市区专班调度、跟踪服务、挂图作战等机制，按照“开工一批、续建一批、竣工一批、储备一批”，推进项目早落地、早开工、早投产。加快推进国际合作园区建设，服务中日、中德国际合作产业园项目落地，规划建设欧盟航空航天北京产业基地。实施支持卫星网络发展的政策措施，优化“南箭北星”布局。抓住碳中和、碳达峰的机遇，加快推进“能源谷”建设。建设商业航天产业基地，落地总部工厂、智能制造示范线。推动氢能制备装备、液体火箭发动机等创新成果转化。加快民用无人驾驶航空试验基地建设。持续推

动创新型企业与央企国企在工业芯片、能源工业互联网、轨道交通、石油天然气管网等领域加强项目合作。

三是推动产业协同发展。联合制定实施京津冀产业协同发展规划，明晰适合京津冀产业协同发展的产业链，支持龙头企业在京津冀范围内优化布局，向北三县、通武廊以及其他环京周边地区科学合理推进补链、延链，完善产业配套能力。利用京津冀相关基金以及北京“两区”政策，按照“2+4+N”的产业布局，支持产业协同发展项目和产业转移升级项目建设,促进区域产业布局优化。继续抓好产业园区共建，支持雄安新区、北京（曹妃甸）现代产业发展试验区、大兴国际机场临空经济区、北京·滦南大健康产业园等一批协同创新平台建设。组织节能环保、智能制造、工业互联网等领域企业赴津冀开展精准对接，推动我市高新技术企业赋能津冀传统制造业改造升级。引导我市产业孵化项目和新兴产业项目向廊坊“北三县”地区延伸布局。推进京津冀燃料电池汽车示范城市群建设，促进三地氢能产业协同发展。统筹各区落实疏解整治促提升专项行动中疏解一般制造业专项任务。巩固受援地区脱贫攻坚成果，继续做好产业帮扶工作。

（四）加快智慧城市建设，提升城市治理现代化水平

一是进一步提升大数据汇聚共享质量。以应用激活数据，提升数据治理能力，是今后一个时期大数据工作的重点任务。推动北京市数字经济促进条例研究论证，编制实施“十四五”智慧城市发展行动纲要和“八柱”行动方案，完善智慧城市标准体系，围绕优政、惠民、便企、安全等方向推进智慧应用落地。全面提升数据通达能力、广泛联接能力、协同联动能力、科学决策能力，创新体制机制，助力提升城市精治、共治、法治水平。打造全市统一的政务区块链底层技术平台,规范行业云建设内容，提升“链”上目录质量，强化“链”上共享服务，依托目录区块链加强数据专区规范管理，提高基础数据的完整性、准确性和时效性。

二是推动大数据赋能智慧城市应用。加强顶层设计，布局城市全域应用场景。完善领导驾驶舱平台架构和运行机制，建设四级联动、全市统一的协同办公平台，推进政务服务事项掌上办、自助办和智能办。启动建设城市感知体系。实施城市码建设工程,构建城市基础信息编码体系。启动“时空一张图”数字底座建设，提供统一的地理空间数据共享服务。聚焦交通、环境、综合执法等领域，开展大数据试点应用，构建市、区、街、居四级城市运行“上下联动”应用体系。推进“一网通办”，加快就业、社保、社区服务等民生领域数字化，提供普惠便捷的智慧生活服务。推动市区两级公共数据开放共享，通过数据下沉赋能,支撑各区智慧应用和基层治理。推广海淀“城市大脑”建设模式，开展街镇“城市大脑”试点。基于大数据“汇、管、用”，建立全流程评估指标体系和分析模型，完善大数据评估评价与绩效考评联动工作机制。

三是加强社会信用体系建设。完善信用承诺、分级分类监管、信用奖惩、信用修复等一批市级层面信用制度，协同各单位完善各行业领域制度规范。推进信用平台二期建设，形成支撑信用监管、信用监测、信用应用服务、信用产业发展全链条的公共服务平台。进一步完善全流程信用监管体系，开展经营者准入前诚信教育、规范信用信息使用、黑名单制度和信用奖惩机制等重点工作。深入开展信用修复、信用核查等工作。充分利用我市建设自贸区机遇，推进信用产业园建设。运用区块链技术支持社会机构联合建设“信用数据专区”，构建政府信用信息和市场信用信息融合应用新模式。持续开展京津冀守信联合激励试点建设。支持信用在医疗、交通、旅游等场景应用，形成一批国内领先的新模式。

（五）坚持公平普惠易得，提高服务企业水平

一是完善服务企业机制。围绕“服务包”企业、龙头企业、专精特新企业等重点领域企业需求，加强走访服务，对企业反映的困难问题和服务事项，建立台账，协调解决。持续深化“放管服”改革，进一步推进企业服务“减事项、减材料、减时限”，提高审批服务便利化，拓展电子印章在政务服务领域应用范围，提高审批服务效率。做好全市企业投资立项工作指导与监督，研究出台《工业和信息化领域企业投资项目事中事后监管实施细则》。开展工业重点行业企业能效水效对标，鼓励企业实施绿色化技改升级。落实减轻企业负担的各项政策措施。推进行业协会商会与行政机关脱钩。深入开展安全生产专项整治三年行动，从行业规划、技改提升、民爆行业监管等方面，促进相关产业领域安全发展。

二是服务中小企业发展。发挥市促进中小企业发展领导小组统筹作用，建立市区联动、政策集成，资源共享、互联互通，服务便捷、一网通办的工作推进机制。加强中小企业政策统筹，全面梳理涉企惠企政策，形成政策清单和知识库，逐步建立全市统一的

企业服务资源目录和一体化发布平台。全面实施基于企业画像和政策服务标签的普惠服务模式。加强中小企业运行监测体系建设。建立中小企业政策兑现评估机制。举办“创客北京 2021”中小企业创新创业大赛。按照“育新、扶小、抓大、培优”原则，促进企业“小升规”“规升强”“强升巨”，推动构建龙头企业带动、中坚企业支撑、小型企业配套的企业梯队。

三是用好产业资金和基金。修订高精尖产业发展资金管理办法，扩大普惠范围。加快高精尖产业领域基金布局与重点基金设立，吸引国家级基金及央企参与基金合作，加快推进中日产业园基金、5G 领域红山研究院基金设立工作。通过项目型基金、专项基金定向布局重点产业，精准支持企业发展。发挥中小资金引导作用，综合利用奖励、补助等多种方式，改善中小企业融资环境。引导金融机构提供知识产权、股权以及应收账款质押等融资产品和服务。持续提升中小基金管理水平，完成第十三批拟合作机构设立，稳步开展新设子基金的投资工作，推进中小基金二期设立。

（六）扎实抓好疫情防控，巩固复工复产成果

一是认真落实疫情防控政策措施。及时更新发布企业防控疫情指引，会同各区加强企业走访督导，督促企业严格落实常态化疫情防控措施，加强重点场所和重点人群疫情防控。发挥核酸检测“前哨”作用，做好涉疫风险场所、货物、人员排查，妥善处置，坚决防止疫情在复工复产领域扩散。引导企业有序做好节假日生产排产及人员安排。会同各区做好工业领域重点企业疫苗接种需求摸底和接种组织工作。维护供应链稳定，会同市公安局、市交通委为企业应急物资转运提供通行便利，通过优化检查流程、设立“绿色通道”等措施，畅通重点企业货物进出京渠道。

二是持续做好疫情防控医疗物资保障工作。落实《北京市疫情防控重要医疗物资保供工作方案》，加强防疫物资产能、产量、库存等情况监测，帮助企业解决生产中出现的问题。加快新冠肺炎疫苗产能建设，服务科兴中维、北京生物疫苗扩产，加速生物安全检查、生产场地认证、产品审批等进度，形成年产疫苗原液 20 亿剂、成品 15 亿剂生产能力。支持企业牵头开展疫苗核心材料研制工作，增强产业链上游自主可控；协调保障玻璃瓶、注射器等产品原辅料供应，加大上游企业对新冠疫苗产业化的支撑力度。

三是继续做好大数据精准防疫和科技防疫工作。按照疫情防控需要，持续优化“北京健康宝”功能。加强“北京健康宝”、北京通、大数据平台等服务能力整合，逐步面向社区、医院、银行等民生服务、基层治理等领域延伸。做好科技防疫，服务我市防疫产品出口，从应用规模、资质认证、生产与质量保障、市场渠道等方面明确产品入选标准，更新重点防疫产品出口清单，配合开展产品监督检查，广泛拓展出海渠道。

（七）持续加强自身建设，推动全面从严治党向纵深发展

一是着力建设过硬政治机关。以习近平总书记对机关党的建设指示批示精神为根本遵循，以党的政治建设为统领，压紧压实全面从严治党责任。牢记“看北京首先要从政治上看”的要求，强化理论武装，落实意识形态工作责任制，净化政治生态，切实增强“四个意识”、坚定“四个自信”、做到“两个维护”。着力提高机关党建水平，落实“一岗双责”，严肃党内政治生活，抓好党务培训，开展党建考核、基层党建工作述职评议，推进基层党支部规范化、标准化建设。推动机关党建和业务工作深度融合，为圆满完成各项任务提供坚强政治保证和组织保证。

二是做好干部人才工作。着眼事业发展，加强领导班子和干部队伍建设。推进事业单位改革，充分发挥事业单位对中心工作的支撑作用。坚持创新与人才一起抓，继续支持各类用人主体引进培养人才，继续实施全市职业技能提升行动，做好高精尖产业技能提升培训，举办推动高精尖产业发展研讨班，组织开展第十九届工业和信息化职业技能竞赛。

三是营造干事创业的良好氛围。着力增强服务中心实效，围绕向建党 100 周年献礼，深入学习宣传贯彻党的十九届五中全会精神，紧扣贯彻落实中央、市委重大决策部署，搭建创先争优新平台，激励党员干部牢记初心使命，彰显担当作为，持续巩固和扩大主题教育成果。牢固树立过紧日子思想，通过制度建设不断完善资金监管，提高资金使用效果。着力营造优良政治生态，深入开展党风廉政教育，加强监督执纪，整治政务服务领域突出问题，巩固拓展作风建设成效，引领群团组织积极发挥作用，推进精神文明创建。

同志们，美好蓝图已绘就，砥砺奋进铸辉煌。让我们紧密团结在以习近平同志为核心的党中央周围，在市委市政府的坚强领导下，奋勇拼搏、开拓创新，奋力开创全市经济和信息化工作新局面，以优异成绩庆祝中国共产党成立 100 周年！

专 文

本栏目采用文章体，刊载2020年中关村科技园区管理委员会、首钢集团、北京金隅集团股份有限公司主要领导的讲话和文章。

发挥创新优势 努力化危为机

——疫情防控常态化形势下中关村创新发展的实践与思考

中关村管委会党组副书记、主任 翟立新

突如其来的新冠肺炎疫情对全球经济社会发展带来前所未有的冲击，在以习近平同志为核心的党中央坚强领导下，统筹疫情防控和经济社会发展工作取得重大成果。但境外疫情蔓延态势仍在持续，全球经济发展不确定性加大。在疫情防控常态化形势下，中关村国家自主创新示范区要充分发挥创新优势和引领作用，落实“六稳”“六保”要求，坚持稳中求进，努力化危为机，培育壮大新动能和新增长点，促进首都高质量发展。

一、发挥科技创新优势，为疫情防控提供有力武器

习近平总书记强调，人类同疾病较量最有力的武器就是科学技术。疫情发生以来，中关村管委会推出10项政策举措，支持中关村企业主动作为、尽锐出战。初步统计，中关村示范区200余家前沿企业的重要技术产品投入抗疫一线应用，为打赢疫情防控阻击战提供了科技利器。

作为中国重要的创新高地，中关村要放眼全球抗疫需要，加强技术攻关，加快转化应用，为抗疫提供更有力的技术支撑。大力支持新冠病毒检测技术创新，举办中关村检测技术前沿创新大赛，挖掘支持前沿创新项目。加强创新药物、医疗设备研发布局，重点推动抗体药物、呼吸机等技术创新，加快推动疫苗的临床试验和上市使用。深入推动人工智能、大数据、云计算等新一代信息技术应用，为疫情防控预警和科学精准防控提供技术支持。

二、发挥产业创新优势，培育壮大新动能和新增长点

习近平总书记指出，“危和机总是同生并存的”，要“善于从眼前的危机、眼前的困难中捕捉和创造机遇”。疫情对餐饮、旅游等传统产业造成巨大冲击，但也孕育了大量的新经济业态，开辟了数字经济、智能经济等产业新赛道。2020年1月至6月，中关村示范区电子与信息技术领域产值增速15.5%，互联网消费、协同办公、“互联网+”、“人工智能+”等业务量大幅提升，涌现出“飞书”“小鱼易连”等200多家协同办公技术产品，智能测温、医疗防护机器人等智能产品加速得到应用。

面向未来，中关村要加快发展新兴产业和未来产业，培育形成新的增长点和新功能，助力全国经济高质量发展。要把握数字经济、平台经济、智能经济发展趋势，聚焦发展人工智能及新一代信息技术、生物健康、集成电路、5G、工业互联网等重点产业。要主动布局科技冬奥、智慧交通、智能工厂、智慧楼宇、未来社区等特色应用场景建设，加快新技术新产品推广应用，构建和完善产业生态。

三、发挥制度创新优势，激发科技型企业发展活力

习近平总书记指出，“发展环境越是严峻复杂，越要坚定不移深化改革”“善于运用制度优势应对风险挑战冲击”。面对当前形势，我国亟须创新关键核心技术攻关和科技成果转化机制，提高科技对经济发展的支撑力。受疫情影响，大量企业订单下降，资金链和现金流压力加大，投融资机制需要创新完善。加快培育新经济、新业态，势必要对行业监管理念和监管模式进行改革。

疫情防控常态化为深化改革提供了新要求和新动力，中关村要充分发挥先行先试改革试验田作用，研究建立企业牵头的重大技术创新项目生成机制，探索颠覆性技术创新支持机制，推动产学研用深度融合。要推动对国有技术类无形资产与其他类型国有资产实行差异化管理，开展职务科技成果权属改革和国有企业技术人员成果转化激励试点。要深化“放管服”改革，探索支持无人驾驶、AI诊疗、无接触经济等新业态监管新机制。

四、发挥区域创新优势，打造区域增长极和主引擎

疫情防控进一步凸显了产业链安全和区域合作的重要性。中关村管委会深入贯彻落实习近平总书记关于“区域之间要加强上下游产销对接，推动产业链各环节协同复工复产”指示精神，通过加强与京外省市沟通协调，争取京外产业链关键环节协同复工复产，有效解决了一批重点企业产业链需求问题，努力打通产业链、供应链堵点，加快经济复苏。

中关村在推动区域高质量发展、开放创新合作中，要积极引领构建京津冀协同创新共同体，加快雄安新区中关村科技园、天津滨海—中关村科技园建设，推进中关村工业互联网、先进制造、节能环保等技术与津冀产业转型升级需求紧密合作，形成产业链上下游高效衔接、错位发展、互利共赢的协同发展格局。

五、发挥党建引领优势，提高服务意识和履职尽责能力

习近平总书记强调，疫情就是命令，防控就是责任。疫情发生以来，中关村管委会党组坚持把开展疫情防控、服务企业复工复产达产作为检验全面从严治党成效和干部作风的“试金石”，依托“一处一园”联系服务机制，累计派出机关干部深入一线督查指导1400多人次，先后选派21名机关干部下沉到社区一线参加抗疫工作。搭建中关村企业联系服务平台，建立企业需求快速响应机制和企业服务专员制度，努力为企业排忧解难。

在疫情防控常态化条件下，统筹推进疫情防控和经济社会发展，是对干部态度、作风和素质能力的一场大考。要进一步强化以人民为中心的工作导向，持续转变作风、深入基层、服务企业，积极主动担当作为，及时解决企业遇到的困难与需求，精准帮扶企业渡过难关。要加强纪律监督，努力构建新型政商关系，以一流的服务意识和服务能力为企业平稳健康发展保驾护航。

（摘自2020年08月18日《光明日报》06版）

深入学习贯彻党的十九届五中全会精神
扎实推动首钢高质量发展

首钢集团党委书记、董事长 张功焰

党的十九届五中全会是我们党在全面建成小康社会胜利在望、全面建设社会主义现代化国家新征程即将开启的重要历史时刻召开的一次十分重要的会议，是在中国将进入新发展阶段、实现中华民族伟大复兴正处于关键时期召开的一次具有全局性、历史性意义的会议。全会审议通过的《中共中央关于制定国民经济和社会发展第十四个五年规划和二〇三五年远景目标的建议》是开启全面建设社会主义现代化国家新征程、向第二个百年奋斗目标进军的纲领性文件。习近平总书记在全会上的重要讲话，围绕贯彻落实全会精神科学回答了一系列方向性、根本性、战略性重大问题，创造性地提出了许多新思想新观点新论断新要求，为推动高质量发展、构建新发展格局，夺取全面建设社会主义现代化国家新胜利提供了科学指南和基本遵循。这次首钢“三创”交流会就是要通过总结“十三五”、规划“十四五”，把党的十九届五中全会精神落到实处。

首钢集团党委对编制“十四五”规划高度重视。2019年12月就启动了这项工作，2020年以来围绕事关首钢高质量发展的主要矛盾和突出问题，在产业聚焦、债务优化、资本运营、技术创新等方面深入研究，组织专题会近30次，首钢集团领导班子用一天时间对规划进行了研讨。各单位也积极思考和谋划本单位的规划编制工作。规划是管全局、管方向、管根本的，关系到今后5年乃至更长一段时间企业的发展。首钢集团规划建议稿已经提前发给大家征求意见，希望大家以高度负责的态度，认真思考，提供真知灼见，贡献宝贵智慧。

“十三五”时期，对国家、对整个钢铁行业、对首钢都是极不平凡的5年。编制“十三五”规划的时候，宏观经济增速持续放缓，特别是钢铁市场急剧恶化，给首钢的钢铁主业造成严重亏损；同时北京厂区开发尚未找到突破口，搬迁成本逐年累积，各种历史遗留问题与转型发展产生的新问题相互交织、矛盾重重。在这种背景下，首钢集团党委明确提出“保生存求发展”总基调。5年来，首钢集团上下众志成城、滚石上山、爬坡过坎，展现了奋发有为的精神面貌，创造了来之不易的经营业绩。2016年首钢集团扭亏为盈，并开始消化部分土地成本；2017年经营持续向好，2017年末集中处理土地成本；2018年起土地成本纳入当月损益。同时，各单位特别是外埠企业加快解决历史遗留问题。“十三五”期间，在消化土地成本298亿元和历史遗留问题51亿元的基础上，首钢集团实现利润108亿元，完成规划目标的135%。在企业效益增长的同时，职工收入稳步增长，到2019年末，首钢集团在岗职工平均收入比2015年年均增幅9.8%。首钢改革发展迈上了新台阶，特别是在以下几个方面取得了显著成效。

第一，坚持做优做强，钢铁主业发生了可喜变化

面对严峻的市场环境，首钢集团党委从实际出发，明确提出钢铁业不简单追求规模扩张，把工作重心放在做优做强上；2019年进一步提出，着力打造质量、产品、成本、服务和技术五大优势。5年来，钢铁板块实现了从扭亏到经营持续向好的转变，为首钢集团效益做出重大贡献，展现了钢铁主业担当。

产品结构实现向中高端的突破。做优做强钢铁业最关键、最根本的还是产品优势。坚持以客户需求为导向，通过强化产品研发、提升制造能力、调整客户结构来优化产品结构。高端领先产品产量实现翻番，三大战略产品产量增长40%以上、市场占有率稳居国内前三。汽车板以外板、日系和合资品牌为突破口，成为宝马、一汽、长城等车企主要供应商，成功进入丰田供应体系。取向和高牌号无取向电工钢产品比例稳步提高，高磁感取向电工钢应用于白鹤滩水电站等重大工程，跻身变压器材料供应商世界第一梯队。镀锡板实现了国内高端客户全覆盖，成为奥瑞金、中粮集团等龙头企业的主要供应商。外埠企业立足区域市场，积极进行产品结构调整。产品结构调整使我们的竞争力不断增强、盈利水平不断提升，特别是2020年面对疫情考验，产品结构调整的效果得到充分体现。

经营能力有了明显提升。几年来钢铁板块的经营意识不断增强，找到了有效的抓手和途径。坚持对标找差，树立了极低成本管理理念，建立了全流程全工序对标体系，持续推进“三个跑赢”“双百工程”，生铁成本缩差105元/吨，从行业43名进步到第7；产品单利缩差260元/吨。自觉运用财务“三张表”，在注重高效生产、“做大蛋糕”的同时推广“一支笔”审批，狠抓“两金”压降，加强“四个专项成本”管控，削减“五项费用”，库存资金占用降低22.3%，应收账款降低8.4%。优化组织结构，成立采购中心、营销中心，全面推广事业部制和“一体化”管控，实施阳光采购、在线竞拍，产销一体化系统成功上线运行，市场响应能力大幅提升。

技术创新从“跟跑”向“并跑、领跑”转变。技术强企是做优做强钢铁业的内在要求。我们持续打造技术领先优势，推动质量提升、产品升级、成本降低、服务优化。改进派驻站模式，构建了“一院多中心”研发体系，强化首钢技术研究院与钢铁基地的协同，在产品开发和工艺攻关方面取得了一批重大科研成果，首钢京唐钢铁联合有限责任公司特大型高炉大比例球团冶炼突破56%，北京首钢股份有限公司迁钢公司全炉役碳氧积均值0.0016，达到国际先进水平。建立质量问题挂牌督办机制，围绕产线瓶颈、产品质量缺陷开展攻关，解决了一批重点难点问题。研发投入比例达到3.1%，5项产品全球首发，34项国内首发，获发明专利1390件以及国家、行业和省级科技奖70项，其中“超大型水电站用金属结构关键材料成套技术开发应用”获国家科技进步二等奖。技术营销能力明显提高，EVI供货比例由4.3%提升到11.2%。发挥职工创新工作室的平台作用，形成立足岗位、全员参与、持续改善的基层创新氛围。

产线布局进一步调整优化。落实国家供给侧结构性改革要求，提前化解落后生铁产能787万吨、粗钢产能500万吨。统筹推进秦皇岛首秦金属材料有限公司产线搬迁和首钢京唐二期一步工程建设，并实现达产达效的阶段性目标。首钢秘鲁铁矿二期1000万吨扩建项目竣工投产，资源保障能力大幅提升。滚动实施绿色行动计划，北京首钢股份有限公司迁钢公司成为全国首家全流程超低排放钢铁企业，为产能高效利用创造了条件。

5年来的实践使我们深刻认识到，做优做强钢铁业是推动首钢高质量发展的坚实基础，首钢因钢铁而生，未来还要靠钢铁而兴；做优做强钢铁业的关键是提升核心竞争力，持续把“五大优势”做深做实。

第二，坚持目标定位，北京园区展现了新形象

园区开发对我们来说是一项全新的事业。2010年底首钢北京厂区全面停产以来，如何在首都中心城区进行老工业区更新改造，是摆在我们面前的难题。2015年底，首钢集团党委及时把握北京筹办冬奥会的契机，在北京市委、市政府的大力支持下，积极争取冬奥组委入驻，有力推动首钢北京园区开发进入实质性阶段。2018年8月，蔡奇书记在首钢调研时明确提出，要打造新时代首都城市复兴新地标。2018

年底，北京市委、市政府出台3年行动计划。我们坚持挂图作战，加快园区开发建设步伐，园区环境风貌明显改善，产业生态逐步形成，区域活力得到释放，已成为北京城市深度转型的重要标志。

全力做好冬奥服务保障。我们把做好北京冬奥服务保障工作作为一项重大政治责任，坚持高标准、高质量、高效率，扎实推进硬件建设和软件服务各项工作。北京冬奥办公区、国家冬训中心等场馆设施按期交付使用，滑雪大跳台成为首个正式投用的冬奥会比赛设施。圆满完成平昌冬奥会总结会、中芬冬季运动年开幕式、沸雪世界杯等重大活动服务保障工作，“首钢服务”品牌得到了彰显。

推进重大项目建设。坚持基础设施和生态环境优先。长安街西延、地铁S1线、丰沙铁路线入地等重大基础设施项目完工，首钢厂东门开放、新首钢大桥通车，首钢北京园区以开放的姿态融入首都城市发展。完成石景山、群明湖等改造提升，建成高速线材步道、首钢极限运动公园，以三高炉秀池区域为代表的山—水—工业遗存特色景观初步形成。推进空间载体建设，已完工23万平方米，2020年年底首钢冬奥广场和金安桥一体化区域还将新增35万平方米。高炉等工业构筑物参照企业承诺制启动改造，为推动城市更新积累经验。首钢工业遗存保护利用叠加冬奥元素，成为城市更新的典范。

打造特色产业生态。围绕“体育+”“科技+”引入高端产业资源，打造应用场景，形成项目储备。与中关村共建人工智能应用产业园，引入清华大学、信息通讯院共建的AI应用研究院，腾讯内容事业群、冬奥云转播、科比特无人机等一批优质产业项目落地。科幻产业集聚区正式揭牌，北京电竞产业品牌中心等落户。首钢北京园区正逐步成为跨界融合的都市型产业社区。

积极引入社会资源合资合作。首钢北京园区开发目标定位高、运营管理难度大，在打造自身团队的同时，积极探索专业化市场化国际化运营管理方式。与美国旧改基金铁狮门合作开发首钢冬奥广场，与全国社保基金合作开发国际人才社区036地块，由意大利里梭尼事务所设计、香格里拉运营管理电厂酒店。通过开放合作，园区品质大幅度提升。

5年来的实践使我们深刻认识到，园区开发建设必须与国家重大战略相契合、与首都城市战略定位相适应；必须坚持高端定位、国际视野、开放心态，利用好自身的资源禀赋，统筹推进文化复兴、生态复兴、产业复兴、活力复兴。

第三，坚持产融结合，培育了新的增长点

过去，我们对产融结合的认识不到位，习惯于缺钱找银行，同时首钢集团内部资金管理又很分散、使用效率不高。为改变这种状况，我们在产融结合上积极探索，2014年设立首钢基金公司，2015年成立首钢集团财务公司。5年来，金融助力产业发展，成为首钢集团新的利润增长点。

坚持金融为产业服务。首钢集团党委明确提出，没有首钢的产业就没有首钢的金融，金融一定要助推产业发展。首钢集团财务公司搭建资金归集平台和票据池，累计信贷投放4000亿元，办理票据贴现510亿元，开立财票870亿元，累计为成员单位节省财务费用40亿元，有力支持了首钢京唐二期一步等重点项目建设。首钢基金公司管理基金20支，规模达520亿元以上，累计出资及撬动外部资本217亿元；通过“基金+基地+产业”模式，培育了停车运营、医疗健康等业务，助力香港上市公司资本运作；启动生物质能源公募REITs项目，争取国家首批试点，助力环保产业向轻资产转型。

坚持提升价值创造和资本运作能力。首钢集团党委高度关注金融业务的健康发展，明确提出按国家政策、市场化原则、行业规律办事的要求，强调规范运营、提升能力、防范风险。“十三五”以来，首钢集团财务公司和首钢基金公司分别实现利润69.4亿元和42.4亿元。首钢香港首控推动上市公司资产重组，融资功能逐步恢复，2019年香港5家上市公司首次实现全部盈利，首程控股、首钢资源市值双破百亿。首钢集团与宝武集团开展战略合作，完成上市公司层面交叉持股；引入战略投资者，北京首钢股份有限公司通过资产置换注入首钢京唐钢铁联合有限责任公司51%股权。经过不懈努力，首钢通化钢铁集团股份有限公司债转股司法重整计划执行完毕，实现了资产夯实、业务整合、债务优化。

5年来的实践使我们深刻认识到，金融是产业的血脉，产业是金融的基础，两者相互促进、相辅相成；推进产融结合，需要各单位牢固树立“一盘棋”思想，实现金融与产业共生共赢。

第四，坚持市场化方向，企业改革取得了明显成效

2014年，首钢集团党委制定《关于首钢全面深化改革的指导意见》，启动了深化改革工作。5年来，扎实推进管控体系和管理能力建设，紧抓成为北京市第一家改革综合试点单位和入选国务院国企改革“双百企业”的机遇，努力破解重点难点问题，为企业发展持续注入动力。

构建了新型管控体系。为适应首钢新的发展战略要求，实现从工厂化管理向集团化管控的转变，2015 年形成深化集团总部管控体系改革思路框架，2016 年 1 月，新的总部管控体系开始运行，23 个部门整合为 13 个、987 人减至 208 人。率先组建钢铁板块平台，将钢铁指挥机关迁至唐山地区，实现了生产管理的下沉；组建股权平台，推动传统非钢产业协同发展；组建园区平台，推进开发建设运营管理一体化。制定完善集团管控权力清单，全面梳理规章制度，编制风控手册，实现“三位一体”制度管理体系与信息化建设的有机结合。实施全口径、全要素人工费等 7 个专项预算，搭建了集团全面预算管理体系。强化审计、法务作用，防范重大风险。2017 年，完成集团公司改制，为建立现代企业制度奠定了基础。

初步建立内部市场化机制。坚持正向激励，建立了投资回报机制，在中国首钢国际贸易工程公司等 4 家单位开展试点，累计实现投资回报 25 亿元。强化市场主体责任，建立了内部债务清偿机制，每半年集中组织一次内部债权债务清理，化解了一批内部三角债。突出效率效益导向，建立了工效挂钩联动机制，制定工资总额决定机制实施方案，强化“工资是挣出来的”理念，发挥薪酬分配制度的激励作用。

持续推进企业退出。针对首钢投资企业多、涉及门类广，部分处于微利或亏损状态的问题，我们提出“退出也是生产力”，集团上下形成共识，“十三五”期间退出 240 家以上，资产质量得到改善，一些历史遗留问题得以解决。加快剥离企业办社会职能，完成北京地区“三供一业”移交，外埠企业按照属地政策推进。开展“疏整促”专项行动，加强北京地区土地合规管理。

持续推进转型提效。率先推进钢铁板块转型提效工作，采取多种渠道分流安置人员，2018 年实物劳产率首次超过行业平均水平，2020 年达到 982 吨钢 / 人 · 年，比 2015 年提高 1 倍以上。及时总结推广钢铁板块经验，引导非钢产业和园区各单位结合实际推进转型提效。5 年来，以转型提效为抓手，倒逼企业组织、机制、人员素质、技术进步等各方面不断提升，企业进入到了效率效益提升、人均收入增长、工资总额得到合理管控的良性发展轨道。

5 年来的实践使我们深刻认识到，改革是推动首钢高质量发展的关键一招，核心是坚持市场化方向，遵循市场经济规律、行业发展规律和企业发展规律；关键是要解决好“一放就乱、一管就死”的问题，在管住、管好、管活上下功夫。

“十三五”期间，我们认真学习贯彻习近平总书记在全国国有企业党建工作会议上的重要讲话精神，以党的政治建设为统领，全面加强党的建设，为改革发展提供坚强保证。坚持把握改革发展方向，提出首钢推动质量变革、效率变革、动力变革 2020 年的努力方向，提出新形势下进一步深化改革的主要思路，提出在企业健康可持续发展上狠下功夫、打牢高质量发展基础的工作主线。坚持发挥基层党组织战斗堡垒作用，深入推进“两学一做”学习教育常态化制度化，扎实开展“不忘初心、牢记使命”主题教育，加强党支部规范化建设，着力解决“上热中温下冷”突出问题。坚持打造高素质人才队伍，推行领导人员职务职级改革，开展职业经理人试点，加大优秀年轻干部培养使用，推进 3 支人才队伍建设，评选表彰了首届“首钢工匠”。坚持加强党风廉政建设，开展“以案为鉴、以案促改”警示教育，运用监督执纪“四种形态”加强党员干部纪律约束，积极营造良好政治生态。成立巡察机构，发挥巡察利剑作用，形成以巡察监督为统领的“10+1”联合监督体系。坚持加强思想政治工作和企业文化建设，以新中国成立 70 周年和首钢建厂 100 周年为契机，大力宣传百年首钢强企报国的奋斗历程，深度诠释百年首钢企业精神的丰富内涵，激励广大干部职工继承光荣传统、再创首钢辉煌。

首钢“十三五”期间取得的成绩是广大干部职工团结奋斗的结果，更离不开党中央、国务院的亲切关怀和北京市委、市政府的大力支持，特别是 2019 年 2 月 1 日，习近平总书记亲临首钢园区视察慰问，给首钢干部职工拜年，对首钢北京园区的规划建设、产业转型、风貌保护、生态建设等方面给予肯定，做出重要指示，使我们倍感振奋、备受鼓舞，成为大家推动工作的强大精神动力。

习近平总书记在党的十九届五中全会上的重要讲话，深刻分析了当前国际国内形势，为我们认识把握宏观形势提供了根本遵循。总体看，“十四五”时期首钢面临的新形势主要有以下 3 个方面。

一是宏观环境发生新变化。从国际看，世界百年未有之大变局进入加速演变期，新冠肺炎疫情大流行影响广泛深远，经济全球化遭遇逆流，世界经济低迷，国际经济、科技等格局都在深刻调整。从国内看，“十四五”时期是中国全面建成小康社会、实现第一个百年奋斗目标之后，乘势而上开启全面建设社会主义现代化国家新征程、向第二个百年奋斗目标进军的第一个五年，中国将进入新发展阶段，正在形成以国内大循环为主体、国内国际双循环相互促进的新发展格局。同时，中国经济正处在转变发展方式、优化经济结构、转换增长动力的攻关期，实现高质量发展还有许多短板弱项。我们要全面理性辩证看待“十四五”时期发展形势，科学把握新发展阶段，深入贯彻新发展理念，主动适应新发展格局，牢固树立机遇意识、风险意识，不断提高全要素生产率，增强核心竞争能力，提升产业链水平，实现发展规模、质量、结构、效益相统一，实现更高质量、更有效率、更可持续的发展。

二是首都发展提出新要求。北京市委明确提出，要立足首都实际，前瞻十五年，干好这5年，一步步向前推进，力争率先基本实现现代化；充分发挥自身比较优势，率先在形成新发展格局中探索有效路径、拿出北京行动；大力加强“四个中心”功能建设，提高“四个服务”水平；加快发展现代产业体系，聚焦“高精尖”产业，优化区域产业链布局，加快发展现代服务业；狠抓新基建、新场景、新消费、新开放、新服务，建设一批应用场景，培育一批服务型、平台型企业。10月23日，北京市领导在首钢“双调研”时明确提出，首钢北京园区要在构建新发展格局中展现新形象。我们要认真落实北京市委、市政府的新部署新要求，在服务首都发展和冬奥筹办中抓住机遇，打造新场景、新业态，推进园区“四个复兴”；找准新模式、新路径，促进首钢新产业发展。

三是行业发展面临新挑战。“十四五”时期，钢铁行业仍面临许多困难和挑战。产能释放较快，生产强度超过市场需求。今年世界钢产量将超过10亿吨，明后两年还有新增置换产能陆续投产，而且近几年新增产能中板材占了很大比例，结构性过剩的矛盾将更加突出。贸易摩擦加剧，钢材进出口不稳定不确定性因素增强，出口总量呈下降趋势，加剧了国内市场的竞争。原燃料价格坚挺，生产成本压力加大，对企业利润不断挤压。环保政策趋严，倒逼企业提升环保水平。面对挑战，还是要眼睛向内、做好自己的事，坚持底线思维、强化风险意识，树牢“过紧日子”的思想，努力用内部工作抵御市场风险。

同志们，深入学习贯彻党的十九届五中全会精神，制定好首钢集团和各单位的“十四五”规划，是当前一项十分重要的工作。各单位党委要加强组织领导，认真总结分析本单位“十三五”期间的成绩和不足，虚心对照先进企业取长补短，制定出有指导性和可行性的规划，扎实推动企业高质量发展。

（摘自2020年11月13日首钢“三创”交流会上报告）

贯彻新发展理念　树立新发展典范

——金隅集团“十三五”规划目标全面高质量完成

北京金隅集团股份有限公司

“十三五”期间，金隅集团在北京市委市政府和市国资委的坚强领导下，坚持以习近平新时代中国特色社会主义思想为指导，坚持和加强党的全面领导，贯彻新发展理念，深化改革，创新驱动，稳中求进，借势发展。通过整体上市、战略重组冀东发展集团、控股天津建材集团，在融入京津冀协同发展、服务首都“四个中心”建设、推动供给侧结构性改革、统筹疫情防控和生产经营方面不断取得历史性新成就，树立发展新典范，经济效益和发展质量同步提升。

集团资产总额、营业收入、利润总额三项指标，均提前超额完成，分别是“十二五”末的2.29倍、2.58倍、2.5倍。总资产跨越3000亿元，营业收入突破千亿元，由一家北京市管国企迅速成长为具有全国影响力的大型产业集团。

集团获2019第九届“北京影响力”年度特别大奖——“京津冀协同发展”大奖，获得“中关村国家自主创新示范区高新技术企业”认定；在中企联发布的2020中国企业500强名单中，金隅集团位列第180位；在MSCI公布的评级报告中显示，金隅集团最新ESG评级升至BBB级，是国内大型综合性建材集团所获最高评级。

一、突出党的领导，勇担国企责任，服务“四个中心”建设展现新作为

自觉坚持和加强党的全面领导。坚决落实两个“一以贯之”要求，切实把党的领导融入公司治理各环节。深化全面从严治党，坚持监督执纪从严。集团党委坚持把方向、管大局、保落实，在总揽全局、把关定向、引领发展、保障落实、队伍建设中发挥全面领导作用，切实把党建工作引领力转化为改革发展推动力。

金隅集团总部所在地——环球贸易中心（2020年摄）

疏解非首都功能勇当排头兵。以首善标准，共完成疏解整治类任务1011项，涉及建筑面积67.8万平方米。持续推进劣势企业调整退出及层级压缩，集团共关停、注销、退出、疏解企业287家。

“腾笼换鸟”打造转型升级新标杆。对接北京新版城市总体规划，融入区域空间布局。利用疏解腾退出的土地房产，培育发展符合首都功能定位的新业态。构建“高精尖”产业结构，实现“腾笼换鸟”与转型升级的有机结合，成为满足“三城一区”发展，服务首都城市功能定位的新名片。金隅智造工场“疏整促”项目获“中关村科学城—金隅智造工场”授牌，被誉为北京市老旧工业厂房“腾笼换鸟”转型升级的标杆项目，成为京北智能制造产业创新中枢。怀柔兴发水泥转型服务中关村怀柔科学城，打造世界前沿的多功能科学园区。

服务保障首都功能体现国企价值。以高品质的绿色、环保建材产品服务北京城市副中心、雄安新区、大兴国际机场及冬奥场馆设施建设；以高质量的服务为北京APEC会议、“一带一路”国际合作高峰论坛和新中国成立70周年庆祝活动提供保障；以独具特色的环境应急能力助力首都城市环境安全建设，打赢新冠肺炎疫情防控阻击战，彰显国企责任担当。

二、突出坚守主业，强化战略引领，助推京津冀协同发展取得新成效

新型绿色环保建材制造主业持续做强做优做大。金隅冀东水泥确立行业领先者地位，产能跃居全国第三，规模经济效益和竞争优势凸显。构建环保业务大平台，推动水泥企业向城市基础设施转型，协同处置

金隅集团水泥等建材产品应用于北京新机场建设（2020年摄）

实现京津冀重点城市全覆盖。新材制造业转型提升加快产业化发展。积极推动产业疏解转移和重大项目建设，形成以河北大厂、唐山曹妃甸、沧州临港等京津冀产业承载区为集聚的优势产品战略性新布局。打造金隅装备制造业新增长极，规划建设金隅曹妃甸协同发展示范产业园，构建装备制造业创新平台。天津建材集团差异化发展格局初步形成。统筹商贸资源，推动规模化发展，谋划以天津港、唐山港口为核心的商贸业务规模化发展格局。

金隅·曹妃甸协同发展示范产业园（2020 年摄）

房地产开发经营与物业管理主业高质量发展。房地产业务实现规模化战略布局。聚焦城市群重点区域中心城市，持续深耕发展，拓展战略布局。落实新版北京城市总体规划，积极盘活自有用地，提高土地资源价值，拓宽发展路径。提升专业运营管控能力，打造产品体系，核心竞争力不断提升。西三旗中关村（金隅）科技园纳入中关村科技园区、兴发水泥厂对接怀柔科学城项目有序推进；窦店科技产业园区土地规划综合实施方案纳入区域街区规划，正逐步形成金隅特色地产开发新模式。投资物业服务首都“四个中心”建设，培育产业新业态。以服务“四个中心”建设、履行好“四个服务”为核心，突出国企使命责任，大力推动“疏解整治促提升行动”，提前完成在京“两违”治理三年工作任务，对已腾退和闲置工厂大院实施升级改造，积极发展符合首都功能定位的科技与文创等新业态。初步形成商业物业、居住物业、文旅酒店和产业园区四大业态。

三、突出改革创新，整合内生活力，夯实高质量可持续发展根基

体制机制改革持续深化。作为试点单位率先完成集团整体上市，冀东水泥入选国务院国资委第一批国企改革“双百行动”试点。创新金隅特色现代企业科学管理体系，构建“1+7+X”的管理架构，打造了二级法人实体平台，突出专业化管控。创建区域党委管控新模式，使权责利更加匹配。初步建成国企特色的现代企业制度体系。

科技创新工程助力金隅“高精尖”。其间形成一批重大关键技术并产业化推广，初步形成了创新驱动发展格局。积极探索产业与互联网融合发展，推动产业向服务型制造转型，构建金隅绿色产业生态。启动集团一体化信息管控体系建设，一批数字化转型项目落地见效。科技创新“1+N+X”体系持续深化优化，高新技术企业形成集团创新的主力军团。高新技术企业数由“十二五”末的 11 家增加到 48 家。科技创新整体投入持续加大，高新技术企业总营收占集团营收比达 23.5%。是市管企业中唯一拥有国家重点实验室的北京企业。

金隅智造工场（2020 年摄）

“走出去”“引进来”拓展合作新空间。服务“一带一路”建设，稳步推进水泥海外产能合作进程。南非曼巴水泥投产运行，成为中南产能合作典范，积极提升海外贸易份额。强强联合打造新型战略合作关系，与各区域政府建立战略合作，确保战略资源储备，实现合力发展。发挥产融结合优势，服务集团发展战略。多措并举创新融资方式，拓宽融资渠道，降低融资成本，探索资产管理新模式。获批延伸产业链金融服务资质。开展投资物业创新型证券化权益融资。冀东水泥成功发行 28.2 亿元可转债。

四、突出人文情怀，塑造品牌形象，持续提升发展质量和效益

弘扬金隅干事文化提高企业凝聚力。2019 年荣获“新中国 70 年企业文化建设典范案例”，2020 年荣获“十三五”中国企业文化建设行业旗帜称号。坚持“人才强企、人力兴企”，实行工资年薪制改革，实施职业经理人试点，探索人才激励机制。开展“三金”人才培养，推进三支队伍的高层次人才建设。成立金隅大学，建立集团三级教育培训体系。坚持党管干部，开展专业化能力培训，打造高素质干部队伍，提升人才整体素质，激励担当作为。

坚持以“金隅品质”为核心强化品牌经营。加大形象宣传和品牌传播，“金隅”品牌的价值和影响力不断提升。集团荣获中国企业全媒体传播体系构建与品牌传播“三十标杆单位”。

始终做“绿色、循环、低碳”发展的先行者。持续推动水泥窑协同处置服务城市环境，在京水泥企业全部转型为城市基础设施，不断彰显“城市净化器、政府好帮手”的社会价值。推进绿色矿山建设，京津冀区域已有10家企业矿山入选国家级绿色矿山名录，为区域碧水蓝天净土做出突出贡献。积极支持社会公益事业发展，设立市属国企第一家公益性基金——北京金隅公益基金会，积极开展各项公益活动。为助力打赢脱贫攻坚战做出突出贡献。在疫情防控常态化，组织干部下沉主动融入社区防疫，有序复工复产，支援小汤山医院改建，捐资捐物，保障城市运行、政策性房租减免维护社会稳定等方面做出突出贡献。

“十三五”规划即将圆满收官，“十四五”规划即将开启。金隅集团将以习近平新时代中国特色社会主义思想为指导，全面贯彻党的十九届五中全会精神，坚定执行市委市政府战略决策部署。坚持稳中求进总基调，坚持新发展理念，融入新发展格局。坚持以供给侧结构性改革为主线，以深化改革创新为动力。坚持整合发展、契合发展、高质量发展的总要求。突出创新引领，科技强企，持续做强做优做大核心主业，打造发展硬实力。突出价值创造，持续提升发展质量和效益，满足高品质需求。突出践行国企的战略使命和责任，聚焦服务国家战略，立足服务首都城市功能定位，立足服务京津冀协同发展。不断增强经济竞争力、创新力、控制力、影响力和抗风险能力，构建金隅发展新格局。坚持以人为本发展理念，持续弘扬企业家精神和工匠精神，及时共享发展成果，持续增强全体金隅人的获得感、幸福感和安全感。

（摘自2020年12月15日“学习强国”北京学习平台）

大事记

本栏目采用条目体、纪事本末体，以时间为序，刊载2020年北京工业领域发生的大事、要事。

1 月

1 月 6 日 北京八亿时空液晶科技股份有限公司在上海证券交易所“科创板”挂牌上市。

同日 世界经济论坛在瑞士日内瓦宣布 18 家新工厂加入全球灯塔网络，北京福田康明斯发动机有限公司入选，成为北京市首家“灯塔工厂”。

1 月 15 日 北京昆仑医云科技有限公司研发的国内首个人工智能三类医疗器械“冠脉血流储备分数计算软件”获国家药监局批准上市。

同日 中关村现代信息消费应用产业技术联盟信息消费共同体专业委员会成立。

1 月 16 日 银河航天（北京）科技有限公司自主研发的中国首颗通信能力每秒 48 千兆比特的低轨宽带卫星——银河航天首星在酒泉卫星发射中心由快舟一号甲运载火箭发射升空，进入预定轨道。

1 月 17 日 工信部公布全国首批综合型信息消费示范城市 8 个、特色型信息消费示范城市 7 个，北京市入选综合型信息消费示范城市。

1 月 19 日 工信部公布 2019 年（第 18 届）中国软件业务收入前百家企业名单，小米移动软件有限公司、北京京东尚科信息技术有限公司、北京天融信科技有限公司等 32 家企业入选，数量居全国首位。

1 月 26 日 “北京通”App 上线“抗击疫情 实时救助”服务。

1 月 28 日 北京三元基因药业股份有限公司全面恢复重组人干扰素 α－运德素的生产。截至 2 月 10 日，该公司为武汉市多家医院共生产 300 余万支干扰素，为新冠肺炎患者筑起了生命防线。

1 月 30 日 北京市经济和信息化局及北京市大数据中心开发完成北京市疫情地图，在市政务数据资源网（DATA 网站）上线试运行。

1 月 31 日 北京推想科技有限公司发布肺炎智能辅助筛查和疫情监测系统。

1 月 百沃特（北京）生物技术有限公司研制出新型冠状病毒 2019-nCoV 核酸检测试剂盒，是全球较早的 RT-PCR 荧光探针法试剂盒之一。

同月 工信部公布 2019 年工业互联网平台创新应用案例。北京市 5 家企业平台案例入选，分别是东方国信科技股份有限公司、用友网络科技股份有限公司、航天云网科技发展有限责任公司、石化盈科信息技术有限责任公司和中国移动通信有限公司政企客户分公司。

同月 中国石化与 2022 年北京冬奥会官方战略合作项目——燕山石化北京冬奥会氢气新能源保供项目建成中交。

2 月

2 月 4 日 北京万洁天元医疗器械股份有限公司根据病毒传播的途径及方式，加急研发出 JJ-GLMZ-01 以及 WJ-GLMZ-01 型号的一次性医用隔离面罩、医用隔离眼罩和医用帽。

2 月 5 日 北京博辉瑞进生物科技有限公司引进医用外科口罩、医用防护口罩、防护服、隔离衣等多条生产线，实现产能医用外科口罩 50 万只 / 天、医用防护口罩 5 万 / 天、防护服 2 万件 / 天、隔离衣 5 万 / 天。

2 月 6 日 百度 AI 体温检测技术在北京清河火车站落地应用，可以对一定面积内乘客的额头温度进行检测。

2 月 7 日 北京经济技术开发区管委会印发《关于支持中小企业抗疫情云办公稳发展的若干措施》。

同日 北京同仁堂股份有限公司重启睡眠品种“时疫清瘟丸”，其功能主治与新冠疫情病症较为对应。5 月 25 日，“时疫清瘟丸”投产上市。

2 月 10 日 舒泰神（北京）生物制药股份有限公司及其全资子公司北京德丰瑞生物技术有限公司用于治疗冠状病毒感染所致重症肺炎的 BDB-001 注射液获国家药品监督管理局签批，是北京首家获批新冠肺炎治疗药物临床试验的生物医药企业。

2 月 11 日 北京凯因科技股份有限公司慢性丙型肝炎治疗 1 类创新药盐酸可洛派韦胶囊（凯力唯®）通过药监局优先审评审批程序批准上市。

2 月 17 日 北京眸视科技有限公司研发的“防疫巡检机器人”在北京定点医院投入使用。

2 月 18 日 北京工业互联网技术创新与产业发

展联盟中医药行业专委会成立。

2月19日 由北京市经济和信息化局组织编制的《北京市关于促进北斗技术创新和产业发展的实施方案（2020年—2022年）》发布。

2月21日 北京石头世纪科技有限公司登陆科创板，创下每股470元最高开盘价纪录。

2月22日 由北京市经济和信息化局、中国计算机学会大数据专家委员会联合主办的2020北京数据开放创新应用大赛——科技战疫·大数据公益挑战赛线上竞赛平台开通，面向国内外选手开放。

2月24日 莱维德（北京）救援科技有限公司生产出首台消毒防疫机器人。

2月26日 清华大学微电子学研究所、北京未来芯片技术高精尖创新中心钱鹤、吴华强团队，与合作者共同研发出首款多阵列忆阻器存算一体系统。

2月27日 北京卓诚惠生生物科技股份有限公司的新型冠状病毒2019–nCoV核酸检测试剂盒（荧光PCR法）通过国家药监局应急审批，取得第三类医疗器械注册证，成为首个上市的京产新冠肺炎病毒体外诊断试剂产品。

2月 苍穹数码技术股份有限公司开发并上线苍穹疫情防控管理信息系统。

同月 石景山区口罩生产线投入试生产，从设备投产、产品质检到市场供应仅用10天时间。

同月 北京昊硕科技有限公司口罩生产线投产，为大兴区第一家投产的口罩生产企业。

同月 北京德为智慧科技有限公司为辽宁开普医疗系统有限公司定制开发的ARM嵌入式12.1寸终端F121MK样机研发成功，并达到客户交付标准。

同月 顺义区政务服务中心在全市率先应用“区块链+电子证照”功能。

3月

3月1日 “北京健康宝”1.0版上线。3月17日，“北京健康宝”2.0版上线。3月30日，“北京健康宝”境外人士使用版上线。6月25日，“北京健康宝”3.0上线，新增扫码功能。11月，“北京健康宝”上线老幼健康码助查询功能，此项功能面向60岁以上（含60岁）和16岁以下（含16岁）人群。

3月5日 北京踏歌智行科技有限公司推出矿用车主动防撞预警系统，能为司机提供车辆动态提示和前方碰撞预警。

3月6日 北京万泰生物药业股份有限公司和厦门大学国家传染病诊断试剂与疫苗工程技术研究中心研制的新型冠状病毒2019–nCoV抗体检测试剂盒（化学发光微粒子免疫检测法）通过国家药监局应急审批上市。该产品是国内外首个获批的双抗原夹心法总抗体检测试剂。

同日 燕山石化年设计产能1.44万吨的第一条熔喷无纺布生产线建成投产。4月15日，燕山石化共两期工程4条熔喷无纺布生产线全部实现量产，日生产能力12吨。

3月9日 联合益康（北京）生物科技有限公司投资的黄山精工日产50万片的生产线投产，是延庆区首条全自动口罩生产线。

3月11日 北京汽车股份有限公司在线上发布BEIJING汽车智能健康座舱Hi·Me，该智能健康座舱可实现环境温度、空气洁净度、视觉和嗅觉舒适度等全方位的人机交互协同。

同日 北京北大软件工程股份有限公司自主研发出全新智能信访一体机。

3月12日 燕山石化新建100万吨/年连续重整装置投料开车，打通全部加工流程。

3月13日 “创客北京2020”疫情防控专题赛闭幕，15个优秀项目分获特等奖，一、二、三等奖。其中，“新型冠状病毒VLP递呈多肽疫苗”项目获特等奖，“新型冠状病毒检测试剂盒及新型下呼吸道气雾颗粒取样器”项目获一等奖。

3月16日 北京深晶科技研发的THOR智能体温监测预警系统投入使用。

3月17日 北京五和博澳药业股份有限公司的V类新药桑枝总生物碱片获国家药监局批准上市，是中国首个原创降血糖天然药物。

3月18日 北京凯因科技股份有限公司的索磷布韦片（赛波唯®）获药监局批准上市。赛波唯®是国产首个获批上市的NS5B聚合酶抑制剂，是治疗慢性丙肝的一线临床用药。

3月19日 丰台区首家口罩生产企业——依文服饰股份有限公司2条医用口罩生产线运行投产，日均产量可达5万只。

同日 北京电子城高科技集团股份有限公司、北京科创空间投资发展有限公司，联合北京市科技创新基金（有限合伙）等公司共同发起设立的北京英诺创易佳科技创业投资中心（有限合伙）运营。

3 月 21 日 北京北大软件工程股份有限公司发布全新智能职称评聘系统，用于解决职称评审过程中材料多、费用高、评审难等问题。

3 月 23 日 北京科兴中维生物技术有限公司启动新冠疫苗生产车间建设，全年形成产值 54.8 亿元、税收 1427 万元。

3 月 26 日 西城区率先在全市推动区块链技术在区政务服务领域落地。

3 月 27 日 同仁堂国药有限公司以云发布的方式向全球公布“扶正避瘟饮”系列组方，为意大利、伊朗、西班牙、法国、德国、英国、瑞士、荷兰、美国、韩国、日本、澳大利亚和中国香港、澳门等 30 个国家和地区抗击新冠肺炎疫情提供同仁堂治疗方案。

3 月 30 日 北京顺义科技创新集团有限公司负责建设的第三代先进半导体产业标准化厂房开工。

3 月 由北京智能车联产业创新中心有限公司与中关村智通智能交通产业联盟联合编写的《北京市自动驾驶车辆道路测试报告（2019）》发布。

同月 北京同仁堂科技发展股份有限公司与中国中医科学院中药研究所等单位联合研究的“中药注射剂和有毒中药的安全性评价关键技术及其应用”项目获 2019 年度北京市科学技术进步一等奖。

同月 瓦里安医疗设备（中国）有限公司的高端医用直线加速器 TrueBeam 新产线落成，下线第一台中国产高端医用直线加速器 TrueBeam。

4 月

4 月 1 日 中国航发北京航空材料研究院研发出抗菌性更强、透气性更好、使用时长超 48 小时的新型石墨烯口罩。

4 月 2 日 北京新羿生物科技有限公司生产的新型冠状病毒 2019-nCoV 核酸定量检测试剂盒（数字 PCR 法）获得欧盟准入，7 月上旬完成出口第一单。

4 月 3 日 北京金豪制药股份有限公司研发的新型冠状病毒 2019-nCoV 核酸检测试剂盒（荧光 PCR 法）获国家药品监督局批准上市。

同日 北京市首条一次性成型快速儿童口罩生产线在中关村延庆园的联合益康（北京）生物科技有限公司投产。

4 月 6 日 爱康医疗控股有限公司收购美敦力康辉控股（中国）公司旗下北京理贝尔生物工程研究所有限公司全部股权，理贝尔成为爱康医疗全资子公司。

4 月 8 日 紫光同芯与飞天诚信推出国内首款获得银联检测中心认证的指纹金融 IC 卡。

4 月 9 日 百度在线网络技术（北京）有限公司发布“ACE 交通引擎”，是国内首个车路行融合的全栈式智能交通解决方案。

4 月 10 日 中国混凝土与水泥制品协会与北京建筑材料科学研究总院共建的混凝土与水泥制品行业轻骨料材料设计创新中心在总院揭牌。

4 月 15 日 北京北大软件工程股份有限公司自主研发的数博数据治理平台 V2.0 信创版发布。

4 月 16 日 国家信息技术应用创新核心基地攻关适配云公共支撑平台建设在北京经济技术开发区信创园启动。

同日 共青团北京市经济和信息化局机关第一次团员大会召开，宣布成立局机关第一届委员会，选举第一届委员会 9 名委员。

4 月 17 日 北京邦维公司生产的可重复使用医用防护服获北京市药监局颁发的二类医疗器械注册证，成为全国首个获批上市的同类产品。

4 月 22 日 中电科光电科技有限公司光电总部基地项目落户中关村顺义园。项目总规划用地约 13.3 万平方米，新建科研生产和配套建筑约 25 万平方米。

4 月 24 日 北京诺诚健华医药科技有限公司研发的具有全球自主知识产权的 1 类创新药 ICP-192 通过美国食品药品监督管理局审评。

4 月 27 日 北京生物制品研究所有限责任公司研制的新冠灭活疫苗获药监局临床试验批件成为全球第 3 支获临床试验批件的新冠灭活疫苗。12 月 30 日，北京生物新冠灭活疫苗注册申请获药监局附条件批准，是国内首支附条件上市的新型冠状病毒疫苗。

4 月 29 日 北京万泰生物药业股份有限公司登陆上交所主板，股票简称万泰生物，股票代码 603392。

4 月 30 日 北京一轻控股有限责任公司与昌平区政府举行合作协议签约仪式，义利北冰洋华北第二基地落户昌平区。

4 月 首钢京唐钢铁联合有限责任公司 4300 毫

米中厚板生产线轧制出12毫米薄规格极低温容器用高锰钢。

5月

5月初 朝阳区中小微企业数据库在全市率先建成。

5月8日 大兴区政府与中国长城科技集团股份有限公司签署战略合作协议，中国长城北京网信安全产业生态示范基地项目落户位于大兴区的国家新媒体产业基地。

5月10日 北京信息化和工业化融合服务联盟主办的央企CIO工作委员会成立大会暨数字化转型云系列论坛启动仪式以视频直播形式召开。会上成立以中国中钢集团、中国中车集团、中国节能环保集团、中国铝业集团、中国建筑集团信息化工作负责人为主体的央企CIO工作委员会。

5月13日 石景山区“民营企业产权保护调解室”揭牌仪式在区法院举行。

5月16日 2020集成电路产业链协同创新发展交流会在北京和上海两个主会场举行。会上颁发第三届集成电路产业技术创新奖，北京七星华创流量计有限公司研制的“CS300压力不敏感气体质量流量控制器”获技术创新奖。

同日 罗特尼克能源科技（北京）有限公司采用国产碳纤维研发出2.8倍音速碳纤维飞轮，应用于飞轮储能系统。

5月18日 北京市大宝日用化学制品厂、北京市亚美日化厂与山东悦如农业发展有限公司在大宝日化厂举办牡丹产业应用技术孵化基地签约揭牌仪式。

同日 有研科技集团有限公司与怀柔区共建的有色金属新材料科创园揭牌。

5月21日 北京搜狗科技有限公司和新华社推出首个3D人工智能合成主播“新小微”。

5月22日 北京市医疗保障局、北京市经济和信息化局、北京市科学技术委员会、中关村科技园区管理委员会联合主办，北京大数据研究院承办的“北京数智医保创新竞赛”启动。

5月30日 京仪研究总院研发的苹果智能检测与分选系统在山东省烟台市栖霞果品拍卖中心成功测试。

5月 北京化学工业集团有限责任公司所属北京市化工职业病防治院、北京市工业技师学院入选2020年北京市高精尖产业技能提升培训机构。

6月

6月1日 舒泰神（北京）生物制药股份有限公司在研的重组抗人C5a人源化单克隆抗体BDB-001注射液获印度中央药品标准控制组织批准，可以在印度应用于进展期重型COVID-19（新冠肺炎）Ⅱ期临床试验。

同日 蚂蚁科技集团股份有限公司在朝阳区成立北京奥星贝斯科技有限公司，注册资本1亿元。

6月2日 北京市大数据管理局组织相关单位召开回天地区“城市大脑”建设联合工作组第一次会议，共同研究相关工作机制和后续工作计划。12月30日，北京市经济和信息化局会同昌平区经济和信息化局在龙泽园街道办事处召开回天大脑试运行启动会。

6月3日 百济神州（北京）生物科技有限公司自主研发的新一代BTK抑制剂百悦泽（泽布替尼胶囊）获中国国家药品监督管理局批准，用于治疗既往接受过至少一项疗法的成人套细胞淋巴瘤（MCL）患者和成人慢性淋巴细胞白血病（CLL）/小淋巴细胞淋巴瘤（SLL），成为国内首个上市的国产BTK抑制剂。

6月4日 北京网络游戏新技术应用中心挂牌活动在大兴区亦城时代广场举行，首批10家云游戏内容及发行平台机构入驻。

6月5日 中国第一汽车股份有限公司、东风汽车集团有限公司、广州汽车集团股份有限公司、北京汽车集团有限公司、北京亿华通科技股份有限公司、丰田汽车公司共同出资成立的联合燃料电池系统研发（北京）有限公司签约仪式在北京经济技术开发区举行。

6月9日 在北京经济技术开发区举行的区块链电子档案研讨活动和上链仪式中，东港瑞云数据技术有限公司上线国内首个区块链电子档案平台——中小微企业档案管理云平台。

同日 市委、市政府发布《北京市加快新型基础设施建设行动方案（2020—2022年）》。

同日 第五届北京传统工艺美术评审委员会成立大会在工美聚艺园礼堂召开。

6月17日 北京电子科技职业学院与北京集创北方科技股份有限公司达成合作，共同建设集成电路产品测试中试基地，面向北京经济技术开发区集成电路产业提供集成电路产品检测及人员培训服务。

6月18日 市政府办公厅印发《北京市区块链创新发展行动计划（2020—2022年）》。

同日 市人大常委会召开主任会议，审议通过《北京市社会信用条例立项论证报告》，同意列入2020年度市人大常委会立法审议项目。

6月19日 （美国东部时间）北京泛生子基因科技有限公司在纽约纳斯达克交易所挂牌上市，股票代码GTH。

6月22日 市经济和信息化局、市交通委、市公安交管局发布公告，共同认定北京赛目科技有限公司提出申请的智能网联汽车模拟仿真测试平台，为北京市第一个被认定自动驾驶车辆模拟仿真测试平台。

6月23日 中国空间技术研究院研制的北斗三号最后一颗全球组网卫星在西昌卫星发射中心用长征三号乙运载火箭发射升空，进入预定轨道。

同日 北京市大数据中心在数北大厦召开全体人员会，宣布市大数据中心64名人员转隶和干部职务任免决定。9月29日，北京市大数据中心党总支部成立暨第一次党员大会召开。

6月29日 北京生命科学研究所在中关村生命科学园医药科技中心举办科研成果孵化转化基地启用典礼。

6月30日 中国科学院工程热物理所完成首台100兆瓦先进压缩空气储能系统膨胀机的集成测试。

6月 BOE（京东方）65英寸BD Cell显示屏获国际信息显示学会（The Society for Information Display）第26届全球显示行业奖项（Display Industry Awards，DIA）2020年度最佳显示产品奖（Display of the Year）。

同月 人民日报新媒体、人民日报智慧媒体研究院发起成立直播电商研究基地。

同月 人民日报新媒体联合阿里巴巴、京东、拼多多、抖音、快手等知名直播电商平台共建的“全国直播电商投诉平台”在人民日报客户端上线。

7月

7月2日 北京图森未来科技有限公司宣布在美国启动全球首个无人驾驶货运网络。

7月3日 中国航天科工集团公司第二研究院第七〇六研究所自主研发的“天玥”国产计算机下线仪式在沈阳市、北京市两地同步举办。

7月10日 北京海纳川汽车部件股份有限公司标准化厂房项目开工建设，总投资7500万元，总建筑面积9971平方米。

7月13日 北京大兴新媒体产业基地被认定2020年度北京市级文化产业园区。

7月14日 ARCFOX N61首台全工序车辆下线仪式在北汽麦格纳高端智造基地举行。

同日 国家知识产权局公布第二十一届中国专利奖获奖名单，北京低碳清洁能源研究院发明专利“一种脱硝催化剂的再生方法和一种再生脱硝催化剂及其应用”获中国专利银奖。

7月15日 昌平区政府与明阳集团签署《明阳北京总部战略合作协议》。双方推进明阳集团北方总部和碲化镉发电玻璃产业在北京市昌平区的运营和发展。

同日 利亚德光电股份有限公司在线上举办Micro LED商显产品上市发布会，发布40英寸2k（P0.4）、54英寸2k（P0.6）、67英寸2k（P0.7）和81英寸2k（P0.9）4款量产Micro LED商用显示产品。

同日 第三届“创业北京”创业创新大赛东城区选拔赛暨首届“创翼东城”创业创新大赛决赛及颁奖仪式举行。

7月21日 首钢京唐公司循环经济的重点项目——锌资源循环产线投运。

7月22日 由北京巴布科克·威尔科克斯有限公司设计制造的土耳其胡努特鲁项目1号锅炉K2大板梁完成吊装。

7月23日 中国空间技术研究院抓总研制的执行中国首次火星探测任务的天问一号火星探测器在文昌航天发射场用长征五号遥四运载火箭发射，进入预定轨道。

同日 北京市第一枚通过国办、公安双重备案的电子印章在北京市政务服务领域启用。

7 月 27 日 中国中车集团有限公司下发《关于印发四个“二七”公司重组整合指导意见的通知》，中车北京二七机车有限公司、中车北京二七车辆有限公司，二七机车厂公司、二七车辆厂公司重组整合工作开始。

7 月 28 日 北京京城智通机器人科技有限公司成立。

同日 北京市经济和信息化局主办、北京软件和信息服务业协会承办的新基建引领北京软件高质量发展论坛在线上举办，是以“信息消费 创新未来”为主题的北京信息消费节首场活动。市经济和信息化局发布《2020 北京软件和信息服务业发展报告》，北京软件和信息服务业协会发布《新基建下的北京软件和服务业的发展机遇》。

同日 生态环境部宣布，首钢股份迁安钢铁公司是世界上首家实现全流程超低排放的企业。

7 月 29 日 北京三元基因药业股份有限公司新厂区建设项目完成。该项目主要产品是重组人基因工程 α 1b 干扰素，是中国第一个具有独立知识产权的基因工程一类新药，用于治疗多种病毒性疾病和恶性肿瘤。

同日 首钢京唐钢铁联合有限责任公司高强度钢热基镀锌生产线热试第一卷下线。

7 月 30 日 百度宣布全球首个量产自动驾驶计算平台 ACU 下线，年产能可达 20 万套。

7 月 BOE（京东方）牵头制定的 LCD 多屏显示终端国际标准通过国际电工委员会第 100 技术委员会（IEC TC100）批准发布，成为全球多屏显示领域的权威国际标准。

同月 北京京城机电控股有限责任公司宣传部共征集抗击新冠肺炎疫情物证、电子影音资料 200 余件，其中 56 件被首都博物馆收藏。

同月 北京奥宇科技企业孵化器有限公司挂牌成为大兴区首家获得国家小型微型企业创业创新示范基地称号的企业。

8 月

8 月 1 日 北京惠买在线网络科技有限公司的惠买直播电商基地——中国电信 · 惠买集团 5G 直播基地挂牌。

同日 山西省运城市稷山县铭福钢铁制品有限公司选用全国第二套北京北大先锋科技股份有限公司工艺，开工建设“高炉煤气前端干法脱硫”环保项目。

8 月 3 日 新能源领域首个网络安全实验室在龙源电力集团股份有限公司建成启用。

8 月 5 日 世界品牌实验室发布 2020 年《中国 500 最具价值品牌》分析报告，“金隅”品牌以 802.35 亿元的品牌价值列榜单第 65 名。12 月 22 日在以“品牌向善：世界品牌如何参与绿色复苏”为主题的世界经理人峰会上，“金隅”品牌获 2020 年度中国品牌年度大奖——中国绿色创新十大影响力品牌称号。

同日 北京京运通科技股份有限公司自主研发出 JD−1600 型全自动单晶炉。

8 月 8 日 北京市经济和信息化局、海淀区政府及超高清视频协同中心会同国家大剧院等单位在中关村示范区展示中心、华熙 LIVE、三里屯、中关村步行街等区域布设 8K 显示终端，首次以 8K 技术对舞台艺术进行 5G 多地同步直播。

8 月 11 日 国家知识产权局授予军科院军事医学研究院陈薇团队及康希诺生物股份公司联合申报的，一种以人复制缺陷腺病毒为载体的重组新型冠状病毒疫苗专利的专利权，是中国首个新冠肺炎疫苗专利。

8 月 13 日 北京市社会福利事务管理中心组织北京市民政工业总公司转企改制及整体划转工作相关问题梳理专题会召开 。

8 月 14 日 华科精准（北京）医疗科技有限公司研发的“磁共振引导激光消融治疗系统和激光消融微创治疗套件”在北京天坛医院实施应用，完成国内首例磁共振引导下脑转移瘤激光消融（LITT）手术。

8 月 15 日 北京千寻科技有限公司推出全球首款人工智能非接触式全自动高速扫描机器人——艾思机器人，填补国内企业级全自动扫描仪的空白。

8 月 19 日 北京朝阳国际科技创新服务有限公司、阿里云计算有限公司、北京时代凌宇科技股份有限公司和首都信息发展股份有限公司等市属企业共同发起在朝阳区成立北京城市大脑联盟。

8 月 21 日 北京化学工业集团有限责任公司所属北化华腾易心堂文创园获评 2020 年度北京市级文化产业园区。

8 月 22 日 瓦里安医疗设备（中国）有限公司推出全新一代 Halcyon 智慧放疗平台。

8 月 25 日 百度在线网络技术（北京）有限公司宣布百度 Apollo 获北京市首份自动驾驶第二阶段载人测试通知书。

8 月 26 日 北京奥特贝睿科技有限公司研发的 AutoBrain 无人驾驶电动集装箱卡车在深圳市妈湾港完成首次轮班作业。

同日 长城超云（北京）科技有限公司与国际半导体巨头 AMD 合作共建的重点实验室揭牌。

8 月 27 日 2020 年北斗创新应用和产业发展研讨会暨北京市北斗产业创新基地启动仪式在北京合众思壮北斗产业园举行，建筑面积为 10 万平方米。

同日 工信部组织召开“中医药产品智能制造新模式应用”项目验收会，北京同仁堂健康药业股份有限公司项目通过验收评定，标志着北京同仁堂健康药业具备国家级项目承担能力，完成自有生产线全新的智能制造布局。

同日 拜耳医药保健有限公司的氯化镭 [223Ra] 注射液（多菲戈,Xofigo）获药监局批准在中国上市，用于治疗伴症状性骨转移且无已知内脏转移的去势抵抗性前列腺癌（CRPC）患者。

8 月 采用 EMV 一芯双应用技术的信用卡在国内首发，紫光国微安全芯片—THD89 成为全球首款应用于该卡的国产芯片。

9 月

9 月 4 日 北京汉氏联合生物技术股份有限公司主办的人胎盘间充质干细胞凝胶治疗糖尿病足溃疡 I 期临床试验项目启动会在北京举行。人胎盘间充质干细胞凝胶是全球第一款获批进入临床试验的以人胎盘间充质干细胞与生物材料混合制备的外用药物。

同日 北京微纳星空科技有限公司在中国（北京）国际服务贸易交易会上发布最新研发的 MN50–2A/B 亚米级商业卫星。

9 月 5 日 2020 工业互联网高峰论坛在国家会议中心举行，会上发布成立中国首个工业互联网推进委员会。

9 月 5 日至 9 日 第十四届北京工艺美术展在国家会议中心举行，集中展示 2020 年北京“工美杯”传统工艺美术大赛获奖作品近 80 件（套）和 2014 年 APEC 会议、2017 年首届“一带一路”国际合作高峰论坛、2017 年赠送世界经济论坛等共 18 件国礼作品。

9 月 7 日 北京金控集团有限公司联合多家数据服务商共同组建的北京数据交易平台建成。

9 月 8 日 北京市经济和信息化局发布《北京市氢燃料电池汽车产业发展规划（2020—2025 年）》，明确“一环一轴两区多点”的产业空间布局。

同日 大兴国际氢能示范区揭牌仪式在 2020 年中国国际服务贸易交易会上举行。

9 月 9 日 北京地平线机器人技术研发有限公司在深圳市宣布推出人工智能物联网边缘人工智能芯片平台——地平线旭日 3。

9 月 10 日 在北京市科学技术奖励大会上，BOE（京东方）的科技成果“面向移动应用的高分辨率柔性可弯折 AMOLED 显示技术研发与产业化”获 2019 年度北京市科学技术进步奖特等奖，这是北京市首次设立特等奖对企业创新成果进行表彰。金隅集团的“都市水泥低环境负荷设计与制备关键技术及应用”项目成果获北京市科学技术进步奖一等奖。金隅通达公司的“炉排式垃圾焚烧炉用耐火材料技术集成与产业化制备”项目成果获北京市科学技术进步奖二等奖。

同日 北京市开放自动驾驶载人测试启动仪式在百度 Apollo Park 举行。百度宣布在北京开放自动驾驶出租车服务 Apollo Go，北京用户可以在百度地图及 Apollo 官网上预约体验 Robotaxi。

同日 北京佰仁医疗科技股份有限公司二期建设项目开工建设。

9 月 11 日 海尔发布全球首个场景品牌“三翼鸟”。“三翼鸟”依托 1+N 的服务体系，可以为用户全流程无缝体验提供落地保障。

9 月 15 日 北京中科海钠科技有限责任公司研发的钠离子电池产品实现量产，电芯产能 30 万只 / 月。

9 月 17 日 市工商联联合市发展改革委、市政务服务局，召开北京市优化营商环境社会监督员队伍成立大会暨第一次全体会，为首批 88 名民营企业家和商协会负责人颁发“北京市优化营商环境社会监督员”聘书。

9 月 18 日 北京市政务服务中心数据服务窗口设立。

同日 在 2020 中关村工业互联网论坛上，北京市经济和信息化局发布《2020 北京工业互联网发展报告》。朝阳区工业互联网创新发展产业生态集聚中心成立。

9月19日 在2020中关村论坛发布会上，清华大学龙桂鲁团队发布其研制的世界首台具有实用价值的量子直接通信样机。

同日 北京市高级别自动驾驶示范区建设方案发布。该示范区以北京经济技术开发区全域（60平方千米）为核心开展建设。

同日 北京市经济和信息化局、北京市市场监管局联合发布《北京市大数据标准体系》，总体框架由基础、数据、技术、平台/工具、管理、安全和隐私、评估评价、行业应用8部分组成。

同日 智能网联汽车数据交互与综合应用公共服务平台国家管理中心落户北京经济技术开发区。

9月21日 北京齐碳科技有限公司发布国内首款四代纳米孔单分子基因测序仪QNome-9604及配套的测序芯片QCell-3841和测序试剂盒Qeagen-8，后两者是基因测序仪的核心组件。

同日 丰台区数字化赋能中小企业行活动启动仪式暨丰台区“新基建”“新场景”政策宣讲会举行。

9月22日 驭势科技（北京）有限公司的无人驾驶物流车在长沙市黄花国际机场货站区域进行推广试用，是无人驾驶技术在国内航空物流领域的首次应用。

同日 北京市经济和信息化局印发《北京市促进数字经济创新发展行动纲要（2020—2022年）》。

同日 中关村延庆园无人机创新基地开园暨企业签约仪式举行，6家无人机企业签约入驻。

9月24日 北京铜牛信息科技股份有限公司在深交所上市，登陆创业板，成为创业板实施注册制改革以来北京市首家上市的国有控股企业。

9月25日 北京交通大学杨中平、林飞实验室研究团队自主研发的全球首套城轨交通地面式超级电容/电池混合储能装置在北京地铁八通线梨园站挂网试验成功。

同日 北京·亦庄离岸创新中心发布及授牌仪式在北京经济技术开发区举行。

9月27日 中国（北京）自由贸易试验区科技创新片区在昌平区挂牌。

9月28日 中国（北京）自由贸易试验区高端产业片区在北京大兴国际机场临空经济区（大兴）管理委员会挂牌。

9月28日至29日 第三届AIIA2020人工智能开发者大会在首钢园开幕。大会以“开源、开发、开放”为主题，面向全世界开放自动驾驶合作。

9月29日 赛莱克斯微系统科技（北京）有限公司与国家集成电路产业投资基金股份有限公司共同投资建设的“8英寸MEMS国际代工线建设项目”通线投产运行，标志着北京首条商业量产、全球业界最先进的8英寸MEMS芯片生产线进入生产阶段。

同日 北京市抗击新冠肺炎疫情表彰大会举行。北京市经济和信息化局生物与医药产业处党支部、北京燕山石化高科技术有限责任公司等被评为北京市抗击新冠肺炎疫情先进集体。

同日 由北京市经济和信息化局指导，北京信息化和工业化融合服务联盟主办的北京个性化定制发展论坛暨北京信息化和工业化融合服务联盟个性化定制专委会成立大会召开。专委会旨在整合利用现有“产、学、研、用”资源，建设北京市个性化定制协同创新平台。

同日 “创客中国”首届京津冀中小企业创新创业大赛暨“创客北京2020”创新创业大赛在北京闭幕。STR创新末端执行器项目、抗肿瘤和抗病毒的小分子靶向药物和抗体药物的研发与开发项目分别获“创客北京”大赛企业组和创客组特等奖，基于人工智能技术的超低空立体物联网络综合管理平台和天然纳米机器人靶向溶栓系统获京津冀大赛企业组和创客组一等奖。

同日 全国首个聚集全产业链的第三代半导体材料及应用联合创新基地在中关村顺义园落成。

9月 北京世纪金光半导体有限公司推出自主研发的车规级大功率全SiC模块。

同月 北京启明星辰信息技术股份有限公司发布“天珣终端高级威胁检测与响应系统（天珣EDR）”，可为客户建立安全可控的终端安全防护体系。

同月 中关村工业互联网产业园“先导园”开园。

10月

10月10日 中国联通网络通信集团有限公司携手北京紫光展锐科技有限公司合作研发出全球首例符合3GPP标准的端到端全策略网络切片选择解决方案。

同日 北京民营企业100强发布会在北京经济技术开发区举行。

10月13日 科技部发布《关于认定2020年国家高新技术产业化基地的通知》，北京经济技术开发区国家人工智能高新技术产业化基地等11家基地获认定。

10月14日 在2020年中国国际信息通信展上，达闼科技（北京）有限公司发布5G虚拟云端机器人Cloudia。

10月14日至16日 在2020北京国际风能大会暨展览会上，北京金风科创风电设备有限公司研制的新一代直驱永磁平台GP21及系列高性能旗舰产品发布。

10月15日 东城区首批“紫金驻企专员”派驻启动。

10月19日 在2020全球医药健康大数据峰会上，由北京知识产权运营管理有限公司和国家知识产权运营公共服务平台联合开发的国内首个面向专业科技园区的智慧园区科创能力分析管理系统——中关村生命科学园科创能力分析管理系统上线。

10月23日 由北京丹大生物技术有限公司承担，中国人民解放军总医院、北京大学肿瘤医院、深圳大学等多家单位参与的国家重点研发计划“主动健康和老龄化科技应对”重点专项启动。

同日 北京夏禾科技有限公司的新型OLED材料产业化量产项目开工奠基仪式在江苏省泰兴经济开发区举行。

10月27日 北京京城机电控股有限责任公司所属北京巴威高端装备制造项目暨巴威装备制造唐山有限责任公司奠基。

同日 北京ABB开关有限公司推出可以用于各种复杂配电网结构中的数字化环网柜Safe Digital 2.0。

同日 燕山石化与东方雨虹联合实验室在北京举行签约揭牌仪式。

10月28日 在2020联想创新科技大会上，联想集团有限公司发布5G工业机器人——联想晨星机器人。

同日 首钢京唐钢铁联合有限责任公司高强度钢十八辊单机架生产线第一卷产品下线，标志着首钢具备生产强度等级1470兆帕的高强镀锌汽车板产品的能力。

10月29日 北京市经济和信息化局印发《北京市氢燃料电池汽车产业发展规划（2020—2025年）》。

10月30日 中关村（房山）高端制造前沿技术创新中心启用、中关村智能应急装备产业园揭牌。

同日 海淀区首个政府采购全流程电子化项目“环卫作业车辆电动化——2019年92辆车停车场配置工程（外电源增容）”竞争性磋商项目在区公共资源交易平台完成磋商工作，标志着区政府采购工作迈进“互联网＋政府采购 ”新阶段。

10月 在抗疫一线战斗140余天的北京化工集团下沉社区志愿服务队获共青团中央和中国青年志愿者协会授予的全国抗击新冠肺炎疫情青年志愿服务先进集体称号。

11月

11月1日 顺义航天产业园综合研发楼举行开工奠基，标志着航天产业园航天器姿轨控系统及产品研发基地项目全面启动。

同日 首钢园科幻产业集聚区在新首钢高端产业综合服务区揭牌。

11月2日 北京诺诚健华医药科技有限公司研发的用于治疗多发性硬化症的新药——布鲁顿酪氨酸激酶抑制剂奥布替尼通过美国食品药品监督管理局的临床研究用新药审评。

11月3日 由北京市经济和信息化局、通州区人民政府共同主办的国家网络安全产业园区（通州园）开园。通州园位于通州区东南部西集镇，规划占地面积5.06平方千米。

11月4日 2020京津冀石墨烯大会暨产业领袖峰会在房山区燕山文化活动中心召开。北京市航空航天新材料产业集群示范基地揭牌、石墨烯种子孵化园开园。

11月5日 在第十五届中国智能交通年会上，北京千方科技股份有限公司发布行业首个面向智能物联时代的千方科技Omni-T全域交通解决方案。

11月5日至10日 在第三届中国国际进口博览会举行的智慧供应链专业委员会大会暨企业成果签约大会上，首钢基金与日本欧力士、中国建筑国际签订共同发起成立中日产业合作链接平台的框架合作协议，开展全方位合作。

11月6日 中国运载火箭技术研究院703所牵

头研制出国内首个3.35米铝锂合金箱底。箱底为整体成形，没有焊缝，且材料可升级换代，标志着中国运载火箭贮箱制造技术取得重大突破。

11月7日 星河动力（北京）空间科技有限公司自主研发的“谷神星一号（遥一）”商业运载火箭在酒泉卫星发射中心发射，成为国内首个成功发射商业组网卫星的民营商业火箭。

11月9日 北京推想科技有限公司开发的国内首个肺结节CT影像辅助检测软件获国家药监局批准上市。

同日 北京红星股份有限公司的52度红星高照（宗师第1949）获第21届比利时布鲁塞尔国际烈性酒大奖赛最高奖项——大金奖。

11月10日 京东方科技集团股份有限公司推出55英寸4K主动矩阵量子点发光二极管（AMQLED）显示屏。

同日 经民航局批复，延庆区成为全国首批民用航空无人驾驶试验区。

11月11日 北京东华原医疗设备有限责任公司新建药房自动化系统高端智能制造生产研发中心项目开工。

11月11日至13日 2020世界智能网联汽车大会在顺义区召开。大会以“智能新时代 车联新生活”为主题。国家智能汽车与智慧交通（京冀）示范区顺义基地揭牌，同时发布《智能网联汽车技术路线2.0》《智能网联汽车测试互认推进路线图》《电动汽车安全指南2020修订版》《智能网联汽车测试场分级评价体系》《中国汽车基础软件发展白皮书1.0》《智能网联汽车产业发展指数报告》等研究成果。

11月12日 北京智能车联产业创新中心有限公司管理和运营的国家智能汽车与智慧交通（京冀）示范区亦庄基地被交通运输部认定为自动驾驶封闭场地测试基地。

同日 北京市交通委员会、北京市公安交管局、北京市经济和信息化局印发新版《北京市自动驾驶车辆道路测试管理实施细则（试行）》。该实施细则将自动驾驶道路测试分为通用技术测试、专项技术测试和试运营测试3种测试类型。

同日 北京电力公司全面完成北京地区10座电力北斗地面增强基站建设工作，电力北斗精准服务网在北京地区实现全面组网。

11月13日 国家药品监督管理局（NMPA）批准推想医疗科技股份有限公司的肺结节AI三类认证，是中国NMPA批准的第一张肺部AI三类认证。

11月14日 经北京冬奥组委授权，北京工美集团有限责任公司设计开发的北京冬奥徽宝青玉版、碧玉版、羊脂玉版上市。

11月15日 GE医疗北京影像智造基地Revolution CT下线在北京经济技术开发区投产。

11月16日 北京小桔科技有限公司（滴滴出行）发布全球首款定制网约车D1。

同日 国网电子商务有限公司发布国内能源领域首个全域赋能的工业互联网平台——能源工业云网。

11月18日 房山区印发《房山区加快新型基础设施建设行动方案（2020—2022年）》。

11月19日 京津冀三地经信部门共同主办的“2020京津冀产业链（产业规划）协同发展”对接活动在北京国投金融大厦举行。活动以“精准定位 融合发展 构建京津冀产业链新格局”为主题，搭建三地经信部门之间、经信部门与智库专家、园区企业、投资机构之间基于重点产业链合作的对接交流平台。

11月20日 以“大数据 大应用 新模式”为主题的第二十三届京港洽谈会“京港信息服务产业合作专题活动”在北京国际饭店会议中心举办。现场签署《京港两地软件行业协会合作备忘录》《京港非面对面电子合同合作备忘录》《京港金融创新互联互通框架协议延续协议之推进京港LEI编码合作》3项京港两地的合作协议。

同日 北京京仪北方仪器仪表有限公司与研究总院联合研发出智能电能表自动化生产线，首批自动检验自动生产线进行批量生产检验。

11月23日 在2020年世界互联网大会·互联网发展论坛上，北京三快在线科技有限公司、北京地平线机器人技术研发有限公司、奇安信科技集团股份有限公司等10家北京软件企业、科研团队获世界互联网领先科技成果奖。

同日 在第十一届中国卫星导航年会上，合众思壮北斗导航有限公司发布首款支持北斗星基增强服务的航空接收机AIR20。

11月24日 北京市经济和信息化局、北京市政务服务管理局、北京市公安局联合印发《北京市电子印章推广应用行动方案（试行）》，推进电子印章在企业提交可信材料、政府全程在线审批等业务场景中的便捷应用。

11月25日 京东集团在北京召开的JDDiscovery-2020京东全球科技探索者大会上，宣布成立京东探索研究院。研究院将聚焦人工智能，量子计算，数据科学、工程与管理，去中心化计算，技术伦理道德，科学与艺术六大技术领域，从基础理论层面实现颠覆式创新，打造产业数智化首个源头性科技高地，并加速技术成果在实际场景中的应用落地。

同日 昌平区减负办印发《昌平区落实2020年减轻企业负担工作的实施方案》，统筹推进疫情防控和经济社会发展工作，应对新冠疫情惠企减负政策。

11月26日 北京市经济和信息化局出台《商业航天发射保险贴费暂行办法》。

同日 北京市应急管理局在延庆区组织开展冬奥会外围保障综合应急演练桌面推演暨第一次合练。

11月30日 北京京仪自动化装备技术有限公司自主研发出高速集成电路制造晶圆倒片机，倒片速度每小时300片以上，成为国内首创的高速集成电路制造晶圆倒片机，可用于14纳米集成电路制造。

11月 工信部公布第五批绿色制造名单，ABB电气传动系统有限公司等27家北京企业入选绿色工厂名单，雪莲牌羊绒纱线等3种产品入选绿色设计产品名单，北京奔驰汽车有限公司等5家企业被评为绿色供应链管理企业。至此，北京市有67家企业入选国家级绿色工厂，56种产品入选绿色设计产品，11家企业被评为绿色供应链管理企业。

同月 北京航天控制仪器研究所大兴航天精密光机电与先进信息技术产业园区建设项目（一期）开工。

同月 北京同仁堂股份有限公司在第二十届中国上市公司百强高峰论坛暨2020年中国百强二十年颁奖典礼上获2020年中国百强上市公司奖。

同月 北京化工集团所属北京市化学工业研究院有限责任公司科方公司新材料孵化平台获中关村管委会“硬科技孵化平台”资质，是北京市高分子、前沿纳米新材料领域第一家硬科技孵化平台。

同月 蓝箭航天空间科技股份有限公司完成“朱雀二号”火箭二级发动机联合试车，是国内首次由多台液氧甲烷发动机并联完成的试车试验。

同月 首钢京唐热轧部开发喷号机器人多模式自动喷印系统，实现喷号机器人对下游用户不同钢卷喷印需求的自动识别和喷印模式的自动切换。

同月 安川首钢机器人有限公司开发出彩涂机器人三功能一体系统。

12月

12月1日 由市直机关团工委和首都之窗运行管理中心共同主办的市直机关青年忠诚教育“市直未来呈”平台上线仪式在首都之窗举行。

12月2日 北京科兴生物制品有限公司研制的23价肺炎球菌多糖疫苗获国家药品监督管理局颁发的《药品注册批件》，是科兴生物获批上市的第一个细菌类疫苗产品，是全球第二家拥有预充式注射器和西林瓶两种剂型的23价肺炎球菌多糖疫苗。

12月3日 北京CED互联网产业园区发展论坛在大兴区举办。活动授予大兴区13个产业园区“北京CED互联网产业园”称号，其中3家位于新媒体产业基地，分别是华商创意中心、奥宇孵化器、星光影视园。

12月4日 北京市自动驾驶测试管理联席工作小组向百度在线网络技术（北京）有限公司颁发首批5张无人化路测（第一阶段）通知书，是北京市首次允许测试主体在公开道路进行无人化自动驾驶测试。

同日 房山5G自动驾驶运营示范及智能网联汽车检验检测服务平台发布。

12月6日 北京星际荣耀空间科技股份有限公司完成双曲线二号验证型火箭（SQX-2Z）液氧/甲烷低温推进剂共底贮箱产品的生产，为国内首个直径超3米的单层共底贮箱。

12月8日 北京冬奥会无线电管理协调小组在北京召开第一次全体会议，会议要求以更高的标准、更大的力度，确保北京冬奥会赛事安全运行。

同日 北京市“回顾十三五、展望十四五”系列新闻发布会——京津冀协同发展专场召开。

12月9日 乐普医疗公司自主研制的“切割球囊系统”获批医疗器械注册证。该系统是国内首家获得NMPA批准注册上市并填补国内空白的产品，适用于患有冠状动脉血管存在粥样硬化斑块需要切割处理的患者。

12月11日 北京市公共信用平台获国家发展改革委2020年信用信息共享支撑中小微企业融资和“放管服”改革现场观摩评比第一名。

同日 燕山石化召开炼油清洁化改造项目建设启动会暨总体设计协调会，标志着燕山石化安全绿色高质量发展前景的重要工程启动。

同日 全国首单电商平台数字人民币消费在京

东商城诞生。

12月16日 中国（北京）自由贸易试验区高端产业片区宣贯推介会在大兴区召开。中国（北京）自由贸易试验区高端产业片区总面积39.49平方千米，重点发展商务服务、国际金融、文化创意、生物技术和大健康等产业，建设科技成果转换承载地、战略性新兴产业集聚区和国际高端功能机构集聚区。

同日 一辆载有306公斤氢气的充装管束车开出燕山石化化学品厂氢气新能源装置，发往法国液化空气天津滨海有限公司。这是燕山石化公司所产电池氢气首车出厂，标志着燕山石化氢气新能源装置实现了从生产平稳运行到产品出厂的全流程贯通。

12月18日 北京京东方传感技术有限公司与浙江时空道宇科技有限公司宣布共同成立卫星互联网车载天线联合实验室。

12月21日 北京电力公司负责建设运维的首体110千伏输变电工程投运。

12月22日 北京泰德制药股份有限公司自主研发的肌松药苯磺顺阿曲库铵注射液（得泰安®）获批上市，为该品种国内首家通过一致性评价的制药企业，属于国家医保目录品种。

同日 “信易贷”平台开启“信用+金融”服务中小企业融资模式。

12月24日 北京未来设计园在北京城市副中心张家湾设计小镇启动。该园区聚焦设计产业前端研发与创新，融合创研工作室、大师工作室、设计博物馆、设计交流与展示中心等功能。一期改造工程1.3万平方米，包括共享办公大厅、创新办公楼和设计师餐厅。

同日 中关村科技成果产业化先导基地在北京经济技术开发区揭牌。

12月26日 北京经济技术开发区国家人工智能高新技术产业化基地揭牌，规划占地面积约为3.63平方千米。

同日 北京工艺美术出版社划转工作会在北京出版集团举行。北京出版集团、北京工艺美术行业发展促进中心、北京工艺美术出版社共同签署划转协议。

12月27日 沃森生物黑猩猩腺病毒载体新冠疫苗产业化建设奠基仪式在大兴区举行。

12月28日 机械科学研究总院集团怀柔科技创新基地项目在怀柔科学城开工。

12月29日 市政府办公厅印发《关于加快推进北京市社会信用体系建设构建以信用为基础的新型监管机制三年行动计划（2020—2022年）》。

12月30日 中国医药集团有限公司、中国生物技术股份有限公司、北京生物制品研究所研发的新型冠状病毒灭活疫苗获国家药监局批准附条件上市，是中国首支获批的国产新冠病毒灭活疫苗。

12月31日 利亚德光电股份有限公司制造的国家能源集团生产运营协同调度信息化系统项目发光二极管（LED）显示系统投入使用，成为全球应用面积最大的单体微型LED（Micro LED）显示项目。

12月底 京东方完成中电熊猫南京8.5代和成都8.6代TFT-LCD生产线收购。

12月 硅谷权威科技媒体The Information公布2020年度全球50家最具发展潜力初创企业榜单，在全球范围内评选出6大领域50家具有高成长潜力的初创公司。北京软体机器人科技有限公司（SRT）入选榜单10强。

同月 京东数字科技集团自主研发的机房巡检机器人获2020年度中国IDC产业创新技术奖、2020年度中国特种机器人民用创新奖、2020中国机器人征战防疫前线杰出贡献奖等系列奖项。

同月 北京同仁堂股份有限公司在2020香港国际金融论坛和中国证券金紫荆奖颁奖典礼上获中国证券金紫荆奖。

同月 北京北仪优成真空技术有限公司完成股权变更。

同月 安川首钢机器人有限公司与天津中国科技研究院共同研发的解耦炉具机器人自动生产线通过验收，是国内第一条机器人炉具自动化生产线。

同月 蓝箭航天空间科技股份有限公司完成液氧甲烷针式喷注器试车，是国内首个通过充分热试车验证的液氧甲烷针栓式喷注器。

同月 北京电子城高科技集团股份有限公司发布公告，并购知鱼智联科技（福建）有限公司。

同月 由北京电控所属燕东微电子建设的基于自主创新技术的成套工艺装备8英寸集成电路生产线项目投产。

同月 首钢股份与首自信公司联合推进、共同研发的智能检测加工机器人生产线上线运行。

同月 北京星际荣耀空间科技股份有限公司自主研制的双曲线二号验证型火箭（SQX-2Z）主发动机传力结构完成产品生产和验收。

同月 北京首钢股份有限公司与北京首钢自动化信息技术有限公司共同研发的智能检测加工机器人生产线上线运行。

同月 中关村数字经济产业联盟成立，为非营利性社会团体。

年内 国汽（北京）智能网联汽车研究院有限公司自主创新搭建针对V2X应用场景的安全芯片处理性能测试系统，填补国内测试领域空白。

年内 北京迈纳士手术机器人技术股份有限公司研发出全球首台可实现静脉采血全链条自动化的智能穿刺采血机器人。该机器人可自动获取被采血者信息、扎止血带、血管扫描识别、喷消毒液、精确穿刺定量采血、贴止血贴、血样摇匀等全链条血液样本。

年内 工信部公布2019年度国家新型工业化产业示范基地发展质量评价结果。中关村科学城（原海淀园）成为北京市8个国家新型工业化产业示范基地中唯一发展质量总体水平为5星级的产业基地。

年内 燕山石化重点科研项目高性能聚丁二烯橡/塑复合新材料开发项目投料开车一次成功，生产出两个目标产品。其中，开发的新型聚丁二烯橡胶填补国内空白。

年内 北京奥法科技有限公司推出“疫情监控系统——易检通”，该系统免费提供给各园区、写字楼、社区、学校等机构，在疫情防控方面做到严防守、降风险，提效率、保障人员办公安全。

年内 北京千方科技股份有限公司协同旗下子公司宇视科技，并联手阿里云推出人脸识别测温系统。

年内 北京久好电子科技有限公司推出JHM3000和JHM811两款高精度人体体温芯片，具有方便易用、低功耗、性价比高等优点。

年内 深思考人工智能机器人科技（北京）有限公司推出人工智能健康咨询产品，并向公众开放免费使用——人工智能iDeepWise.ai疫情及医疗健康咨询平台“AI问好医生”。

年内 怀柔区经济和信息化局建成北京市首个区级数据中台归集并与北京健康宝打通智慧社区防疫平台。

年内 北汽集团高端品牌ARCFOX（极狐）首款量产车型 αT、北汽首款插电式混合动力车型BEIJING X7 PHEV上市。

年内 北京城市副中心政务服务大厅项目落户北人锻压地块，已完成相关场地检测、测绘及勘探工作。

年内 北京北分瑞利分析仪器（集团）有限责任公司自主创新研发出新一代的高性能气相色谱产品——P−3500系列气相色谱仪。

年内 北京时尚控股有限责任公司在新疆和田成立新疆京和纺织科技有限公司，总投资近2亿元。

年内 燕山石化首次打通首都机场2号油库航煤供应流程，航空煤油可直接管输至2号油库（T3航站楼）。

年内 北京市启动信用平台二期建设，提出四类业务版块、三大服务门户、两个数据库集群和双链驱动的总体架构。

年内 驻西城区金融科技企业——国网电商公司（国网金融科技集团）的“一种基于区块链的电子合同管理方法、装置及系统”专利获国家知识产权局授权，成为全国首个区块链电子合同授权专利。

年内 石景山区定位工业互联网方向，获批国家新型工业化产业示范基地，成为全国3个新晋“典型”之一。

年内 中关村科技园区昌平园企业北京诺诚健华医药科技有限公司、北京万泰生物药业股份有限公司等10家企业上市。北京颖泰嘉和生物科技股份有限公司成为全国第一家新三板精选层过会企业。

年内 《北京市无线电管理办法》修订工作启动。

新冠肺炎疫情防控与复工复产

本栏目采用条目体，刊载2020年全市疫情防控概述、政策与措施、服务与保障、研发与成果、复工复产5项内容。其中，政策与措施分目包括出台政策文件及实施情况，机构设立、调整变化等内容；服务与保障分目包括专题活动、工作会议、获奖等内容；研发与成果分目包括新冠肺炎病毒检测、疫苗研发、医疗防护、智能诊断、技术测试、解决方案等内容；复工复产分目主要对部分工业企业在疫情期间复工复产情况进行简述。

概　述

2020年，北京经信系统在市委、市政府的领导下，积极应对新冠肺炎疫情，严格落实疫情防控“四方责任”，全面做好北京工业领域常态化疫情防控工作。1月成立以主管副市长为组长，市经济和信息化局牵头、市市场监管局、市药监局、市发展改革委、市国资委、市金融局等多部门参与的全市口罩生产工作专班，建立覆盖全市18个区的口罩生产全产业链统筹协调机制，全力做好口罩生产调度；相继出台北京工业和软件信息服务业企业防控疫情指引、抗击疫情北京信息消费应用指南、做好复工复产疫情防控常态化措施等相关政策文件；推出“北京健康宝”及一批战疫“硬核”产品和服务，科技助力工业企业加快数字化转型，降低新冠肺炎疫情冲击。为表彰先进，弘扬抗疫精神，12月工信部授予全国工业和信息化系统抗击新冠肺炎疫情先进集体100个、先进个人300名，其中北京工业和信息化系统先进集体11个、先进个人11名。

（市经济和信息化局）

政策与措施

【全市口罩生产工作专班成立】1月，疫情发生后，市委、市政府高度重视口罩等防疫物资的供应保障，将口罩作为全市疫情防控重要物资，下发《关于进一步明确责任加强新型冠状病毒感染的肺炎预防控制工作的通知》，第一时间成立以主管副市长为组长的工作专班，市经济和信息化局牵头，市场监管局、药监局、发展改革委、国资委、金融局等多部门参与，建立覆盖全市18个区的口罩生产全产业链统筹协调机制，全力做好口罩生产调度。协调解决口罩生产企业落地、生产线运输和调试，7天完成首个口罩生产项目落地并于2月1日试生产；组织应急生产准备，建立熔喷布调配机制，连续调配熔喷布110天，累计调配共490余吨；组织研制符合新版技术规范的儿童口罩，优化完善产品结构。共落地口罩生产企业73家、生产线251条，日产能突破1200万只，累计组织生产超10亿只，满足全市医疗防疫机构、城市基本运行的口罩生产供应。

（市经济和信息化局）

【中关村发布3批抗疫清单】2月3日，中关村管委会向示范区企业收集可参与抗击新冠肺炎疫情的新技术新产品新服务的供给信息，经梳理形成首批抗击疫情的新技术新产品新服务清单，并通过“中关村新技术新产品展示与应用对接服务系统”（http：//www.zgcnewth.com）对外发布。首批清单共包含86家中关村企业的138项新技术新产品新服务。清单中的技术产品和服务具有自主知识产权，大部分技术全国领先，有的技术国际领先；清单中的技术产品和服务涵盖病毒检测、疫苗研发、临床治疗、医疗防护、智能诊断、疫情分析与发布等有关抗击疫情方面；清单中的技术产品和服务绝大部分都比较成熟，能够立即投入到抗击疫情的战斗。2月18日，中关村管委会发布第二批抗击疫情新技术新产品新服务清单，包含86家企业137项技术产品，涉及体温监测及筛查、消毒杀菌及净化、医疗器械、AI辅助诊疗、疫情监测分析与发布、大数据信息化研发服务、在线问诊、信息资源服务、自动化服务设备、防护物资、危废处置及环境监测、病毒检测服务等12个领域。3月中旬，中关村管委会发布第三批抗击疫情的新技术新产品新服务清单，包含79家企业96项技术产品，涉及体温监测及筛查领域，共涉及20家企业21项技术产品；消毒杀菌及净化领域涉及8家企业11项技术产品；防疫机器人领域涉及15家企业22项技术产品；危废处置与环境监测领域涉及9家企业13项技术产品；协同办公领域涉及28家企业29项技术产品。

（中关村管委会官网）

【市政府出台应对疫情促进企业发展措施】2月5日，市政府出台《关于应对新型冠状病毒感染的肺炎疫情影响促进中小微企业持续健康发展的若干措施》（简称《若干措施》），主要包括减轻中小微企业负担，加大金融支持力度，保障企业正常生产运营3部分，共16条措施。

（首都之窗）

【《齐心协力抗击疫情北京信息消费应用指南》印发】2月5日，在市经济和信息化局指导下，北京软件与信息服务业促进中心、北京软件和信息服务业协会和中国信息消费推进联盟、中关村现代信息消费应用产业技术联盟，收集整理抗击疫情的软件产品与服务，并形成《齐心协力，抗击疫情，北京信息消费应用指南》（简称《指南》），以服务企业正常运行、服务大众数字生活。《指南》为疫情期间的防控、在线工作、信息化生活等提供方便，主要包括社区疫情管理、远程医疗远程问诊、远程协同办公、远程视频会议、在线教育、云游戏、视频点播、数字娱乐、直播、网络科普、数字展馆、其他公共服务平台等。读者通过《指南》提供的二维码，可直接下载应用或登录小程序及产品服务平台。面向企业用户的平台类产品及服务，读者可通过官方链接的二维码联系，也可以直接联系编辑组咨询相关企业信息。

（市经济和信息化局）

【市经济和信息化局出台企业防控疫情指引】2月7日，根据《北京市人民政府办公厅关于落实“四方责任”进一步加强重点人群、场所和单位新型冠状病毒感染的肺炎疫情防控工作的通知》要求，结合《国家卫健委发布新型冠状病毒防控指南（第一版）》，市经济和信息化局出台北京市工业及软件和信息服务业企业防控疫情指引，内容包括组建防控领导小组，制定完善本单位疫情防控应急预案，加强对本单位员工的健康教育和健康提示，督促本单位外地来（返）京员工落实防控措施，督促员工上下班佩戴医用或N95口罩，设立体温检测岗等。截至年底共出台8版防控疫情指引。

（市经济和信息化局）

【中关村印发支持科技“战役”促进企业发展通知】2月7日，中关村管委会印发《关于支持科技“战役”、促进企业持续健康发展有关工作的通知》（简称《通知》），目的是支持中关村示范区各类创新创业主体充分发挥科技创新优势和支撑作用，加速科技成果在防控治疗一线的转化应用，为坚决打赢疫情防控阻击战做出贡献，同时减轻疫情对中小微企业生产经营影响。《通知》明确提出5个重点支持技术方向：应对疫情的检测诊断、治疗及防护等相关药品和医疗器械的研发及产业化；人工智能技术产品在防控治疗相关服务、药品器械防护用品生产制造以及无人物流等领域的应用；大数据、物联网、5G、高端芯片、虚拟现实等技术产品在抗击疫情一线的创新应用；发挥环保节能等技术优势，参与各地应急病区建设；发挥“互联网+”平台优势，开展生产生活服务保障。《通知》提出采取推动创新品种加速进入审评审批绿色通道、支持第三方技术服务平台承接防疫抗疫产品研发生产、支持防疫抗疫项目研发产业化等10项支持措施。

（中关村管委会）

【经开区支持中小企业抗疫情云办公稳发展措施发布】2月7日，北京经济技术开发区管理委员会（简称经开区管委会）印发《关于支持中小企业抗疫情云办公稳发展的若干措施》的通知。经开区管委会通过“四鼓励一减免一服务”鼓励企业创新生产经营模式，以弹性办公、网络云办公等方式减轻疫情对生产经营的影响，支持中小企业稳定发展。“四鼓励一减免一服务”为鼓励网上办理政务、鼓励网络云办公、鼓励开发新产品、鼓励网上招聘，同时减免房屋租金，做好管家服务。

（经开区管委会）

【市经济和信息化局出台抗疫10条措施】2月10日，为减轻疫情对北京市中小微企业生产经营影响，帮助企业共渡难关稳定发展，市经济和信息化局出台关于贯彻落实《北京市人民政府办公厅关于应对新型冠状病毒感染的肺炎疫情影响促进中小微企业持续健康发展的若干措施》（简称《若干措施》）。主要包括推动中小微企业房租减免、降低融资担保费率、加强信用评级管理、提供中小微企业服务券支持、启动创客北京“疫情防控专题赛”、支持“专精特新”中小企业健康发展等10条内容。2月11日，按照《若干措施》要求，市经济和信息化局委托北京市中小企业公共服务平台发放中小微企业服务券，支持对象为在北京市域范围内登记注册、具有独立法人资格、运营规范、符合北京市产业发展政策、受疫情影响严重的中小微企业。

（市经济和信息化局）

【经开区发布“三新清单”和“应用指南”】2月11日，北京经济技术开发区（简称经开区）发布《北京经开区科技企业抗击新型冠状病毒疫情首批新技术新产品新服务清单》（三新清单），清单分为6大门类76项新技术新产品新服务，推动区内企业进一步发挥科技创新优势，在打赢疫情防控阻击战中做出更大贡献。首批清单中的新技术新产品新服务包括抗病毒相关产品、企业平台服务、病毒检测产品、检测仪器、抗病毒药物研发及筛选、应急管理系统等，为防控疫情提供科技支撑。2月20日，经开区发布《经开区疫情防控新技术新产品新服务应用场景指南》，选取包含大数据应用、云办公平台、智能测温系统和移动式体温筛查等产品组成的疫情期间防疫和办公场景，推动区内企业进一步发挥科技创新优势，真正实现科技手段助力精准防控疫情。

（经开区管委会）

【市政府三部门组织申报防疫项目】2月12日，根据市政府办公厅发布的《若干措施》，市经济和信息化局、市发展改革委、市财政局三部门联合下发通知，组织疫情防控物资产能提升项目申报工作，对提供疫情防控物资生产保障的重点项目予以支持。鼓励企业通过新建或技术改造的方式快速提升疫情防控物资生产能力，重点支持企业新增固定资产投资扩大生产符合相关行业标准的防疫药品、物资、检验检疫设备等。采取拨款补助和贷款贴息两类方式予以支持。

（市经济和信息化局）

【工业互联网专刊助力企业战疫复工】2月19日，在市经济和信息化局的指导下，北京软件与信息服务业促进中心、北京工业互联网技术创新与产业发展联盟、北京信息化和工业化融合服务联盟、中关村现代信息消费应用产业技术联盟，收集整理了工业互联网服务商推出的一批战疫“硬核”产品和服务，助力工业企业加快数字化转型，降低疫情冲击。工业互联网是数字浪潮下，工业体系和互联网体系深度融合的产物，是工业转型升级的新动能，在资源配置、供需对接、产业协同等方面具有优势。《北京信息消费应用指南（二）：工业互联网专刊》（简称《指南》）鼓励有条件的工业互联网服务商在防疫期间，面向企业，尤其是工业企业复工复产所需的疫情防控、生产制造、经营管理、运维服务、网络安全等方面提供免费或优惠的产品。通过《指南》提供的二维码，可直接下载应用或登录服务平台等。《指南》中部分产品入围《北京市中小企业服务券服务产品目录》，可以按照相关规定享受政策支持。

（市经济和信息化局）

【市社会信用体系出台应对新冠疫情相关措施】3月2日，北京市社会信用体系建设联席会议办公室印发《关于应对新冠肺炎疫情影响加强信用管理和服务工作的函》，明确强化信用体系对中小微企业融资的支持作用，对确因疫情影响导致的失信信息不纳入信用记录，做好失信主体信息异议和信用修复工作等7条措施。针对不法商户利用疫情对口罩、温度计、消毒液以及重要生活物资不明码标价、哄抬物价、假冒伪劣等严重失信行为，从市市场监管局共归集相关行政处罚信息172条，从各区法院归集相关司法判决信息17条；针对拒绝执行依据市委、市政府工作要求制定的社区防控措施，使用、伪造、买卖小区出入证等证明文件的严重失信行为，从市公安局共归集相关行政处罚信息157条；针对拒绝执行卫生防疫机构依照传染病防治法提出的防控措施的严重失信行为，从市公安局共归集相关行政处罚信息7条；针对积极捐赠疫情防控物资或资金等正向行为，从怀柔、顺义等区共归集相关表彰或奖励信息27条；疫情期间为2000余家企业在“信用中国”网站修复行政处罚信息。

（市经济和信息化局）

【市应急管理局对复工复产做出5项提示】3月5日，在北京市新型冠状病毒肺炎疫情防控工作新闻发布会上，针对复工复产，市应急管理局对工业企业落实防控措施做出5项重点提示：完善企业疫情应急预案，狠抓人员的管理，严格落实隔离的防控要求；详细掌握返京员工的活动轨迹、身体状况、居住情况等信息，严格落实返京人员分类隔离观察的要求；做好防护用品的配备，防护用品配足配到位，向一线的员工倾斜，督促职工正确佩戴防护用品并定期更换；严格重点区域的管控，食堂、电梯、会议室等重点部位要加强管理；保持车间、厂房等公共场所的空气流通，认真做好定时消毒等工作。

（经开区官网）

【市政府发布复工复产10项措施】3月16日，市政府发布《关于全力做好疫情防控工作保障企业有序复工复产的若干措施》共10项，从“食、住、用、行”4个方面为企业提供复工服务保障。内容包括督促企业严格落实防疫安全要求，协助企业采购防疫物资，加大企业用工保障力度，推动产业链协同复工协调运行，强化物流和交通保障，多渠道帮助企业解决员工临时住宿问题，鼓励企业采取网络办公等内容。

（北京日报）

【市市场监督管理局出台19项措施】3月16日，市市场监督管理局为解决北京市企业复工复产中面临的实际问题，出台包括推行网上办理、实行告知承诺、延长许可有效期等9方面19项具体措施，包括推行网上办理，实现注册登记、行业许可等业务办理“无接触”“零见面”；实行告知承诺；建立应急绿色通道；延长许可有效期；加快标准转换应用；审慎异常名录管理；严查乱收费乱涨价；免除技术服务收费；强化帮扶指导工作等措施。

（新华社）

【“中关村企业抗疫发展贷”推出】3月18日，中关村管委会联合8家金融机构推出规模为200亿元的“中关村企业抗疫发展贷”产品。“抗疫发展贷”是针对中关村企业尤其是小微企业提供利率低、额度高、审批快的专属科技信贷产品，支持企业开展“科技战疫”。其中，信贷期限较为灵活，分1年期和3年期两种模式。在贷款利率方面，最低可达2.05%；在担保费率方面，对药品、疫苗研发生产型科技企业因研发生产新冠病毒防控和治疗药品及疫苗而产生的应急融资需求，将免收担保费。已有7家银行共计发放中关村抗疫发展贷200余笔，累计发放贷款金额超30亿元。

（中国青年报）

【同仁堂发布《同心战疫　命运与共》健康公益计划】 4月5日，同仁堂集团发布《同心战疫　命运与共》系列公益短视频，宣布启动同仁堂集团健康公益计划，全网累计品牌曝光量约1.5亿。该计划旨在依托同仁堂中医专家资源，以科学的中医养生理念为驱动，针对疫情防控期间出现的亚健康问题，给予中医视角的解读并提供解决方案。

（李　淦）

【支持中小微企业应对疫情影响保持平稳发展工作措施印发】 4月17日，北京市贯彻落实党中央、国务院关于支持中小微企业发展的决策部署，根据疫情防控新形势，进一步精准帮扶市中小微企业应对疫情影响、渡过难关，在北京市促进中小微企业持续健康发展16条措施基础上，制定了延长租金减免政策实施时限、强化对中小微企业金融支持、鼓励发展供应链、促进大中小企业融通创新发展，加强外贸企业帮扶、支持科技型中小微企业发展、保障中小微企业有序复工复产、加大援企稳岗支持力度、建立中小微企业经营状况监测预警机制等9项工作措施。

（市经济和信息化局）

【大兴区落实政策助力企业发展】 5月，区经济和信息化局落实《大兴区关于落实市政府疫情期间促进企业发展若干措施政策兑现方案》，助力企业发展：对参与防疫工作的企业，经评定后给予30万元的一次性奖励，对列入国家疫情防控保障名单的企业，给予100万元的奖励，共涉及32家企业，奖励金额共计1590万元；对疫情期间恢复工业生产，对区域一季度“稳增长”贡献突出的企业给予50万元的一次性奖励，共涉及20家企业，奖励金额共计1000万元。

（大兴区官网）

【《加强首都公共卫生应急管理体系建设三年行动计划（2020—2022年）》发布】 6月，市经济和信息化局会同市卫生健康委发布《加强首都公共卫生应急管理体系建设三年行动计划（2020—2022年）》，推动建立体系健全、权责清晰、运转高效、保障有力的现代化公共卫生应急管理体系，到2022年健全四级公共卫生治理体系、完善预防控制体系、顺畅应急处置体系、健全科技物资等各类保障体系。

（市经济和信息化局）

【科技创新券助力企业复工复产】 7月15日，根据《进一步支持中小微企业应对疫情影响保持平稳发展若干措施》中“鼓励企业用好首都科技条件平台以及创新券政策”的有关精神，强化科技资源对企业的服务支持，助力企业复工复产，发挥科技对经济平稳运行的支撑作用，市科委和市财政局发布进一步利用首都科技创新券助力企业复工复产的通知。主要内容包括拓展服务资源，扩大创新券开放实验室范围，进一步增加推荐机构的数量；深化支持科技创新创业类科研活动，优先支持科技防疫和复工复产创新券项目，重点聚焦高精尖产业领域，鼓励运用新技术新产品（服务）提升科研合作效率，加大对工业设计领域的支持力度，深化京津冀三地科技资源的协同服务；做好服务保障等内容。

（经开区科技创新局官网）

【《北京市工业和软件信息服务业企业防控疫情指引（第八版）》发布】 12月29日，为有效遏制疫情风险在复工复产领域扩散，科学、精准、从严抓好疫情防控工作，保持经济平稳有序运行，结合工业和软件信息服务业企业特点，发布《北京市工业和软件信息服务业企业防控疫情指引（第八版）》，包括严格落实常态化防控措施；加强重点场所疫情防控；强化单位食堂及食品药品冷链生产领域企业的防疫措施；加强重点人群防控；有条件的企业（工厂）实行封闭式管理，不具备条件的实施分区闭环管理；自主开展环境核酸检测；加强新入职员工管理；提高企业应急处置能力；提倡勤洗手、常通风、戴口罩、不聚集等健康生活习惯；做好“两节”期间生产安排。

（市经济和信息化局）

【开展健康宝赋能老年人便利化出行试点】 12月，为响应国务院办公厅印发的《关于切实解决老年人运用智能技术困难的实施方案》，让老年人更好共享信息化发展成果，市经济和信息化局会同市民政局、市卫健委、市园林绿化局、市公园管理中心、西城区开展了老年人运用智能技术便利化出行试点。试点利用养老助残卡，并在相关场所安装新设备，让老年人像平时坐公交一样刷卡，完成健康码验证、测温和登记所有程序。试点方案针对公园、商超、医院等老年人日常出行涉及的高频场所，通过开发或升级现有智能终端，增加养老助残卡读取功能，老年人刷卡就能实现测量体温、来访登记、健康状态查询“三合一”，省去手机查询健康码、手动测温等环节，解决老年人出行便利性问题。该终端已经完成技术验证、设备升级和联调测试等工作，实现了通过刷养老助残卡即可完成查验。产品在设计时预留扩展空间，除养老助残卡外，还可读取身份证和社保卡，方便拓展到其他场所和人群使用。已在朝阳医院、北大医院、北京口腔医院、顺天府超市府右街店、万寿公园、大观园等10处公共场所进行试点运行。系统试运行以来，已累计查询5.5万人次，通行效率明显上升。试点采用的终端设备通过相关技术验证，设备本身不留存任何信息，且所有的来往信息均通过加密传输连接“健康宝”后台，所有信息仅保存于北京市政务云，仅用于防疫追溯及相关工作，可以充分保障隐私安全。

（市经济和信息化局）

【编制防疫和产业发展政策】年内，市经济和信息化局牵头编制《秋冬季重要医疗物资储备及保供工作方案》，明确28种重点储备物资、17种全市重点保供品种，并以市物资保障和稳价保供组名义报送国务院联防联控机制医疗物资保障组，持续跟踪口罩、药品生产供应情况，对秋冬季重要医疗物资实施“市—区—医疗单位”分层储备制度，按30天消耗量建立市级储备。

（市经济和信息化局）

服务与保障

【都市企业加强疫情防控物品保供】1月27日，北京一轻日化公司金鱼84消毒液生产线启动，1月28日春节期间加班生产的首批84消毒液投放北京市场。2月20日，依文服饰股份有限公司取得医疗器械产品注册证、医疗器械生产许可证，截至2月22日已累计生产防护服成衣（暂未消杀）1.7万件、隔离衣2.5万余件。3月，为保障疫情防控期间首都食盐市场供应，防止食盐供应波动，市经济和信息化局与中盐京津冀盐业有限责任公司保持密切联系，多次深入企业了解食盐供应和储备情况，带领企业一同走访商超门店，关注食盐供应情况。同时保持与市商务局沟通，及时交换食盐供销信息，确认食盐储备情况，确保市政府储备7700吨和企业社会责任储备4300吨食盐足额到位，随时应对突发应急保障。从农历初一到初五，中盐京津冀盐业有限责任公司成立应急保障供应小组，全面协调货源、订单、物流等方面的问题，为物美、京客隆、家乐福等大型商超供应600余吨小包装食盐，迅速缓解个别零售门店短时间出现的食盐销售紧张情况，稳定了市场。截至2月28日已向北京市场投放约3500吨小包装食盐，食盐供应充足，市场稳定。

（市经济和信息化局）

【融信数联利用多源数据支撑北京疫情防控】1月，北京融信数联科技有限公司快速响应疫情防控工作紧急需求，完成相关观测系统的研发和部署，实现与领导驾驶舱的对接工作，持续提供24小时不间断全时响应服务。该观测系统通过大数据分析实现全市进、出京人流的准实时观测和分类跟进；动态测算全市及重点区域的外来进京人群的规模、变化及来源地分布情况；识别高危人群及风险级别，实现全市—区—街乡镇—社区四级的融合数据动态上图，针对全市7120个社区进行评估分析；开展针对疫情的大数据建模和态势感知体系的研发，研究数据本身特征及变化趋势，实现有效的疫情趋势预测。

（陈　璐）

【经信系统全力保障消杀产品生产】2月1日，市经济和信息化局进入市物资保障组专班，全力推进消杀产品和防护服生产供应保障工作。指定专人负责协调北京市消杀产品的生产，同全市重点消杀企业一对一建立联系，确定6家消杀产品重点生产企业保障生产供应。解决企业反馈外省市配套产品、原料等生产企业尽快开复工问题以及原料供应和物资运输等问题，引导企业通过技术改造，提升生产保障能力。在很短时间内，北京市消杀产品的生产和供应能力稳步提升，缓解了市场供需紧张的局面。绿伞、洛娃、金鱼、洗得宝4家企业被指定为国务院应对新型冠状病毒肺炎疫情联防联控机制医疗物资保障组消杀产品重点生产企业。绿伞、洛娃、洗得宝3家企业被国家工业和信息化部办公厅指定为疫情防控重点保障物资（医疗应急）生产企业。2020年，北京市6家消杀产品重点生产企业供应消杀产品逾3.4万吨，为全国疫情防控工作提供支持。

（市经济和信息化局）

【首钢抽调医务人员赴疫情防控前线】2月4日，北京大学首钢医院选派医务人员12人赴石景山区新型冠状病毒感染定点医院参加防治工作，包括医生2人、技术人员2人、护理人员8人，均为医院中青年骨干。

医疗队中有共产党员6人，占总人数的一半。医疗队全体成员克服孩子年幼、父母年迈等个人、家庭困难，义无反顾地投身到疫情防治工作中。

（马　晓）

【京城机电组百人团队保障北京口罩生产线投产】2月7日，京城机电口罩生产线运行保障工作领导小组及工作专班成立。根据各口罩生产线和企业实际，

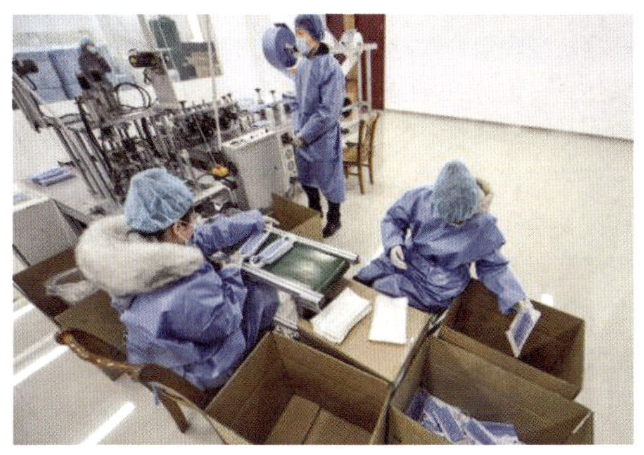

2月25日，顺义区一家口罩生产厂的生产线开足马力24小时加紧生产一次性口罩

京城机电确定由北京北一机床股份有限公司、北人智能装备科技有限公司、北京华德液压工业集团有限责任公司、北京市机电院研究院有限责任公司相关技术人员组成8个运行保障组，1个备件保障组，1个专家技术组的专业团队，共有近100余名专业技术人员参与到运行保障工作中，承担起北京市9个区28条生产线正常运行及研制口罩生产线的工作。京城机电承担的28条口罩生产线并不是全新的生产线，生产设备多为闲置多年的老旧设备。面对种种难题，保障组工作人员没有退缩，开动脑筋想办法，将几套设备中可替换的零件，进行再组合，分别安装在一套或是两套设备上，实在没有可替换的零件就自己制作，常常是一条生产线交付使用后，保障组的工作人员就立刻展开另一条口罩生产线的安装调试工作，力争以最快的速度实现所有设备的正常运行。截至2月25日，保障组完成23条生产线的最终调试运行，23条生产线无故障产能达到每小时8万只口罩。

（北京青年报官网）

【亦企服务港解决企业复工复产难题】2月12日，亦企服务港博兴港工作人员了解到康龙化成公司复工复产过程中存在防疫物资短缺、渠道少等困难，主动上门服务，送去多功能体温智能筛查安检门，并协调对接核酸检测机构，让所有复工员工进行核酸检测，为复工复产创造条件。亦企服务港亦庄港了解到北京盛世华人供应链管理有限公司需要为药品运输车辆办理抗疫运输车证，主动协调联系城市运行局，帮助企业填报相关表格和准备资质材料，为企业办理了车辆通行证明。

（亦城时报）

【市经济和信息化局推进科技抗疫重点项目建设】2月20日，为落实市新冠肺炎疫情科技防控工作联席会工作部署，进一步调度科技支撑抗疫重点项目，市经济和信息局副巡视员姜广智带领局工作专班到相关项目承研单位和项目部署现场进行专题调研。上午，工作专班赴顺义区中关村医学工程健康产业化基地，专题调研北京安德医智科技有限公司承研的“新型冠状病毒感染肺炎CT影像人工智能快速辅助诊断”项目，了解项目研发进度和部署应用情况，推动企业加快结项认定，尽快规模化部署到抗疫一线医院。下午，工作专班赴海淀区清河火车站，现场查看百度公司的“AI多人体温快速检测系统”项目，了解项目在实际环境中的应用情况，探讨进一步优化技术方案和降低成本的可行性，推动项目加快部署应用。

（市经济和信息化局）

【北京医疗企业抗击疫情】2月，针对新型冠状病毒肺炎疫情，北京医疗企业履行企业社会责任，在物资、服务等多方面，全力以赴为疫情提供支撑。北京谊安医疗系统股份有限公司（简称谊安）在第一时间成立“冠状病毒肺炎战役指挥部”。春节前，谊安第一时间召回售后服务团队、制造供应链团队和市场营销团队近300名员工，终止假期，全力生产。一批批呼吸机紧急生产出来，连夜发往各大医院，除夕夜全部抵达。大年初二全员复工，保障设备正常供应。疫情前线，多位谊安专业客服工程师辞别家人驰援武汉，深入各大医院紧急检修维护设备，并安装新设备，在做好设备维护的同时配合各个医院的后勤工作，确保所有设备均能运转使用。航卫通用电气医疗系统有限公司协

调全球供应商资源全力以赴生产肺部扫描检查和精准诊断的医用X光机和CT设备，创造2天生产1台CT的速度纪录。该企业为武汉雷神山医院配备了航卫研发、生产的Maxima CT配有“数字化天眼系统”，通过病患定位自动扫描，实现医生单人、隔室操作，有效避免接触传染。中国电子科技集团公司第十一研究所放弃春节假期，全力投产人体温度快速筛查设备，自1月22日起全面启动应对疫情紧急生产工作，成立应急生产、物资供应、安装培训、后勤保障等6个工作小组，生产红外成像测温仪。截至2月3日已为首都机场、大兴机场、火车站、地铁站等交通枢纽和人员密集场所安装320余套。随着假期结束后原材料供应等逐步恢复，第十一研究所将具备200～500台/每周的生产能力，继续全力以赴满足社会需求。 春节停止休假全负荷生产，全力保障连花清瘟颗粒的供应，向中国红十字会捐赠1000万元连花清瘟胶囊。各大医疗企业陆续跟进武汉支援工作，展现出灾难中的企业温度和社会责任担当。

（市经济和信息化局）

【**北京节能环保企业奋战疫情防控一线**】2月，疫情防控期间，北京节能环保企业发挥各自领域技术专长，通过直接参与抗疫工程建设、做好医疗废物处置、开展污水处理、捐献保障物资等方式贡献节能环保力量。 中国节能环保集团有限公司是以节能环保为主业的中央企业，是中国节能环保和健康领域规模大、实力强、专业覆盖面广、产业链完整的旗舰企业。作为专业医疗废弃物处置企业，集团下属中节能生态公司第一时间启动紧急预案，500余人始终坚守岗位，平均每天出动100车次接受疫情相关医疗废弃物。下属31家垃圾、医废危废处置企业进入值班状态，其中有12家直接承担当地疫情相关废弃物处置任务，其余19家主动待命，按疫情防控应急预案标准提高医疗废弃物处置标准。北京高能时代环境技术股份有限公司（简称高能环境）是专业从事固废污染防治技术研究、成果转化和提供系统解决方案的国家级高新技术企业之一。公司主动支持抗击新型冠状病毒疫情工作，紧急成立应急指挥部、建设、运营、后勤保障组等应急工作团队，驰援武汉火神山与雷神山医院的防渗、防水、防护工程建设，同时承接了火神山医院的医疗废水处理和医疗废物处置项目运营。仅用3天时间完成火神山医院3.25万平方米防渗工程施工，1月29日完成交付。随后迅速转战建设雷神山医院4.5万平方米防渗工程，2月1日完工交付。高能环境还承担蚌埠市应急医院等多个防控工程援建任务。北京润泰环保科技有限公司（简称润泰公司）主要经营医疗与工业废弃物清运处理业务。针对疫情，北京市指定23家定点医院、104家发热门诊、45个密接人员隔离点。润泰公司负责30%定点医院、发热门诊及80%密接隔离点的收运工作，并负责所有“新冠医废”与部分“新冠垃圾”的处置工作。春节期间，润泰公司各部门主管及运输、处置一线员工停休，倒班作业保障医疗废物收运工作及处置设施24小时正常运转，严格执行收运处置应急预案，守好疫情防控最后一道防线。自1月22日至2月18日，润泰公司处置北京市全部产出“新冠医废”共计120吨，另处置机场航班及密接隔离点“新冠垃圾”共计30吨，非疫情医疗废物共计1600吨。 北京金隅红树林环保技术有限责任公司和北京生态岛科技有限责任公司均是北京金隅集团股份有限公司旗下的环保企业，分别利用水泥窑和专业焚烧炉及时消纳和处置北京市的危固废，承担着北京市90%以上的危险废物处置工作。疫情发生以来，两企业践行国企社会责任，扎实做好在京企业危险废物的转运与处置工作，紧急处置危化品为防疫物资腾出生产储存空间。为保障疫情防控医药物资研发和生产，促进中小微企业健康发展，从2月20日至6月30日针对北京市医疗机构，医药研发、生产单位，医疗设备、防疫物资生产单位和中关村生命科学园、大兴医药基地、丰台医药园内企业制定惠企保障措施，包括危险废物处置费用按照优惠不低于原定价的50%执行；对此前未签订处置危险废物处置合同且有处置需求的，尽快按照上述标准签订处置合同，依法依规开展清运和处置工作；制定“一企一策”的应急预案，对上述单位危废处置需求24小时全天候保障。据测算，该项措施涉及581家单位，同比减轻企业负担约1230万元。为保障中芯国际、北京奔驰、有研科技、利乐包装等企业正常运行，两公司进行了点对点清运，有效保障了各企业的生产运营工作。其他企业通过不同方式支援疫情防控工作。

（市经济和信息化局）

【**北京北斗导航与位置服务领域企业精准抗疫**】2月，北斗星通、超图集团、京东物流、合众思壮、数字政通、易华录、航天宏图等北京北斗导航与位置服务领域企业积极履行社会责任，通过捐助物资和提供技术服务等方式支援疫情防控。一些有代表性的企业结合自身产品、技术和服务特长，充分发挥北斗高精度、实时定位导航的特性，为精准抗疫、服务民生贡献北斗智慧与力量。 其中，北斗星通公司为全国多家主流无人机企业提供北斗高精度定位配套方案，在湖北、安徽、浙江等地执行消毒防疫、指挥监控等重要任务，也能够对人员密集公共场所进行巡视、喊话和宣传等，让防疫战场无死角；生产研发的数十万台基于北斗的物流终端设备，专门区分救灾物资，由专人、专车为疫区人民提供服务，提升了救灾物资的送达效率；研发的医疗版北斗手持终端设备，能对患者的检查住院等提供跟踪与保障，为医护人员保驾护航。京东物流利用北斗高精度测量设备完成疫情核心区的地图勘测工作，实现具有实时定位导航功能的机器人无人配送服务，为武汉医院、已隔离小区送去必需物资。通过北斗终端设备，可结合大数据分析技术，实现人员位置信息的分析与处理，快速精准阻击疫情蔓延。超图集团的网格化平台以单元网格为基础，通过网格通App，协同工作系统、人口管理系统支撑疫情接收、处置、跟踪检查以及基层工作人员疫情信息采集工作。全图通公司研发北斗定位技术与各类空间数据化技术综合利用的项目，通过地铁异常人员的自动识别与定位，提升地铁的应急防疫技术水平和管理能力。

（市经济和信息化局）

【首钢确保医用氧供应】2月，作为国内医用氧气重要供货商，在抗击新冠病毒战役中，北京首钢气体有限公司按时、按质、按量提供医用氧气。增加专门人力和物力，在确保为市、区各大医院提供医用氧气的同时，对北京大学首钢医院制氧机系统进行全天候维护和保养。春节期间供应医用氧气22车500余吨。

（马　晓）

【首钢助力小微企业共渡难关】2月，面对新型冠状病毒疫情，首钢基金创业公社严格按照北京市和首钢集团的要求，结合自身资源优势，针对小微企业陆续推出多项服务举措，减轻企业压力，与小微企业并肩战“疫”。落实政策要求，给予小微企业办公用房租金优惠，申请业主租金减免政策，并按照优惠金额直接给到入驻小微企业，有540家入驻企业享受优惠，优惠金额2500余万元。为小微企业提供政策服务和产业链服务，收集各类中小企业政策，通过微信公众号、企业交流群的方式提供服务信息推送和在线咨询服务，帮助300家企业获得政府政策支持。降低中小企业金融贷款成本，梳理出6类金融政策，包括贷款贴息、首贷补贴、高新技术企业补贴、确权融资补贴、并购贷款融资补贴、投贷奖全年常态化申报。

（马　晓）

【兆维集团助力新冠疫情阻击战】2月，新冠肺炎疫情发生后，兆维集团作为北京电控智能装备产业平台载体，发挥高科技优势驰援一线，联合运营商北京电信，为北京市某区疾控中心、经信局等单位无偿提供远程呼叫中心座席平台服务；为北京市医管中心及友谊医院、积水潭医院、儿研所等市属30余家医院，在疫情期间无偿提供视频会议系统平台服务；紧急上线远程会诊、远程查房及远程会议功能，降低了战斗在防控前线的医务工作者交叉感染风险，提升坚守一线的工作人员的效率，为科学防控、精准救治，助力打赢疫情防控阻击战提供技术保障。

（北京电控官网）

【延庆区召开工业企业疫情防控培训会】3月5日，区经济和信息化局组织全区规模以上工业企业25家、规模以下工业企业23家，分别开展两场防疫培训会。培训会由区经济和信息化局、区卫生健康委联合举办，对《北京市工业和软件信息服务业企业防控疫情指引》第三版进行解读，重点就企业疫情防控注意事项、员工自我防护、废弃口罩处理、隔离区建立等进行讲解。提高企业防疫能力，助力企业有序复工复产，保障全年发展目标任务。

（王轶民）

【智慧抗疫中的人工智能新技术在线研讨会举办】3月21日，由北京市经济和信息化局指导，北京电子电器协会联合北京科技大学人工智能研究院、武汉大学计算机学院主办，北京市大数据中心等协办的智慧抗疫中的人工智能新技术在线研讨会举行。来自全国各地的企业和高校的90余名代表通过互联网在线形式参加研讨会。北京市经济和信息化局副局长潘锋在线出席研讨会并致辞。他强调科学技术是社会进步的强大支撑，是决胜疫情防控不可或缺的“硬核重器”。市经济和信息化局为落实疫情防控相关部署，先后上线“京心相助”“京心相护”“北京健康宝”，分别解决进（返）京人员到社区的报到问题、楼宇出入人员的信息收集和统计问题以及所有在京及进（返）京人员个人健康状态查询问题。“北京健康宝”要继续为企业开复工、楼宇防控以及未来学生返京开学等提供有力支撑。市经济和信息化局大数据应用与产业处做“北京打赢防疫阻击战中的人工智能大数据应用”的报告，介绍了北京市为防控疫情，运用人工智能与大数据技术开发的一批服务平台，开展的一系列应用示范试点，取得的相关成果经验。阿里、腾讯、百度、思源政通等企业代表做主题演讲，7位人工智能领域的企业代表围绕“如何让疫情的黑天鹅成为人工智能发展的新机遇”开展线上圆桌研讨。清华、北大、中科院、北科大等高校专家围绕“学术前沿助力产业发展”做主题演讲，并就“人工智能的前沿科技助力抵抗疫情”进行在线圆桌研讨。研讨会针对国家基础研究重大科研计划和大平台大设施建设提出了方案和设想，为国内科学研究指出了发展方向。夕阳再晨公益组织分享基于大数据的街道社区风险防控等级管理系统实践与思考。研讨会安排了武汉和北京地区的疫情防控现场连线，两地的企业通过现场连线的方式，展示人工智能、大数据等技术在社区、楼宇、产业园区以及商超等场景防控疫情的最新应用成果。研讨会嘉宾通过腾讯会议线上开会，同步通过腾讯视频、微博智库、bilibli“哔哩哔哩”等平台进行实时直播，据各直播平台数据实时统计，全天累计82.7万人次观看。

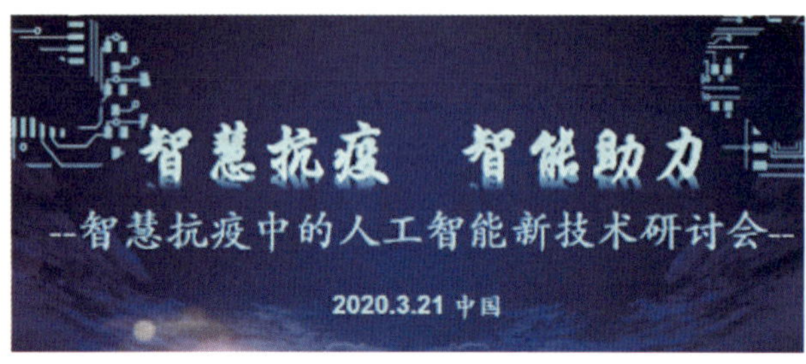

（市经济和信息化局）

【疫苗研制项目获“创客北京2020”疫情防控专题赛特等奖】 3月，“创客北京2020”疫情防控专题赛闭幕，15个优秀项目分获特等奖，一、二、三等奖，最高奖获得20万元奖金。其中，“新型冠状病毒VLP递呈多肽疫苗”项目获特等奖，“新型冠状病毒检测试剂盒及新型下呼吸道气雾颗粒取样器”项目获一等奖。获奖项目将被推荐至2020年“创客中国”中小企业创新创业大赛决赛。“创客北京2020”疫情防控专题赛由市经济和信息化局、市财政局主办，于2月12日启动，参赛项目达到420个。通过大赛，挖掘一大批科技抗疫的好项目、好企业，为北京市诊断检测、无人消杀、风险预警、防护装备等疫情防控以及推动复工复产提供支撑保障，数十个项目深度参与了支援湖北等地科技抗疫工作。为推动参赛企业开拓市场，走“专精特新”发展道路，大赛依托北京市中小企业公共服务平台，联合300家核心服务机构，定制了科技金融服务、人才培训和产品推广专项“服务包”，为参赛企业提供精准服务，为其创新创业发展赋能。4月28日，国务院促进中小企业发展工作领导小组办公室将“创客北京2020”疫情防控专题赛作为典型案例专刊印发。

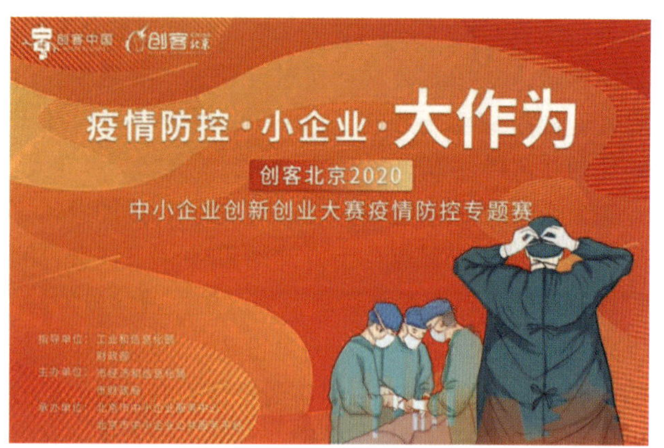

（市经济和信息化局）

【民营企业复工复产法律服务保障】 4月2日，市工商联与市司法局、市律协共同召开民营企业复工复产法律服务保障座谈会。会上，北京投融资商会、汽车物流商会、南锣鼓巷商会及东方美亚投资有限公司、北京柯瑞生物科技有限公司等单位负责人对市工商联联合市司法局、市律协等单位共同建立北京民营企业产权保护社会化服务体系，为企业纾危解困表示感谢和欢迎，并反映了疫情期间中小企业普遍遇到的关于租金纠纷、产权纠纷、劳动关系纠纷、市区扶持政策解读落地等方面的问题。司法局表示将把公共法律服务保障疫情防控特别是复工复产作为落实政府为民办实事项目，在服务中全面提升全市公共法律服务体系建设水平；了解企业需求，强化法律服务机构人员对企业线上、线下的“两个进入”，加大助企惠民春季行动各项措施的推介力度；与工商联共同拓展服务领域与深度，实现资源、平台、服务“三个整合”。市司法局介绍了全市司法行政系统组织开展公共法律服务“助企惠民春季行动”方案，以及前期组织律师开展民营企业“法治体检”情况。市工商联介绍了疫情期间助力民营企业复工复产法律服务相关工作及需求。

（市工商联）

【经开区搭桥全球“战疫对话”】 4月3日，中国日报社、北京广播电视台、北京经济技术开发区管理委员会联合主办的跨越亚欧美洲的对话《战疫 人性 复苏 未来——跨国企业抗击新冠疫情交流会》在经开区举行。会上，北京奔驰汽车有限公司、拜耳医药保健有限公司、北京ABB低压电器有限公司、霍曼（北京）门业有限公司、GE医疗、瓦里安医疗、赛诺菲（北京）制药有限公司7家跨国企业代表在主会场与美国、德国、法国的企业家交流了在全球合作格局下抗疫过程中经历的故事，思考的问题，直面困难与困惑，寻求解决途径，以表达对生命的尊重与关爱。经开区科技企业抗击疫情的新技术产品新服务有107个项目，其中一部分已经直接用于疫情防控和救治中。经开区出台“疫情期间增长十条”等28项政策设施，从用工、住宿、出行、融资等方面帮助企业复工生产。

（亦城时报）

【中关村创投战疫投资行动】4月23日，中关村科技园区管理委员会联合首批30家创投机构发起“中关村创投战疫投资行动”，将提供总规模约300亿元的投资额度，重点投向初创期、成长期的优质科技型中小微企业，以调动民间投资积极性，助力优质科技企业渡过难关。首批30家创投机构包括行业头部机构、政府引导基金合作机构、产业背景及专业领域投资机构等，共提供约250亿元人民币、7亿美元的意向投资规模。此次投资将聚焦生命健康、数字经济、协同办公、无人配送等高精尖产业领域，重点投资初创期、成长期的优质科技型中小微企业，对已获得投资（天使轮、A轮）且具有较大发展潜力的优质企业以及孵化器在孵企业给予优先支持。行动实施截至6月底。

（新华社）

【燕山石化获“铸就首都生命防线　彰显央企战疫担当”锦旗】4月24日，市经济和信息化局副局长崔旭龙、总经济师张晶、总工程师顾瑾栩一行来到燕山石化公司赠授“铸就首都生命防线　彰显央企战疫担当”锦旗，感谢燕山石化为首都疫情防控工作做出的突出贡献和辛勤付出。燕山石化公司党委书记王哲，副总经理焦阳、曲宏亮，房山区经济和信息化局局长李爱军，房山区经济和信息化局党组成员、中关村房山园管委会副主任姜殿勇出席锦旗赠送仪式。仪式上，崔旭龙代表北京新型冠状病毒疫情防控工作领导小组物资保障组（简称市物资保障组）对燕山石化为首都疫情防控工作给予的大力支持表示感谢，并充分肯定燕山石化在熔喷布生产线建设中所彰显的家国情怀和社会责任。崔旭龙表示，市经济和信息化局作为市物资保障组成员单位，核心任务是统筹推进北京地区口罩、防护服、消杀用品和测温设备等重点防疫物资的生产供应和组织调配工作。口罩作为疫情防控重点急需物资，承担着稳定人心、稳定预期、稳定社会的重要作用，市委、市政府高度重视口罩生产供应，在外拓渠道增加储备、内挖潜能扩产达产方面做了大量工作。崔旭龙指出，随着口罩产能提升，口罩主材熔喷布资源告急，值此关键时刻，燕山石化积极响应国家号召，迅速启动熔喷布生产线建设工作。经过12天连续奋战，于3月6日成功试产下线，较计划时间提前48小时，充分彰显了燕化精神、燕化力量和燕化速度，为首都疫情防控和复工复产提供了坚实保障。崔旭龙强调，在首都疫情防控形势依然复杂严峻的情况下，要做好打持久战的充分准备，希望燕山石化继续支持首都疫情防控工作，为打赢疫情防控的人民战争、总体战、阻击战共同努力。王哲表示，这次授旗是北京市对燕山石化熔喷布项目建成投产给予的充分肯定和认可，体现了北京市各级领导对燕山石化的亲切关怀和高度重视，燕山石化将再接再厉，以更高站位加强履行政治责任、社会责任。进一步加强工艺管理、操作管理、设备管理，确保熔喷布装置安稳长满优运行，尽最大努力生产更多的高质量熔喷布，坚决扛起国有企业的责任和担当，为疫情防控物资生产贡献力量。

（市经济和信息化局）

【15件专利获经开区首届绿色高价值专利奖】4月26日，北京经济技术开发区科技创新局发布经开区首届绿色（疫情防控）高价值专利奖评选结果，14家单位申报的15件专利获奖。其中，5件专利获高价值专利奖、3件专利获专利创新奖、4件专利获专利成果转化奖、3件专利获专利特别贡献奖。

2020年北京经济技术开发区首届绿色（疫情防控）高价值专利奖获奖名单

序号	奖项名称	申报单位	专利名称
1	高价值专利奖	北汽蓝谷新能源科技股份有限公司	车辆控制方法及系统
2		北京同益中新材料科技股份有限公司	一种用于制备超高分子量聚乙烯有色纤维的纺丝溶胀液及其纺丝原液
3		北京集创北方科技股份有限公司	LED显示装置及其驱动方法
4		北京东方百泰生物科技有限公司	抗EGFR和抗CD3双特异抗体及其应用
5		北京博奥晶典生物技术有限公司	一种微流控芯片及其应用

（续表）

序号	奖项名称	申报单位	专利名称
6	专利创新奖	北京金风科创风电设备有限公司	风力发电机组的发电机转速测量设备和方法
7		北京赛升药业股份有限公司	用于血管生成治疗的小肽及其应用
8		北京康乐卫士生物技术股份有限公司	重组的人乳头瘤病毒16型L1蛋白及其用途
9	专利成果转化奖	北京京东世纪贸易有限公司	一种数据处理方法和系统
10		北京欣奕华科技有限公司	一种黑矩阵用改性黑色颜料液及其制备方法
11		北京凯因格领生物技术有限公司	C型肝炎病毒复制的新型抑制剂
12	专利成果转化奖	北京泰德制药股份有限公司	一种脂微球注射液中主药相分配系数的测量方法
13	专利特别贡献奖	北京博奥晶典生物技术有限公司	一种微流控芯片及其应用
14		赛诺威盛科技（北京）有限公司	一种超视野CT扫描图像的补偿重建方法
15		北京毅新博创生物科技有限公司	用于飞行时间质谱检测蛋白和核酸的通用芯片的制备方法

（经开区管委会）

【人工智能抗疫产品测评启动会召开】4月27日，人工智能抗疫产品测评启动会在经开区信创园召开。工信部科技司副司长朱秀梅，市经济和信息化局党组成员、副局长潘锋，北京经济技术开发区管委会副主任陈小男，中国信息通信研究院总工程师胡坚波出席启动会。北京旷视科技、北京欣奕华科技、北京猎户星空科技等企业代表参加启动会。朱秀梅强调，科学技术是人类战胜大灾大难的有力武器，这次人工智能抗疫产品测评赛围绕AI人体测温系统产品、疫情防控服务机器人领域，以抗疫为契机，为打赢疫情防控阻击战提供科技支撑的同时，加速推进人工智能创新技术与产品落地应用。朱秀梅提出，要确保以公平公正公开的原则安全有序组织开展本次测评赛；要强化带动底层操作系统研发，实现中国人工智能核心技术自主可控发展；通过本次测评赛，加快人工智能优势技术和产品的推广部署及落地应用。潘锋感谢工信部对北京市的信任和支持；回顾了从2000年至今北京的信息化按照“网上—云上—数上”的进阶思路持续稳定推进的历程，搭建了市级大数据平台、以目录区块链为控制考核点的数据保障系统，确保数据质量可靠稳定，为人工智能高质量发展做足准备；表达了对通过本次测评赛带动北京人工智能产业，尤其是基于自主创新的人工智能产业快速发展，提升北京人工智能应用水平的信心。

（市经济和信息化局）

【联合益康向社会捐赠口罩】4月，联合益康（北京）生物科技有限公司履行社会责任，累计向北京市延庆区教委，河北省张家口市怀来县存瑞镇政府、怀来县教委、赤城县教委捐赠口罩4.6万只，合计金额13.8万元。

（李　丹）

【“五一”假期“北京健康宝”助力高效防疫】“五一”假期人员流动性较大，为更高效地做好疫情防控工作，“北京健康宝”广泛用于市内主要公共场所，协助工作人员管理核查进出人群防疫相关健康状态，建立起抗击疫情有效防线。市内各街道、社区（村）严格防疫管理，坚持信息登记、利用“北京健康宝”查验防疫相关健康状态，阻断疫情传播，保障辖区企业和居民的身体健康。使用“北京健康宝”，只需要手机点开出示一下状态，快速、方便、准确还可追溯。

北海公园志愿者引导游客扫码，查询“北京健康宝”状态

（市经济和信息化局）

【北京市疫情防控大数据治理及应用培训会召开】5月13日，市经济和信息化局依托华为WeLink会议系统，召开为期一天的北京市疫情防控大数据治理及应用线上培训会，北京市16区52个委办局200余名从事信息化大数据工作人员参加会议。会议由市大数据中心副主任唐建国主持，市经济和信息化局副局长潘锋做开班动员。会上就“疫情防控背后的大数据治理”“政务云助力疫情防控”以及“2020年公共数据开放推进思路与要求”等议题进行专题报告。中科院计算所、千方科技公司、融信数联公司、泰豪公司等单位专家介绍了“北京健康宝”大数据在社区管控的应用、疫情中的大数据治理及实践、疫情风险态势感知与决策分析、复工复产大数据全景监测等疫情期间北京市大数据应用的典型案例。

（市经济和信息化局）

【科技战疫·大数据公益挑战赛完成】6月28日，2020北京数据开放创新应用大赛——科技战疫·大数据公益挑战赛在线颁奖会举办，颁奖会由北京市经济和信息化局、中国计算机学会大数据专家委员会联合主办。安徽省的“USTC发明家工作室”在方案赛道《重大突发公共卫生事件处理解决方案》赛题获冠军，“F-Valverde”队伍在算法赛道《重点区域人群密度预测》赛题获冠军。为助力疫情防控和疫情之后的经济社会恢复工作，推动北京市政府数据开放，吸纳大数据产业顶尖社会资源，充分释放专业人才智慧资源，“2020北京数据开放创新应用大赛——科技战疫·大数据公益挑战赛”由北京市经济和信息化局、中国计算机学会大数据专家委员会联合主办，北京市大数据中心、中科大智慧城市研究院（芜湖）、北京市政交通一卡通有限公司、北京数联众创科技有限公司联合承办，北京智源人工智能研究院为战略合作单位，北京金控集团、北京睿至大数据有限公司、中国科学院计算技术研究所、中国中文信息学会信息检索专业委员会、中国图像图形学学会可视化与可视分析专委会、百度地图、美团、百度人工智能开发平台、中关村科技软件有限公司、九次方大数据信息集团有限公司、中科天玑数据科技股份有限公司联合协办并提供竞赛数据支持。算法赛道包括疫情期间网民情绪识别、重点区域人群密度预测、疫情期间互联网虚假新闻检测、疫情政务问答助手；方案赛道包括疫情对北京社会经济影响分析、重大突发公共卫生事件处理解决方案、疫情数据可视化。2月22日，科技战疫·大数据公益挑战赛第一阶段比赛结束，其中算法赛完成最终评审，“网民情绪识别”“重点区域人群密度分析”“疫情虚假新闻检测”“疫情问答助手”4道赛题各评选出前四名团队和作品；方案赛完成初审，“重大突发公共卫生事件处理解决方案”赛题15件作品、“疫情对北京社会经济影响分析”赛题10件作品、“疫情数据可视化”赛题10件，共35件作品入围大赛第二阶段，将根据第二阶段结果进行最终评审，其中17支作品团队自愿参加第二阶段现场比赛。6月8日，北京市经济和信息化局、中国计算机学会大数据专家委员会、北京市大数据中心等单位在数字北京大厦共同举办“2020北京数据开放创新应用大赛——科技战疫·大数据公益挑战赛”第二阶段竞赛启动会。第二阶段竞赛根据各参赛单位自愿报名原则，在北京公共数据开放创新基地进行现场比赛，组委会为参赛团队提供了专门的竞赛数据、免费的云资源和国产飞桨人工智能框架等竞赛环境，新增开放的数据来自市交通委、市商务局、市文化和旅游局、市卫生健康委、市统计局、中国移动、中国联通、中国电信、市政交通一卡通、滴滴公司、中交兴路公司、中电长城网际、美团13个部门和单位，共计有57大类488项，总量达330G。竞赛时间为6月8日至6月12日。

（市经济和信息化局）

【同仁堂硬核战“疫”】7月，同仁堂集团面对疫情防控和外部环境叠加影响，统筹推进疫情防控和经济发展。境内外共捐赠3117万元抗疫物资；为35个国家和地区开具了77套扶正避瘟饮系列组方，全球销售突破50万人份；向境外88个驻外使领馆、中资企业和机构、华人华侨和留学生紧急调拨各类防疫用品；北京疫情反弹期间，承担疫情防控任务，咽拭子采样2.1万余人次。

（同仁堂集团）

【京城机电抗疫物证资料入藏首博】7月，经首都博物馆审核筛选，56件京城机电抗击新冠肺炎疫情物证、电子影音资料被首都博物馆收藏。2020年新冠肺炎疫情期间，京城机电按照市委市政府指示要求，承担了恢复原有停产停用口罩生产设备与生产线任务，北京北一机床有限责任公司、北京华德液压工业集团有限责任公司、北人智能装备科技有限公司、北京市机电研究院等单位技术骨干团队完成了北京市10个区44条生产线调试运行，实现无故障产能300万/天。北京北一法康生产线有限公司4天时间完成图纸准备，22天完成样机试制，已销售6条平面医用口罩生产线和3条N95口罩生产线。北京天海工业有限公司驰援武汉两批1300余支医用氧气钢瓶。北京北开电气股份有限公司为小汤山医院专项定制电气柜。京城机电宣传部共征集抗击新冠肺炎疫情物证、电子影音资料200余件。

（京城机电官网）

【市经济和信息化局召开下沉参加社区（村）疫情防控干部座谈会】8月7日，市经济和信息化局召开下沉参加社区（村）疫情防控干部座谈会。局党组成员、副局长、机关党委书记刘京辉出席座谈会并讲话，机关党委专职副书记李忠祥主持座谈会，全体下沉干部和机关党委有关人员参会。会上，李忠祥对市经济和信息化局下沉工作进行总结，所有下沉干部进行交流发言。刘京辉代表局党组对下沉社区（村）参与疫情防控工作的15名同志的辛劳付出表示感谢和慰问，对他们的出色表现给予充分肯定。刘京辉指出，下沉干部临时党支部充分发挥了凝心聚力的重要作用，开展了丰富多彩的主题党日活动。下沉干部讲政治，不仅“下”得了身，还“沉”得住心，体现了坚定的大局意识和政治站位；肯奉献，面对繁重工作没有叫苦叫累，面对矛盾冲突没有抱怨退缩，用细心、贴心、耐心赢得了群众认可；敢作为，不仅竭尽所能落实各项疫情防控措施，还利用工作职能和所学业务专长，帮助社区（村）解决实际问题。刘京辉强调，下沉干部要继续发扬抗疫战斗精神，保持昂扬向上的精神状态，在本职岗位再立新功；要利用基层工作经验促进业务工作创新，在业务工作中多结合基层工作经验，对本单位的工作提出合理化建议；要继续与驻村、社区保持结对共建关系，建立长效机制，为社区发展贡献力量；年轻干部要敢担当、善作为，主动加强思想淬炼、政治历练、实践锻炼、专业训练，在各自岗位中发挥作用。

（市经济和信息化局）

【石化系统获评抗击新冠肺炎疫情多项先进荣誉】9月8日，全国抗击新冠肺炎疫情表彰大会在人民大会堂召开，大会对全国抗击新冠肺炎疫情先进个人、先进集体进行表彰，燕山石化合成树脂厂获评全国抗击新冠肺炎疫情先进集体称号。9月29日，北京市抗击新冠肺炎疫情表彰大会上，北京燕山石化高科技术有限责任公司获评北京市抗击新冠肺炎疫情先进集体，北京燕山石化高科技术有限责任公司党委获评北京市先进基层党组织，北京燕山石化公司高科技术有限责任公司研究中心主任工程师王素玉获评抗击新冠肺炎疫情全国三八红旗手。

全国抗击新冠肺炎疫情先进集体——燕山石化合成树脂厂（李雪　摄）

（王善高）

【“北京健康宝”完成支撑服贸会疫情防控工作】9月9日，2020年中国国际服务贸易交易会闭幕。根据市领导要求和服贸会筹备办需求，市经济和信息化局大数据应用与产业处牵头，大数据建设处、大数据标准与安全处、社会信用体系建设处和大数据中心共同组成服贸会“北京健康宝”应用保障组，进行服贸会期间的“北京健康宝”应用保障，支撑网上服贸会和线下实体办会，确保服贸会用户线上注册、预约人员防疫信息核查等工作。服贸会期间共支撑完成预约人员健康核验390万余次，共计约53万人次入场，通过“北京健康宝”的健康状态核查，阻止5个黄码人员、1.47

万需申报轨迹的人员入场，为服贸会的防疫工作提供了有力支撑。

（市经济和信息化局）

【重大疫情防控中大数据应用模式高级研修班举办】 9月9日至12日，由市经济和信息化局、市人力资源社会保障局主办，北京市计算中心协办的“重大疫情防控中的大数据应用模式”国家级高级研修班召开。来自全国各地70余位大数据高级专业人员参加培训，共同交流，共飨成果。高研班特邀中国工程院院士方滨兴、沈昌祥专家，重点探讨重大疫情暴发背景下，在应急处置、疫情防控、精准服务、管理决策、社会治理、信息共享等方面，如何综合运用健康医疗大数据、人工智能、物联网、区块链等新一代信息技术为联防联控、精准施策提供更多有价值的数据支撑服务。

（市经济和信息化局）

【北汽登上战“疫”英雄谱】 9月10日，由中国汽车报社主办的“中国汽车企业社会责任暨中国汽车战‘疫’英雄谱”活动在京举办颁奖典礼。北汽集团在防疫抗疫过程中所采取的举措和取得的成绩得到了行业和专家的认可，获得了“优秀战‘疫’担当企业”称号。

（北汽官网）

【市经济和信息化局生物与医药产业处党支部获评抗疫先进集体】 9月29日，北京市抗击新冠肺炎疫情表彰大会举行。会议宣读了《中共北京市委、北京市人民政府关于表彰北京市抗击新冠肺炎疫情先进个人和先进集体的决定》《中共北京市委关于表彰北京市优秀共产党员和北京市先进基层党组织的决定》。市经济和信息化局生物与医药产业处党支部被评为“北京市抗击新冠肺炎疫情先进集体”“北京市先进基层党组织”。新冠肺炎疫情发生后，生物与医药产业处党支部全体成员立即停休返岗，投身疫情防控工作。在全市经信系统的共同努力下，实现口罩生产从零到日产1200万只的突破，累计组织生产口罩10亿只，完成市委、市政府交办的保障全市口罩和紧缺物资生产供应、助力医药企业市场拓展、服务新冠疫苗产业化等工作任务。

（市经济和信息化局）

【推进大兴区进口冷链食品企业疫情防控】 按照北京市新型冠状病毒肺炎疫情防控工作领导小组市场防疫工作组印发的《关于开展进口冷链食品疫情防控措施专项大检查工作的通知》要求，11月24日，市经济和信息化局赴大兴区诺心食品（北京）有限公司、北京百麦食品加工有限公司、北京李先生餐饮管理股份有限公司、北京华都肉鸡公司（大兴冷库）4家食品企业，督促指导属地部门和企业认真做好冷链食品疫情防控工作，督导企业制定并落实好疫情防控工作方案，切实做好清洁、消杀、通风、个人防护等疫情防控措施；深入了解企业生产经营、投资情况以及需要协调解决的问题，并对北京市产业发展政策、高精尖资金政策等进行了宣贯，鼓励企业继续坚定在京发展的信心，持续做好安全生产等工作。

（市经济和信息化局）

【“北京健康宝”获2020中国设计红星奖原创金奖】 12月9日，2020中国设计红星奖举行颁奖典礼，“北京健康宝”获2020中国设计红星奖原创金奖。“北京健康宝”以信息最小化采集、前台极简化设计、后台多部门联动、数据高安全保护为设计原则，通过国家及北京市多部门权威数据的汇聚共享，完成多源疫情防控数据的组合匹配及后台比对，快速赋予用户相应健康状态。历经多版本迭代，已经具备本人查询、他人代查、扫码登记、核酸查询及老幼助查等多项功能。其中，扫码登记功能可替代传统纸质登记，在避免接触传染风险、保护个人隐私的同时，实现必要时防疫可追溯，已在全市复工复产各场所推广应用。老幼助查功能在充分考虑个人隐私保护和数据安全的同时，可有效服务保障老幼群体在疫情期间的正常出行，切实做到防疫有力度、服务有温度。自3月1日上线，“北京健康宝”累计为4900余万人提供26.74亿次查询服务，为联防联控、复工复产及大家的日常出行提供了有效支撑。

（市经济和信息化局）

【东城区等片区开展核酸检测综合演练】 为贯彻落实中央、市委关于核酸检测能力建设的工作部署，扎实做好全市冬春季疫情防控，12 月 15 日，市检疫检测组在东城区、开发区、海淀区 3 个片区组织开展核酸检测综合演练。市委常委、组织部部长魏小东，市政协副主席、市卫生健康委主任、医保局局长于鲁明等领导，市级有关单位和各区等参加现场观摩，并邀请专家组现场点评。市经济和信息化局副局长陈焕文参加演练观摩活动。

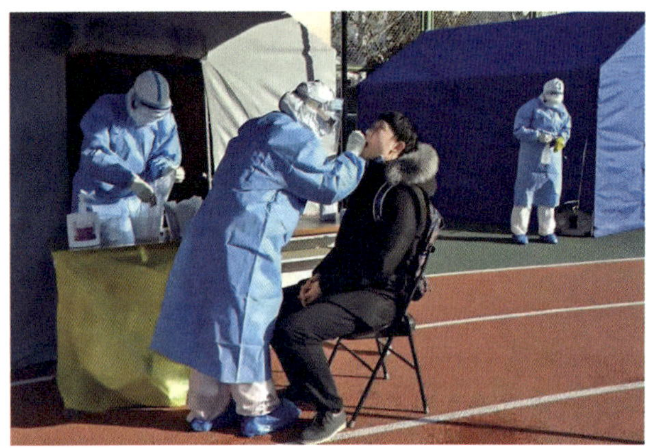

东城区天坛体育场演练现场（2020 年摄）

经开区爱普益大厦演练现场（2020 年摄）

海淀区上地办公中心演练现场（2020 年摄）

该次全流程实战演练根据不同场景设定，依托新开发的全市核酸检测信息统一平台，以“北京健康宝”为统一出入口，实现预约、采样、检测、结果查询的全流程一体化管理。东城区代表东部片区，以某社区发生聚集性疫情升级为高风险地区为背景，对社区居民按照 1∶1 比例进行核酸检测。经开区代表南部片区，模拟某企业职工出差返京后被诊断为确诊病例，对该企业全体职工进行 10∶1 混合样本核酸检测。海淀区代表北部片区，模拟某办公楼内发现一例确诊病例，楼内全体员工进行 5∶1 混合样本核酸检测。演练结束后，检疫检测组组织召开演练总结座谈会，魏小东充分肯定 3 个区的演练工作，指出演练总体指挥有力，组织有序，要素齐全，运行规范，效果良好，并提出要认真做好演练总结、形成全流程全要素工作规范、加快检测机构与各区采样点信息系统和设备匹配对接、推进核酸检测能力和信息统一平台建设等要求。市经济和信息化局大数据建设处、评审中心相关人员参加演练工作。

（市经济和信息化局）

【市经济和信息化局组织召开新冠肺炎疫情防控座谈会】 12 月 21 日，市经济和信息化局在通州区市政府 2 号楼 201 会议室组织召开北京新型冠状病毒肺炎疫情防控工作领导小组复工复产防控组复产工作小组座谈会，就北京市工业领域疫情防控措施和疫苗接种工作进行交流。市卫健委、市科委、市疾控中心、顺义区政府、通州区政府相关人员和重点企业代表参加座谈。市卫健委、市科委和市疾控中心介绍了国际、国内疫情总体情况和北京市疫苗接种工作计划。元旦、春节临近，人员流动加大，国内新冠肺炎疫情防控在冬春季仍面临复杂、严峻的局面，疫苗接种工作仍处于过渡期，要坚持体温监测、佩戴口罩等非药物防控措施，坚持应检尽检。市卫健委将按照国务院联防联控工作要求推进疫苗接种准备工作，合理、高效安排接种工作。通州区和顺义区分别介绍了区内工业领域疫情防控工作情况。两区经信部门严格落实“四方责任”，迅速组织多个工作组、执法队对企业开展督促检查工作，在推进复工复产的同时，确保防疫措施落实到位，通过科技赋能提高疫情防控工作效率。参与座谈的企业分别汇报了该企业在疫情防控方面采取的措施，包括严格的出入管控、重点区域消杀、出差审批、发布疫情防控手册、对员工的宣传教育等，并结合企业情况对接种疫苗提出一定需求。

（市经济和信息化局）

【北京经信系统获工信部表彰】 12 月 22 日，为表彰先进，弘扬伟大抗疫精神，激发工业和信息化系统广大干部职工干事创业、奋勇前进的强大动力，工信部发文（工信部人〔2020〕198号），授予全国100个工业和信息化系统抗击新冠肺炎疫情先进集体和300名先进个人荣誉称号。其中，北京市先进集体11个，分别为依文服饰股份有限公司、北京北铃专用汽车有限公司、北京核信锐视安全技术有限公司、北京乐普诊断科技股份有限公司、卡尤迪生物科技（北京）有限公司、北京谊安医疗系统股份有限公司、北京洗得宝消毒制品有限公司、中国通信服务股份有限公司、第四范式（北京）技术有限公司、北京百度网讯科技有限公司、北京四维图新科技股份有限公司；先进个人11名，分别为北京市经济和信息化局大数据建设处（智慧城市建设处）处长刘旭，北京市经济和信息化局经济运行处（央企服务处）一级主任科员侯守国，北京市经济和信息化局科技标准处一级主任科员李翔，北京奔驰汽车有限公司党委书记、高级执行副总裁陈巍，聚协昌（北京）药业有限公司总经理白建疆，北京绿伞化学股份有限公司董事长、总经理魏建华（女），洛娃科技实业集团有限公司执行董事赵建利，北京市通信管理局网络安全管理处处长刘军，天际互通（北京）信息科技有限责任公司运维工程师、助理通信工程师郭飞，联想（北京）信息技术有限公司供应链交付管理总监孙志雄，曙光信息产业股份有限公司销售经理李浩。

（市经济和信息化局）

【黑猩猩腺病毒载体新型冠状疫苗产业化建设奠基】 12月27日，沃森生物黑猩猩腺病毒载体新冠疫苗产业化建设奠基仪式和座谈会在大兴区举行。黑猩猩腺病毒载体新型冠状病毒疫苗由清华大学医学院教授张林琦团队、天津医科大学周东明教授团队与云南沃森生物技术股份有限公司共同研制开发。

（张 龙）

【工信部核查北京重要医疗物资保供情况】 12月29日，为贯彻落实国务院应对新型冠状病毒肺炎疫情联防联控机制会议要求，坚决做好疫情防控重要医疗物资保障工作，工信部运行监测协调局副局长何亚琼带领部运行监测协调局、装备工业一司、消费品工业司，现场核查北京思瑞德医疗器械有限公司、北京依文服饰股份有限公司生产供应情况并与企业围绕保供重点任务进行问题查找和经验交流。要求两家中央保供方案重点企业切实做好产能维护，做好两节期间放假和生产安排，针对近期零星散发病例做好企业自身防护工作，对可能出现的市场需求波动提前制订应急方案。北京思瑞德医疗器械有限公司是北京市4家有创呼吸机生产企业之一，公司疫情期间迅速扩大呼吸机生产规模，有力保障了国内和国际需求，积累了丰富的生产经验。公司现有库存约500台，零部件存货200套，月产能维持在100台，大于工信部设定的保供产能。依文服饰股份有限公司是北京市服装行业龙头企业，自新冠肺炎疫情防控以来响应国家和北京市号召，在市经济和信息化局支持下迅速复工转产防护服，为抗击新冠肺炎疫情做出突出贡献，获工业和信息化系统抗击新冠肺炎疫情先进集体称号。该公司是北京市规模最大的医用防护服生产企业，维持日产4万件生产能力，可根据需要迅速释放产能。

（市经济和信息化局）

【北京市重点人群新冠疫苗接种数据和技术保障专题部署会召开】 12月30日，市经济和信息化局组织召开北京市重点人群新冠疫苗接种数据和技术保障工作专题部署会，会同市卫生健康委、市疾控中心，组织中科软、安信天行等企业共同就北京市重点人群新冠疫苗接种数和技术保障工作进行研讨部署。会上，中科软汇报了新冠疫苗接种平台的工作进展，与会单位就重点工作和相关问题进行研讨，同时就《北京市重点人群新冠疫苗接种数据和技术保障工作实施方案》征求各方意见。市经济和信息化局副局长潘锋在总结发言时强调做好疫苗接种平台系统的开发建设和用户角色功能权限设置，确保系统使用安全；做好与疫苗老系统的过渡切换以及与指挥调度平台的对接。做好数据安全管理方面的工作，要求根据区权限进行接种点的全量数据导入和使用，加强数据安全管理。做好接种点设备保障和系统培训相关工作。在新旧系统正式切换前组织全市培训，对各区进行走访调研。

（市经济和信息化局）

【疫苗接种平台安全工作部署会召开】 12月31日，市经济和信息化局会同市卫生健康委、市疾控中心，组织中科软、太极等企业召开疫苗接种平台安全工作部署会，会议由市经济和信息化局副局长潘锋主持。会上通报了疫苗接种平台存在的网络架构需进一步优化，登录密码弱口令、网络出口管理不严等网络安全问题，明确接种点和区的用户授权机制，并要求系统承建单位、云服务商多方协作，严防死守，在做好功能开发的同时做好系统安全防护。

（市经济和信息化局）

【全市新冠防疫物资保障】 年内，市经济和信息化局组织全市治疗药品、中药饮片、检测试剂盒和检测设备等26家生产企业进入工信部国家重点医疗物资保障调度平台，动态监测88种重点救治药品、中药饮片、检测试剂和检测设备的生产、销售、库存等情况。推动卡尤迪生物新获批的快速检测设备产业化，通过拓展现有生产空间计划将周产能由50台提升至100台，并在新疆防疫一线应用。截至年底，全市形成周产核酸检测试剂450万人份、咽试子采样管140万人份、核酸检测设备200台的生产能力。全市4家有创呼吸机生产企业共完成4批940台有创呼吸机生产，完成国家调配任务。疫情期间累计出口超7万台核酸检测设备。

（市经济和信息化局）

【市经济和信息化局统筹推进食品企业新冠疫情防控】 年内，市经济和信息化局指导企业落实企业防疫指引，督促企业落实防疫主体责任，先后走访顺鑫农业、三元食品等50余家企业。针对物流运输受限问题，协调交通部门为企业开具调拨（转运）证明76份，畅通物流渠道，确保企业稳定生产。为加强疫情防控常态下对冰鲜冷冻食品各环节的管理，联合各区工业主管部门对全市食品加工企业进行了调查摸底，牵头建立了《北京市食品加工企业台账》和《北京市冰鲜冷冻食品加工企业台账》。贯彻落实北京新型冠状病毒肺炎疫情防控工作领导小组《关于开展进口冷链食品疫情防控措施专项大检查工作的通知》（京市场防疫组发〔2020〕24号），坚持以查促改、以改促进，重点对12个区的31家冷链食品加工企业（不限于进口）开展实地走访，督促指导属地部门和企业认真落实疫情防控措施。

（市经济和信息化局）

【市经济和信息化局协调推动医药企业复工复产】 年内，市经济和信息化局协调推动北京生物制品研究所、北京科兴中维生物技术有限公司与国家开发银行对接专项贷融资政策；推动中国生物项目纳入工信部和国开行制造业专项贷款支持的工业通信业重大项目，获得25亿元的授信额度；利用北京市高精尖产业发展资金鼓励防疫物资生产企业新增产能，支持口罩、防护服、消毒液、测温仪、防疫机器人、医用CT等扩产项目25项、安排资金2653万元。按照市新冠肺炎疫情科技防控工作联席会防疫产品出口专班工作部署，推动26家企业36个医药类产品纳入重点出口防疫产品清单，清单上医用防疫物资出口签约金额超过15亿美元，出口超4亿美元。

（市经济和信息化局）

【市经济和信息化局助力汽车企业复工复产】 年内，市经济和信息化局赴相关企业开展新冠病毒疫情防控督导工作，协调天津市、湖北省、河北省等工信部门，助力北京奔驰汽车有限公司70余家京外配套供应商于一周内取得复工批复，为北汽福田汽车股份有限公司、北京北铃专用汽车有限公司、北京日进汽车系统有限公司等13家企业开具货运车辆转运通行证明，协调解决7家企业1275名外籍人员入境问题。通过紧抓物流运输、人员防疫、生产销售等各个环节，强化供应链协同、提升产业链运行效率，有序推进北京汽车交通产业复工复产。

（市经济和信息化局）

【信用服务助力企业复工复产】 年内，按照市领导对疫情期间信用工作的指示要求，市经济和信息化局进一步发挥社会信用体系作用，支持企业复工复产，保障经济持续健康发展和社会稳定有序。北京市社会信用体系建设联席会议办公室印发《关于应对新冠肺炎疫情影响加强信用管理和服务工作的函》，明确强化信用体系对中小微企业融资的支持作用，对确因疫情影响导致的失信信息不纳入信用记录、做好失信主体信息异议和信用修复工作等7条措施。疫情期间，市经济和信息化局为2000多家企业在“信用中国”网站修复行政处罚信息。加大疫情防控诚信正向激励力度，强化对妨害疫情防控、危害医疗秩序等违法失信行为的惩戒力度。在信用中国（北京）网开设疫情防控诚信宣传专栏，加强疫情防控诚信宣传教育，宣讲信用政策法规，普及信用知识，提高守信意识，营造良好社会诚信氛围。

（市经济和信息化局）

【中关村科技战疫成效突出】 年内，中关村示范区落实中共中央、北京市委关于打好疫情防控阻击战决策部署，迅速出台支持抗疫研发、加快新技术新产品推广等10项政策措施，发布3批371项抗击疫情新技术新产品新服务清单。协调推动检测试剂、病毒消杀、测温设备等一批中关村企业技术产品用于疫情防控。北京科兴中维生物技术有限公司新冠病毒灭活疫苗、博奥生物集团有限公司新冠病毒芯片检测系统、北京推想科技有限公司新冠肺炎CT检查AI系统在抗击疫情中大显身手。实施企业抗疫发展“千帆计划”，累计服务企业6400余家次。建立企业复工复产需求协调解决机制，疫情期间开展重点楼宇、重点企业调研，累计派出干部1500余人次，调研企业1200余家。协调推出“中关村企业抗疫发展贷”，累计发放贷款超过480亿元，加权平均贷款利率3.65%。实施“中关村创投战疫投资行动”，落地投资53个项目130亿元。组织“抗疫情 助就业”网络招聘会，参会企业提供岗位近1.2万个。

（中关村管委会）

【各区助力疫情防控及企业复工复产】2月25日起，东城区应急管理局严格落实区委、区政府疫情防控和复工复产工作部署，把防疫安全放在首位，精准建立东城辖区内重点项目及企事业单位复工复产台账，针对不同类型、不同规模企业，每日开展不间断防疫安全执法检查、指导服务企业复工复产。落实属地责任、部门责任，强化单位责任、社会责任。

年内，丰台区发展改革委牵头成立区工业复产工作小组，制订工作方案，安排1292家工业企业信息核查、防疫监督检查和走访指导等工作。实施防疫主体责任和监督检查全覆盖，建立187家生产制造工业企业防疫台账。组织排查与湖北省，北京市新发地、顺义区等疫情发生地密切接触人员、确诊病例密切接触者、食堂工作人员以及其他涉疫高危人员信息，督促相关人员完成核酸检测。丰台区发展改革委主动服务防疫物资生产企业转产扩产，帮助企业对接生产空间需求，设立快速绿色审批通道，有效促进全区防疫物资产能提升。为依文集团口罩生产提供精准服务，协调紧缺原材料供应、帮助拓宽市场销售渠道。推荐防疫物资生产企业争取资金支持，依文服饰股份有限公司获批国家扩能专项和北京市疫情防控物资产能提升项目资金支持，支持资金共308万元。

年内，石景山区经济和信息化局严格落实“四方责任”，推动全区工业领域安全生产和工业企业复工复产，落实“一方案、一报备、两承诺”，对楼宇以外的规模以上工业和软件信息服务业企业落实防控企业主体责任，要求制订防疫防控工作方案，做到一企一策，严格企业开复工报备表，要求企业出具承诺书；推动北京华瑞康盛科技有限公司口罩生产线建成投产；协调解决企业复工必需的防控物资，为40余家重点企业协调解决口罩23万只，消毒液1600公斤，测温枪20把。

年内，门头沟区全力做好疫情防控工作，对制造业责任台账内的64家企业开展了全覆盖走访指导工作，完善疫情防控预案，加强疫情防控人员培训，配合企业做好疫情防控工作，确保疫情防控和有序复工复产两手抓两不误。累计指导检查企业1338家次，组织区内规模以上企业上报人员信息，涉及人员3090人次。

年内，通州区成立区工业复产工作小组、工作协调推进组，负责统筹做好全区企业复产防控工作，督促企业落实疫情防控和生产经营主体责任；协调解决企业复产面临资金、人员返京、防疫物资、疫情防控等困难和问题；制订《关于做好工业企业疫情防控、复工复产工作意见》及实施方案，明确疫情防控、复产复工、安全生产等相关职责。区经济和信息化局、区应急管理局、区卫健委组成联合督查指导组，按照复工复产疫情防控指引，加强对全区规模以上工业企业疫情落实情况的抽查检查，确保企业疫情防控措施落实到位；区经济和信息化局、中关村通州园管委会共同成立5个检查组，对工业园区内工业企业疫情防控、复工复产、安全生产等进行督促检查；制定《通州区减轻防疫用品生产企业负担专项资金实施细则》《通州区鼓励园中园减免中小微企业房租的实施细则》，组织符合条件的企业申报市级、区级相关扶持、补贴项目，为60家企业申请扶持、补贴资金共计440.31万元；为区内3家防疫物资生产企业开通绿色审批通道，为原材料（熔喷布等）短缺企业申请调拨原材料；成立工业、软件和信息服务业中小微企业常态化服务工作领导小组，设立12个工作小组，联合属地政府做好全区工业、软件和信息服务业中小微企业的服务工作；对企业复工率、员工到岗率、身体健康情况等进行追踪，形成日报上报区有关部门；制定《关于做好疫情防控期间复工复产安全生产工作的通知》，向全区制造业企业发放《安全生产指导工作记录表》。

年内，顺义区经济和信息化局成立防控工作领导小组，组建7个专项10个工作组，建立动态台账，实现358家规模以上工业和软件信息服务企业全覆盖，解决各类问题200余项，累计为全区提供口罩3500万只、消毒液1500吨，协助43家企业购买测温枪620余把，为北汽集团协调购买6万只口罩、1000个防护面罩、500公斤消毒液；为北京奔驰、北京现代、北汽越野车等企业提供 500 个测温仪、1000 公斤消毒液。为 SMC、北汽越野车等重点企业解决住宿公寓 1200 余套，解决近 2000 名远途员工返京交通问题。

年内，昌平区经济和信息化局全面摸排工业企业 2175 家、重点人群 700 人，建立防疫主体台账和 13 个企业联系群，下发市级防疫指引及工作要求，指导企业制定防疫预案；对已复产的规模以上企业采取“一看二听三盯一服务”方式现场督导，实地走访 238 家次；联合区应急局、区卫健委“一企一策”对重点工业企业驻点开展防疫指导。妥善解决重点企业人员安置，协调镇街帮助返京人员进村进社区，为福田康明斯发动机有限公司等企业集中安置返京人员 1344 人。为北京万泰生物药业股份有限公司等 39 家企业协调物流运输、配套产业链复产、出口手续申报等工作；支持企业远程办公，免费提供华为公司等 8 家企业的 64 个信息化产品，帮助 70 家企业顺利复工。保障防疫物资，协调对接供货商、生产厂家，为 70 家企业解决酒精 1.1 万公斤，为 84 家企业解决消毒液 1.6 万公斤，为 95 家企业解决口罩 10 万只。建立应急生产工作机制，支持融成立鑫医疗用品（北京）有限公司等 13 家区内企业生产防疫物资，口罩实现日产能 35 万只。

年内，平谷区加快新落地生产疫情防控所需物资项目审批，为北京邦维普泰防护纺织有限公司、北京幸福益生再生医学科技有限公司、桥堰（北京）医学科技有限公司、北京绿伞化学股份有限公司等防疫物资生产企业开通投资项目备案（工业和信息化投资项目）审批绿色通道，当天申报当天办结；为支持疫情防控所需物资生产企业实施技术改造提质增效、增加产能，组织推荐北京邦维普泰防护纺织有限公司、北京洗得宝消毒制品有限公司两家公司申报国家级和市级拨款补助项目，申请资金近 400 万元；对承租兴谷开发区、马坊工业园区、马坊物流园区三大园区自持厂房楼宇且按照政府有关要求进行安全有序复工复产的企业，给予 2020 年 2 月至 4 月房租 100% 减免，承租办公楼宇减免 2 月至 4 月租金的 50%，共为 40 余家企业减免金额近 650 万元；对中关村国家自主创新示范区内的科技型小微企业给予每家最高不超过 20 万元的研发费用补贴，经筛选区内乐普（北京）生物科技有限公司、中宇航通（北京）航空集团有限公司、北京幸福益生再生医学科技有限公司、北京招通航电科技有限公司等 20 家企业可以享受，涉及资金 160.8 万元；组织开展两批中关村天使投资和创业投资风险补贴资金支持项目申报工作，6 家企业获得科技信贷资金支持约 142 万元，2 家企业获得融资租赁资金支持约 29.45 万元，1 家企业获得天使创投资金支持 100 万元。制订《平谷区中小企业与工业园区新型冠状病毒感染的肺炎预防控制工作导则》《平谷区疫情防控期间园区工业企业复工复产工作指南》《平谷区工业企业突发疫情应急处置预案》等文件，指导区工业企业复工复产，为打赢疫情攻坚战奠定基础；建立“复工申请 + 每日报送 + 督导服务”机制，覆盖复工复产防疫等全流程，动态掌握复工防控情况，协调解决防疫物资短缺、资金支持等 6 类问题，形成“管理 + 服务”的统一抗疫防线；形成责任体系台账、问题整改台账、服务落实台账，整合市区政策，向复工企业发送防控“政策服务包”，提供住宿、餐饮等 18 项支持；选派 4 名业务骨干，到北京邦维普泰防护纺织有限公司、北京绿伞化学股份有限公司、北京洗得宝消毒制品有限公司、北京中安泰华科技有限公司四家防疫物资生产企业进行脱岗驻企，开展“一对一”服务，解决企业困难，引导企业优先保证区疫情期间防疫物资及时、足量供应；向三大园区企业共发放口罩 8 万只、消毒液 20 吨、测温仪 155 个、温度计 800 个，保障企业在疫情期间的生产安全；与区人力社保局、兴谷经济开发区管理委员会联系，为北京邦维普泰防护纺织有限公司、北京绿伞化学股份有限公司招聘 150 余名具有相关生产经验的员工，解决企业用工不足问题；与市经济和信息化局联系为北京邦维普泰防护纺织有限公司、北京绿伞化学股份有限公司、北京洗得宝消毒制品有限公司、北京中安泰华科技有限公司 4 家企业解决防护服、消毒液、口罩等核心原料供应问题，帮助企业提高生产能力；部署区内企业疫情防控信息系统，在企业信息上报、乡镇（街道）日常巡查、部门督查检查等方面提供信息化支撑，实现“线上报送信息 + 线下巡查检查 + 线上快速反馈 + 线下督查整改”的闭合流程，拓宽属地与部门合作机制，实现条块结合，打造数据共享、属地与部门联动的信息管理模式。

年内，密云区经济和信息化局引导区内相关企业转产防疫物资，协调熔喷布 35.531 吨，生产口罩 3889 万只，防护服 9 万件，隔离衣 2.47 万件，为北京倍舒特妇幼用品有限公司争取市级资金支持 216 万元。中关村密云园区外规模以上 58 家工业企业复工率 100%；规模以上 304 家工业企业复工率 97.4%。

年内，延庆区经济和信息化局采取“局领导分包制”，设立8个工作小组联系企业，对43家规模以上企业、300余家规模以下企业分类开展服务工作。向370余家企业进行市、区两级政策宣传指导，发放宣传材料500余份，鼓励在京企业员工留京过节；开展9轮联络企业工作，累计联系企业千余次，确保企业安全平稳复产；开展重点人员摸排工作，组织工业企业、园区重点企业、五大运营商开展核酸检测及疫苗接种，并协调解决企业出现的通勤、疫苗接种、货物运输中转等困难；核查公安网反馈重点风险人员派单。

（各区组稿人员／单位）

【民政系统全力打好疫情防控阻击战】年内，民政总公司严格贯彻落实防控要求，及时传达贯彻上级防控精神，印发工作预案，成立防控领导小组，确保防控责任落实到位；通过悬挂横幅、张贴公告、制作展板、上报信息等多种形式，宣传科学防控措施；坚持每日报送防控工作信息简报，上报272期；为所属单位购买发放口罩、手套、消毒液、防护服等防疫物资；加强对定福庄园艺场、西北旺园艺场及自管小区的防控工作，通过与属地及园区租赁单位加强联防联控，人防、物防、技防多措并举，保障了园区或小区安全；抽调10名厂科级干部和10名保安成立专班，下沉到定福庄园艺场疫情防控一线；系统内6家单位对承租的34家租户100%减免2至4月房租，减免总金额2720万元。

（赵爽辰）

【化工集团完成疫情防控保障】年内，北京化学工业集团有限责任公司（简称化工集团）实现新冠病毒零感染。北京大兴精细化工园区为北京各大医院、各大药店分装储运配送医用酒精450余吨，完成市政府下达的服务保障任务；北京华腾橡塑乳胶制品有限公司生产的医用手套被列入全国重点医疗物资清单，供应各类医用手套近1.9亿副，其中供应北京市内7000万副；北京普莱克斯实用气体有限公司每天不间断为北京各大医院配送医用液氧，疫情期间累计供应医用氧气12000余吨。集团所属13个单位分两批派出40名下沉干部，参与大兴区西红门镇4个（村）社区的一线防控，长达140余天。北京市化工职业病防治院被列入全市首批101家发热门诊医疗机构，并积极组织核酸检测服务达6000余人次；北京华腾美居酒店、东方宾馆完成上级下达的146名入境人员的隔离服务保障任务；北京市环球橡胶厂为社区核酸检测提供场地、后勤等服务；落实市政府有关助企纾困政策，集团公司置业资产减免中小微企业房屋租金3300余万元。

（化工集团）

【昌平园获评市级抗疫先进集体】年内，中关村科技园区昌平园先后摸排4000余家企业返京人员情况万余人次，开展57栋双创楼宇“双楼长”防控，覆盖企业员工1.2万人，确保疫情防控“零风险”。组织72名机关干部下沉社区3000余人次，百余名非公企业在职党员参与“周末我上岗”助力社区（村）疫情防控；号召非公企业党组织通过各种渠道向抗疫一线捐赠物资价值3000万余元，3200余名企业党员参与抗疫捐款和共产党员献爱心近80万元。开展在线法律讲堂、政策解读、项目申报辅导等服务，指导1400家小微企业、256家规模以上企业有序复工复产。昌平园非公企业党委被评为北京市抗击疫情先进集体。

（纪根达）

【非公有制经济领域抗击新冠疫情】年内，市工商联系统民营经济党组织和广大党员扛起政治责任，发挥基层党组织战斗堡垒作用和共产党员先锋模范作用，以实际行动贯彻落实中央《关于加强党的领导、为打赢疫情防控阻击战提供坚强政治保证的通知》精神，以倡议书、公开信、通知等形式广泛开展宣传动员。北京南锣鼓巷商会联合党委就商户普遍关心的何时开业问题发出公开信，号召大家听党话跟党走，顾大局舍小我，全体商户在春节期间闭店。北京知城社会组织众扶发展促进会发挥社会组织联合党委作用，向105家商协会党组织发出倡议，引导全员提高认识、科学防控、共渡难关。北京汽车物流商会党支部利用微信公众号平台，及时更新会员企业党员抗疫一线当先锋的感人故事，凝聚打赢攻坚战的意志力量。东华软件集团党委组织以党员骨干为主体的300人突击队，火线驰援武汉火神山医院信息化项目，在战“疫”前线成立临时党支部，带领全员日夜鏖战，在10天内完成过去2至3个月完成的工程。北京市汽车物流商会党总支成立疫情防控应急小组并率先发布请战书，会长、执行会长和部分副会长单位带头抽调200余辆运输车辆和人员重点保障首都防疫物资配送服务；会员企业八达物流集团、捷奥通物流、川福物流等以党员先锋队为核心，为钟南山医疗团队及物资紧缺部门无偿提供援助运输；宏邦安达物流、双禾集团、巨辰物流等百家会员企业经商会党总支议定，专门抽调600余车辆全国统筹，就地就近提供疫区物资运输服务。北京保洁商会党支部带领党员深入普及宣传疫控知识，传播正能量，有序组织企业员工坚守一线，全力落实在管项目消毒防疫责任；引导防疫物资生产企业取消春节休假，坚持不停工、不提价、不计成本，全力保障消毒液、洗手液等物资供应有序、价格平稳。联东集团党委成立党员突击队，激励带动全员在疫情防控及主体业务上当先锋、做表率，锤炼集团党委在重大任务斗争一线的素质能力。叶氏集团发挥楼宇党建优势，加强员工健康状况监测，落实企业防控主体责任。北京母婴服务业协会党支部成立疫情应对领导小组，督促从事细菌消杀及保洁业务的会员企业细化落实防控举措。北京市水产商会党委、北京市汽车配件业商会党支部、北京陶瓷商会党支部等与商会领导班子迅速响应，及时发布市场通知，严格落实延期开业返岗、错峰复工等防控工作要求。西城区牛街食品商会联合党支部建立门店疫情防控监测日报制度，对33家会员企业在岗及返京返岗人员进行健康排查和动态跟踪，实现重点信息管理全覆盖。朝阳区工商联依托会员企业综合党委推进工作，通过党组织体系快速传导信息和动力，落实各项防控工作。北京市静态交通业商会党支部带领班子成员成立疫情防控指挥中心，班子成员每日轮岗，企业党员率先值守，将客运站和交通枢纽作为疫情防控的前哨关卡，实行出入场双向检查和多时段密集消毒措施；将小区、道路、商超等社区停车场作为基层防控的主阵地，严格检查外地车辆，并及时将车辆信息报送相关部门。学而思响应“停课不停学”号召，向全国中小学生免费提供在线精品教程，北京铭漫信息技术有限公司联合VIPKID及时推出“线上海洋馆”和“春苗计划”，免费开放直播平台和优质内容资源，让孩子足不出户在线学习，有效减少人群聚集。91科技集团党支部与春雨医生携手发起7×24小时线上义诊支援，有效缓解医院就诊压力。大兴区企业志愿者服务协会党支部发起“抗击疫情从心开始”线上心理志愿服务，免费开通疫情心理应急热线，帮助群众消除恐慌情绪，强化自身主动防控意识。

（市工商联）

【北京工商联协调动员会员单位助力疫情防控】北京工商联会员单位北汽集团及其成员单位北京奔驰、北汽福田、北京现代，关联单位北现金融等通过不同渠道累计捐款捐物4300万元。中国北京同仁堂集团、国药集团、北京春风药业、赛升药业、北陆药业等60多家会员单位捐款4000余万元，捐赠防疫药、械产品物资价值1亿余元。北京电子商会会员单位京东方捐赠1000万元，紫光集团捐赠价值3000万元网络安全设备，小米公司累计捐赠总价值超2648万元。北京金属材料流通行业协会副会长单位“兰格钢铁网”帮助组织300毫米 ×300毫米方管资源，紧急发往武汉火神山医院建设现场。北京印刷行业协会以高度的政治责任担当，动员会员单位克服困难圆满完成疫情防控宣传产品印制任务。其中，北京炫彩印刷有限责任公司承印了新型冠状病毒感染防控海报任务，26小时制作完成了几十万份病毒感染防控手册。北京艺辉印刷有限公司在大年初一接到海关总署求助急电，连夜印刷出入境健康申明卡和其他一些应急提示产品100万张。人卫印务（北京）有限公司员工放弃春节休假，全力以赴为卫生健康委印制预防新型冠状病毒肺炎宣传册10万册。

（杜金岗）

【紫光集团网络通信与信息安全设备助力战疫】年内，紫光集团及旗下新华三集团向雷神山、火神山捐赠价值超过3000万元的网络通信与信息安全设备，并负责部署、安装、调试等工作；向湖北3家医院捐赠总计80套VDI云桌面解决方案，并提供软件授权与软件技术支持服务；向武汉长江新城方舱医院提供网络通信与信息安全设备，并紧急搭建基础网络，可承载医院全部21个舱区的医疗终端数据接入。紫光云迅速开发上线多项产品及解决方案，陆续为天津、连云港、重庆、黑河、南昌、宁夏等全国10余个省市的疫情防控、企业复工复产、提供技术支持及基础服务保障。重庆紫光华智电子科技有限公司携手新华三集团，为重庆、成都多家医院提供网络通信和安防系统、高清视频会议等相关设备和服务，联合紫光软件对重庆市南岸区18所医院出入口及医院发热门诊安防系统进行抢建工作。紫光集团抗疫的优秀案例被中国社科院发布的《中国企业抗击新冠肺炎疫情研究报告》收录。

（宋慧宇）

【启迪控股为医废处置做贡献】年内，启迪环境科技发展股份有限公司负责武汉市协和江南医院（江夏区第一人民医院）和雷神山医院医废处理工作，在58天连续抗疫工作中清理医废897桶，合计43.95吨，获宜昌市抗击新冠肺炎疫情先进集体称号。启迪亚都（北京）节能装备科技有限公司抢工生产防护口罩，日产N95口罩3万只，并向武汉第六医院等捐赠亚都空气净化器和N95口罩，被广东省钟南山医学基金会评为抗击新冠肺炎疫情公益爱心单位。

（宋慧宇）

研发与成果

【义翘神州全球首发新型冠状病毒科研试剂】 1 月 22 日，在拿到新型冠状病毒基因序列 11 天后，北京义翘神州科技有限公司首发新型冠状病毒重组蛋白，成功表达病毒重要靶点受体结合域蛋白 S–RBD，获得高纯度蛋白科研工具试剂，可用于支持全球病毒相关研究和治疗性抗体开发。

（亦庄时报）

【"北京通" App 上线科技助力共抗疫情】 为众志成城共抗疫情，保障市民全面及时掌握疫情信息，市经济和信息化局及北京市大数据中心利用春节假期于 1 月 26 日在"北京通"App 上线"抗击疫情 实时救助"服务。同时，升级建设"抗击新型冠状病毒肺炎疫情"

专栏，带领思源政通、阿里云、百度等企业开发"最新进展""疫情 AI 助理""疫情科普""防护手册""直播建设"等服务功能，并对接社会服务资源，接入"鉴真辟谣""同程查询""药品问答""医生咨询"等服务于 2 月 2 日晚间上线。专栏实时发布精准权威的疫情动态及科学有效的防疫资讯，免费提供在线专家医师咨询问诊服务。"北京通"还推出"交管 12123"等高频政务服务事项"掌上办、指尖办"，让市民足不出户，在家就能畅享贴心服务。

（市经济和信息化局）

【清睿智能助力基层医生防控】 1 月 28 日，北京清睿智能科技有限公司在其部署的数十家基层、县级医疗卫生机构同步更新新冠肺炎的疾病诊断模型，并于同日在公网上线，免费提供服务。该模型利用清睿智能原创的 DUCG 人工智能技术，将新冠肺炎加入到既有的诊断模型，与其他疾病一起鉴别诊断。使用者可根据自身主诉症状，选择恰当知识库，输入患者临床信息，系统会对患者所患各种疾病的可能性给出全面评估，包括新冠肺炎。

（陈　璐）

【新羿生物新冠系列产品入选"白名单"】 1 月 29 日，北京新羿生物科技有限公司新型冠状病毒 2019–nCoV 核酸定量检测试剂盒（数字 PCR 法）获得初步成功。4 月 2 日，产品获得欧盟 CE 市场准入资质。6 月 23 日，新羿生物联合清华大学等单位共同设计开发的新冠检测系列产品，经过前期严格的产品测试和审核，进入商务部防疫物资出口"白名单"。

（新羿生物官网）

【博晖创新捐"冻干静注人免疫球蛋白"药品】 1 月 30 日，北京博晖创新生物技术股份有限公司联合相关企业，向河北省、内蒙古自治区、广东省、云南省共捐赠价值 600 万元的"冻干静注人免疫球蛋白"药品，用于提高医疗人员的免疫力。"冻干静注人免疫球蛋白"是一种提高免疫力的药品，可以降低病毒侵袭性，降低发病率。

（中关村管委会）

【市政务数据资源网上线全市新型冠状病毒疫情地图】 1 月 30 日，随着新型冠状病毒疫情防控形势的

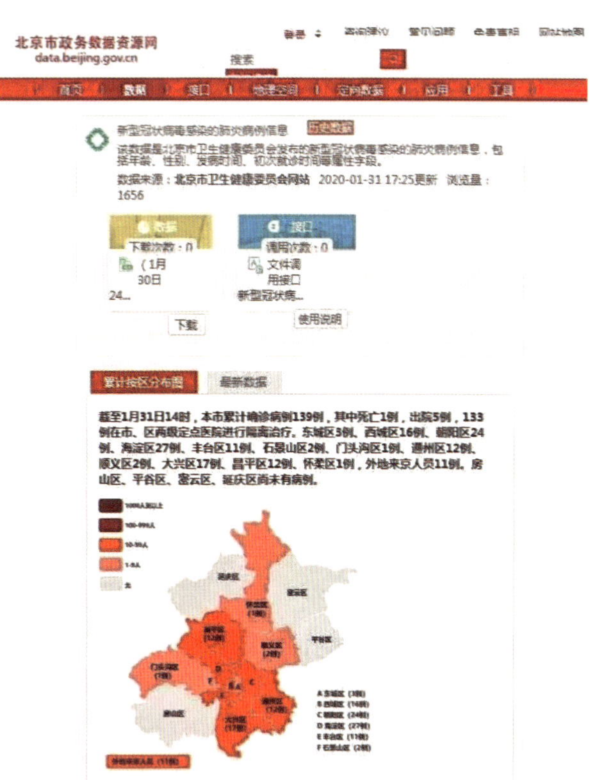

日益严峻，市经济和信息化局及北京市大数据中心贯彻落实市委、市政府决策部署，紧急成立局内疫情防控大数据工作小组，发挥大数据的分析整合与实施能力，基于市卫健委发布的疫情数据信息，利用春节假期时间开发完成北京市疫情地图，在北京市政务数据资源网（DATA 网站）上线试运行。疫情地图通过可视化的地图形式，在北京市政务数据资源网向公众直观展示北京市各区累计确诊疫情病例、累计治愈数量及当前疫情分布等情况。北京市政务数据资源网将市卫健委疫情数据转换为可机读信息格式，提供数据公开与数据下载服务，方便相关企事业单位开展疫情数据的开发应用。

（市经济和信息化局）

【推想医疗全国首发针对新冠肺炎 AI 系统】 1 月 31 日，推想医疗科技股份有限公司全国首发用于新型冠状病毒肺炎的 AI 系统，帮助进行肺炎感染筛查和疫情监测。推想 AI 的智能化处理、有序化分级治疗、全自动前后片对比和疗效评估等功能，帮助医生更快速准确完成治疗评估，为医生节省精力和时间。推想肺炎 AI 特别版最早应用于武汉新冠病毒发热门诊定点机构——华中科技大学同济医学院附属同济医院，随后在全国各地陆续上线，包括深圳市第三人民医院（国家感染性疾病临床研究中心）等对抗肺炎疫情最前线的医疗机构。

（陈　璐）

【金匙医学捐赠 1 万份检测试剂】 1 月，金匙医学负责人在得知武汉新型冠状病毒感染引发的肺炎检测试剂盒短缺问题，组织留京过年的研发、生产和物流人员加班加点生产，将首批价值 200 万元的 1 万份检测试剂捐赠到武汉。

（中关村管委会）

【凯因科技加急生产重组人干扰素 α2b 注射液】 1 月，凯因科技生产的重组人干扰素 α2b 注射液，被国家卫健委纳入抗击新型冠状病毒的药品之一。截至 1 月 28 日，该公司生产的重组人干扰素 α2b 注射液已发货 70 万支，助力各地防控疫情。

（中关村管委会）

【斯贝福坚守实验动物的供应岗位】 1 月，斯贝福（北京）实验动物科技有限公司先后保障了军事医学研究院生物工程研究所、战略支援部队特色医学中心、军事医学研究院三所脑中心、中国科学院遗传所、北京热景生物、美康生物、科兴中维等 8 家科研机构和生物公司的 14 个实验动物紧急订单，为新型冠状病毒疫苗研发、干扰素研发评价、免疫实验、诊断试剂研发提供了有力保障。

（中关村管委会）

【迈基诺研制出新冠肺炎检测自动化系统解决方案】 1 月，北京迈基诺基因科技股份有限公司成功研制出"病毒筛查—鉴别诊断—疫情监测" 3 套新型冠状病毒肺炎检测自动化系统解决方案。

（中关村管委会）

【博奥生物推出可检测呼吸道多病毒的芯片】 1 月，博奥生物集团在第一时间成立疫情应急处置工作组，全面调动集团优势力量，迅速部署北京、成都、东莞 3 地检验所启动紧急备战状态。该集团设计开发的快速检测呼吸道多病毒的全新微流控芯片，只需采集患者痰咽拭子、痰液等分泌物样本，在 1.5 小时内便可一次性检测包括 2019 新型冠状病毒（2019 – nCoV）在内的 19 种呼吸道常见病毒。

（中关村管委会）

【全球健康药物研发中心免费开放药物研发资源】 1 月，位于中关村东升国际科学园的全球健康药物研发中心会同清华大学药学院，投入针对新型冠状病毒的药物研发，并将药物研发资源免费高效地开放给全社会科研人员，共同加速新型冠状病毒药物研发。

（中关村管委会）

【重组人干扰素 α2b 被列入新冠病毒感染肺炎诊疗方案】 1 月，北京远策药业公司生产的重组人干扰素 α2b 被列入《新型冠状病毒感染的肺炎诊疗方案》用药。公司作为方案用药的重点生产企业，克服春节放假人员短缺的困难，迅速组织恢复生产。截至 2 月 19 日，公司已向湖北发送 22 万余支干扰素。

（搜狐网站）

【思瑞德呼吸机驰援国外】 1 月，北京思瑞德医疗器械有限公司紧急组织人员有序复工复产，第一时间将生产的呼吸机发往湖北、北京、新疆等地，极大缓解了当地医院临床需求。随着新型冠状病毒肺炎疫情在全球的不断蔓延，思瑞德医疗迅速启动国际新冠疫情抗击项目，全体员工快速投入生产呼吸机驰援海外。公司已经接到意大利、法国、斯洛文尼亚、阿塞拜疆、摩洛哥、英国、德国、哥伦比亚等多个国家的呼吸机采购项目，达成上千台呼吸机产品的出口订单。

（思瑞德医疗综合管理部）

【运德素纳入中央储备药物】 1 月，国家卫健委发布《新型冠状病毒感染的肺炎诊疗方案》，推荐使用运德素用于新冠病毒治疗。北京三元基因药业股份有限公司加班加点生产运德素，截至3月累计发货400万支运德素注射液和喷雾剂用于各地抗击新冠疫情，供货量同比增长近一倍。运德素已被工信部纳入中央储备药物，北京三元基因在向各地医院发送运德素的同时，还为国家储备100万支运德素，供紧急调拨使用。

（北京日报）

【百沃特研制出世界领先水平核酸检测试剂盒】 1月，百沃特（北京）生物技术有限公司成功研制出新型冠状病毒2019-nCoV核酸检测试剂盒，这是全球较早的RT-PCR荧光探针法试剂盒之一。经验证，试剂盒最低检出限达到4copies/检测，处于世界领先水平。试剂盒被北京市疾病预防控制中心、军事医学研究院、解放军赴武汉医疗支援部队等广泛应用。

（陈　璐）

【依文集团转产生产医用防护服】 2月2日，依文集团面对抗击疫情需要的防护服严重缺乏的情况，决定转产扩能。一周内，通过依文集合智造产业互联网平台有效调配生产资源，调集设备人员开始试生产。仅用10个昼夜，建立可生产防护服的无菌净化车间和裁剪车间，实现5000平方米生产环境的改造完成，所有机械设备全部到位，同时对集合智造平台上的京外分厂进行生产线改造，全力以赴完成防护服前期的裁剪、缝制工作，连夜运到北京，在净化车间进行压条、质检、包装等最重要的后道工作。2月20日，新建防护服生产线投产。

（市经济和信息化局）

【高普乐红外人体监测仪】 2月3日，北京高普乐光电科技股份公司应用红外热成像技术，研发推出的红外人体监测仪设备前期已经在武汉市应用，又在海淀区五路居地铁站、海淀医院等区域布设。设备测试速度0.05秒，与接触式测温设备误差在0.3℃以下。

（中关村管委会）

【百度AI快速测体温应用】 2月6日，百度AI体温检测技术在北京清河火车站落地应用，可以对一定面积内乘客的额头温度进行检测，即便是佩戴帽子和口罩也能够快速筛查。其检测速度快、准确率高，并且可以远距离、大范围检测，可以预防交叉感染。

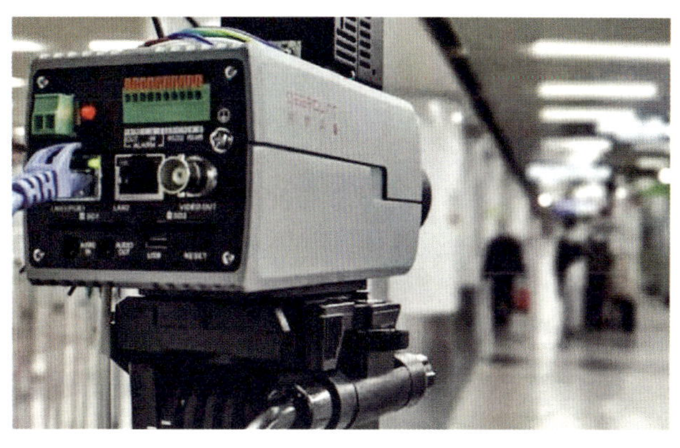

（中关村管委会）

【格灵深瞳AI产品为公众出行护航】 2月7日，移动式双光快速温测智能识别系统在北京西站、北京市朝阳区政府大楼等地开启应用。该系统由北京格灵深瞳信息技术有限公司研发，具有自主知识产权，融合了红外热成像与人脸识别技术，利用双光结构动态测距，高精度识别人体温度，形成一整套完备的智能人脸温度监测解决方案，可在火车站、机场、地铁站、商场、学校等城市密集人群场所，对通行人员进行非接触式体温检测，迅速发现体温异常者，为城市整体疫情防治提供精准的大数据服务。

（光明日报）

【经开区上线新冠肺炎检测新技术】 2月9日，北京指真生物科技有限公司研发的五分类血液分析仪CRP一体机和流式细胞仪两型设备进入卫健委发布的《新型冠状病毒感染的肺炎诊疗方案（试行第五版）》推荐目录，其中五分类血液分析仪CRP一体机可以检测白细胞总数、淋巴细胞计数和C反应蛋白，服务疫情检测筛查，流式细胞仪在一般治疗中可以满足对于细胞因子、TB淋巴细胞亚群检测。

（亦庄时报）

【北京首个新冠肺炎治疗药物获临床试验批复】 2月10日，舒泰神（北京）生物制药股份有限公司及其全资子公司北京德丰瑞生物技术有限公司收到国家药品监督管理局签发的关于BDB-001注射液用于冠状病毒感染所致重症肺炎治疗的《药物临床试验批件》，是北京首家获批新冠肺炎治疗药物临床试验的生物医药企业。

（亦庄时报）

【经纬纺机 N95 口罩机生产线通过鉴定】 2月11日，经纬纺织机械股份有限公司（简称经纬纺机）N95口罩机技术攻关工作小组分别就技术攻关、质量工艺、生产采购、装配调试等关键任务做出全面部署。3月2日，由经纬纺织研发的N95口罩机高分通过专家组的集体评审，该型口罩机单线日产N95口罩超过5万只。同日，首台N95口罩机生产线通过鉴定，2台样机发往用户企业。

（亦庄时报）

【国产数字 PCR 产品首次支援海外抗疫】 2月12日，国家医疗队提出需要数字PCR系统对血浆治疗进行评估。北京新羿生物科技有限公司第一时间响应号召，生产的数字PCR仪器和新冠数字PCR试剂盒于4月2日获得欧盟准入，7月上旬完成出口第一单，是国产数字PCR产品首次出“海”，为支持海外战“疫”贡献科技力量。

（中关村管委会）

【医疗人工智能协助救助病患】 2月13日，数坤（北京）网络科技股份有限公司组织专家自主研发新冠肺炎AI系统。该系统利用人工智能医疗技术，在患者快速筛查、病程追踪、科学研究三方面，有效缓解了一线救援医生的工作压力，并对发热病人进行分级诊疗，降低疑似病例筛查途中出现交叉感染的可能性。数坤新冠肺炎AI已进入武汉市中心医院，帮助医生进行病灶智能识别、分割定位、量化评估等工作，实现快速确诊和治疗。

（经济日报　中国经济网）

【眸视科技公司“防疫巡检机器人”投入使用】 2月17日，北京眸视科技有限公司研发的“防疫巡检机器人”在北京定点医院投入使用。产品针对“2019-nCoV新型冠状病毒”感染人群的特点，实现疫情高风险区域人员及环境巡检，更快地推进疫情区域管理数字化、智能化发展进程，减少人工成本。通过高度智能的机器人定位、环境建模、导航技术和图像识别等技术，代替人工完成疫情高风险区域的日常巡视、红外人体测温、人员戴口罩检测识别及消毒液体的喷洒，可有效降低疑似病人人员流动等安全隐患，提高检测的工作效率和质量。

（中关村管委会）

【北京数据开放创新应用大赛线上竞赛平台开通】 2月22日，由北京市经济和信息化局、中国计算机学会大数据专家委员会联合主办，北京市大数据中心、中科大智慧城市研究院（芜湖）、北京市政交通一卡通有限公司、数联众创等单位承办，中国科学院计算技术研究所、中国中文信息学会信息检索专业委员会、中国图像图形学会可视化与可视分析专委会、中关村科技软件有限公司、九次方大数据信息集团有限公司等单位联合协办的2020北京数据开放创新应用大赛——科技战疫·大数据公益挑战赛线上竞赛平台开通，面向国内外选手开放。该竞赛活动旨在助力疫情防控和疫情之后的经济社会恢复工作，吸纳大数据产业顶尖社会资源，释放专业人才智慧，推介国产人工智能产品，助力北京市大数据产业高质量发展。

（市经济和信息化局）

【北京中丽制机公司首台医用防护服压条机试车成功】 2月23日，北京中丽制机工程技术有限公司首台医用防护服压条机机电联调试车一次成功。2月24日，公司开始首批60台套量产工作，交付国家有关部门统一调配，驰援抗击疫情防护物资生产前线。

（中关村管委会）

【燕化第一批熔喷布出厂】 2月24日，为了支持疫情防控和复工复产的大局，中国石化党组决定，与国机恒天集团迅速合作，筹建10条熔喷布生产线，要求燕山石化在半个月内建成一座熔喷布生产厂，打通口罩生产全产业链。经过参建各方600余名建设者连续12天昼夜轮班不间断施工，3月6日23时56分，燕山石化年设计产能14400吨的熔喷布生产装置建成投产。3月9日，两辆满载中国石化熔喷无纺布（简称熔喷布）的厢式货车驶离燕山石化生产厂区，奔向北京市相关口罩企业及合作伙伴驻地，以缓解下游口罩生产线原料短缺的燃眉之急。首车装载的36箱共计1.26吨熔喷布，是由中国石化燕山石化新建熔喷布生产线建成投产后销售出厂的第一批产品。

（燕化官网）

【莱维德推出首台消毒防疫机器人】 2月24日，莱维德（北京）救援科技有限公司生产出首台消毒防疫机器人，可对作业现场进行区域消毒和侦察，并把环境通过图像传输反馈给操作人，可根据用户使用要求选配气体检测、报警、喊话等功能。消毒防疫机器人从设计到首台样机下线，仅用6天时间。

（亦庄时报）

【MALDI-TOF 平台入选疫情防治医学装备目录】 2月26日，中国医学装备协会发布《新冠肺炎疫情防治急需医学装备目录（第三批）》，北京东西分析仪器有限公司研发的Ebio ReaderTM3700全自动飞行时间质谱系统（MALDI-TOF）入选。MALDI-TOF平台是一款生物检测平台，其借助蛋白指纹图谱技术建立的快速筛查新型冠状病毒肺炎应用方案可准确区别冠状病毒肺炎患者和普通肺炎及流感患者，具有准确度高、速度快、灵敏度高、安全性高、操作简单、特异性高等特点，采样时只需采集血液，无须采集呼吸道标本，可有效保护医护人员的安全，避免不同感染阶段采样部位可能出现病毒量的不足而导致的假阴性结果；检测时无须核酸提取及实时荧光定量步骤，从而实现快速检测。

（中关村管委会）

【首个京产新冠肺炎病毒体外诊断试剂产品上市】 2月27日，北京卓诚惠生生物科技股份有限公司的“新型冠状病毒2019-nCoV核酸检测试剂盒（荧光PCR法）”通过国家药监局应急审批，取得第三类医疗器械注册证，成为首个上市的京产新冠肺炎病毒体外诊断试剂产品。该产品用于体外定性检测新型冠状病毒，取样后90分钟内即可出检验结果。北京市已有5家企业进入国家新型冠状病毒肺炎检测试剂应急审批通道，分别为北京新兴四寰生物技术有限公司、北京金豪制药股份有限公司、北京纳捷诊断试剂有限公司、北京华科泰生物技术股份有限公司、北京金沃夫生物工程科技有限公司，申报企业数量位居全国前列。

（北京日报）

【擎科生物日产70万检测人次探针原料】 2月，擎科生物科技有限公司研发新型冠状病毒检测试剂盒所需的基因引物探针原料，最高可日产70万检测人次的引物探针原料，共生产提供500万检测人次的引物探针原料，供应到中国人民解放军军事医学科学院、中国科学院动物研究所、上海辉睿生物科技有限公司、中国疾病预防控制中心、中国医学科学院、北京热景生物技术股份有限公司等20多家国家科研机构及相关生物医药企业。

（亦庄时报）

【苍穹疫情防控管理信息系统上线】 2月，苍穹数码技术股份有限公司开发并上线苍穹疫情防控管理信息系统。该系统基于苍穹数码自主研发的国产地理信息平台KQGIS进行建设，满足下沉到社区/村庄的疫情数据层层上报、物联网数据实时抓取，确保社会公众及时获取准确的疫情地图、疫情政策、疫情焦点、防控措施等。怀柔区已将该系统App链接到怀柔通——政务服务平台上，陕西省网信办主办的网络经济公共服务平台发布该系统，并陆续对接，在各级防控主管部门投入使用。

（经开区管委会）

【石景山区以全市最快速度建成口罩生产线】 2月，石景山区筹建的口罩生产线投入试生产。防疫初期，全市口罩供应紧张，为保障全区企事业单位复工复产及居民防护需求，石景山区调动各方力量，从零开始筹建石景山区口罩生产线，从设备投产、产品质检到市场供应仅用10天时间，创造了北京市口罩生产线达产最快速度，供给生产口罩800余万只，用于保障居民防护、机关企事业单位复工复产防控需求。

（代　蓉）

【大兴区第一条口罩生产线投产】 2月，北京昊硕科技有限公司口罩生产线投产，成为大兴区第一家投产的口罩生产企业。该项目日产能9万只，在一定程度上缓解了区内口罩供应紧张问题。

（大兴区官网）

【万泰生物新冠检测试剂盒获批上市】 3月6日，由北京万泰生物药业股份有限公司和厦门大学国家传染病诊断试剂与疫苗工程技术研究中心研制的新型冠状病毒2019-nCoV抗体检测试剂盒（化学发光微粒子免疫检测法）通过国家药监局应急审批上市。产品是国内外首个获批的双抗原夹心法总抗体检测试剂。试剂盒采用双抗原夹心法定性检测人血清或血浆中新型冠状病毒2019-nCoV总抗体，包括IgM抗体和IgG抗体，试剂检测时间29分钟；新型冠状病毒总抗体检测试剂的特异性达到全部，总抗体灵敏度较高；1名检验人员8小时即可完成1600份样本的检测，检测过程可实现全封闭化自动检测，有效减少操作过程中的感染风险和人为影响。双抗原夹心法检测不受类风湿因子等因素的干扰，基于病毒抗体两侧同时进行特异性的抗原抗体结合，可从反应机制上有效降低假阳率。

（中关村管委会）

【百世诺新冠检测试剂盒获欧盟准入资格】 3月7日，百世诺（北京）医疗科技有限公司研发的新型冠状病毒抗体检测试剂盒获欧盟准入资格，可在欧盟27国及亚洲、美洲、非洲的多个国家和地区销售。3月13日，百世诺新型冠状病毒核酸检测试剂盒获欧盟准入资格。试剂盒采用荧光PCR技术，针对新型冠状病毒E基因、N基因等保守区域，设计特异性引物和Taqman探针，通过荧光PCR仪检测，实现对新型冠状病毒核酸序列的精准定性检测。

（中关村管委会）

【延庆区首条全自动口罩生产线投产】 3月9日，联合益康（北京）生物科技有限公司投资的黄山精工日产50万片的生产线投产，是延庆区首条全自动口罩生产线。区经济和信息化局组织区市场监管局、区生态环境局为企业提供审批一条龙服务，一天内为企业办理项目备案、环评备案手续；协调有关部门将口罩生产机作为应急物资通过快速通道运至厂区；指导企业申报国家发改委医用物资技术扩能改造专项及医用口罩扩能专项支持政策，并纳入疫情防控重点保障企业名单。

（李　丹）

【GE 医疗“深度天眼”投入使用】3 月 15 日，GE 医疗北京影像设备生产制造基地紧急驰援小汤山医院的深度天眼 CT 通过验收，投入使用。通过 3D 传感器对人体进行精准定位，“深度天眼”能自动定位扫描部位的中心位置，医护人员在操作间内便能迅速完成 CT 扫描操作。

（亦庄时报）

【深晶科技智能体温监测预警系统投入使用】3 月 16 日，北京深晶科技研发的 THOR 智能体温监测预警系统投入使用。该系统采用高精度人体测温摄像机，结合智能化人脸检测、目标跟踪以及人脸识别算法，自动对所有出入监测点的人员进行非接触式无感体温检测和记录，一旦发现高温异常人员，可立即启动声光报警，精准度为 ±0.3℃。该系统每分钟能快速测温 100 人，已在社区、园区、校园、医院、地铁、车站、机场等公共场所人群密集区域使用。

（中国新闻网）

【“北京健康宝”2.0 版上线】3 月 17 日，在北京市新型冠状病毒肺炎疫情防控工作新闻发布会上，市经济和信息化局副局长潘锋介绍了“北京健康宝”小程序 2.0 版的相关情况。“北京健康宝”自 3 月 1 日上线，短短两周，全市累计 550 余万人使用“北京健康宝”查询 1400 余万次健康状态。 1.0 版上线后，市经济和信息化局根据各渠道反馈的建议和意见，进行了完善。2.0 版针对曾出现的“登录异常”“扫脸滞后”等问题进行了优化。针对“早高峰时期登录异常”问题，第一时间提升系统性能，优化系统架构，完善早高峰“重保”等级的运维保障体系和突发应急预案，确保系统可靠运行。针对“人脸识别”问题，会同相关公司优化识别算法，优化流程，首次使用完成人脸识别后，登录状态下不需要再重复刷脸。在解决前述问题的基础上，推出“他人代查”以及“环京通勤人员使用”两项新功能。 其中的“他人代查”功能，主要解决老人、儿童等不便于使用“北京健康宝”及忘记携带手机的问题。可以在登录状态下，输入被查人姓名、身份证号并通过被查人的人脸识别后，获取被查人相关健康状态。可自由添加或删除被查人，兼顾实际需要，每人最多可为 4 人代查。为解决环京地区在京工作人员面临的现实通勤问题，通过进（返）京数据的大数据分析，开发了“环京通勤人员使用”的功能，对于符合通勤比对规则的人群，“北京健康宝”赋予绿色状态。对于北京市相关部门暂不掌握其疫情状态的进京人群，“北京健康宝”将弹窗提示“系统中暂无您的防疫信息”。

（市经济和信息化局）

【安必奇公司新冠病毒检测试剂盒通过欧盟 CE 认证】3 月 17 日，北京安必奇生物科技有限公司的新冠病毒 IgM/IgG 抗体检测试剂盒（胶体金层析法）通过欧盟 CE 认证。IgM/IgG 抗体检测采用胶体金法，可同时检测 IgM 和 IgG 抗体，覆盖感染早期、恢复期和愈合后病毒的检测，操作简单，15 分钟内即可获得结果，准确率高。

（中关村管委会）

【丰台区首家口罩生产企业运行投产】3 月 19 日，丰台区首家口罩生产企业——依文服饰股份有限公司 2 条医用口罩生产线运行投产，日均产量达 5 万只，解决了丰台区抗疫一线和复工复产口罩紧缺问题。

（丰台区官网）

【雅康博公司新冠检测试剂盒获欧盟 CE 认证】3 月 23 日，北京雅康博生物科技有限公司研发的新型冠状病毒 2019-nCoV 核酸检测试剂盒获欧盟 CE 认证，其采用具有高灵敏度、高特异性、高准确性的 Biomark One-Step PCR 技术，仅需 1.5 小时即可快速鉴定新型冠状病毒的 ORF1ab 和 N 基因的存在，可满足检测新冠病毒所需要的准确、高效、便捷等要求。

（中关村管委会）

【博奥晶典核酸检测芯片试剂盒获欧盟认证】3 月 26 日，由博奥生物集团旗下博奥晶典联合清华大学、四川大学华西医院共同研究开发的包括新冠病毒 2019-nCoV 在内的 6 项呼吸道病毒核酸检测试剂盒（恒温扩增芯片法）获 CE-IVD 认证，产品符合欧盟医疗器械相关指令的符合性要求，具备欧盟市场的准入条件，将为欧洲地区的新冠疫情防控工作提供强有力的高效检测工具。年内，疫情暴发初期，博奥生物团队研发出可在 1.5 小时内检测含新冠病毒在内的“呼吸道多病毒核酸检测芯片系统”在通过国家药监局应急审批获批后连夜向武汉捐赠 1.2 万人份芯片试剂盒，用于临床患者的诊治。截至年底，博奥全国连锁第三方检验所中已有近 20 家获得新冠病毒核酸检测资质，博奥检验团队平均 2 小时集结，最快 24 小时内到达，最快 72 小时内完成方舱实验室建设，累计完成近 1000 万人份检测，为国家疫情防控贡献科技力量。

（博奥生物官网　宋慧宇）

【“北京健康宝”境外人士使用版上线】 3 月 30 日，在北京市新型冠状病毒肺炎疫情防控工作新闻发布会上，市经济和信息化局副局长潘锋介绍了“北京健康宝”境外人士使用版的相关情况。“北京健康宝”自 3 月 1 日上线以来，持续开展优化迭代，已具备个人查询、他人代查等多项功能。截至 3 月 30 日，全市累计 900 余万人使用“北京健康宝”查询 3000 余万次健康状态，在联防联控、复工复产等方面有效降低了疫情传播风险，保障了复工复产的有序进行。基于统一后台系统、采用相同数据规则，开通了“Health kit”（健康宝）小程序，可支持中英文双语服务，满足境外人士在京防疫、工作的使用。可通过微信、支付宝搜索栏输入“Health kit”（健康宝），点击进入小程序，选择相应语言、填报相应证件号并拍摄证件关键信息页，即可查询自身状态。使用“北京健康宝”时，上传的证件信息应与所持有的入境证件照片页保持一致，以便于核验。为了更安全、便捷使用，“北京健康宝”在前端坚持“个人信息最小化采集”，在后端实现“多源数据综合研判”。考虑到个人隐私保护，“北京健康宝”从未采集个人位置信息，而是基于公路卡口、民航、铁路等进（返）京数据，进行大数据比对分析，在保障“外防输入”的同时，对符合通勤规则的人群赋予“绿色状态”，满足了环京通勤人员的现实需要。过去 14 天内，有非通勤的进（返）京行为，且未向社区报到，收到“弹窗提示”，显示“系统暂不能确认您的防疫相关健康状态”等内容，要到所属社区完成报到，即可根据报到情况获得相应状态。

（市经济和信息化局）

【明望杰安双光谱热像测温仪面市】 3 月，北京明望杰安智能系统工程有限公司开发的红外测温仪供应市场。与常规的红外测温仪相比，该产品应用了双光谱技术，适合在医院、车站、机场、轨道交通等人流特别大需要特别控制的区域应用，可快速、准确锁定疑似发热人员，误报率和漏报率大大降低，也可有效减少工作人员的工作量，减少交叉感染的风险。

（亦庄时报）

【热景生物新冠检测试剂盒通过认证】 3 月，由北京热景生物技术股份有限公司研发的新型冠状病毒 2019–nCoV 抗体检测试剂盒（胶体金免疫层析法）和新型冠状病毒 2019–nCoV 抗体检测试剂盒（上转发光法）通过欧盟 CE 认证，取得欧盟市场准入资格。胶体金法检测试剂盒采用双抗原夹心法原理，可以同时检测临床样本中新冠病毒总抗体（包含 IgM 和 IgG 抗体），无须仪器设备，适合现场筛查，可以 15 分钟内快速筛查冠状病毒。上转发光法试剂盒也采用双抗原夹心法原理，适配热景生物公司的高精度 POCT 上转发光免疫分析仪，可以同时检测临床样本中新冠病毒总抗体（包含 IgM 和 IgG 抗体），并在 15 分钟内定性检测新冠病毒。5 月 25 日，上转发光法试剂盒获国家药监局批准上市。

（中关村管委会）

【中国航发航材院研发出新型石墨烯口罩】 4 月 1 日，中国航发北京航空材料研究院研发出抗菌性更强、透气性更好、使用时长超 48 小时的新型石墨烯口罩。相比普通口罩，新型石墨烯口罩具有抗菌性强、透气性更好、使用时间更长等特征。新型石墨烯口罩生产线具备日产能 20 万只。

（北京日报）

【博晖创新公司 4 款病毒检测产品获欧盟 CE 认证】 4 月 3 日，北京博晖创新生物技术股份有限公司发布公告，宣布包括新冠病毒检测试剂盒在内的 4 款医疗器械产品取得欧盟 CE 认证证书，具备欧盟市场的准入条件。4 款产品包括新型冠状病毒 IgM/IgG 抗体检测试剂盒（胶体金法），主要用于体外定性检测人体血清、血浆或全血中的新型冠状病毒的 IgM 和 IgG 抗体；新型冠状病毒 2019–nCoV 核酸检测试剂盒（生物芯片法），用于体外定性检测新型冠状病毒感染的肺炎疑似病例、疑似聚集性病例患者、其他需要进行新型冠状病毒感染诊断或鉴别诊断者的拭子（包括口咽拭子和鼻咽拭子）、鼻咽抽取物、痰液、肺泡灌洗液中，新型冠状病毒的 ORF1ab 和 N 基因；核酸芯片检测仪，配套其生产的微流控芯片及其附属试剂盒，用于自动化核酸检测；人乳头瘤病毒核酸检测试剂盒（生物芯片法），用于体外定性检测女性宫颈脱落上皮细胞样本中 24 种基因型人乳头瘤病毒的核酸，鉴别病毒基因亚型。

（中关村管委会）

【金豪制药公司新冠检测试剂盒获批上市】 4 月 3 日，北京金豪制药股份有限公司研发的新型冠状病毒 2019–nCoV 核酸检测试剂盒（荧光 PCR 法）获国家药监局批准上市。试剂盒针对 2019–nCoV 目的基因 ORF1ab 与 N 基因设计特异性引物和塔克曼探针，通过荧光 PCR 检测仪进行检测，实现对 2019–nCoV 的定性检测。

（中关村管委会）

【北京首条儿童一次性成型快速口罩生产线投产】 4月3日，北京市新增设的首条一次性成型快速儿童口罩生产线在中关村延庆园的联合益康（北京）生物科技有限公司投产。该生产线每分钟可生产儿童口罩800只，日产可达80万只。产品已通过国家劳动保护用品质量监督检验中心（北京）的检验，并在易派客电子商务有限公司（中石化子公司）平台投放销售。

（延庆区官网）

【燕化4条熔喷布生产线全部实现量产】 4月15日16时56分，燕山石化第4条熔喷无纺布生产线建成投产，至此共两期工程4条熔喷无纺布生产线全部实现量产，使燕山石化的熔喷无纺布日生产能力达到12吨，缓解了口罩生产企业原材料紧缺的状况。在二期工程建设中，燕山石化同合作方国机恒天集团就提高设备国产化率达成共识，二期工程两条生产线立足自主设计，包括核心设备熔喷头在内全部成套设备均国内采购，从而使二期工程的设备国产化率达到100%。

（燕化官网）

【北京邦维可重复使用医用防护服获批上市】 4月17日，北京邦维公司生产的可重复使用医用防护服获北京市药监局颁发的二类医疗器械注册证，成为全国首个获批上市的同类产品。获批的可重复使用医用防护服的断裂强力、过滤效率、抗合成血液穿透、抗渗水性等关键性能检测结果均高于医用一次性防护服国家标准，可在洗涤消毒后，重复使用约10次。该医用防护服生产能力月产能5000件，相比一次性防护服，综合成本节省三分之一。

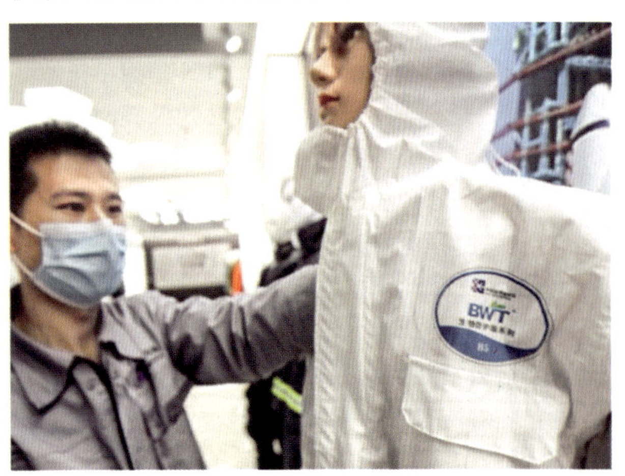

（新京报）

【"北京健康宝"拓展京津冀往返及商务出行等功能】 4月19日，北京市新型冠状病毒疫情防控工作新闻发布会上，市经济和信息化局副局长潘锋介绍，根据4月18日北京市5部门发布《关于做好复工复产疫情防控常态化工作的通告》要求，突出精准防控，推进"北京健康宝"一码通行，"北京健康宝"在原有功能基础上，又拓展完成京津冀往返通行及商务出行等功能。近14日驻留地为京津冀低风险地区的人员，且不属于国家或北京市卫健部门掌握的确诊、疑似、密接、无症状感染人员，以及不在北京市居家或集中隔离的人员，可获得"未见异常"健康状态。即在天津市、河北省全区域的低风险地区连续驻留满14天人员，以及北京市往返天津市、河北省低风险地区的人员，进京后打开"北京健康宝"，在弹窗提示页面点击"继续"，通过查询国家政务服务平台进行行程记录及风险地区验证，即可获得"未见异常"健康状态。 天津市、河北省以外省市低风险地区来京出差人员，按照北京市酒店入住管理的相关措施，持有7日内核酸检测阴性证明，或在酒店进行核酸检测呈阴性并接受酒店健康管理，入住酒店后，依据酒店入住登记信息，可通过"北京健康宝"申请健康状态；获得"未见异常"健康状态的，入住酒店期间，可凭此在多场景有效使用。北京市出差低风险地区的返京人员如果入住酒店，参照来京出差人员管理。上述人员办理离店手续后，满足相关要求的，继续获得"未见异常"健康状态，否则弹窗提示。 按照北京市现行防疫政策，对已纳入社区管理的入境人员，"北京健康宝"根据社区提供的入境人员数据给予相应状态，符合解除隔离的入境人员将获取"未见异常"健康状态；未纳入社区管理的，"北京健康宝"对于符合集中隔离期满且当日或次日直接进京的入境人员，给予"未见异常"健康状态；其余入境人员，则给予弹窗状态。如遇状态不符的，需要主动联系卫生健康部门或所在社区。

（市经济和信息化局）

【北京生物研制出新冠灭活疫苗】 4月27日，北京生物制品研究所有限责任公司研制的新冠灭活疫苗获药监局临床试验批件（批件号：2020L00019），成为全球第3支获临床试验批件的新冠灭活疫苗。12月30日，北京生物新冠灭活疫苗注册申请获药监局附条件批准，是国内首支附条件上市的新型冠状病毒疫苗。全年国内紧急接种北京生物新冠灭活疫苗975万剂次，未出现安全事故。

（经开区管委会）

【肽源生物新冠病毒通用型疫苗进入动物实验阶段】 4月，鼎成肽源生物公司抗新冠病毒通用型疫苗进入动物实验阶段。鼎成肽源生物公司主要从事靶向肿瘤特异免疫细胞治疗技术和药物研发，为应对疫情，自1月27日起紧急启动抗新冠病毒通用型细胞疫苗、抗新冠病毒多肽疫苗、抗新冠病毒SNK细胞制剂、抗新冠病毒特异性T细胞制剂、抗新冠病毒的CAR-NK技术研发5个新冠肺炎防治相关的研发项目，完成抗新冠病毒通用型疫苗相关检测项目，收获6批次待测细胞疫苗，进入动物实验阶段。

（昌平区官网）

【石墨烯口罩上市】4月，北京石墨烯技术研究院宣布，针对新冠肺炎疫情防控研发出新型石墨烯口罩并量产上市。石墨烯口罩是在构成普通口罩的纺粘无纺布之间的关键过滤层中，创新应用了新型石墨烯聚丙烯熔喷布材料。相比普通口罩，石墨烯口罩具有抗菌性强、透气性更好、使用时间更长等特征，使用时长超过48小时，且新型石墨烯口罩在连续佩戴48小时后过滤效能仅降低4%。

（中关村管委会）

【巴戟天寡糖胶囊相关研究申报科技部项目】4月，北京中研同仁堂医药研发有限公司将“巴戟天寡糖胶囊对新冠疫情后人群焦虑抑郁康复作用研究”申报国家科技部“科技助力经济2020国家重点研发计划”项目。该项目与武汉大学人民医院合作，通过临床研究、药效机理研究和物质基础研究3方面探索药物对疫情导致的不同人群焦虑抑郁的抑制作用，阐释作用特点，挖掘药物新的适用领域。

（同仁堂集团）

【航天神禾启用航天移动式医疗废物处置方舱】4月，由航天神禾（北京）环保有限公司自主研发的航天移动式医疗废物处置方舱在武汉市雷神山医院、宜昌市中心人民医院和协和医院江南院区启用。移动式医疗废物处置方舱由柴油机供电，采用高温蒸煮工艺对疫情医疗废物（口罩、防护用具、高传染性污染物等）、突发性灾害产生的医疗废物、日常医疗废物进行应急处置。单台装置可以实现日处理2.8吨医疗废物，处理后达到《医疗废物高温蒸汽集中处理工程技术规范》标准要求，自带烟气、水汽净化系统，实现清洁排放，排放标准符合《大气污染物综合排放标准》和《恶臭排放标准》等有关要求，操作面积只需50平方米。

（中国知识产权报）

【舒泰神在研新药获批海外试验】6月1日，舒泰神（北京）生物制药股份有限公司发布公告，公司在研的重组抗人C5a人源化单克隆抗体BDB-001注射液获印度中央药品标准控制组织（CDSCO）批准，可以在印度开展进展期重型COVID-19（新冠肺炎）的多中心、开放、随机平行对照的II期临床试验，以评估其在治疗中的有效性和安全性。

（新京报）

【“北京健康宝”3.0上线新增扫码功能】6月25日，在北京市新型冠状病毒肺炎疫情防控工作第132场新闻发布会上，市经济和信息化局副局长潘锋介绍了“北京健康宝”3.0相关情况。上线扫码功能，提供电子登记服务，可在商务楼宇、餐馆、商场等多种场所使用。该功能可替代传统纸质登记，实现“查看验码”“纸质登记”合而为一，提高人员通行效率，减轻防控管理压力，避免接触传染风险。聚焦应用场景，持续开展功能完善。截至目前，累计2900万人使用“北京健康宝”查询3.6亿次健康状态。扫码功能上线以来，全市已累计生成约34万个登记簿二维码，约500万人次通过扫码实现电子登记。结合前期各渠道反馈的关于青少年使用、照片更换、国家平台核验等方面意见建议，3.0进行了优化完善：16岁以下青少年，不强制人脸识别，结果页直接显示照片及相关状态，并于照片底端标注“未成年人照片未经人脸识别”；完善照片更换方式，只需在结果页长按照片区域3秒，即可重新拍照；优化国家平台行程核验界面。同时，新版本在顶部和底部分别增加了通知栏及留言栏，方便沟通互动。部分公园、银行、超市等地基于“北京健康宝”的“他人代查”功能，推出了人性化的代查服务，解决了部分老人的使用问题。坚持精准防控，应对突发疫情风险。为切实切断疫情传播渠道，维护市民身体健康，市医务工作者、社区工作者、流调人员及核酸检测人员经过大量调查、上门摸排及大规模检测，精准识别疫情风险人员。根据相关调查数据，“北京健康宝”及时调整相关人员状态。

（市经济和信息化局）

【FDA为万泰生物新冠抗体检测试剂颁发紧急使用授权】7月10日，美国食品药品监督管理局（FDA）为万泰生物的新型冠状病毒（SRAS-CoV-2）抗体检测试剂盒（胶体金法）颁发紧急使用授权（EUA）。该试剂适用于新型冠状病毒感染的肺炎疑似患者或其他需要进行新型冠状病毒感染诊断或鉴别诊断者的快速诊断，判断受检者是否感染过新型冠状病毒，同时也可以作为核酸检测的有益补充，提高检出率。

（纪根达）

【卡尤迪新冠病毒检测仪及试剂获注册证】7 月 13 日，卡尤迪生物科技（北京）有限公司的实时荧光定量 PCR 仪 Flash20 和新型冠状病毒 2019-nCoV 核酸检测试剂盒（荧光 PCR 法）获国家药监局Ⅲ类医疗器械注册证。核酸快检系统由实时荧光定量 PCR 仪 Flash20 和新型冠状病毒 2019-nCoV 核酸检测试剂盒构成，可 1 分钟加样，30 分钟出结果。适用于医院即时检验场景和基层医诊机构，可有效开展现场高效应急检测。

（中关村管委会）

【陈薇团队获国内首个新冠疫苗专利】8 月 11 日，军科院军事医学研究院陈薇团队及康希诺生物股份公司联合申报的一种以人复制缺陷腺病毒为载体的重组新型冠状病毒疫苗专利申请（申请号为 202010193587.8）被国家知识产权局授予专利权，成为中国首个新冠疫苗专利。发明属于生物工程技术领域。疫苗以 E1、E3 联合缺失的复制缺陷型人 5 型腺病毒为载体，以整合腺病毒 E1 基因的 HEK293 细胞为包装细胞系，携带的保护性抗原基因是经过优化设计的 2019 新型冠状病毒（SARS-CoV-2）S 蛋白基因（Ad5-nCoV）。S 蛋白基因经优化后，在转染细胞中的表达水平显著升高。疫苗在小鼠和豚鼠模型上均具有良好的免疫原性，能在短时间内诱导机体产生强烈的细胞及体液免疫反应。hACE2 转基因小鼠上的保护效果研究显示，单次免疫 Ad5-nCoV 在 14 天后能够明显降低肺组织内部的病毒载量，说明疫苗对 2019 新型冠状病毒具有良好的免疫保护效果。疫苗制备快速简便，可在短期内实现大规模生产用于应对突发疫情。

（中关村管委会）

【推想科技联合多家医院在《柳叶刀》发表数字医疗论文】9 月，推想医疗科技股份有限公司与华中科技大学同济医学院附属同济医院、武汉科技大学附属天佑医院、咸宁市中心医院、中南大学湘雅二医院等国内多家知名医院在全球顶级医学期刊《柳叶刀》旗下新刊 The Lancet Digital Health 联合发表数字医疗论文，从新冠肺炎诊断、临床分诊效率、病情监控、轻症及无症状感染者等多个角度系统研究学习模型价值和作用。

（陈　璐）

【“北京健康宝”上线新功能 老年人儿童出行添方便】11 月，为保障老人、儿童的日常出行，“北京健康宝”上线老幼健康码助查询功能，面向 60 岁以上（含 60 岁）和 16 岁以下（含 16 岁）人群。此类群体由于没有手机或不是智能机，出行时遇“验码”会有不便，新功能上线后，这一状况有所改观。12 日，北京市开始在公园、医院、商超等场所设置健康宝自助查验系统，可以刷老年卡、社保卡或身份证，无须手机操作。

（市经济和信息化局）

【科兴生物 23 价肺炎球菌多糖疫苗获批上市】12 月 2 日，北京科兴生物制品有限公司（简称科兴生物）研制的 23 价肺炎球菌多糖疫苗获国家药品监督管理局颁发的《药品注册批件》（批准文号：国药准字 S20200027）。这是科兴生物获批上市的第一个细菌类疫苗产品。该疫苗不添加防腐剂，是全球第二家拥有预充式注射器和西林瓶两种剂型的 23 价肺炎球菌多糖疫苗。

（陈　璐）

【国药新冠病毒灭活疫苗国内率先获批上市】12 月 30 日，国药集团中国生物北京公司新冠病毒灭活疫苗获国家药监局依法批准附条件上市，是首个获批的国产新冠疫苗。北京生物制品研究所（简称北京生物）、北京科兴中维生物技术有限公司（简称科兴中维）一期生产车间竣工并率先通过国家生物安全联合检查；北京万泰生物药业股份有限公司（简称万泰生物）鼻喷流感病毒载体新冠疫苗启动Ⅰ期临床试验。截至年底，北京生物和科兴中维两家企业在北京建成灭活疫苗成品 3.5 亿剂、原液 7 亿剂产能。

（市经济和信息化局）

【数坤科技研发新冠肺炎影像分析系统】年内，数坤（北京）网络科技股份有限公司研发出新冠肺炎智能影像分析系统。该系统通过呈现胸部 CT 的原片、3DVR 重建图及对肺炎病灶进行标记等，辅助医生完成病例的 CT 检查，协助一线医生快速准确处理海量的肺部 CT 影像。系统上线后，医生仅用 2 至 3 秒即可实现新冠肺炎的精准诊断，极大地提升诊断效率，降低疑似病例筛查过程中交叉感染的可能性，有效缓解一线医生的工作压力。该产品的部分功能已取得医疗器械二类注册证。系统已在武汉市中心医院、湖北省人民医院以及北京市、浙江省等地百家医院免费上线使用。

（昌平区官网）

【同仁堂产品入选新冠诊疗方案】年内，同仁堂集团高度重视疫情防控工作，成立疫情防控领导小组并多次召开疫情防控工作会，统筹协调各部门工作，全力保障药品供应。同仁堂集团生产的安宫牛黄丸、苏合香丸、紫雪散、清瘟解毒丸等产品入选《新型冠状病毒感染的肺炎诊疗方案》，受到市场重点关注。

（同仁堂集团）

【DNAchem-768合成仪及相关专利技术应用】年内，擎科生物为保障全市激增的荧光定量法诊断试剂盒生产所需的引物探针原料需求，紧急复工复产，并迅速成立擎科生物青年突击队，以青年突击队为联动，通过自主研发的DNAchem-768合成仪及相关专利技术的应用，在特异性引物及探针引物的生产中发挥重要的作用，提升了合成效率，达到日产近百万检测人次的特异性引物及探针引物原料，支撑各企业、机构扩大新型冠状病毒2019-nCoV核酸检测试剂盒的产能。

（亦城时报）

【卡尤迪推出高效新冠检测试剂盒】年内，卡尤迪生物科技（北京）有限公司推出新型冠状病毒2019-nCoV免核酸提取RNA检测试剂盒（PCR-荧光探针法）和新型冠状病毒2019-nCoV（ORF1ab/N基因）免核酸提取RNA检测试剂盒（PCR-荧光探针法）两款呼吸道快检产品，通过卡尤迪Mini8快速筛查平台，在不依赖专业实验室和专业人员的情况下，实现现场无创采样（咽拭子样本）到一步法快速加样（1分钟内），上机最快30分钟出报告的封闭式全流程。借此产品，可将单人的工作效率提高5倍以上，将可操作人员范围扩大10倍以上。

（陈　璐）

【天恩泽推出灭活型病毒采运试剂盒】年内，北京天恩泽基因科技有限公司推出灭活型病毒采运试剂盒。该试剂盒采用的灭活型病毒保存液克服了因病毒具有活性，运输和使用过程中易产生二次感染的弊端，可直接快速灭活病毒，减少二次感染，还含有核酸保护和稳定剂，可以在常温放置4天，极大方便了邮寄和运输。该产品已广泛用于北京、湖北、辽宁、河南、安徽等多个省份的疾控机构。

（陈　璐）

【奥法科技推出“疫情监控系统”】年内，北京奥法科技有限公司推出“疫情监控系统——易检通”，该系统可免费提供给各园区、写字楼、社区、学校等机构，助力各机构在疫情防控方面做到严防守、降风险、提效率，保障人员办公安全。该监控系统的身份识别功能已与公安系统联网，通过身份证、入园二维码、护照、企业自制入园证来识别人员身份，可降低排队带来的检测风险，实现访客线上快速预约与登记，筛查来自疫源地及有特殊症状的人员，还可快速统计汇总入园登记数据，操作方法便捷，关注“园区易检通”公众号，即可免费使用。

（陈　璐）

【千方科技推出人脸识别测温】年内，北京千方科技股份有限公司协同旗下子公司宇视科技，并联手阿里云，以宇视热影66系统人脸识别测温一体机为支撑，以阿里云云基础设施为依托，结合千方大数据挖掘与智能AI技术，全面推广落地千方疫情防控云平台，可针对商超等多场景进行防疫智慧化管理。设备通过非接触式测温，避免交叉感染；可以绑定人脸和体温信息，摆脱人工记录的困扰；“请对准人脸框”“体温正常请通行”等温馨提示实时播报、体温数据实时显示、快速完成测温也有助于更好地维护商场通行秩序；如遇温度异常人员，设备可语音告警，便于核查人员快速响应。已成功接入首航超市、华润万家、家乐福、盒马鲜生、幸福超市、顺天府超市等120多家连锁商超，覆盖北京12个区域，日检测量增长至20万人次。

（陈　璐）

【久好电子推出人体测温芯片】年内，北京久好电子科技有限公司推出JHM3000和JHM811两款高精度人体体温芯片，兼具方便易用、低功耗、性价比高等优点，采用数字输出，符合疫情下的医疗需求和个人、企业防范要求。使用人体体温芯片的测温计、蓝牙体温贴等终端产品不受室温等外界因素影响，检测人体体温准确度有绝对优势。

（陈　璐）

【微芯研究院推出微芯片感知监测系统】年内，北京微芯边缘计算研究院联合北京英视睿达科技有限公司研制出基于微芯片传感器的精准体温与位置实时监测系统。只需佩戴智能体温仪，通过微芯片感知监测系统，可以实现体温、位置信息随时上报。微芯片感知监测系统后端通过云平台、人工智能算法和可视化技术，防疫应急部门能够整合温度信息全景监测、追踪轨迹变化、监控异常、统计分析，实现对居家隔离、集中隔离人群的精准应急管理，为疫情防控装上“千里眼”。

（陈　璐）

【深思考推出健康咨询平台】年内，深思考人工智能机器人科技（北京）有限公司推出一款人工智能健康咨询产品向公众开放免费使用——人工智能iDeepWise.ai疫情及医疗健康咨询平台“AI问好医生”。提供了针对疫情防控知识、肿瘤、中老年、妇婴、慢性病等60多种疾病领域的专业权威医生回复。该产品操作简便，实时回复，富含情感、个性化的自动健康问答，降低前去医院问诊而被感染的风险，居家就可以随时随地的咨询，立刻得到专家医生的专业权威回复。

（陈　璐）

【怀柔区社区防疫技防项目建设】年内，怀柔区经济和信息化局按北京市疫情防控常态化要求，建成全北京首个区级数据中台归集并与“北京健康宝”打通智慧社区防疫平台；编制完成《怀柔社区（村）管理技防设施建设指导意见》，联合区公安分局完成7个平原地区、2个街道的技防项目实施建设方案联审。建成怀柔区社区防疫系统，该系统依托于物联网感知AI设备，可实时获取区内各社区进出人员、车辆动态数据，确保社区便捷通行同时精准掌握全区社区人员健康状态，特别是对状态异常人员的精准布防。该系统主要分为三大模块：区级数据中台、静态数据采集、动态数据记录。该系统已汇集区内居民基础信息16520人，累计动态数据530979人次。已实现对北房、怀柔、杨宋、桥梓镇和泉河街道、龙山街道的科技防疫支撑，其他乡镇部署正在推进。

（郑立勇）

复工复产

【经开区企业复工复产】1月30日，经开区疫情防控指挥部成立生产保障组，确保重点企业节后按期复工生产。2月18日新成立复工复产防控组，下设工作小组负责对全区工业、商业、服务业及建筑业企业等复工复产防控工作的管理。2月底推出双楼长制，为园区和商务楼宇复工复产配备战“疫”管理保险。针对复工复产过程中遇到的各种难点、痛点、堵点，经开区推出“控疫情稳增长”“特殊工时”“告知承诺制审批”等一系列覆盖面广、含金量高的帮扶政策。制定涵盖物资供应、人员保障、观察点建设指导、安全及防疫教育、招标协调等全链条保障措施，助力施工项目早日开复工。3月底，经开区规模以上工业企业全部复工，复工率100%；市级重大项目复工率100%，其他建设工地已复工27家，人员到岗率55%，园区楼宇复工企业复工率62.5%，80%商户开门营业。奥享新能源落户经开区，北汽新能源高端智能生态工厂开工，凯因科技生产的1类创新药凯力唯上市，瓦力安新增资项目投产，GE医疗增资新建生产线。

（亦城时报）

【龙头企业牵引产业全面复工】2月1日起，经开区紧抓龙头企业北京奔驰复工，牵引配套企业纷纷复工。经开区协调推进北京以外零部件供应商恢复供应，推进高端汽车产业全面复工复产。经开区开展点对点服务，筹措60余万个口罩、10余把测温枪、400余套防护服，向北京奔驰等重点企业供应。从2月3日开始，北京奔驰以每天返岗千名员工的速度推进复工，几天内，员工返岗复工率达到70%以上。2月9日，在经开区支持下，高端汽车及新能源汽车关键零配件产业园项目建设单位做好疫情防护后，率先开工建设该项目三期工程。常春汽车主要为北京奔驰生产配套的汽车内饰件，随着北京奔驰复工，也紧随其后，2月10日前全面复工。采埃孚、德尔福、北汽李尔、海纳川等数十家高端汽车产业链企业，在经开区提供的防疫物资及政策扶持下纷纷复工，生产的一批批车桥、内饰件、座椅等汽车配套产品，正常供应到北京奔驰，整个高端汽车产业“转”起来。3月初，北京奔驰恢复双班生产。截至一季度，北京奔驰完成9.8万辆整车产量，超过原定排产计划，实现复工满产任务。5月，北京奔驰亦庄厂区已恢复至疫情前的生产水平，全面满产。

在全面复工复产的北京奔驰生产线上，技术人员正在对总装完成的车辆各系统进行详细检测

（市经济和信息化局）

【SMC复工复产】 2月3日，在经开区的支持下，SMC（中国）有限公司复工复产。全年产值和营销收入均增长10%以上，销售总额超过80亿元，尤其是国内市场的销售额实现了20%以上增长。在经开区组织召开的工业生产关键零配件供需对接会上，SMC与区内企业京东方、北方华创、北京奔驰、中芯国际等9家企业达成合作意向，帮助企业扩大市场。全年SMC减税降费超过5000万元。四季度，SMC业务订单量创历史新高，达到25亿元。

（亦城时报）

【经开区首批开工“七促”项目加速】 2月9日，由亦庄盛元公司投资开发的北京亦庄细胞治疗中试基地N9项目做好疫情防控工作，成为经开区2020年首批开工“七促”重大项目之一。亦庄盛元承担投资开发北京高端智能生态工厂项目、高端汽车及新能源汽车关键零配件产业园三期3个项目，共承担5个全市重点工程的投资开发，开工面积达42万平方米，总投资额47个亿。11月28日，北京亦庄细胞治疗中试基地N9项目，7号楼和2号楼实现结构封顶，成为该项目封顶的首个双体，项目其余6个单体将陆续封顶。幕墙、二次结构、机电工程、屋面等专业工程均已开展，整体工程建设高效推进。

（亦城时报）

【机器人上岗保障复工复产】 3月，博清科技有限公司紧急调配一批智能焊接机器人送往中科炼化一体化项目现场，助力企业复工建设。大呈机器人科技有限公司为维通利电气有限公司紧急生产供应多套多轴组装机器人，让企业尽快恢复产能，弥补疫情影响的产量。北京欣奕华科技有限公司研发的医用室内物流机器人，快速应用到经开区内一家三甲医院中，24小时不停歇，辅助医生完成医疗救治工作。经开区着力打造机器人和智能装备千亿级产业集群，区内集聚180余家智能机器人企业和机构，世界机器人大会组委会秘书处打造的“机器人行业供需对接服务平台”已经上线，通过产品展示、需求发布、线上沟通等方式，精准对接供需双方。区内企业哈工大、康力优蓝等多家企业，将自主研发并具有及时供应能力的数十种机器人产品发布到该平台，为不同诉求企业、机构提供复工复产支撑。

（经开区管委会）

【有序推进全市工业企业复工复产】 4月11日，在北京市新型冠状病毒肺炎疫情防控工作新闻发布会上，市经济和信息化局党组成员、副局长孔磊介绍了北京工业企业复工复产有关情况。作为牵头单位，市经济和信息化局会同市应急局、市统计局和各区政府、北京经济技术开发区管委会有序开展工作，推动四方责任的落实落细，实现防控检查指导服务全覆盖，企业落实“四个一”防控要求（组建一个防疫责任机构，制订一套防疫工作方案，建立一套疫情应急预案，明确一套疫情报告制度），疫情防控工作成效显著。自2月16日起，市经济和信息化局将工业企业开复工和人员到岗调查范围从重点企业扩展至全部规模以上工业企业。2月16日企业开复工率为52.3%，人员到岗率46.5%。随着国内疫情形势好转以及各项支持企业复工复产政策措施的落实到位，北京工业企业开复工率和人员到岗率稳步提升，截至4月10日，全市3010家规模以上工业企业开复工率达到99.9%，人员返岗率达到88.2%，基本实现了确保疫情防控前提下稳步有序复工复产的目标。

（市经济和信息化局）

【医疗器械园二期开工】 4月17日，中关村医疗器械园二期开工。项目拟投资11.9亿元，总规划用地面积19.2万平方米，定位为高端医疗器械创新成果服务和产业化基地，对接国际、国内高校、科研院所及领军企业的科研资源，从源头扶持创新，重点聚焦心血管、诊断试剂、骨科新材料、高端影像、微创器械等领域，并关注其中的精准医疗、人工智能前沿项目，为项目的落地提供场地、配套设施和产业服务。一期项目于2014年8月开工，项目总投资10亿元，已完成 18.6 万平方米创新型标准化生产厂房、中小企业研发中心、孵化器、人才公寓等产业载体建设，并于 2017 年 6 月投入运营。截至 4 月中旬，入驻中关村医疗器械园的 70 家企业已累计开复工 65 家，复工率超过 92%。

（人民网北京频道）

【市中小企业公共服务平台促进复工复产】8 月，随着北京市重大突发公共卫生事件应急响应级别由二级调至三级，北京市中小企业公共服务平台第一时间协调某线上团购网站将服务佣金优惠至 8 折，在此基础上，联合网站推出“安心复工包”，为企业复工复产提供用餐保障，减免餐饮企业上线成本，惠及在京中小餐饮企业约 5000 家。及时转发和解读国家及北京市抗疫帮扶政策，解答企业各类问题；举办“小企业大学”，围绕疫情影响造成的合同履约、劳资关系等问题制作线上培训视频 200 余个，聘请讲师开展直播授课 80 余期。联合华为鲲鹏、百度、字节跳动等企业，为中小企业提供远程办公和视频会议等免费产品 70 余款，支持超过 1.5 万家中小企业通过线上方式快速复工。由市经济和信息化局、市财政局共建，旨在为全市中小企业打造的集“政策 + 资本 + 服务 + 载体”于一体的公共服务平台 2015 年起运营，截至 8 月已联通 16 个区 28 个委办局 202 家联网窗口平台，并辐射带动 2000 余家社会服务机构，初步构建资源整合、空间聚合、服务融合、政策适合的中小企业创新创业生态圈，形成“1+16+N”的立体式中小企业公共服务平台网络。

（市经济和信息化局）

聚焦数字经济

本栏目采用条目体，刊载2020年北京聚焦数字经济的“基础设施建设、数字产业化、产业数字化、数字化治理、数据价值化和数字贸易发展”6个方面，基础设施保障建设工程、数字技术创新筑基工程、数字产业协同提升工程、农业工业服务业数字化转型工程等9项重点工程所开展的工作。本栏目分为概述、政策与措施、产业动态、研发与成果，共4个分目。其中，政策与措施分目包括出台的政策文件及实施情况、机构成立等内容；产业动态分目包括经营业绩、项目启动、签约、论坛、获奖等内容；研发与成果分目包括新产品发布、技术测试、解决方案等内容。

概　述

2020 年 9 月 4 日，国家主席习近平在 2020 年中国国际服务贸易交易会全球服务贸易峰会上致辞中指出，我们要顺应数字化、网络化、智能化发展趋势，共同致力于消除“数字鸿沟”，助推服务贸易数字化进程。为更好发挥北京在中国服务业开放中的引领作用，我们将支持北京打造国家服务业扩大开放综合示范区，加大先行先试力度，探索更多可复制可推广经验；设立以科技创新、服务业开放、数字经济为主要特征的自由贸易试验区，构建京津冀协同发展的高水平开放平台，带动形成更高层次改革开放新格局。

北京作为国际科技创新中心，在数字经济发展方面拥有先发优势和资源优势。2020 年，北京市数字经济规模同比增长 9.2%，高于同期 GDP 增速，以北京为引领的京津冀地区，形成数字经济的发展高地。2020 年，北京数字经济增加值 14538.6 亿元，占 GDP 比重为 40.3%。其中，北京数字经济核心产业实现增加值 7601.3 亿元，占数字经济比重为 52.3%，占 GDP 比重为 21.1%。从结构看，2020 年数字产品制造业实现增加值 546.2 亿元，占核心产业比重 7.2%；数字产品服务业实现增加值 213 亿元，占核心产业比重 2.8%；数字产技术应用业实现增加值 5329.8 亿元，比重 70.1%，数字要素驱动业实现增加值 1512.3 亿元，比重 19.9%。

（市经济和信息化局）

政策与措施

【《关于推进北京市金融公共数据专区建设的意见》印发实施】 4 月 9 日，为加快实施北京市大数据行动计划，加强北京市公共数据在金融及社会领域的应用，助力普惠金融发展，推动营商环境改善和智慧城市建设，加快建设金融公共数据专区，根据《关于构建更加完善的要素市场化配置体制机制的意见》《北京市优化营商环境条例》及相关政策法规，结合北京市实际情况，北京市大数据推进工作小组办公室印发《关于推进北京市金融公共数据专区建设的意见》（简称《意见》）。《意见》提出，北京市坚持政府引导、市场运作、创新引领、安全可控的原则，探索通过授权开放的方式推动金融公共数据应用。金融公共数据专区是市级大数据平台的组成部分，作为北京市金融公共数据汇聚的核心载体、运营管理的平台和社会应用的统一接口，承担金融公共数据统进统出、制度化管理、创新社会应用的功能。《意见》明确，经市政府同意，由市经济和信息化部门授权具有公益性、公信力、技术能力和金融资源优势的市属国有企业（简称运营单位）对专区及金融公共数据进行运营。鼓励运营单位进行金融公共数据市场化开发应用的先行先试，并从便捷、公平两个角度对运营单位服务水平做出要求。《意见》强调，要高度重视数据安全，系统规划建设的安全需求不低于等保三级系统要求，运营单位应当遵守法律、法规有关国家秘密、商业秘密和个人信息保护的要求，面向应用单位提供服务时，应当以合同、协议等形式约定数据的使用目的、范围、方式和期限。金融公共数据专区是北京市科技金融创新的重要基础设施，也是优化首都营商环境的务实举措，金融公共数据专区已于 4 月底初步建成，汇聚涵盖 200 余万市场主体的登记、纳税、社保、不动产、专利、政府采购等 224 类 3000 项高价值数据，支持首贷中心业务办理，为中小企业应对疫情，解决融资难、融资贵问题进行了有益探索。

（市经济和信息化局）

【全市首批普惠大数据信用贷款发放】 7 月 23 日，工商银行北京分行率先依托金融公共数据专区上线“普惠大数据信用贷款”服务，贷款利率仅 3.45%，较上半年工商银行普惠贷款平均利率 3.84% 降低 0.39%。截至 7 月 28 日累计为北京海创高科科技有限公司、北京华思智文科技有限公司、北京成强机电设备有限公司等 10 家小微企业发放贷款超 700 万元。2020 年，北京市大力推动全市公共数据在金融及社会领域的应用，助力普惠金融发展，市经济和信息化局会同市大数据中心建成金融公共数据专区（简称“专区”），于 4 月 9 日印发《关于推进北京市金融公共数据专区建设的意见》，规范并推动各方金融公共数据汇聚、共享、应用、安全等方面工作。已在专区实现涵盖 200 余万市场主体的登记、纳税、社保、不动产、专利、政府采购等高价值数据汇聚，委托北京金控集团进行运营管理，探索北京市公共数据在金融领域的社会化应用。7 月 10 日，市经济和信息化局组织市金融局、北京金控集团以及工商银行、建设银行、北京银行、宁波银行共同研究推动专区汇聚数据应用相关工作。工商银行北京分行迅速与金控集团组建专项团队，按照《关于推进北京市金融公共数据专区建设的意见》相关要求开展系统对接、规则布控、数据校验等工作，对专区中企业社保缴纳信息、公积金缴纳信息、纳税信息、政府采购信息、企业不动产登记信息等 5 类数据以及银行沉淀的企业代理缴费信息、结算信息、流水信息等存量数据进行交叉比对分析，开发“普惠大数据信用贷款”产品，筛选出 800 余家信用贷款优质客户，预授权贷款额度 17.28 亿元。该服务可实现全程线上操作，贷款当天申请当天发放，精准定位小微企业，实现快速投放，一定程度缓解小微企业融资难、融资贵的问题。

（市经济和信息化局）

【促进数字经济发展相关政策发布】 9 月 7 日，市政府召开新闻发布会，对市经济和信息化局、市商务局、市金融监管局和市委网信办牵头制定的《北京市促进数字经济创新发展行动纲要（2020—2022 年）》《北京市关于打造数字贸易试验区的实施方案》《北京国际大数据交易所设立工作实施方案》及北京市数据跨境流动安全管理试点相关工作安排予以发布、介绍。《北京市促进数字经济创新发展行动纲要(2020—2022 年)》提出要体系化构建数字经济发展体制机制，聚焦“基础设施建设、数字产业化、产业数字化、数字化治理、数据价值化和数字贸易发展”六大方向，实施基础设施保障建设工程、数字技术创新筑基工程、数字产业协同提升工程、农业工业服务业数字化转型工程等九项重点工程。到 2022 年，北京市数字经济发展水平持续提高，数字经济增加值占地区 GDP 比重达到 55%，将北京打造成为全国数字经济发展的先导区和示范区。《北京市关于打造数字贸易试验区实施方案》提出以数字贸易试验区建设为抓手，以实现跨境数据安全有序流动为着眼点，着力推进规则探索、创新政策举措、破解制度瓶颈。明确五大重点任务：立足中关村软件园国家数字服务出口基地、朝阳金盏国际合作服务区、自贸区大兴机场片区打造三位一体的数字经济和数字贸易开放格局；探索试验区内跨境数据安全有序流动的发展路径；推动跨境数据流动等数字贸易重点领域政策创新；打造开放创新、包容普惠的数字经济和数字贸易营商环境；建立上下联动、开放合作的试验区建设工作机制。《北京国际大数据交易所设立工作实施方案》规划设计了北京大数据交易基础设施的建设内容，明确北京国际大数据交易所“权威的数据信息登记平台、受到市场广泛认可的数据交易平台、覆盖全链条的数据运营管理服务平台、以数据为核心的金融创新服务平台、新技术驱动的数据金融科技平台”五大功能定位。北京国际大数据交易所将整合数据要素资源、规范数据交易行为，推动数据要素的网络化共享、集约化整合、协作化开发和高效化利用，引导数据要素向先进生产力集聚，助力北京产业升级和经济高质量发展。市委网信办介绍了关于加快推进北京市数据跨境流动安全管理试点的相关情况。为建立便捷高效、安全有序的数据跨境流动环境，服务好数字经济、数字贸易发展，北京市将在中央网信办等部门的指导下，在数字贸易试验区范围内，针对数字服务贸易中商业存在、跨境交付、境外消费、自然人移动等形态涉及的数据跨境流动、数据保护能力认证等内容，研究推进数据跨境流动安全管理试点工作，积极促进数字经济新业态发展丰富，全面提升数字化治理能力现代化水平，为北京市推进建设数字贸易试验区提供有力的政策、管理和安全保障。朝阳区作为各区代表介绍了其打造数字经济示范区的政策和举措。朝阳区将以新型数字总部企业为引领，以赋能传统产业升级为重点，以新型数字生活服务为纽带，推动实现“规则示范”“安全示范”和“信用示范”，形成“一核一廊、四圈多点”的数字经济新蓝图，并将聚焦金盏国际合作服务区建设数字贸易试验区，打造国际交往中心的新亮点。朝阳区发布《朝阳区加快新型基础设施建设行动方案（2020—2022 年）》和《朝阳区加快新场景建设行动方案（2020—2022 年）》，两个行动方案将为数字经济示范区建设提供有力支撑。为做好北京市政务数据及特定领域公共数据开放工作，市经济和信息化局与北京金控集团现场签署《北京市金融公共数据专区授权运营协议》《北京通 App 授权运营管理协议》，进一步丰富政府公共数据对外供给模式，推动数据要素市场培育。现场举行了北京数据交易平台发布活动。该平台是在市经济和信息化局、市委网信办、市商务局、市金融监管局等单位的指导下，由北京金控集团联合多家数据服务商共同发起建设，旨在通过探索数据交易规则和流通模式，发挥数据作为市场要素的价值，同时支持北京国际大数据交易所建设。

（市经济和信息化局）

【《北京市大数据标准体系》发布】 9 月 19 日，2020 中关村论坛重大成果发布会在中关村展示中心会议中心举办。会上，市经济和信息化局、市市场监管局联合发布《北京市大数据标准体系》(简称《体系》)，市经济和信息化局副局长姜广智以《体系》发布为题发表主旨演讲。北京市自启动实施大数据行动计划以来，数据汇聚、共享开放、平台建设、数据应用等工作逐步向纵深推进，大数据标准化工作迫在眉睫。为加强大数据标准化顶层设计，有序推进北京市大数据标准化工作，市经济和信息化局、市市场监督管理局组织制定了《体系》。《体系》在参照国家大数据标准体系框架的基础上，结合北京市大数据行动计划，形成由基础、数据、技术、平台 / 工具、管理、安全和隐私、评估评价、行业应用 8 部分组成的总体框架；梳理了相关国家标准、行业标准、北京市地方标准计划、已发布的大数据标准共计 261 项，并结合实际需求，提出建议制修订标准共计 35 项，分 5 年、3 个阶段推动标准制修订工作，推动北京市大数据标准化建设；绘制了北京市大数据标准统一蓝图，统筹指导全市大数据标准建设。同时，北京市将在数据共享、应用发展、数据交易等方面探索京津冀区域协同标准建设，促进数据要素跨地区安全有序流动。

（市经济和信息化局）

【《北京市大数据建设简明读本》出版】 12 月，《北京市大数据建设简明读本》（简称《读本》）由市经济和信息化局和市人力资源和社会保障局联合出版。《读本》是面向政府及企业参与北京大数据建设技术及管理人员的大数据实践及应用培训材料，由市大数据中心会同首都师范大学、腾讯、华为、太极、泰豪、赛智时代、安信天行、国信优易等公司相关技术骨干，通力合作，历时 1 年多共同编撰而成，由市经济和信息化局和市人力资源和社会保障局联合出版。《读本》的出版，有利于推进在顶层设计及实施路径方面“统一思想”，在对大数据技术及应用方面“提高认识”，从而在应用大数据解决实际问题方面“提升水平”，有助于各级干部快速了解大数据相关技术与应用，深刻理解北京大数据战略，切实培养大数据思维，对于北京市各级干部具有学习价值，对于其他省市政府管理者具有借鉴意义。12 月 29 日，市经济和信息化局会同市人力社保局共同组织召开《读本》座谈会，参与《读本》编写的市大数据中心及首都师范大学、腾讯、太极、赛智时代等部分代表参加座谈会。会议由市大数据中心介绍《读本》编撰过程，与会人员针对《读本》出版的意义及后续如何发挥作用进行交流。与会企业表示，通过《读本》能够深入理解北京市大数据建设和发展的总体布局，了解当前阶段成果现状，后续将继续支撑北京大数据行动计划推进实施，同时也表示愿意参与《读本》后续版本的编撰工作。

（市经济和信息化局）

【《北京市加快新型基础设施建设行动方案（2020–2022 年）》发布】 年内，市经济和信息化局编制《北京市加快新型基础设施建设行动方案（2020—2022年）》（简称新基建行动方案）。新基建行动方案先后经市政府常务会和市委常委会审议，于 6 月 9 日与新场景、新消费、新开放和新服务一并由市委、市政府印发。新基建行动方案聚焦“新网络、新要素、新生态、新平台、新应用、新安全”，实施 30 个重点任务，截至 2022 年基本建成网络基础稳固、数据智能融合、产业生态完善、平台创新活跃、应用智慧丰富、安全可信可控的具有国际领先水平的新型基础设施。会同市通信管理局、市发展改革委、市政务服务局召开新闻发布会，对新基建行动方案深度解读，赴怀柔区、昌平区、顺义区、组织部（人才工作局）等单位对新基建行动方案进行宣讲。进行任务分解和梳理支撑项目，形成新基建2020年度任务要点和首批支撑项目，其中重点任务和重点项目列入市政府督查台账。会同市政府督查室对新基建政策措施落实情况进行联合督查，形成问题清单并督促整改落实。梳理新基建绩效考评指标，形成市级部门、各区政府（含经开区）年度绩效任务和指标，报市政府办公厅。

（市经济和信息化局）

【推动腾讯区块链业务总部落户北京】 年内，市经济和信息化局多次赴腾讯公司调研，并与海淀区政府、北京微芯区块链与边缘计算研究院、北京金融控股集团有限公司等单位座谈研讨，形成《关于对接腾讯区块链总部落户北京的意见》，上报市政府，加快区块链底层技术创新，培育龙头企业，构建产业生态联盟，推动全市区块链应用和产业发展。

（市经济和信息化局）

【大数据政策体系建设】 年内，市经济和信息化局从数据的权属、共享、开放、安全、交易以及如何营造利于数字经济发展的环境等角度，对北京数据条例进一步修改完善，形成《北京市公共数据条例》草案及立项报告等相关配套文件，报市司法局进行立项审查；组织编制《北京民生卡二维码规范》和《北京民生卡使用环境规范》；编制完成《北京市电子印章推广应用行动方案（试行）》，待市政府审议通过后印发。

（市经济和信息化局）

【大数据标准体系建设】 年内，北京市大数据管理局制定大数据标准体系框架并在中关村论坛发布。推进政务数据分级及保护管理规范纳入北京市地方标准，在金融专区数据共享开放中探索使用。

（市经济和信息化局）

【市级部门1516项政务数据发布】 年内，市经济和信息化局通过市政务数据资源网向社会开放68个市级部门1516项数据，共计500万余条数据记录，其中涵盖交通服务、文化旅游、医疗健康、市场监管、司法审判等大量高价值数据，数据开放数量和质量均有明显提高。企业及个人用户均可通过数据下载、API接口调用两种方式便利地获取和使用数据。

（市经济和信息化局）

产业动态

【“北京通”App 2.0及目录区块链项目获年度省级政府大数据优秀应用】 1月9日，2020中国大数据应用年会暨中国电子商会大数据委员会成立大会在北京召开。会上共评选出11个省级政府大数据优秀应用和9个市级政府大数据优秀应用。北京市经济和信息化局与北京市大数据中心的“北京通”App 2.0及目录区块链项目居于2019—2020年度省级政府大数据优秀应用首位。“北京通”App 2.0获奖理由是以身份通、数据通、应用通和民心通为理念，横向打通数据，纵向穿透应用，具备亮证、办事、查询、缴费、预约、投诉、通讯等7大类实用性功能，为用户提供650项重要的政务及民生服务。目录区块链获奖理由是53个部门的职能、目录以及数据“上链”锁定，实现了数据变化的实时探知、数据访问的全程留痕、数据共享的有序关联，承载了全市大数据的确权和分权管控机制，是北京市大数据整体工作的“定海神针”。

（市经济和信息化局）

【市经济和信息化局获2018—2019年新型智慧城市建设评价优秀组织单位】 1月14日，由新型智慧城市建设部际协调工作组指导，国家信息中心主办，国家信息中心智慧城市发展研究中心承办的国家新型智慧城市创新发展论坛暨《新型智慧城市发展报告2018—2019》发布会在北京西苑饭店召开，会上发布《新型智慧城市发展报告2018—2019》（简称《发展报告》），并对2019年完成的第二次全国新型智慧城市评价工作进行全面回顾和系统总结，与会代表围绕全国新型智慧城市建设发展的新形势、新成果、

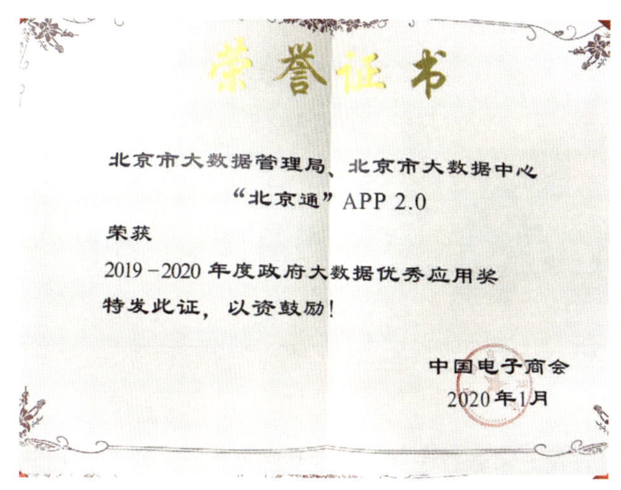
荣誉证书

北京市大数据管理局、北京市大数据中心

“北京通”APP 2.0

荣获

2019－2020年度政府大数据优秀应用奖

特发此证，以资鼓励！

中国电子商会

2020年1月

新思路和新模式等展开研讨。国家发展改革委、中央网信办及部际协调工作组成员单位近20家部委代表出席会议，全国20余省（区、市）、70余个地方城市代表，以及30余家智慧城市建设领域企业和科研院所代表等共计200余人参加会议。国家信息中心智慧城市发展研究中心副主任唐斯斯主持会议，国家信息中心副主任徐长明、中国发展出版社副总编辑兼中国发展观察杂志社社长车海刚、国家发展改革委创新与高技术发展司处长张铠麟出席论坛并致辞。国家信息中心信息化和产业发展部主任、智慧城市发展研究中心主任、部际协调工作组办公室秘书处秘书长单志广对《发展报告》进行全面解读，系统总结全国新型智慧城市发展阶段特征、总体成效和经验等。在表扬表彰环节，市经济和信息化局获2018—2019年新型智慧城市建设评价优秀组织单位称号，呈报的《通州区图书馆智能微图建设与应用实践》入围2018—2019年新型智慧城市建设评价典型优秀案例。市经济和信息化局作为北京智慧城市建设统筹单位，根据国家发展改革委、工信部、住建部等8部委联合印发的《关于促进智慧城市健康发展的指导意见》（发改办高技〔2014〕1770号）和国家发展改革委印发的《关于继续开展新型智慧城市建设评价工作深入推动新型智慧城市健康快速发展的通知》（发改办高技〔2018〕1688号）等相关文件的要求，开展北京大数据行动计划等相关工作。运用大数据、区块链等新技术、新手段，依托大数据产业生态基础，加大信息资源开发共享力度；通过城市大脑应用试点推动北京智慧城市科学建设，促进全市城市管理和公共服务的精细化、便捷化、智能化，提高老百姓的幸福感、获得感。

荣誉证书
HONORARY CREDENTIAL

北京市经济和信息化局：

贵单位在2019年新型智慧城市建设评价工作中组织有力，成效显著，被评为“2018-2019年新型智慧城市建设评价优秀组织单位”。

特发此证，以资鼓励。

新型智慧城市建设部际协调工作组办公室秘书处
（国家信息中心信息化和产业发展部代章）
发证日期：2020年1月14日

（市经济和信息化局）

【首届北京数智医保创新竞赛举办】5月22日，由北京市医疗保障局、北京市经济和信息化局、北京市科学技术委员会、中关村科技园区管理委员会联合主办，北京大数据研究院承办的“北京数智医保创新竞赛”启动。大赛主题为“创新北京、智慧医保”，通过比赛形式征集“高精尖”创新企业及前沿产品，以政商合作促进医保与高新技术融合发展。9月8日，大赛结束。竞赛共开放北京市2018年职工参保人员的全量脱敏医保数据，数据总量200余张表1600余个字段34亿余条，为国内首次大批量、大范围向社会集中开放数据敏感程度高的医保数据。“泰康养老保险股份有限公司”“腾讯云计算（北京）有限责任公司”等4个团队获金奖。

（市经济和信息化局）

【回天地区“城市大脑”建设联合工作组第一次会议召开】为进一步落实加快推动回天地区“城市大脑”建设共同成立联合工作组等相关工作部署，6月2日，北京市大数据管理局组织相关单位召开联合工作组第一次会议，共同研究相关工作机制和后续工作计划。昌平区经济和信息化局、昌平区回天专班、龙泽园街道办、史各庄街道办、霍营街道办、领秀慧谷社区居委会等回天地区部分街道和社区等相关人员，以及阿里云、首信、腾讯云、华为、昌发展、区社服中心、帝测科技等企业代表参加会议。会上，市大数据管理局介绍了北京大数据行动计划、城市大脑试点相关工作情况，进一步阐述市委、市政府领导的相关指示精神；区经济和信息化局介绍了回天地区城市大脑相关基础条件，以及昌平区在回天地区开展城市大脑试点的工作进展情况；区回天专班介绍了“回天有数”计划的落实情况，以及各项工作推进过程中面临的困难；各街道和社区提出所在单位信息化建设和支撑能力上的需求。会议就如何开展相关工作进行了研讨并达成共识，加快推进市级大数据平台相关能力向回天地区所属街道延伸，研究推动目录区块链、AI算力、市级部门数据、社会数据采购等市级资源赋能回天地区，加快推进北京大数据行动计划城市大脑试点相关工作，在回天地区原4个试点街道的基础上，试点范围扩展到整个回天地区。联合工作组建立沟通协调机制和责任落实机制，明确工作组具体工作人员，设立相关工作小组，形成任务责任到人的工作模式。各单位、街道、平台企业梳理前期相关项目材料，提出城市大脑建设需求，做到问题导向、需求牵引。整理各街道信息化现状和实际情况，统筹建设资金，鼓励社会参与，为企业参与回天地区建设创新政企协同机制，培育发展回天地区生态联盟，引入龙头企业，培育本土中小企业。

（市经济和信息化局）

【市大数据平台 2.0 版上线发布培训会召开】8 月 7 日，为更好地开展市级大数据平台应用服务，市大数据工作推进小组办公室面向各部门、各区，以线上方式召开 2.0 版上线发布培训会。会议介绍了 2.0 版的总体情况和多方安全计算、专题库建设、数据可视化等共性组件内容，并就领导驾驶舱面向各委办局主要领导的应用推广进行了培训。市经济和信息化局副局长潘锋参会并致辞。按照“边共享、边整合、边应用、边完善”的思路，大数据平台建设分阶段推进。在 1.0 版基础上，2.0 版完成数据质量管控体系升级，推动以融合共建模式支撑委办局应用建设，实现平台从数据到算力、组件等全方位支撑，大幅节约建设成本、提高建设效率。2.0 版相关能力已支撑市领导驾驶舱、北京健康宝、人大预算联网监督服务系统、市商务局生活必需品大数据分析等应用。作为北京大数据行动计划“四梁八柱深地基”总体设计框架中的“地基”，北京市大数据平台是支撑北京大数据建设的重要基础设施，肩负“让数据按需、自由、安全流动，让应用简单、快捷、高效建设”的使命。潘锋指出，要充分利用大数据平台的共性服务，促进各部门数据治理、数据分析应用等工作的有序开展。同时，各部门、各领域应充分依托大数据平台，围绕政务服务、城市治理等具体应用场景，逐步推动建立领域级大数据应用。全市各区、各委办局 240 余名相关同志参加了本次培训。

（市经济和信息化局）

【《北京市金融公共数据专区授权运营管理协议》签订】9 月 7 日，市经济和信息化局与北京金控集团有限公司签署《北京市金融公共数据专区授权运营管理协议》，委托北京金控集团有限公司进行运营。年内，金融公共数据专区累计汇聚 27 家单位（含国家共享数据）涵盖 200 余万市场主体的登记、纳税、社保、不动产、专利、政府采购等 232 类 2952 项高价值数据，涉及数据 16.9 亿条。支持首贷中心审批通过首贷业务办理，涉及金额超百亿元；支持工商银行、建设银行分别推出“普惠大数据信用贷款”和“云义贷”等普惠金融产品，累计为 28 家中小企业发放贷款 3600 余万元。

（市经济和信息化局）

【数据服务窗口建设】9 月 11 日，市经济和信息化局在市政务数据资源网上线数据开放咨询服务，线下服务窗口于 9 月 18 日在市政务服务中心 4 层对外开放。首期接受企事业等法人单位有关北京市数据开放的相关需求，从社会需求角度推动北京市大数据建设。

（市经济和信息化局）

【数据管理能力成熟度评估宣贯培训会召开】9 月 17 日，由北京市经济和信息化局、中国电子信息行业联合会主办，中国信息通信研究院、北京软件和信息服务业协会联合承办的数据管理能力成熟度（简称 DCMM）评估宣贯培训会在北京召开。会议采取线下录制 + 线上直播方式进行，来自工信部相关直属单位、科研院所、信息服务类企业等代表共 3000 余人在线参加会议。会上，市经济和信息化局介绍，北京高度重视发展大数据产业，将其作为贯彻《促进大数据行动纲要》等文件精神，落实大数据创新发展战略，推动首都产业转型升级，建设全国科创中心的重要支撑。为此，北京发布并全面实施北京市大数据行动计划，北京已成为全国大数据产业发展高地。2019 年，北京大数据产业规模达 2179.5 亿元，同比增长 26.9%。北京大数据产业在基础设施和应用落地方面实现深入发展，形成一批成熟的垂直领域应用方案；加快推动京津冀国家大数据综合试验区建设，形成“四梁八柱深地基”的大数据平台体系总体架构；根据大数据战略重点实验室研究成果，北京市大数据发展总指数名列全国第 。2020 年，工信部、中国电子信息行业联合会将北京列为全国首批 DCMM 评估 9 大试点地区之一。北京市深入开展北京大数据行动计划，探索与 DCMM 贯标工作结合的最佳方式，构

建高质量、可持续的“数字生态”，为北京市软件和信息服务产业提供持续增长动力。该次会议是北京作为试点地区启动DCMM贯标工作的一个起点，北京利用自身区域优势、产业优势，发挥好行业的带动作用和辐射作用，通过先行先试，总结经验，复制推广，打造行业品牌和标杆。

（市经济和信息化局）

【大数据应用实践培训班举办】 9月23日至25日，市经济和信息化局举办大数据应用实践培训班，全市17个区和32家委办局参加培训，累计培训180人次。市大数据中心副主任屈波做开班致辞。培训邀请北方工业大学校长丁辉、国家工业信息安全发展研究中心杨立宝等大数据各领域专家，重点探讨大数据应用过程中的技术支撑、具体场景、系统与数据安全保障及相应法律法规等内容。

（市经济和信息化局）

【北京新型智慧城市2020年度评价指标专家研讨会召开】 9月27日，为有效支撑北京新型智慧城市顶层设计和强化统筹建设，科学评价、及时把握全市各区新型智慧城市发展现状水平，切实提高市民满意度和获得感，根据国家发展改革委“以评促建”的相关要求，科学组织开展北京市新型智慧城市评价工作，市经济和信息化局在数字北京大厦召开北京市新型智慧城市评价指标专家研讨会，国家信息中心、清华大学、北京工业大学和北方工业大学等单位的智慧城市领域专家就2020年北京市新型智慧城市指标体系阶段研究成果进行研讨和交流。市经济和信息化局大数据建设处副处长张立东介绍了评价指标研究编制的相关工作背景情况，课题组汇报了评价指标设计的具体内容，与会专家围绕评价指标的工作目的、设计思路和评价指标的科学性、合理性、完整性、可操作性等进行讨论，并提出下一步将对标国家评价指标编制的理念、导向和评价要素，并在此基础上充分结合北京首善之区、“四个中心”、外围环境以及正在开展的北京大数据行动计划等重大工程进展情况，对标国际领先城市发展建设水平的高定位和广视角，高度提炼北京市特色评价指标，综合考虑方向引导性和实际可操作性，对评价指标体系进行补充和完善。

（市经济和信息化局）

【北京“十四五”时期新型智慧城市建设发展行动纲要座谈会召开】 10月13日，市经济和信息化局大数据建设处在数字北京大厦组织召开北京“十四五”时期新型智慧城市建设发展行动纲要座谈会，邀请相关委办局就《北京市智慧城市建设重点领域2020—2021年行动方案》进行沟通交流。会议由市大数据局建设处相关负责人主持，市教委、市公安局、市规划自然资源委、市城市管理委、市交通委、市水务局、市商务局、市文化和旅游局、市应急局、市政务服务局、市城管执法局、市公安局交管局等12家政府部门以及市经济和信息化局评审中心相关人员参加会议。会上介绍了新型智慧城市规划编制工作的背景、目标以及总体思路，传达了市领导对编制工作的相关指示。与会各部门针对终身教育、执法公安、体系交通、规划管理应急、生态环保、商务服务、人文环境等重点领域行动方案，聚焦2020年至2021年底的主要任务及重大工程，结合各部门未来5年的信息化规划提出相关意见，并围绕“一网统管”“一网通办”“全市时空一张图”等主要内容进行研讨。

（市经济和信息化局）

【联合工作组召开回天大脑试运行启动会】 12月30日，市经济和信息化局会同昌平区经济和信息化局在龙泽园街道办事处召开回天大脑试运行启动会，标志着回天大脑经过近半年的工作进入试运行阶段。会议由昌平区经济和信息化局主持，市经济和信息化局信息化项目评审中心、回天专班、第一批试运行单位龙泽园街道相关人员，以及未来科技城、京东等企业代表参加启动会。会上，首先由未来科技城对回天大脑的整体建设情况及成果进行汇报，并从接诉即办、群租房治理、垃圾分类、交通出行等与群众密切相关的实际工作出发为龙泽园街道基层工作人员介绍回天大脑的主要应用场景。昌平区经济和信息化局相关负责人介绍回天大脑大中小三屏的核心工作和定位，指出试运行是上线前的重要步骤，动员参与试运行的单位要做好全力配合，工作组所有成员要给予高度重视，保证试运行工作的顺利进行。市经济和信息化局信息化项目评审中心相关人员介绍回天大脑建设工作的背景，强调回天大脑是北京市智慧城市建设落地的一次新探索，是市区街居民五级协同联动模式的一种新实践，是促进基层减负、优化工作流程的一次新尝试，是信息化系统模式重构的一次新开拓，是通过监督约束不断迭代优化、切实服务基层的一种运营式新理念。希望工作组所有成员要承担起为城市大脑建设摸索经验的重任，利用这次试运行机会，及时发现问题，做好版本优化和经验总结工作，为下一步正式上线打下坚实的基础。龙泽园街道相关人员表示会全力配合联合工作组做好此次试运行工作。启动会后，由昌平区经济和信息化局组织对龙泽园街道开展具体试运行培训。

（市经济和信息化局）

【市领导驾驶舱开展应用推广】年内，北京市领导驾驶舱建设完成新版本升级迭代，启动应用推广工作。在功能建设方面，北京市领导驾驶舱初步完成部门画像、人口态势、城市监控、疫情防控、复工复产等10余个专题应用建设；首页利用市应急管理突发事件、12345接诉信息以及互联网舆情信息，完成突发事件、百姓诉求和城市热点3个主题场景建设；同时，建设领导批示、视话连线、待办事项、指标搜索、舆情搜索和空间搜索6个常用工具。相关成果为70周年国庆活动保障、疫情防控与复工复产等工作提供有力支撑；正在有序推进面向市领导以及市政府部门主要领导的应用推广工作。为建立“用数据说话、用数据决策、用数据管理、用数据创新”的管理机制，有效运用大数据提升城市管理精细化和决策科学化水平，提高政府服务的效率和质量，2018年，北京市启动北京市领导驾驶舱建设；2019年7月上线为主要市领导提供服务，并持续开展功能优化升级与内容完善。

（市经济和信息化局）

【政务云基础设施建设】年内，市级政务云整体规划完成，政务云格局成形并逐步完善，信创云通州节点建成并提供对外服务。全市政务系统入云基础工作完成，基线管理、数据考核促云服务水平不断提升。持续开展关键基础设施平台、防疫重点系统监测分析，总结防疫期间管理标准化经验，不断提升云上系统和数据安全保障能力。协助推进医疗、教育等行业云建设。

（市经济和信息化局）

【信息安全】年内，北京市大数据管理局持续开展政务信息关键设施安全测评、等级保护备案审查、远程安全性测试、容灾备份服务、安全检查及培训等业务，初步建立各项安全机制和安全技术框架，探索形成以数据分类分级、系统分级保护、数据保护能力认证的全链条数据安全管理机制，并逐步推进完善，为数据要素的安全有序流动铺平道路。

（市经济和信息化局）

研发与成果

【人工智能技术助力小汤山医院重建】2月11日，市经济和信息化局会同市医管中心协调云知声公司在小汤山医院部署智能语音电子病历系统，在门诊病历书写、住院病历书写、医技科室检查检验报告书写等多个场景协助医护人员实时录入医疗文书，解决医护人员因防护严密难以操作电脑问题，大幅提升录入效率，降低医护人员被感染风险，获得一线医护人员的高度认可。首批6套智能语音电子病历系统于2月12日完成部署，并于2月20日小汤山医院B区开诊收治前全面投入使用。

（市经济和信息化局）

【北京数据交易平台建成】9 月 7 日，北京数据交易平台对外发布。该平台是在市经济和信息化局、市委网信办、市商务局、市金融监管局的指导下，由北京金控集团有限公司联合多家数据服务商共同组建。太极计算机股份有限公司、中电长城网际系统应用有限公司、国信优易数据股份有限公司、数据堂等多家企业通过平台达成人工智能数据集、数据安全保险箱、数据可视化等数据交易或服务合作，相关签约额达 1700 万元。

（市经济和信息化局）

【“政务区块链基础平台和关键技术研发与验证”获批】年内，为落实《北京市区块链创新发展行动计划（2020—2022 年）》相关要求，北京市大数据中心会同北京微芯区块链与边缘计算研究院、中国电子技术标准化研究院共同申报了市科委新一代信息通信技术创新专项课题“政务区块链基础平台和关键技术研发与验证”，旨在通过研究北京市政务区块链基础平台的总体架构和业务模式，重点突破跨链对接、跨域管控等核心关键技术，制定相关技术、安全及国产化标准，推动安全可控区块链技术的业务标准落地，带动相关产业有序发展。该课题将在北京市目录区块链基础上，为政务区块链基础平台的建设奠定基础，打造全市区块链基础设施，为各级政府部门开展区块链上层应用提供统一、标准的集约化平台，发挥区块链技术优势，推进政务服务“一网通办”、优化营商环境改革等工作任务，深化北京智慧城市建设，带动相关产业有序发展。

（市经济和信息化局）

电子信息产业

本栏目采用条目体，刊载2020年北京电子信息产业概述、政策与措施、产业动态、研发与成果、企业选介和“十三五”回顾6项内容。其中，政策与措施分目包括出台的政策文件及实施情况，机构设立、调整变化等内容；产业动态分目包括经营业绩、项目启动、签约、论坛、获奖等内容；研发与成果分目包括新产品发布、技术测试、解决方案等内容；企业选介分目在重点介绍一级企业的基础上，对二级企业的主营业务范围进行了简述。“十三五”回顾分目对产业发展情况进行了简述。

概　述

2020 年，面对新冠肺炎疫情带来的严峻考验和复杂多变的国内外环境，北京电子信息制造业坚持结构调整与技术创新相结合，传统产业高技术化和高新技术产业齐头并进，产业发展取得显著成就，日益显现出对全市工业经济发展的支撑作用。2020 年，北京电子信息制造业实现现价产值 2854.96 亿元，同比增长 11.6%；实现增加值增速 14.6%。实现主营业务收入 4377.9 亿元，同比增长 14.73%，环比增速提高 6.11 个百分点；实现利润总额 258.27 亿元，同比下降 1.68%，环比增速降低 71.2 个百分点；实现工业总产值 2536.88 亿元，同比增长 10.13%，环比增速提高 13.16 个百分点；实现出口交货值 1074.13 亿元，同比增长 28.34%，环比增速提高 9.21 个百分点；实现固定资产投资额 108.13 亿元，同比增长 79.53%，环比增速提高 85.24 个百分点；从业人员 89123 人，同比下降 3.66%。

2020 年，疫情引发的宅经济助推市场对电子信息消费终端、办公设备的需求激增，牵引带动上游元器件产业规模进一步扩大。北京电子信息制造业企业生产产品 20 大类。其中，手机产量 9912 万部，同比增长 21.08%；台式微型计算机产量 743 万台，同比增长 31.74%；笔记本计算机产量 30.54 万台，同比增长 117.83%；显示器产量 569 万台，同比增长 22.89%；电子元件产量 33744.62 万只，同比增长 74.43%；半导体分离器件产量 352.41 万只，同比增长 38.56%，集成电路产量达到 130.54 亿块，同比上升 12.66%；液晶显示面板（全部）产量达到 27644.74 万片，同比上升 33.6%；电视机产量 787.62 万台，同比下降 29.56%；新增产品智能音箱 864 万台。

2020 年北京电子信息产业主要经济指标完成情况统计表

指标名称	1—12 月（亿元）	去年同期（亿元）	同比增减 %
销售收入	4377.90	3815.90	14.73
利润总额	258.27	262.67	−1.68
出口交货值	1074.13	836.95	28.34
工业总产值	2536.88	2303.55	10.13
固定资产投资	108.13	60.23	79.53
从业人员（人）	89123	92507	−3.66

2020 年北京电子信息产业主要产品产量完成情况统计表

序号	产品	单位	产　量		
			本月累计	同月累计	增减 %
1	移动手持机	万部	9912	8186	21.08
2	基站	万台	7388	2964	149.26
3	服务器	万台	2.5	5.57	−55.12
4	台式计算机	万台	743	564.01	31.74
5	笔记本计算机	万台	30.54	14.02	117.83
6	平板计算机	万台	1.08	3.78	−71.43
7	显示器	万台	569	463	22.89
	其中：液晶显示器	万台	394	317	24.29
8	电子元件	万只	33744.62	19345.47	74.43
9	半导体分离器件	万只	352.41	254.34	38.56
10	集成电路	万块	1305380.29	1158685.88	12.66
11	晶元片	万片	327.93	375.81	−12.74
12	电子级单晶硅	公斤	152134.22	190303.32	−20.06
13	液晶面板	万片	27644.74	20691.75	33.60
14	电视机	万台	787.62	1118.17	−29.56
15	半导体发光二极管	万只	110.19	82.6	33.40
16	路由器	万台	1417	791	79.14
17	互联网机顶盒	万台	708.58	366.77	93.19
18	二三层交换机	万台	127.69	186.85	−31.66
19	电子专用测量仪器	万台	9.92	9.04	9.73
20	智能家居设备	万台	864	0	0
	其中：智能音箱	万台	864	0	0

（市经济和信息化局）

政策与措施

【小米生态链企业上市】2月21日，北京石头世纪科技有限公司（简称石头科技）登陆科创板，并创下470元最高开盘价纪录，成为科创板“股王”，总市值达302.8亿元。石头科技主要从事智能清洁机器人的设计、研发、生产和销售。其主要产品为小米定制的米家智能扫地机器人、米家手持无线吸尘器以及自有品牌的石头智能扫地机器人、小瓦智能扫地机器人。

（陈　璐）

【电子城集团设立科技创投基金】3月19日，由北京电子城高科技集团股份有限公司、北京科创空间投资发展有限公司，联合北京市科技创新基金（有限合伙）、北京朝阳科技创新基金有限公司、北京电控产业投资有限公司、英诺天使基金所属的北京英诺昌盛投资管理有限公司等共同发起设立的“北京英诺创易佳科技创业投资中心（有限合伙）”运营，这是电子城集团在更名后深化落实科技服务战略布局的重要举措。有力促进电子城集团科技孵化产业与原始创新的有机联动，扩大电子城旗下科技孵化加速明星品牌“创E+”的品牌影响力，丰富科技孵化商业模式，提升科技金融板块投资动能，促进硬科技企业创新发展，打造“社区+服务+资本+产业”科技孵化新生态。

（市经济和信息化局）

【光电总部基地落户中关村顺义园】4月22日，中电科光电科技有限公司光电总部基地项目落户中关村顺义园。该项目以“全面实现光电子领域的自主可控”为主责，以红外材料与器件、激光材料与器件及应用为主业，建设光电总部、固体激光技术国家重点实验室及激光红外系列产品生产基地。项目总规划用地约13.3万平方米，新建科研生产和配套建筑约25万平方米。

（顺义区官网）

【北广集团761工场Ⅱ期开业运营】7月，北广集团761工场Ⅱ期项目开业运营。761工场Ⅱ期位于中关村西城园德胜街区，有20～150平方米多种空间组合，聚焦北京电控产业链和中关村西城园的金融科技产业，致力于构筑金融科技国际合作平台，助力国家级金融科技创新示范区建设。已有首批来自美、澳独角兽企业Ulpita和Airwallex，国内领先的银行风控、AI金融科技创新企业呈信人工智能、爱因互动等5家企业签约入驻，与761工场Ⅰ期入驻的斯洛伐克Decent区块链公司、中产投科技等初步形成了761工场国际金融科技生态。疫情期间，761工场依托北京“一带一路”国际孵化联合体（ICI），与湖南省、江苏省、浙江省、山东省、辽宁省、四川省、河北省、河南省等地方省园区资源，为国内外入驻企业搭建应用场景、开发市场渠道、提供技术项目产业化的精准匹配机会。

（北京电控官网）

【中国电信·惠买集团5G直播基地挂牌】8月1日，北京惠买在线网络科技有限公司的惠买直播电商基地——中国电信·惠买集团5G直播基地在经开区挂牌。该基地（含在建项目）占地总面积为15万平方米，设有20余个播演室、近百个小型网络直播空间，支持全年365天24小时不间断播出；配备国际水准的全高清转播车和卫星直播车等设备，可实现户外远程直播。

（经开区管委会）

【第三代半导体材料及应用联合创新基地落成】9月29日，全国首个聚集全产业链的第三代半导体材料及应用联合创新基地在中关村顺义园落成。基地总建筑面积7.16万平方米，围绕光电子、电力电子、微波射频三大应用领域，建设第三代半导体工艺、封装测试、可靠性检测及科技服务四大基础平台。

（顺义区官网）

【电子城高科并购知鱼智联】12月，北京电子城高科技集团股份有限公司（简称电子城高科）发布公告：该公司第十一届董事会第二十六次会议审议通过对知鱼智联科技（福建）有限公司（简称知鱼智联）的并购事项。知鱼智联是一家以云计算、人工智能行业解决方案为核心业务的高科技企业，通过数字科技与应用场景的深度结合，为客户提供云计算及运维服务、系统集成服务、软件及技术服务等综合智慧化解决方案。通过该次并购，电子城高科依托知鱼智联相关技术、产业资源、专业团队等方面的优势，构建自身在数字科技应用解决方案、系统集成的技术开发及运维服务能力，提升科技服务智慧化水平及创新服务模式，丰富科技服务内容，为企业客户提供专业的数字科技服务，助推企业客户的数字化转型和升级。

（北京电控官网）

【京东方完成中电熊猫南京和成都产线收购】12月底，

京东方完成中电熊猫南京 8.5 代和成都 8.6 代 TFT-LCD 生产线收购。中电熊猫南京 8.5 代和成都 8.6 代 TFT-LCD 生产线是国内领先的半导体显示生产线，拥有较为成熟的 VA（多象限垂直配向型）和氧化物技术，产品覆盖电视、显示器、笔记本电脑、智能手机等多种主流显示品类。通过该次投资收购，京东方进一步优化技术和产品布局，满足高端市场多元需求，强化企业市场核心竞争力，提升行业集中度，重塑行业竞争格局，推动全球半导体显示行业良性发展。

（北京电控）

产业动态

【中芯国际为华为 14 纳米芯片代工】1 月 14 日，中芯国际集成电路制造有限公司获得华为旗下芯片企业海思半导体公司的 14 纳米 FinFET 工艺芯片代工订单。中芯国际从 2015 年开始研发 14 纳米，良品率达到 95%。

（陈　璐）

【华大电子蝉联国内最有影响力物联网安全企业奖】2 月 25 日，中国物联网产业应用联盟与深圳市物联网产业协会主办的 2019“物联之星”中国物联网产业年度评选结果揭晓。北京中电华大电子设计有限责任公司再次摘得中国最有影响力物联网安全企业奖，是华大电子连续 3 年蝉联该奖项，进一步确立华大电子作为中国核心物联网安全芯片商的市场地位。

（刘丹丹）

【紫光同芯 SM9 算法获得国密二级认证】2 月，紫光同芯微电子有限公司的高性能安全芯片 THD89 搭载的 SM9 算法获得国密二级认证，成为国内首批获得该项认证的安全芯片之一。THD89 是首款获得全球超高安全等级认证 SOGIS CC EAL6+ 的国产芯片，支持国际、国密双算法，数据保持最高可达 25 年，广泛应用于金融、通信、车联网等行业。

（宋慧宇）

【8 人入选第五批“电控首席技师”】第一季度，北京电控第五批首席技师评选结果揭晓，8 名技能人才获得“电控首席技师”称号。电控首席技师每两年选拔一次，经过各单位组织选拔推荐，第五批共有 8 家单位的 22 名技师申报参选，涵盖液晶显示器件制造工、半导体芯片制造工、无线电调试工、电工、计算机网络管理员等 13 个工种。

（市经济和信息化局）

【第三代等先进半导体产业标准化厂房开工】3 月 30 日，由北京顺义科技创新集团有限公司负责建设的第三代等先进半导体产业标准化厂房开工。该项目位于中关村顺义园北京汽车生产基地板块内，建筑面积 7.4 万平方米，总投资 4.28 亿元。项目建成后主要用于碳基数字集成电路与传感器芯片的研发及规模生产。

（北京日报）

【七星流量计获第三届“IC 创新奖”】5 月 16 日，2020 集成电路产业链协同创新发展交流会在北京和上海两大主会场举行，会上颁发了第三届集成电路产业技术创新奖（IC 创新奖），以鼓励集成电路技术创新、成果产业化、产业链上下游合作。北京七星华创流量计有限公司研制的“CS300 压力不敏感气体质量流量控制器”获得技术创新奖。“CS300 压力不敏感热式气体质量流量控制器”采用全金属密封结构、热式传感器测量技术及压力补偿算法，可以精准地对被控气体进行测量与控制，以满足半导体产业的需要，在半导体和集成电路工艺等多种领域的科研和生产中有着重要的应用。该产品各项技术指标达到国外同类产品的技术水平，填补了国内在该技术领域的空白，已在大规模集成电路行业批量应用。

（市经济和信息化局）

【小米跃升全球上市公司排名第 384 位】5 月，《福布斯》杂志发布“全球上市公司 2000 强”排行榜（Forbes Global 2000），小米位列第 384 位，较 2019 年的排名上升 42 位。据小米 2019 年年报，小米集团各项业务保持稳定增长，总收入达 2058 亿元，年增长 17.7%，过去 9 年的年复合增长率达 112%；经调整净利润 115.3 亿元，同比增长 34.8%。2019 年是小米集团确立“手机 +AIoT”双引擎战略的第一年，在 5G+AIoT 领域的小米将投入超过 500 亿元，迎接超级互联网的挑战和机遇。

（陈　璐）

【第二届“筑梦电控人”评选活动举办】5 月，由北京电控党政工团联合主办的第二届“筑梦电控人”评选活动启动。来自 18 家单位的 42 位干部职工进入候选范围，网络投票环节创下了 6 天浏览量 42.8 万次、总投票 16 万次的纪录。12 月 9 日，召开表彰大会，对陈炎顺、孙力、李东三、管文会、张玉伟、李铁铮、潘春雷、杜春红、李辰、潘科华、马骉、孙奇 12 位先进人物进行表彰。12人中，既有从事创新研发的技术带头人，也有深耕生产一线的产业工人；既有活跃在产业发展领域的业务骨干，也有稳定保障领域的岗位标兵；既有企业经营管理者，也有基层党组织负责人，具有广泛的代表性和先进性。

（市经济和信息化局）

【北京电控高科技产品保障全国“两会”】5月，2020年全国“两会”闭幕，北京电控多项高科技产品完成“两会”服务保障任务，其产品质量可靠、系统集成先进、专业技术服务过硬得到高度认可，展现了企业实力，彰显了国企担当。七九七音响公司为政协会议“共商国是”7个分会场承担声音拾取、会场扩声、现场调音等专业技术服务保障工作，提供了高端会议专用话筒、数字会议系统代表机、调音设备和双备份的扩声保障系统等。技术娴熟、经验丰富的技术保障团队与安全可靠的产品设备，确保了“共商国是”音响运行零失误和设备零故障。京东方集团BOE物联网解决方案助力“两会”，其中北京饭店分会场采用BOE智能测温系统、BOE画屏标牌、京东方办公管理系统、BOE数字标牌等产品，提供防疫安全保障与智能化显示服务，确保更加安全高效。北电科林公司为首都机场研制的应急指挥车成功交付，“两会”期间负责抵京代表在机场的服务保障任务，满足应急指挥需求，为现场信息采集、指挥调度、移动办公等提供了信息化手段和工作场所。

（北京电控官网）

【5家半导体企业首登中国最具创新力企业榜】6月22日，福布斯中国发布2020中国最具创新力企业榜。紫光集团有限公司（简称紫光集团）、北京兆易创新科技股份有限公司（简称兆易创新）、深圳市汇顶科技股份有限公司（简称汇顶科技）、中国半导体设备（上海）股份有限公司（简称中微公司）、上海韦尔半导体股份有限公司（简称韦尔股份）5家半导体企业首次上榜。

（宋慧宇）

【京东方BD Cell获全球最佳显示产品奖】6月，BOE（京东方）65英寸BD Cell显示屏获国际信息显示学会（The Society for Information Display）第26届全球显示行业奖项（Display Industry Awards，DIA）2020年度最佳显示产品奖（Display of the Year）。该奖项是业界最高荣誉之一。BD Cell是京东方推出的创新显示技术，能够极大地提升显示屏对比度，是TFT-LCD技术的全新突破。通过搭载京东方独有的ADS硬屏技术，京东方BD Cell显示屏全方位可视角度均可达到178°。采用京东方BD CELL显示屏的98英寸、75英寸、65英寸系列叠屏电视与其他显示屏不同的是，京东方BD Cell采用黑白和彩色双层Cell设计，可以实现百万像素级分区控光，在亚毫米级范围内进行更加精细的亮度调节，让参观者感受到百万级超高对比度的画质体验。该技术在灰阶表现也独具优势，灰阶可达到12bit，画面明暗层次和色彩更加细腻，尤其低灰阶画面能够体现出完美的细节表现力。这些技术创新使BD Cell画质与OLED处于相同视觉体验的同时，在功耗和成本方面更具优势。

（北京电控官网）

【中航集团“天玥”计算机下线】7月3日，中国航天科工集团公司第二研究院主办的“天玥”国产计算机下线仪式在沈阳市、北京市两地同步举办。“天玥”计算机由中国航天科工集团第二研究院第七〇六研究所研发，其芯片、操作系统等关键基础软硬件均为国产自主产品，根据用途分为通用和专用两大类，分别搭载龙芯处理器和飞腾处理器，主要受众将是政府部门及公办教育机构等。

（中关村管委会）

【主线科技加速布局“5G+智能驾驶”】7月6日，北京主线科技有限公司与中国移动通信集团新疆有限公司签署5G战略合作协议，双方携手推进“5G+智能驾驶”示范应用在新疆的落地，打造多个场景下的智慧交通应用。根据协议，双方将进一步探讨5G与智能驾驶相结合的商业合作，在解决方案、试点示范、运营服务等层面进行全面合作。合作内容包括打造5G与智能驾驶结合的先试先行平台，探索5G、V2X、智能驾驶、车路协同等技术与行业的深度融合；推进基于5G网络建设、5G的创新应用场景、方案研究及相关标准的制定工作；共同策划并建设5G车联网高速示范项目及研究院等。

（经开区管委会）

【北京电控获评示范平台和示范基地】7月，市经济和信息化局发布《关于公布第三批北京市中小企业公共服务示范平台和第三批北京市小型微型企业创业创新示范基地名单的通知》，北京电控所属4家单位榜上有名。七六一工场（北京）科技发展有限公司入选“第三批北京市中小企业公共服务示范平台”；北京科创空间投资发展有限公司、北京牡丹创新科技孵化器有限公司、北京北电科林电子有限公司入选“第三批北京市小型微型企业创业创新示范基地”。北京电控入选企业在基地建设、入驻企业数量、服务功能设置、信息网络基础、运营管理规范和用户满意度等方面均符合相关条件，具有产业领域聚焦、商业模式清晰、配套服务专业、服务业绩良好等特点。

（北京电控官网）

【百度 Apollo 获批开展自动驾驶第二阶段载人测试】 8 月 25 日，百度在线网络技术（北京）有限公司宣布百度 Apollo 获北京市首份自动驾驶第二阶段载人测试通知书。百度公司将在亦庄、海淀区、顺义区等多个区域、约 700 千米的自动驾驶测试道路上开展载人示范运营，探索规模化自动驾驶车辆的可持续运营模式。

（中关村管委会）

【AutoBrain 无人集装箱卡车完成首次轮班作业】 8 月 26 日，北京奥特贝睿科技有限公司研发的 AutoBrain 无人驾驶电动集装箱卡车在深圳市妈湾港完成首次轮班作业。无人驾驶集装箱卡车是奥特贝睿公司在国产新能源电动集卡上加装激光雷达、相机、智能控制器等硬件及自主研发的软件大脑，与港口集装箱码头操控系统互联，以完全自主驾驶的方式完成集装箱装卸船、自动往返于堆区和码头，在堆区和岸桥装卸位置定点精度优于 5 厘米，自主适应岸桥和堆区的环境动态变化，实现集装箱从岸桥泊位到堆场的无人水平运输作业。

（中关村管委会）

【主线科技公司无人驾驶集装箱卡车助力 5G 智慧港】 8 月 26 日，北京主线科技有限公司联合中国重型汽车集团有限公司共同打造的无人驾驶集装箱卡车，承接妈湾智慧港建设竣工交付使用后的“第一箱”任务。基于中国移动 5G 网络的高速率、低延迟、高带宽特性，主线科技公司的无人驾驶系统实现了与港口业务场景的高效连接与深度耦合。无人集卡在接收到港口车队管理及调度系统的指令后，通过完全自主驾驶到达目标作业区域进行集装箱装卸和运输，整个作业全程皆无人工干预。无人集卡的整个作业流程以视频的形式通过 5G 网络实时回传到中控室内，实现集装箱运输无人化、作业全流程可视化。

（中关村管委会）

【集创北方 2 项产品获 LED 显示大奖】 9 月 1 日，在 ISLE 2020 显示技术与产业峰会上，北京集创北方科技股份有限公司 ICND6602 获 2020 ISLE-LED 显示新星产品奖，ICND2065 获 2020 ISLE-LED 显示优秀产品奖。ICND6602 是专为 LED 商业显示设计的全新控制应用方案，可应用于广告机、货架屏、灯杆屏、会议一体机等多领域，使用标准视频接口，简化 LED 显示屏控制系统的设计难度，可实现更加轻薄化的 LED 显示屏产品设计。ICND2065 是一款专为全彩 LED 显示屏设计的驱动 IC，应用于小间距 LED 显示屏，内置灰度时钟技术，可极大降低整机系统的 EMI，同时可彻底解决小间距的高对比度干扰、一扫暗线、低灰麻点、跨板耦合等问题，具备动态节能，黑屏节能，消除无用功耗。

（经开区管委会）

【京东方成果获市科技进步奖特等奖】 9 月 10 日，北京市科学技术奖励大会召开，市委书记蔡奇，市委副书记、市长陈吉宁向获得北京科学技术奖代表颁奖。BOE（京东方）的科技成果——“面向移动应用的高分辨率柔性可弯折 AMOLED 显示技术研发与产业化”获 2019 年度北京市科学技术进步奖特等奖，是北京市首次设立特等奖对企业创新成果进行表彰。BOE（京东方）获奖的创新成果“面向移动应用的高分辨率柔性可弯折 AMOLED 显示技术研发与产业化”，突破只有更薄集成结构才能实现小半径折叠的限制，设计出针对外折的 AMOLED 产品多膜层结构，实现曲率半径 5 毫米条件下 20 万次弯折。同时，BOE（京东方）研发的新型有机发光器件结构，使柔性屏效率提升 5%，寿命提升 180%。在柔性显示领域，BOE（京东方）通过采用具有自主知识产权的 GGRB 新型子像素排布方式，绿子像素数量是红蓝子像素数量的 2 倍，排列方式能够实现同间距子像素内发光材料占比更大，可有效避免烧屏问题，该技术在像素密度更大的高分辨率产品方面具有领先优势。

（北京电控官网）

【兆维集团获首届“鼎信杯”奖项】 9 月 30 日，2020 中国信息技术应用创新产业发展峰会暨首届“鼎信杯”信息技术应用创新优秀产品征集颁奖礼在江苏省举行。兆维集团“面向自助终端一体机的驱动控制创新设计”信创方案获大会信息技术应用创新典型设备驱动奖。该方案在大会征集的 400 余件产品方案中脱颖而出，展现兆维集团在自助设备国产化方面的技术积累与提升。

（市经济和信息化局）

【3 款芯片获“中国芯”优秀技术创新产品奖】 10 月 28 日，北京紫光展锐科技有限公司的春藤 V510（基带芯片）、紫光同芯微电子有限公司的新一代安全芯片 /THD89（安全类芯片）、北京清微智能科技有限公司的多模态智能计算芯片 /TX510（音视频处理）3 款芯片获 2020“中国芯”优秀技术创新产品奖。

（宋慧宇）

【京东方承接跨行业应用服务平台建设】 10月30日，京东方科技集团股份有限公司中标“2020年工业互联网创新发展工程—工业互联网标识解析二级节点（综合型应用服务平台）—跨行业应用服务平台（招标编号:TC200A013）”，将建设面向显示、传感、钢铁、化工、半导体材料、供应链金融、物联网设备、半导体设备的标识解析二级节点跨行业应用服务平台。京东方作为信息交互和人类健康提供智慧端口产品和专业服务的物联网公司，依托多年制造业系统建设经验，结合人工智能、大数据和工业仿真技术，打造全价值链的工业互联网平台。

（经开区管委会）

【新奥特参展首届中国（北京）国际视听大会】 11月19日，首届中国（北京）国际视听大会在北京展览馆开幕。北京新奥特集团携科技冬奥云端应用、媒体融合以及5G+8K技术领域的最新技术成果和解决方案参展。其中，云上奥运转播中心、喜马拉雅超高清非线性编辑系统、VSE−8K慢动作回放系统、T20−Switcher超高清导播系统分别在新奥特展台进行全面展示。

（陈　璐）

【聚束科技公司电镜获100创新奖】 11月，聚束科技（北京）有限公司研发的高通量扫描电子显微镜Navigator−100获美国《研究与发展》杂志颁发的2020年度R&D100创新奖。 产品通过对快速成像技术、纳米载物台、大视野偏转及人工智能控制的系统化创新设计，实现高通量成像，成像速度可达到传统电镜的数十倍以上，使扫描电镜从传统意义的纳米“照相机”跃变为纳米“摄像机”，重新定义高速电镜的类别，可应用于生命科学、材料研究、芯片安全分析与IP保护、医疗病理及地质勘探等领域。

（中关村管委会）

【百度公司获市级首批无人化路测通知书】 12月4日，北京市自动驾驶测试管理联席工作小组向百度在线网络技术（北京）有限公司颁发首批5张无人化路测（第一阶段）通知书，百度Apollo无人驾驶汽车可在无安全员的情况下在公开道路进行无人化自驾测试。北京市首次允许测试主体在公开道路进行无人化自动驾驶测试。

（中关村管委会）

【全球首场跨地域大规模5G + 8K直播举办】 12月5日，北京中联合超高清协同技术中心有限公司支撑咪咕汇打造的“全球首场跨地域大规模8K + 5G盛典直播”取得成功。该次直播是全球首次跨地域大规模文艺演出5G+8K直播，同时也是中联超清纯商业模式运作5G+8K直播的一次尝试，验证了8K+5G商业直播业务运营的可行性。

（陈　璐）

【广和通L610−EU模组获全球首个GCF/CE/NCC认证】 12月21日，北京紫光展锐科技有限公司与中国泰尔终端实验室、深圳市广和通无线股份有限公司（简称广和通）共同宣布广和通L610−EU模组获全球首个3GPPUEcategory1bis模组GCF/CE/NCC认证。广和通L610搭载紫光展锐新一代物联网芯片平台—春藤8910DM，是全球首个LTE Cat 1 bis芯片平台，可广泛应用于万物互联的多个领域。广和通L610系列模组一共有L610−CN/L610−EU/L610−LA三个版本，能够分别适用于中国、欧洲以及拉美地区。

（宋慧宇）

【牡丹集团获创新创业型企业称号】 12月，北京软件和信息服务业协会第十届会员代表大会第一次会议暨第十届理事会第一次会议在京召开，牡丹集团获“2020北京软件企业核心竞争力评价（创新创业型）”称号。牡丹集团顺应互联网经济、创意经济、实验室经济和信息消费迅速兴起的趋势，探索以软件发展、文化创意带动电子信息技术应用发展的创新之路。在强力推进自主研发的基础上，牡丹集团开展产学研合作、产业链合作和国际化合作，在数字电视应用技术和产品领域研发推出一系列创新成果。牡丹集团立足科技信息服务业、智慧园区建设和运营业务，在全球范围内整合生产要素资源，用数字科技引领和提升科技信息服务业；利用移动互联网技术，打造自主知识产权的社区式智慧园区解决方案，并通过产业经营、平台经营和创意经营，引领和提升自身科技信息服务业的发展方向和发展水平。

（北京电控官网）

【“5G+8K”智慧融媒体电视车项目获科技创新奖】 年内，中国广播电视设备工业协会2019年度科技创新奖获奖名单公布，北京电控信息服务产业平台北电科林研发的“5G+8K”智慧融媒体电视车项目获广播电视科技创新奖。北电科林智慧融媒体电视车可以实现8K超高清视频信号采集、传输，并同时支持超高清、VR全景、网络直播及云视频会议等融合媒体采集、传输的视频转播系统。该系统利用5G、专线等传输网络，可为各种活动、赛事、演出等提供超高清图像的视频转播服务。

（市经济和信息化局）

【双模式数字电视发射机获科技创新优秀奖】 年内，

北广科技在中国广播电视设备工业协会 2019 年度广播电视科技创新奖项评比中获“2019 年度广播电视科技创新企业奖”，产品“DTMB−A/DTMB 双模式数字电视发射机”获“2019 年广播电视科技创新优秀奖”并入选《2019 年广播电视科技创新奖年鉴》。该产品同时支持国标（DTMB）和国内（DTMB−A）两种标准，在射频功放采用了 Doherty 放大、低损耗功率合成、自适应控制等先进技术，具有效率高、可维性好及可靠性高等特点。

（市经济和信息化局）

研发与成果

【小米 10 发布】 2 月 13 日，小米集团召开小米手机系列——小米 10 发布会。小米 10 配备强大的骁龙 865 处理器，支持双模 5G，拥有 6.67 英寸 AMOLED 小挖孔曲面屏，拥有强大的影音系统和超强散热系统。2 月 14 日 16 点开售 1 分钟，全平台销售额突破 2 亿元。

（陈　璐）

【紫光展锐发布一系列重磅产品】 2 月 26 日，北京紫光展锐科技有限公司发布一系列重磅产品，包括搭载紫光展锐 5G 芯片的多款商用 5G 终端：联通 5GCPE 和海信首款 5G 手机 F50，以及全新 5GSoC 移动平台——虎贲 T7520。北京紫光展锐科技有限公司基于 AiP（天线芯片一体化封装，AntennasinPackage）的 5G 毫米波终端原型完成关键的技术和业务数据测试，标志 5G 毫米波产业走向成熟。

（宋慧宇）

【紫光云 2.0 平台（紫鸾）开放注册】 3 月 30 日，紫光云 2.0 平台（紫鸾）开放注册。紫鸾平台定位于面向新基建的公有云，依托紫光云全新 2.0 架构，实现技术跃升与性能倍增，覆盖计算、存储、网络、安全、数据库和人工智能 6 大产品服务，为用户带来“新快智简”的卓越上云体验。

（宋慧宇）

【国内首款获认证的指纹金融 IC 卡推出】 4 月 8 日，紫光同芯微电子有限公司与北京飞天诚信科技有限公司推出新型支付应用——指纹金融 IC 卡。该产品达到国家级金融支付的安全标准，为国内首款获得银联检测中心认证的指纹金融 IC 卡。

（宋慧宇）

【搭载 BOE（京东方）8K 超高清显示屏的全系列电视新品亮相】 4 月 22 日，长虹通过线上直播召开 5G+8K 全球发布会，搭载 BOE（京东方）8K 超高清显示屏的全系列电视新品亮相。该次长虹推出的 55 英寸、65 英寸、75 英寸、110 英寸全系列搭载 BOE（京东方）8K 超高清显示屏分辨率达 7680×4320，通过 BOE（京东方）独有的 8K ADS 超硬屏技术，能够实现广视角和高透过率，使画面细节纤毫毕现。

（市经济和信息化局）

【业界首个基于 SRv6 性能的大规模 400G 完成测试】 4 月 30 日，思博伦通信科技（北京）有限公司和新华三集团合作完成密度达 72 个 400G 端口的大规模 400G 测试。该次测试是业界首个基于 SRv6 性能的大规模 400G 测试。

（宋慧宇）

【京东方低蓝光显示解决方案获权威认证】 5 月 20 日，全球第三方检测、检验和认证机构德国莱茵 TüV 集团与 EyeSafe 联合举办线上发布会。作为首批通过 Eyesafe 显示标准以及 TüV Method2 认证的企业，BOE（京东方）7 款低蓝光显示解决方案获权威认证，为人们带来更健康的视觉体验。京东方研发的低蓝光护眼显示技术及解决方案，达到全球先进的健康和安全要求，在推动显示行业发展中发挥了引领作用。

（市经济和信息化局）

【电子城高科创 E+ 社区备案国家众创空间】 5 月，科技部发布《2020 年度国家备案众创空间的通知》，公布 2020 年度国家备案众创空间名单，电子城高科所属北京科创空间投资发展有限公司创 E+ 社区位列其中。北京科创空间投资发展有限公司(持有创 E+ 品牌)致力于为创业团队及创新型成长企业提供“全形态办公空间、全链条增值服务、全周期融资渠道和全生态产业赋能”的一体化创新创业智慧生态环境，定制提供“空间 + 服务 + 资本 + 产业”的全生命周期服务方案。创 E+ 通过专业的创新孵化加速服务体系搭建和标准化输出、特色化运营、垂直化管理的孵化服务模式，发挥政策集成和协同效应，实现了创新与创业相结合、线上与线下相结合、孵化与投资相结合，具有产业特色、发挥企业优势的不易复制的孵化服务新路径。创 E+ 社区在京内外有在营在建社区 8 个，社区总体量合计超过 5 万平方米，入驻企业、创新团队等客户百余家。已毕业企业 20 余家，服务类型包括投融资、创业辅导、创业培训、政策咨询、产业资源对接、知识产权、双创活动、国际合作、工商注册、人财法税、资质认证、企业管理、市场营销等领域，举办各类创业创新活动共计百余次，累计培训各类创业者 5000 余人次。

（北京电控官网）

【京东方多屏显示终端 IEC 国际标准获批】7 月，BOE（京东方）牵头制定的 LCD 多屏显示终端国际标准通过国际电工委员会第 100 技术委员会（IEC TC100）批准发布，成为全球多屏显示领域的权威国际标准。京东方 LCD 多屏显示终端国际标准包括概念模型和测试方法两个部分。概念模型为拼接显示产品的基本结构、组成部分、应用场景及应用模式提供了顶层设计的统一标准，极大提升了拼接显示产品形态及核心功能的规范性；测试方法对必要的测试条件、物理及光学拼缝测试、显示终端拼接误差测试、光学显示性能测试等方面进行权威界定。

（北京电控官网）

【华科精准公司产品完成国内首例 LITT 手术】8 月 14 日，华科精准（北京）医疗科技有限公司研发的“磁共振引导激光消融治疗系统和激光消融微创治疗套件”在北京天坛医院实施应用，完成国内首例磁共振引导下脑转移瘤激光消融（LITT）手术。磁共振引导激光消融系统的光纤可直达病灶，缓慢加热消融病灶，通过核磁共振实时监测，实时精准控制消融温度、范围，对于下丘脑等传统开颅高风险的位置可保障手术安全性，用于微创治疗脑肿瘤、癫痫等疾病的治疗。

（中关村管委会）

【全球首款智能自动扫描机器人公开】8 月 15 日，北京千寻科技有限公司推出全球首款智能扫描机器人——艾思机器人。北京千寻公司基于未来多点动基准串联的多自由度运动、多自由度单零点步进翻页、薄膜气流瞬时分页、多传感器融合控制、多种类兼容算法、AI 智能预测算法、3D 深度动态展平算法、柔性控制算法及高精度 OCR 文字识别技术等核心技术，历时 7 年研究，通过计算算法，建立模型及参数，积累纸张规格、透气率、颜色、反光、吸光等大量数据后，攻克扫描核心技术，2018 年推出样机，2020 年首度对外公开首款人工智能非接触式全自动高速扫描机器人，填补国内企业级全自动扫描仪的空白。

（中关村管委会）

【采用 EMV 一芯双应用技术的信用卡在国内首发】8 月，采用 EMV 一芯双应用技术的信用卡在国内首发，紫光国微安全芯片—THD89 成为全球首款应用于该卡的国产芯片，加快中国金融科技与世界支付行业并行的“芯”步伐。

（宋慧宇）

【全球首台量子直接通信样机研制成功】9 月 19 日，在 2020 中关村论坛发布会上，清华大学龙桂鲁团队发布其研制的全球首台具有实用价值的量子直接通信样机。样机完成全部设计功能和长时间稳定性检测，实现 10 千米光纤链路 4 千字节 / 秒通信速率的量子保密电话。

（中关村管委会）

【国内首款四代纳米孔单分子基因测序仪发布】9 月 21 日，齐碳科技有限公司发布国内首款四代纳米孔单分子基因测序仪 QNome-9604 及测序芯片 QCell-3841 和测序试剂盒 Qeagen-8。产品可以达到 150 千字节以上的读长，8 小时稳定产出 500 兆字节，准确率达 87%，适用于微生物检测、扩增子测序等快速灵活的使用场景，具有长读长能力、实时分析、直接测序、便携易用的特点和优势。齐碳科技公司的第四代测序技术也称为纳米孔单分子测序，是基于电信号测序的技术，通过电场力驱动单链核酸分子穿过纳米尺寸的蛋白孔道，由于不同的碱基通过纳米孔道时产生不同阻断程度和阻断时间的电流信号，可根据电流信号识别每条核酸分子上的碱基信息，实现对单链核酸分子的测序。

（中关村管委会）

【国内首个空港货运无人驾驶物流车试用】9 月 22 日，驭势科技（北京）有限公司的无人驾驶物流车在长沙黄花国际机场货站区域进行推广试用，是无人驾驶技术在国内航空物流领域的首次应用。无人驾驶物流车基于驭势科技 U-Drive 智能驾驶平台打造，车内搭载集成人工智能算法的智能驾驶控制器，同时车身配备激光雷达、摄像头、超声波雷达等传感器，无须配备驾驶员和安全员，所有驾驶操作及周边环境监控工作均由无人驾驶系统完成，可实现在行驶过程中的自主规划路线、自主避障等功能。

（中关村管委会）

【北京首条 MEMS 芯片生产线通线投产】9 月 29 日，赛莱克斯微系统科技（北京）有限公司（简称赛莱克斯北京）投资建设的“8 英寸 MEMS 国际代工线建设项目”通线投产运行，产能为 1 万片 / 月，标志着北京首条商业量产、全球业界最先进的 8 英寸 MEMS 芯片生产线进入实际生产阶段。该 8 英寸 MEMS 国际代工线设计总产能为 3 万片 MEMS 晶圆 / 月。微机电系统（MEMS）是指用微机械加工技术制作的包括微传感器、微制动器、微能源等微机械基本部分，以及高性能的电子集成线路组成的微机电器件与装置。

（经开区管委会）

【世纪金光推出车规级大功率全 SiC 模块】 9 月，北京世纪金光半导体有限公司推出自主研发的车规级大功率全 SiC 模块。该产品的电压等级为 1200 伏，电流等级达到 600 安培，导通电阻低至约 2.5 毫欧，电路拓扑结构为六单元全桥结构。封装形式兼容传统的硅 IGBT 模块的 HPDrive 封装形式，可以使应用端快速地进行应用测试评估。与传统的硅 IGBT 模块相比，SiC 模块的开关损耗更低。

（经开区管委会）

【北京电控青年技术创新成果亮相科博会】 9 月，第二十三届中国北京国际科技产业博览会在中国国际展览中心举办。北京电控青年技术创新成果在本次展会“首都青年科技创新创业成果展区”亮相。该次参展的京东方集团、牡丹集团的新产品、新技术是北京电控青年技术创新成果的代表。京东方推出的 BD Cell 创新显示技术实现了 TFT−LCD 的技术突破，其静态对比度高达百万级 1000000 : 1，比传统 LCD 提升了 1000 倍，让黑色更纯粹、更有深度。该技术应用于医疗专业显示器，在超声显示上具有极高的医疗使用价值。牡丹集团推出了智能交互设备，参展的“5G 空中悬浮成像系统”采用纳米级光学微矩阵技术，

利用光场重构原理，将发散的光线多次振荡、反射、折射，并重新汇聚成实像；再结合智能交互技术，实现人与虚拟实像的直接交互，操作便捷，安全卫生；只有用户本人视角进入，信息安全，私密性强；内置 5G 通信模块，数据传输速率高、延迟低；可广泛应用于商业、金融、会议、展示、医疗等领域，达到“人在画中，画在人中，亦真亦幻”的效果。牡丹集团还展出了基于 5G 空中悬浮成像系统开发的智能演讲辅助装置和新一代显示内容互动展示终端两款产品。其中，新一代显示内容互动展示终端集成了全球领先的“可交互空中成像技术”，实现了不留指纹的空中交互方式，可广泛应用于银行 ATM、医院自助机、高铁自助机、展示展览等线下交互场所。

（北京电控官网）

【全球首例符合 3GPP 标准的端到端全策略网络切片选择解决方案研发】 10 月 10 日，中国联通网络通信集团有限公司（简称中国联通）携手北京紫光展锐科技有限公司合作研发全球首例符合 3GPP 标准的端到端全策略网络切片选择解决方案。该项目由中国联通网络部、研究院、华盛及北京分公司多部门协作推动，基于紫光展锐芯片平台实现 5G 手机类和数据类终端的端到端切片解决方案，让用户能够在中国联通 5G SA 网络环境下，通过 App ID、FQDN、IP 三元组、DNN 等业务标识，自主灵活地选择网络切片，能为普通用户的游戏、视频、直播类应用提供差异化、定制化的网络服务，也为垂直行业的转型升级带来更广阔的发展前景。

（宋慧宇）

【达闼科技公司 5G 虚拟云端机器人发布】 10 月 14 日，在 2020 年中国国际信息通信展上，达闼科技（北京）有限公司发布 5G 虚拟云端机器人——Cloudia。Cloudia 集成云端大脑 HARIX，可接入专业知识库，再通过深度学习不断提升智慧水平，精确理解语境语义，并回答各种问题。其具备闲聊互动、广告展示、附近餐厅指引等功能，7 × 24 小时不间断提供智能服务，可节省人力成本，提升工作效率，帮助企业、园区、公共服务场所实现更好、更完善的人性化服务。

（中关村管委会）

【京东方推出 55 英寸主动式量子点显示屏】 11 月 10 日，京东方科技集团股份有限公司推出 55 英寸 4K 主动矩阵量子点发光二极管（AMQLED）显示屏。量子点技术在显示产品中的应用主要包括光致发光量子点背光技术和主动式电致发光量子点二极管技术（AMQLED）。与光致发光量子点背光技术不同，

AMQLED 显示无须背光源，注入电流即可使量子点发光，具有自发光、色域广、寿命长等优势，成为量子点显示的发展方向。

（经开区管委会）

【房山 5G 自动驾驶示范区运营示范及检验检测服务平台发布】 12 月 4 日，由房山区政府、中国移动通信集团北京有限公司、中关村发展集团及襄阳达安汽车检测中心有限公司主办，北京高端制造业基地管理委员会、中关村前沿技术公司等 5 家单位共同承办的 5G 自动驾驶运营示范及智能网联汽车检验检测服务平台发布会暨重点项目签约仪式在中关村新兴产业前沿技术研究院国际会议中心举办。会上，房山 5G 自动驾驶示范区运营示范及检验检测服务平台发布。

（李静怡）

【8 英寸集成电路生产线投产】 12 月，由北京电控所属燕东微电子建设的基于自主创新技术的成套工艺装备 8 英寸集成电路生产线项目投产。该项目聚焦于功率半导体、声光电传感器等产品领域，突出自主创新装备、特色工艺等特点，实现多款成套自主创新装备和多种自主创新材料的验证应用，为中国自主创新集成电路装备和材料的规模化、成套化应用发挥了示范带动作用。

（北京电控）

企业选介

【北京电子控股有限责任公司】 简称北京电控，前身是 1988 年成立的北京市电子工业办公室，由当时四机部和广电部管理的 13 家央企和北京市 107 家市属、区属企业组成，所属部分重点企业为国家“一五”计划期间的重点工程，为北京市属国有特大型高科技产业集团。北京电控以电子信息产业为主导，主营产业分布在半导体显示、集成电路（集成电路装备、集成电路制造）、新能源动力电池和电子信息服务四大板块，旗下拥有京东方、北方华创、燕东微电子等 14 家二级企业和 5 家事业单位。拥有 3 个国家级工程实验室、20 余个市级创新平台及多个海外研发平台，累计可使用专利超 7 万件。北京电控立足于服务国家战略新兴产业发展和北京市构建高精尖产业结构，聚焦半导体显示、集成电路、新能源动力电池和电子信息服务四大产业领域，坚持推进战略转型、深化改革和科技创新，构建专心专业专注的产业发展格局，形成半导体显示、集成电路装备、集成电路制造、新能源动力电池、智能装备、仪器仪表、科技服务、信息服务、文创科技 9 个产业平台和一个产业投资平台的产业格局。

2020 年，北京电控营业收入超 1536 亿元，资产总额超 4870 亿元，位居“中国企业 500 强”第 162 位，战略性新兴产业领军企业第 10 位。

（北京电控）

【北京中电华大电子设计有限责任公司】 简称华大电子，是在原北京集成电路设计中心基础上于 2002 年 6 月成立的专门从事集成电路芯片设计的企业，是国家认定的高新技术企业，是中国安全芯片产业的核心企业。华大电子面向物联网、金融、工业、汽车等数字化领域终端、设备和基础设施的信息安全需求，设计开发所需的关键核心安全芯片。已在智能卡、物联网、汽车电子三大应用方向开发出多个系列芯片产品及应用方案，产品广泛应用于物联网、车联网、智能交通、智能家居、5G 网络、金融科技等领域。承担过多个国家科研项目和重点工程的建设与实施，包括国家大规模集成电路专项工程、国家金卡工程、金融国密算法应用工程、国家科技重大专项等，曾获国家科技进步一等奖和二等奖、省部级科技进步奖等多个奖项。华大电子参与了多项国标行标制定，推进国密算法在物联网、智能卡、数字支付等多个产业的创新应用，已累计申请专利 1300 多项，拥有授权专利 450 多项。

2020 年，该公司实现营业收入 98591 万元，安全芯片年出货量超过 15 亿颗，累计达到 180 亿颗。2020 年公司智能卡安全芯片占全球市场份额 13.5%，全球市场占有率第五；在物联网芯片领域，公司 eSIM 、SE 安全芯片在网络通信、智能表计、智能交通等多个领域处市场领先地位；在智能网联车领域，车规级 SE 芯片已批量应用。年内，华大电子再次获中国最有影响力物联网安全企业奖，这是华大电子连续三年蝉联该奖项。

（刘丹丹）

【北京天科合达半导体股份有限公司】 简称天科合达，成立于 2006 年 9 月，注册资本 2.16 亿元，位于大兴区科技园。主要专业从事第三代半导体碳化硅晶片的研发、生产和销售，研发出拥有自主知识产权的碳化硅晶体生长炉和碳化硅晶体生长、加工技术和专业设备，建立完整的碳化硅晶片生产线，其相关专利技术已被国家知识产权局授权；主要从事第三代半导体材料碳化硅（SiC）晶体和晶片的研发、生产与销售。公司技术来源于中科院物理研究所，公司是国内首家建立完整的碳化硅晶片生产线、实现碳化硅晶体的产业化的企业，也是国内和全球主要碳化硅晶片生产企业之一。公司总部位于中关村科技园区大兴园，有5个全资子公司分别是北京天科合达新材料有限公司（持股100%）、江苏天科合达半导体有限公司（持股100%）、新疆天科合达蓝光半导体有限公司（持股100%）、沈阳天科合达半导体设备有限公司（持股100%）、深圳市重投天科半导体有限公司（持股25%）。2018年天科合达营业收入为9176.34万元，2019年营业收入为24862.13万元，2020年营业收入为28373.27万元。2018年至2020年期间，天科合达在京企业分别贡献地方财政收入38万元、380万元和301万元。

（天科合达）

“十三五”回顾

“十三五”期间，北京市电子信息制造业呈现总体平稳、稳中有进态势，产业规模持续提升。2019年实现总营业收入规模接近3000亿元，年复合增长率约为7.6%，在北京十大高精尖产业总营业收入中占比接近9%。其中，电子信息制造业规模以上工业总产值由2015年的2110.2亿元增长到2516.3亿元，对高精尖制造业的贡献接近45%，出口交货值由2015年的605.3亿元增长到771.6亿元，占全市制造业出口交货值的64.3%。集成电路产值稳居国内前三，5G、新型显示产业引领发展，传感器和物联网等产业发展态势持续向好。

创新动能持续迸发。“十三五”期间，北京市围绕国家创新战略和首都发展需求，超前部署国际前沿领域攻关，涌现出全球首款高算力低功耗的多模态智能计算芯片、世界首款面向通用人工智能融合架构的类脑芯片等标志性创新成果。5G产业在核心技术、核心器件和生态构建方面取得阶段性进展，基站建设基本实现五环内连续覆盖和郊区部分重点区域覆盖，产业生态雏形已经初现，商用步伐明显加快。发挥创新资源优势开展4K/8K超高清视频软、硬件集成创新，自主研制集成国内首辆4K/8K超高清转播车，已在2019年世园会、篮球世界杯期间实现“5G+8K”超高清视频转播。

企业领军效应显现。“十三五”期间，北京市持续加强对电子信息创新型企业培育，不断提升企业创新主体地位，形成一批国内外著名的电子信息产业领军企业，推出一批代表中国自主创新品牌的高精尖电子信息产品。小米科技有限责任公司成为国内高产出效率企业的代表，在中国全行业的创新影响力排名前三。京东方科技集团股份有限公司已经成长为全球半导体显示领域龙头企业，推出全球领先的8K、柔性OLED、X−Ray传感、BD Cell、BOE画屏、12导联动态心电记录仪、数字人体、细胞膜片等创新技术和产品，并连续多年在世界知识产权组织（WIPO）专利排名中位列全球前十，半导体技术发明专利位列全球前三。北京兆易创新科技股份有限公司是国内唯一的存储器全产业布局龙头企业，也是国内32位MCU最大供应商，产品实现了低中高端全覆盖。北方华创科技集团股份有限公司长期承担着半导体设备国产化重任，已成为国内规模最大、涉及领域最广、产品体系最丰富的高端半导体设备生产商，主要技术指标达到国际先进水平，并批量应用于国内集成电路生产线。

产业空间集聚明显。“十三五”期间，北京市以产业基地为重点依托，以重大项目集聚带动为主要支撑，在集成电路、新型显示、第三代半导体、传感器等领域形成了一批特色产业集群，创新集聚效益明显。其中，集成电路产业依托中关村集成电路设计园、北方集成电路技术创新中心等创新载体，形成了以海淀区、北京经济技术开发区为核心的“北设计、南制造”协同发展格局；新型显示与超高清视频产业依托新媒体产业基地、超高清视频（北京）制作技术协同中心等平台载体，形成以北京经济技术开发区、大兴区为代表的显示产业集群；随着北京碳基集成电路研究院、第三代半导体材料及应用联合创新基地等创新平台建设的推进，形成了布局在海淀区、顺义区的新一代非硅基半导体技术产业集群。

（市经济和信息化局）

软件与信息服务业

本栏目采用条目体，刊载2020年北京软件与信息服务业概述、政策与措施、产业动态、研发与成果、企业选介和“十三五”回顾6项内容。其中，政策与措施分目包括出台的政策文件及实施情况，机构设立、调整变化等内容；产业动态分目包括经营业绩、项目启动、签约、论坛、获奖等内容；研发与成果分目包括新产品发布、技术测试、解决方案等内容；企业选介分目在重点介绍一级企业的基础上，对二级企业的主营业务范围进行了简述。“十三五”回顾分目对产业发展情况进行了简述。

概　述

2020年，北京软件和信息服务业实现营业收入17744.3亿元，同比增长15.2%；全年固定资产投资323.41亿元，同比增长0.2%，建安投资累计89.5亿元，同比增长18.2%；全行业实现增加值5540.5亿元，占全市GDP比重为15.3%，同比增长14.4%，增速居全市各行业首位；贡献财政收入478亿元，同比增长5.6%，好于全市平均增速11.3个百分点，产业贡献率地位持续增强。研发创新保持活跃。北京市软件和信息服务业大中型企业研究开发费用1603.7亿元，同比增长18.5%；期末有效发明专利数7.49万件，同比增长28.7%。

（市经济和信息化局）

政策与措施

【信息消费共同体专业委员会成立】 1月15日，市经济和信息化局组织召开《北京市进一步扩大和升级信息消费持续释放内需潜力的行动计划（2019—2022年）》宣贯会。会上，向相关委办局和各区分解信息消费工作任务，部署2020年重点工作；宣布中关村现代信息消费应用产业技术联盟信息消费共同体专业委员会成立，并为信息消费共同体专业委员会秘书长单位和新加入信息消费共同体成员单位进行授牌。市属相关委办局，各区经信主管部门，有关联盟协会、创新中心、服务平台和信息消费共同体成员等单位100余人参加会议。

（市经济和信息化局）

【北京奥星贝斯科技有限公司成立】 6月1日，蚂蚁科技集团股份有限公司在朝阳区成立北京奥星贝斯科技有限公司，注册地位于东三环中路1号环球金融中心，注册资本1亿元。该公司为蚂蚁金服（杭州）网络技术有限公司将原有自研数据库产品OceanBase独立后，由蚂蚁金服100%控股的数据库公司。5月21日，OceanBase在国际权威TPC-C测试中，性能数据创下7.07亿tpmC的新纪录，卫冕世界第一数据库。

（李京　张佩佩）

【北京网络游戏新技术应用中心挂牌】 6月4日，北京网络游戏新技术应用中心挂牌活动在亦城时代广场举行。该中心一期建设使用面积为1.8万平方米，围绕北京市建设“国际网络游戏之都”的目标，将发挥北京经济技术开发区在推进科技创新成果落地、5G全域覆盖、创新人才聚集等方面的优势，探索大数据、云计算、人工智能、区块链等新兴技术在游戏产业的应用，协同北京移动、人民视讯、咪咕互娱等企业打造涵盖游戏研发、游戏云服务、设备研发生产、技术服务、场景应用“五位一体”的全产业链云游戏基地，聚焦自主研发游戏引擎核心技术、建设国际化云游戏标准体系，创新探索基于云端实施的实时审查管理的游戏审批模式，打造具有全球影响力的云游戏技术创新平台、产业聚集新高地。挂牌仪式上，经开区管委会与北京移动、人民网签署合作备忘录，北京移动将以5G网络的高速建设为云游戏AI、AR/VR、大数据、区块链等技术落地提供支撑；人民网将为中心提供高效、创新的融合宣发服务，助力建设和运营。人民视讯、龙见科技、龙畅科技等首批10家云游戏内容及发行平台机构入驻中心。市委常委、宣传部部长杜飞进，市委宣传部副部长赵磊、王野霏，经开区领导等出席活动。

（经开区管委会）

【vivo北京研发中心入驻朝阳区】 6月10日，vivo北京研发中心入驻朝阳区电子城IT产业园。vivo北京研发中心于2016年设立，是vivo全球研发战略的重要组成部分。位于电子城IT产业园的新办公楼共7层，总建筑面积约1.7万平方米。vivo已经累计申请5G发明专利2000余项，向3GPP标准化组织提交5G提案超过3800篇，居3GPP影响力前十位。

vivo坚持以消费者需求和技术创新为发展方向，利用本地人才资源，布局全球化的研发网络，覆盖中国深圳市、东莞市、南京市、北京市、杭州市、上海市，中国台北，日本东京以及美国圣地亚哥9个城市，深耕5G通信、人工智能、工业设计、影像技术等众多个人消费电子产品和服务的前沿领域。vivo在全球拥有5大智能制造中心，分布于中国东莞市、重庆市，印度大诺伊达、孟加拉国达卡和印度尼西亚唐格朗。

（李京　张佩佩）

【校企共建集成电路产品测试中试基地】6月17日，北京电子科技职业学院与北京集创北方科技股份有限公司达成合作，共同建设集成电路产品测试中试基地，面向北京经济技术开发区集成电路产业提供集成电路产品检测及人员培训服务，开创校企共建中试基地新模式。基地建成后，将为集创北方提供集成电路产品测试服务，并形成经开区专业公共服务平台，每年为区内集成电路产业特别是设计企业提供不低于1亿枚芯片的功能测试服务，同时为区内企业提供集成电路技术培训和设计服务。

（经开区管委会）

【首个直播电商研究基地在朝阳区成立】6月，人民日报新媒体、人民日报智慧媒体研究院发起成立直播电商研究基地。直播电商研究基地重点开展行业趋势研究分析、从业标准倡议制定，定期发布直播电商行业发展报告及相关数据排行，并在此基础上提供政策建议和产业发展建议。

（李京　张佩佩）

【“全国直播电商投诉平台”在人民日报客户端上线】6月，为有效保障消费者权益，“全国直播电商投诉平台”在人民日报客户端上线。该平台由人民日报新媒体联合阿里巴巴、京东、拼多多、抖音、快手等知名直播电商平台共建，消费者可以将直播带货消费过程中遇到的欺诈行为投诉至该平台，平台会把投诉信息分发到所属电商机构或主播机构，并监督投诉信息的处理进度，及时将处理结果反馈给消费者，打造直播电商消费者权益保护的闭环。

（李京　张佩佩）

【《2020北京软件和信息服务业发展报告》发布】7月28日，在市经济和信息化局主办、北京软件和信息服务业协会承办的新基建引领北京软件高质量发展论坛上，市经济和信息化局发布《2020北京软件和信息服务业发展报告》（简称《报告》），解读2020年北京软件和信息服务业所取得的进步和成果，为新基建、新消费同频共振下共谋软件产业发展之道提供高价值参考。《报告》是在融通大数据和传统统计数据的基础上，运用大数据思维，对2019年度北京软件和信息服务业的发展进行全景式呈现和剖析。报告分为产业全景、高端领域、人才智力、资本运作、国际化、双创效应、产业协同共7部分，呈现十大特色。产业高质量发展开启新局面，开放创新再上新台阶。2019年产业持续保持平稳健康发展；实现营业收入13464.2亿元，占全国比重的23.0%；互联网信息服务业贡献超四成，成为产业发展主力军。全行业实现增加值4783.9亿元，占全市GDP比重为13.5%，在全市经济中的支柱地位进一步巩固。发展质量与效益稳步提升，全行业人均营收近150万元；规模以上企业平均营业收入达到3.8亿元。产业开放力度加大，自主创新活跃；具有国际竞争优势的产业生态体系加速形成。头部企业引领作用增强，产业集中度提升；骨干企业领先优势明显，新兴领域企业成长迅速。北京拥有百亿元以上企业18家。在2019年度的中国互联网企业百强、中国软件业务收入前百家企业、中国软件和信息技术服务综合竞争力百强等企业榜单中，北京市入选企业数量超三成，均居全国首位。北京市企业在大数据、人工智能、区块链等多个新兴领域实力凸显，字节跳动、小米、百度、美团、第四范式等企业入选2019年多项榜单。产业区域特色突出，形成“一带多点”的发展新格局；海淀、朝阳企业京内迁移活动频繁。产业布局不断优化，以海淀区、朝阳区、通州区为软件产业主发展带，实现与其他区多点位协同发展。城六区营业收入占全市的比重为94.0%，其中海淀仍为产业主要聚集区，朝阳、顺义等区产业贡献加大。2019年近3万家在营企业中，共发生跨区域迁移事件1312起。海淀、朝阳、房山和丰台迁移活动最为活跃。打造政策“组合拳”，推动产业营商环境持续优化。北京市出台《北京市进一步扩大和升级信息消费持续释放内需潜力的行动计划（2019—2022年）》等政策文件。发挥政府引导基金的乘数效应，推进北京数字化设计与制造创新中心等重大项目加速落地。落实好税收等普惠式政策，增加企业获得感。征集遴选科技领军人才，支持创新型企业人才引进培养，建立软件人才库。北京工业互联网、网络安全布局更加清晰，信息技术应用创新产业亮点突出；云计算、大数据、人工智能、导航与位置服务、区块链等领域应用加速落地，贡献新的增长极。北京已成为全国工业互联网发展高地，网络、安全、平台三大产业体系成果显著；顺义、海淀、朝阳和石景山四区联合成功入选国家新型工业化产业示范基地。国家网络安全产业园区建设取得阶段性突破，形成“三园协同、多点联动、辐射全国”的总体布局网。信创产业核心环节实现布局，“四梁八柱”企业快速聚集，产业生态搭建完成。编制发布《关于促进北斗技术创新和产业发展的实施方案（2020年—2022年）》；在关键技术、应用推广方面加快，“北斗+”和“+北斗”两大类场景应用持续深化。人工智能产业达领先水平，已形成从高端芯片、基础软件到核心算法和行业整体解决方案的完整产业链，创新能力突出。云计算应用持续深化，从互联网广泛扩展至行业应用领域。大数据应用广度和深度不断拓展，产业规模突破2000亿元。区块链技术加快落地，应用范围不断延伸。高学历归国人才比例略有提高，行业平均工资稳步提升，高学历、有经验人才需求持续增长。2019年，行业从业人员数量达89.9万人，占第三产业从业人员比重为14.6%。领军人物成为行业创新创业的核心力量。行业城镇单位在岗职工平均薪酬达23.6万元/年，仅次于金融业；互联网和相关服务业增速最快，电信、广播电视和卫星传输服务业平均薪酬最高。行业法人单位平均工资突破20万元大关，是全市平均水平的1.5倍。社会资本对行业投资趋于理性，科创板备受新兴领域企业青睐，互联网教育市场融资活跃，行业股权投资依然集中于东部地区。2019年，北京软件和信息服务业投融资总规模为254.4亿美元，从结构来看，行业投融资以私募投资为主，融资金额占比达64.1%。2019年北京新增上市企业25家，为历年来最高。行业实际利用外资居全市首位，服务外包市场持续增长，互联网信息领域开放力度加大。出台《互联网信息领域开放改革三年行动计划》，取消存储转发类业务、国内多方通信服务业务、互联网接入服务业务（仅限为用户提供互联网接入服务）等增值电信业务外资股比限制，加快推进一批海外新兴技术项目落地，打造“自贸区+”开放体系。行业实际利用外商投资53.5亿美元，占全市利用外资总量的37.6%，在各行业中居首位。行业创新成果再上新台阶，专利聚焦高价值领域，有力支撑全国科创中心建设。2019年，北京市软件著作权登记量突破20万件，占全国的比重为13.7%；行业专利申请量达到2.2万件，授权量为1.2万件；行业有效发明专利达6.7万件，万人有效发明专利数733件。北京软件和信息服务业在京津冀、长三角、粤港澳大湾区等国家重大战略区域持续布局，实现产业协同、技术协同、资本协同。长三角等国家重大战略区域为行业在京外战略布局的重点，京津冀区域占比近30%。2014年以来，行业在津冀累计设立分支机构2046家，其中，2019年为220家。京津冀联合创新成果丰硕，2011年至2019年，北京软件企业参与三地联合创新的企业主体数量达2178家，成为中坚力量。深圳、广州成为行业布局大湾区重点城市，超三成案例为跨行业布局。

（市经济和信息化局）

【北京城市大脑联盟在朝阳区成立】8月19日，北京城市大脑联盟在朝阳区成立。该联盟是由朝阳区企业北京朝阳国际科技创新服务有限公司、阿里云计算有限公司、北京时代凌宇科技股份有限公司和首都信息发展股份有限公司等市属企业共同发起。北京城市大脑联盟将围绕城市治理现代化及首都核心职能定期组织讨论城市大脑发展，以深化、扩展城市大脑在环境保护、智慧社区、交通治理、智慧商圈等领域的应用，服务北京城市大脑建设。朝阳区正在建设的“城市大脑”平台，运用互联网+、大数据、人工智能等现代信息技术，促进大数据协同应用，提高社会治理精细化管理水平。

（李京　张佩佩）

【海尔智家北京001号店落户朝阳区】9月11日，位于北京市朝阳区北四环的海尔智家北京001号店开业，标志着朝阳区在推进北京市首批信息消费体验中心建设工作取得实质性进展。海尔智家北京001号店总面积达5000平方米，是首个按照北京市信息消费体验中心标准建设的一站式智慧家居场景品牌极致体验的集中展示场所。

（李京　张佩佩）

【国家网络安全产业园区通州园开园】11月3日，由市经济和信息化局、通州区政府共同主办的国家网络安全产业园区（通州园）开园仪式举行。通州园是贯彻工信部与市政府《关于建设国家网络安全产业园区战略合作协议》，落实《国家网络安全产业园区发展规划》重点任务，推动国家网络安全产业园

区海淀园、通州园、经开区信创园三园协同布局发展的重要举措。活动签约环节，通州区政府与首钢集团、北汽集团签署合作协议，西北工业大学北京研究院项目签约落地，杭州海康威视、作业帮和重庆忽米网等新入驻企业签署了战略合作协议。活动现场还为荣获2020年度网安园专项奖的企业颁发了奖牌和证书。

（市经济和信息化局）

产业动态

【软件领域10家企业获国家科技奖】 1月10日，2019年度国家科学技术奖励大会在北京召开，北京地区单位主持完成的71项成果获国家科学技术奖，占全国通用项目获奖总数的29.7%，获奖项目集中在北斗导航与位置服务、通信网络、行业应用等领域。北京软件领域10家相关企业主持完成的9项成果获国家科学技术奖励，占北京地区获奖成果的12.7%。其中，国家技术发明二等奖2项，分别是面向一体化无线网络的多域资源认知与虚拟化关键技术、异构频谱超宽频动态精准聚合关键技术及应用；国家科学技术进步一等奖1项，分别是FT−1500A高性能通用64位微处理器及应用；二等奖6项，分别是北京神州天鸿科技有限公司参与的“北斗性能提升与广域分米星基增强技术及应用”项目，航天恒星科技有限公司参与的“国产卫星准实时厘米级精密定轨系统及其重大工程应用”项目，凌云光技术集团有限责任公司、北京数码视讯科技股份有限公司参与的“编码摄像关键技术及应用”项目，江河瑞通（北京）技术有限公司参与的“北长三角地区城市河网水环境提升技术与应用”项目，民航数据通信有限责任公司参与的“中国民航数字化协同管制新技术及应用”项目，中国移动通信集团有限公司参与的“大容量弹性化灵活带宽光网络技术创新与规模应用”项目。

（市经济和信息化局）

【11个项目入选工信部2019年工业互联网试点示范项目】 1月10日，工信部公示2019年工业互联网试点示范项目名单，北京市共有11个项目入选。2019年，为贯彻《国务院关于深化“互联网＋先进制造业”发展工业互联网的指导意见》，工信部印发《工业和信息化部办公厅关于开展2019年工业互联网试点示范项目推荐工作的通知》（工信厅信管函〔2019〕238号），启动2019年工业互联网试点示范遴选工作，经企业自主申报、地方推荐、专家评审、现场核查和网上公示，工信部确定2019年工业互联网试点示范项目名单。

北京市入选工信部2019年工业互联网试点示范项目名单

序号	项目名称	申报单位
一、平台方向		
（一）基于工业互联网平台的新技术融合应用解决方案		
1	国家电网智慧车联网平台解决方案	国网电动汽车服务有限公司
2	新能源汽车大数据监管体系解决方案	北京理工新源信息科技有限公司
3	国产大飞机5G+智能飞行云平台创新解决方案	中国商用飞机有限责任公司北京民用飞机技术研究中心
（二）基于工业互联网平台的数据集成应用解决方案		
4	“福康智造”工业互联网平台数据集成应用解决方案	北京福田康明斯发动机有限公司
5	数字建筑项目集成管理解决方案	广联达科技股份有限公司
二、安全方向		
6	基于异质协议数据融合的工业控制安全监控预警平台	北京安天网络安全技术有限公司
7	华能新能源辽宁分公司风电场安全集中管控系统	北京天地和兴科技有限公司
8	基于商密算法的车联网5G−V2X通信安全认证防护平台	国汽（北京）智能网联汽车研究院有限公司
9	面向智能制造行业的工业安全态势感知与监测预警平台	北京圣博润高新技术股份有限公司
10	企业级工业互联网安全运营平台	烽台科技（北京）有限公司
11	企业级工业互联网安全监测与态势感知平台	恒安嘉新（北京）科技股份公司

（市经济和信息化局）

【北京入选首批国家级综合型信息消费示范城市】 1月17日，工信部公布全国首批综合型信息消费示范城市8个、特色型信息消费示范城市7个，北京市入选综合型信息消费示范城市。

2020年全国首批综合型信息消费示范城市名单

一、综合型信息消费示范城市
（一）北京市
（二）天津市
（三）上海市

（续表）

（四）杭州市
（五）广州市
（六）福州市
（七）郑州市
（八）苏州市
二、特色型信息消费示范城市
（一）大连市（新型信息消费产品类）
（二）成都市（生活类）
（三）济南市（公共服务类）
（四）合肥市（新型信息消费产品类）
（五）佛山市（公共服务类）
（六）湖州市（行业类）
（七）徐州市（行业类）

（市经济和信息化局）

【32 家企业进入 2019 年中国软件业务收入百强】 1 月 19 日，工信部公布 2019 年（第 18 届）中国软件业务收入前百家企业名单，北京小米移动软件有限公司、北京京东尚科信息技术有限公司等 32 家软件企业入选，入选企业数量居全国首位。数据显示，入选的 32 家企业 2018 年实现软件业务收入 1812.4 亿元，占全市软件业务收入的 18.6%；占全国软件百家企业收入的 22%。其中，北京小米移动软件有限公司、北京京东尚科信息技术有限公司、航天信息股份有限公司、国网信息通信产业集团有限公司、北京中软国际信息技术有限公司 5 家企业软件业务收入过百亿元，与上届相比增加 1 家。

北京市入选 2019 年（第 18 届）中国软件业务收入前百家企业名单

序号	排名	企业名称
1	7	北京小米移动软件有限公司
2	10	北京京东尚科信息技术有限公司
3	11	航天信息股份有限公司
4	12	国网信息通信产业集团有限公司
5	14	北京中软国际信息技术有限公司
6	19	软通动力信息技术（集团）有限公司
7	20	东华软件股份公司
8	21	亚信科技（中国）有限公司
9	24	北京千方科技股份有限公司
10	28	文思海辉技术有限公司
11	31	用友网络科技股份有限公司
12	37	中科软科技股份有限公司
13	38	太极计算机股份有限公司
14	41	中国软件与技术服务股份有限公司
15	42	神州数码信息服务股份有限公司
16	44	北京全路通信信号研究设计院集团有限公司
17	46	中国民航信息网络股份有限公司
18	55	高德信息技术有限公司
19	61	广联达科技股份有限公司
20	62	石化盈科信息技术有限责任公司
21	63	博彦科技股份有限公司
22	65	北京和利时系统工程有限公司
23	70	北京华宇软件股份有限公司
24	77	启明星辰信息技术集团股份有限公司
25	80	北京易华录信息技术股份有限公司
26	83	北京宇信科技集团股份有限公司
27	84	北京四维图新科技股份有限公司
28	90	北京神州泰岳软件股份有限公司
29	92	大唐电信科技股份有限公司
30	93	网神信息技术（北京）股份有限公司
31	94	北京天融信科技有限公司
32	97	北京科东电力控制系统有限责任公司

（市经济和信息化局）

【天空卫士公司入选全球数据防泄露代表性供应商】 3 月 20 日，北京天空卫士网络安全技术有限公司被美国高德纳咨询公司（Gartner）推荐为企业级数据泄露防护（EDLP）的代表性供应商。在高德纳公司的《企业数据防泄露市场指南》中，天空卫士公司数据防泄露（DLP）解决方案以优异而稳定的性能及对产品的创新，名列全球 15 家代表性供应商之一，同时也是亚太地区唯一一家被推荐的厂商。

（中关村管委会）

【北京市与工信部签署共同推进北京工业互联网创新发展合作协议】 3 月，为贯彻落实《国务院关于深化“互联网 + 先进制造业”发展工业互联网的指导意见》等相关要求，夯实北京工业互联网创新发展基础，提升对全国的高端引领作用，促进制造业数字化、网络化、智能化转型，工信部与北京市政府就共同推进北京工业互联网创新发展达成共识，签署《工业和信息化部 北京市人民政府 关于共同推进北京工业互联网创新发展的合作协议》。双方将结合北京“高精尖”产业布局，以推进工业互联网产业建设为核心，全面带动新一代信息技术协同发展；以打造工业互联网创新发展产业集群为抓手，推动北京制造业高质量发展；以建设好、发展好中国工业互联网研究院为牵引，加快北京工业互联网新型基础设施建设，努力营造国际领先的工业互联网创新发展生态，推动北京成为工业互联网创新发展示范城市。并将在共同打造工业互联网创新发展高地、营造工业互联网创新发展环境、推进工业互联网国际交流合作、开展工业互联网人才梯队建设和支持中国工业互联网研究院建设等方面开展全面合作。北京市已聚集用友网络、东方国信、航天云网等一批龙头企业，成立北京工业大数据创新中心、北京工业技术软件化创新中心和国家数字化设计与制造创新中心北京中心，落户中国工业互联网研究院和工业互联网标识解析国家顶级节点，入选工业互联网领域国家新型工业化产业示范基地。

（市经济和信息化局）

【攻关适配云公共支撑平台启动建设】4月16日，国家信息技术应用创新核心基地攻关适配云公共支撑平台建设启动会在北京经济技术开发区信创园召开。攻关适配云公共支撑平台作为落户经开区信创园的重点项目，在市经济和信息化局的推动下，由经开区信创园、工业和信息化部网络安全产业发展中心、统信软件技术有限公司等单位联合筹建，将建设支撑多个国家级产品或技术路线的适配集群，打造成为国内领先的信创领域攻关适配公共支撑和应用创新样板区。工信部信息技术发展司司长谢少锋、市政府副秘书长杨秀玲出席会议并致辞。市经济信息化局二级巡视员姜广智、经开区管委会副书记张继红、工业和信息化部网络安全产业发展中心主任付京波，以及经开区信创园等6家单位50余名代表参会。

（经开区管委会）

【众享 ChainSQL V3.0 成为国内首个“双认证”产品】4月至5月，北京众享比特科技有限公司的众享ChainSQL V3.0完成与麒麟软件有限公司的中标麒麟高级服务器操作系统软件V7.0（x86-64）和北京人大金仓信息技术股份有限公司的金仓数据库管理系统Kingbase ES V7、V8的兼容性测试，获得“麒麟软件NeoCertify认证”和“人大金仓产品兼容性认证”证书，成为国内首个通过国产操作系统和国产数据库“双认证”的区块链产品。ChainSQL是众享比特公司自主研发的首款基于区块链的数据库应用平台，具有区块链的分布式、多中心化、可审计的特性，同时兼备传统数据库的快速查询、数据结构优化的优点。

（中关村管委会）

【经开区信创园首批入驻企业签约活动举行】5月8日，“建立信创生态体系，保障网络强国战略”——国家网络安全产业园经开区信创园开园暨首批入园企业签约活动举行。包括龙芯、华为、飞腾等自主核心芯片项目，统信操作系统UOS项目，浪潮、联想、同方计算机等高端研发及智能制造项目在内的30家信创领域企业签约落地。

（市经济和信息化局）

【高精尖产业技能提升培训软件和信息服务业领域项目启动】6月3日，北京市高精尖产业技能提升培训软件和信息服务业领域项目启动。首个启动的培训项目为“北斗导航与位置服务技术与应用”，由首批入选的培训机构中关村空间信息产业技术联盟组织开展。首次培训课程为卫星导航系统概论，特邀北京航空航天大学教授授课，北斗导航位置服务（北京）有限公司等联盟会员企业员工参加。为做好北京市高精尖产业技能提升培训，推动落实《北京市高精尖产业技能提升培训补贴实施办法》，市经济和信息化局组织高精尖产业的培训机构和培训项目征集工作，已公布首批高精尖产业技能提升培训机构和两批培训项目目录。

（市经济和信息化局）

【北京信息技术创新产业人才招聘季在线启动】6月11日，在北京市经济和信息化局的指导下，由北京信息技术应用创新工作委员会、国家网络安全产业园区（经开区信创园）主办，北京长风信息技术产业联盟、北京软件和信息服务业协会、北京软件和信息服务交易所、北京信息化协会联合承办的北京信息技术创新产业人才招聘季首场活动，通过线上“云”招聘的方式举办。这次招聘活动有针对性地邀请企业供职岗位多、人才就业意愿强的产业领军企业开展首批招聘宣讲，统信软件技术有限公司、龙芯中科技术有限公司、北京同方计算机技术研究院有限公司、北京华宇软件股份有限公司共发布100余个岗位、1000余个职位需求，涵盖产品、研发、技术、职能等多个领域。北京大学、清华大学等高等院校的应届学生以及千锋、达内、51CTO学院等专业IT职业教育培训机构中培育与输出的优质学员参加，超3000人次在线观看、线上求职，收到近 800 条求职咨询信息。

（市经济和信息化局）

【紫光云获年度中国领先品牌奖】 7 月 22 日，紫光云获第七届“云鼎奖”2019—2020 年度中国领先品牌奖、2020 云计算抗疫先锋企业奖两大奖项。紫光云公司聚焦于智慧城市运营、产业互联网等业务，致力于融合全场景的云与智能业务，实现紫光云的全栈智能、全域覆盖、全场景应用，将紫光云打造成为百行百业数字化转型的核心引擎，助力“新基建”建设、“云经济”发展。

（宋慧宇）

【2020 年北京信息消费节启动】 7 月 28 日，由市经济和信息化局、市商务局、朝阳区政府、石景山区政府、丰台区政府共同主办的北京信息消费节启动仪式，以在线直播形式召开。启动仪式在朝阳区柏莱特影视文化产业园设立主会场，在小米科技园小米之家、百度小度官方体验店、苏宁慈云寺店、腾讯 WeSpace（北京）、京东之家、曲美京东店、海尔智家北京体验园区等 7 处北京市培育的信息消费体验中心设立分会场，通过网络直播无缝链接，为广大消费者带来一场形式创新、内容丰富、趣味、实惠的大型消费直播活动。同时，各企业在直播间带货直播，推广信息消费理念和信息消费创新产品，推出惠民举措，让参与信息消费节的市民在体验到便利的同时，享受最大的福利优惠。北京信息消费节活动自 7 月 28 日启动，持续至年底。其间，北京电信、北京移动、北京联通等运营商拟结合 5G 消费热点，通过流量及终端的补贴，带动新消费。歌华有线、美团、苏宁、PP 体育、曲美、小米、贝壳、百度、腾讯、多点、58 同城、依文、VIPKID、便利蜂、中文在线、京东、海尔、值得买、知乎、阿里巴巴等信息消费类企业参与活动，通过打折、优惠促销等手段，让利于民超过 20 亿元，引导消费者购买和使用信息消费类产品及服务，促进信息消费市场。北京信息消费节举办新基建引领北京软件高质量发展论坛、2020 全国信息消费城市行（北京站）、北京信息消费创新大赛、数字赋能中小企业行等活动。组织“智惠住”“智惠行”“智惠玩”“智惠读”“智惠听”“智惠游”等线上线下融合推广体验活动，联合 58 同城、美团、苏宁易购、京东、小米、值得买等北京市多家平台企业，通过优惠促销措施，以线上线下融合体验的形式，鼓励市民放心消费。结合数字文化主题，开展电竞北京系列活动，建设游戏电竞科技消费体验区，培育电竞消费场景。结合信息惠民主题，开展信息消费社区行活动，结合线下商业体和便利店，为社区居民体验新技术新模式的产品与服务提供便利，打通信息消费的“最后一公里”。发布信息消费地图，便利千万北京市民，方便市民获取身边的信息消费产品与服务，鼓励北京市民进行线上消费，带动经济恢复，扩大升级信息消费，推动信息消费产业持续发展。为满足用户需求，开辟信息消费节专门入口，汇聚信息技术与制造、信息技术与文创融合的创新型产品，打造更丰富、更有层次感的产品展示场景。通过 5G 智能狂欢、明星带货、共享游戏等新形式推动新一代信息技术与消费深度融合，助推产品创新、业态创新和模式创新。

（市经济和信息化局）

【新基建引领北京软件高质量发展论坛举办】 7 月 28 日，由市经济和信息化局主办、北京软件和信息服务业协会承办的新基建引领北京软件高质量发展论坛在线上举办，是以“信息消费　创新未来”为主题的北京信息消费节的首场活动。工信部信息技术发展司副司长杨宇燕，中国工程院院士邬贺铨，以及来自东华软件、用友网络和柏睿数据的企业领袖代表与会并发表演讲，共同探讨在新形势下新基建引领北京软件产业高质量发展的方向和路径。论坛发布《2020 北京软件和信息服务业发展报告》和《新基建下的北京软件和服务业的发展机遇》的报告。论坛在新华网、首都之窗、小鹅通和 51CTO 等多个平台同步直播。2020 年，新型基础设施建设成为国家促进数字经济发展和刺激经济恢复性增长的重要举措。北京新基建聚焦“新网络、新要素、新生态、新平台、新应用、新安全”六大方向，通过共性支撑软件、共享开源平台等软件设施建设，带动软件和信息服务业高质量发展，构建数字经济发展基础，催生更多新服务、新产品、新业态。杨宇燕在致辞中表示，北京是软件产业规模最大的“中国软件名城”，软件和信息服务业发展连续多年领跑全国。工信息部将持续深化部市合作，支持北京软件产业发展再上新台阶。

（市经济和信息化局）

【智能制造平台助推企业数字化转型论坛举办】8月18日，由北京市经济和信息化局指导，北京信息化和工业化融合服务联盟主办的智能制造平台助推企业数字化转型论坛以视频直播形式召开。工信部信息技术发展司副司长王建伟出席会议并做主旨讲话，冶金自动化研究设计院、机械工业仪器仪表综合技术经济研究所、清华大学自动化系等单位相关负责人参加会议。据各直播平台数据实时统计，1600余人次在线观看。会上，市经济和信息化局相关负责人介绍了北京市软件和信息服务业面对常态疫情的发展情况和产业韧性，解读了《北京市加快新型基础设施建设行动方案（2020—2022年）》六大方向和软件领域涉及的推进工业互联网建设和应用、新型数据中心、共性支撑软件、共享开源平台等重点工作，并对下一步着力提升高端供给能力，深入推进国家级工业互联网产业集群、国家工业互联网大数据中心、工业互联网标识解析国家顶级节点（北京）、工业大数据分级分类应用试点建设等工作进行介绍。

（市经济和信息化局）

【2020工业互联网大会开幕】8月29日，由工业和信息化部、北京市人民政府共同主办，中国信息通信研究院、北京市经济和信息化局、北京市通信管理局、工业互联网产业联盟联合承办的2020工业互联网大会开幕。会上，北京市表示将完善工业互联网发展环境，加强资金、土地、人才等政策保障，吸引重大项目落地，参与工业互联网标准规范和国际规则制定；夯实工业互联网基础设施，加快国家工业互联网大数据中心、工业互联网标识解析国家顶级节点建设；构建协同创新体系，培育更多具有全国影响力的工业互联网平台企业和解决方案提供商；打造智能制造标杆工厂，鼓励中小企业上云、上平台，促进工业大数据发展和应用，提升数据资源价值，引导企业加大安全投入，提升工业互联网安全保障能力。

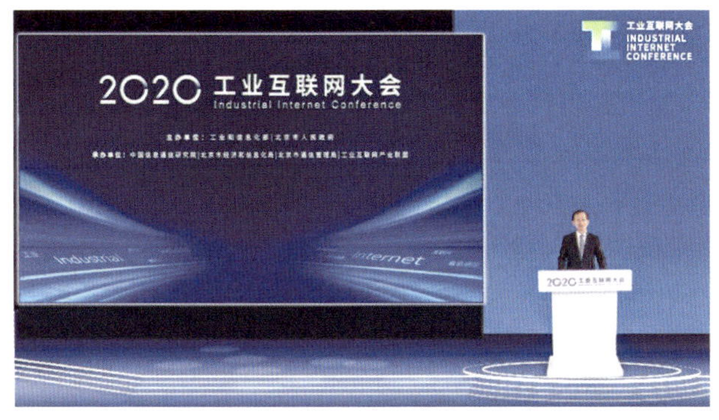

（市经济和信息化局）

【2020年中国国际服务贸易交易会工业互联网高峰论坛举办】9月5日，2020工业互联网高峰论坛在北京国家会议中心举办。该论坛是2020年中国国际服务贸易交易会工业互联网领域唯一论坛，主题为“工业互联网赋能新服贸”，由工信部、北京市政府主办，北京市经济和信息化局、北京经济技术开发区管理委员会、中国工业互联网研究院和中国电子学会共同承办。工信部党组成员、副部长王志军，北京市委常委、副市长殷勇出席论坛并致辞。中国科学院院士梅宏，中国工程院院士柴天佑，工信部信息技术发展司一级巡视员李颖，北京市经济和信息化局党组成员、副局长潘锋，工业互联网推进委员会主任黄澄清等嘉宾以及企业领袖共同探讨如何利用工业互联网推动制造与服务全方位、宽领域、深层次融合发展，助力中国服务贸易结构优化升级。殷勇在致辞中指出，北京市深入贯彻党中央国务院关于实施工业互联网创新发展战略的重大决策部署，把工业互联网作为推动首都经济高质量发展的战略选择和巩固提升实体经济能级的重要支撑，出台北京工业互联网3年行动计划，与工信部签署共同推进北京工业互联网创新发展的合作协议，大力培育工业互联网创新发展生态。随着基础支撑能力持续增强，平台赋能水平显著提升，创新发展生态日趋完善，北京市工业互联网发展已步入快车道。梅宏、柴天佑分别以《工业互联网若干认识和思考》和《工业互联网与工业人工智能》为题，发表主旨演讲，探讨在全球新一轮科技和产业革命的背景下，工业互联网的创新发展方向。李颖、潘锋分别以《以工业电商为切入点　加速工业互联网平台发展落地》《从“连接”到“链接”共同推进北京工业互联网创新发展》为题，进行主题发言。GE数字集团、西门子集团、施耐德电气集团、金风科技、东方国信等企业代表出席论坛并发表演讲，围绕传统制造业向服务型制造转型升级问题，分享企业实际生产运营中应用工业互联网的经验与成效。论坛发布两大成果，“工业互联网推进委员会”成立，旨在搭建工业互联网协同创新生态体系，促进工业互联网领域资源整合与融通发展；能源工业互联网联合创新中心发布研究成果《2019能源工业互联网案例集》，展现了能源行业数字化转型的初步成果，对能源行业未来智能化、网络化发展具有借鉴意义。

（市经济和信息化局）

【2020中关村论坛工业互联网论坛举办】9月18日，由北京市人民政府支持，北京市经济和信息化局、中关村科技园区管理委员会、中国工业互联网研究院共同主办的2020中关村论坛工业互联网论坛在中关村

展示中心会议中心举办，主题为“新基建、新经济、新未来”。北京市人民政府副秘书长、北京市经济和信息化局党组书记杨秀玲，工信部信息技术发展司一级巡视员李颖出席论坛并致辞。中国工程院院士李伯虎，中国工程院院士刘韵洁，德国工程院院士沃夫冈·瓦尔斯特（线上）、加拿大工程院院士刘江川（线上）等嘉宾以及企业代表为工业互联网创新发展建言献策、共谋合作发展，探讨“新基建”背景下工业互联网发展的机遇和挑战，挖掘经济发展新动能，引导工业互联网成为经济增长新引擎，助力北京乃至全国的制造业转型升级，推动全球范围内工业互联网领域的创新合作。杨秀玲在致辞中指出，北京市正处于构建高精尖经济结构的关键时期，北京市高度重视发展工业互联网，将其作为深入贯彻习近平总书记对北京重要讲话精神，落实工业互联网创新发展战略，推进首都产业转型升级，建设全国科创中心的重要支撑。该论坛发布两大成果，北京市经济和信息化局发布《2020 北京工业互联网发展报告》，涵盖北京市工业互联网发展总体情况、重点领域、重点项目、发展方向、政策汇编及典型案例等内容。北京市朝阳区工业互联网创新发展产业集群生态集聚中心成立。依托产业集群良好基础，将打造 1+N 服务体系，成立 1 个工业互联网生态集聚中心，集聚并服务 N 家企业，充分发挥北京作为全国科技创新中心的优势，服务京津冀，协助集群企业走出去，以赋能全国数字化转型为目标，着力提升高端供给能力，为全国传统产业数字化转型做贡献。李伯虎、沃夫冈·瓦尔斯特、刘韵洁、刘江川等院士分别围绕工业互联网发展前瞻做主题报告。海尔卡奥斯、京东智联云、中关村软件园和重庆金鑫科技等工业互联网重点企业代表发表演讲，围绕工业互联网应用推广落地、技术驱动行业变革，分享企业实际生产运行中的经验成效和工业互联网平台的创新实践成果。

（市经济和信息化局）

【北京工业 App 和信息消费创新大赛颁奖仪式举办】 11 月 15 日，北京市信息消费节系列活动之“2020 北京工业 App 和信息消费创新大赛颁奖仪式”暨工业互联网主题沙龙举办。大赛由市经济和信息化局、市商务局、石景山区政府联合主办，石景山区经济和信息化局、北京首钢基金有限公司、北京软件与信息服务业促进中心、中关村现代信息消费应用产业技术联盟承办。大赛聚焦工业 App、信息消费两大领域，在技术、应用、产品创新等领域设计工业 App 新意赛、信息消费技术创新、信息消费产品创新、信息消费应用创新等 4 个赛道，推动新型信息消费与实体经济深度融合，鼓励核心技术研发和服务模式创新，促进新一代信息技术向消费领域广泛渗透，以新业态新模式促进新型消费快速发展。大赛最终评选出一等奖 8 名，二等奖 16 名、三等奖 24 名，5G 创新奖 20 名，优秀人才奖 3 名，互联网 + 应用项目示范企业 17 家。颁奖仪式后，举行以“首望未来，百炼成钢”为主题的中国工业互联网主题沙龙，首钢基金执行董事叶芊等发表主题演讲。北京市加强石景山区在工业互联网、信息消费领域的产业布局，推动竞赛成果在石景山区落地应用，同时进一步释放石景山区在数字经济领域的发展潜力，培育以首钢园区等工业遗存风貌特色资源为基础的产业互联网和信息消费产业生态，使石景山区成为推动北京市数字经济发展的重要承接地和科技创新的重要展示窗口。

（市经济和信息化局）

【2020 通明湖信息技术应用创新论坛开幕】 11 月 26 日，2020 通明湖信息技术应用创新论坛在经开区开幕。十二届全国政协副主席、国家电子政务专家委员会主任王钦敏，工信部副部长王志军，北京市委常委、副市长殷勇出席主论坛开幕式并致辞。市经济和信息化局党组书记、局长杨秀玲主持。工信部信息技术发展司、相关部属事业单位以及北京市相关委办局、经开区领导参加开幕式。王钦敏指出，新冠肺炎疫情发生以来，信息技术创新发展在追踪和阻断疫情传播、促进经济复苏、保障社会运行发挥重要作用，进一步加速中国经济向数字化、网络化、智能化方向发展。世界正经历百年未有之大变局，要坚定不移落实党中央建设网络强国和数字中国战略部署，瞄准世界科技前沿，聚焦关键核心技术攻关，推动产业链协同发展，坚持开放共赢国际合作，实现供应链安全、关键核心技术自主可控、网络信息安全，推动经济体系优化升级。王志军指出，贯彻十九届五中全会精神，坚持自主可控、安全高效，加快壮大新一代信息技术产业，推动产业基础高级化、产业链现代化。从培育发展新动能、完善产业新生态、打造发展新格局、营造共赢新环境等方面，加速新一代信息技术和实体经济深度融合，推动企业持续提升创新能力，推动中国信息技术应用创新产业高质量发展。殷勇指出，信创产业作为北京市“十四五”期间重要的产业发展方向之一，是北京构建现代产业体系，推动经济结构优化升级的重要抓手。北京市将在工业和信息化部指导下，从增强自主创新能力、发挥产业赋能作用、持续优化营商环境等方面加速推进信创产业发展，构筑信息

产业发展新格局。论坛是在立足信创产业“十四五”规划，加速建设国家信创基地，培育新动能、促进新发展的背景下，由工信部网络安全产业发展中心（信息中心）、北京市经济和信息化局、北京市密码管理局、北京经济技术开发区管理委员会、中国电子工业标准化技术协会信息技术应用创新工作委员会（简称信创工委会）共同主办的中国信息技术应用创新行业高端年度盛会。论坛以“融合发展，信创未来”为主题，由主论坛、分论坛、企业家闭门会、展览、创新大赛等系列活动组成。 论坛期间举行了通明湖信息技术应用创新论坛理事会和专家委员会（中国信创百人会）成立仪式。中国工程院院士倪光南、张平、沈昌祥、邬贺铨、邬江兴、李伯虎通过现场见证及视频寄语方式祝贺理事会和专家委员会成立。在企业家闭门会上，24 家信创企业集中签约落地经开区国家信创园，项目涉及总投资 67 亿元；经开区发布《通明湖信息城三年行动计划（2020—2022 年）》，以通明湖环湖 3.9 平方公里区域为重点，构建高端聚集、高效融合、高频互动的产业生态，为中国信创产业定制“具有园湖一体特质、彰显绿色生态理念、领航信息科技发展”的通明湖信息城。通明湖信息技术应用创新论坛创立于 2020 年，由国内从事信息技术应用创新产业相关的企事业单位、科研院所、知名学者等，联合打造的全国性、行业性、非营利性科技创新交流合作平台，致力于培育信创生态体系、保障网络强国战略，为输出中国技术、中国体系、中国方案贡献力量。

（市经济和信息化局）

【2020 年中国网络安全产业高峰论坛开幕】 11 月 30 日，由工信部、北京市人民政府共同主办，工信部网络安全产业发展中心、北京市经济和信息化局、海淀区人民政府联合承办的 2020 年中国网络安全产业高峰论坛在北京开幕。工信部党组成员、副部长刘烈宏，北京市委常委、副市长殷勇出席开幕式并致辞。中国工程院院士邬贺铨出席开幕式并做题为“5G 系统新技术与网络安全新态势”的报告。市经济和信息化局局长杨秀玲做题为“推进北京网络安全产业高质量发展”的报告。该论坛以“新基建 新网安 新产业”为主题，设置开幕式和主题论坛，以及网络安全产业园区创新发展、网络安全产融合作、网络安全产业深度对话、车联网安全发展 4 场分论坛。开幕式共同为首批网络安全创新创业导师颁发聘书，并启动首届“创客中国”网络安全中小企业创新创业大赛；为 2020 年网络安全技术应用试点示范入选项目和 2020 年网络安全响应支撑先进单位授牌。北京市绿盟科技、天融信、奇虎 360、启明星辰、安博通等企业作为获奖单位代表上台领奖。

（市经济和信息化局）

【天清汉马防火墙入选全球网络防火墙魔力象限】 11 月，美国高德纳咨询公司发布《2020 年全球网络防火墙魔力象限报告》，北京启明星辰信息技术股份有限公司的天清汉马 USG 下一代防火墙入选。该防火墙可为用户提供包括威胁情报 & 沙箱在内的全面检测及防护能力，并具备软件定义广域网特性，满足用户广域网侧和业务侧的安全需求。

（中关村管委会）

【紫鸾平台获中国软件技术最佳产品奖】 12 月 18 日至 19 日，2020 中国软件技术大会举行。会上，紫光云公司紫鸾平台获 2020 中国软件技术最佳产品奖。紫鸾平台定位于面向新基建的公有云，依托紫光云全新 2.0 架构，实现技术跃升与性能倍增，具备一键部署、开通快、交付快的特点，覆盖计算、存储、网络、数据库、安全和 CDN 等产品服务，为用户带来“新快智简”的卓越上云体验。

（宋慧宇）

【紫光 UNIPower 工业互联网平台入选工信部清单】 12 月 22 日，紫光 UNIPower 工业互联网平台入选工信部 2020 年跨行业跨领域工业互联网平台清单。紫光 UNIPower 工业互联网平台，定位为“技术 + 知识”的基础共性平台，重点切入工业生产经营环节中的设计仿真、工业物联、品质管控、云图管理四大典型场景，为工业制造领域客户提供系列平台相关产品及解决方案。

（宋慧宇）

【2020 网络安全行业生态大会暨金帽子年度大会举办】 12 月 23 日，由市经济和信息化局、通州区政府共同主办的 2020 网络安全行业生态大会暨金帽子年度大会在城市副中心举办。大会是贯彻落实《国家网络安全产业园区发展规划》，打造国内领先、世界一

流的网络安全高端、高新、高价值产业集聚中心的重要举措。工信部网安局副局长张新、市经济和信息化局副局长潘锋，通州区委副书记刘东伟出席并发表致辞，大会由通州区政府副区长苏国斌主持。奇安信、海康威视、蚂蚁集团、百度安全等行业领军企业负责人，三大运营商和铁塔公司、金融机构、新闻媒体等近 300 人参加。大会以“行业聚势 · 创赢未来”为主题展开演讲，中国信息通信研究院安全研究所、北京交通大学国家保密学院、中国电信集团、360 集团及蔷薇灵动等单位的行业专家围绕 5G 网络安全、技术防护、人工智能和物联网安全等方面做主旨演讲。活动现场设置网络安全行业“金帽子 CTF 线下邀请赛”项目，国内高校及科研院所学生、企业技术人员进行现场网络安全攻防技能比赛。大会举行 2020 金帽子网络安全评选名单颁奖仪式，100 余家网络安全企业参加评选。

（市经济和信息化局）

【杉数优化求解器在第三方测评平台竞赛中获全球第一】 12 月 30 日，杉数科技（北京）有限公司的优化求解器 COPT 在第三方测评 Mittelmann 平台的线性规划单纯形法竞赛中获该算法模块全球第一。优化求解器 COPT 算法性能实现 1.9 倍的提升，在线性规划内点法的测试榜单上，实现全面提速。杉数优化求解器 COPT 是中国首款工业级别求解器，是国内同时具备大规模线性规划（单纯形法和内点法）和混合整数规划求解能力的综合性求解器。

（中关村管委会）

研发与成果

【首款多阵列忆阻器存算一体系统诞生】 2 月 26 日，清华大学宣布，该校微电子学研究所、北京未来芯片技术高精尖创新中心钱鹤、吴华强团队，与合作者共同研发出一款基于多个忆阻器阵列的存算一体系统，在处理卷积神经网络时的能效，比图形处理器芯片高两个数量级，大幅提升计算设备的算力，且比传统芯片的功耗降低 100 倍。

（中关村管委会）

【5 家企业平台应用案例入选工信部创新应用案例】 2 月，为贯彻落实《国务院关于深化“互联网＋先进制造业”发展工业互联网的指导意见》，按照《工业和信息化部办公厅关于组织开展 2019 年工业互联网平台创新应用案例征集活动的通知》（工信厅信软函〔2019〕154 号）要求，经企业自主申报、地方推荐、专家评审、网上公示等环节，工信部确定 2019 年工业互联网平台创新应用案例，其中北京东方国信科技股份有限公司、用友网络科技股份有限公司、航天云网科技发展有限责任公司、石化盈科信息技术有限责任公司和中国移动通信集团有限公司政企客户分公司 5 家企业的平台案例入选。

（市经济和信息化局）

【踏歌智行推出矿用车主动防撞预警系统】 3 月 5 日，北京踏歌智行科技有限公司推出矿用车主动防撞预警系统，能为司机提供车辆动态提示和前方碰撞预警，并在紧急情况下主动进行紧急刹停，降低矿区车辆碰撞风险。该系统采用先进的多源信息感知融合技术、V2X 通信技术、云端监视与大数据分析技术实现矿用卡车的智能防撞、风险预警、驾驶行为评定等安全保障功能；通过增加系统配置，支持向上升级为无人驾驶系统。

（经开区管委会）

【全新智能信访一体机产品发布】 3 月 11 日，北京北大软件工程股份有限公司自主研发的智能信访一体机产品发布，是在传统的信访查询机应用上，集成人像采集、身份证信息提取，高精度人证比对算法，图像压缩传输，语音技术等一系列人工智能技术，结合接访业务的多种判重要素，研制出的用于群众来访接待场所的一款智能化自助系统，为接访大厅办理信访事项提供智能化辅助。

（宋慧宇）

【全新智能职称评聘系统发布】 3 月 21 日，北京北大软件工程股份有限公司发布全新智能职称评聘系统，依托统一的人才工作评审平台，利用大数据、人工智能等技术，解决职称评审过程中材料多、费用高、评审难等问题，提高职称管理工作的效率和对信息的可控性。截至目前，智能职称评聘系统已为多家部委人事司、省（市）人社厅、专技处以及央企人力资源部、人才处等提供服务。

（宋慧宇）

【IPv6 Enabled CDN Logo 认证发布】3 月，下一代互联网关键技术和评测国家地方联合工程研究中心联合全球 IPv6 论坛（IPv6 Forum）发布面向内容分发网络（CDN）业务的 IPv6 国际认证——IPv6 Enabled CDN Logo 认证。阿里云旗下 CDN 与全站加速 DCDN 产品在静态资源、流媒体、文件下载、全站等加速业务场景上对 IPv6 支持度获全球权威认可，成为全球首家获 IPv6 Enabled CDN Logo 认证的 CDN 服务提供商。

（经开区管委会）

【“ACE 交通引擎”发布】4 月 9 日，百度在线网络技术（北京）有限公司发布“ACE 交通引擎”。该引擎是首个车路行融合的全栈式智能交通解决方案，利用百度 Apollo 在自动驾驶、车路协同方面的领先优势，推动人工智能与基础设施、运输装备、运输服务、行业治理的深度融合，通过大数据、云计算、人工智能等手段提升城市治理体系和治理能力现代化水平，构建实时感知、瞬时响应、智能决策的现代化智能交通体系。方案采用“1+2+N”的系统架构，即“一大数字底座、两大智能引擎、N 大应用生态”。其中，一大数字底座指“车、路、云、图”等数字交通基础设施，包括小度车载 OS、飞桨、百度智能云、百度地图；两大智能引擎分别是 Apollo 自动驾驶引擎和车路协同引擎；N 大应用生态，包括智能信控、智能停车、交通治理、智能公交、智能货运、智能车联、智能出租、自主泊车和园区物流等。

（中关村管委会）

【数博数据治理平台 V2.0 信创版发布】4 月 15 日，北京北大软件工程股份有限公司自主研发的数博数据治理平台 V2.0 信创版发布，平台以大数据采集、融合和治理为主，采用主流的分布式存储、大规模并行计算和统计学习技术，支持流计算和批处理等数据处理方式，满足政府多源异构数据采集、主题数据分析融合、大数据存储组织等需要，同时能够为共享交换、分析决策、数据运营等多类场景提供平台支撑。平台是信息技术应用创新工作委员会会员、工信部“联合攻关基地”兼容中心、华为云鲲鹏云服务认证产品，广泛兼容适配国产软、硬件设施，满足信息化应用创新要求。

（宋慧宇）

【首个 3D 人工智能合成主播推出】5 月 21 日，北京搜狗科技有限公司和新华社推出首个 3D 人工智能合成主播“新小微”。“新小微”以新华社记者赵琬微为原型，基于超写实 3D 数字人建模、多模态识别及生成、实时面部动作生成及驱动、迁移学习等人工智能前沿技术，使机器可基于输入文本生成逼真度极高的 3D 数字人视频内容，能根据语义实时播报新闻，其表情唇动、肢体动作和语音表达高度契合、自然逼真。

（中关村管委会）

【IPv6 Ready 核心协议测试规范 5.0.0 版本发布】5 月 30 日，下一代互联网关键技术和评测国家地方联合工程研究中心的全球 IPv6 测试中心和 UNH-IOL 实验室发布由双方共同牵头修订的 IPv6 Ready 核心协议测试规范 5.0.0 版本，并在全球范围内实施。IPv6 Ready Logo 测试认证是由全球 IPv6 论坛（IPv6 Forum）发起的全球权威的 IPv6 支持情况认证项目，该项目依据 IETF RFC 相关标准制定一致性测试和互通性测试规范。新版测试规范将 RFC2460、RFC1981 替换为最新的 RFC8200、RFC8201，并加入 RFC4191、RFC6980、RFC7217、RFC8106 标准的支持，以满足更多场景和网络功能的需求。经 IPv6 Ready Logo 委员会审核批准，测试规范版本号从 4.0.8 更新至 5.0.0。

（经开区管委会）

【东港瑞云上线国内首个区块链电子档案平台】6 月 9 日，在经开区举行的区块链电子档案研讨活动和上链仪式上，东港瑞云数据技术有限公司上线国内首个区块链电子档案平台——中小微企业档案管理云平台，并与富智康精密组件（北京）有限公司、欧必翼科技集团有限公司、华测检测认证集团北京有限公司等 7 家入驻平台企业代表签约，加速区块链的应用落地。该平台包含档案资讯、咨询培训、系统集成、数字加工、寄存托管、保密销毁六大基础服务模块，业务系统支撑档案全流程工作流。同时，该平台开创档案服务新模式，将“非接触式”档案云管理和区块链数据应用服务升级叠加，将区块链技术应用于档案数据管理领域，具有防篡改、多方共同验证、分布式存储、密码学安全等特点。该平台从档案数据管理角度出发，帮助中小微企业解决电子会计凭证入账、报销、归档过程中的关键问题，通过技术创新打通 2 个模块，实现档案由双套制向单套制的转变，为小微企业降本增效。

（经开区管委会）

【全球首个无人驾驶货运网络启动】 7月2日，北京图森未来科技有限公司宣布在美国启动全球首个无人驾驶货运网络。运输网络由无人驾驶卡车、物流枢纽中心和运营监控系统构成。货运网络计划将分3个阶段推出，为无人驾驶卡车在2024年的商业化落地奠定基础。

（中关村管委会）

【海洋气象观测者-3成功探测台风中心】 8月1日，中国科学院大气物理研究所自主研发的海洋气象观测者-3（MWO-3）半潜式太阳能气象探测无人艇成功穿过2020年3号台风“森拉克”中心，是国际上首次利用太阳能无人艇主动探测台风中心。无人艇搭载气象和海洋观测传感器，可获取台风发展过程中高时间分辨率洋面气象及海洋要素的数据，为台风预报、预警和研究提供传统观测手段无法提供的数据支撑。

（中关村管委会）

【“5G+8K”技术首次直播舞台艺术】 8月8日，市经济和信息化局、海淀区政府及超高清视频协同中心会同国家大剧院等单位在中关村示范区展示中心、华熙LIVE、三里屯、中关村步行街等区域布设8K显示终端，首次以8K技术对舞台艺术进行5G多地同步直播。活动中，超高清视频协同中心为技术总集成方，海淀多家企业参与摄录、编辑、传输及后期内容终端等工作，近万名观众同步观看国家大剧院管弦乐团音乐会直播。

（中关村管委会）

【地平线旭日3推出】 9月9日，北京地平线机器人技术研发有限公司在深圳市举办主题为“释放·芯效能”的新产品发布会，宣布推出人工智能物联网边缘人工智能芯片平台——地平线旭日3。产品采用16纳米工艺，提供人工智能计算能力，在2.5瓦的典型功耗下，能够达到等效5TOPS的标准算力，同时提供接口、编解码能力和ISP效果，满足客户不同产品类型的开发需要。旭日3系列包含X3M和X3E两款芯片，X3M主要面向8M智能前视市场和边缘计算，提供5TOPS人工智能等效算力；X3E主要面向5M智能前视市场，提供3TOPS人工智能等效算力。

（杜　玲）

【全球首个场景品牌“三翼鸟”发布】 9月11日，在海尔智家北京001号店开业仪式上，海尔发布全球首个场景品牌“三翼鸟”。“三翼鸟”通过智家体验云平台可以与消费者实时、零距离交互，获得用户需求大数据，依据精准的用户需求，联合生态方共同输出定制化的智慧场景、智家焕新方案，满足用户衣、食、住、娱全流程美好生活需求。“三翼鸟”依托1+N的服务体系，可以为用户全流程无缝体验提供落地保障。从设计施工、建材配套、安装调试，一个服务管家全程负责协调对接，无须用户费心跟进。

（李京　张佩佩）

【天珣EDR发布】 9月，北京启明星辰信息技术股份有限公司发布终端安全产品——天珣终端高级威胁检测与响应系统（天珣EDR），系统可为客户建立安全可控的终端安全防护体系，让客户看到、看清、看全安全威胁。天珣EDR采用启明星辰公司的基于“数据随动机制”的终端高级威胁检测与响应技术路线，其检测引擎可根据输入数据的维度和内容变化来动态加载不同的匹配模型，输出不同的威胁结果。该机制可降低终端的资源占用，提升分析中心的运算效率，具备一份原始数据可以并行多种安全威胁检测的能力，实现对威胁的快速检测与发现。

（中关村管委会）

【唯得科技破解室内5G信号覆盖难题】 10月14日至16日，在2020年中国国际信息通信展上，亦庄园企业北京唯得科技有限公司展示自主研发的WD-MIMO+5G有源室分覆盖系统，产品以高速率、低延时等优势赋能5G网络建设。系统在不对原有旧楼室分系统进行拆除替换的前提下，依托4G原有单馈缆，实现5G室内覆盖升级改造，使5G信号单缆改造实时下载效率达到850兆比特每秒以上，双缆改造达到下载速率1.2千兆比特每秒以上，链路延时小于1毫秒。在建设投资与运营维护方面，相对新型5G数字室分要节约经费1/3以上。系统可用于4G网络优化、5G室内移动信号覆盖、社区楼宇5G信号覆盖、城中村5G信号覆盖、智慧网管等领域。

（中关村管委会）

【智慧园区科创能力分析管理系统上线】 10月19日，在2020全球医药健康大数据峰会上，国内首个面向专业科技园区的智慧园区科创能力分析管理系统——中关村生命科学园科创能力分析管理系统上线。系统由北京知识产权运营管理有限公司和国家知识产权运营公共服务平台开发，是利用人工智能、大数据等技术，通过挖掘知识产权技术、经济和市场价值及园区产值、人才、标准等信息，打造的专门面向科技园区的科创能力智能化可视化分析管理平台，可为园区科技投资、招商引智、成果转化、精准服务等科创活动提供大数据解决方案。系统整合100余个国家和地区、30余种类型、9亿余条知识产权数据，并结合宏观经济数据、科技论文、科技专项课题等其他科创要素，从科创规模、科创质量、成果运用、科创效率4个方面构建包括30项指标的科创能力评价模型，具有把脉园区全貌、洞察产业趋势、追踪前沿技术、挖掘头部企业、对标同行园区、动态监测企业等七大功能，可帮助园区实现管理智能化、决策可视化、服务精准化。

（中关村管委会）

【千方科技Omni–T全域交通解决方案发布】11月5日，在第十五届中国智能交通年会上，北京千方科技股份有限公司发布行业首个面向智能物联时代的交通解决方案——千方科技Omni–T全域交通解决方案。方案覆盖智慧交通全业务领域、全栈式技术、全要素数据及全生命周期，全域交通行业SaaS平台、交通智能体和全价值链服务3层架构组成，可为客户提供交通数字化服务，依据交通规划、交通工程、交通组织优化、持续运营服务等方面的服务。

（中关村管委会）

【10家软件企业、科研团队获世界互联网领先科技成果】11月23日，2020年世界互联网大会·互联网发展论坛发布15项世界互联网领先科技成果，其中包括1个“科技抗疫”专项成果、14个独立成果；同时发布4个特别推荐成果。大会共征集到各类领先科技成果300余项，分别来自中国、美国、俄罗斯、德国、法国、瑞典、加拿大、比利时等国家和地区，所申报项目聚焦产业恢复与协同发展、数字化社会治理、全球公共危机应对、人工智能云生活、绿色数字公益实践五大应用领域，涵盖量子计算、卫星互联网、人工智能、高端芯片、5G网络架构和应用等方面，覆盖智慧城市、智能交通、远程医疗、在线教育等与社会生活密切相关的应用场景。在“科技抗疫”专项成果中，中国电子科技集团公司电子科学研究院的疫情防控与复工复产大数据平台、北京三快在线科技有限公司的AI抗疫——美团无人配送整体解决方案等2项来自北京的科技成果入选。在独立成果中，三六零安全科技股份有限公司的360全息星图网络空间测绘系统、奇安信科技集团股份有限公司的内生安全——新一代企业网络安全框架、北京地平线机器人技术研发有限公司的地平线征程2——车载人工智能计算芯片、银河航天（北京）科技有限公司的银河航天首发星的研制与卫星互联网技术验证、北京百度网讯科技有限公司的ACE智能交通等5项来自北京的科技成果入选。世界互联网领先科技成果专家推荐委员会中外主任推荐4项成果中，包含清华大学类脑团队的一种类脑计算系统层次结构、中国交通通信信息中心的基于北斗+互联网的车辆、船舶安全监管与信息服务系统和龙芯中科技术有限公司的龙芯3A4000/3B4000处理器芯片3项来自北京的科技成果。

2020年北京获奖软件相关企业及科技成果名单

序号	科技成果名称	单位
一、“科技抗疫”专项发布成果		
1	疫情防控与复工复产大数据平台	中国电子科技集团公司电子科学研究院
2	AI抗疫——美团无人配送整体解决方案	北京三快在线科技有限公司
二、独立发布成果		
1	360全息星图网络空间测绘系统	三六零安全科技股份有限公司
2	内生安全——新一代企业网络安全框架	奇安信科技集团股份有限公司
3	地平线征程2——车载人工智能计算芯片	北京地平线机器人技术研发有限公司
4	银河航天首发星的研制与卫星互联网技术验证	银河航天（北京）科技有限公司
5	ACE智能交通	北京百度网讯科技有限公司
三、世界互联网领先科技成果专家推荐委员会中外主任特别推荐成果		
1	一种类脑计算系统层次结构	清华大学类脑团队
2	基于北斗+互联网的车辆、船舶安全监管与信息服务系统	中国交通通信信息中心
3	龙芯3A4000/3B4000处理器芯片	龙芯中科技术有限公司

（市经济和信息化局）

【国内首单电商平台数字币消费在京东商城诞生】12月11日，全国首单电商平台数字人民币消费诞生，苏州的一位消费者在京东商城成功下单。该次数字人民币红包试点首次接入了电商平台消费场景——京东商城。其中，京东数字科技控股有限公司作为首批配合中国人民银行及中国人民银行数字货币研究所展开“数字人民币试点”工作的科技公司之一，形成一套包含风险控制、安全策略、支付技术等在内的支付服务体系，短时间内高效对接运营机构与消费场景，成为首个与工、农、中、建、交、邮储六大银行均开展合作并接入数字人民币电商平台消费试点场景的科技公司。

（中关村管委会）

企业选介

【北京北大英华科技有限公司】简称北大英华，成立于1999年，是由北京大学投资控股、北京大学法学院创办和主管的高新技术企业和软件企业，依托于北京大学优势资源致力于法律知识工程、法律人工智能、法律教育培训和法律文化传播4项事业，竭诚服务于全面依法治国。

2020年，北大英华联合北京大学法律人工智能实验室持续保持各产品和业务较快发展。“北大法宝”是国内法律信息行业著名品牌，已成为国内用户最多、数据资源最广、信息更新最快、收录内容权威的综合法律信息一站式检索平台。“智慧立法”是以北大法宝法律大数据为基础的立法智能辅助工具，为人大、政府及部门的立法及法制工作者提供立法和法制宣传辅助服务，同时可为高等院校等法学研究机构的研究者提供立法研究服务。“智慧司法”立足司法办案实际，根据大数据、人工智能在法治领域的应用场景，提供服务公检法司及纪检监察等应用场景的知识服务、办案辅助、实务培训等。“智慧执法”依据行政执法领域数据规范标准，深化政府权责清单、行政执法事项等多维数据的智能应用，实现“大平台共享　大系统共治　大数据慧治”。“类案检索平台”是以基本事实、争议焦点、法律适用为主要类案要素，形成覆盖刑事、民事、行政、执行四大案件领域，实现司法案例、法律法规、裁判规则、专家精释、学说观点深度关联融合的一站式类案检索平台。“新一代企业智能法治产品（智慧法务、智能合规、智能风控）”是基于“法治 + 知识 + 智能”设计思路，帮助企业建立法律、合规、风险、内控一体化管理平台，助力业务创新，塑造健康企业。“法宝学堂”致力于法律人提供高品质的学术与实务知识内容，结合知识平台建设运营、内容研发生产、社会化媒体传播等方面的专业能力，为机关单位、企业院校、律所及各类法律人士提供教育培训服务。“智能问答”“法宝大数据分析平台”等持续提供优质服务。

北大英华2020年客户拓展、客户满意度持续增长，全年合同收入和到账收入创历史新高。其中主营产品北大法宝数据库内容建设、功能优化继续行业领先。全年中英文数据库总量达1.3亿。智慧立法业务形成完整产品体系，市场占有率行业居首，全年合同收入增长53.8%。智慧法务业务内容知识类、业务管控类、智能辅助类产品模块及场景化智能化的产品创新获客户高度认可，2020年合同收入增长91.33%。智慧司法业务、智慧执法业务都针对行业及客户具体应用场景，研发推出系列落地应用新产品，并在市场拓展上取得突破性进展。教育培训业务积极服务法学院和国家法官学院线上教学和培训，推广定制化培训平台和服务，合同收入增长20.5%。2020年，公司获得北京市新技术新产品（服务）证书，取得文件关联显示方法专利授权，取得出版物经营许可证（批发及零售）、“软件企业评估”“软件产品评估”证书，规范性文件备案审查工作平台荣获全国政法智能化建设智慧司法十大创新产品，资信继续提升。北大法律信息网保持新闻、法学在线文章、专题业内第一；北大法律信息网公众号粉丝总量超15万人，原创性专业盘点、汇编和分析报告推送200余次；北大法宝公众号平台4个、微博、B站、知乎、头条、百家号，粉丝总量达到30.8万人，累计阅读量300万 +；《北大法律信息网文粹》《最高人民法院指导性案例司法应用报告（第二版）》深受好评；法宝学堂全年共举办公益直播课101场，直播观看人数达40万人左右；公司网媒、新媒体、纸媒、社交平台传播的多渠道融合，品牌影响力持续扩大。

（北大英华）

【北京北大软件工程股份有限公司】简称北大软件，成立于2000年12月，是北京大学控股的一家以大数据、人工智能技术为核心的软件高新技术企业。作为北京大学软件工程领域“产学研用”市场化运作的实体，以“数据智能、代码智能”为核心技术，集“技术研究、产品研发、领域应用和市场推广”为一体的“大数据 + 领域”协同发展模式。依托北京大学的技术研发力量，成立创新研究院，以国家软件工程中心的教授、博士和研究生团队为技术创新源，开展核心技术研究，带动业务领域的持续创新和战略转型。已形成数博数据治理平台、数博数据分析平台、数博知识图谱平台、数博文本理解平台等数据智能产品；以及软件源代码缺陷检测工具、软件成分分析及同源漏洞检测工具等代码智能产品。北大软件以“打造富有生命力的软件”为使命，旨在成为最具创新能力的国家治理智能化技术与应用服务商，国际一流的软件代码分析技术与应用服务商。北大软件聚焦“国家治理体系和治理能力现代化”与“软件质量和安全保障”，专注数字法治、智慧信访、智慧组工、智慧人事、国企人力资源、大数据以及软件工程等领域研究，为用户提供顶层设计与规划咨询、应用软件开发、系统集成、运营维护等全方位专业化服务，全面提升领域数字化、智能化水平。北大软件以大数据技术、人工智能为核心研发软件产品，形成全面、先进的行业信息化解决方案，并为用户提供持续、专业的信息化服务。

2020 年，北大软件收入较 2019 年增长 27.7%，达 5492.07 万元，利润为 918.48 万元；成功入选国家规划布局内重点软件企业；连续 5 年获评北京市诚信创建企业；成为北京移动大数据产品合作伙伴；加入辽宁省沈抚新区互联网数据中心产业技术创新战略联盟，完成郑州、西安研发中心建设。北大软件开发的中国科协专家服务平台与远程评审系统，支持全国创新争先奖评审工作。

（北大软件）

【北京奇虎科技有限公司】简称奇虎科技，创立于 2005 年 9 月，是中国领先的互联网安全软件与互联网服务公司，曾先后获得过鼎晖创投、红杉资本、高原资本、红点投资、Matrix、IDG 等风险投资商总额高达数千万美元的联合投资。2011 年 3 月 30 日，奇虎 360 公司在纽约证券交易所挂牌交易，证券代码为“QIHU”。是国内唯一具备“国家级”网络安全解决方案的安全公司，可有效探测发现国家级黑客组织、网络大型犯罪团伙等发起的高级网络攻击并且取得显著成果，已捕获 40 余起来自其他国家的网络基础设施攻击。2020 年 12 月 8 日，奇虎科技召开发布会，推出“360 实网攻防中心靶场平台”。该次发布的 360 实网攻防靶场汇聚 360 十余年积累的网络安全大数据、威胁情报、世界顶级实战攻防专家团队以及虚拟化技术等能力，360 实网攻防靶场能为政企用户提供一站式的网络攻防演练服务支撑，帮助客户开展安全能力体系实战检验。包含人员训练平台、攻防竞赛平台、高仿真虚拟靶场、新一代实网攻防平台四大实战对抗演练基础设施。得益于 360 强大的安全分析团队和海量攻防安全大数据分析，将攻防情报数据、特征数据、样本数据和攻防全景知识库等最有价值的数据通过安全大脑赋能给 360 实网攻防靶场及实战对抗演练基础设施，持续补强实战演练过程中的攻击分析能力，使其具备动态演进的能力。

（李京　张佩佩）

【北京格灵深瞳信息技术有限公司】简称格灵深瞳，成立于 2013 年，是一家全国领先的人工智能物联网科技企业，专注于把先进的人工智能科技转化为具备低成本、大规模部署能力的产品和服务，并深度结合应用场景，为用户提供高性能、可靠实用的智慧解决方案。格灵深瞳智能测温设备已在北京市多处办公场所、商务楼宇、中小学、科技园区、企业等单位投入使用，累计部署 1500 余台。2020 年 9 月 29 日，朝阳区企业格灵深瞳创始人兼 CEO 赵勇获北京市抗击新冠肺炎疫情先进个人称号。赵勇领导的团队在短短的 8 天时间内便研制出非接触式智能测温设备，并具有红外与可见光双光融合、智能辨识人脸、快速人体测温、体温异常报警、数据联网分析、平台显示监控等多种功能，可以部署在火车站、机场、地铁站等重点交通枢纽，以及商场、写字楼、校园和社区、村等密集人群场所。同时，系统还能够为城市整体疫情防控提供大数据服务，方便后续对体温异常人员的查找和管理。7 月 24 日获评艾媒金榜（iiMedia Ranking）发布的《2020 年中国新经济准独角兽垂直领域人工智能 TOP5》榜单第 5 名。

（李京　张佩佩）

【北京青云科技股份有限公司】简称青云科技，原名北京优帆科技有限公司，成立于 2013 年，位于朝阳区朝来高科技产业园，是一家具有广义云计算服务能力的平台级混合云 ICT 厂商和服务商，以软件定义为核心，致力于为企业用户提供自主可控、中立可靠、性能卓越、灵活开放的云计算产品与服务。2020 年，青云科技实现营业收入 4.29 亿元。4 月 7 日，青云科技科创板 IPO 申请受理，4 月 30 日获问询。9 月 3 日，上交所同意北京青云科技股份有限公司科创板上市发行。

（李京　张佩佩）

【北京清微智能科技有限公司】简称清微智能，成立于 2018 年，是可重构计算芯片领导企业，提供以端侧为基础，并向云侧延伸的芯片产品及解决方案。基于领先的可重构计算技术，量产智能语音芯片 TX210，TWS 耳机主控芯片 TX231、多模态智能计算芯片 TX510，作为全球首家可重构计算芯片商用企业，高性能、低功耗、灵活性的产品迅速得到市场认可，已广泛应用至金融支付、智能安防、智能家居、航空航天、智能机器人及多类智能终端产品中。客户涵盖数百家下游终端厂商或方案商。清微智能量产的第一颗语音芯片 TX210，也是全球第一颗商用可重构计算芯片，采用高效可重构引擎，实现超低功耗设计，支持 Always-on 离线语音唤醒，具有低延时、高识别率的特点，支持声纹识别，双麦降噪、远场语音唤醒和识别，回声消除和 50 个命令词，同时芯片支持丰富的接口和电源管理，适配多种语音算法模型，方便开发和使用。一经上市，销量达数百万颗。智能视觉芯片 TX510 采用可重构计算架构，支持几乎所有主流神经网络，具有超强的灵活性，支持便捷开发和快速产品升级；内置 3D 引擎，支持 3D 结构光、TOF 和立体视觉；峰值算力 1.2 TOPS@INT89.6，AI 有效能效比达 5.6TOPS/W，具有高性能低功耗特点。以 TX510 为核心的清微智能 3D 人脸识别模组，内置 3D 结构光引擎，支持 3D 活体检测、红外活体检测、可见光活体检测等多种检测方式，可以抵御照片、视频等的二维攻击，也可以抵御面具等的三维攻击。在误识率千万分之一的情况下识别率大于 90%，大大高于指纹误识率五万分之一的安全指标。同时，芯片强大的计算能力，采用端侧计算或关键信息抽取的方式，杜绝了隐私泄露的安全问题。方案集成金融级别安全的三维人脸防伪和识别算法，彻底解决了用户对人脸识别安全的担忧。另外，该模组提供一整套完备的软硬件解决方案。在硬件上，除模组自身结构异常丰富外，还支持外接多种类型的 LED 屏，可拓展密码、指纹、射频卡、手机等多种组合方式，适用于更多、更复杂的应用场景；而在软件上，提供多种算法和完备的 SDK，协议可扩展，支持系统在线升级，高度简化开发和产品升级过程，缩短产品上市和更新周期。多个采用该模组的终端产品已进入市场，给终端消费者带来更好的体验。清微智能核心技术团队在国际权威杂志及顶级会议上发表相关论文近 200 篇，专利、发明授权 120 余项，获得教育部技术发明一等奖，国家技术发明二等奖，中国专利金奖以及 ACM/IEEE ISLPED 会议获得设计竞赛奖，DAC 低功耗目标检测系统设计挑战赛奖等多个国内外重大奖项。可重构计算架构是一种新型的芯片架构技术，可根据不同的应用需求灵活重构硬件资源，同时具备通用计算芯片灵活性和专用集成电路高效性的优点，被《国际半导体技术路线图》(2015 版) 评为最具前景的未来计算架构。

2020 年 10 月，多模态智能计算芯片 TX510 实现量产，至 2021 年 2 月已累计出货超 50 万颗。公司先后获得 2020 年度 AI 生产力创新奖，2019、2020 两届“中国芯”优秀技术创新产品奖，2019 中关村论坛 Era 创新大奖第一名，2019 世界互联网大会领先科技成果等诸多荣誉。

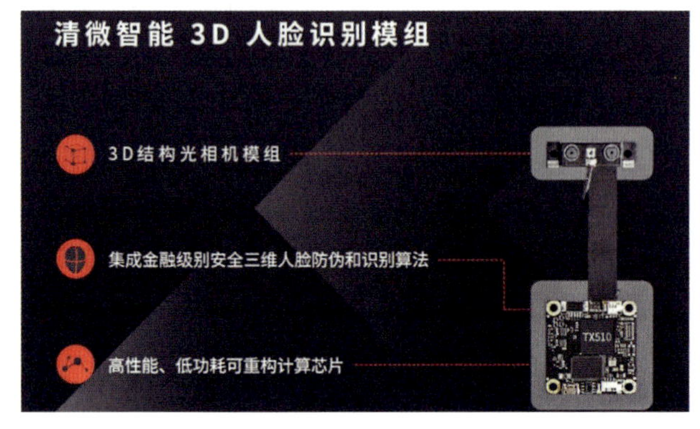

（清微智能）

【京东方科技集团股份有限公司】 简称京东方，是朝阳区重点企业，曾多次获得朝阳区信息服务业方向高新技术产业发展引导资金项目支持。京东方在业内率先提出多中性层设计理论，成功设计全球独有的针对外折柔性 AMOLED 屏幕的多膜层堆叠结构并建立折叠测试评价标准，实现曲率半径 5mm 条件下 20 万次弯折，达到用户使用标准，在国际上首次实现 5 mm 外折手机量产，巩固提升了国内新型显示行业的全球技术竞争力和市场地位。2020 年 9 月 10 日，京东方“面向移动应用的高分辨率柔性可弯折 AMOLED 显示技术研发与产业化”获 2019 年度北京市科学技术进步奖特等奖。柔性显示屏的应用点燃了终端市场的新需求，京东方的打孔屏、瀑布屏、折叠屏相继实现量产，并应用于 OPPO、摩托罗拉、LG、努比亚等知名手机品牌，让用户感受到全新的人机交互体验。

（李京　张佩佩）

“十三五”回顾

“十三五”期间，信息化与软件服务业规划涉及的产业规模、质量、结构、创新创业等相关目标均已较好完成。规模上，产业实现营收 1.35 万亿元，同比增长 14.4%。行业增加值占全市 GDP 比重为 13.5%。结构上，互联网信息服务占全行业营业收入比重达 43.5%。字节跳动在京收入超千亿元，百亿元以上企业达 18 家。创新创业活力大幅增强，软件著作权登记量突破 20 万件。工业互联网、北斗导航与位置服务、网络安全和信创、人工智能、大数据、云计算等领域已形成较为完整的产业链集群。产业布局不断优化，已逐步形成区域特色明显、产业链完备、空间布局合理的发展新格局。

汽车与交通设备产业

本栏目采用条目体，刊载2020年北京汽车与交通设备产业概述、政策与措施、产业动态、研发与成果、企业选介和“十三五”回顾6项内容。其中，政策与措施分目包括出台的政策文件及实施情况，机构设立、调整变化等内容；产业动态分目包括经营业绩、项目启动、签约、论坛、获奖等内容；研发与成果分目包括新产品发布、技术测试、解决方案等内容；企业选介分目在重点介绍一级企业的基础上，对二级企业的主营业务范围进行了简述。“十三五”回顾分目对产业发展情况进行了简述。

概　述

2020年，北京汽车及交通运输设备制造业完成工业总产值4403.4亿元，比上年增长3.9%。累计生产汽车166万辆，同比增长1.9%。北汽越野车全年完成2.8万辆产销量，同比下降19.9%，实现产值49.1亿元，同比下降21.6%。北汽福田生产整车65.2万辆，同比增长21.8%，实现产值946.2亿元，同比增长30.4%。北京奔驰生产整车60.6万辆，同比增长8.1%，实现产值1924.1亿元，同比增长8.2%。北京现代生产整车36.9万辆，同比下降25.3%，实现产值352.1亿元，同比下降22.5%。

（市经济和信息化局）

政策与措施

【自动驾驶车辆道路测试报告发布】3月，由北京市自动驾驶测试管理联席工作小组指导，北京智能车联产业创新中心有限公司与中关村智通智能交通产业联盟联合编写的《北京市自动驾驶车辆道路测试报告（2019）》发布。该报告从自动驾驶的政策创新、标准完善、测试环境建设、路测牌照发放与路测开展以及应用示范几个维度，对北京市自动驾驶测试工作和产业发展状况进行总结和分析，为政策和标准的研制提供依据。

（经开区管委会）

【联合燃料电池系统研发（北京）有限公司成立】6月5日，由中国第一汽车股份有限公司、东风汽车集团有限公司、广州汽车集团股份有限公司、北京汽车集团有限公司、北京亿华通科技股份有限公司、丰田汽车公司共同出资成立的联合燃料电池系统研发（北京）有限公司签约仪式在北京经济技术开发区举行。该公司落户北京经济技术开发区，占地面积约1.9万平方米，投资总额约3.2亿元，开展“燃料电池电堆等的组件技术”“燃料电池系统控制技术”以及“车辆搭载技术”等一系列燃料电池关键技术研发和落地推广。

（市经济和信息化局）

【四个“二七”公司重组整合】7月27日，中国中车集团有限公司下发《关于印发四个“二七”公司重组整合指导意见的通知》，经中国中车集团有限公司第21次党委常委会和第16次总经理办公会审议通过，二七机车公司、二七车辆公司，二七机车厂公司、二七车辆厂公司重组整合工作开始。

（二七机车）

【氢燃料电池汽车产业发展规划发布】9月8日，市经济和信息化局在2020年中国国际服务贸易交易会上发布《北京市氢燃料电池汽车产业发展规划（2020—2025年）》（简称《规划》）。《规划》明确“一环一轴两区多点”的产业空间布局，立足京津冀协同，发挥房山区、天津和河北氢能资源优势，形成多渠道一体化环北京供氢链；依托海淀区和北京经济技术开发区一流的科技成果转化能力，构建全国领先的氢能产业核心技术创新轴；并在以延庆和昌平为北部重点示范区、大兴为南部重点示范区的基础上，形成市域内多点覆盖、辐射津冀的氢燃料电池汽车产业应用新形态。根据《规划》，2023年前，北京拟培育3家至5家具有国际影响力的氢燃料电池汽车产业链龙头企业，到2025年前增至5家至10家；2023年前，力争推广氢燃料电池汽车3000辆，到2025年前力争突破一万辆；2023年前，氢燃料电池汽车全产业链累计产值突破85亿元，到2025年前力争突破240亿元。

（市经济和信息化局）

【大兴国际氢能示范区揭牌】9月8日，大兴国际氢能示范区揭牌仪式在2020年中国国际服务贸易交易会上举行。市政府副秘书长杨秀玲、大兴区委书记周立云共同为大兴国际氢能示范区揭牌，大兴区委常委、常务副区长高念东对大兴国际氢能示范区进行重点推介。该示范区8月8日举行启动仪式，落户于北京中日国际合作产业园。大兴国际氢能示范区毗邻大兴国际机场、京东“亚洲一号”、京南物流基地等重要交通枢纽，氢能应用场景广泛；嘉清新能源、明天氢能等一批具有核心技术的高成长企业将落户，清华工研院、水木博展、海珀尔等具有丰富氢能产业资源的科研机构、龙头企业将入区发展，基本形成氢能产业发展生态；示范区可享受中关村、国家创新政策及临空区、自贸区、综保区“三区叠加”政策，已建立首期规模 20 亿元的氢能产业基金，将投资氢能产业相关基础设施和科技创新类项目。大兴国际氢能示范区一期拟建设日加氢 3.6 吨、全球日加氢量最大的示范站。同时，依托现有厂房改造成集氢能社会、氢能成果、企业产品以及氢能发展史、临展区、多功能厅等设施于一体的氢能科技体验展厅，并建成集研发、测试、生产、生活等功能于一体的“氢之泉”主题科技园区。大兴区将氢能产业

（图片来源：北京日报客户端）

纳入“十四五”发展规划，全力打造北京氢能产业发展新高地。

（市经济和信息化局）

【高级别自动驾驶示范区建设方案发布】 9 月 19 日，北京市高级别自动驾驶示范区发布会在北京经济技术开发区举行。会议宣布全球首个网联云控式高级别自动驾驶示范区将在经开区启动建设；发布《北京市高级别自动驾驶示范区建设方案》以及《北京自动驾驶车辆道路测试实施细则》修订情况、“智能汽车基础地图应用试点”有关举措和北京高速公路自动驾驶测试管理措施；北京赛目科技有限公司与北京车网科技发展有限公司签署关于共同推进北京市高级别自动驾驶示范区建设战略合作协议，双方将在自动驾驶测试与评价工具链、自动驾驶车辆模拟仿真测试等方面开展深入合作，推动示范区建设；还邀请工业和信息化部、清华大学、北京汽车集团有限公司、奥迪（中国）企业投资管理有限公司、北京移动通信有限责任公司等政产学研代表就高级别自动驾驶测试现状进行交流和探讨，促进高级别自动驾驶示范区科学建设。

（经开区管委会）

【智能网联汽车数据交互与综合应用公共服务平台国家管理中心落户经开区】 9 月 19 日，智能网联汽车数据交互与综合应用公共服务平台国家管理中心落户经开区。工信部装备中心、北京市经济和信息化局、北京经济技术开发区将发挥各自优势，开展标准法规、准入监管、测试评价、数据应用等研究和实践，促进产业可持续健康发展。

（经开区管委会）

【新版自动驾驶车辆道路测试管理细则发布】 11 月 12 日，市交通委、市公安交管局、市经济和信息化局印发新版《北京市自动驾驶车辆道路测试管理实施细则（试行）》。新修订的实施细则将自动驾驶道路测试分为通用技术测试、专项技术测试和试运营测试 3 种测试类型。通用技术测试为自动驾驶基本功能测试；专项技术测试在基本功能测试基础上，增加夜间、雨雪雾、高速、无人化、编队等测试场景；试运营测试包括载人、载物测试，为开展商业化运营做好准备。

（市经济和信息化局）

【交通运输部认定自动驾驶封闭场地测试基地（北京亦庄）挂牌】 11 月 12 日，交通运输部办公厅发布《关于公布自动驾驶封闭场地测试基地认定名单的通知》（交办科技函〔2020〕1788 号），将由北京智能车联产业创新中心有限公司管理和运营的国家智能汽车与智慧交通（京冀）示范区亦庄基地认定为自动驾驶封闭场地测试基地，挂牌“交通运输部认定自动驾驶封闭场地测试基地（北京亦庄）”，成为全国第七家由交通运输部认定的自动驾驶封闭场地测试基地。该基地占地面积约为 43.33 万平方米，于 2019 年 5 月启用，可模拟京津冀地区 85% 以上的城市场景、90% 的高速场景以及 80% 的乡村交通场景，除了可提供常见的测试场景外，还可提供隧道、雨雾、模拟光照、湿滑路面、收费站、服务区、铁路道口等特殊场景；具备全天候测试、天气测试等多种测试环境，能够全面支持北京市 12 米以下自动驾驶汽车 T1—T5 级别的能力评估以及自动行驶轮式车的相关测试需求。

（经开区管委会）

【卫星互联网车载天线联合实验室成立】 12 月 18 日，北京京东方传感技术有限公司与浙江时空道宇科技有限公司宣布共同成立卫星互联网车载天线联合实验室。该联合实验室将作为双方技术合作平台，发挥各自优势，推进卫星通信天线、薄膜天线等新型天线在智能网联汽车上的应用。

（经开区管委会）

产业动态

【福田汽车 2790 台新能源客车交付北京公交】3 月 25 日，以“首都经济开门红 携手共创北京蓝”为主题的北京公交集团 & 福田汽车 2790 台新能源客车大单交车仪式在福田汽车总部举行。至此，福田汽车已经向北京公交集团交付近万辆新能源客车，助推北京城市交通加速新能源化发展。作为中国汽车行业自主品牌和自主创新的中坚力量，福田汽车投身新能源发展领域 10 余年，凭借对技术和品质革新的倡导与践行，在新能源客车研发领域以多项行业领先成果一路成就中国新能源客车标杆：国内最早实现新能源客车商业化运营的企业；新能源客车示范城市综合节能效果全国第一、单车运营里程全球最长。这次 2790 辆新能源公交车订单是中国客车行业 2019 年首笔新能源大单，也是中国客车行业的第一笔新能源大单，成为福田汽车引领自主品牌“开门红”、助力首都经济发展的重要成果，为中国新能源汽车的推广应用提供了示范。北京公交集团落实《北京市清洁空气行动计划》和《蓝天保卫战行动计划》，努力发挥国有大型企业主力军作用，将绿色公交作为集团“十三五”发展重点，大力推进新能源、清洁能源车辆发展，全力为减少 PM2.5 及各类有毒有害物质排放，打赢北京蓝天保卫战贡献力量。北汽集团是新能源汽车市场领先的国有大型汽车企业集团，更是公交集团最大的战略合作伙伴。2016 年至 2018 年，公交集团累计采购福田欧辉客车 6466 辆，采购金额达 101 亿元。

（市经济和信息化局）

【钛方科技入选现代汽车集团全球加速计划】4 月，“ZER01NE 加速器”联合现代汽车集团硅谷、以色列、柏林、北京和首尔五大开放创新中心启动全球初创企业招募。该次“ZER01NE 加速器”面向种子轮至 B 轮的初创企业，开放汽车产品创新功能、出行平台、智慧工厂等 6 大主题，共计 61 个业务场景进行合作探讨。北京钛方科技有限责任公司（简称钛方科技）凭借其自主研发的智能汽车感知系统 TAIPS（Taifang Automobile Intelligent Perception System）入选了韩国现代汽车集团 ZER01NE 加速器全球加速计划，中国仅有 4 家企业入选。

（陈　璐）

【普强获年度领先汽车科技解决方案奖】6 月 27 日，2020 创新型国家发展论坛解决方案奖评选结果公布，“普强智慧出行解决方案”获 2020 年度领先汽车科技解决方案奖。普强信息技术（北京）有限公司（简称普强）凭借自主研发的全栈语音核心技术，打造汽车在不同使用场景下的高性能语音交互产品，同时根据大数据凭条分析用户画像，满足客户多种服务需求，聚合出行、内容、服务等海量生态资源。

（陈　璐）

【中关村科学城自动驾驶示范区一期道路全面开放】6 月 30 日，市交管局、市交通委、市经济和信息化局发布关于指定海淀区部分道路作为自动驾驶车辆测试道路的通告，中关村科学城北区 100 平方千米自动驾驶示范区一期自动驾驶测试道路全面开放。开放后的测试道路由现有的 3 条扩增到 52 条，里程从 19.4 千米增加到 215.3 千米。

（海淀区官网）

【海纳川标准化厂房项目开工建设】7 月 10 日，北京海纳川汽车部件股份有限公司标准化厂房项目开工建设，总投资 7500 万元，总建筑面积 9971 平方米。项目建成后生产能力由 60 万套提高到 80 万套。达产预计年产值 5 亿元，达产预计年纳税 5000 万元。

（董春蕾）

【北汽动力公司获第 14 届北京发明创新大赛金奖】9 月 10 日，北京汽车动力总成有限公司的智能混合动力变速器项目获北京市第 14 届发明大赛金奖。项目混动系统采用 P0+P3 的动力混合技术路线，发动机上采用 BSG 结构，变速器是集成 48 伏特电机，具有两挡电驱动、六挡发动机驱动的智能混动变速器，可满足电动起步、换挡扭矩补偿、电动滑行、制动能量、行车能量回收、电动助力、纯电驾驶等功能需求，可实现整车的燃油消耗率降低约 20%。产品具有结构简单、布置紧凑、效率高、成本低的特点，适合搭载在A级家轿、A级SUV及MPV等发动机横置整车平台。

（中关村管委会）

【百度Apollo在经开区开放测试运营】10月10日，百度首次在北京面向公众无预约全开放robotaxi服务，首批开放北京经济技术开发区11个站点、海淀区3个站点，投放20辆林肯MKZ自动驾驶车辆，使居民可以真实地体验到科技发展所带来的新场景应用，真切感受未来交通新模式，促进自动驾驶汽车产业进一步落地应用，带动产业跨越式发展。

（经开区管委会）

【3家企业获中国汽车工业科学技术奖】10月28日，2020年度中国汽车工业科学技术奖颁奖典礼在上海举行，北京经济技术开发区3家企业获奖。其中，北京踏歌智行科技有限公司联合合作伙伴凭借“路车智能融合感知与协同控制技术”项目获中国汽车工业科学技术发明奖一等奖、北汽新能源汽车股份有限公司凭借“电动汽车三电平台关键技术与产业化”项目获中国汽车工业科技进步奖一等奖、国汽（北京）智能网联汽车研究院有限公司凭借“智能网联汽车道路测试管理方案研究与应用”项目获中国汽车工业科技进步奖二等奖。

（经开区管委会）

【主线科技启动无人驾驶卡车实船作业】11月2日，北京主线科技有限公司宣布向宁波舟山港完成交付

（方针　摄）

13台无人驾驶卡车商业订单，并在港口启动多车编队实船作业。此次批量交付是主线科技自天津港25台无人驾驶卡车商业订单之后的又一大量产交付项目，其港口无人驾驶商业化规模已实现全球领跑。

（经开区管委会）

【世界智能网联汽车大会召开】11月11日至13日，2020世界智能网联汽车大会在北京市顺义区中国国际展览中心举办。大会由北京市政府、工信部、公安部、交通运输部和中国科学技术协会共同主办，工信部装备工业发展中心、北京市经济和信息化局、中国电子信息产业发展研究院、北京市顺义区人民政府、中国国际贸易促进委员会机械行业分会、中国电工技术学会共同承办。中央政治局委员、北京市委书记蔡奇出席开幕式，工信部部长肖亚庆，北京市市长陈吉宁，中国科协党组书记、常务副主席、书记处第一书记怀进鹏，公安部党委委员、副部长刘钊，交通运输部党组成员、副部长刘晓明，国际电信联盟（ITU）秘书长赵厚麟出席开幕式并致辞，北京市委常委、副市长殷勇主持大会开幕式并在闭幕式上致辞。北京市经济和信息化局局长杨秀玲、副局长姜广智出席大会。大会以“智能新时代 车联新生活”为主题，举办名家云讲堂、主论坛、主题峰会、国际合作圆桌论坛等15场重点活动，线上直播观众累计500万人次。同期举办的展览，参展企业120余家，涵盖智能网联汽车产业全链条，观展总人数5万人次。开幕式上发布《智能网联汽车技术路线2.0》，系统分析了智能网联汽车的技术发展现状和未来演进趋势。会议期间，国家智能汽车与智慧交通（京冀）示范区顺义基地揭牌，进一步优化智能网联汽车测试环境。北京市委书记蔡奇、市长陈吉宁，工信部部长肖亚庆，交通部副部长刘小明，公安部副部长刘钊等领导参观北汽集团等相关企业在智能网联领域最新车型及产品，观看自动驾驶及无人配送车辆展示，并在京津冀智能网联和新能源汽车协同创新展区听取北京市高级别自动驾驶示范区建设进展工作汇报。闭幕式上集中发布《智

2020年11月12日，世界智能网联汽车大会展区中的北京市顺义区智能网联汽车创新生态示范区展位

能网联汽车测试互认推进路线图》《电动汽车安全指南 2020 修订版》《智能网联汽车测试场分级评价体系》《中国汽车基础软件发展白皮书 1.0》《智能网联汽车产业发展指数报告》（顺义指数）等研究成果。

（市经济和信息化局）

【海纳川位列全球零部件百强榜第 57 位】年内，北京海纳川汽车部件股份有限公司实现营业收入 658 亿元和利润总额 32.2 亿元，同比实现正增长。在《美国汽车新闻》发布的 2020 年全球零部件百强榜上，海纳川排名上升 4 位，位列第 57 位，上榜中国企业第 2 位。

（贾苗苗）

【新能源及智能网联汽车建设】年内，北汽集团首创的换电出租车项目累计在北京投放车辆超 1 万辆，入网运营近 7000 辆。完成换电站建设 143 座，实际运营 101 座，售后服务网络 71 家。与华为技术有限公司联合开发基于多个传感器融合的智能驾驶系统架构以及车载交互系统，可实现 L3 级自动驾驶功能，车载交互系统采用华为技术有限公司自主研发的鸿蒙车机系统，可实现车机手机系统的无缝互联；冬奥 L4 自动驾驶项目和滴滴出行科技有限公司合作完成系统调试及样车交付；国家新能源汽车技术创新中心牵头发起成立中国汽车芯片产业创新战略联盟，联合整车企业、芯片企业、高校等产业链上下游单位攻坚卡脖子关键技术，实现中国汽车芯片产业的自主安全可控和全面快速发展。

（贾苗苗）

【北汽新兴产业发展】年内，北京北汽鹏龙汽车服务贸易股份有限公司有序推动重点项目，持续深入改革创新，不断加强体系能力建设，重点板块竞争力不断增强，全年实现营业收入 406 亿元、利润总额 16 亿元。积极开拓城市物流项目，中都物流完成天津分公司设立，城市网络货运平台基础板块部署已完成，正在进行个性化功能开发。首家店（成都二手车店）于 12 月 6 日开业，并已实现销售。积极探索循环回收业务，通过物资回收、资产处置、废钢深加工、试制试验车拆解等业务，全力打造国内一流的汽车再生资源回收利用企业的发展目标。

（北汽集团）

【北汽智慧出行再升级】年内，北汽下属华夏出行有限公司以智慧出行服务推动汽车消费升级，“摩范出行”巩固提升行业头部梯队地位，直接盈余为正的城市达到 12 个；“摩范速运”拓展布局城市 14 座，运营率超过 85%。

（贾苗苗）

研发与成果

【全市首个自动驾驶车辆模拟仿真测试平台获认定】6 月 22 日，市经济和信息化局、市交通委、市公安交管局发布公告，共同认定北京赛目科技有限公司提出申请的智能网联汽车模拟仿真测试平台符合《北京市自动驾驶车辆模拟仿真测试平台技术要求》条件，可以作为北京市第一个被认定自动驾驶车辆模拟仿真测试平台。该平台通过功能安全认证，是全球范围内第一款通过功能安全最高级别产品认证的仿真工具链；与华为开展战略合作，共同推出自动驾驶功能云平台，能够为企业提供从预期功能安全分析和评估到仿真测试验证的全栈服务；基于工具牵头国内第一个仿真试验国家标准。

（市经济和信息化局）

【北汽首台全工序车下线】7 月 14 日，ARCFOX N61 首台全工序车辆下线仪式在北汽麦格纳高端智造基地举行。该次下线的 N61 定位 A+Cross 溜背轿车，是 ARCFOX 品牌继 αT 之后又一款重磅产品。作为 ARCFOX 家族化序列新成员，N61 秉承 ARCFOX 品牌“无界美学”设计理念，将艺术与科技完美结合。N61 的下线，标志着 ARCFOX 旗下第二款量产高端产品开始导入生产，将全面完善 ARCFOX 产品布局，进一步夯实 ARCFOX 在高端新能源汽车市场的地位；同时也意味着 ARCFOX 家族化产品矩阵初步成型，助推北汽集团“高、新、特”战略迈入新阶段。

（北汽官网）

【百度自动驾驶载人测试启动】9 月 10 日，北京市开放自动驾驶载人测试启动仪式在百度 Apollo Park 举行。市经济和信息化局副局长姜广智出席并致辞。北京市经济技术开发区、市交通委、市交管局等单位相关负责人共同出席启动仪式。启动仪式上，百度宣布在北京开放自动驾驶出租车服务 Apollo Go，北京用户可以在百度地图及 Apollo 官网上预约体验 Robotaxi。自动驾驶是交通产业与汽车产业的重大变革，面向公众开放载人试运营是自动驾驶走向成熟和商业化的关键一环。北京是全国的科技创新中心，是人工智能与智能交通发展的战略高地，也是中国最早开放和规范自动驾驶道路测试的区域，是中国自动驾驶产业发展速度最快的城市之一。北京已为13家自动驾驶企业77辆车辆发放402套道路测试牌照。截至9月底，北京市共开放北京经济技术开发区、海淀区、顺义区、房山区、通州区、大兴区6个区域278条1027.88公里自动驾驶测试道路。累计为16家企业165辆车发放了自动驾驶道路测试临时行驶车号牌765套，车辆公开道路测试总里程超过313.9万公里，位居全国第一。其中，载人测试里程累计超过194.8万公里，测试过程安全可控，未发生主责交通事故。北京具有国内安全要求最高、标准最高的载人测试政策，以全面保障自动驾驶车辆的安全可靠运行。姜广智在致辞中表示，在新一轮科技革命和产业革命中，自动驾驶、智能网联的应用空间十分广阔。

（市经济和信息化局）

【国内首座体育训练综合风洞启用】10月25日，国内首座体育训练综合风洞在二七国家冰雪运动科训基地建成并启用。从内燃机车的柴油机试验到体育运动项目的科技助力风洞实验，二七机车公司在疏解非首都核心功能后，对原工业厂房的保护、开发、合作、利用，转型发展，助力2022北京冬奥会。

（二七机车）

【全球首款定制网约车发布】11月16日，北京小桔科技有限公司（滴滴出行）召开发布会，发布全球首款定制网约车D1。D1由滴滴出行和比亚迪股份有限公司共同设计开发，针对网约车出行场景，在车内人机交互、司乘体验、车联网等方面进行定制化设计，搭载滴滴出行研发的车机系统DIIA，使滴滴App可与车机系统、汽车硬件进行交互，同时提升乘驾两端的用车体验。基于司机端，DIIA将司机端前装集成进入车机系统，司机通过方向盘上的定制按键就能进行接单、完单；通过语音助手功能，实现语音控制开关车门、空调设置等操作；可主动提醒车辆充电、车辆维保信息，可通过车机实现一键预约服务。D1的长、宽、高分别为4390毫米、1850毫米、1650毫米，轴距为2800毫米，最大续航里程约为400千米，能满足一般网约车的续航要求。

（中关村管委会）

【福田戴姆勒高端重卡开启国产化】12月2日，北汽集团旗下北汽福田汽车股份有限公司（简称北汽福田）与戴姆勒卡车股份公司（简称戴姆勒卡车）的深化合作开启新篇章。在以“中国制造 专属中国”为主题的梅赛德斯－奔驰重型卡车国产计划宣布仪式上，北汽福田与戴姆勒卡车共同宣布：针对中国高端卡车细分市场，在华生产和分销梅赛德斯－奔驰牵引车。“中国制造 专属中国”的全新重型牵引车将在北京福田戴姆勒汽车有限公司位于怀柔区的新卡车工厂开始生产。专属中国的全新梅赛德斯－奔驰重型牵引车将搭载梅赛德斯－奔驰重卡最新、最先进的技术平台生产，配备载戴姆勒卡车全球动力传动系统部门研发的最新发动机，并完全根据中国工况特点与客户的专属需求开发生产，为中国客户提供技术领先、质量可靠、行驶安全、全生命周期成本最满意的高端重卡产品，树立高端重卡“欧洲标准、中国制造”的标杆。

（北汽官网）

【北汽极狐上市】年内，北汽集团高端品牌ARCFOX（极狐）首款量产车型αT、北汽首款插电式混合动力车型BEIJING X7 PHEV上市。新一代电动车平台架构完成开发，标志着北汽从油改电进入电动车专用架构时代；高性能一体化电驱动技术搭载ARCFOXαT、αS，主要性能指标达到行业先进水平；创建国内唯一全过程电控测试自动化工具链，打破了海外垄断，并获得TMMi-3级全球最高等级认证；“电动汽车三电平台关键技术与产业化”获2020年度“中国汽车工业科学技术奖”一等奖。

（贾苗苗）

【国汽智联搭建安全芯片处理性能测试系统】年内，国汽（北京）智能网联汽车研究院有限公司自主创新搭建针对V2X应用场景的安全芯片处理性能测试系统，并完成国内首次针对V2X安全芯片处理性能的第三方测试。该测试不重复行业已有的车规级、安全性等针对芯片的专业测试，只聚焦V2X应用场景下的处理性能，填补国内测试领域的空白。

（经开区管委会）

企业选介

【中车北京二七机车有限公司】简称二七机车公司，隶属于中国中车集团有限公司，前身是始建于1897年的邮传部卢保铁路卢沟桥机厂，是北京近代工业的主要发源地之一，是中国共产党领导下“二七”工人运动的主要策源地，中国第一台内燃机车的诞生地。二七机车公司2020年主要经营范围包括开发、设计、销售铁路及城市轨道交通运输设备、电子设备、机械电器设备；提供技术咨询服务；出租商业办公用房等。

2020年，公司实现营业收入8229万元。公司拥有员工707人，资产约24.9亿元。下属参控股公司2家，分别为北京中车长客二七轨道装备有限公司、北京中车二七达诺巴特机床制造有限公司。年内，二七机车公司与国家体育总局冬季运动管理中心、北京体育大学联合继续推进二七国家冰雪运动科研训练基地建设。项目于2018年启动，2020年底按照预定计划完成了各主要场馆全部建设工作并投入使用。建成的主要场馆包括速滑馆、轮滑馆、职工宿舍、体育训练综合风洞、跳台滑雪风洞试验室、两座6自由度训练馆、康复中心以及其余配套设施。通过该项目建设，二七机车公司全年实现租赁收入5671万元。按照中车集团公司“两个二七，合二为一”的工作部署，二七机车公司成立专项工作组，梳理解决合并前和合并过程中需要解决的各种问题，同时与北京二七车辆有限公司保持对接，全面推动两个“二七”合并工作有序开展。中车集团于7月下发《四个“二七”重组整合意见》，意见中明确合并路径和主要计划节点，二七机车公司按集团公司要求启动相关工作，并于10月完成领导班子合并。加快推进制造业收尾相关工作，全年处置低效无效设备595台，净值2158万元，清欠制造业阶段应收账款5058万元，同时重机公司、二七康库得公司两亏损子公司宣告破产。年内，二七机车公司主要经营目标超额完成，预算管控、亏损子企业治理、低效无效资产股权处置、应收账款清欠等各项工作全面完成，9项可控费用较上年同期下降41.4%。全力做好疫情防控工作，全年实现零感染目标。重点组织开展对制造业遗留危险源处置准备工作，全年公司无死亡事故、无新增现岗职业病、无轻伤，无重大盗窃案件和重大火灾事故。年内，二七机车公司完成中车轨道交通装备产业园（窦店产业园）项目累计总投资19.2亿元，当年完成国家冰雪运动训练科研基地配套西区电力改造工程项目投资0.3亿元。窦店产业园建设、结算工作已基本完成，北京中车长客二七轨道装备有限公司已开始在窦店产业园进行生产。年内，二七机车公司完成3841名退休人员社会化管理现场信息采集工作，完成率占京籍退休人员社会化99.6%；完成3711份档案的数字化，并完成除丰台区以外的14个区的送档工作，丰台区档案已登记备案，等待移交通知；转移、转接工作涉及北京市16个区3698人的养老关系和医疗关系。

（二七机车公司）

【中车北京南口机械有限公司】简称南口公司，隶属于中国中车股份有限公司（简称中车），前身为由铁路先驱詹天佑于1906年创办的第一家国有铁路工厂。南口公司拥有各类设备1146台，其中大型高精尖数控设备84台，包括海科特、BW和格里森数控加工中心，龙门三坐标检测中心，西门子7.2兆瓦齿轮箱试验中心以及大型箱式、井式渗碳炉，形成系统集成产品加工、检测、组装、试验专业化生产线。具备年产轨道齿轮箱2000台、风电齿轮箱1000台、螺杆压缩机整机1000台的生产能力。公司秉承“自主创新、追求卓越”的詹天佑精神和“培育机械传动系统世界一流企业”的发展愿景，坚持技术创新，形成齿轮传动系统和压缩机系统两大主导产品板块，涉及轨道交通、风力发电、石油机械和压缩风源四大市场领域，完全具备自主研发制造能力。自主成功开发时速350千米中国标准动车组齿轮箱，配套出口孟加拉、阿根廷城轨动车齿轮箱，适应低风速大速比运行工况、完全满足陆地风机配套需要1.5～2.5兆瓦功率等级15种系列产品，兆瓦级石油机械齿轮箱系列产品以及120立方米以下螺杆压缩机主机、整机全系列产品。独家成功开发恒转速输出VRS风电齿轮箱，为改善风力发电品质提供了新的技术途径；完全自主成功开发一级能效、两级压缩主机产品，引领压缩机行业高效节能新方向。公司具有国际化的文化视野和技术平台，拥有分别与瑞典斯凯孚、德国克诺尔、中国铁科院、德国福伊特组建的5家（其中德国福伊特2家）生产制造型合资企业，成为同国内外知名企业合资合作的典范。

2020年，南口公司实现营业收入3.54亿元，归属母公司净利润同比经营性减亏53.57%，完成中车下达年度经营指标。公司本部固定资产原值4154万元，净值263万元，长期股权投资5.7亿元。公司在岗员工总数179人，其中硕士以上学历23人、本科学历98人、专科学历41人、中专及以下学历17人。年内，南口公司持续开展规章制度“废改立”工作，修订和新建涉及经营管控、设备资产、责任追究、风险评审等重点环节的系列管理制度；重新修订内控评价手册，完成内部控制评价评级试点工作。持续完善风险防控体制机制，提升风险防范化解能力，完成3次公司级重大风险排查，未发现重大风险。严格控制各项费用支出，对可控费用实行“零基预算管理”，全年费用支出与年初预算相比节约4024万元。利用政府减税降费政策，公司合并口径获得土地盘活增值税减免1.26亿元、电费优惠和社保减免1300余万元。随着压缩机整机业务回归，成立压缩机公司，重新建立南口公司质量管理体系并获取质量体系认证证书；通过采取生产外包和合同能源管理等多种经营模式，压缩机业务实现销售收入3500万元；先后与铁科装备、遵义铝业达成合作意向，合同能源管理项目持续推进；研发真空泵并投入市场，深受客户好评，初步形成市场规模。

年内，南口公司成立“十四五”规划编制领导组和编制组，根据“百年南口厂、百亿产业园”整体规划愿景，结合实际，形成公司“十四五”规划初稿。立足中国中车对南口公司“以既有合资企业为基础，建设南口高端装备智能制造产业园和高端技术孵化园”新的定位，围绕高端制造产业和高端技术服务两个主营业务，构建多层次、多维度、内外互动的产业协同发展机制。与德国莱茵公司上海总部签订《全面合作备忘录》。与中车研究院签订《“超级铜”中试实验室项目合作协议》《“超级铜”工程化生产工艺布局的技术服务合同》；完成“超级铜”项目厂房改造，项目团队入驻南口并投入实验工作。

（陈宗河）

【北京汽车集团有限公司】简称北汽集团，成立于1958年，是中国主要的汽车集团之一。经过60余年的发展，北汽集团已拥有“北京”“BEIJING”“ARCFOX”“昌河”“福田”等自主品牌，先后引进“现代”“梅赛德斯·奔驰”等国际品牌，汽车整车产品覆盖轿车、越野车、商用车和新能源汽车各个门类。北汽集团拥有包括乘用车、越野车、商用车、新能源汽车和动力总成技术的专业研发机构，建立了涵盖汽车零部件、汽车服务贸易、进出口和汽车金融的完整产业链，实现了产业向新能源、智能网联等领域的战略延伸，已发展成为涵盖整车（包括新能源汽车）研发与制造、汽车零部件制造、汽车服务贸易、移动出行、投融资等业务的国有大型汽车企业集团。

2020年，北汽集团实现整车销量190.4万辆，同比下降11.4%，位居全国行业第6名；实现营业收入4967.7亿元，同比增长0.3%，在京各企业全年实现在京产值3550亿元，同比增长4.5%；在京纳税360亿元，比上年略有增长。连续8年入围《财富》全球500强，2020年排名第134位。年内，北汽集团贯彻落实重大决策部署，履行社会责任，服务保障“嫦娥五号”月球采样返回、珠峰高程测量作业等重大国家任务。面对新冠肺炎疫情的冲击，北汽集团严格落实上级关于疫情防控工作的重要部署和指示精神，坚持疫情防控和生产经营“双线战役”，不断完善工作方案和应急预案，全力推进各项防控措施落地落实，全系统无一例确诊及疑似病例。在做好自身防疫复工的同时，第一时间响应疫情需求，先后向国内外交付负压救护车近1600辆，向10个城市提供2000辆无偿电动物流车；按北京市卫健委需求，40小时成功研发全国首创“核酸检测采样车”；与所属企业、关联单位累计捐赠7200余万元，累计献血12万毫升，依法按政策为中小微企业减免租金5242万元。积极落实中央打赢脱贫攻坚战的指示精神，创新开展“北汽培训＋当地实训＋定向就业”的职教扶贫模式，为建档立卡贫困学生提升技能水平和增强就业能力提供教育和培训资源。全年累计为阜平职教中心、和田技师学院等职业技术学院捐赠105台汽车教学设备，开设汽车专业课程13门、输送3名汽车专业师范生到当地任教。完成消费扶贫采购总额1871万元，组织采购新、蒙、藏等地扶贫产品1100余万元；组织办理建行消费扶贫爱心卡1.2万余张；在企业设立北京市首家消费扶贫双创中心区级直销分中心，充分彰显国企担当。

（贾苗苗）

【北汽福田汽车股份有限公司】简称福田汽车，于1996年8月28日成立，是中国品种最全、规模最大的商用车企业。1998年6月在上海证券交易所上市，股票代码为600166，是一家跨地区、跨行业、跨所有制的国有控股上市公司。旗下拥有欧曼、欧辉、欧马可、奥铃、时代、萨瓦纳、拓陆者、萨普、图雅诺、风景、蒙派克、伽途、瑞沃等业务品牌，生产车型涵盖轻型卡车、中型卡车、重型卡车、轻型客车、大中型客车以及核心零部件发动机。

2020年，福田汽车实现销量68万辆，同比增长 25.96%，全年销量再创历史新高，市场占有率 13.1%，较上年同期增长 0.9 个百分点，位列国内商用车市场第一位。2020 年是福田汽车“三年行动计划”收官年，全公司围绕高质量发展主线，大力发展主营业务重卡、中卡、轻卡、微卡、VAN、皮卡等。加大研发投入，加快 产品升级，强化卓越质量工程，主营产品竞争力大幅提升，其中重卡产品全年实现销售 14.74 万辆，同比增长 71.4%；中高端中轻卡奥铃全年累计销售 11.6 万辆，同比增长 49.9%；欧航欧马可销售 6.91 万辆，同比增长 43.7%。继续加快非主营、亏损业务的改革调整和退出，河北雷萨重型工程机械有限责任公司、安徽安凯福田曙光车桥有限公司已完成股权重组，冲压工厂冲压业务、怀柔重型机械工厂部分资产完成出售，实现非主业重组、亏损业务退出、低效资产盘活，为公司发展主业奠定基础。欧辉客车业务重组，引入北京公交集团作为战略投资者，与北京公交集团建立长期稳定的合作关系，推进大中客车业务稳定发展。24 年来，福田汽车积累了雄厚的品牌资产，品牌溢价能力持续提升，2020 年品牌价值 1686.92 亿元，位居商用车第 1 位，汽车行业第 4 位，连续多年领跑商用车行业。

（贾苗苗）

【北京现代汽车有限公司】 简称北京现代，于 2002 年 10 月 18 日成立，由北京汽车投资有限公司和韩国现代自动车株式会社共同出资设立，注册资本 20.36 亿美元，中韩双方各占 50%，合资期限为 30 年。北京现代坐落于顺义区北京汽车生产基地，拥有 3 座整车生产工厂、3 座发动机生产工厂和 1 座技术中心。北京现代先后建立河北沧州工厂和重庆工厂项目，已形成“三地五厂”的全国产能布局。

2020 年，面对日趋严峻市场环境及新冠肺炎疫情考验，北京现代及时调整新车上市形式及时间，推出菲斯塔 EV、第十代索纳塔、第七代伊兰特以及全新 ix35 等多款产品，通过全新平台实现产品全新换代，全年实现整车销售 44.6 万辆，实现整车终端销售 50.2 万辆。

（贾苗苗）

【北京奔驰汽车有限公司】 简称北京奔驰，于 2005 年 8 月 8 日成立，是北京汽车股份有限公司与德国戴姆勒股份公司（Daimler AG）、戴姆勒大中华区投资有限公司共同投资，集研发、发动机与整车生产、销售和售后服务为一体的中德合资企业。北京奔驰业已建立全球面积最大、综合性最强的梅赛德斯－奔驰乘用车生产制造基地，拥有戴姆勒公司首个德国本土以外的梅赛德斯－奔驰汽车发动机制造工厂、戴姆勒合资公司里最大的研发中心，并成为戴姆勒全球唯一同时拥有前驱车平台、后驱车平台、电动车平台和动力系统平台的豪华汽车合资企业。北京奔驰生产的产品主要有梅赛德斯－奔驰长轴距 E 级轿车、长轴距与标准轴距 C 级轿车、长轴距 A 级轿车、长轴距 GLC SUV、GLA SUV、GLB SUV、EQC 纯电动 SUV 及 AMG A 35L 等多款车型。

2020 年，北京奔驰全年实现整车销售 61.1 万辆，同比增长 7.7%，销量仍稳居国产豪华车品牌前列。细分产品销售方面，北京奔驰 E 级轿车、C 级轿车、GLC SUV 三款主力车型实现月销均值过万辆。产品提升方面，全新一代 GLA SUV 和新一代长轴距 E 级轿车如期换型迭代，稳步提升北京奔驰产品竞争力。产能优化方面，北京奔驰顺义工厂实现全面投产，以“数字化、柔性化、绿色”为理念，对标最先进的现代化生产基地。

（贾苗苗）

【北汽蓝谷新能源科技股份有限公司】 简称北汽蓝谷，成立于 2009 年，2018 年 9 月在上海证交所完成重组更名暨上市，股票代码为 600733，由北汽集团发起并控股，是中国首家独立运营、首个获得新能源汽车生产资质、首家进行混合所有制改革、首批试点国有企业员工持股改革的新能源汽车企业。公司主要业务为新能源纯电动汽车与核心零部件的研发、生产、销售和服务。自 2013 年起，北汽蓝谷连续 7 年保持国内纯电动汽车产销冠军，最高达到年销 15 万辆。公司是国内少数全面掌握纯电动汽车三电核心技术、集成匹配控制技术，兼具资产规模大、产业链完整、产品线丰富、产品市场应用广泛的国内新能源汽车企业，累计销售新能源汽车超过 50 万辆。

2020 年，受新冠肺炎疫情和补贴退坡政策等影响，网约车、出租车等对公市场需求下降，对北汽蓝谷经营产生较大冲击，全年销量 25914 辆，同比下降 82.79%。北汽蓝谷加速战略转型和产品结构调整，加快 ARCFOX 极狐高端品牌智能电动汽车首款车辆 αT 的验证量产并上市，并建立独立的用户运营中心组织体系，加快直营与分销相结合的市场渠道布局和开发，稳步推进公司产品向上转型升级。在技术创新领域，落实电动化加智能化双轮驱动战略，在三电领域完成固态电池的阶段性开发和搭载应用，完成第三代动力总成的设计和成品的验证，实现在电机功率密度、总成效率、NVH 等方面关键技术突破，性能达到国际先进水平。在智能网联领域，基于 αT 车型完成全车 OTA 功能开发，并实现量产应用，掌握整车 OTA 核心技术 22 项。在自动驾驶领域，α T 完全实现 L2.5+ 级别智能水平、全自动泊车等智能驾驶辅助功能的量产开发，在同类产品中处于领先地位。

（贾苗苗）

【北京汽车股份有限公司】简称北汽股份，股票代码 1958.HK，于 2010 年 9 月成立，是北京汽车集团有限公司乘用车整车资源聚合和业务发展的平台，是北京市政府重点支持发展的企业。2014 年 12 月 19 日，完成首次公开发行 H 股并在香港联交所主板挂牌上市。北汽股份的主要业务涵盖乘用车研发、制造、销售与售后服务，乘用车核心零部件生产、汽车金融以及其他相关业务。

2020 年，面对新冠肺炎疫情冲击，北汽股份聚焦改革与发展，坚定新能源 + 智能化双轮驱动产品战略，提升产品品牌力，推进智能化水平，积极应对行业及竞争压力，全年实现整车销售 116.9 万辆，实现营业收入 1769.7 亿元。各板块呈现稳定发展态势：自主品牌 BEIJING 以“品牌换新，三力推进，改革破局”为经营发展，确定差异化竞争策略，聚焦核心产品，专注差异化亮点，提升产品竞争力，全年实现销量 8.2万辆，BEIJING −X7、BEIJING−X3 等重点车型驱动燃油车销售提升，燃油车全年实现销售 6.8 万辆，同比增长 9%；SUV 车型销售 5.4 万辆，同比增长 24.1%。北京奔驰全年实现整车销售 61.1 万辆，同比增长 7.7%，增长速度稳居合资豪华车品牌前列；北京现代持续稳定经营，全年销售 44.6 万辆。

（贾苗苗）

【中车福伊特传动技术（北京）有限公司】简称福伊特传动，是中国中车和福伊特两大集团联合组建的由中国中车控股的高端制造类合资企业。福伊特传动位于昌平区，占地面积 4.4 万平方米。现有员工 400 人，拥有各类先进设备 252 台（套），包括海科特、BW 和格里森数控加工中心，霍洛伊德转子型线磨床，龙门三坐标检测中心，西门子 7.2 兆瓦齿轮箱试验中心以及大型箱式、井式渗碳炉，形成系统集成产品加工、检测、组装、试验专业化生产线。具备年产轨道齿轮箱 4000 台、风电齿轮箱 1000 台的生产能力。秉承打造“全球最大的传动系统产研基地、行业最强的传动系统专业产品、安全最好的传动系统企业声誉”的发展愿景，坚持技术创新和开放创新，形成轨道齿轮及齿轮箱，风电齿轮及齿轮箱，压缩机转子等主导产品，涉及轨道交通、风力发电和压缩风源三大市场领域，完全具备自主研发制造能力。自主研发的时速 250 千米中国标准动车组齿轮箱已经完成 30 万千米实际线路测试；自主研发的一级能效压缩主机产品引领了压缩机行业高效节能新方向；自主研发的兆瓦级风电齿轮箱产品系列齐全，完全满足陆地风机配套需要。

2020 年，福伊特传动实现营业收入 2.69 亿元，同比增长超过 3.5 倍。福伊特传动签订山东中车风电 2.5 兆瓦风电齿轮箱新造订单 120 台，已陆续发往客户；签订 2021 年 2.5 兆瓦风电齿轮箱 120 台采购意向书；签订并完成南口公司委托生产 29 台 2.5 兆瓦风电齿轮箱改造订单；与远景能源有限公司签订 175 套齿轮、333 套轴类和 115 套太阳轮配件加工订单、40 台风电齿轮箱组装代工订单以及风电齿轮箱业务未来 5 年战略合作意向书；与中车时代电动汽车股份有限公司签订集成驱动系统技术开发协议，启动电动客车传动系统合作开发。获得大同 ABB 动车冷却系统供应商准入资质，进入样机试制阶段；陆续取得 ISO9001 质量管理认证证书、职业健康安全和环境管理三体系认证证书、IRIS 国际铁路行业标准认证证书以及时速 250 公里标准动车组 CRRC 认证试用证书。年内，南口公司开展职称和技师评审、技能等级认定，29 人通过职称评审，7 人通过技师、高级技师评审，55 人通过初中高级职业技能认定。

（陈宗河）

“十三五”回顾

“十三五”期间，汽车与交通设备产业贯彻落实中央和北京市各项决策部署，攻坚克难，顺应环境形势变化，强化战略引领，全面推动产业向智能化、网联化和新能源化转型升级，促进重大项目在京落地，取得一系列成果。

综合实力稳步提升，5 年间，汽车交通产业主要指标呈现平稳高质量发展态势，汽车产业年产值较期初增加近 100 亿元，年均增速近 1.4%。产业生态更趋完善，布局智能网联汽车产业，建设完成全球首个 L4 高级别自动驾驶示范区，针对自动驾驶汽车制定多项实施细则，推进封闭测试场工作，连续举办 3 届世界智能网联汽车大会；稳步推进新能源汽车产业发展，发布关于动力电池回收利用、高排放老旧机动车替换、换电模式试点推广等一系列政策方案，制定氢燃料电池汽车产业发展规划、示范城市群实施方案，明确我市氢燃料电池汽车产业发展目标及重点、破除机制障碍。开放合作取得成效，北京奔驰顺义工厂、福田戴姆勒高端重卡、国际氢能中心、氢燃料电池全球研发中心、国汽智联、国创中心、特斯拉全球研发中心等一系列项目落地北京。服务企业优化环境，落实“服务包”机制，加强企业服务，保障重点企业和重点项目的人才需求，尤其是在新冠肺炎疫情期间，积极了解企业生产经营诉求，提供针对性服务，持续做好防疫和复工复产保障工作。

“十三五”期间汽车交通产业发展中存在的问题主要有战略目标整体完成情况不理想、汽车交通产业占工业比重下滑；新能源汽车产业发展较慢、关键部件技术亟须突破；过于依赖高端合资品牌、自主品牌竞争力不强；重点企业转型较慢、对产业带动未充分体现等。

（市经济和信息化局）

智能制造与装备产业

本栏目采用条目体，刊载2020年北京智能制造与装备产业概述、政策与措施、产业动态、研发与成果、企业选介和“十三五”回顾6项内容。其中，政策与措施分目包括出台的政策文件及实施情况，机构设立、调整变化等内容；产业动态分目包括经营业绩、项目启动、签约、论坛、获奖等内容；研发与成果分目包括新产品发布、技术测试、解决方案等内容；企业选介分目在重点介绍一级企业的基础上，对二级企业的主营业务范围进行了简述。“十三五”回顾分目对产业发展情况进行了简述。

概　述

2020 年，北京市规模以上装备企业 961 家，约占北京工业规模以上企业总数的三分之一，其中智能装备企业 649 家，占规模以上装备企业数量的 60%。年产值 10 亿元及以上装备类企业 36 家，年产值超 50 亿元企业 6 家，80% 以上的企业分布于中关村一区 16 园。截至年底，全市装备产业实现产值 2659.7 亿元，同比增长 5.7%，其中 36 家重点企业实现产值 1238.5 亿元，同比增长 25.3%。年内，北京市规模以上智能装备企业 649 家，占规模以上装备企业数量的 60%，实现产值约 1982.8 亿元，较 2016 年提升了 29.2%，占规模以上装备产业的 75%。经过多年不断推动产业转型升级及结构优化，为适应创建全国科技中心的战略定位要求，北京装备产业初步形成机器人及智能制造装备、先进能源装备两大领域“双轮驱动”，科学仪器、公共安全和应急装备、冰雪装备等特色专用装备“多点支撑”的高端产业发展格局。

2020 年北京装备产业重点企业名录

领域	序号	企业名称
智能制造装备	1	SMC（中国）有限公司
	2	SMC（北京）制造有限公司
	3	北京精雕科技集团有限公司
	4	北京发那科机电有限公司
	5	北京 ABB 电气传动系统有限公司
	6	安川首钢机器人有限公司
	7	艾默生（北京）仪表有限公司
	8	北京天地玛珂电液控制系统有限公司
	9	西门子工厂自动化工程有限公司
高端能源装备	10	北京金风科创风电设备有限公司
	11	北京天诚同创电气有限公司
	12	北京四方继保自动化股份有限公司
	13	北京四方继保工程技术有限公司
	14	中材科技风电叶片股份有限公司
	15	三一重能股份有限公司
	16	北京科锐配电自动化股份有限公司
	17	施耐德（北京）中低压电器有限公司
	18	北京电力设备总厂有限公司
	19	北京巴布科克·威尔科克斯有限公司
	20	北京天成瑞源电缆有限公司
特色专用装备	21	三一重工股份有限公司
	22	北京三一智造科技有限公司
	23	博世力士乐（北京）液压有限公司
	24	同方威视技术股份有限公司
	25	比泽尔制冷技术（中国）有限公司
	26	尼得科压缩机（北京）有限公司
	27	威乐（中国）水泵系统有限公司
	28	安泰科技股份有限公司
	29	中煤北京煤矿机械有限责任公司
	30	北京航天石化技术装备工程有限公司
	31	北京飞机维修工程有限公司
	32	森特士兴集团股份有限公司
	33	奥瑞金科技股份有限公司
	34	合众思壮北斗导航有限公司
	35	北京雪迪龙科技股份有限公司
	36	北京科勒有限公司

（市经济和信息化局）

政策与措施

【京城智通机器人公司成立】 7 月 28 日，北京京城智通机器人科技有限公司（简称京城智通）第一届第一次董事会、监事会召开，标志着北京京城智通机器人科技有限公司成立，京城机电高精尖产业又迈出实质性步伐。2018 年，京城机电设立专业化投资平台北京京城机电产业投资有限公司，对国内机器人及智能制造项目进行了广泛的考察、筛选，首批选中了以廊坊智通机器人系统有限公司（简称廊坊智通）为代表的智能化项目。为了推动该项目落户北京，尽快实现京城机电机器人及智能制造战略先导产业的落地，在市国资委的支持下，京城机电联合北创投、中信建投、国管中心，共同完成对廊坊智通项目的投资并购，实现京城机电产融结合、发展高精尖产业的重要突破。

（京城机电官网）

【长城超云－AMD 联合实验室揭牌】 8 月 26 日，长城超云（北京）科技有限公司（简称长城超云）与国际半导体巨头 AMD 合作升级，双方联合共建的重点实验室揭牌，将向边缘计算、5G 等领域发力。作为国内最早与AMD同步发布基于Naples平台服务器的厂商之一，长城超云拥有良好的研发基础和数十位AMD认证专家，在EPYC（霄龙处理器）架构的产品技术方面进行了大量积累和实践。区别于传统的单一设备交付模式，长城超云的核心能力在于专注于客户的业务，围绕业务应用提供差异化、专属化的解决方案，特别是在安全性、模块化、软件定义、异构融合等层面进行深度的定制。长城超云在AMD产品线的人员、研发、设备的投入持续加大。

（经开区管委会）

【国家人工智能高新技术产业化基地获批】 10月13日，科技部发布《关于认定2020年国家高新技术产业化基地的通知》（国科发高〔2020〕260号），北京经济技术开发区国家人工智能高新技术产业化基地等11家基地获认定。基地创建旨在落实国家《新一代人工智能发展规划》、国家高新技术产业化基地建设要求和北京市推动人工智能创新发展的决策部署，围绕“四区一阵地”的发展定位和功能布局，以产业升级、民生改善、城市治理等重点领域为核心，以促进人工智能新产品、新技术、新模式率先运用为主线，加快建设若干人工智能重大应用场景，带动基础研究创新、关键技术突破和重大项目成果转化。12月26日，北京经济技术开发区国家人工智能高新技术产业化基地揭牌，规划占地面积约为3.63平方千米。

（经开区管委会）

【市国资系统首个京津冀产业转移项目落地】 10月27日，京城机电所属北京巴威高端装备制造项目暨巴威装备制造唐山有限责任公司奠基，是年内市国资系统首个京津冀协同发展产业转移落地项目。年内，北京巴威疏解搬迁方案通过审批进入实施阶段，在市国资委、唐山市政府见证下视频签约，完成京外子公司注册、土地招拍挂、地坪施工等各项重要节点。

（京城机电）

【中关村智能应急装备产业园揭牌】 10月30日，由中关村管委会、房山区政府、中关村发展集团共同主办的主题为“抢抓北京‘两区设立’改革开放战略机遇，谱写房山‘高端制造’创新发展崭新篇章”的中关村新兴产业前沿技术研究院全面运营暨智能应急装备产业发展论坛在中关村新兴产业前沿技术研究院国际会议中心举办。中关村（房山）高端制造前沿技术创新中心启用、中关村智能应急装备产业园揭牌。

（李静怡）

【推进北仪优成混合所有制改革】 年内，北京北仪创新真空技术有限责任公司按集团混合所有制改革相关文件和会议精神，稳步推进北仪优成改革相关工作，推进北仪优成公司股权结构调整，已于12月完成股权变更事宜。

（北仪创新）

【城市副中心政务服务大厅项目落户北人锻压地块】 年内，京城机电与北投集团签订《战略合作协议》，借助其作为城市副中心投资建设平台优势，加快推动京城重工台湖、一机床探矿厂、北人锻压三地块开发利用，助力城市副中心高水平建设。其中，城市副中心政务服务大厅项目落户北人锻压地块，已完成相关场地检测、测绘及勘探工作。

（京城机电）

【《中国人工智能领域创新创业研究报告》出版】 年内，北大科技园创新研究院受科学技术部火炬高技术产业开发中心委托，成立研究课题组，研究编撰《中国人工智能领域创新创业研究报告》并出版。

（宋慧宇）

产业动态

【利亚德产品蝉联两项满意度大奖】 1月8日，由国家工业信息安全发展研究中心指导、全国用户委员会支持的第十八届中国用户满意度大会在北京举行。利亚德光电股份有限公司的LED（小间距）产品以及商用显示系列产品，再次受到用户的广泛认可，蝉联LED产品满意度第一、商用显示产品满意度第一两项大奖。

（陈　璐）

【福田康明斯入选世界经济论坛全球“灯塔工厂”】1月10日，世界经济论坛（World Economic Forum）公布18家新工厂加入全球灯塔网络，全球“灯塔工厂”增至44家。北京福田康明斯发动机有限公司（简称福田康明斯）入选，成为北京市首家“灯塔工厂”。世界经济论坛指出，新加入的18家工厂在应用第四次工业革命技术提升经营绩效和环境影响力方面展现非凡的领导力。福田康明斯在其设计、生产和售后服务的整个端到端产品生命周期中都自主部署了物联网和人工智能。其产品质量和顾客满意度由此提高40%。全球灯塔网络设立于2017年，44家灯塔工厂中，中国12家，德国4家，美国3家。

（市经济和信息化局）

【北京巴威公司唐山新基地建设】3月31日，北京巴威公司新基地建设项目暨巴威装备制造唐山有限责任公司高端装备制造项目签约，10月27日开工建设。项目占地20.2万平方米，总规划建设面积11.47万平方米，本期建设联合厂房、综合仓库、办公楼、食堂、倒班宿舍楼等，建筑面积7.9万平方米，固定资产投资5.12亿元。项目设计年产7000兆瓦以上超临界发电锅炉的核心制造部件、电站锅炉服务及环保改造高端制造部件、太阳能光热发电锅炉核心换热装备、高端垃圾焚烧炉、生物质锅炉、FM炉等高端工业锅炉产品。

（市经济和信息化局）

【北京泰豪中标2项重点工程】8月，北京泰豪智能工程有限公司中标首钢冬奥广场智能化项目，该项目是北京2022年冬奥会重要配套项目之一，建成后将成为大型的商业办公综合体，为冬奥会做好配套支撑服务。9月，北京泰豪中标国家会议中心二期智能化项目，建成后将与现有的国家会议中心连为一体，形成世界一流、功能完善、达到足够规模的会展综合体，总规模超过120万平方米。

（经开区管委会）

【智能制造标杆企业授牌仪式举办】8月18日，市经济和信息化局在顺义区北京雅昌艺术印刷有限公司举办“2019年度智能制造标杆企业授牌仪式暨经验交流会”。来自北京市智能制造标杆企业、系统解决方案供应商和关键技术装备供应商等单位的代表共50余人参加会议。会议宣读2019年度北京市智能制造标杆企业名单并进行授牌。北京雅昌艺术印刷有限公司、北京东方国信科技股份有限公司、北京极智嘉科技有限公司等8家企业分别代表智能制造标杆企业、智能制造系统解决方案供应商和关键技术装备供应商进行了经验介绍和案例分享。顺义区经济和信息化局介绍《顺义区智能制造三年行动计划（2020—2022）》及配套政策。市经济和信息化局就北京市推动实施“智造100”工程以来的总体情况进行总结，并就下一步推进全市智能制造发展的工作思路进行简要介绍。会议围绕智能制造发展经验和供需对接设置了座谈交流环节，参会企业就企业当前在智能制造方面开展的工作、存在的问题和困难以及对政府的意见建议展开讨论和交流。会议结束后，参会人员参观了雅昌印刷POD智能制造数字化车间。

（市经济和信息化局）

【装备产业人才引进和培训政策宣讲会召开】9月11日，市经济和信息化局在亦庄组织召开装备产业人才引进和培训政策宣讲会。来自智能装备领域的40余家重点企业的相关负责人参加宣讲会。会议就创新人才引进政策、北京市高精尖产业技能提升培训补贴政策进行宣讲，重点对引进人才的条件、高精尖产业技能提升培训课程申报、参加培训和申请补助要求和流

程为企业讲解，并就企业关心的问题进行答疑。

（市经济和信息化局）

【京电设备再次入围中国机械工业百强企业】9月，中国机械工业联合会主办第16届中国机械工业百强、汽车工业整车二十强、零部件三十强企业信息发布会，会议发布《2019年中国机械工业百强企业名单》，北京电力设备总厂有限公司再次入围，居第91位。

（赵晓来）

【“SRT创新末端执行器”获“创客中国”大赛一等奖】10月16日，在2020年“创客中国”中小企业创新创业大赛全国总决赛上，北京软体机器人科技有限公司参赛的“SRT创新末端执行器”项目获大赛企业组一等奖。产品整体使用柔性材质加工制造而成，通过气压驱动实现弯曲、扭转或伸展动作，模拟人手的抓取动作。在工业应用中，产品无须根据物体精确的尺寸、形状进行预先调整，可以便捷且低成本地实现力度控制和柔性抓取功能。

（中关村管委会）

【2020全球能源转型高层论坛举办】10月31日，北京市人民政府和国务院发展研究中心主办，北京市经济和信息化局、北京市昌平区人民政府和国务院发展研究中心资源与环境政策研究所承办的“2020全球能源转型高层论坛”在北京未来科学城举办。共邀请了包括3名两院院士在内的26名嘉宾进行了主旨发言，200余名国内外著名专家学者、政府官员和国际组织、科研院校、金融机构及企业代表参加会议。约1.6万人次同步在线观看会议开幕式和主分论坛，130余位媒体人参与报道。该论坛重点聚焦能源革命与绿色金融、石油天然气产业高质量发展、“互联网+5G”带动产业升级等领域开展了交流研讨，发布《中国能源革命进展报告（2020）》《中国天然气高质量发展白皮书（2020）》，展示了能源领域最新技术创新成果，为持续推进全球及中国能源转型、探索新能源快速发展搭建了交流沟通平台和创新创业平台。

（市经济和信息化局）

【2020年高端制造业优质项目路演活动举办】11月25日，由市经济和信息化局联合房山区政府主办的“深化产融对接、携手共创未来”2020年高端制造业优质项目路演活动在中关村新兴产业前沿技术研究院举办，约50人参加活动。活动现场，市经济和信息化局对北京市高精尖产业发展现状及下一步工作考虑进行解读说明；北京史河科技有限公司、北京智芯传感科技有限公司及北京中科瑞升资源环境技术有限公司等7家公司对特种机器人、MEMS传感器、高端装备项目进行路演。

（市经济和信息化局）

【中冶京诚成为首家“三综一特”资质企业】12月4日，住房城乡建设部发布《关于核准2020年度第九批建设工程企业资质名单的公告》，中冶京诚工程技术有限公司获冶金工程施工总承包特级资质。中冶京诚成为全国首家“三综一特”资质企业，即国内首家同时拥有冶金工程施工总承包特级资质，工程咨询资信综合甲级、工程设计综合甲级、工程监理综合甲级资质的工程技术企业。

（经开区管委会）

【北理工航天电子技术研究团队助力“嫦娥五号”】12月6日，在38万千米的环月轨道上，“嫦娥五号”上升器与轨道器和返回器组合体实施交会对接。在该次交会对接任务中，由吴嗣亮和崔嵬两位教授带领的北理工航天电子技术研究团队研制的微波雷达信号处理机与微波应答机信号处理机完成交会过程相对位置与运动状态的测量以及双向信息的传输。

（陈　璐）

【钢铁侠科技入选服务机器人示范单位推荐名单】12月20日，2020国家机器人发展论坛发布机器人示范单位榜单，北京钢铁侠科技有限公司（简称钢铁侠科技）入选服务机器人示范单位推荐名单。该名单旨在推荐具有突出品牌影响力、核心技术能力、设计创新能力，应用价值行业取得突出产业化成果的示范单位。钢铁侠科技成立于2015年9月，已完成多轮融资，是国内第一家专门从事双足大仿人机器人研发及推广的高新技术企业。

（陈 璐）

【京电设备获中国工业大奖提名奖】 12月27日，第六届中国工业大奖发布会在北京召开，北京电力设备总厂有限公司首次入选并获“中国工业大奖”提名奖。中国工业大奖是2004年经国务院批准设立的中国工业领域最高奖项。

（赵晓来）

【全球最大的气动元件制造商加大在京投资布局】 年内，全球最大的气动元件研发、制造商SMC株式会社(简称SMC)加大在京投资布局。在已有的SMC（中国）有限公司和SMC（北京）制造有限公司基础上，由SMC投资设立的SMC投资管理有限公司和SMC自动化有限公司于2020年12月在北京经济技术开发区注册成立。SMC投资管理有限公司注册资本2.2亿元，将作为SMC中国区总部，统一管理SMC在中国的业务。SMC自动化有限公司注册资本1亿元，主要面向中国市场从事气动元件等产品的研发、生产、销售、服务，以提高对中国市场的反应速度。

（市经济和信息化局）

【精航伟泰参与“嫦娥五号”项目】 年内，精航伟泰测控仪器（北京）有限公司参与“嫦娥五号”上升器GNCC快速原型系统的研制工作。精航伟泰基于MBSE的数字孪生设计平台ModelStudio对标国际领先的军工集团洛克·希德马丁公司研制的装备数字孪生研发平台“数字织锦（Digital Tapestry)”，基于模型定义装备的技术，可支持智能无人自主系统的数字原型到物理原型的快速实现，该平台已服务于包括“嫦娥五号”“天问”在内的国家多个重要航天任务。

（陈 璐）

【西什库31号文创园获市级文化产业示范园区提名】 年内，京仪工贸西什库31号文创园通过市级文创园复审，在首批文创园中排名第6位，并获北京市级文化产业示范园区提名，在首批及第二批共计98家文创园中排名第12位。新冠肺炎疫情期间，西什库31号文创园因独特的地理位置，广受各级政府及媒体的关注。北京电视台经济频道和西城微信公众号分别播出园区疫情防控报道，为园区的品牌推广起到良好效果。随着品牌影响力的增强，园区受邀参加服贸会、文博会、科博会及金融大会、文创大赛。承办2020北京文化创意大赛复赛，获文化创意大赛奖项。

（京仪工贸）

研发与成果

【罗特尼克研发出2.8倍音速碳纤维飞轮】 5月16日，罗特尼克能源科技（北京）有限公司宣布其研发团队采用国产碳纤维研发出2.8倍音速碳纤维飞轮，并已应用于飞轮储能系统。该技术可以将产业化飞轮储能系统的能量密度提升一个新的高度，有效降低储能成本，为大数据中心等新基建设施节能降耗。

（经开区管委会）

【京东方7款解决方案获德国莱茵TÜV认证】 5月20日，全球第三方检测、检验和认证机构德国莱茵TÜV集团与EyeSafe联合举办线上发布会。作为首批通过Eyesafe显示标准以及TÜV Method2认证的企业，京东方科技集团股份有限公司7款低蓝光显示解决方案获权威认证，为人们带来更健康的视觉体验。京东方低蓝光显示解决方案通过采用长波LED方案，以及蓝光波峰红移技术，实现全色温范围内的低蓝光，在大幅降低415～455纳米波段的能量输出的同时，还能完美还原显示屏的色彩。

（经开区管委会）

【京仪研究总院苹果智能检测与分选系统研发成功】 5月30日，京仪研究总院研发的苹果智能检测与分选系统在山东省烟台栖霞果品拍卖中心成功测试。该条智能检测与分选生产线在图像融合技术、近红外光谱检测技术、大数据技术、机器人控制等技术进行创新，研发成果处于国内领先水平，实现苹果内外部品质智能检测与分选，降低企业的人工成本，减少人工分选过程中对苹果造成的伤害，提高了苹果的附加价值和产业竞争力。

（京仪研究总院）

【北京巴威设计制造的土耳其胡努特鲁项目完成安装】 7月22日，由北京巴布科克·威尔科克斯有限公司设计制造的土耳其胡努特鲁项目1号锅炉K2大板梁完成吊装，标志着该项目安装工作进入到新的节点。在当地疫情严重情况下，工地代表克服重重困难，稳步推进安装工作有序进行，保证了锅炉整体安装工期。有效地推动国家“一带一路”倡议的实施，体现中国工程建设的高效实力。

（京城机电官网）

【安川首钢研发协作机器人自动拧紧系统】 7月，安川首钢机器人有限公司自主研发出协作机器人自动拧紧系统。该系统主要包含人机协作机器人 HC10DT 和拧紧装置，操作者可通过拖拽机器人进行程序示教和工具切换作业。该系统具备力限制功能、速度限制功能、逃避功能、远离功能、力作用保持功能，实现人与机器人协同作业，能有效保障操作者的人身安全。拧紧装置能根据自定义的拧紧策略对各种螺钉进行拧紧作业，精确控制并记录拧紧过程的转数与扭矩，实现每颗螺钉拧紧数据的可追溯。

（经开区管委会）

【京运通 JD–1600 型全自动单晶炉研发成功】 8 月 5 日，北京京运通科技股份有限公司自主研发的 JD–1600 型全自动单晶炉拉制出首根 12 英寸单晶硅棒，标志着 JD–1600 型全自动单晶炉研发成功。JD–1600 型全自动单晶炉全自动化程度更高，热场可兼容 32 ～ 42 寸，设备具有先进性。其中，首次在 JD–1600 炉型上应用全新智能调温专家系统 V2.0，缩短整体熔接时间，降低人工依赖性，成活率高，适应性强；利用高级人工智能自动化，将 AI 控制的等径晶体直径控制技术应用于 JD–1600 单晶炉；采用动态平衡配重的提拉头升降系统；预留 CCZ 硬件和软件接口，可在安装硬件后，直接开通使用，软件免费升级等。

（田甜　摄）

（经开区管委会）

【安川首钢参与研发的焊接用气爪投入使用】 9 月，安川首钢机器人有限公司与德国雄克公司联合研发的非标夹具焊接用气爪投入使用。通过对大量定位数据进行总结归类，实现非标对夹单元的标准化，形成了 YSR 独有的气爪产品。该产品解决不同项目、不同加工方式引起的夹具对夹定位单元易卡死、易损坏、备件时间长的问题，增加设计的选型多样性，缩短夹具设计周期，成本降低 30% 以上。该产品通用性好、定位精度高，有利于提高车桥产品的机器人焊接质量。

（经开区管委会）

【微纳星空研发的亚米级商业卫星发布】 9 月 4 日，北京微纳星空科技有限公司在中国（北京）国际服务贸易交易会上发布其最新研发的 MN50–2A/B 亚米级商业卫星。该卫星可生成亚米级对地遥感影像产品，应用于农作物灾情监测、林业森林防火、林业资源调查、环境监测、地震监测、海洋环境监测、气象监测、水利和山洪灾害监测等领域。

（陈　璐）

【金风科创新一代直驱永磁平台及产品发布】 10 月 14 日至 16 日，在 2020 北京国际风能大会暨展览会上，北京金风科创风电设备有限公司研制的新一代直驱永磁平台 GP21 及系列高性能旗舰产品发布，包括面向中低风速市场的 GW165–3.6MW 与 GW165–4.0MW 直驱永磁风电机组、面向中高风速市场的 GW165–5.XMW 直驱永磁风电机组。新一代直驱永磁平台 GP21 是金风科创研制的第三代直驱永磁平台。该平台基于金风科创 2S 与 3S 平台的轴系取长补短，大幅提升轴系承载能力，平台产品适应性更优；借鉴金风科创 2S 平台低风速高发电量设计理念，发挥金风科技 3S 和 4S 平台优秀的适应性与并网友好性；创新采用系统工程及平台化、模块化开发理念，是实现开发质量更高与度电成本更优的平价风电项目解决方案。金风科创为 GP21 平台产品构建“产能增效、环境友好、并网友好、安全控制、用户友好”五大智能模块，赋予仿生大脑，打造出全面智能化机组。GP21 平台产品可针对不同风资源环境和多元应用场景，对单机容量、叶片长度、轮毂高度、塔架形式、主机寿命、功能模块等提供定制化设计。平台中的 GW165–3.6MW 与 GW165– 4.0MW 机型是面向新风电时代中低风速区域的旗舰产品，拥有 3 兆瓦至 4 兆瓦级的最大风轮直径，可在大幅提升发电能力的同时有效降低项目投资，突破机位点限制。

（经开区管委会）

【ABB 开关推出数字化环网柜新品】 10 月 27 日，北京 ABB 开关有限公司推出可以用于各种复杂配电网结构中的数字化环网柜 Safe Digital 2.0。该产品基于 ABB Ability 云技术，通过融合多种数字化应用，精准感知开关柜的运行状态；为客户的设备提供资产健康管理、运维建议，确保供电安全，同时提升运行的连续性和可靠性、降低维护成本；可应用于电力、工业、轨道交通等各种复杂配电网结构中，加速电气数字化转型升级。

（经开区管委会）

【联想 5G 工业机器人发布】 10 月 28 日，在 2020 联想创新科技大会上，联想集团有限公司发布 5G 工业机器人——联想晨星机器人。机器人基于联想集团的混合轻量级虚拟化引擎及渐近式模型优化技术，在边缘算力和智能技术支持下，可以精准地执行繁复的飞机喷漆工作，工人只需要戴上增强现实眼镜，通过手柄远程示教，机器人即可实现自主喷涂，提升飞机喷涂效率及精准性。

（中关村管委会）

【京仪北方智能电能表自动化生产研发成功】11 月 20 日，北京京仪北方仪器仪表有限公司智能电能表自动化生产线研发成功，首批自动检验自动生产线进行批量生产检验，该生产线由北京京仪北方仪器仪表有限公司与研究总院联合研发。智能电能表自动化生产线将电能表整个装配检定过程中的多道工序根据功能特征分配到不同工位完成，实现自动接驳、打螺丝、视觉识别、耐压、校表、检测、设置、贴标、包装等。自动化线体使用 PC 控制系统联网工作，在单个工位设备出现故障时，可切换到手动模式进行维护，不影响其他工位正常生产；在暂停退出与掉电强制退出时，能自动保存生产线体工作状态与数据；对不同订单产品实现无缝切换。整个自动化系统有移动的动画显示功能及生产管理信息画面，数据实现数据库保存。接收，在线生产合同计划信息、生产任务、上传及下载测试数据，实时生产信息展示等。全部建设完成将单相电能表装配效率提高 78%；单班人力缩减 20 人；质量提升：不良率小于 0.05%，100% 耐压提高产品测试验证，避免人为操作不良，避免周转过程中造成的产品外观不良。同时也使京仪北方公司在国家电网公司的单相电能表招标中提升中标占有率。

（京仪北方）

【首钢喷号机器人多模式自动喷印系统上线】11 月，首钢京唐热轧部开发喷号机器人多模式自动喷印系统，实现了喷号机器人对下游用户不同钢卷喷印需求的自动识别和喷印模式的自动切换，有效提高了产线生产作业率。热轧部面对工作效率低且易出现误喷印的问题，从问题根源入手，在产销系统中引入喷印代码，将下游用户的不同喷印需求进行数字化编码，使产销系统下发的指令转化为喷号机器人能够识别的语言指令。同时，通过修改完善二、三级控制系统的通信结构、数据结构以及相关程序，实现了喷印代码的自动存储与转换，彻底打通产销系统和喷号机器人之间的指令传输和控制通道。新程序上线后，喷印准确率达到 100%。

（首钢官网）

【安川首钢开发彩涂机器人三功能一体系统】11 月，安川首钢机器人有限公司开发出彩涂机器人三功能一体系统。该系统集成机器人套筒安装、黏胶带、贴标三项作业功能，并配备安全防护系统和 PLC 控制系统。整个系统采取全自动运行模式，机器人配合激光测距传感器可兼容不同尺寸、不同种类的套筒和钢卷，自动修正黏胶带和贴标的作业程序，减轻操作人员工作负荷，提高生产效率。该系统集成模式开创国内冶金行业的先河。

（经开区管委会）

【星际荣耀生产出国内首个直径超 3 米的单层共底贮箱】12 月 6 日，北京星际荣耀空间科技股份有限公司完成双曲线二号验证型火箭（SQX−2Z）液氧 / 甲烷低温推进剂共底贮箱产品的生产。作为国内首个直径超 3 米的单层共底贮箱，该产品的设计发挥液氧 / 甲烷双组元推进剂温区相近的天然优势，将液氧箱和甲烷箱合体，共用一个单底来提升整体结构效率，即用最小的结构重量来完成任务所需承载功能。SQX−2Z 共底贮箱是一款可重复使用的产品，通过多轮拓扑优化，产品攻克了大直径防漩出流一体化装置、环

星际荣耀 SQX−2Z 液氧 / 甲烷低温推进剂共底贮箱产品（企业提供）

筛式消能器、共底过渡段通用模块等一系列的技术难点，共底作为核心部件已完成正压与反压的极限考核试验，可满足多次飞行需求。

（经开区管委会）

【首钢与首自信研发的智能检测机器人上线】12 月，为提高检验效率，提升智能制造水平，首钢股份与首自信公司联合推进、共同研发的智能检测加工机器人生产线上线运行。智能检测加工机器人生产线由分拣、切割、精加工、拉伸 4 个功能部分组成，具有设备顺控连锁、样品加工智能排产、样品任务分配及跟踪、设备状态诊断及报警、系统规则下发、数据分析归档、环境指标监控、安全连锁监控、物料样品历史查询九大功能体系。该生产线的应用大大缩短了产品设计研发周期，降低了人工及综合成本，提高了生产效率、产品质量，改善了工作环境，为安全生产工作增添了多重保障，为中国制造业提高自动化水平贡献力量。

（首钢官网）

【星际荣耀发动机传力结构完成生产和验收】12 月，北京星际荣耀空间科技股份有限公司自主研制的双曲线二号验证型火箭（SQX-2Z）主发动机传力结构完成产品生产和验收。新型发动机传力结构突破传统的单一功能设计思路，选择了创新的多功能一体化设计方案，是运载火箭结构一体化设计的创新成果，是一款实现了低成本、高性能的商业航天产品，交付后将参加双曲线二号可重复使用运载火箭一子级百公里垂直起降试验任务。

（经开区管委会）

【北京天海 2 产品获国标产品证书】年内，京城机电所属企业北京天海承接国家科技部新能源汽车重大专项两项子任务——燃料电池公路客车和公交客车用大容积 70MPa 车用压缩氢气铝内胆碳纤维全缠绕复合气瓶研制工作通过 GB/T35544—2007《车用压缩氢气铝合金内胆碳纤维全缠绕气瓶》标准要求的全部型式试验（含氢循环试验），取得国标产品证书。北京天海成为国内首家完成氢燃料商用车用 70MPa 大容积Ⅲ型瓶国标取证的企业。

（京城机电）

【合众思壮高精度测量设备助阵粮食生产】年内，北京合众思壮科技股份有限公司（简称合众思壮）研发生产的高精度测量设备 G990 RTK 已被应用在多个粮食主产区。G990 是合众思壮打造的测量高端系列产品，2019 年年底，合众思壮推出搭载全面支持北斗三号系统的“天琴 II”基带芯片的 G990 II 代，是全球首款全面支持北斗三号全信号体制的高精度基带芯片。

（陈　璐）

【北分瑞利 SP-3500 系列气相色谱仪上市】年内，北京北分瑞利分析仪器（集团）有限责任公司在总结 60 年的色谱经验基础上，融入国内外先进技术，自主创新研发出新一代的高性能气相色谱产品——SP-3500 系列气相色谱仪。该产品集高可靠性、高拓展性、高便捷性于一体。

（北分瑞利）

企业选介

【北京北仪创新真空技术有限责任公司】简称北仪创新，隶属于北京京仪集团有限责任公司。创建于 1954 年，总部位于中央商务区（CBD）的中心位置。生产基地位于大兴工业开发区，占地面积 31064 平方米，建筑面积 45504 平方米。

2020 年，北仪创新实现工业总产值 2532.1 万元、营业收入 5330.5 万元、销售收入 1873.3 万元、利润 628.9 万元、科技投入 446.8 万元。年内，按北京京仪集团有限责任公司混合所有制改革相关文件和会议精神，稳步推进北仪优成改革相关工作，推进北仪优成公司股权结构调整，12 月完成股权变更事宜。按照上级防疫工作要求，组建成立北仪创新公司复工复产疫情防控工作专班，统筹督促指导公司各部门做好复工复产后的疫情防控工作。根据北京市关于减免中、小、微企业房租的通知要求，减免房租企业 30 家，减免房租约 349 万元。继续推进市属国有企业退休人员社会化管理工作，截至年底累计完成 1415 人签字，签字率达 97%；累计完成数字化加工 1410 份，累计完成社保关系转移 1389 份，累计完成档案关系转移 1334 份。

（北仪创新）

【北京京仪集团有限责任公司】 简称京仪集团，成立于 1983 年，前身为北京市电子仪表工业局，是一家集研发制造、投资运营、现代服务为一体的综合性产业集团，注册资本 12.91 亿元。2011 年与北京控股集团有限公司（简称北控集团）战略重组，成为其推进高端装备制造业务发展的重要企业。拥有各级控股、参股企业 60 余家，与 ABB、艾默生等多家世界 500 强公司建立长期合资合作关系。京仪集团立足首都功能定位和行业发展方向，肩负北控集团高端制造的使命与责任，以“转型升级、高端发展”战略为指引，集中优势资源培育发展“高精尖”产业体系，确立了高质量发展目标，形成“一个核心，两个发展”的战略格局，重点发展以智能控制系统及仪表、科学仪器、电力电子、半导体装备为核心的高端装备制造业务；以光伏电站、节能环保、智慧停车为目标市场的投资运营业务；以科技孵化、文化创意、特色酒店、职业教育为核心内容的现代化服务业务。

2020 年，京仪集团国有及国有控股工业总产值 23.16 亿元，增加值 5.97 亿元，营业收入 27.19 亿元，利润总额 2.6 亿元，科技支出 1.32 亿元，占营业收入的 4.87%。高端装备制造业务累计订货实现 31.14 亿元，同比增长 7.3%。其中，大规模集成电路辅助设备业务连续中标长江存储、中芯南方、上海积塔等项目，实现订货 6.79 亿元，同比增长 80.7%；侦检业务实现订货 4.66 亿元，同比增长 15.4%；智能电表业务连续中标国网上海市、辽宁省、福建省、河南省等采购项目，完成订货 3.19 亿元，同比增长 13.7%；智能配电连续中标冬奥场馆等国家重点项目，完成订货 1.36 亿元，同比增长 41.4%；智能弱电业务中标雁栖湖定向安置房、雁柏山庄项目，金额超 4000 万元；温压仪表成功拓展医药行业，实现订货超千万元，并在环保新能源半导体行业实现供货明显增长；服务“一带一路”和污染防治攻坚战、碳中和碳达峰等重大国家战略，智能控制系统及仪表总包业务承建孟加拉 SR 项目实现一次性成功点火，大气监测治理业务承建南京建邺区大气污染综合管控项目，光伏业务开展碳排放权交易、中标 70 兆瓦外部电站运维，实现业务新突破。

（京仪集团）

【北京京城机电控股有限责任公司】 简称京城机电，前身为北京市机械工业管理局。1997 年 6 月转制为企业，名称为北京机电工业控股（集团）有限责任公司。2000 年 9 月更名为北京京城机电控股有限责任公司，是首都大型装备制造与服务公司。京城机电完成众多国家急需的重大技术装备，积累了雄厚实力和行业自信，在国家装备制造业中处于领先地位，打造出“京城”“北一”“北人”“华德”“天海”等众多知名企业和品牌，产品销往美国、法国、德国、意大利、澳大利亚、日本、瑞士、新加坡、印度、越南等 70 余个国家和地区。

2020 年，京城机电实现营业收入 99.3 亿元，同比增长 7%，完成年度预算的 99.3%，为“十四五”战略开局奠定了坚实基础。京城机电现有 12 家重要装备制造企业、6 家科研院所和学校，其中 6 家合资公司、1 家上市公司，员工 1.2 万余人，位列 2020 年中国机械工业百强企业第 45 位。

科技创新。年内，京城机电所属企业主持和参与包括工信部高档数控机床与基础制造装备科技重大专项、科技部国家重点研发计划及北京市科技计划项目共计 34 项，在数控机床、轨道交通、航空航天、船舶、电力装备、新能源汽车、关键零部件等重点领域，努力实现重大技术装备国产化。其中，“数控机床关键功能部件可靠性增长工程”等 8 项科技专项通过专项验收。“高效精密数控机床产业集聚区域网络协同制造集成技术与应用示范”等 9 项科技专项通过立项批复。“数控机床结合面特性及整机性能分析关键技术与应用”项目获北京市科学技术进步奖二等奖。

项目建设。年内，京城机电所属企业北京天海工业有限公司Ⅳ型瓶项目完成认证，生产线安装调试完成并具备小批量生产能力。京城机电联合北汽福田组建氢燃料电池商用车产业创新中心，参股设立北清智创（北京）新能源汽车科技有限公司，氢能产品销售收入同比增长 25%。京城机电所属企业北京京城环保股份有限公司北京市通州区有机质资源生态处理站项目设备安全稳定运行，所有排放指标全部检测合格，并网发电一次性成功，完成验收；新签舟山污泥处干化焚烧项目，合同额 2 亿元。京城机电所属企业北人智能装备科技有限公司渭南市（陕西省）智能基地建设达到预期，加工效率提升 50%，质量大幅提升；针对市场和客户需求开发的 300 米凹版新型印刷机，全年合同金额达 1.7 亿元。京城机电所属企业北京巴布科克·威尔科克斯有限公司成功开拓国内垃圾焚烧市场，成功签订江苏省张家港市、河南省洛阳市偃师区、山东省德州市等垃圾焚烧炉项目共计合同额2.2亿元，新签内蒙古自治区鄂尔多斯市鄂托克前旗上海庙镇电厂2 × 1000兆瓦超超临界锅炉项目合同金额达8.4亿元；设计的全球最低能耗火电机组华润电力曹妃甸2×1050兆瓦超超临界4号机组完成168小时满负荷试运行，荣获亚洲最佳电厂及美国能源杂志最佳电厂；世界首台褐煤623° C高参数超超临界火电机组京能内蒙古五间房项目获2020 － 2021年度国家优质工程金奖。年内，京城机电所属企业北京天海工业有限公司承接国家科技部新能源汽车重大专项两项子任务——燃料电池公路客车和公交客车用大容积70MPa车用压缩氢气铝内胆碳纤维全缠绕复合气瓶研制工作，顺利通过GB/T35544–2007《车用压缩氢气铝合金内胆碳纤维全缠绕气瓶》标准要求的全部型式试验（含氢循环试验），取得国标产品证书。北京天海成为国内首家完成氢燃料商用车用70MPa大容积Ⅲ型瓶国标取证的企业，在冬奥会专项商用大巴车辆上完成产品公告，2021年已经承接北汽福田汽车股份有限公司冬奥会氢燃料客车140台批量配套订单，每台车配套8支气瓶，共计需求70MPa氢气瓶数量1120支。京城机电创新平台——京城创新成功获批《面向中小企业智能生产线关键技术共享服务平台研发》等国家重点研发专项，德国工业4.0在线学习平台项目获得德国政府批准。

服务首都。年内，京城机电与北投集团签订《战略合作协议》，借助其作为城市副中心投资建设平台优势，加快推动北京京城重工机械有限责任公司台湖、北京第一机床厂探矿厂、北人集团锻压机床老厂三地块开发利用，助力城市副中心高水平建设。其中城市副中心政务服务大厅项目落户北人集团锻压机床老厂地块，已完成相关场地检测、测绘及勘探工作。京城尚德（北京）文化科技有限公司完成股权划转。北京重型电机厂东厂区项目列入石景山区十大重点项目，与石景山区政府签订战略合作框架协议，正在筹备园区各项工作。

疏解非首都功能。年内，京城机电所属北京巴布科克·威尔科克斯有限公司疏解搬迁方案通过审批进入实施阶段。在市国资委、唐山市政府见证下视频签约，完成京外子公司注册、土地招拍挂、地坪施工等各项重要节点工作，于10月奠基，实现了2020年市国资系统首个京津冀协同发展产业转移项目落地生根。京城机电所属企业北京北重汽轮电机有限责任公司完成中国华融资产管理股份有限公司持有股权回购，成为绝对控股股东，为31.42万平方米土地房地合一、资源盘活创造了条件，并通过大力度的疏解改革瘦身调整，年内实现扭亏为盈。京城机电所属企业北京京城重工机械有限责任公司以1元回购北京现代京城工程机械有限公司韩方60%股权，并豁免2050万元债务，由合资变为100%控股，为11.33万平方米土地盘活奠定基础。完成北京兴重工程机械设备租赁有限公司、京城泰格重工机械有限公司退出任务，基本完成存货处置。京城机电按照市国资委统一部署，全力落实“疏解整治促提升”专项行动任务，北京北一机机床有限公司拆除红居南街违建189平方米，腾退后土地用于市政道路扩建；北京市工贸技师学院拆除违建1160平方米，北京京城机电资产管理有限责任公司拆除违建585平方米，北京天海工业有限公司拆除违建1157平方米，北京京城压缩机有限公司拆除违建4293平方米，北京京城重工机械有限责任公司拆除违建2900平方米。年内，京城机电6项疏解整治促提升专项行动任务全部提前完成，共投入拆违资金75.5万元，拆除违建面积1万余平方米。

改革调整退出。年内，京城机电梳理制定46户企业退出名单并全面启动，完成京城泰格重工机械有限公司、北京市龙华达商贸公司等18户企业退出，提前完成市国资委下达的7户企业退出任务，进一步聚焦主业，止血减亏6638万元。所属企业北京京城压缩机有限公司制定并实施退出方案，稳妥安置职工75人，在手合同全部执行完毕或无罚金解除，同时大力回收应收账款，处置存货。所属企业北京京城新能源有限公司制定改革瘦身退出方案，清收应收账款8966万元，完成北京京城新能源（通渭）风力发电有限公司转让，回收资金1.5亿元。所属企业北京北开电气股份有限公司完成高压成套事业部、低压电气设备事业部精简整合，退出低压开关柜、配电箱等亏损业务，平稳安置职工107人。

扶贫攻坚。年内，京城机电稳步推进“一企一村”产业帮扶项目的发展，提供专项产业帮扶资金30万元，推进大村村产业项目发展，建成总面积2400余平方米、6个温室大棚，培育蘑菇，同时利用部分大棚种植反季节蔬菜，实现25人长期就业，50余人短期就业；与滦平巴克什营镇签订扶贫协议，提供产业扶贫专项资金60万元，发展乡村民宿产业，带动建档立卡人员就业62名（含公益岗位22人）；同内蒙古商都县七台镇、三大顷乡签订扶贫协议，提供50万元产业扶贫专项资金，带动建档立卡人员就业47

名（含公益岗位 29 人）。以上地区现均已完成脱贫攻坚工作。

风险防控。年内，京城机电推动企业重大案件解决和债权清收，挽回或减少损失达 3.85 亿元。京城机电合规管理试点工作方案获得市国资委批复。对重点企业、重点项目资金链全程监控，专款专用，专项审批。落实审计问题整改，列入审计整改问题清单共计 399 项，完成整改 355 项，剔除暂时冻结项后整改完成率达到 90.1%，较上年同期提高 11.5%。严肃审计监督，全年开展 13 项经济责任审计和专项审计。阳光采购平台上线新采购模块，提升使用规范性，细化采购行为分类，直采率按订单金额由去年 76.26% 降至 37.3%。

安全生产。年内，京城机电与下属各单位签订《安全生产目标责任书》，并组织召开安全生产大会、应急进万家启动会和安全生产工作专题布置会。新建了《安全生产管理制度》《环境保护管理制度》，修订了《安全生产党政同责、一岗双责规定》《安全生产责任制》《年度安全生产综合考核办法》《生产安全事故应急救援预案》等制度，并在全系统进行了制度宣贯。贯彻落实市委市政府要求，严格执行《北京市空气重污染应急预案》规定，做好空气质量保障工作。

（京城机电）

【北京京仪北方仪器仪表有限公司】简称京仪北方，于 2002 年 12 月 10 日由原北京第三电表厂与北京测振仪器厂合并改制成立，公司的前身北京第三电表厂成立于 1980 年 11 月，是全国最早生产电能表的国家定点专业生产厂之一。1999 年，在国家电网改造工程中，被国家经贸委确定为电能表指定采购单位。京仪北方是专业从事电能表研发与生产的厂家，引进了 4 条国内一流的电能表生产线，具备年产 600 万具电能表的生产能力，是国家电网入围企业，在国家电网中标排名 11 位。公司在原有 20 余种品种、300 余种规格的 IC 卡预付费、复费率、电子式电能表产品的基础上成功研制了具有领先水平的智能电能表、电力线载波自动抄表管理系统等。公司依据近 40 年的丰富经验，建立了科学的组织机构和完善、高效、合理的管理体系，通过了 IS09001 质量体系认证和荷兰 KEMA 认证。产品质量得到了原国家经贸委、原国家电力总公司，原国家机械局的认可，被国家机械工业局评定为一等品，并曾出口东南亚等地区。

2020 年，京仪北方成立复工复产疫情防控工作专班，恢复生产，产能恢复并超过 2019 年，中标国家电网累计实现 3.2 亿元，实现营业收入 1.03 亿元。

（京仪北方）

【北京京仪椿树整流器有限责任公司】简称京仪椿整公司，前身是 1960 年成立的北京椿树整流器厂，企业性质为集体企业。2002 年，企业改制为北京京仪椿树整流器有限责任公司，隶属于北京京仪集团有限责任公司，注册资金 7284 万元，资产总额 5512.7 万元，是中国最早生产电力电子器件和电力电子变流装置的高新技术企业。京仪椿整公司致力于开关电源、风电逆变器、APF、PWM 整流器、直流斩波器电源等产品领域的研究与开发，为客户提供集设计、研发、制造、服务为一体的最佳解决方案。京仪椿整公司有 45 名员工，本科及以上学历 28 人，其中硕士学历 8 人；本科以上学历人员占 62%，电力电子相关专业的工程技术人员占 24.4%；拥有 1 个北京市优秀创新工作室。

2020 年，京仪椿整公司工业总产值是 434 万元，工业增加值是 −227 万元，营业收入 3209 万元，销售收入 745 万元，利润总额 893 万元，剔除不可比因素同比增长 198 万元，增长率 28.5%，主营业务利润同比改善 181.9 万元。科技投入 169 万元，占营业收入的 5.3%。年科技投入达到主营业务收入的 22%，其中 1 项发明专利、1 项实用新型专利获得授权。年内，围绕“效益”和“效率”为核心，调整业务布局，退出不盈利产品，集中力量研发传统优势产品的升级方向，2019 年共确定 1 项公司新产品，填补公司产品空白，为企业未来发展提供技术保障。围绕大军工业务平台，搭建和提升技术创新能力。完善“十四五”发展规划，明确实施路径和资源配置需求，明确业务及产品定位，并制定业务发展方案。成立战略与投资委员会、人力资源与薪酬委员会、全面预算委员会、内部控制与审计监督委员会，修订内控体系建设、公务车管理办法、公司章程等 28 项制度。

（京仪椿整公司）

【北京科大分析检验中心有限公司】成立于 2005 年 12 月，是“首都科技条件平台”首批机制创新试点单位之一，公司依托北京科技大学在“新材料研究与制备技术”领域的学科优势和丰富的科技资源，开展材料检测、仪器开发、技术咨询、人员培训等业务。北科仪器作为公司着力打造的仪器产业化品牌，吸纳北京科技大学优秀的仪器设备研发成果，开展仪器设备的研发、生产和销售。北科仪器以“创制一流科学仪器设备，打造高校自主创新品牌”为己任，全力推动高校仪器设备研发成果转化与产业化。

2020 年，公司推出一款基于阿基米德原理的全自动真密度分析仪，该仪器遵循 ASTM D6226−10 标准，采用气体置换法测定材料真密度、多孔材料表观密度、显气孔率 / 开口孔隙率、闭口气孔率和真气孔率。该款仪器借鉴国际先进理念和经验，采用了最新技术和工艺，达到了国际先进，国内领先水平。

（刘亚东、张波）

【北京京仪仪器仪表研究总院有限公司】简称研究总院，成立于 2007 年，注册资本 1.17 亿元，隶属于北京京仪集团有限责任公司，主要致力于仪器仪表行业的科研与技术支持，是京仪集团设立的高新技术研发、行业技术发展预测的研究机构。研究总院集中科技资源，打造科技创新管理体系，打造京仪集团的科技创新中心。

2020 年，研究总院工业总产值 1332.01 万元，工业增加值 2452.89 万元，实现主营业务收入 1332.01 万元，实现利润总额 141.78 万元，科技投入 851.70 万元，人员总数 127 人，其中博士 5 人 、硕士 23 人、大学本科 49 人。年内，研究总院研发的苹果智能检测与分选系统在烟台栖霞果品拍卖中心成功测试。该条智能检测与分选生产线在图像融合技术、近红外光谱检测技术、大数据技术、机器人控制等技术进行创新，研发成果处于国内领先水平，实现苹果内外部品质智能检测与分选，降低企业的人工成本，减少人工分选过程中对苹果造成的伤害，提高苹果的附加价值和产业竞争力。

（京仪研究总院）

【北京京仪敬业电工科技有限公司】简称敬业科技公司，隶属于北京京仪集团有限责任公司，敬业科技公司是 2010 年 3 月由北京京仪敬业电工集团有限公司主辅分离，采用存续分立方式分立新设的有限责任公司。当时注册资本 5009.00 万元，2010 年，京仪集团组建北京京仪科技股份有限公司（简称京仪科技）。敬业科技股东于 2011 年 8 月 10 日变更为京仪科技，注册资本增加 1318.00 万元，变更后注册资本为 6327.00 万元。敬业科技公司致力于提供节能、环保、智能化的电气自动化领域综合解决方案。分别从德国、法国、瑞典、日本等国引进多项先进技术，与 ABB 公司建立合作关系，生产低压电器、低压无功功率补偿装置、谐波滤波设备、配电设备自动化集中监控、智能型变频节电设备、节能高效电机等机电一体化节能、智能产品。产品广泛应用于智能配电、节能、环保、军工等领域。敬业科技公司现有员工 108 人，其中研发、工程技术人员占 22.2%；本科及以上学历 43 人，其中硕士 8 人。

2020 年，敬业科技公司工业总产值 7757 万元，工业增加值 2240 万元，营业收入 12393 万元，销售收入 11523 万元，利润总额 2187 万元，科技投入 852 万元，占营业收入的 6.9%。继续推进“三项业务调整”、控制成本，敬业科技公司主营业务利润率同比增长 3.8%，合并口径主营业务利润同比改善 295.3 万元。年内制订并实施敬业科技与京仪椿整公司整合搬迁方案，京仪椿整公司建立统一的领导班子和统一的经营管理组织架构，实现对业务、资产、人员的统一管理，并实施生产场地的优化整合和集中管理，实现房产资源的有效利用。

（敬业科技公司）

【北京京仪自动化装备技术股份有限公司】简称京仪装备，成立于 2016 年，隶属于北京京仪集团有限责任公司，是京仪集团响应市委市政府“加快建设国际科技创新中心”的号召，落实北京控股集团有限公司“二次创业”的部署，重点围绕“高端装备制造”产业，布局“高精尖”业务体系，推行混合所有制改革，与混改团队、社会资本共同投资设立的京仪装备公司。京仪装备公司的主要产品包括半导体专用温控装置系列产品（Chiller）、晶圆倒片机（Wafer Sorter）系列产品、废气处理装置（Local Scrubber）系列产品，已广泛应用于半导体、LED、LCD 等领域。京仪装备的 Chiller 产品是国内唯一拥有独立自主知识产权的半导体专用温控设备，研发生产的晶圆传片机 Sorter G3、高速集成电路制造晶圆倒片机（12 寸双臂晶圆倒片机）、双腔燃烧水洗式废气处理装置等产品皆达到国际先进水平。

2020 年，京仪装备销售额为 3.4 亿元，比上年增长 70%，控温设备和废气环保设备的销售量超过 1000 台，累计销售量超过 3000 台。京仪装备在集成电路附属装备国内市场占有率排第一，打破国外垄断，推动全面实现附属设备国外进口替代。年内，公司保持 10% 以上的研发投入，完成 10 项发明专利授权，7 项新研发产品的市场验证，获得北京市“专精特新”企业和中关村前沿技术企业称号。晶圆倒片机产品获“中国创翼”北京赛区第一名。京仪装备产品覆盖国内最先进 12 寸芯片客户。

（京仪装备市场部）

【北京京仪工贸有限公司】简称京仪工贸，前身是 1955 年由北京市电子仪表工业局成立的北京电表厂，按照京仪办〔2006〕253 号文件要求，以北京远东仪表公司为基础组建北京京仪工贸公司，注册资本为9215.7万元，2016年1月15日京仪工贸主体改制名称变成为北京京仪工贸有限公司，股东为北京京仪集团有限责任公司，其职责也由京仪集团辅业管理平台转型为现代服务业管理平台。

截至2020年年底，京仪工贸拥有及管理的资产总额69226.9万元，固定资产6169.7万元，投资性房地产18852.2万元。下设7个职能部室9个项目部，6家托管单位，3家分公司，2家子公司，所属及管理的职工201人（其中从业为171人，不在岗30人），管理的离退休人员9105人。

2020年，京仪工贸不断完善资源运营、物业管理、制度建设、风险防控、安全管理等体系建设，强化基础管理工作，确保“十四五”期间企业砥砺前行再创辉煌。在不断增强创新意识提升创新能力的同时，保持对内、外部市场的危机意识，以优质的服务对内服务于各项目建设，对外服务于广大客户，以市场化的运营，对自有资源实现直租直投，最大限度释放资源价值。提升资源配置能力、园区运营能力、人才专业能力及品牌建设能力。在高效利用现有资源，全力盘活闲置、低效资源的同时，复制西什库31号、万达广场九号楼先进运营模式，助力特色园区建设及高端租赁业务发展。引进专业化园区管理人才，打造现代服务业管理团队，塑造西什库31号及京仪工贸物业服务品牌，扩大品牌影响力。落实规划编制、改革深化、资源整合、品牌建设、风险防控、安全管理工作，各项经济指标及重点任务全面完成。

（京仪工贸）

【探维科技（北京）有限公司】简称探维科技，成立于2017年，创始团队主要由来自于清华大学精仪系的博士和硕士研究生组成，拥有多年激光测量领域的技术研发经验，2008年开始激光雷达方向的研发，是国内顶级的激光雷达团队之一。探维科技凭借10余年积累的科研成果和技术开发经验，对车载激光雷达应用场景进行深度研究，提出新一代的固态扫描激光雷达技术方案。

Tensor-Pro/TensorHD激光雷达，具有高性能、低成本、易量产等特点；等效16/48/128线；应用于L3-L5级别自动驾驶

2020年，探维科技实现全球首款固态激光雷达产品Tensor-Pro的量产，并陆续完成交付超过千台，年产量达5000台。该产品采用完全自研的固态光学扫描方案，和芯片级的TOF信号处理方案，摆脱对高端进口信号处理芯片的依赖，其产品性能指标达到国际一流水平，同时也将全球固态激光雷达产品价格体系定格在万元以内。探维科技提供的固态激光雷达产品，可以在较大视场范围内进行激光扫描，获得厘米量级的测距精度，并在室外阳光干扰的条件下保证百米以上的极限测距范围。产品可大规模应用于包括乘用车、商用车、无人物流AGV和无人矿车等在内的L3-L4层级自动驾驶车辆，以及车路协同、工业检测和智能安防等场景。Tensor系列激光雷达已经完成大量的客户测试和验证，应用场景覆盖L3级乘用车商用车、L4级低速自动驾驶、工业AGV、无人叉车和车路协同等领域。年内，探维科技开始给客户交付下一代的高分辨率固态激光雷达产品Scope系列，分辨率可达64×1200，测距范围达300米，精度为2厘米，视场角为25×120度，产品将在保留探维技术路线“低成本”“易量产”“车规级”特点的同时，为用户提供更加高清的激光点云和更远的目标探测距离。公司计划推出硬件级图像融合固态激光雷达产品，可适配ADAS辅助驾驶、L3-L5多层级的自动驾驶三维环境感知需求。解决车载激光雷达结构复杂、价格昂贵、难以量产、不符车规等多个痛点和难题。

（探维科技）

【北京京仪智能科技股份有限公司】简称京仪智能科技，成立于2020年6月28日，北京京仪集团有限责任公司按照北京控股集团有限公司批复的混合所有制改革方案，由京仪集团和核心骨干团队成立的持股平台公司共同发起设立的混合所有制企业，京仪智能科技在北京怀柔科学城注册成立，注册资本5亿元。京仪智能科技聚焦科学仪器智能化控制系统、高端仪表与传感器、科学仪器、高端电力电子装备及军工、人工智能、智能制造、智慧城市等产业相关领域。年内，北京京仪博电光学技术有限责任公司为新型冠状病毒检测设备提供荧光滤光片，完成各项交付任务。

（京仪智能科技）

【北京北分瑞利分析仪器（集团）有限责任公司】简称北分瑞利，前身是北京分析仪器厂和北京瑞利分析仪器有限公司，隶属于北京京仪集团有限责任公司。北分瑞利是中国分析仪器专业制造商之一，业务领域涵盖实验室分析仪器、侦检仪器和流程分析仪器等，集研发、生产和销售于一身，致力于打造高端分析仪器产品，提供专业分析解决方案。

2020 年，北分瑞利国有及国控合并口径主营业务收入完成 42293 万元，国有及国控合并口径利润总额完成 1872 万元。实验室分析仪器方面，深化营销体系建设，开展产品专项管理工作，制定了产品的专项策略，气相产品同比销售额有所提升；色谱 3500 系列、原吸 220 系列等新品迭代推进，引入快速溶剂萃取及离子迁移谱产品，并实现销售突破；侦检业务保持了较好订货水平，实现订货总额 4.66 亿元（不含税），其中新增订货 3.75 亿元（不含税）；知识产权方面，新申请知识产权 6 项，其中发明专利 5 项，受理 4 项；其中 1 项技术已申请 PCT 及美国专利，并进入受理阶段。

（北分瑞利）

【北京远东仪表有限公司】简称远东仪表，主要从事工业过程测量仪表、自动化控制系统研发、制造和销售，为石油、化工、电力、冶金、制药等流程工业自动化提供服务，为节能减排、绿色环保、安全、物联网、水处理、热计量等市政领域提供行业解决方案，为北京市仪器仪表行业的明星企业。

2020 年，远东仪表保持生产经营总体平稳局面。全力以赴打好疫情防控阻击战，安全有序实现企业复工复产，远东仪表及园区所辖员工均保持“零感染”，发扬国企担当，疫情期间为园区符合条件的中小微企业减免房租共计 800 余万元。按照上级京仪集团部署要求，组织完成远东仪表“十四五”发展规划编制工作。并先后完成注销大兴分公司、注册延庆分公司。主营业务连续中标国核、中核重点项目；自主研发磁致伸缩液位仪中标特殊定制运载火箭发射装置液位监测系统，为产品高端发展提供良好示范。落实公司“1236”科技创新战略，取得 9 项实用新型专利，1 项发明专利，受理 1 项发明专利，获取 9 项产品资质，综合产品研发完成率 80%，自主创新能力逐步提升。完善内部控制体系建设，建立以年度为周期单位的制度修编长效机制，年内修订完善公司级制度 5 项。持续推进场地资源调整，提高和平里园区房产土地资源利用效率，年内出租率 95% 以上。持续加强人才队伍培养，全年共开展各种培训 4000 人次。持续提升企业安全管控能力，保持公司安全生产稳定局面。全年开展各级各类安全检查 95 次，排查整改安全隐患 92 项。年内，远东仪表取得高新技术企业资质、北京市技术中心资质，获中国仪器仪表行业协会功勋会员奖，获评 2018—2020 年度首都文明单位标兵。

（吴　婷）

【北京京仪绿能电力系统工程有限公司】简称京仪绿能，是由北京京仪集团、北京能源投资集团、保定英利能源（中国）有限公司合资组建的高科技新能源企业，注册资金 1.19 亿元。京仪绿能专注于可再生能源相关业务的研发、咨询、应用和服务，是北京市高新技术企业、中关村高新技术企业及市级专利试点企业。京仪绿能整合北京京仪集团几家下属企业在清洁能源领域与系统集成业务上的优势资源，依托于电力电子、智能通信等数字控制技术的核心优势和长期在新能源领域上的研究与探索，致力于为客户提供完整的清洁能源发电、供热、智能化运维及分布式综合能源服务解决方案。京仪绿能先后获中国光伏年度十大创新企业、年度十佳光伏企业等称号，获批北京市企业技术中心，通过质量、环境、健康 ISO 体系认证，是中国可再生能源光伏专委会副主任单位和中关村储能产业技术联盟会员单位。为响应国家大力发展清洁能源号召，京仪绿能在储能、智能微电网及“煤改电”等领域与多家企业展开合作，为客户提供全过程、全方位咨询和服务。

2020 年，京仪绿能工业总产值 1591 万元，工业增加值 1977 万元，主营业务收入 2098 万元，利润 585 万元，科技投入 69 万元。

（京仪绿能）

【北京京仪科技孵化器有限公司】简称京仪科技孵化器，隶属于北京京仪集团有限责任公司，是依托北京控股集团有限公司（简称北控集团）、北京京仪集团有限责任公司（简称京仪集团）雄厚实力和资源建立的产业驱动型国家级专业孵化器，国家级众创空间，同时是中关村科技园区管理委员会认定的中关村京仪海归人才创业园，总孵化面积近 10 万平方米。秉承“支持创新创业，培育高新企业，整合产业资源，加速成果转化，促进产业发展”的宗旨，重点集聚人工智能、智慧城市、智能制造等领域创新创业要素，培育新兴产业平台，服务京津冀协同一体化平台，服务“丝路创业”之路。京仪孵化器沿着企业成长生命周期构建的“创业苗圃＋孵化器＋加速器＋产业园”全孵化链条，为创业者提供覆盖从想法到伟大企业的全流程服务。配套开放发展、资源链接、载体互动、文化营造等机制，围绕产业链、创新链、资金链进行资源整合，打造科技创业生态系统。

2020年，京仪科技孵化器劳动生产总值2879万元，实现主营业务收入9293万元，实现利润总额1202万元、净利润985万元、净资产收益率为24.55%，总资产报酬率为10%。孵化器公司共有员工50人，专科以上学历占总数的80%，40周岁以下员工占50%，孵化服务从业资格人员占比达到81%以上，在园企业销售收入达32.3亿元，研发投入总额达2.5亿元，占企业总收入的7.7%；企业申请知识产权378余项，获批244项；帮助7家创业企业获得融资或政府政策性扶持，融资额度达到8600万元。累计孵化上市公司3家，培育高新技术企业37家，瞪羚企业5家，专精特新企业5家，累计为社会提供3400余个就业机会，为园区中小微企业减免2月至4月房租超过1300万元。京仪孵化器布局海淀区、西城区、朝阳区及大兴区，分别设立孵化器子公司，组建专业服务团队，搭建“众创空间＋孵化器＋加速器＋产业园”的全生态孵化链条，形成覆盖企业成长全生命周期的全方位一体化创业孵化体系。建立“京仪创新港”“融咖啡”“融创汇”等国家级和北京市级众创空间，建立大钟寺9号、西城百万庄16号、朝阳电子城等两个国家级孵化器、两个北京市级众创空间和一个区级众创空间，在大兴创新区建设加速器，形成涵盖不同阶段的全生态孵化网络。搭建创业导师科技咨询服务平台、新兴特色创业服务平台、搭建产业对接市场推广服务平台、搭建关键共性技术服务平台、搭建投融资服务平台、建立项目库。形成一套完整的创业服务体系，推动草根创业与国有大型集团间的技术转移与成果转化，进而推动产业转型升级和高端发展，助力“双创”服务实体经济。年内，京仪孵化器再次在科技部火炬中心国家级孵化器考核评级中获得A级（优秀），并获选2020全国百家特色载体；同时被北京市经济和信息化局评为“创客中国”北京市中小企业创新创业大赛暨“创客北京2020”创新创业大赛初赛优秀承办单位；通过市经济和信息化局“北京市小型微型创业创新示范京仪创业基地”复核认定。

（京仪科技孵化器）

“十三五”回顾

政策体系不断完善。“十三五”时期，北京智能装备产业领域相继发布《北京市加快科技创新发展智能装备产业的指导意见》《北京市机器人产业创新发展路线图》《“智造100”工程实施方案》《北京市机器人产业创新发展行动方案（2019—2022年）》《北京市智能制造系统解决方案供应商推荐目录》《北京市智能制造关键技术装备供应商推荐目录》等政策文件，支持企业提升智能装备供给能力和服务水平。

加速转型升级。“十三五”时期，北京智能装备产业初步形成机器人及智能制造装备、先进能源装备两大领域“双轮驱动”，科学仪器、公共安全和应急装备、冰雪装备等特色专用装备“多点支撑”的高端产业发展格局。

创新能力增强。“十三五”时期，北京智能装备产业创新中心加速布局建设，目前拥有国家制造业创新中心1家、国家工程研究中心6家、企业技术中心145家。企业创新能力持续增强，创新成果不断涌现。北京精雕科技集团有限公司在数控系统、计算机辅助设计（CAD/CAM）软件、高精密电主轴等数控机床关键功能部件领域取得突破，其生产的五轴高速加工中心功能部件国产化率达到90%。北京中科博联科技集团有限公司的一体化智能好氧发酵装备（机器人）突破了固废处理智能发酵等技术瓶颈，填补国内多项空白。

细分领域优势突显。“十三五”时期，北京智能装备产业龙头企业逐步壮大，创新型企业和单项冠军企业不断涌现，全市入选国家单项冠军企业名单的智能装备企业累计达到17家。遨博（北京）智能科技有限公司、北京极智嘉科技有限公司、北京天智航医疗科技股份有限公司在协作、物流、医疗机器人领域处于国内领先水平；中材科技风电叶片股份有限公司在风电叶片领域国内市场占有率第一，技术领先，且拥有开发海上超大叶片技术；同方威视技术股份有限公司、北京康斯特仪表科技股份有限公司分别在大型货物安检装备、温度压力检测仪器仪表细分领域全球市场占有率达到30%。

（市经济和信息化局）

生物与医药产业

本栏目采用条目体，刊载2020年北京生物与医药产业概述、政策与措施、产业动态、研发与成果、企业选介和“十三五”回顾6项内容。其中，政策与措施分目包括出台的政策文件及实施情况，机构设立、调整变化等内容；产业动态分目包括经营业绩、项目启动、签约、论坛、获奖等内容；研发与成果分目包括新产品发布、技术测试、解决方案等内容；企业选介分目在重点介绍一级企业的基础上，对二级企业的主营业务范围进行了简述。“十三五”回顾分目对产业发展情况进行了简述。有关新冠肺炎防疫事项在专题类目中记述。

概　述

2020 年，在新冠肺炎疫情、药品集采影响下，北京市医药产业增速 11 月实现由负转正，医药工业完成产值 1558.6 亿元，同比增长 10.6%，其中医药制造业全年共完成产值 1312.9 亿元，同比增长 7.5%；医疗器械行业完成产值 245.7 亿元，同比增长 16.8%。全市出口交货值 114.77 亿元，同比增长 76.8%。

（市经济和信息化局）

政策与措施

【北京工业互联网技术创新与产业发展联盟中医药行业专委会成立】2 月 18 日，为落实《北京市人民政府办公厅关于进一步支持打好新型冠状病毒感染的肺炎疫情防控阻击战若干措施》（京政办发〔2020〕5 号）的要求，在疫情期间，通过工业互联网在资源配置、供需对接、产业协同等方面的优势，助力中医药发挥对新冠肺炎预防治疗作用，推进中医药行业数字化、网络化、智能化转型，在市经济和信息化局指导下，以网络视频会议形式成立北京工业互联网技术创新与产业发展联盟中医药行业专委会。中医药行业专委会由用友网络科技股份有限公司任会长单位，北京中医药大学管理学院和中药学院、和利时科技集团有限公司、北京康仁堂药业有限公司等为副会长单位。中医药行业专委会以技术创新，产业发展，推广应用，合作共赢为宗旨，共享各成员单位的优势资源，将人工智能、大数据、5G 等新一代信息技术，与中医药行业发展需求相结合，建设符合京津冀区域特点的中医药行业工业互联网平台，以平台赋能供应链管理、医疗设备研发、中医药创新、中医药质量追溯等，在提高抗疫效率的同时，推动中药质量提升，健全中医药服务体系，助力中医药产业高质量发展。疫情期间，中医药行业专委会启动中医药行业工业互联网平台建设，协调用友精智工业互联网平台向行业单位提供免费的医疗物质供需对接和远程办公、视频会议等服务，并全力保障国药集团、中国中药、同仁堂等公司相关业务系统正常运营。截至 2 月 20 日，精智工业互联网平台友云采累计收到 88 家医院、295 家企业诉求，共计急缺的防疫物资采购需求 865.8 万件，对接供货商可供货数量达 729.6 万件，运力资源匹配对接 11 次。

（市经济和信息化局）

【爱康医疗全资收购理贝尔生物】4 月 6 日，爱康医疗控股有限公司与美敦力康辉控股（中国）公司签订股权买卖协议，收购美敦力旗下北京理贝尔生物工程研究所有限公司全部股权。收购完成后，理贝尔将成为爱康医疗全资子公司。爱康医疗的 3D 打印脊柱融合系统，将结合理贝尔成熟的脊柱内固定系统，在脊柱产品与临床解决方案上，推出更加完善的产品组合。自此，爱康医疗拥有关节、脊柱与创伤三大骨科耗材产品线。爱康医疗是国内 3D 打印金属植入物研发、制造与商业应用等方面的开拓者，也是亚太地区规范化的骨科 3D 打印金属植入物制造商，拥有标准化金属 3D 打印骨科植入物注册证 3 个，在国内膝髋关节市场份额上占据领先地位。理贝尔公司于 1996 年在北京成立，是一家从事生产、销售及研究骨科植入物及手术器械的公司，拥有成熟的脊柱与创伤产品线，稳定高品质的产品质量，营销网络覆盖超过 500 家医院，是中国知名的脊柱创伤品牌。

（昌平区官网）

【万泰生物上市】4 月 29 日，北京万泰生物药业股份有限公司成功登陆上交所主板，股票简称“万泰生物”，股票代码 603392，发行 4360 万股，发行价为 8.75 元。

（纪根达）

产业动态

【勤邦生物获国家技术发明二等奖】1月10日，中共中央、国务院举行国家科学技术奖励大会，北京勤邦生物技术有限公司项目“农产品中典型化学污染物精准识别与检测关键技术”获2019年度国家技术发明奖二等奖。该项目针对农产品中化学性污染物检测存在的样品前处理特异性差、核心识别材料制备困难、检测通量低、灵敏度需提高等技术问题，在分子印迹设计、核心识别材料创制、免疫检测增敏等核心技术上取得重大突破。该项目成果为农产品快速检测和有效监管提供了更加精准的技术手段。

（纪根达）

【研究型国际医疗产业转化平台入选市重点工程】2月22日，市发展改革委发布2020年北京市重点工程计划，中关村生命科学园的研究型国际医疗产业转化平台项目入选医疗领域重点工程。该项目是北京市3个100重点工程，作为全国首个国际研究型医院，项目落户于未来科学城西区“生命谷”，由未来科学城公司负责实施建设，规划总建筑规模9.74万平方米，建成后将拥有500张床位，接待日门（急）诊量890人次，同时作为以临床研究为核心业务、具备承接全球多中心临床试验能力的独立研究型医院，将“研究”与“临床”两项功能结合，重点布局实体肿瘤、脑神经科学等优势领域，运营稳定后预计每年承接上百个临床试验项目。

（纪根达）

【推想科技公司医疗人工智能产品获欧盟CE认证】2月，推想医疗科技股份有限公司的医疗人工智能产品InferRead获欧盟医疗器械CE认证。InferRead系列人工智能解决方案在胸部疾病，特别是利用人工智能技术进行肺癌筛查和智能预测领域处于领跑者的地位，产品在德国、法国、瑞士、西班牙等国10余家医疗机构得到应用，可辅助医生每日完成近5万例临床诊断工作，提供功能包括：高效阅片、智能随访及疗效评估、智能病例数据库、自动化结构化报告等。

（中关村管委会）

【同仁堂中药研究项目获市科技进步奖一等奖】3月，北京市科学技术奖励工作办公室公示了2019年度北京市科学技术奖各评审委员会项目评审结果：由北京同仁堂科技发展股份有限公司与中国中医科学院中药研究所等联合研究的“中药注射剂和有毒中药的安全性评价关键技术及其应用”项目获得2019年度北京市科学技术进步一等奖。该项研究于2015年启动，针对有毒中药等不同中药的特点，成功建立了具有特色的中药安全性评价方法和产品风险控制技术体系，有效提升了中药安全性。该项研究为行业开展此类具有安全性隐患药物的安全性评价研究和风险控制提供有益和可借鉴的研究思路和模式。

（同仁堂官网）

【高端医疗装备攻关项目启动会召开】6月17日，中国航天科技集团有限公司为加快补齐高端医疗装备短板，组织召开高端医疗装备产业化攻关项目启动会暨实施方案评审会，市经济和信息化局党组成员、副局长姜广智同志出席并讲话。姜广智对项目团队提出，要坚持大协作、大开放的工作思路，形成医工交叉的工作格局；要加强项目组织，细化工作机制，确保项目按计划顺利进行；要坚持产业化、市场化的工作目标，寻找技术、产品应用新场景；坚持立足北京、辐射津冀的产业布局，保障产业化核心环节稳定。与会专家对项目实施方案的可行性提出建议，对项目潜在风险和注意事项进行提醒，确保项目更好更快推进。该项目团队由中国航天科技集团组建多名工程和医学领域知名院士、专家领衔，以国际尖端医疗装备为目标，开展产业化攻关。

（市经济和信息化局）

【同仁堂集团参加西普会获5项大奖】8月13日，2020中国健康产业（国际）生态大会——西普会在海南博鳌亚洲论坛国际会议中心启幕。同仁堂集团展示了安宫牛黄丸、时疫清瘟丸、巴戟天寡糖胶囊、

六味地黄丸、阿胶、同仁堂牌破壁灵芝孢子粉胶囊及补益系列、心脑血管系列、感冒清火系列等主打产品。同仁堂安宫牛黄丸获脑血管用药金奖、同仁堂获滋补药金奖。北京同仁堂商业投资集团获2019—2020中国药品零售企业综合竞争力百强企业，获2019—2020中国药品零售企业综合竞争力排行榜中药特色榜金奖。

（李　淦）

【佰仁医疗二期建设项目开工建设】9月10日，北京佰仁医疗科技股份有限公司二期建设项目开工建设。该项目是北京市高精尖重点工程项目，位于昌平区科技园区华昌路2号，建筑面积15663平方米，项目总投资32249.42万元，项目将建设包括实验室、生产加工车间和配套用房，计划于2022年投入使用。北京佰仁医疗科技股份有限公司成立于2005年7月，是注册在昌平园的国家高新技术企业，2012年12月科创板上市，主要从事高端心血管疾病植入器械和外科软组织修复材料的研发、生产。主要产品有人工生物心脏瓣膜、肺动脉带瓣管道、心包补片、房缺封堵器等，其中心脏外科产品填补国内该领域产品的市场空白。

（纪根达）

【丹大生物启动国家重点研发计划重点专项】10月23日，由北京丹大生物技术有限公司承担，中国人民解放军总医院、北京大学肿瘤医院、深圳大学等多家单位参与的国家重点研发计划"主动健康和老龄化科技应对"重点专项启动。该专项旨在开发一批主动健康促进关键技术和产品，将在主动健康关键技术和产品研发、老年常见疾病防控和康复护理技术研究，以及主动健康和老年服务科技示范与应用领域推广3个任务部署22个研究方向。

（经开区管委会）

【东华原生产研发项目开工】11月11日，北京东华原医疗设备有限责任公司新建药房自动化系统高端智能制造生产研发中心项目开工，建筑面积11773.76平方米，建设用地位于昌平园西区0208–71地块，用地性质M1工业用地，占地面积1.9万平方米。东华原是昌平园的国家高新技术企业，是中国煎药设备的最大供应商，拥有标准化的煎药机生产、研发基地，主要生产中药煎药机、人体成分分析仪、医用电子血压仪等医疗设备，全自动煎药机在国内市场占有率70%以上，国外主要销往美国、加拿大等20个国家和地区。

（纪根达）

【博雅辑因进入福布斯中国高增长瞪羚企业榜】11月12日，福布斯中国发布2020福布斯中国高增长瞪羚企业榜，该榜单从企业创新能力、成长性以及经营质量3个方向进行综合评估。博雅辑因（北京）生物科技有限公司（简称博雅辑因）进入榜单。博雅辑因是一家一直致力于通过国际前沿的基因组编辑技术，为多种遗传疾病和癌症加速药物研究以及开发创新疗法的生物医药企业。公司拥有以基因编辑技术为中心的4大平台，分别是针对造血干细胞和T细胞的体外细胞基因编辑治疗平台，基于RNA单碱基编辑技术的体内基因编辑治疗平台和致力于靶向药物研发的高通量基因组编辑筛选平台。

（陈　璐）

【推想科技成为全球唯一拥有四大市场的AI医疗公司】11月13日，国家药品监督管理局（NMPA）批准推想医疗科技股份有限公司的肺结节AI三类认证，这是中国NMPA批准的第一张肺部AI三类认证。2020年年初，推想科技就以全球第一家的身份拿到胸肺CT领域AI的FDA和PMDA认证。至此，推想科技成为全世界唯一一个拥有欧盟CE、日本PMDA、美国FDA、中国NMPA四大市场认证的AI医疗公司，获得全球绝大部分主要医疗市场的准入资格。

（陈　璐）

【爱康医疗进入工信部专精特新"小巨人"企业榜单】11月18日，工信部公布第二批专精特新"小巨人"企业名单，北京爱康宜诚医疗器材有限公司（简称爱康医疗）进入榜单。爱康医疗作为中国骨科植入物行业的领军企业，先后获国内金属3D打印植入物的NMPA注册许可（髋关节系统、人工椎体系统、椎间融合器系统）。2015年8月，3D ACT人工髋关节系统经过临床验证获准上市，同时相关核心技术全部拥有自主知识产权。成为中国骨科领域的领导者是爱康医疗的长期战略目标，2018年通过收购英国JRI公司，爱康医疗在人工关节表面技术与海外市场拓展上迈出了重要一步；2020年年初收购美敦力旗下理贝尔，是公司在脊柱与创伤领域布局上的又一项重大举措。

（纪根达）

【华龛生物3D微载体获CDE药用辅料资质】12月7日，北京华龛生物科技有限公司（简称华龛生物）自主研发的3D微载体通过国家药品监督管理局药品审评中心（CDE）完全药用辅料资质备案（登记号：F20200000496）并获得批准。该产品为全球首款可用于细胞药物开发的药用辅料。

（陈　璐）

【推想科技获人民企业社会责任奖】 12 月 12 日，由人民网主办的 2020 人民企业社会责任高峰论坛暨第十五届人民企业社会责任奖颁奖典礼在京举行。推想医疗科技股份有限公司研发的“推想肺炎智能辅助筛查和疫情监测系统”凭借在社会责任等方面的创新实践，作为唯一一家 AI 医疗企业获第十五届人民企业社会责任奖年度案例奖。

（陈　璐）

【博雅辑因登榜 2020 中国健康新势力企业】 12 月 13 日，由人民网、人民健康联合相关单位共同举办的 2020 中国健康新势力发展峰会在江苏省无锡市举行。大会全网发布 2020 年中国健康新势力企业获奖名单，博雅辑因（北京）生物科技有限公司进入榜单，获 2020 中国健康新势力企业称号。

（陈　璐）

【经开区 2 家企业获国家企业技术中心认定】 12 月 28 日，国家发展改革委发布《关于发布 2020 年（第 27 批）新认定及全部国家企业技术中心名单的通知》（发改高技〔2020〕1918 号），认定 97 家国家企业技术中心和 10 家分中心。其中，北京泰德制药股份有限公司技术中心、博奥生物集团技术中心被认定为国家企业技术中心。

（经开区管委会　宋慧宇）

【重大项目建设】 年内，市经济和信息化局推动京东方生命科技产业基地（一期）、民海生物新型疫苗国际化产业基地（一期）、诺康达药品智能化生产、中关村高端医疗器械产业园二期、北京亦昭生物医药中试研发生产基地等新项目开工，推动北京赛升药业股份有限公司新建医药生产基地、北京生物新冠疫苗生产车间项目完成竣工验收，智飞绿竹疫苗产业化项目申请土建竣工验收。主动靠前服务，促进拜耳、赛诺菲、费森尤斯卡比等龙头外资企业在京增资扩产，总投资达 18 亿元。全市新进入市级生物医药产业高精尖项目库项目 16 个，总投资 44.8 亿元，目前在库项目共 67 个，总投资 525.3 亿元。

（市经济和信息化局）

研发与成果

【国内首个人工智能Ⅲ类医疗器械产品获批上市】 1 月 15 日，北京昆仑医云科技有限公司研发的国内首个人工智能Ⅲ类医疗器械“冠脉血流储备分数计算软件”获国家药监局批准上市。产品基于冠状动脉 CT 血管影像，由安装光盘和加密锁组成，功能模块包括图像基本操作、基于深度学习技术的血管分割与重建、血管中心线提取、基于深度学习技术的血流储备分数计算，采用无创技术，可减少不必要的冠脉造影检查和介入手术，并可用于冠心病早期诊断。

（中关村管委会）

【凯因科技Ⅰ类创新药盐酸可洛派韦胶囊上市】 2 月 11 日，北京凯因科技股份有限公司慢性丙型肝炎治疗Ⅰ类创新药盐酸可洛派韦胶囊（凯力唯®）通过药监局优先审评审批程序批准上市。凯力唯®是公司具有自主知识产权的Ⅰ类创新药，是一种全新的针对 HCV 的泛基因型 NS5A 复制复合子抑制剂，可抑制 HCV 的组装和复制。该产品的上市有助于增加国内抗丙肝病毒药物可及性，满足临床用药需求。

（经开区管委会）

【德为智慧 12.1 寸终端 F121MK 样机研发成功】 2 月，北京德为智慧科技有限公司为辽宁开普医疗系统有限公司定制开发的 ARM 嵌入式 12.1 寸终端 F121MK 样机研发成功，并达到客户交付标准。该终端包括嵌

盐酸可洛派韦胶囊(凯力唯)(企业提供)

ARM 嵌入式 12.1 寸终端 F121MK 样机(企业提供)

入式 Linux 系统、Qt−5.8 开发环境、嵌入式工控板以及集成客户第三方应用软件，可开机自动运行客户应用软件，并具备在 Linux+Qt 操作系统平台下应用软件的开发、升级、调试等功能。

（经开区管委会）

【桑枝总生物碱片获批上市】 3 月 17 日，北京五和博澳药业股份有限公司的Ⅴ类新药桑枝总生物碱片获国家药监局批准上市。产品是中国首个原创降血糖天然药物，突破中药粗制剂物质基础不明确、质量不可控、疗效不确切、无量效关系的缺陷，用于治疗Ⅱ型糖尿病。

（中关村管委会）

【凯因科技索磷布韦片上市】 3 月 18 日，北京凯因科技股份有限公司的索磷布韦片（赛波唯®）获药监局批准上市。9 月，赛波唯®获补充申请批件，通过一致性评价，进入《中国药品上市目录集》。赛波唯®

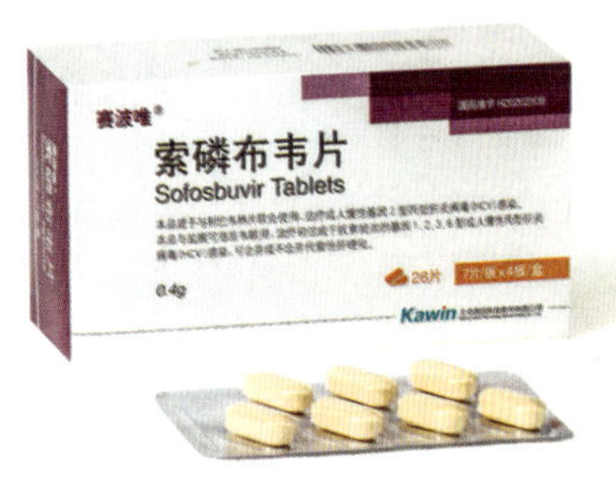

索磷布韦片（赛波唯®）（企业提供）

是国产首个获批上市的 NS5B 聚合酶抑制剂，是治疗慢性丙肝的一线临床用药，主要与其他抗 HCV 药物联用，具有治愈率高、安全性高、不易产生耐药的优点。

（经开区管委会）

【同仁堂国药发布“扶正避瘟饮”系列组方】 3 月 27 日，同仁堂国药有限公司以云发布的方式向全球公布“扶正避瘟饮”系列组方，为意大利、伊朗、西班牙、法国、德国、英国、瑞士、荷兰、美国、韩国、日本、澳大利亚和中国香港、澳门等 30 个国家和地区抗击新冠肺炎疫情提供同仁堂治疗方案。“扶正避瘟饮”系列组方是由知名国医大师唐祖宣领衔、同仁堂境外 20 名中医专家共同参与的同仁堂境外疫情防治专家组专门为防控新冠肺炎疫情开出的中医药治疗方案。

（同仁堂官网）

【瓦里安高端医用直线加速器 TrueBeam 新产线落成】 3 月，瓦里安医疗设备（中国）有限公司的高端医用直线加速器 TrueBeam 新产线落成，下线第一台中国产高端医用直线加速器 TrueBeam。TrueBeam 是全世界首个可进行一键式非共面放射外科技术 HyperArc 的直线加速器，适用于对精准照射要求很高的脑部肿瘤，可为患者提供时间更短、无需开颅的放射治疗。该生产线的落成标志着瓦里安中国研发和生产基地超越瓦里安医疗系统公司总部所在的美国硅谷基地，成为瓦里安医疗系统公司在全球范围内产品线最齐全的研发和生产基地。该生产线落成后，瓦里安中国研发和生产基地第一季度直线加速器的发货量比 2019 年同期增长 96%。

（经开区管委会）

【诺诚健华 ICP−192 通过 FDA 审评】 4 月 24 日，北京诺诚健华医药科技有限公司研发的一类创新药 ICP−192 通过美国食品药品管理局（FDA）的新药临床试验申请审评。ICP−192 是诺诚健华第二个获批在美国开展临床试验的创新药物。ICP−192 是用于治疗多种实体瘤的高选择性小分子泛成纤维细胞生长因子受体抑制剂。

（中关村管委会）

【智能穿刺采血机器人获医疗器械生产许可证】 6 月 4 日，北京迈纳士手术机器人技术股份有限公司研发的首台可实现静脉采血全链条自动化的智能穿刺采血机器人获市药品监管局颁发的医疗器械生产许可证（京食药监械生产许 20200004 号）。采血机器人可自动获取被采血者信息、扎止血带、血管扫描识别、喷消毒液、精确穿刺定量采血、贴止血贴、血样摇匀等全链条血液样本采集工作，让血样采集过程中不可控的人为失误和误差实现可控。

（中关村管委会）

【三元药业新厂区建设项目完成】 7 月 29 日，北京三元基因药业股份有限公司新厂区建设项目完成。该项目主要产品是重组人基因工程 α1b 干扰素。产品由国家最高科学技术奖得主侯云德院士发明，是中国第一个具有独立知识产权的基因工程一类新药，用于治疗多种病毒性疾病和恶性肿瘤。

（大兴区官网）

【京东方与北医三院启动慢病管理解决方案】 8 月 22 日，京东方健康科技携手北京大学第三医院启动医工结合赋能慢性气道疾病全程管理项目。 双方将共同推动慢性阻塞性肺疾病（简称慢阻肺）分级诊疗新模式，打造全新物联网化“防、诊、治、康、教”的管理流程，帮助高危群体早筛查、早诊断、早治疗，为更多慢阻肺患者带来智慧健康解决方案。BOE（京东方）推出的呼吸慢病管理解决方案基于慢阻肺分级管理框架，可实现家庭、基层医院及三级医院联动。通过采用物联网、人工智能和大数据技术，以及肺功能仪、呼吸机、制氧机和无创多参数检测仪等呼吸相关的居家设备，进行诊疗数据的自动传输、存档、分析与管理；医生还能够在远程指导慢阻肺患者规范治疗，提高管理效率，实现呼吸慢病的全病程精准管理。该项目于9月启动，将呼吸慢病管理解决方案应用于北京大学第三医院等5家医联体医院。

（北京电控官网）

【瓦里安推出全新一代 Halcyon 智慧放疗平台】8月22日，瓦里安医疗设备（中国）有限公司推出全新一代 Halcyon 智慧放疗平台。该产品由瓦里安中国研发和生产基地研发、生产，引入千伏级影像引导能力，

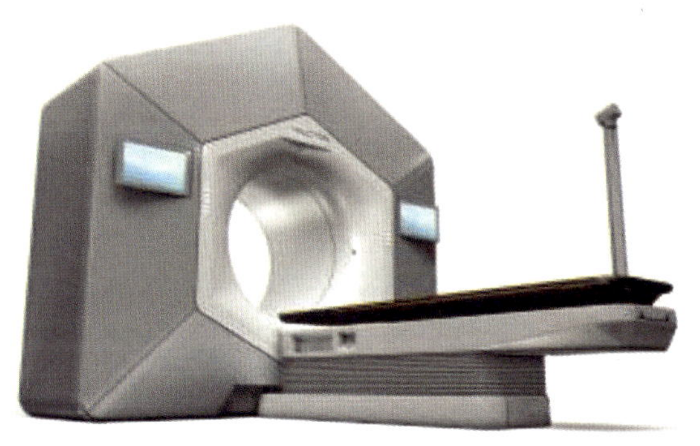

瓦里安全新一代 Halcyon 智慧放疗平台（企业提供）

采用瓦里安专有的 iCBCT 成像技术，提供更高的软组织显示分辨力，使医务工作者可以从相应投影图像中提取更多信息，确保治疗的精准度。

（经开区管委会）

【同仁堂健康药业完成自有生产线的智能制造布局】8月27日，在工信部组织召开的“中医药产品智能制造新模式应用”项目验收会上，专家组在听取项目承办单位北京同仁堂健康药业股份有限公司（简称同仁堂健康药业）关于该项目的竣工验收汇报并进行现场审查评估后，给予项目验收通过评定，并对项目完成效果做出高度评价，标志北京同仁堂健康药业具备国家级项目承担能力，而且完成自有生产线全新的智能制造布局。位于大兴区的北京同仁堂健康药业智能制造基地，已完成全新的智能制造布局。通过系统间的互联互通，对中医药传统生产模式进行了智能化升级，涵盖人工智能应用、智慧物流、中医药产品制造过程现场数据采集与可视化、中医药产品制造大数据平台与质量追溯系统、中医药产品数据管理系统、中医药智能工厂信息协同的 MES 系统等。已建立能够生产口服液、粉剂、胶囊等多种不同包装形式产品、年生产能力达85万箱的中医药产品智能化生产线。

（同仁堂官网）

【拜耳医药保健产品多菲戈®获批上市】8月27日，拜耳医药保健有限公司的氯化镭[223Ra]注射液（多菲戈®，Xofigo®）获药监局批准在中国上市，用于治疗伴症状性骨转移且无已知内脏转移的去势抵抗性前列腺癌（CRPC）患者。多菲戈®是一款发射α

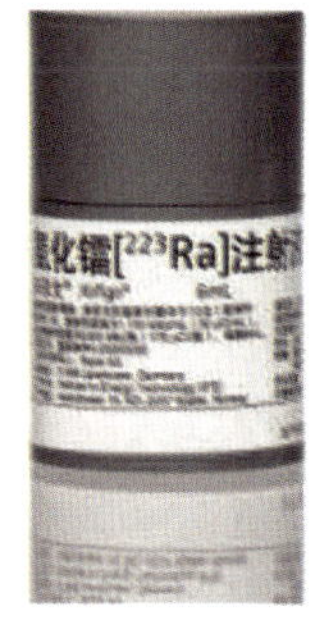

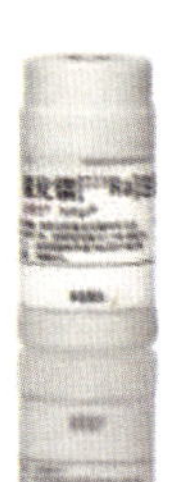

氯化镭[223Ra]注射液（企业提供）

粒子的放射活性治疗药物，关键III期 ALSYMPCA 研究证明与安慰剂相比，多菲戈®生存获益显著，具备良好的安全性，且能改善患者的生活质量。

（经开区管委会）

【全球首款人胎盘间充质干细胞凝胶新药启动临床试验】9月4日，北京汉氏联合生物技术股份有限公司主办的人胎盘间充质干细胞凝胶治疗糖尿病足溃疡I期临床试验项目启动会在京举行。人胎盘间充质干细胞凝胶由汉氏联合科研团队研究开发，是全球第一款以人胎盘间充质干细胞与生物材料混合制备的外用药物，也是全球首个获批进入临床试验的干细胞外用药，可用于治疗皮肤损伤、溃疡等疾病。

（中关村管委会）

【甘李药业 CDK4/6 抑制剂 GLR2007 获 FDA 孤儿药资格】9月11日，甘李药业股份有限公司宣布美国食品药品管理局（FDA）授予其在研细胞周期蛋白依赖性激酶4/6（CDK4/6）抑制剂 GLR2007 孤儿药资格，用于治疗包括胶质母细胞瘤（GBM）在内的恶性胶质瘤。CDK4/6 抑制剂可以有效阻断 CDK4/6 激酶的活性，恢复细胞周期控制，阻断肿瘤细胞增殖，进而抑制癌细胞的生长。GLR2007 是甘李药业公司自主研发的创新型小分子化学药物，产品获 FDA 孤儿药资格认定后，项目后续研发、注册及商业化等方面将享受市场独占权、税收抵免、免除新药申请费等政策支持。

（中关村管委会）

【加科思新药 JAB–3312 获 FDA 孤儿药资格认定】 9 月 18 日，北京加科思新药研发有限公司的原创新药 JAB–3312 被美国食品药品监督管理局（FDA）授予治疗食管癌的孤儿药资格认定，可用于支持该药在食管癌适应证上的全球开发。JAB–3312 是加科思第二个自主设计开发、具有全球知识产权的小分子口服抗肿瘤药。JAB–3312 为 SHP2 磷酸酶抑制剂，可以阻断 KRAS–MAPK 信号通路，也可解除肿瘤免疫抑制微环境，增强现有肿瘤免疫疗法的功效。临床前研究显示，JAB–3312 可用于多种实体瘤的治疗。

（经开区管委会）

【泛生子肝癌早筛产品获 FDA 认定】 9 月 30 日，北京泛生子基因科技有限公司研发的基于高通量测序的肝细胞癌早筛液体活检产品 HCCscreen 获美国食品药品管理局（FDA）“突破性医疗器械”认定。产品采用泛生子公司研发的 Mutation Capsule 技术，该技术可以同时检测外周血中游离脱氧核糖核酸的多种甲基化和基因突变信息，通过抽血就可发现肝癌病症，适用于乙肝病毒感染、肝硬化等肝细胞癌高风险人群，可灵敏地诊断出早期肝癌，并按照肿瘤大小分类。

（中关村管委会）

【推想医疗肺部人工智能医学影像产品上市】 11 月 9 日，北京推想科技有限公司开发的肺结节 CT 影像辅助检测软件获国家药监局批准上市。产品是国内首个获批的肺部人工智能医学影像产品，将深度学习技术用于肺结节的智能检测与筛查，提高肺癌的早期识别率，主要用于胸部电子计算机断层扫描（CT）影像的显示、处理、测量和分析，可对肺结节进行自动识别并分析结节影像学特征。

（中关村管委会）

【GE 医疗超高端 CT 生产线在经开区投产】 11 月 15 日，GE 医疗北京影像智造基地 Revolution CT 下线仪式暨航卫通用电气成立 30 周年活动举办，通用电气医疗集团在中国市场最高端的 256 排 Revolution CT 生产线在 GE 航卫工厂投产。此次投产的 Revolution CT 是行业领先的超高端 CT，树立了 CT 扫描覆盖范围、扫描速度、图像质量、扫描剂量和舒适性的业界新典范。GE 航卫获北京经济技术开发区授予的北京医疗设备国产化示范基地称号。GE 航卫与国药集团签署新 30 年战略合作协议，共建先进医械智造产业基地，促进全球顶尖医疗科技高端产品落地中国。

（经开区管委会）

【全膝关节置换手术机器人通过创新特别审查】 11 月，天智航医疗科技股份有限公司研发的全膝关节置换手术机器人——骨科手术导航定位系统（型号：TiRobot Recon）通过国家药监局创新医疗器械特别审查。产品可辅助外科医生进行全膝关节置换手术，完成基于患者解剖和运动学的个体化关节置换手术设计，以及膝关节假体安装需要的截骨定位。其采用机器人引导截骨方案，无需开髓、打骨针、更换工具即可完成定位截骨，提高截骨精度，减少手术创伤，提高手术效率。

（中关村管委会）

【乐普医疗自主研制“切割球囊系统”获批医疗器械注册证】 12 月 9 日，乐普医疗公司自主研制的“切割球囊系统”获批医疗器械注册证。该系统是国内首家获得 NMPA 批准注册上市并填补国内空白的产品，将显微外科切割技术与普通球囊扩张机制相结合的球囊，适用于患有冠状动脉血管存在粥样硬化斑块需要切割处理的患者。

（昌平区官网）

【泰德制药得泰安® 获批上市】 12 月 22 日，北京泰德制药股份有限公司自主研发的肌松药苯磺顺阿曲库铵注射液（得泰安®）获药监局颁发的药品批准文号，且视同通过仿制药质量与疗效一致性评价，为该品种国内首家通过一致性评价的制药企业，属于国家医保目录品种。苯磺顺阿曲库铵是一种中效、非去极化、具有苄异喹啉酯结构的骨骼肌松弛剂，可作为全麻辅助用药或在重症监护病房起镇静作用。苯磺顺阿曲库铵凭借快速起效、无心血管副作用，无蓄积作用，应用范围广，适于老年、儿童、心脏和肝肾功能异常等特殊患者以及 ICU 患者等。

（经开区管委会）

【诺诚健华 BTK 抑制剂获批上市】 12 月 25 日，北京诺诚健华医药科技有限公司研发的布鲁顿酪氨酸激酶（BTK）抑制剂——宜诺凯®（通用名：奥布替尼片）获国家药监局批准上市。产品用于治疗复发 / 难治慢性淋巴细胞白血病 / 小淋巴细胞淋巴瘤患者，以及复发 / 难治性套细胞淋巴瘤患者的两项适应症。

（中关村管委会）

【奥布替尼获 FDA 孤儿药资格认定】 12 月 31 日，北京诺诚健华医药科技有限公司宣布其研发的布鲁顿酪氨酸激酶抑制剂奥布替尼获美国食品药品管理局（FDA）授予的孤儿药资格，用于治疗套细胞淋巴瘤。

（中关村管委会）

企业选介

【中国北京同仁堂（集团）有限责任公司】简称同仁堂集团，是市政府授权经营国有资产的国有独资公司。北京同仁堂于1669年（清康熙八年）创建，1723年开始为皇室供奉御药。历经351年，同仁堂人始终恪守“炮制虽繁必不敢省人工，品味虽贵必不敢减物力”的古训，树立“修合无人见，存心有天知”的自律意识，铸就同仁堂“同修仁德，济世养生”企业精神和“配方独特、选料上乘、工艺精湛、疗效显著”产品特色，打造成中国中药行业金字品牌。1992年7月13日，以北京市药材公司所属同仁堂制药总厂、北京中药总厂、药材公司为基础，组建中国北京同仁堂集团。1997年，同仁堂集团将所属北京同仁堂制药厂、制药二厂、制药三厂、药酒厂、中药提炼厂、进出口分公司和外埠经营部7个单位的生产经营性资产重组成北京同仁堂股份有限公司，在上海证券交易所上市，以2亿元股本募集资金3.4亿元。2000年，同仁堂集团分离制药二厂、中药提炼厂和进出口公司中具有科技含量的经营资产，成立北京同仁堂科技发展股份有限公司，在香港联合交易所创业板上市，以1亿元股本募集资金2.3亿元。2001年7月13日成立中国北京同仁堂（集团）有限责任公司。同仁堂集团拥有7个二级集团[北京同仁堂股份集团、北京同仁堂科技发展集团、北京同仁堂国药（香港）集团、北京同仁堂健康药业集团、北京同仁堂商业投资集团、北京同仁堂药材参茸投资集团、北京同仁堂医养产业投资集团]、1个院（研究院）、1个党校、3个直属子公司（制药公司、生物制品公司、颗粒饮片公司）。同仁堂集团是以中药为主业，集科工贸、产供销为一体的大型中药企业集团，业务涉及中药材种植、饮片加工、中成药、普通营养食品、保健食品、传统滋补品、生物制品、化妆品及出口贸易。共拥有药品、医院制剂、保健食品、食品、化妆品、中药饮片8大类2800种产品（含中药饮片），41个生产基地，1个国家工程中心和博士后科研工作站。同仁堂集团下属北京同仁堂股份有限公司、北京同仁堂科技发展股份有限公司和北京同仁堂国药（香港）集团为上市公司。同仁堂集团内设党委办公室、党委组织部（人力资源部）、党委宣传部、党委巡察办公室（审计办公室）、纪委办公室、文化传承中心、战略规划部（董事会办公室）、综合办公室、运营管理部、市场监管部、科技质量部、安全工装环保部、法律事务部（品牌风控部）、投融资管理部、财务管理部、信息化管理部16个部门。有职工3.59万人。

2020年，同仁堂集团实现合并营业收入167.65亿元，同比下降5.21%；实现合并利润总额19.78亿元，同比下降4.95%；资产总额313.46亿元，同比增长2.4%。10月，中央人民政府驻澳门特别行政区联络办公室对2020年度为抗击新冠肺炎疫情做出突出贡献的企业和个人进行表彰。北京同仁堂（澳门）有限公司获先进集体称号；北京同仁堂（澳门）有限公司总经理赵学成获先进个人称号。

（李　淦）

【北京万东医疗科技股份有限公司】简称万东医疗，为股份制上市公司，是国家高新技术企业、国内医疗器械行业骨干生产企业。成立于1955年，1997年在上海证券交易所上市（股票代码600055）。公司总部位于北京市朝阳区酒仙桥东路9号院3号楼，注册资金5.41亿元，建有7.1万平方米的生产基地，1.5万平方米的研发中心和综合办公大楼。主营业务为医疗器械制造与医疗影像诊断服务，产品解决方案涵盖MRI、CT、DR、DRF、DSA、数字乳腺机、移动式DR、医用超声成像设备等，其中医用X射线机和MRI获评北京市名牌产品，23个型号的产品遴选国产优秀医疗器械目录。万东医疗挂牌北京市工程技术中心和北京市企业技术中心，并与国内多家知名大学、三甲医院形成联合研发的合作机制。公司建有先进水平的制造工厂、研发实验室，研发和制造水平处于行业领先地位。已通过ISO9001、ISO13485、YY/T0287等国内质量体系认证，重点产品取得FDA和CE认证，产品销往全球80多个国家和地区。

2020年，公司主营业务持续健康发展，实现营业收入11.19亿元，同比增长15.22%，实现归属于上市公司股东的净利润2.21亿元，比上年增长30.66%。实现扣除非经常性损益后的归属于母公司所有者净利润2.26亿元，较上年同期增长52.25%。由于疫情因素公司用于防疫抗疫设备移动DR设备的开发与销售，为公司带来2.80亿元的营业收入，占公司营业收入的24.71%。

2020年，新冠病毒席卷全球，在国内经济充满挑战和不确定性的严峻形势下，万东医疗管理团队及全体员工，发掘疫情下境内外市场优势和潜力，将疫情防控急需产品作为重中之重，组织协调研发、生产、采购、营销、售后等部门保障产品供应。同时，万东医疗不断改进优化制造工艺，确保疫情期间及全年的生产制造和销售任务，完成全年产品交付任务，有力支持全国各地医院新冠肺炎疫情防控工作，为雷神山、火神山、武汉市、湖北省以及全国各地医院提供急需医疗装备整机。

（任志林）

【北京万泰生物药业股份有限公司】简称万泰生物，成立于1991年，总部位于北京生命科学园内，于2020年4月29日在上交所挂牌上市（股票代码：603392）。万泰生物是从事体外诊断试剂与疫苗的研发、生产及销售的高新技术企业，是国内最大的免疫诊断试剂和血液筛查诊断试剂生产厂家，主要产品市场综合占有率居全国第一位，获国家企业技术中心、国家技术创新示范企业和北京市工程实验室等多个省市级以上资质认定，有药监局颁发的甲肝、乙肝、丙肝、艾滋病、梅毒、结核等300余种体外诊断试剂注册证书。该公司是全球首家戊肝疫苗生产企业、中国首家宫颈癌疫苗生产企业。2005年，经科技部批准，养生堂万泰生物与厦门大学共同组建国家传染病诊断试剂与疫苗工程技术研究中心（NIDVD）。中心作为有效承接全国乃至国际上相关研发成果的产业孵化器，加快了诊断试剂及疫苗研发产品走向市场的速度，缩短产品转化周期。

2020年，面对全球暴发的新冠肺炎疫情，公司研发团队聚焦新冠病毒相关原料、试剂、疫苗3个领域，迅速推出基于多种检测平台的新冠核酸、抗体、抗原、细胞免疫等全系列新冠检测试剂11种。国际首个夹心法新型冠状病毒2019-nCoV抗体检测试剂盒3月即获得批准，10种新冠检测试剂先后获欧盟CE认证、美国FDA认证、WHO认证和澳大利亚TGA认证等30项国际认证，远销20余个国家。全年销售新冠检测试剂近3000万人份（赠送近83万人份）。8月，万泰生物与厦门大学、香港大学联合研发的鼻喷新冠疫苗获国家药监局临床试验批件，是中国5条新冠疫苗研发技术路线之一。该疫苗不同于以产生体液免疫应答为主的肌肉注射疫苗，是模拟新冠病毒天然感染途径，在呼吸系统特别是肺组织产生很强的T细胞免疫应答，在呼吸道局部尤其是肺部形成预防新冠病毒入侵的第一道免疫屏障。

（纪根达）

【北京北陆药业股份有限公司】简称北陆药业，成立于1992年，主要产品为对比剂系列产品、精神神经类以及降糖类药品。成立初期，公司名称为“北京北陆医药化工公司”；同年，第一个国产MRI对比剂——钆喷酸葡胺注射液上市，打破了国外垄断，填补了国内空白。1998年，第一个碘对比剂产品碘海醇注射液上市。2001年，公司名称变更为“北京北陆药业股份有限公司”；同年，降糖类产品格列美脲片在国内第一批抢仿上市。2003年，在密云工业开发区成立密云药厂，建设现代化药品生产基地，共有水针剂、片剂、颗粒剂等4条生产线。2006年，北陆药业在深圳证券交易代办股份转让系统挂牌（股票代码：430006）。2008年，自主研发的国内首个抗焦虑中成药——“九味镇心颗粒”上市。2009年，在深圳交易所创业板首批上市（股票代码：300016），发行A股股票1700万股。2010年，入选北京生物医药产业跨越发展工程（G20工程）首批规模企业。2015年，在河北沧州建立原料药厂。

2020年，北陆药业公司完成营业收入8.27亿元，同比增长1%。9月，国家工信部网站公布全国第五批绿色制造名单，北京北陆药业股份有限公司获评国家级绿色工厂。11月，由《中国证券报》和海口市人民政府联合主办的以“新格局 新动能 新活力”为主题的2020上市公司高质量发展论坛暨第22届上市公司金牛奖颁奖典礼在海口举行，北陆药业获2019年度金牛最具投资价值奖，公司董事长、总经理王旭获2019年度金牛企业领袖奖。12月，由《上海证券报》主办的2020上市公司高质量发展论坛暨“金质量”奖颁奖典礼在上海中心大厦举行，北陆药业获金质量·持续成长奖。年内，北京北陆药业股份有限公司为密云区大城子镇下栅子村捐赠帮扶资金40万元。从2018年开始，公司与该村结为对口帮扶关系，5年定向捐赠帮扶资金200万元，按季度支付，每季度10万元。截至2020年底已完成120万元的帮扶计划。

（杨阿宁　王希华）

【北京谊安医疗系统股份有限公司】简称谊安医疗，成立于2001年，是国内领先的麻醉和呼吸医疗设备研发制造龙头企业，产品覆盖两大业务板块：麻醉和手术室解决方案，产品包含麻醉机、手术灯、手术床、吊塔、麻醉监护、输液泵、升温毯以及数字化手术室解决方案等；机械通气和呼吸病管理，产品包含呼吸机、呼吸监护、制氧机、高流量氧疗、睡眠呼吸机、睡眠监测、雾化给药以及数字化ICU解决方案等。公司在中国北京市、上海市、深圳市，美国Quakertown、德国Schwerin设有5个研发中心；在河北省廊坊市燕郊镇、广东省佛山市、德国 Bad Ems 设有 3 大制造基地，国内 32 个办事处及海外美国、德国、墨西哥、俄罗斯、南非、印度尼西亚和印度等地有 50 个办事处。已有 61 款产品获得欧盟 CE 认证，产品行销全球 160 余个国家和地区。谊安医疗自主研发生产的麻醉机、呼吸机等产品在国内市场占有率名列前茅。国内业务遍及三甲医院、市县级医院、基础医疗和公共卫生机构、私立医疗机构、政府采购和非政府组织援赠等。谊安医疗急救呼吸机中标 2008 年北京奥运会，并装备在 866 医疗船与辽宁号航空母舰上。

2020 年，规划谊安大兴生物医药科技园，承担国家重点研发计划“数字诊疗装备研发”试点专项，获得德国 IF 设计奖、金芦苇工业设计奖。VG70 呼吸机 2020 年出口量同类产品第一。抗击新冠肺炎疫情期间，先后为武汉金银潭医院、武汉大学人民医院、武汉市第三医院等近百家医疗机构提供呼吸机近 2000 台，顺利完成国内供应保障任务，获工信部抗疫先进集体表彰。

（丰台区发展改革委）

【天新福（北京）医疗器材股份有限公司】简称天新福医疗，成立于 2002 年，是一家集科技为先导，自主研发、生产、销售为一体的国家高新、中关村高新技术企业。天新福医疗主要生产第三类植入性医疗器械。拥有人工硬脑膜、人工硬脊膜、人工神经鞘管、肌腱膜、一次性组织扩张器等多条产品生产线，先后引入 4 条神经介入类产品、德国 Zeppelin 品牌的神经外科领域全线产品。天新福医疗坐落于北京市中关村科技园区昌平园，自有土地，自建工厂。天新福医疗拥有 9619 平方米生产基地，万级和十万级洁净生产车间、研发实验室，并配备国际水平的生产及检测设备，形成高效、先进的生产和研发体系。天新福医疗致力于再生医学及组织修复工程相关产品的研发，在国内率先推出诱导自身组织再生的硬脑膜修复产品并获得第三类医疗器械注册证。该产品上市打破该类产品完全依赖进口的局面，在全国医疗市场广泛使用并备受同行业关注和多领域专家认可。天新福医疗已通过 YY/T 0287 idt ISO 13485 和 GB/T19001 idt ISO 9001 质量管理体系认证，每个上市产品均通过《医疗器械生产质量管理规范》的质量体系审核。2008 年推出用于周围神经修复再生的人工神经鞘管，作为国内唯一神经导管类产品，填补了周围神经损伤修复与保护领域材料方面的空白。2015 年推出用于肌腱手术的肌腱防粘连膜，是国内首款以胶原为原材料的防粘连产品。

2020 年，天新福医疗新一代硬脑膜修复产品硬脑（脊）膜补片问世。2020 年天新福医疗资产总额 129871 万元，实现销售收入 3.53 亿元，纳税 4819 万元；共申请专利 10 项，授权专利 9 项。8 月获“创客北京 2020 创新创业大赛”昌平赛区“优秀奖”；9 月获 2020 年“创客中国”北京市中小企业创新创业大赛企业组 TOP100；10 月获第一批北京市专精特新“小巨人”企业称号；11 月获第二批国家专精特新“小巨人”企业称号。

（邢　燕）

【北京康辰药业股份有限公司】简称康辰药业，成立于 2003 年，位于北京密云经济开发区，是集医药研发、生产、销售于一体的医药公司。2018 年 8 月 27 日，康辰药业在上海证券交易所主板挂牌上市，首次公开发行股票，股票代码 603590。康辰药业采用自主研发和产学研联合研发的方式，建立了从选题调研、临床前研究、注册申报，到临床研究、知识产权保护的完整研发体系。研发项目有一类化药 7 项（以抗肿瘤药为主）、仿制药 3 项。获新药证书 4 项。其中，已经上市的一类新药尖吻蝮蛇血凝酶（商品名：苏灵）被认定为国家重点新产品、北京市自主创新产品、北京市高技术成果转化项目、北京市 G20 工程“最具市场潜力创新品种”。康辰药业已申请发明专利 70 项，授权 47 项。其中，国际 PCT 发明专利 28 项，授权 20 项。

2020 年，康辰药业实现产值 80285 万元，销售收入 79244 万元，纳税 19364 万元。1 月，康辰药业研制的国家一类止血新药——注射用尖吻蝮蛇血凝酶（苏灵）入选北京市科委公布第十一批北京市新技术新产品名单。9 月，国家工信部公布全国第五批绿色制造名单，康辰药业获评国家级绿色工厂。10 月，在北京市工商联召开的 2020 北京民营企业百强发布会上，康辰药业入选民营企业科技创新百强。

（张伟强　王希华）

【北京科兴中维生物技术有限公司】简称科兴中维，成立于 2009 年，是一家专业从事人用疫苗及其相关产品的研究开发与技术服务，为重大传染病防控提供技术支撑的国家高新技术企业。公司通过多年的疫苗研发和成果转化的优势，逐步形成以企业为研发主体、产学研相结合的研发模式，构建多个技术平台，各平台的专业技术优势互补，交叉渗透，推动公司研发稳步发展，围绕核心技术平台，开发新冠灭活疫苗、23 价肺炎球菌多糖疫苗、百白破脊灰 Hib 系列联合疫苗等多种创新性疫苗和多联多价疫苗。

2020 年，科兴中维在国家、北京市各级部门的支持帮助下，不负重托投身新冠疫苗研发及产业化工作。新冠灭活疫苗于2020年6月获得应急使用许可，2021年2月5日在国内批准附条件上市，6月1日列入世界卫生组织紧急使用清单。2020年实现营业收入143126.17万元，同比增长12678.2%。科兴中维为国内外疫情防控、为首都生物医药产业和经济社会发展做出了应有贡献，获全国抗击新冠肺炎疫情先进集体等称号。

（科兴中维）

【北京佰仁医疗科技股份有限公司】简称佰仁医疗，是国内技术领先、专注于动物源性植介入医疗器械研发与生产的高新技术企业，产品应用于心脏瓣膜置换与修复、先天性心脏病植介入治疗以及外科软组织修复。公司已获准注册12个Ⅲ类医疗器械产品，其中人工生物心脏瓣膜（牛心包瓣、猪主动脉瓣）、肺动脉带瓣管道、瓣膜成形环、心胸外科生物补片、神经外科微血管减压垫片等6项产品为国内首个获准注册的同类产品。公司产品已在北京安贞医院、解放军301医院、复旦大学附属中山医院、广东省人民医院、河南省人民医院、四川大学华西医院、沈阳军区总医院、上海儿童医学中心等300余家国内三甲医院里临床应用。

2020年2月，佰仁医疗向华中科技大学同济医学院附属同济医院、华中科技大学同济医学院附属协和医院、武汉亚洲心脏病医院、中南大学湘雅医院捐赠价值约56万元的医用防护服，共1450套，用于支援一线医院的医疗救治工作。5月，佰仁医疗控股子公司佰仁医疗（江苏）有限公司进驻常州西太湖国际医疗产业园；12月26日，长三角医疗器械研发中心正式揭牌。6月，佰仁医疗牵头承担的“经导管肺动脉瓣膜置换系统开发及临床应用方案研究”项目获科学技术部国家重点研发计划重点专项立项（项目编号2020YFC1107900）。该项目针对复杂先天性心脏病后续介入治疗，目标是开发一款肺动脉介入瓣膜，专门用于通过外科手术重建（或修复）右心室流出道后的延续治疗。9月10日，北京市高精尖重点工程昌平新城东区佰仁医疗二期建设项开工建设。该项目位于昌平区科技园区华昌路2号，总建筑面积15663平方米，项目总投资32249.42万元，计划于2022年投入使用。11月，佰仁医疗入选工信部第二批专精特新“小巨人”企业名单。

（纪根达）

“十三五”回顾

“十三五”期间，北京市生物医药产业完成规划预设全部目标，产业保持高速增长，年复合增长率11.7%，产业规模在各直辖市中排名第一；医药制造业在制造业中占比达到9%，是上海的3倍、深圳的9倍。创新能力显著提升，获批一类创新药6个，进入优先和特别审批程序的医疗器械共65个，领跑全国。疫苗绝对优势显著，临床数量与上市产品数量居各大城市首位。产业结构持续优化，4家上市公司产值过百亿元，医药工业百强企业14家，数量居全国首位。10万升规模CMO平台项目丰富产业生态，主导产业区规模占全市70%以上。区域协调持续深化，“研产分离、异地监管”新模式在沧州落地，京津冀产业链协同加速。绿色发展取得新成效，化学药品原料药制造环节完成停产退出，17家企业获评国家绿色工厂。互联网医疗势头凸显，全国70%的AI医疗企业会聚北京，涌现出以京东健康为代表的一批互联网医疗企业。

（市经济和信息化局）

都市产业

本栏目采用条目体，刊载2020年北京都市产业概述、政策与措施、产业动态、研发与成果、企业选介和“十三五”回顾6项内容。其中，政策与措施分目包括出台的政策文件及实施情况，机构设立、调整变化等内容；产业动态分目包括经营业绩、项目启动、签约、论坛、获奖等内容；研发与成果分目包括新产品发布、技术测试、解决方案等内容，助力北京冬奥会包括产品的研发与服务等内容；企业选介分目在重点介绍一级企业的基础上，对二级企业的主营业务范围进行了简述。“十三五”回顾分目对产业发展情况进行了简述。

概　述

2020年，北京都市产业围绕首都城市功能定位和市委、市政府重大战略部署，以及北京经信核心工作，坚持以提高质量和效益为中心，积极、稳妥、有序地开展了新冠肺炎疫情防控物资生产和保障工作；统筹抓好企业复工复产，为企业做好精准服务；实施食品、服装纺织、工艺美术“三品”专项行动；保障首都食盐供应，加强盐业管理；持续推进企业智能制造和绿色化改造；推进支援帮扶工作，巩固产业扶贫成果，以及开展安全生产指导等项工作，完成全年任务。全市规模以上工业企业647家，实现工业总产值1249.7亿元，实现利润104.4亿元。

（市经济和信息化局）

政策与措施

【义利北冰洋华北第二基地落户昌平区】 4月30日，北京一轻控股有限责任公司与北京市昌平区人民政府签署合作协议，义利北冰洋华北第二基地落户昌平区，为老字号发展和昌平区产业转型升级提供有力支持。义利北冰洋昌平区分公司立足践行“四个服务”，更好满足北京市民及周边市场对各类优质食品的需求，主要生产北冰洋汽水、义利面包、酸奶等产品；达产后能为昌平当地提供就业岗位300余个，年上缴税额不低于1.2亿元，其产值可达8亿元。

（北京一轻）

【第五届北京传统工艺美术评审委员会成立】 6月9日，第五届北京传统工艺美术评审委员会成立大会在工美聚艺园礼堂召开。第五届评审委员会委员共计30余人参加会议，市经济和信息化局总经济师张晶出席会议并讲话。第四届专家委员会代表李进华对上一届评委会的工作进行总结，全面回顾了上届评审委员会行业人才选拔、精品评选、资金项目评审等重点工作。市经济和信息化局都市产业处介绍了第五届北京传统工艺美术评审委员会换届情况，并宣读第五届北京传统工艺美术评审委员会委员名单。张晶为第五届北京传统工艺美术评审委员会委员颁发聘书，第五届评委会主任委员李节对新一届评委会的工作进行了展望。张晶强调，在疫情防控的新常态下，北京工艺美术行业面临新的挑战，希望各位委员肩负起发展北京工艺美术行业赋予的光荣使命，发扬前几届评审委员会的优良作风，继续坚持公平、公开、公正的原则，继续发扬实事求是、严谨细致的工作作风，认真履职尽责，凝心聚力，砥砺前行，确保完成各项评审工作。市经济和信息化局继续全程参与评审委员会的工作，做好服务保障。

（市经济和信息化局）

【铜牛信息在深交所上市】 9月24日，北京铜牛信息科技股份有限公司在深交所敲钟上市，登陆创业板，成为创业板实施注册制改革以来北京首家上市的国有控股企业，实现公司资产证券化零的突破。铜牛信息公司的成功上市标志着时尚控股公司推进混合所有制改革和国有资产证券化工作取得阶段性成果。

（时尚控股公司）

【时尚控股在新疆和田设立生产基地】 年内，时尚控股在新疆和田成立新疆京和纺织科技有限公司，总投资近2亿元。将北京总部研发出的具有核心知识产权的柔性可拆卸节能保温篷房推广到全疆和“一带一路”国家和地区，直接服务于高寒地区农牧业发展，带动当地就业和产业经济发展。维吾尔族职工746人，其中贫困户200人、残疾职工15人；600余名维吾尔族职工的平均月工资已超3000元，按照当地的脱贫标准，一人就业就能帮助全家实现脱贫。

（市经济和信息化局）

产业动态

【2019年度北京工艺美术行业大会举办】 1月7日，以“牢记初心使命 坚持传承创新 持续推动北京工艺美术行业高质量发展”为主题的北京工艺美术行业大会召开。市经济和信息化局总经济师张晶出席会议并讲话。北京工艺美术行业的大师、企业代表和相关行业组织负责人300余人参加大会。北京工艺美术行业协会会长、北京工美联合企业集团董事长李节对2019年度北京工艺美术行业工作进行了全面总结。2019年，北京工艺美术行业完成多项国家级重大活动国礼设计制作，评选出首批北京市工艺美术大师示范工作室，举办2019年“工美杯”、文博会工美展等重点工作，持续推动北京工艺美术行业高质量发展。张晶对北京工艺美术行业取得的成绩给予肯定，强调2020年北京工艺美术行业要继续以服务首都全国文化中心建设为主旨，推进行业现代化转变，围绕京津冀协同发展谋篇布局，推动行业的转型升级。全行业要坚定保护传承和创新发展的信心，推动北京工艺美术产业向创意化、时尚化、科技化、服务化的方向发展，共同谱写出北京工艺美术的全新篇章。

（市经济和信息化局）

【中国国际时装周举办】 5月1日至7日，以“重构——逆行者的2020”为主题的中国国际时装周（2020/2021秋冬系列）采用线上、线下融合的模式举办。该届时装周由时装发布、直播销售与时尚演示、时尚论坛等主要板块组成，来自国内外的近170个品牌参与，在中央电视台、法新社、路透社、新浪新闻、今日头条、虎牙、斗鱼、快手等数十个官方合作直播矩阵共同引流。同时，该届时装周将时尚秀场搬到直播平台，扩大普及范围的创新呈现方式，让活动更加与众不同。时装周大幅创新整合，重构产业模式、激发消费热点、壮美文化品格、迭代营销体系的全新蜕变取得成功，并通过创新拓展深入产业、走进社会、联动世界的时装周功能，融合设计师、品牌和商圈、电商及媒体平台构建线上线下全渠道展示模式，密集推出的各项时尚活动有力实现了促消费利好，叠加“五一”假期效应，对增强消费信心、提振消费市场畅通、拉动以消费为引领的产业循环、强化内需对产业的有力支撑发挥了重要作用。中国国际时装周运用平台资源与优势，密切关注设计师品牌，探究生产、零售领域的转型升级，采用直播带货等模式，品牌和设计师们与消费者零接触，构建中国时尚产业发展新路径。

（市经济和信息化局）

【工美集团与河北两县签署战略合作协议】 6月10日至11日，北京工美集团分别与河北保定易县、张家口蔚县人民政府签订战略合作协议。按照协议，借助北京工美集团技术、人才及市场优势，借助易县、蔚县工艺礼品产业工人加工能力及生产发展空间，在市场开发、国礼制作、技术提升、人才资源培养等方面，

整合资源，实现互利双赢。

（市经济和信息化局）

【“大红门”品牌首次入选中国 500 最具价值品牌】 8 月 5 日，由世界品牌实验室主办的（第十七届）“世界品牌大会”在北京举行，会上发布了 2020 年《中国 500 最具价值品牌》分析报告。北京首农食品集团旗下“大红门”品牌首次入选，位列第 419 位。该榜单主要基于品牌的财务数据、品牌强度和消费者行为分析等方面进行评价。

（市经济和信息化局）

【2020“工美杯”和第十届工美珍品评审落幕】 8 月 6 日，由市经济和信息化局指导，北京工艺美术行业发展促进中心、北京工艺美术行业协会及北京工艺美术学会共同主办的 2020“工美杯”北京传统工艺美术大赛和第十届北京传统工艺美术珍品评审在北京工艺美术博物馆闭幕。该次大赛和评审，报名作品种类繁多、工艺丰富，涉及北京“燕京八绝”技艺、民间技艺的参赛作品达 480 件。参赛者涵盖行业的 61 家企业及工艺大师和行业从业人员近 200 人。经过第五届北京市传统工艺美术评审委员会集中评审，最终共评出获奖作品 289 件（套）。2020“工美杯”传统工艺美术大赛注重工艺美术技术的传承和发展，注重作品的文化性、艺术性和审美性，鼓励传统工艺美术元素推陈出新，推动工艺美术行业技艺与相关行业领域进行“跨界融合”，在丰富工艺美术作品类别的同时，引导部分作品向产业化发展。截至 2020 年，北京工艺美术行业“工美杯”大赛已经举办 14 届，北京传统工艺美术珍品评审已举办 10 届，促进了北京市工艺美术行业技艺传承保护、推进行业产业发展。市经济和信息化局参加评审会，负责作品评审的指导监督工作，全程监督作品实物评审过程。

（市经济和信息化局）

【2020 服贸会文化板块北京工艺美术展举行】 9 月 5 日至 9 日，2020 服贸会文化板块第十四届北京工艺美术展举行。该次展示面积近 2000 平方米，分为“国礼”展区、“工美杯”北京传统工艺美术大赛获奖作品展区、优秀企业展区三部分，全面展示了北京工艺美术行业传承保护、创新发展的最新成果，集中展示了 18 件“国礼”作品、近 80 件（套）新一届“工美杯”获奖作品以及工艺美术企业展示展品 3000 余件。国礼展区集中展示了 2014 年 APEC 会议、2017 年首届“一带一路”国际合作高峰论坛、2017 年赠送世界经济论坛等共计 18 件国礼作品，体现了北京工艺美术精湛的技艺与深厚的文化魅力。服贸会特别邀请的西藏拉萨工艺美术大师团，携带了 10 余幅精美绝伦的唐卡作品，展示了雪域高原的独特文化魅力。工美展共接待到访观众达 10 万人次，参展企业现场销售额近 100 万元，意向交易额达 1200 万元，参展企业进行线上直播活动 30 余次，接受媒体采访 50 余次，相关报道在央视新闻频道、财经频道及北京卫视等媒体播出。

（市经济和信息化局）

【时尚控股与乌兰察布市合作签约】 9 月 3 日至 4 日，北京时尚控股有限责任公司与乌兰察布市举办战略合作暨北京光华集团兴和投资项目签约活动。北京时尚控股和乌兰察布市政府签订《战略合作协议书》；光华集团与兴和县政府签订《投资协议书》。将进一步加快北京时尚控股与乌兰察布市在大数据、康养等产业上的战略合作，大力支持京兴新材料科技园项目落地见效，共同推进内蒙古地区农牧业现代化、应急装备高端化，将京蒙经济合作推向深入。

（市经济和信息化局）

【2020 北京时装周点亮京城时尚之夜】 9 月 15 日，以“追光”为主题的 2020 北京时装周开幕仪式在新时代首都城市复兴新地标——首钢园举行。时装周开幕仪式由北京电视台新闻频道全程直播，抖音、腾讯视频、新浪新闻等百余家媒体同步线上直播及

现场报道，50余位当红明星到场助阵并出席开幕红毯，共同点亮时尚北京之夜。该届北京时装周从2020年9月15日至22日，为期8天，设立流行发布、展览展示、高峰论坛、专业赛事、颁奖典礼5大活动板块，有国内外近200个品牌参加。以“线上线下融合互动”的模式举办80余场官方活动，在首钢园区、王府井步行街、隆福文化中心、方恒时尚中心、京工时尚创新园、铜牛电影产业园等首都时尚文化地标举行。

（市经济和信息化局）

【工美老艺人口述技艺历史档案捐赠仪式举行】 9月18日，市经济和信息化局支持的“北京传统工艺美术‘老艺人’口述技艺历史档案整理”项目成果之一，《艺海钩沉　匠心独语》——徐锋捐赠档案整理项目成果汇报展在北京工艺美术博物馆开幕。开幕式上，《艺海钩沉　匠心独语——北京传统工艺美术“老艺人”口述技艺历史档案》捐赠仪式同时举行，市档案馆对受捐书籍进行永久收藏。展览分为“北京工美的忠诚典守者——徐锋”“日经月累　积沙成山——捐赠资料”“藏集于民　还之于民——捐赠工艺品实物”“艺人口述中的馆藏传世美器”“前人栽树　后人纳凉”5个主题，全面展示徐锋生前的工作成就、捐赠的资料和工艺品实物、老艺人口述档案中涉及的馆藏作品以及档案整理后的研究成果等，以往事中的人、物和事件，回顾新中国成立后北京工艺美术发展和传统工艺美术非物质文化遗产挖掘保护的成果。生于1922年的徐锋被称为“北京工美的忠诚典守者”。她于2005年被中国工艺美术学会授予中国工艺美术终身成就奖，同年被北京工艺美术行业协会授予北京工艺美术终身成就奖。徐锋自幼受家庭影响，接受了良好的传统文化教育，青年时代正值旧中国饱受外辱的社会动荡期。中华人民共和国成立后，徐锋始终不忘战争年代邓颖超大姐叮嘱她将来要把自己的艺术专长为人民创造美好生活发挥作用的嘱托，1961年重新归队北京工艺美术行业，1961年至1980年任北京特艺公司副经理、党委副书记。1980年至1983年任北京市工艺美术品总公司总工艺美术师。1983年任北京市工艺美术品总公司技术顾问。徐锋在长期工作过程中与老一辈的工艺美术老艺人结下了深厚的友谊和信任，1985年离休后，她为这些经历过苦难而又身怀绝技的老艺人们纷纷离世而深感焦虑，刻不容缓的使命与责任感，敦促她再次投入对老艺人和传统技艺的抢救性挖掘保护工作中。她积极组织人力采访老艺人，让他们口述从艺历史和工艺绝技，为他们出书立传。在她的组织和领导下，先后采访126位老艺人和民间技艺能手，整理文字资料700余万字，涉及30多个行业。2013年年底徐锋离世后，她一生集藏的工作资料和民间工艺品实物，家属按照她生前嘱托，全部无偿地捐赠给北京工艺美术博物馆，捐赠分为两大类，包括工艺美术品实物类1451件（套）、资料类188件（套）。实物类主要以北京及周边地区民间工艺品为主，资料类主要为徐锋组织相关人员开展抢救、挖掘、保护传统工艺美术技艺所收集整理的各种资料，其中很多口述资料系首次向社会公开。这些宝贵资料对于了解考证20世纪30年代至20世纪末北京传统工艺美术发展历程，具有重要的文史参考意义。2018年起，在北京市传统工艺美术保护发展资金的支持下，北京工艺美术学会历时两年半对这些资料进行了系统的挖掘和整理，并完成所有

档案的数字化整理。形成 49 类数字档案数据库，其中技艺品种和代表性人物 40 类 110 余人。共有纸媒档案 6578 份、影像记录 7 盘、音频资料 7 人 27 盘、幻灯片 496 张、底片 542 张、老照片 305 张，整理老艺人口述文字 60 余万字，并首次出版发行纪实性作品《艺海钩沉　匠心独语——北京传统工艺美术“老艺人”口述技艺历史档案》。

（市经济和信息化局）

【食品工业企业诚信管理体系国家标准培训会召开】 11 月 5 日，为贯彻落实《中共中央　国务院关于深化改革加强食品安全工作的意见》《北京市关于深化改革加强食品安全工作的若干措施》精神，做好北京市食品安全工作，指导督促食品企业落实主体责任，促进食品产业健康发展，市经济和信息化局、市市场监督管理局共同举办推进食品产业高质量发展暨食品工业企业诚信管理体系国家标准培训会。培训会对《食品工业企业诚信管理体系建设》国家标准和《食品生产企业质量提升指南（征求意见稿）》地方标准进行宣贯解读，介绍北京市食品产业发展相关政策，部署疫情常态下食品安全重点工作。北京市各区经济和信息化局、区市场监督管理局食品行业主（监）管部门的负责同志，全市 110 余家规模以上食品企业的负责人共 140 余人参会，其中参会的规模以上食品企业占全市规模以上食品企业总数的 42%。通过培训，加强食品工业企业诚信管理体系制度建设，开展标准宣贯，强化诚信意识，加强疫情防控，保障食品安全，进一步夯实企业食品安全主体责任。《食品工业企业诚信管理体系》国家标准自 2017 年 7 月 1 日实施以来，北京市连续第四年组织举办培训班，推进了北京市食品企业诚信体系建设。

（市经济和信息化局）

【第九届工美大师和民间工艺大师评审会召开】 11 月 5 日，市经济和信息化局组织召开第九届北京工艺美术大师和民间工艺大师评审会，第五届北京传统工艺美术评审委员会 27 位委员参加了评审会议。按照《北京市传统工艺美术保护办法》《北京传统工艺美术品种技艺珍品及工艺美术大师和民间工艺大师认定办法》（2017 年修订稿）和《第九届北京工艺美术大师和民间工艺大师评审认定工作实施方案》的相关要求，经过近 3 个月的紧张工作，第九届北京工艺美术大师和民间工艺大师评审完成了网上申报、材料初审、资格公示、现场专业考试等工作程序。根据评审文件相关要求，评审委员会对取得参评资格的 159 名申请人进行了现场作品考核，并依据申请人综合得分情况研究形成了一致意见，最终形成了第九届大师评审认定建议名单，共 139 人，其中一级大师 13 人、二级大师 36 人、三级大师 90 人。

（市经济和信息化局）

【红星宗师 1949 获国际赛事大金奖】 11 月 9 日，第 21 届比利时布鲁塞尔国际烈性酒大奖赛获奖榜单揭晓。北京红星股份有限公司的 52 度红星高照（宗师 1949）从来自 54 个国家和地区的 1400 款样品中脱颖而出，获得素有“酒界奥斯卡”之称的比利时布鲁塞尔国际烈酒大奖赛最高奖项——大金奖。大金奖是比利时布鲁塞尔国际烈性酒大奖赛的最高奖项，每年获此奖项的酒品数量约为参赛总数的 1%。52 度红星高照（宗师 1949）是高景炎大师亲率二锅头酿造技艺第九、十代传承人研发的匠心之作，在第十五届中国国际酒业博览会上获代表酒类新品大奖赛的“青酌奖”。

（北京一轻）

【2020 年北京工艺美术行业培训班举办】 11 月 18 日，由市经济和信息化局主办，北京工艺美术行业发展促进中心承办的 2020 年北京工艺美术行业培训班开

班。这次培训旨在进一步提升北京工艺美术行业人员素质，加强北京工艺美术行业人才梯队建设，推动北京工艺美术行业的创新发展与产业升级。培训学员包括北京工艺美术行业的行业大师、设计技艺人员、企业管理人员共计100人。培训安排了《中国文化的系统认知与文创产业发展》《中国传统工艺振兴之路》《工艺美术大众消费类产品的创新与规模化生产》《民间工艺美术的市场化理念》4门课程，邀请知名院校学者对于工艺美术产业理论进行系统阐释，安排行业内优质企业负责人就企业的转型发展、市场推广、产品研发等问题进行讲解分享。培训会期两天，通过北京工美行业身边的成功案例，给予各个企业跨界融合发展、契合市场需求的启迪与信心。

（市经济和信息化局）

【洛娃入选国家重点医疗物资保障调度平台】年初新冠肺炎疫情暴发时，北京洛娃集团在第一时间立即成立了应对疫情领导小组，并临危受命成为工信部和北京市消毒产品重点生产企业，入选工信部“国家重点医疗物资保障调度平台”，承担起保障北京市和全国其他疫区消毒产品的重任。于1月27日（正月初三）提前全面复工，成为北京市最早复工的消毒产品生产企业之一。随着疫情的发展，防控要求也越来越立体化。洛娃集团迅速调整产品结构，增加小规格消毒产品产量，扩大小包装消毒产品品种，确保居民和机构的消毒需求。84消毒液多规格、抑菌洗衣液、复合季铵盐消毒液（可以在医院使用）、衣物家居消毒液、免洗消毒洗手液、药皂均相继投产面市。洛娃集团通过全集团协作支援、增加人力物力供给、全天候不间断生产、生产线改造、储备技术利用及新配方开发应用等方式，各类消毒液产品日产量最高达400吨，保障了北京市及其他省（区、市）的消毒液供应，为防疫工作做出了突出的贡献。

（市经济和信息化局）

【食品行业多种产品品牌入选“三品”成果展】年内，市经济和信息化局支持北京三元食品股份有限公司（简称三元食品公司）、北京燕京啤酒股份有限公司（简称燕京啤酒公司）、元气森林（北京）食品科技集团有限公司等7家重点企业的产品、品牌入选工信部2020食品工业“三品”成果展。该次成果展优选68个精品成果在线下精品展专区进行集中展览，其中增品种22个、提品质24个、创品牌22个。三元食品公司的极致A2β－酪蛋白纯牛奶采用完善的奶牛血统及基因筛查体系，含有源生A2β－酪蛋白，特别适合儿童、孕妇和老人等体质敏感人群使用，入选提品质线下精品展。燕京啤酒公司的优爽小度特酿啤酒坚持水、酒花、酵母、麦芽、大米、技术6点核心工艺，开创兼具“净、香、甘、亮、鲜、爽”6种滋味感受的优质高阶畅饮型“小度酒”新品类，入选提品质线下精品展。

（市经济和信息化局）

【多项自主研发产品入选工信部创新产品】年内，市经济和信息化局支持北京探路者户外用品股份有限公司（简称探路者）、北京威克多制衣中心（简称威克多）、爱慕股份有限公司（简称爱慕）、北京格雷时尚科技有限公司（简称格雷时尚）等重点企业加大创新力度，多项自主研发产品入选工信部2020年度十大类纺织创新产品。其中，探路者的女士斗篷皮肤衣、威克多的37.5调温调湿休闲裤入选舒适功能类创新产品、爱慕的天然防蚊防螨抗菌家居服、格雷时尚的银离子轻柔抗菌棉服入选健康保健类创新产品，爱慕的时尚内衣系列入选时尚创意类创新产品。通过倡导以市场需求为导向的产品创新与创意设计，发挥创新产品的示范引领作用，提高创新产品的品质满意度和品牌信任度。

（市经济和信息化局）

【推进企业智能制造和绿色化改造】年内，市经济和信息化局指导今麦郎、凯达恒业等10余家企业进行智能制造升级改造，支持多家企业入选工信部第五批绿色制造名单，鼓励企业发挥以点带面示范作用，引领都市产业智能制造和绿色发展。其中，中粮可口可乐、凯达恒业、盛通印刷、新华印刷、利乐包装、曲美家居、维达纸业等7家企业被评为国家级绿色工厂，雪莲羊绒的羊绒纱线、羊绒针织品入选国家级绿色设计产品，盛通印刷、天坛家具被评为绿色供应链管理企业，黎明文仪入选工信部第二批工业产品绿色设计示范企业。支持凯达恒业、中粮可口可乐等企业申报2020年度市级绿色工厂项目。

（市经济和信息化局）

【6家食品企业进入全国农产品加工业100强】年内，首农食品、顺鑫农业、今麦郎、三元食品、大北农科技、二商大红门6家北京食品企业进入全国农产品加工业100强榜单。该榜单从经营规模、科技创新、品牌建设、社会贡献、增长态势等方面进行综合评审。

（市经济和信息化局）

【北京首农品牌价值进一步提升】年内，“首农”品牌位列中国500最具价值品牌第81位，品牌价值较上年增长17.69%，排名提升13个位次。北京首农食品集团旗下“三元”“古船”“大红门”品牌分别位列第199位、第319位、第419位，其中“大红门”品牌首次入选中国500最具价值品牌。

（市经济和信息化局）

【保障食盐供应安全稳定】年内，市经济和信息化局落实工信部、国家发展改革委、国家卫健委《关于进一步加强食盐专营管理有关工作的通知》要求，会同市市场监管局、市卫健委研究制定《关于进一步规范北京市食盐专营管理工作的通知》，对食盐定点批发企业经营行为、食盐碘含量标准、未加碘食盐供应进行规范。在北京抗击新型冠状肺炎疫情期间，市经济和信息化局指导中盐京津冀盐业有限责任公司及时补充货源，跟踪大型商超订单，加大物流配送力量，并多次深入食盐批发企业了解食盐供应和储备情况，与企业一同走访商超门店，确保北京政府储备7700吨和企业社会责任储备4300吨食盐足额到位，保障食盐市场供应稳定。

（市经济和信息化局）

【产业帮扶】年内，市经济和信息化局继续推进北京都市产业对口支援帮扶工作。支持北京时尚控股有限责任公司投资近2亿元，在新疆和田设立生产基地，成立新疆京和纺织科技有限公司，将北京总部研发出的具有核心知识产权的柔性可拆卸节能保温篷房推广到全疆和“一带一路”国家和地区，直接服务于高寒地区农牧业发展，带动当地就业和产业经济发展。支持北京时尚控股有限责任公司与内蒙古乌兰察布市政府、兴和县签署战略合作及投资协议，启动位于乌兰察布市兴和县的京兴新材料科技园项目。项目总建设用地29.6万平方米，规划建筑面积18.83万平方米，计划总投资5.7亿元，以军工、应急装备、农牧业设施、轻体节能建筑、进口替代产品等为主。支持北京凯达恒业农业技术开发有限公司在乌兰察布市察右前旗“京蒙合作产业园”建立了马铃薯加工产业化基地，帮助当地农户增产增收。

（市经济和信息化局）

【安全生产指导】年内，市经济和信息化局先后对北京二商穆香源清真肉类食品有限公司、北京一轻食品集团有限公司、中盐京津冀盐业有限责任公司等重点企业开展85次安全生产指导工作，通报部分企业存在的突出安全问题及防范工作建议，要求企业加强落实安全生产主体责任，做好安全管理工作，杜绝抢工期、重效益、轻安全等现象，全力防范各类事故发生。

（市经济和信息化局）

研发与成果

【北京一轻推出13款饮料新品献礼北冰洋85周年】11月27日，北冰洋饮料85周年新品发布会举办。北京一轻食品集团和北京一轻研究院共同推出5款纪念版饮料、3款新口味果汁汽水以及健康低糖汽水等13款饮料新品。其中，3款冬季热饮——杞橙、天生桂杞、打麦，适应不同年龄阶层和不同性别人群需求，在设计创新中体现中华民族优秀传统文化的传承和创新。萄气儿、熊劲儿、莓招儿新口味果汁汽水以及健康低糖汽水等饮料新品铺摆“国潮×养生”局，体现国民汽水在新时代转型升级和时代变革，推动老字号品牌数字化、年轻化转型。

（北京一轻）

【北玻院研制核心探测材料助力“怀柔一号”卫星成功发射】12月10日，国家战略性科技先导项目“怀柔一号”卫星在西昌卫星发射中心发射成功，随后进入预定轨道，献礼建党100周年。“怀柔一号”从立项到发射仅两年时间，北京一轻所属北京玻璃研究院为该卫星研制全部的核心探测材料——高性能溴化镧晶体。“怀柔一号”两颗小卫星上都装有25个用于探测引力波伽玛射线暴的探测器（GRD）和8个用于探测荷电粒子的探测器（CPD）。高性能溴化镧闪烁晶体作为GRD探测器的核心部件，首次被大规模应用于空间科学研究领域，是“怀柔一号”卫星项目的主要创新点。

（北京一轻）

【工美集团设计开发的3款冬奥商品上市】年内，经北京冬奥组委授权，北京工美集团有限责任公司设计开发的3款冬奥印玺特许商品（北京冬奥徽宝青玉版、碧玉版、羊脂玉版）上市。5克圆形金质纪念币和150克圆形银质纪念币入选中国人民银行发行的第24届冬季奥林匹克运动会金银纪念币。

（市经济和信息化局）

企业选介

【北京一轻控股有限责任公司】简称北京一轻，前身为1958年成立的北京市轻工业局，几经演进，至今已有60余年历史，发展成为集国有资产经营管理、生产经营、商业、综合技术服务业、咨询服务等为一体的大型国有控股公司。2020年有直属企事业单位15家，中外合资企业8家。拥有1个国家级非物质文化遗产（北京二锅头酒传统酿造技艺），4个“中华老字号”（红星、义利、星海、中华），5个“北京老字号”（红星、义利、星海、北冰洋、五星），以及众多知名品牌（大豪、红星、六曲香、古钟、北冰洋、义利、星海、海资曼、金鱼、熊猫、宝贝、欧珀莱、龙徽、中华、夜光杯、桂花陈、五星、博美、三一、首量、雪花、华盾等）。在2019年度全国轻工行业百强榜上，北京一轻综合能力排名第31位，科技能力排名第23位。

2020年，北京一轻实现营业收入86.4亿元，实现利润总额18.5亿元，同比增长11.82%，综合绩效排序位列北京市属国有企业前3位，是北京市国资委五家A类企业之一。自主创新获得多项荣誉，大豪科技多功能花样机电控系统获全国轻工行业科技进步二等奖，隆达公司有色所铝合金阶梯真空钎焊技术获国防科学技术进步三等奖，达博公司获中国半导体材料十强企业称号。年内，北京一轻全面启动“对标世界一流管理提升”专项行动，深化国资国企改革，推进全民所有制改制，启动北京大豪科技股份有限公司（简称大豪科技）并购重组。加强上市公司管理，完成大豪科技国有股东合理增持工作，推进北京首量科技有限公司、中纸在线（苏州）电子商务股份有限公司内控管理、信息披露等规范化。研发投入持续加大，全年科技投入2亿余元，开发大豪科技集成一体横机电控、北冰洋汽水系列、高端键合金丝等新产品，实现销售收入22.04亿元。采取“院企合作、产研结合”的开发模式，完成建党100周年献礼重大科研项目——溴化镧闪烁晶体的研制，晶体培育和封装技术居国际领先地位。全年申请专利111项，其中发明专利30项；授权专利172项，其中发明专利16项；参与国标、行标制定修订118项。文创园建设取得新进展，鑫企旺文创园被评为北京市示范文创园。质量和品牌管理持续加强，大豪科技入选中国轻工品牌价值评价榜单，日化集团获中国诚信经营示范单位、全国AAA重合同守信用企业等称号。

（北京一轻）

【北京工美集团有限责任公司】简称北京工美集团，前身为1980年8月20日成立的北京市工艺美术品总公司，公司以工艺美术制造和商贸服务为主业，传承与弘扬中华民族工艺美术文化、发展文化创意产业，是集工艺美术品设计开发、商业经营、国际贸易、检测鉴定、职业教育、文化交流、基金投资、会展博览等为一体的多元化文化创意产业集团，是全国工艺美术行业领军企业。

“十三五”时期，北京工美集团以“积极布局、调整升级，开拓创新、共享共赢”的思路稳步健康发展，为适应经济形势变化和改革发展需要，先后两次调整完善“十三五”发展规划，由“专业化战略”调整为“专业化平台战略”，制订并全力推进“135工程”发展计划实施，搭建资源整合平台，提高资产配置效率，构建全产业链并推动协同发展。“十三五”时期较“十二五”时期集团公司营业收入总额高出85.85%，利润总额低2.32%（受2020年疫情影响），总资产高出31.82%，所有者权益高出24.67%。

2020年，北京工美集团营业收入42.2亿元，利润1934万元。年内，北京工美集团全力做好国家政治中心和国际交往中心服务保障，完成全国抗击新冠肺炎疫情表彰大会及国家部委、北京市等30余个省部级单位的抗疫表彰项目奖章、奖牌及荣誉证书设计制作任务；完成中巴友谊内画尊、反法西斯胜利75周年雕漆鼎等设计制作任务；分别为国家“520”重大制作项目，“17+1”国礼项目，中外建交70周年礼品项目，外交部归国人员纪念品，2021年领导人新年贺卡，服贸会贵宾礼、“中印、中菲”建交礼品，建党100周年使馆礼品，国家勋章、国家荣誉称号奖章，全国劳模、北京市五四青年奖章等项目提供设计制作服务。年内，北京工美集团完成冬奥自主设计方案160余款，获批46款。重点加强核心产品——冬奥徽宝营销推广，开发徽宝系列产品在多渠道销售。开辟定制业务市场，为中国人民银行、中国人民保险集团股份有限公司、中国石油化工集团公司等冬奥会官方合作企业开发多款特许产品。成功申办北京2022冬奥会和冬残奥会官方特许商品旗舰店。

（北京工美集团）

【北京时尚控股有限责任公司】 简称时尚控股公司，前身为北京纺织工业总公司，1996年更名为北京纺织控股（集团）有限责任公司，1999年改制为北京纺织控股有限责任公司。2016年6月6日更名为北京时尚控股有限责任公司。注册资本16.87亿元，拥有北京铜牛集团有限公司、北京雪莲集团有限公司、北京光华纺织集团有限公司、北京京棉纺织集团有限责任公司、北京京工服装集团有限公司、北京清河三羊毛纺集团有限公司、北京大华时尚科技发展有限公司及北京方恒集团有限公司等114户全资及控股企业，职工总数8186人。

2020年，时尚控股公司资产总额187.2亿元，营业收入133.8亿元，利润总额3.4亿元，现价工业总产值完成14.96亿元，主营业务收入完成30.62亿元，主营业务利润完成1.11亿元。完成出口创汇2.33亿美元。全年生产服装1591.2万件、无纺布6037吨、毛纱55.9吨、篷盖布191.5万平方米，保温大棚766套、帐篷3376顶、手提油囊6419个、软质输油管11.4万米。时尚控股公司企业科技投入15351.2万元，实现新产品销售收入8.66亿元。“十三五”科技创新项目完成投入4198.61万元，实现销售收入2.22亿元，利润4701.19万元，重点项目取得显著成果。申请专利50项，其中发明专利11项；授权专利26项，其中发明专利6项。光华时代被认定为北京市知识产权试点单位。光华集团获得中国纺织工业联合会和中国纺织职工思想政治工作研究会“建创新型班组”先进企业称号、光华集团技术中心创新工作室获评全国纺织行业创新型班组。

结构调整。年内，时尚控股公司按照市委、市政府打造副中心张家湾设计小镇的统筹安排，与北京铜牛集团有限公司、北京通州投资发展有限公司、北京市建筑设计研究院有限公司共同协商，通过非公开协议转让和同比例增资的方式，对北京铜牛股份有限公司进行股权调整改造，进而推动设计小镇建设，助力企业实现转型升级。北京铜牛集团有限公司对北京金坛大厦有限公司实施破产清算工作。北京燕阳新材料技术发展有限公司投资建设兴和县生产基地，已完成向内蒙古地区疏解搬迁，并实现投产。

产业发展。年内，时尚控股公司以战略为引领，加快内外部资源整合，支持品牌企业及业务持续发展，提升对品牌服装全产业链的控制力。北京雪莲集团有限公司对内蒙古仁立雪莲羊绒有限公司进行增资，通过创新能力、创新模式以及相关设计师等资源的输入，增加产品的设计感和品质感，提升其附加值，不断提升对羊绒全产业链的控制力。统筹资本运作，加大基建投入，推进企业高质量发展。北京铜牛信息科技股份有限公司完成天坛数据中心改扩建项目，改扩建后的天坛数据中心机柜规模增至1400台。

园区建设。年内，时尚控股公司围绕首都城市发展战略，主动融入北京文化创意产业，逐步完善产业布局，持续加快工业园区转型，推动智慧园区、绿色园区全面建设，促进业态创新，形成莱锦文化创意产业园、铜牛电影产业园、铜牛影视小镇、永乐文智园、光华视觉园、京工时尚创新园6个特色园区，涉及影视IP、绿色办公、文化创意、时尚设计、教育培训、应急产业等领域。北京光华纺织集团有限公司推动应急产业落户内蒙古自治区兴和县，投资设立全资子公司内蒙京和科技有限公司。北京雪莲集团有限公司推进双园区建设，全力落实内蒙赤峰羊绒科技园项目建设。

（时尚控股公司）

【北京青岛啤酒三环有限公司】 简称三环公司，前身是北京三环啤酒厂，始建于1987年，1990年建成投产。2001年4月创立北京青岛啤酒三环有限公司，注册资本2980万美元，位于密云镇果园西路9号。三环公司拥有在岗员工497人，主要生产“青岛”“山水”“崂山”等系列啤酒。1990年至2020年累计完成啤酒销量394.86万千升，累计上缴税金15.19亿元。

2020年，三环公司实现产量14.68万升，同比下降8%，预算完成率为97%；实现销量14.66万升，同比下降6%，预算完成率为97%；实现利润总额4876万元，同比增加450万元，增幅10%，预算完成率为95%。

（王　佳）

【蜀海（北京）食品有限公司】简称蜀海食品，成立于2011年，是集销售、研发、采购、生产、品保、仓储、运输、信息、金融为一体的餐饮供应链服务企业，为连锁餐饮企业及零售客户提供整体食材供应链解决方案服务。蜀海拥有遍布全国的现代化冷链物流中心、食品工厂、蔬果加工中心等基地。以安全透明的供应链体系为餐饮客户提供品质服务，解决餐饮行业难标准化的痛点。在净菜生产、菜品研发、餐饮标准工业化等项目领域持续不断研究，已成为供应链领域的标杆企业。蜀海食品位于北京市大兴区黄村镇阜顺南路6号，供应的产品类别为冷链即食食品（主食菜肴类）、即食鲜切蔬果、调味料（半固态酱调味料、固态调味料、液态调味料）、肉制品（酱卤肉制品），具备日产1.3吨冷链即食食品（主食菜肴类）、1.5吨即食鲜切蔬果、1.3吨调味料（半固态酱调味料、固态调味料、液态调味料）、1.3吨肉制品（酱卤肉制品）及相应配送能力，具有从原料入库到成品出库的全流程内部追溯能力，通过FSSC 22000和ISO22000体系认证。冷链即食食品保质期48小时，即食鲜切蔬果保质期72小时，调味料7～360天，酱卤肉制品5～180天。工厂仓储具备蔬菜冷藏库、冷冻库800货位和常温库800货位，成品分拣库等库区。收货码头15个，出货码头11个，日吞吐量达到50吨。工厂有长期合作运输公司，自有车辆300辆+，满足北京区域各餐饮门店配送需求。

2020年，蜀海食品实现营业收入5.31亿元，同比下降68%。主要为1月、6月、11月份三波疫情，持续时间长，对餐饮业打击，以及工厂贸易业务剥离，影响收入。2020年重点工作围绕疫情防控，全年未发生员工感染事件。疫情期间，公司开发新零售业务，开发“开饭了”产品系列。2020年智慧餐厅增加7家门店，扩展厂房，服务扩大产能需求。

（蜀海食品）

“十三五”回顾

“十三五”期间，北京都市产业推动内部结构调整，疏解低端低效产业，培育发展新兴业态，产业质量效益实现明显提升。节能减排工作取得显著成效，万元增加值水耗、能耗大幅下降。企业自主创新能力进一步增强，都市产业拥有国家级企业技术中心6家，市级企业技术中心34家。

重点领域分化明显，形成以食品、服装纺织、印刷包装、文体工美等四大重点行业为重要支撑的发展体系，保障首都城市基本运行和改善民生的特色更为突出。四大重点行业产值占都市产业的89.3%，其中食品行业占58.3%，是都市产业第一大行业。

品牌影响逐步扩大，拥有食品老字号品牌28个，占全市50个老字号品牌的比重为56%。在自主品牌建设方面，形成以顺鑫、三元、今麦郎、德芙、和路雪、爱慕、朗姿、威克多、天坛、曲美等为代表的知名品牌，以白玉、王致和、六必居、红螺、月盛斋、红星、牛栏山、北冰洋、雪莲、红都、工美等为代表的老字号品牌。北京工艺美术展、中国国际时装周、北京时装周等国内外影响力逐步扩大，成为引领北京时尚文化的重要平台。

推动传统工艺与文化产业融合，发掘产业文化价值，助力全国文化中心建设。围绕“一带一路”国际合作高峰论坛、亚洲文明对话大会、中俄建交70周年等国家重大活动，“吉祥中国·福禄尊”“友谊之船”“丝路绽放雕漆赏盘”等国礼向世界展示中国文化的魅力。工美集团设计开发的“大国国礼精品系列”“景泰蓝银胎手镯”等精品成为代表北京形象的“北京礼物”。顺鑫农业、燕京啤酒、工美集团、康比特、华江文化等龙头企业参与冬奥会相关工作，推动具有中国特色的冬奥文化传播。

京津冀协同取得标志性进展。北京·滦南大健康产业园建成，其中首批疏解转移保健食品生产企业中已有13家在当地取得营业执照，16家企业开工建设，入园企业北京航洋健康科技有限公司已获得首张保健品异地监管许可证。北京·深州家具产业园初具规模，已有27家北京家具企业成功入驻。三元食品、顺鑫农业、古船油脂等重点企业建成三元食品（河北）工业园、定州现代循环农业科技示范园区、衡水面粉加工基地等项目。

抓住“一带一路”等发展契机，优势企业加快海外布局，建设海外研发设计机构及营销渠道。三元食品在法国、新西兰等建立生产基地，曲美家居收购挪威国宝品牌 Ekornes，依文服饰承办“第五次中英高级别人文交流机制·中国传统手工艺文化英国行”主题活动亮相伦敦，工美集团布局海外艺术品市场等。

新业态新模式不断涌现，都市产业与服务业、旅游业加速融合，“都市＋旅游”“都市＋商业”“都市＋文化”等新业态、新模式不断涌现，已落地“顺鑫游”、红星二锅头博物馆、二商王致和、北京珐琅厂、义利北冰洋工厂等一批工业旅游项目，建成威克多服装业孵化器、一轻控股北京国际葡萄酒交易所、爱慕时尚工厂、依文时尚欧洲园等一批新型平台。线上线下深度融合趋势尽显，六必居、王致和、月盛斋、红星、牛栏山、永丰等多家老字号入驻阿里零售和京东平台，品牌影响力不断扩大。

（市经济和信息化局）

材料与绿色环保产业

本栏目采用条目体，刊载2020年北京材料与绿色环保产业概述、政策与措施、产业动态、研发与成果、企业选介、“十三五”回顾6项内容。其中，政策与措施分目包括出台的政策文件及实施情况，机构设立、调整变化等内容；产业动态分目包括经营业绩、项目启动、签约、论坛、获奖等内容；研发与成果分目包括新产品发布、技术测试、解决方案等内容；企业选介分目在重点介绍一级企业的基础上，对二级企业的主营业务范围进行了简述。“十三五”回顾分目对产业发展情况进行了简述。

概　述

2020年，北京材料产业规模以上工业企业工业总产值7772.8亿元，同比下降0.6%。全年材料产业主要行业中，石油加工、炼焦及核燃料加工业主营业务收入458.4亿元，同比下降28%；利润－7.3亿元；化学原料和化学制品制造业主营业务收入3334亿元，同比增长3.6%；利润42.3亿元，同比增长107.9%；黑色金属冶炼及压延加工业主营业务收入108.6亿元，同比增长18.7%；利润0.1亿元；非金属矿物制品业主营业务收入493.3亿元，同比下降3.9%；利润46.9亿元，同比增长183.3%。

协调推进重大项目落地，包括民机高性能复合地板、高性能金属靶材等国家专项；有色金属行业新材料测试评价平台、卫星空间材料生产应用示范平台等国家级平台；环宇京辉液化空分项目、八亿时空液晶材料二期项目等本市高精尖产业项目。

（市经济和信息化局）

政策与措施

【有色金属新材料科创园揭牌】 5月18日，有研科技集团有限公司与怀柔区共建的有色金属新材料科创园揭牌。有色金属新材料科创园规划建设6大板块，包括科技创新和产业培育平台、科技园区服务、科技金融中心、人才培养与服务中心、开放共享实验室服务中心和国际科技合作交流中心。科创园将开放共享实验室，统筹在怀高校、科研机构的设备仪器资源，共享需求信息，为在怀企业提供公共研发—生产—验证服务。

（怀柔区官网）

【新能源领域首个网络安全实验室启用】 8月3日，新能源领域首个网络安全实验室在龙源电力集团股份有限公司建成启用。实验室配备纵向加密、单向隔离、防火墙、风机监控、风功率预测、变电站自动化、综合管理平台、网络安全防护等系统，以通信原理、编程开发、渗透技术、配置检查、制度标准、密码学等知识学习体系为基础，模拟风电场实际网络环境，开展风电场网络安全防护技术的研究与试验，从等保测评、风险评估、渗透测试、应急响应等多个领域保障设备网络安全，推进新能源工控领域信息系统网络安全建设。

（中关村管委会）

【第三代半导体材料及应用联合创新基地落成】 9月30日，第三代半导体材料及应用联合创新基地落成仪式在顺义园举行。创新基地位于顺义园临空国际板块，总建筑面积7.2万平方米，是国内首个聚集全产业链的第三代半导体创新基地，将围绕光电子、电力电子、微波射频三大应用领域，建设第三代半导体工艺、封装测试、可靠性检测和科技服务四大基础平台，平台采取开放联合、共享合作的方式，由北京国联万众半导体科技有限公司实施运营。

（中关村管委会）

【燕山石化与东方雨虹联合实验室揭牌】 10月27日，燕山石化与东方雨虹联合实验室签约揭牌仪式在京举行，燕山石化公司副总经理、总工程师程嘉猷，东方雨虹控股副董事长兼执行总裁向锦明出席签约揭牌仪式。燕山石化自1998年2月开始同东方雨虹开展合作，随着燕山石化安全绿色高质量发展项目的启动以及东方雨虹的快速发展，双方已在科研、生产、市场、客户等方面发挥联合优势，建立越来越稳定的合作共赢机制。该次联合实验室的成立，是双方战略合作又一深化举措。

（燕化官网）

【首钢与欧力士发起成立合作链接平台】 11月5日至10日，在第三届中国国际进口博览会举行的智慧供应链专业委员会大会暨企业成果签约大会上，首钢基金与日本欧力士、中国建筑国际签订共同发起成立中日产业合作链接平台的框架合作协议，开展全方位合作，实现共同长期可持续发展。根据框架合作协议，未来三方将发挥在全球金融、产业、投资等方面的优势，在中日产业超级链接平台建设、中日产业园合作运营、TOD综合开发、环保新能源、医疗大健康、金融合作等领域开展合作，通过资本合作强化各方的战略合作强度，实现强强合作，通过“金融＋产业＋投资”的一体化综合业务，推动中日产业落地实施。三方将打造中日合作TOD地标项目及国际化创新、龙头企业集聚的国际化创新公园社区，作为中日合作的新载体承接金融服务、高端研发、科技等产业，打造独具特色的中日合作示范项目。

（马　晓）

【航天航空新材料产业集群落户房山区方案获批】年内，市经济和信息化局为推进北京市航天航空产业和相关新材料产业的协同发展，依托北京碳材料促进会和房山区政府编制完成国家航空航天新材料产业集群建设方案并上报工信部。工信部已批复该集群落地房山区。

（市经济和信息化局）

【一般制造业企业退出】年内，市经济和信息化局组织各区有序推进一般制造业退出工作。全年共退出企业113家，超额完成年度任务。退出企业集中在建材、食品制造和农副食品加工、机械制造与加工、印刷装订、金属制品、橡胶和塑料制品、家具和木制品加工等行业。

（市经济和信息化局）

【金隅全面推动劣势企业退出】年内，金隅集团完成退出"劣势企业"118户，其中子公司37户、分公司6户、吊销企业75户，完成上报市国资委疏解退出17户计划，按期实现20户僵尸企业退出或扭亏，完成率100%。

（祁　爽）

【化工深化改革持续推进】年内，化工集团推进资本证券化工作，北京华腾新材料股份有限公司重启IPO进展顺利；完成对安徽华腾乳胶制品有限责任公司、江苏京腾昊桦科技有限公司、北京华腾化工有限公司等企业增资工作。作为市国资委首家实施项目收益分红激励改革试点单位，推动北京华腾新材料股份有限公司、北京市化学工业研究院、北京华腾橡塑乳胶制品有限公司项目收益分红激励机制建设，激发企业创新活力。继续扩大企业年金覆盖范围，让更多的职工享受企业发展成果。

（化工集团）

【化工推进母体企业整合】年内，化工集团完成北京北搪化工设备厂、北京化工实验厂、北京市氧气厂、北京华腾聚源企业管理服务有限公司4家企业的管理整合，着力打造历史遗留问题综合处理和人力资源社会化服务平台。加强集体企业规范化管理，明确北京大有工贸公司、北京化学工业集团公司三产劳动服务管理中心、北京东光实业总公司等企业参照国有企业管理。继续推进劣势企业、"僵尸企业"退出，北京京工化投资咨询中心和北京北染染颜料有限公司进入破产程序，北京东光实业总公司梦思达化学厂、北京东光陌耕化工有限公司完成工商注销，北京福东气体制品有限公司完成税务注销。坚持"应交尽交"，认真落实剥离企业办社会职能的有关工作，非经营性资产移交主体工作已完成，退休人员社会化管理移交超进度完成，对于新退休人员做到了"随退随转"。

（化工集团）

【金隅深化管理体制改革】年内，金隅集团通过梳理调整冀东集团、投资物业管理集团管理及产权结构，构建集团责权利统一的管理体系。依法合规推进体制改革，进一步明确权责关系，设立北京金隅红树林环保技术有限责任公司北京事业部。天津金隅嘉品Mall项目、天津滨海新区昊昱投资有限公司委托北京金隅投资物业管理集团管理、天津冀东水泥有限公司委托金隅冀东水泥（唐山）有限责任公司唐山分公司管理、混凝土集团托管天津市天材伟业建筑材料有限公司、唐山冀东发展燕东建设有限公司由冀东集团管理、唐山盾石房地产开发有限公司委托地产集团管理。调整北京京才人才开发中心有限公司所属企业股权结构，两家股权4级公司、一家股权5级公司提至股权3级公司。北京金隅科技学校划归北京市教委管理。为进一步理顺管理模式，设立北京金隅酒店管理有限公司、金隅红树林生物质能源（泾阳）有限公司、河北雄安智砼科技有限公司、金隅商贸（廊坊）有限公司、地产集团唐山城市公司等15家子公司（分公司）。

（金隅集团）

产业动态

【燕化全面启动国际安全评级系统评估】1月6日，燕山石化与挪威船级社签署战略合作协议。燕山石化全面启动国际安全评级系统（ISRS）评估工作，旨在以国际安全评级系统（ISRS）作为技术支撑，按照国际一流能源化工企业安全管理体系标准要求，结合中国石化HSSE管理体系以及ISO14001、ISO45001等国际标准要求，对燕山石化现有HSSE管理体系开展审核与对标工作，验证公司HSSE管理现状，发现管理短板，落实改进措施，全面提升HSSE业绩。

（王善高）

【首钢基金获最具影响力产业投资母基金】1月9日，在第四届金汇奖年度盛典（简称金汇奖）上，首钢基金获中国最具影响力产业投资母基金（TOP30）。“金汇奖”作为中国私募股权投资行业最权威、最专业的榜单，见证了中国快速发展的资本市场和新兴产业、有中国特色的私募股权市场逐渐完善的优异成果。

（马　晓）

【全球能源互联网研究院项目获国家科技进步奖二等奖】1月10日，科技部发布“2019年度国家科学技术进步奖获奖项目目录”，全球能源互联网研究院有限公司电工新材料研究所牵头的“铝合金节能输电导线及多场景应用”项目获国家科学技术进步奖二等奖（J–215–2–05）。该项目属于新材料领域，研发了高导电率的硬铝、中强铝合金和耐热铝合金节能导线及应用关键技术，实现导电率、强度、耐热性协同提高，相比现役导线，导电率分别提高4.0%、3.9%、3.3%，三类产品均为高新技术产品。该成果累计架线2.15万公里，实现多场景的大容量、低损耗电力传输，每年可减少线路损耗约4.3亿千瓦时，为国家构建安全高效、清洁低碳的能源体系提供重要支撑。项目成果共获授权发明专利30项；牵头制定国家标准2项。

（纪根达）

【首钢获国际绿色解决方案奖】1月，第七届Construction21国际绿色解决方案奖颁奖典礼在法国建筑博览会Batimat展厅举办。经健康建筑联盟国内外专家联合评审，首钢老工业区西十冬奥广场改造项目获既有建筑绿色改造解决方案奖国际特别提名奖。改造项目围绕保护风貌、传承文化、激发新动能总目标，着力推进老工业区的改造建设和转型发展。针对规划设计、智能应用、改造施工，在绿色智能化改造建设上不断实践，达到预期目标。Construction21国际举办的年度绿色解决方案奖已召开6届，来自37个国家的192个项目参与申报绿色解决方案奖。

（马　晓）

【首钢获东风商用车战表优胜奖】1月，东风商用车有限公司举办2020年度供应商大会，首钢凭借质量优良的产品、稳定的供应保障体系和优质的售后服务，获战表优胜奖。首钢与东风商用车始终保持密切的合作关系，供货量持续增高，以质量稳定、高交付率，成为东风商用车核心供应商及可靠伙伴。东风商用车有限公司继承了东风品牌商用车事业的主体业务，在中国拥有独立的研发和生产基地，年产能20万台。

（马　晓）

【首钢机电完成长安街定制公交站牌制作安装】4月，北京首钢机电有限公司完成对长安街及其延长线石景山区古城至通州区东关西的所有定制公交站牌统计和更换。为保证北京市复工复产工作安全有序进行，北京公交集团推出“定制公交”服务，通过微信公众号和小程序实现线上预约等创新手段为市民提供服务，保障市民在疫情期间出行复工人身安全。首钢机电公司与公交集团对接确认首批开通的定制公交站点，对需要重新安装定制的公交站牌安排巡查统计，组织设计人员对站牌外观样式和内容细化设计，生产车间迅速安排加工制作，完成126块站牌更换。

（马　晓）

【首钢获评中国卓越钢铁企业国际影响力品牌】5月10日，中国冶金报社发布2020年中国钢铁行业品牌榜。首钢集团有限公司获评2020年中国卓越钢铁企业国际影响力品牌，北京首钢股份有限公司（首钢牌）获评2020年中国钢材市场优秀品牌（板卷类）。中国冶金报社品牌评选根据上一年度企业经营、品牌建设投入情况和微信投票征集的公众意见，以及业内专家的意见和建议综合评定，成为业内公认的权威品牌评选活动。首钢不断提升钢铁业“制造＋服务”综合竞争力，形成汽车板、电工钢、镀锡板等十大高端产品系列。新能源汽车电机用无取向电工钢实现全球首发，1200兆帕级冷轧复相汽车板等5项新产品国内首发，超薄产品连续两年国内市场占有率第一。

（马　晓）

【首钢获机械停车行业最具成长性奖】5月，在中国重型机械工业协会停车设备工作委员会、中国城市公共交通协会联合主办的以“新停车、新基建、新格局”为主题的第四届中国城市停车大会上，北京首钢城运控股有限公司获中国停车设备行业2019年度机械式停车设备最具成长性奖。该公司是可提供集智能（机械式）立体车库投资、研发、设计、生产、建设、运营的一站式专业服务公司，具有机械式停车设备制造、安装改造维修资质，是国内最早获得公交车机械式立体车库特种设备制造许可证的企业，也是唯一一家有第二代产品的企业。大会以网络直播形式召开，设立1个主会场、71个分会场，国家相关部委、科研机构、行业协会和666家生产企业的代表参加。

（马　晓）

【首钢股份上榜福布斯全球上市公司2000强】6月，《福布斯》发布2020年全球上市公司2000强榜单，首钢股份位列其中。榜单排名以营业收入、利润、资产和市值四大指标为依据，综合评选出全世界规模最大、影响力最强、价值最高的企业。与《财富》

世界 500 强相比，榜单企业数量更大，行业覆盖范围更广，被视为全球最权威、最受关注的商业企业排行榜之一。

（马　晓）

【低碳研究院发明专利获中国专利银奖】7 月 14 日，国家知识产权局公布第二十一届中国专利奖获奖名单，北京低碳清洁能源研究院发明专利“一种脱硝催化剂的再生方法和一种再生脱硝催化剂及其应用”获中国专利奖银奖。该专利是低碳院针对燃煤电厂脱硝催化剂失活提供的一种利用废催化剂中有价元素作为活性补充液的催化剂再生方法，有效解决再生催化剂活性和机械强度协同提高的难题。

（纪根达）

【首钢北京园区产业集聚效应初现】7 月，首钢紧抓北京冬奥筹办契机，瞄准科技与文化融合、高端商务配套、未来城市示范等产业方向，加速推进园区冬奥广场等片区 50 万平方米空间开工建设，高质量发展首钢北京园区 150 万平方米产业空间，年内完成投资近百亿元。园区产业集聚效应初现，已建成空间企业入驻率达 92%，已陆续与腾讯演播厅、冬奥云转播中心、当红齐天幻真乐园、香格里拉啤酒坊、全民畅读艺术书店、亚太文融、墨甲音乐机器人、美团无人超市等 10 余个新项目完成签约。依托冬奥窗口期带动特色项目入驻，已有 25 家企业及品牌商户入驻园区，包括体育类 6 家、科技类 8 家、文化类 6 家、高端商务服务 5 家。

（马　晓）

【首钢第 9 次跻身世界 500 强】8 月 10 日，《财富》官方 App 全球同步发布《财富》世界 500 强排行榜。首钢以 29273.6 百万美元的营业收入列第 429 位，这是首钢自 2011 年以来第九次上榜。首钢钢铁业围绕打造五大优势，坚持对标先进，深挖自身潜力，经营能力明显提升，产品结构不断优化。首钢园区开发取得实质进展，统筹推进“四个复兴”，打造精品工程，重点项目按期竣工，招商引资取得新进展，重大活动举办，展示新时代首钢的新形象。产融结合深入，对接资本市场，加强资本运作，提升金融服务实体能力，为首钢产业发展和整体效益提供有效支撑。2020 年排行榜的变化是中国大陆公司实现历史性跨越：中国大陆（含香港）公司数量达到 124 家，历史上第一次超过美国（121 家）。加上台湾地区企业，中国有 133 家公司上榜。

（马　晓）

【首钢专利技术质量数量双提升】8 月 17 日，新材指数发布 2020 世界钢铁企业专利技术能力排名，首钢位列世界钢企第 6 名、中国钢企第 2 名。首钢专利工作坚持与结构调整、产品升级换代和技术创新相结合，构建以创造为核心、以应用为导向、以管理为基础、以保护为依托的知识产权工作机制。截至年底，首钢申请专利 8201 件，其中发明专利 4638 件，获国家专利授权 5260 件。

（马　晓）

【燕化改革发展 50 年报告会召开】9 月 16 日，燕山石化公司举行“辉煌五十年　奋进新时代”报告会暨先进表彰会，总结回顾燕山石化改革发展 50 年的辉煌成就和成功经验，表彰长期以来扎根生产和科研一线，为企业生产建设和改革发展做出突出贡献的劳动模范，号召全体干部员工从 50 年发展历程中汲取信心、动能和经验，努力打造安全环保的典范、竞争力的标杆、可持续发展的先锋、国企党的建设高地，为中国石化打造世界领先洁净能源化工公司贡献力量。

（王善高）

【首钢 3 项成果获市科学技术奖】9 月，在北京市科学技术奖励大会上，首钢 3 项成果获北京市科学技术奖。其中，“高性能低合金耐蚀钢系列钢种研制及应用成套技术”获技术发明奖一等奖，“高纯净铸造高温合金母合金关键技术及产业化研究”和“高混杂建筑废弃物全资源化利用关键技术及产业化应用”获科学技术进步奖二等奖。首钢“高性能低合金耐蚀钢系列钢种研制及应用成套技术”项目历经 10 余年，在国家“973”和北京市项目支持下，建立先进的耐蚀调控理论和评价技术，研制系列钢种及配套技术，实现国内低合金耐蚀钢升级换代、重大工程示范和产业化，获国际腐蚀工程师协会最高研究奖和技术贡献奖。成果应用于集装箱、造船、海上风电和高铁等领域 24 个重点工程。

（马　晓）

【北京多家企业入选国家第五批绿色制造名单】10月16日，为贯彻落实《工业绿色发展规划（2016—2020年）》和《绿色制造工程实施指南（2016—2020年）》，加快绿色制造体系建设，引领工业高质量发展，工信部公布了第五批绿色制造名单（工信厅节函〔2020〕246号），北京市多家企业入选。其中，ABB电气传动系统有限公司等27家企业入选绿色工厂名单，雪莲牌羊绒纱线等3种产品入选绿色设计产品名单，北京奔驰汽车有限公司等5家企业被评为绿色供应链管理企业。

2020年国家第五批绿色工厂名单

序号	工厂名称	第三方评价机构名称	行业类别
1	北京ABB电气传动系统有限公司	中环联合（北京）认证中心有限公司	装备
2	拜耳医药保健有限公司	天津市联合环保工程设计有限公司	医药
3	赛诺菲（北京）制药有限公司	天津市联合环保工程设计有限公司	医药
4	北京雪迪龙科技股份有限公司	华夏认证中心有限公司	装备
5	北京ABB低压电器有限公司	北京联合智业认证有限公司	装备
6	富智康精密组件（北京）有限公司	深圳市冠智达实业有限公司	电子
7	北京康辰药业股份有限公司	天津锐锟科技有限公司	医药
8	北京碧水源膜科技有限公司	北京联合智业认证有限公司	装备
9	北京协和药厂	北京爱企邦科技服务有限公司	医药
10	北京京西重工有限公司	天津锐锟科技有限公司	装备
11	安泰环境工程技术有限公司	北京绿色之道节能环保技术发展有限公司	装备
12	北京北陆药业股份有限公司	北京爱企邦科技服务有限公司	医药
13	华润双鹤药业股份有限公司	国润创投（北京）科技有限公司	医药
14	北京盛通印刷股份有限公司	华夏认证中心有限公司	都市
15	北京北汽李尔汽车系统有限公司	轻工业环境保护研究所	汽车
16	中农华威制药股份有限公司	天津锐锟科技有限公司	医药
17	北京北大维信生物科技有限公司	国润创投（北京）科技有限公司	医药
18	北京创思工贸有限公司	华夏认证中心有限公司	材料
19	华新绿源环保股份有限公司	北京爱企邦科技服务有限公司	都市
20	中粮可口可乐饮料（北京）有限公司	天津市联合环保工程设计有限公司	都市
21	曲美家居集团股份有限公司	深圳华测国际认证有限公司	都市
22	利乐包装（北京）有限公司	北京绿色之道节能环保技术发展有限公司	都市
23	维达北方纸业（北京）有限公司	北京鉴衡认证中心有限公司	都市
24	北京振东康远制药有限公司	中国电子工程设计院有限公司	医药
25	安泰科技股份有限公司北京空港新材分公司	北京绿色之道节能环保技术发展有限公司	装备
26	北京新华印刷有限公司	恒联海航（北京）管理咨询有限公司	都市
27	北京凯达恒业农业技术开发有限公司	北京爱企邦科技服务有限公司	都市

2020年国家第五批绿色设计产品名单

序号	企业名称	产品名称	产品型号
1	北京碧水源科技股份有限公司	碧水源牌OW–DF–24型纳滤直饮机	OW–DF–24型（货号D668X）
2	北京雪莲羊绒有限公司	“雪莲”牌羊绒纱线	“雪莲”牌羊绒纱线
3	北京雪莲羊绒有限公司	“雪莲”牌羊绒针织品	“雪莲”牌羊绒针织品

2020年国家第五批绿色供应链管理企业名单

序号	单位名称	第三方评价机构名称	行业类别
1	北京京东方显示技术有限公司	中国电子工程设计院有限公司	电子
2	北京奔驰汽车有限公司	北京联合智业认证有限公司	汽车
3	北京金隅天坛家具股份有限公司	北京建筑材料科学研究总院	都市
4	北京盛通印刷股份有限公司	华夏认证中心有限公司	都市
5	北京首钢冷轧薄板有限公司	北京绿色之道节能环保技术发展有限公司	材料

（市经济和信息化局）

【燕化承办国家重点环保科研项目示范演练】10月18日，由北京市生态环境局、北京工业大学、中科院合肥物质科学研究院、北京大学主办，燕山石化公司承办的国家重点研发计划——突发大气污染事故应急预警评估技术与示范研究项目研究成果示范性应急演练在燕山石化公司牛口峪罐区举行，以检验该项国家重点科研项目成果的现场应用效能。

（王善高）

【首钢绿色建材供应雄安新区】10月，首钢集团有限公司矿业公司大石河裴庄生态恢复治理项目生产的绿色建材从国铁沙河驿站发车，服务雄安新区城市建设。

（马　晓）

【2020京津冀石墨烯大会暨产业领袖峰会召开】11月4日，由北京市经济和信息化局、中关村科技园区管理委员会、北京市房山区人民政府主办，中国石化燕山石化公司、北京石墨烯产业创新中心、北京先进碳材料产业促进会、房山区经济和信息化局、北京石化新材料科技产业基地管理委员会承办的第四届京津冀石墨烯大会——2020京津冀石墨烯大会暨产业领袖峰会在北京召开。工信部原材料工业司一级巡视员吕桂新，北京市经济和信息化局党组书记、局长杨秀玲，中关村科技园区管理委员会二级巡视员刘航，北京市房山区政协主席刘兵分别致辞。来自政府部门、科研院所、各省（市）石墨烯产业创新中心、石墨烯产业链重点企业代表参会。杨秀玲发表视频致辞。她指出，北京作为全国的科技创新中心，一直高度重视以石墨烯为代表的新材料产业的发展，从政策、资金、人才等方面不断完善有关措施，加快推进产业创新发展，已呈现出创新资源集聚、服务资源丰富、优势企业云集、高精尖特征突出的特点。北京将加快构建具有北京特色的新材料产业生态链，在前沿新材料、关键战略材料、先进基础材料等重点领域加快布局，以中关村科学城、怀柔科学城为新材料创新高地，以房山区、顺义区为重点产业承载区，同时加强与天津、河北重点区域的合作，加快形成协同发展的新格局。她表示，欢迎全世界石墨烯领域的创新人才、创新企业、创新机构来京发展，共同推动首都高质量发展。

（市经济和信息化局）

【燕化在全国职业技能大赛上取得佳绩】11月12日，2020年全国行业职业技能竞赛——第十二届全国石油和化工行业职业技能竞赛落幕。燕山石化两支仪器仪表维修工参赛队分别获得团体一等奖（总分第一名）和团体二等奖，化学检验员参赛队获得团体三等奖。选手李浩和王聪分别获得仪器仪表维修工个人竞赛第2名和第3名，均被授予全国技术能手称号，选手范鑫和李政被授予全国石油和化工行业技术能手称号。

（燕化官网）

【金隅新型建筑材料产业链基地布局平谷】11月12日，金隅集团与平谷区人民政府在平谷区政府应急指挥中心签署战略合作框架协议。根据协议，集团将在平谷区依托马坊物流基地以“绿色化、数智化、集成化”为核心特征，布局建设新型建材交易中心、绿色砂浆产业园、数智化第四代混凝土搅拌站，根据需要适时建设建筑垃圾绿色处理站，形成“生产、储运、保障、服务、创新”五位一体的新型建筑材料产业链基地。

（刘小敏）

【国瑞升亮相第五届国际碳材料大会暨产业展览会】11月17日至20日，“Carbontech 2020”第五届国际碳材料大会暨产业展览会在上海跨国采购会展中心举办，海淀创业园国瑞升科技参展。在碳材料主题展区的B006展位上，国瑞升展出了针对蓝宝石的抛光产品和工艺。针对新一代半导体材料，如碳化硅、砷化镓、氮化硅、氮化铝、磷化铟等材料的研磨抛光产品和工艺，包括多晶金刚石微粉和研磨液、类多晶金刚石和研磨液、纳米金刚石微粉和抛光液、CMP抛光液等研磨抛光产品。

（陈 璐）

【北京邦塞科技公司骨水泥产品获奖】11月27日，在国家卫生健康委医药卫生科技发展研究中心主办的第一届医学科技创新大赛总决赛上，北京邦塞科技有限公司的“抗生素型关节骨水泥产品”项目获企业组铜奖。产品主要适用于关节置换术植入假体与人体骨骼之间的固定，取得国家药监局颁发的三类医疗器械产品注册证并推向市场，打破国内临床所用骨水泥产品依赖进口的状况，填补了国产空白。

（中关村管委会）

【燕化获评年度行业绿色工厂称号】12月7日，2020年石油和化工行业绿色发展大会在海口市召开，大会

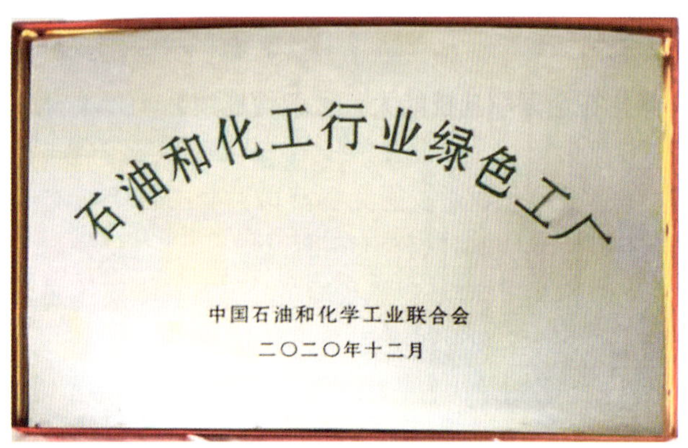

（张明慧 摄）

发布2020年度石油和化工行业绿色制造示范名单，燕山石化获评2020年度石油和化工行业绿色工厂称号。

（王善高）

【北京电力确保首都供电需求】12月13日开始，北京地区低温寒冷持续，电网负荷增长明显，截至12月14日20时16分，北京电网最大负荷达到2133.3万千瓦，突破冬季历史最大负荷2127.8万千瓦，创冬季负荷新高；12月15日20时23分，北京电网用电负荷达2156.4万千瓦，刷新前一日峰值，再创冬季历史新高。国网北京市电力公司启动冬季大负荷预警Ⅲ级应急响应。在全市各区域安排部署抢修队伍258支，抢修人员2500余人，抢修车辆650余辆，发电车125台套，确保及时有效处置各类突发事件，满足应急供电需求。大负荷期间，北京电网运行安全平稳，电力供应有序。

（北京电力官网）

【首钢绿色建材获全国砂石骨料大赛一等奖】12月13日至14日。第七届中国国际砂石骨料大会召开，首钢矿业公司被评为砂石骨料行业创新企业、砂石骨料行业企业文化建设先进单位。在会议期间举办的“景津杯”第六届全国砂石骨料大赛上，首钢矿业公司凭借优质的建材产品、过硬的技术支持，经过砂石骨料样品测试、混凝土拌合物性能测试和专业知识测试3个项目比拼，获得一等奖。

（首钢官网）

【首钢获钢铁企业发展质量A+极强评级】12月21日，在中国和全球钢铁需求预测研究成果、钢铁企业发展质量暨综合竞争力评估发布会上，冶金工业规划研究院最新发布“钢铁企业发展质量暨综合竞争力评估（2020）”。首钢等国内15家钢企获得A+（极强）评级。经过与韩国浦项、日本制铁、JFE、安塞乐米塔尔等世界钢铁强企进行对比分析，首钢等8家钢企的发展质量（暨综合竞争力）达到世界一流。该年度钢铁企业发展质量（暨综合竞争力）评估分3大板块、13项要素和22个指标，构建标准指标体系框架，评估要素框架体系分为3个板块，分别是企业基础竞争力、企业发展竞争力和企业绩效竞争力。采用综合指标排序，对年度钢铁企业发展质量（暨综合竞争力）进行评估。

（马 晓）

【博汇特入选国家重大环保技术装备目录】12月28日，工业和信息化部新媒体平台发布《国家鼓励发展的重大环保技术装备目录（2020年版）》和《国家鼓励发展的重大环保技术装备目录（2020年版）》供需对接指南之一：技术装备支撑单位名单。北京博汇特环保科技股份有限公司的“活性污泥法小型污水处理装备”入选推广类水污染防治技术装备。“活性污泥法小型污水处理装备”，即“BioComb一体化污水处理装置”，适用于中小型污水处理规模，其范围是人口在1万人以下的集中社区、农村、高速服务区、远郊别墅区、军营、学校及酒店等环境；河道及黑臭水体沿途点源截污；2000立方米/天以下规模生活污水；相同目标污染物当量的工业或其他污水；所有其他分散式或分布式小型污水处理站。产品专为小型或移动型分散式污水处理系统设计的紧凑型高端集成污水处理装置，将整套污水处理系统集成到一个标准集装箱中，具有高度模块化，能耗低、占地少、运维简便、出水优、系列全等优点。截至年底，“活性污泥法小型污水处理装备”已在全国80余项污水处理工程中实施应用。

（中关村管委会）

【涞澈科技项目入选《绿色技术推广目录（2020年）》】

12 月 31 日，国家发展改革委办公厅、科技部办公厅、工业和信息化部办公厅和自然资源部办公厅联合发布《关于印发〈绿色技术推广目录（2020 年）〉的通知》（发改办环资〔2020〕990 号）。经市发展改革委、国家发展改革委等单位评选及专家组现场技术审查，北京涞澈科技发展有限公司的“基于废弃物再生的自养 / 异养水处理高效脱氮技术”项目入选《绿色技术推广目录（2020 年）》。项目利用复合活性矿物合成一体化材料，在污水处理碳氮循环中引入硫循环，为反硝化过程提供多相电子供体，驱动硝酸盐转化成氮气，实现高效且低成本脱氮。水体中原低浓度有机物也可通过与无机碳之间的微循环被充分利用，实现自养、异养反硝化的协同脱氮。集成微生物抗逆技术，确保在低温、高溶解氧进水条件及水质水量变化的冲击下，始终保持高效脱氮性能。

（中关村管委会）

【首钢西十冬奥广场项目获国家优质工程奖】12 月，中国施工企业管理协会公布 2020—2021 年度第一批国家优质工程奖评选结果，首钢老工业区改造西十冬奥广场项目获国家优质工程奖，是首钢在民用工程领域首次获得国家级优质工程的奖项。西十冬奥广场位于首钢老工业区西北角，占地 13.3 万平方米。将旧有炼铁原料系统 3.5 万平方米的筒仓、料仓、通廊、转运站及空压机房等工业设施，改造为 9.8 万平方米，容纳 3000 人办公的创意办公园区，形成 12 组主要单体，为冬奥组委提供国际化的办公、会议、餐饮、住宿、停车和新闻发布等综合服务。国家优质工程奖由中国施工企业管理协会组织实施，是经国务院确认的中国工程建设领域设立最早、规格最高、跨行业跨专业的国家级质量奖，是中国工程建设质量方面的最高荣誉。

（马　晓）

【绿色制造体系建设】年内，市经济和信息化局持续推进绿色制造体系建设，开展了第五批绿色制造示范推荐申报以及第一批、第二批国家级绿色制造示范单位复核工作，共复核了 12 家绿色工厂近 3 年绿色发展情况。

（市经济和信息化局）

【节能环保产业】年内，市经济和信息化局加强节能环保产业企业对接与服务，宣传北京市高精尖产业发展政策和人才引进政策，促进企业技术中心建设和创新型人才引进，推动节能环保装备产业和资源综合利用企业规范发展，开展符合环保装备制造业、再生资源综合利用、新能源汽车废旧动力蓄电池综合利用规范条件企业征集申报。

（市经济和信息化局）

【工业节能节水】年内，市经济和信息化局开展 2020 年度工业节能诊断服务，组织 25 家节能诊断服务机构，为全市 53 家工业企业开展免费节能诊断；组织对石油炼制、啤酒制造等 5 个行业规模以上工业企业开展单位产品取用水量达标测算工作；组织实施《用水定额第 13 部分：酒》等 9 项工业节水地方标准制定。开展 2020 年度国家工业和通信业节能技术装备产品申报征集工作，共向工信部推荐 6 项技术申报工业节能技术，1 个产品申报工业节能装备及“能效之星”产品。会同市科委、市生态环境局组织开展了国家鼓励发展的节能环保重大技术装备征集推荐，共向国家有关部门推荐节能环保技术装备 45 项。

（市经济和信息化局）

【碧水源成为中国航天事业合作伙伴】年内，碧水源与中国航天基金会达成战略合作，成为中国航天事业合作伙伴。碧水源已成为“月宫一号”水处理系统膜及净水设备供应商，净水技术达航天品质要求，参与了多个水环境敏感地区的治理，建成数千项膜法水处理工程、数百个国家水环境重点治理工程、数十座地下式再生水厂、多个国家湿地公园，占中国膜法水处理市场份额的 70% 以上。

（陈　璐）

【首钢加快园区开发建设】年内，首钢北京园区开发建设加快步伐，全力推进重大项目建设。电厂酒店、制氧厂、五一剧场、金安桥一体化等重点项目完成主体结构施工，脱硫车间、极限运动公园等项目交付投用。冬奥技术运行中心南区交付联通进行设备安装，为服务保障冬奥测试赛奠定基础。产业生态呈现新活力。腾讯科技有限公司、北京亚太文融数据技术研究院、武界体育发展有限公司等企业入驻，获北京市级文化产业园、体育产业示范基地、电子竞技产业品牌中心、科幻产业集聚区等授牌，初步形成“体育 +”“科技 +”的产业氛围。园区自主品牌“茶钢儿”联手京东无人超市，美团全国首家智慧门店开业，全民畅读艺术书店、香啤坊等多种业态在三高炉及秀池区域汇聚。完成中国科幻大会、人工智能开发者大会、BTV 跨年晚会等大型活动服务保障，首钢北京园区承载重大活动能力进一步得到检验。

（马　晓）

【首钢深化产融结合创造新价值】年内，首钢对接资本市场，助力产业发展，不断提升金融服务和风控能力。首钢集团与宝武集团完成上市公司层面交叉持股，实现集团公司和首钢股份资产置换，推动首钢京唐钢铁联合有限责任公司剩余股权注入。首钢通化钢铁集团股份有限公司债转股司法重整计划执行完毕。实现外部融资和有息负债搬迁调整以来首次下降，外部融资综合利率下降66BP，减少利息支出6.4亿元。拓展渠道，盘活票据保证金31亿元，实现外部零贴现，降低成员单位财务费用12.9亿元。境外资金实现归集使用，资金归集规模达到历史峰值452亿元，保持钢铁行业排名第一。首钢基金公司助力园区开发建设，与铁狮门合作的六工汇项目实现建设与招商同步推进。启动生物质能源公募REITs项目，争取国家首批试点，推动环保产业向轻资产转型。在北京市财政局26只政府投资基金综合绩效评价中排名第一位。

（马　晓）

【首钢加快发展城市服务新产业】年内，首钢探索新模式、拓展新市场，产业培育取得新成效。首钢环境产业有限公司鲁家山生物质能源项目处理生活垃圾102万吨、发电4.1亿度，餐厨垃圾收运处一体化项目满负荷运行，得到中央第一生态环境保护督察组肯定。首钢矿业公司固废资源综合利用产品年销量970万吨、同比增长75%，成功打入雄安市场。北京首钢城运控股有限公司中标海南博鳌机场、南京核心区等停车项目，累计签约车位11万个。北京首钢城运控股有限公司明月湾项目通过验收，回龙观项目建设有序开展。首钢股权平台推动项下企业深化改革、开拓市场，北京铁科首钢轨道技术股份有限公司在科创板上市，北京首钢自动化信息技术有限公司将5G技术应用于首钢京唐钢铁联合有限责任公司、马鞍山钢铁公司智能仓库，中标太原重工股份有限公司等信息化项目。

（马　晓）

【首钢科技创新持续发力】年内，首钢发挥“一院多中心”优势，钢铁业研发投入比例3.1%，技术创新不断突破。北京首钢股份有限公司RH精炼真空周期缩短至20分钟，温降减少4℃。首钢京唐钢铁联合有限责任公司自主完成MCCR产线20余项技术攻关，单辊期轧制达到133.1千米，无头轧制比例93.5%。首钢长治钢铁有限公司HRB400系列产品实现批量免加热直轧，首钢水城钢铁（集团）有限责任公司82B等高碳类品种实现热装热送，首钢贵阳特殊钢有限责任公司电炉冶炼周期缩短21%。北京北冶功能材料有限公司成功研制10余项应用于航空航天、集成电路等领域的“卡脖子”关键材料。北京首钢吉泰安新材料有限公司持续优化产品结构，高端产品收入占比达50.6%。全年获省市部级以上科学技术奖12项，“北京首钢股份有限公司迁钢钢铁生产全流程超低排放关键技术研究及集成创新”等5项成果获省部级一等奖。

（马　晓）

【燕化获年度重点用水企业水效领跑者称号】年内，工信部会同水利部、国家发展改革委、国家市场监管总局联合发布2020年重点用水企业水效领跑者名单，燕山石化被评为乙烯行业水效领跑者，为北京市唯一一家入选的重点用水企业。

（王善高）

【化工安全环保取得新成效】年内，化工集团抓紧抓牢疫情防控和安全环保，实施安全生产整治3年行动工作方案，落实企业安全生产主体责任，强化安全生产考核，全年累计巡检17.6万余次、发现隐患2034个，隐患整改率100%。强化安全风险评估和分级管控，完善应急体系建设。巩固安全标准化成果，规范安全投入管理。加大安全专业化培训，完成北京市防核化二队培训任务。落实应对空气重污染防范措施，做好“蓝天保卫战三年行动”（2018—2020）收官工作；完成化工园区污水在线监测等多项环保项目。北京华腾化工有限公司获北京市安全生产先进单位。

（化工集团）

【化工京外布局不断深化】年内，化工集团一般制造业疏解全面完成，制造业企业京外产值占比达84.2%，同比提升11.6个百分点，重点发展的涂层与黏结材料、高端橡塑材料与制品、高性能工程塑料、电子与能源化学品等优势产业呈现良好发展态势。华腾冀春科技有限公司、沧州冀春新材料有限公司在沧东经济开发区园区形成10万吨丙烯酸乳液产能；北京华腾橡塑乳胶制品有限公司京内产能疏解全面完成，安徽华腾二期项目建成投产；北京市化学工业研究院继实现三地整合后，宁波华腾首研新材料有限公司产能释放加速，规模效益均创新高，MPAE新品研发和市场开拓同步推进；江苏京腾昊桦科技有限公司聚芳醚项目完成审批程序，启动建设。北京化工集团华腾沧州有限公司作为支撑首都化工专业服务的生产基地，完成高纯试剂项目可行报告编制；北京化学试剂研究所有限责任公司初步完成转型，电解液产品与中化蓝天实现合作。

（化工集团）

【化工置业资产经营总体平稳】年内，化工集团克服疫情减免租和空置率上升等多重不利因素，落实置业资产“四品标准”，提升置业管理水平。原化八园区历史遗留问题全面解决，华腾易心堂文创园获评市级文化产业园区，全国首家以连环画为主题的博物馆落户园区；北京华腾橡塑乳胶制品有限公司厂区总体转型升级方案初步形成；原北京华腾大搪设备有限公司厂区实现文创转型。北京市化学工业研究院顺义生产基地，土地确权和转型路径进一步明晰；原北京化工四厂厂区完成转型；历史遗留的红庙置业项目有关问题得到解决。

（化工集团）

【化工保障城市运行】年内，化工集团所属北京华腾天海环保科技有限公司现有危废处置项目继续满产运行，全力推进市政府重点工程“危险废物综合处置项目(5万吨+2万吨)”落地，助力循环经济产业发展。北京华腾化工有限公司改造提升现有库房，扩大已有危化品储存能力，并积极推进市政府重点工程“北京市危险化学品物流枢纽基地”项目，发挥北京大兴精细化工园区独特作用。北京普莱克斯实用气体有限公司全力保障各大医院医用氧气供应，满足自来水、排水等公共服务单位供气需求，开拓新的气体应用市场。北京化工厂持续为环卫、水务等城市公共服务部门提供专用环保化学试剂及配套安全技术服务。北京科方创业科技企业孵化器有限公司检测业务实现新突破，获得“大气环境检测技术资质”，参与起草国家标准，提升了在大气治理领域的检测服务能力。

（化工集团）

【市工业技师学院获全国奖项】年内，北京市工业技师学院着力打造优质专业集群，深化全国高技能人才培训基地建设，继续承接第46届世界技能大赛国家培训基地任务，在第一届全国职业技能大赛上，10个参赛项目全部获奖。

（化工集团）

【金隅加快推进服务首都项目】年内，金隅集团按照服务首都“四个中心”建设以及自身产业结构调整需要，推进项目建设。北京金隅八达岭温泉度假村有限责任公司实施温泉度假村升级改造项目，可为冬奥会提供服务保障。北京金隅投资物业管理集团有限公司实施琉璃文化创意产业园区工程项目，助力琉璃制造技艺非物质文化遗产的保护、传承与发扬。北京金隅创新科技孵化器有限公司实施西三旗（金隅）科技园项目，重点发展符合首都功能定位的高精尖产业。北京金隅商业管理有限公司实施了东四四条78号院改造，北京建机资产经营有限公司实施了原建筑锁厂区域改造升级，可为国际交往活动提供服务保障。

（向亚平）

【金隅有序建设重大战略项目】年内，金隅集团按照做优做强主业原则实施一批重大战略项目。冀东水泥铜川有限公司实施了惠塬工业园10000吨/日熟料水泥生产线建设项目，实现了公司水泥企业装备升级，降低能耗和生产成本，增强核心竞争力。金隅住宅产业化（唐山）有限公司实施了玉田装配式建筑部品基地项目，完善了金隅集团产业链条和产业布局。金隅微观（沧州）化工有限公司实施了年产1万吨高固体分涂料项目。

（向亚平）

【金隅水泥生产经营】年内，唐山冀东水泥股份有限公司实现水泥熟料销量10733万吨，其中水泥销量9508万吨、熟料销量1225万吨；主营业务收入355亿元，实现利润68.6亿元；金隅冀东水泥（唐山）有限责任公司唐山分公司、冀东海天水泥闻喜有限责任公司、邢台金隅冀东水泥有限公司等7家企业被评为环境绩效A级企业。广灵金隅水泥有限公司、冀东海天水泥闻喜有限责任公司、米脂冀东水泥有限公司评为2020年重点用能行业能效“领跑者”。系统内建成并运行38个固废危废处置项目，协同处置企业涵盖总体水泥企业的86%，固废处置总能力达到273万吨/年。高质量完成雄安新区唐河污水库生态修复项目（二期）、唐冶污染土处置、北辛安污染土处置等重点项目，提升了金隅环保产业影响力和美誉度。

（王　航）

【金隅两化融合获中国工业大奖提名奖】年内，金隅集团智能工厂建设加快推进。按照“统一规划、分步实施、成熟先行、效益优先”的原则，制定智能工厂规划标准，加快推进试点项目建设和智能物流、能源系统、专家系统等成熟专业系统的推广。承德金隅水泥有限责任公司、赞皇金隅水泥有限公司和冀东水泥铜川有限公司万吨线试点加快建设。工厂物流智能管理系统覆盖至公司63家企业，能源管理系统推广全面启动，加快企业数字化转型，水泥电商、阳光采购、智慧物流应用更加成熟。公司水泥销量的97%以上通过电商平台办理完成；阳光采购平台实现所属企业全覆盖；智慧物流平台年承运量逾2000万吨，新增水泥流向管控平台，通过对北斗导航、GPS和营销、物流系统的整合，在水泥流向监控方面发挥了重要作用。“水泥行业互联网+供应链资源协同云平台”项目获中国工业大奖提名奖。

（王　航）

【金隅混凝土生产经营】年内，金隅冀东混凝土集团产销量1597万方，营业收入63.1亿元，利润总额1.7

亿元。北京金隅混凝土有限公司应收账款总额大幅下降，较年初下降 1.5 亿元，实现三年以上应收账款清零，西北旺站打造成为“零排放、零污染”的行业标杆站；天津金隅混凝土有限公司 42 辆运输车处置获政府补贴 105 万元，中心站等 3 个站点被评为环境绩效“引领型”企业；邯郸金隅太行商砼科技有限公司应收账款与主营业务收入比例降到 23%，为全国行业一流水平，8 个站点被评为环境绩效“引领型”企业；石家庄金隅混凝土有限公司高标准实施安全环保技改项目，被河北省应急管理厅评为安全生产标准化二级单位，落实帮扶减免政策，确保应享尽享，全年享受国家政策性补贴资金 640 万元。

（卢建平）

【金隅雄安项目进展顺利】年内，河北雄安容西混凝土有限公司 1 号站整体运营稳健，实现劳务收入 1000 余万元，全年使用金隅水泥 36 万吨，促成金隅砂浆、新型建材产品进入雄安。

（卢建平）

【金隅新型建材生产经营顺利】年内，新材产业化集团形成了以“装配式结构、装配式外墙、工业化内装、超低能耗建筑”为核心的产品技术体系，明确“装配式建筑、老旧小区改造、新农村建设、被动式房屋”4 个产业化发展方向，打造涵盖“设计研发 + 制造集成 + 施工安装 + 综合服务”等功能于一体的新发展模式，并通过创新提升、持续加强企业管理等方式实现扭亏 9 户，包含承德金隅房地产开发有限公司、唐山金隅加气混凝土有限责任公司、北京金隅成业房地产开发有限公司、大厂金隅现代工业园管理有限公司等 4 户连续 3 年以上亏损企业。全年实现营业收入 75.7 亿元，其中国有控股企业实现营业收入 69.2 亿元、合资参股企业实现营业收入 6.5 亿元。对外投资北京农村商业银行股份有限公司，持有股份 3.3 亿股。

（刘小敏）

【金隅新型建材集成营销】年内，新材产业化集团加强集成营销和重点工程推进力度，北京城市副中心项目实现砂浆、加气、岩棉等产品集成销售 6500 万元。雄安新区实现砂浆、加气等产品集成销售 4500 余万元。冬奥会项目实现砂浆、加气、岩棉等产品集成销售 1 亿余元。北京金隅商贸有限公司实现石景山区衙门口回迁安置房项目洁具、橱柜、涂料等产品集成销售 9000 万元。

（刘小敏）

【金隅新型建材保供服务】年内，新材产业化集团下属北京金隅砂浆有限公司、北京金隅节能保温科技（大厂）有限公司、星牌优时吉建筑材料有限公司、北京金隅涂料有限责任公司、北京金隅商贸有限公司等企业完成小汤山医院、地坛医院及全国各地抗“疫”医院改扩建项目材料保供任务。

（刘小敏）

【金隅安全环保治理有成效】年内，金隅集团推进“2+4”环保安全专项行动、污染防治攻坚战 3 年行动计划、安全生产专项整治 3 年行动计划，深化风险分级管控和隐患排查治理，加大源头管控、综合治理力度，召开 8 次安委会会议和安全环保专题会，组织 6 次专项工作约谈、5 次安全审计约谈，督促指导企业整改提升；紧盯防疫措施落地，累计开展疫情防控联合检查 422 次、复工复产专项检查 114 次，共提出整改意见 3212 项，全部跟踪整改；推进“平安金隅”安全审计，共 55 家企业开展安全审计，整改问题 6153 项；开展“6·5”环境日、安全生产月、消防宣传月等系列活动，持续推进安全环保文化建设。集团获得全国安全文化示范企业 6 家，省（市）级安全文化示范企业 12 家。开展重污染天气重点行业绩效升级、绿色工厂、绿色供应链、绿色矿山创建工作，落实环境监管正面清单，有 9 家企业获得行业 A 级，25 家企业获得行业引领，12 家企业进入环境监管正面清单，6 家企业获得国家级绿色工厂、3 家企业获得国家级绿色供应链、8 家企业获得国家级绿色矿山称号。

（谢　辉）

研发与成果

【燕化冬奥会氢气新能源保供项目产出高品质氢气】1 月，中国石化与 2022 年北京冬奥会官方战略合作项目——燕山石化北京冬奥会氢气新能源保供项目建成中交。3 月 25 日首次投料试车，经过 48 小时连续运转，产出合格氢气产品。经中国石化石科院检测，各项指标均满足国家氢燃料电池客车用氢标准（GB/T 37244—2018）。12 月 16 日，燕山石化所产电池氢气首车出厂，发往法国液化空气天津滨海有限公司，标志着燕山石化氢气新能源装置实现了从生产平稳运行到产品出厂的全流程贯通。

2000 立方米 / 小时氢气提纯装置（马文晓　摄）

（王善高）

【燕化新建 100 万吨 / 年连续重整装置投料开车】3 月 12 日，燕山石化新建 100 万吨 / 年连续重整装置顺利投料开车，打通全部加工流程。3 月 16 日，该装置完成质量调整，产出合格产品。

（王善高）

【首钢 3D 打印技术应用轧机牌坊修复】3 月，首钢技术研究院金属 3D 打印研发团队和北京首钢机电有限公司工程制造团队联合攻关，成功将金属 3D 打印再制造技术应用于热轧轧机牌坊窗口面修复，使设备使用寿命提高数倍。针对钢铁工业关键设备再制造的潜在需求，科研团队对金属 3D 打印再制造技术中关键问题的材料性能、再制造过程、能量输入、组织相变、应力分布等进行系统研究，不断总结经验，提升修复效率，对北京首钢股份有限公司 2160 毫米和首钢京唐钢铁联合有限责任公司 1580 毫米轧机牌坊窗口面的修复取得成功。

（马　晓）

【北冶实现层状金属复合材料国产化】3 月，北京北冶功能材料有限公司实施《层状金属复合材料关键技术及产业化研究》项目，研发出 50 余个新产品，助力 5G 手机、新能源汽车和航空航天等产业的发展，打破国外技术垄断，实现关键金属材料国产化，被评为首钢科学技术一等奖。层状金属复合材料是将两种或两种以上的金属材料结合在一起而形成的一种高性能复合材料，其整体的强度、硬度、导电、导热、耐磨和耐高温等性能均得到很大提高。

（马　晓）

【零滞后超高弹性应变 NiCoFeGa 单晶纤维制备成功】3 月，北京科技大学新金属材料国家重点实验室、北京材料基因工程高精尖创新中心王沿东教授团队成功制备出宽温域下具有零滞后超高弹性应变的镍钴铁镓（NiCoFeGa）单晶纤维，纤维直径为 30 ～ 500 微米，长度可达 1 米以上。合金纤维在室温下具有高达 15.2% 零滞后弹性形变，最高超弹应力达 1.5 吉帕斯卡，在 123 ～ 423 开尔文温域内其超弹性能基本不随温度变化。该材料兼具高应变（10%）下的优良循环稳定性和大的弹性存能（约 80 兆焦每立方米），在航空航天和智能制造的先进工业领域有着广阔的应用前景。3 月 16 日，英国《自然 · 材料》杂志以“001 方向 NiCoFeGa 单晶的零滞后超高弹性应变”为题予以在线报道。

（中关村管委会）

【首钢攻关绿色节能钢结构住宅技术】4 月，北京首钢建设集团有限公司、北京首钢国际工程公司、首钢技术研究院、首钢房地产公司、北京首钢自动化信息技术有限公司共同完成《绿色装配式框架抗侧力高层钢结构住宅产业化设计与建造综合技术》，可大幅度减少木模板和脚手架，实现节材、节水、节能，是一项绿色节能技术。首钢攻关团队在建筑设计、结构设计、墙板体系、智能家居系统方面攻关，研发出一整套高层装配式钢框架抗侧力设计施工集成技术体系，攻克围护结构气密性、水密性、防开裂的关键技术，解决了钢结构住宅外墙开裂、露梁露柱、防腐防火等一系列难题，并首次采用低功耗 Zigbee 无线组网技术将智能家居通信系统应用于钢结构住宅上。

（马　晓）

【京唐钢铁成功开发极低温容器用高锰钢】4 月，首钢京唐钢铁联合有限责任公司 4300 毫米中厚板生产线成功轧制 12 毫米薄规格极低温容器用高锰钢，钢板力学性能优异，表面、板形及内部质量良好，完全满足相关标准与用户要求，其配套焊材和焊接工艺的研发同步完成。

（马　晓）

【首钢钢铁产销一体化项目通过验收】5 月 14 日，首钢钢铁业产销一体化、管控一体化、业财一体化信息系统升级改造完成。首钢信息化升级改造结合实际业务特点和发展需求，引入一贯制质量管理、一贯制合同管理、一贯制计划管理、一贯制物料管理等理念，通过管理咨询实施流程创新，建设一个业务管理流程统一、客户服务流程统一、关键业务代码统一、业务界面及系统接口统一的管理体系和支撑平台，提升首钢“制造 + 服务”的核心竞争力。系统涵盖北京首钢股份有限公司迁安生产基地、顺义生产基地和首钢京唐钢铁联合有限责任公司，涉及 12 个业务模块，集团管控多个模块。

（马　晓）

【罗特尼克公司研发出 2.8 倍音速碳纤维飞轮】5 月，罗特尼克能源科技（北京）有限公司研发团队采用国产碳纤维研发出 2.8 倍音速碳纤维飞轮，并应用于飞轮储能系统。技术可以将产业化飞轮储能系统的能量密度提升到新的高度，有效降低储能成本，为大数据中心等新基建设施节能降耗。

（中关村管委会）

【科工所完成首台 100 兆瓦膨胀机集成测试】6 月 30 日，中国科学院工程热物理所完成首台 100 兆瓦先进压缩空气储能系统膨胀机的集成测试，结果全部合格，达到或超过设计指标。膨胀机是压缩空气储能系统的关键核心部件，负荷高、流量大、流动传热耦合复杂、变工况调控难度大，具有集成度高、效率高及寿命长等优点。

（中关村管委会）

【两中心合作发现单相钴镍钒（CoNiV）合金】6 月，北京科技大学新材料技术研究院材料基因工程高精尖创新中心和国家材料腐蚀与防护科学数据中心李晓刚、骆鸿科研团队发现一种加工性能优异、高强韧、抗腐蚀和抗氢脆断的单相钴镍钒（CoNiV）合金。合金室温下抗拉强度超过 1 吉帕斯卡，延伸率超过 80%，抗稀酸腐蚀能力类似奥氏体不锈钢，抗氢脆断性能远高于现有的绝大部分金属材料及合金，在核电、海洋、氢能、石油化工等领域有应用前景。

（中关村管委会）

【首钢助力北京冬奥智慧停车】6 月，北京首钢城运控股有限公司中标首钢滑雪大跳台 038 地块机械式停车库项目，签约河北省张家口市桥西区大境门景区地下停车库项目，承建的张家口市桥西区政务中心地下停车库项目已经完成前期设计。以上 3 个项目均为北京 2022 年冬季奥运会智慧停车提供解决方案。首钢滑雪大跳台 038 地块机械式停车库项目设计建造两层升降横移式机械车库，可停放小型汽车 225 辆。张家口市桥西区大境门地下停车库项目设计建造地下二层小型汽车机械式立体停车库，建筑面积约 2400 平方米，建设车位 116 个、充电桩 10 个。张家口市桥西区政务中心地下停车库项目建设车位 100 个。

（马　晓）

【首钢助力中国航天科研项目】6 月，北京首钢气体有限公司与兰州空间技术物理研究所电推进技术科研开发相伴同行，协同完成国产超纯氙气与进口超纯氙气对比实验，完成国产超纯氙气 2000 小时地面点火实验及阴极解剖分析，最终确定中国航天领域宇航级超纯氙气的质量控制标准、分析方法及设备，为国产超纯氙气充装上星在轨应用奠定了技术基础，填补了中国宇航级高纯气体的空白，实现替代进口。

（马　晓）

【利亚德发布 Micro LED 商显产品】7 月 15 日，利亚德光电股份有限公司在线上举办 Micro LED 商显产品上市发布会，发布 40 英寸 2K（P0.4）、54 英寸 2K（P0.6）、67 英寸 2K（P0.7）和 81 英寸 2K（P0.9）4 款量产 Micro LED 商用显示产品。其中，0.4 间距超高清微型发光二极管（Micro LED）商用显示屏应用全倒装芯片技术，避免电极对光线的遮挡，最大限度提高芯片的出光面积和出光效率，可实现 81 英寸 4K、162 英寸 8K 两种规格，亮度可达到 2500 尼特，对比度达 20000∶1，实现高动态范围图像 2.0 显示。

（中关村管委会）

【首钢京唐公司锌资源循环产线投运】7 月 21 日，首钢京唐公司锌资源循环产线投运。锌资源循环产线是京唐公司循环经济的重点项目，承担着消化固废、去除入炉有害元素的艰巨任务，是目前国内外先进的含铁尘泥处理工艺。产线采用先进技术装备，将高炉干法灰、旋风灰、炼钢一次灰、二次灰等含锌尘泥处理，生产金属化球团的同时，还能将其中的锌等有害元素脱除，实现固废的资源化利用。

（首钢官网）

【京唐钢铁高强度钢热基镀锌卷下线】7 月 29 日，首钢京唐钢铁联合有限责任公司高强度钢热基镀锌生产线热试第一卷下线。热基镀锌生产线包括热基镀锌生产线一条、半自动包装机组一条、重卷机组一条以及配套的公辅设施，设备选型及采用的工艺技术均达到世界领先水平。该产线瞄准厚规格镀锌市场，主要面向建筑结构用钢、高速公路护栏、光伏支架等高耐蚀热基镀锌板市场。

（马　晓）

【京唐公司轧出超薄高端电子产品用钢】7 月，京唐公司镀锡板事业部 1420 罩退产线轧出 0.11 毫米 ×800 毫米超薄高端电子产品用钢，产品规格突破产线轧制极限，标志首钢京唐产品制造能力提升到新的高度。该产品主要应用于 5G 基站等高端电子设备。“薄”和“光”是该产品的特点，也是生产的难点。产品薄至 0.11 毫米，仅相当于一张标准 A4 纸的厚度，如此薄的规格超出了 1420 罩退平整机设计的轧制能力；带钢表面粗糙度要求 0.2 微米以下，也达到了平整机参数设置的极限。该钢种对钢质纯净度、力学性能、厚度精度、板形和表面质量要求都非常高，生产该规格超薄高端电子产品用钢是企业综合制造能力的一种考验。

（首钢官网）

【全国第二套选用北大先锋工艺的高炉煤气前端脱硫项目开工建设】8月1日，山西省运城市稷山县铭福钢铁制品有限公司选用北京北大先锋科技股份有限公司工艺，开工建设“高炉煤气前端干法脱硫”环保项目。该项目是继2013年湖南华菱衡阳钢管厂高炉煤气前端干法脱硫装置平稳达标运行7年后，全国第二套选用北大先锋工艺的高炉煤气前端脱硫项目。高炉煤气属钢厂二次能源，特点是气量大、用气点多且分散，如采用传统末端脱硫工艺，存在装置套数多、投资大、占地大的问题；而前端干法脱硫工艺只需一套装置，具有投资小、占地小、不产生废水的特点。12月底，该项目运行后高炉煤气总硫降至10mg/Nm³以下，远低于国家超低排放35mg/Nm³标准。

（宋慧宇）

【中科海钠公司钠离子电池实现量产】9月15日，北京中科海钠科技有限责任公司研发的钠离子电池产品实现量产，电芯产能可达30万只/月。钠离子电池是一种可充放电电池，主要应用场景为铅酸电池替代市场，包括5G基站、数据中心、电动自行车等；大规模储能领域，包括光伏、风能等新能源接入储存系统。其优势在于体积和重量为同等容量铅酸电池的1/3，循环寿命为其10倍，同时具备5～10分钟快充能力，成本降低约30%。

（中关村管委会）

【全球首套超级电容/电池混合储能装置挂网试验成功】9月25日，北京交通大学杨中平、林飞实验室研究团队自主研发的全球首套城轨交通地面式超级电容/电池混合储能装置在北京地铁八通线梨园站挂网试验成功。研究团队利用超级电容和钛酸锂电池的储能特性，将列车制动能再生的电能同时储存在超级电容和钛酸锂电池中。当列车牵引时，再将储存的能量释放出来，使再生能量被充分利用。试验结果表明，装置工作日每日节能约1500千瓦时，节能率13%；周末每日节能约900千瓦时，节能率超过17%；夜间单车运行时，每趟节能率均能达到20%。

（中关村管委会）

【首钢电工钢用于白鹤滩水电站】9月，以首钢取向电工钢为主材料制作的25台500千瓦变压器进入安装阶段，占比白鹤滩水电站两岸主变压器50%，3台主变压器已安装测试。白鹤滩水电站是装机规模全球第二的水电站，是国家“十三五”规划的重大支撑和标志性工程。首钢取向电工钢投产以来，完成110千伏～1000千伏等级变压器的制造，实现在500千伏及以上超特高压变压器批量应用，产品质量、性能稳定性、服务能力、交付保障等方面得到保变电气和三峡集团的认可。

（马　晓）

【黄磷行业尾气净化节能项目开工建设】10月13日，黄磷行业尾气净化节能项目在贵州省瓮安县成功磷化有限公司开工建设，该项目采用北京北大先锋科技股份有限公司的“连续催化氧化脱磷”技术，将黄磷尾气中总磷脱除至5mg/Nm³以下，脱磷后尾气用做发电燃料，建设规模为1×8兆瓦发电站。黄磷尾气是优质燃料气，磷含量过高，直接用于锅炉燃烧会造成锅炉腐蚀，无法长期稳定运行且经济效益差，需要将尾气中的磷脱掉后使用，燃烧产生电能可直接用于黄磷生产，提高黄磷企业自供电比例，减小主电网压力。

（宋慧宇）

【全球首套转炉煤气制乙二醇项目开车】10月19日，全球首套钢厂转炉煤气制乙二醇项目在山西沃能化工有限公司一次开车成功。该项目采用北京北大先锋科技股份有限公司的“转炉煤气提纯一氧化碳”技术，将山西立恒钢铁集团有限公司的转炉煤气用于30万吨/年乙二醇的生产。该项目将转炉煤气中的一氧化碳，固化到化工品乙二醇中，从源头阻止一氧化碳燃烧变成二氧化碳的过程，为企业减少二氧化碳排放约45万吨/年，帮助钢铁企业尽早实现“碳达峰”和“碳中和”。同时，对标煤化工的煤制乙二醇，生产成本降低10%～15%。

（宋慧宇）

【夏禾科技新型OLED材料产业化量产项目开工】10月23日，北京夏禾科技有限公司的新型OLED材料产业化量产项目开工奠基仪式在江苏泰兴经开区举行。项目位于泰兴经开区，总投资10.5亿元，占地面积6.7万平方米，是清华大学教授李亚栋主导设计的科创型、引领型项目，主产品为可应用于电视、手机等领域的新型OLED材料，项目建成后可形成年产18.9吨OLED发光材料和空穴传输材料的生产能力。

（中关村管委会）

【首钢高强度钢生产线第一卷产品下线】10月28日，首钢京唐钢铁联合有限责任公司高强度钢十八辊单机架生产线第一卷产品下线，标志着首钢具备生产强度等级1470兆帕的高强镀锌汽车板产品的能力。该产线以轧制高强、超高强汽车板为主，为高强汽车板镀锌生产线提供原料，设计产能 28 万吨。设备选用当今主流 S6–high 十八辊单机架机型，采用稳定可靠的侧支撑系统、中间辊传动系统、中间辊弯窜系统、快速换辊系统和高张力卷取机等关键设备，并配置板形仪、测厚仪、测速仪等关键仪表，以保证高强钢稳定轧制和高品质质量需求。

（马　晓）

【北京电力建成 10 座北斗地面增强基站】 11 月 12 日，北京电力公司全面完成北京地区 10 座电力北斗地面增强基站建设工作，电力北斗精准服务网在北京地区实现全面组网。建设电力北斗地基增强系统是国家电网公司“数字新基建”的“十大重点任务”之一。北京电力公司按照国家电网公司部署，全力推进电力北斗地基增强网建设，根据均匀布站的原则，选取 10 个站点作为基准站，范围覆盖全市区域。

（北京电力官网）

【国内首个全域赋能工业互联网平台发布】 11 月 16 日，国网电子商务有限公司发布国内能源领域首个全域赋能的工业互联网平台——能源工业云网。平台建有制造、招采、电商、租赁、物流、工程、运维、信用、金融 9 项基础应用，接入 6.5 万家客户、入驻企业 1.6 万家，覆盖能源行业产业链上下游各类企业，在能源生产领域提供能源场站管理、设计协同、远程监控等服务，在装备制造领域提供生产线升级、物流配送、设备租赁等服务，在能源消费领域提供项目撮合、运维托管等服务，助力各类能源企业降本增效、智慧转型、创新发展。

（中关村管委会）

【燕化启动炼油清洁化改造项目】 12 月 11 日，燕山石化召开炼油清洁化改造项目建设启动会暨总体设计协调会，标志着燕山石化安全绿色高质量发展前景的重要工程启动。炼油清洁化改造项目被列为集团公司 2021 年重点项目，该项目建设将推动燕山石化打造安全可靠绿色环保的城市型炼化企业，满足安全绿色高质量发展新要求。

（王善高）

【燕化氢气新能源装置全流程贯通】 12 月 16 日上午 10 点，一辆载有 306 千克氢气的充装管束车，开出燕山石化化学品厂氢气新能源装置，发往法国液化空气天津滨海有限公司。这是燕山石化公司所产电池氢气首车出厂，标志着燕山石化氢气新能源装置实现从生产平稳运行到产品出厂的全流程贯通。中国石化与 2022 年北京冬奥会官方战略合作项目——燕山石化北京冬奥会氢气新能源保供项目于 1 月建成中交，3 月 25 日首次投料试车，经过 48 小时连续运转，产出合格氢气产品。经中国石化石科院检测，各项指标均满足国家氢燃料电池客车用氢标准（GB/T 37244–2018）。

（燕化官网）

【冬奥会配套电网工程全面投运】 12 月 21 日，北京电力公司负责建设运维的首体 110 千伏输变电工程投运，较原计划提前了 4 个月。至此，北京地区规划建设的 12 项北京 2022 年冬奥会配套电网工程收官。为成功举办北京冬奥会，全市规划建设冬奥会配套基础设施项目 31 项，其中电网项目 12 项，占全部项目的 1/3，共计新建变电容量 927 万千伏安，新建线路 350 千米，可全面满足运动员训练、测试赛、正式比赛、服务保障等供电需求。

（北京电力官网）

【全球最大 Micro LED 显示屏投入使用】 12 月 31 日，利亚德光电股份有限公司制造的国家能源集团生产运营协同调度信息化系统项目发光二极管（LED）显示系统投入使用，成为全球应用面积最大的单体微型 LED（Micro LED）显示项目。项目总面积 227 平方米，其中一层指挥调度中心大屏采用 P0.9 Micro LED 显示屏，面积 216 平方米，整屏超过 7 个 8K 分辨率，接近 2.5 亿像素；二层东西两侧会议室采用两块 P0.7 Micro LED 显示屏，具有超高清画质的视觉体验。

（中关村管委会）

【国内最大变压吸附制氧机组用于高炉富氧助燃】 12 月，北京北大先锋科技股份有限公司为湖南华菱涟源钢铁有限公司提供的 37500 标准立方米 / 小时大型变压吸附制氧机（二期）开工建设，建成后与投产的一期项目（25000 标准立方米 / 小时）将合并为 62500 标准立方米 / 小时特大型变压吸附制氧机组，是国内最大的变压吸附制氧机组。该项目利用平均工期约 5 ～ 6 个月的特点，可迅速投产，仅短工期投产带来的节约液氧成本即达 2 亿元。在增加氧气供给自控的同时，氧气综合生产成本低于 0.3 元 / 标准立方米（包含运行、维护、人工和折旧），降低企业高炉炼铁用氧成本。

（宋慧宇）

【安川首钢炉具自动化生产线通过验收】 12 月，安川首钢机器人有限公司与天津中国科技研究院共同研发的解耦炉具机器人自动生产线通过验收，是国内第一条机器人炉具自动化生产线。该炉具是山东兖煤集团兖矿蓝天公司研发的小型民用水压力容器，炉体须满足 0.2 兆帕的水密性要求。由于炉具生产过程中各组件拼装误差大、焊道多、定位难度大，安川首钢通过引入线激光传感器和焊丝寻位功能依次解决工件的尺寸偏差和定位偏差，确保焊接的稳定性；通过视觉系统对炉具进行定位，引导机器人完成搬运电泳喷漆作业；利用机器人宏命令功能，实现基准位置数据记录与实际生产中偏差计算的灵活切换，减少了机器人程序复杂性，提高了工作效率。

（经开区管委会）

【首钢智能检测机器人上线】12 月，北京首钢股份有限公司与北京首钢自动化信息技术有限公司联合推进、共同研发的智能检测加工机器人生产线上线运行。智能检测加工机器人生产线由分拣、切割、精加工、拉伸 4 个功能部分组成，具有设备顺控连锁、样品加工智能排产、样品任务分配及跟踪、设备状态诊断及报警、系统规则下发、数据分析归档、环境指标监控、安全连锁监控、物料样品历史查询九大功能体系。该系统具有与 PES 系统及 LIMIS 系统信息对接功能，实现了多种样品加工设备的一级 PLC 连锁管控和二级调度协同，在行业领域内处于领先地位，是国内质量检测行业前沿智能工业产品。

（马　晓）

【安川首钢机器人智能打磨系统投入使用】12 月，安川首钢机器人有限公司研发的汽车脚踏板机器人去塑抛光智能打磨系统在山西卡每特工业机械有限公司投入使用。汽车超长脚踏板去塑抛光的作业难度极高，该系统通过打磨轮损耗自动检测功能和机器人轨迹自动补偿功能，确保打磨轮充分使用、打磨效果优良稳定，并可满足多种产品的混线生产需求。该系统实现国内首次对超长脚踏板（1.3 ~ 2.6 米）表面进行机器人去塑、抛光、拉丝等打磨作业，填补行业空白。

（经开区管委会）

【燕化首次打通首都机场 2 号油库航煤供应流程】年内，燕山石化首次打通首都机场 2 号油库航煤供应流程，航空煤油可直接管输至 2 号油库（T3 航站楼）。在原有长期保供首都机场 1 号库区（T1、T2 航站楼）的基础上，结束了仅可管输航煤至 1 号库的历史，最大限度地提高了航煤出厂量，航煤保供更加稳定、高效，实现了航煤全面供应首都机场的新局面。

（王善高）

【燕化重点科研项目一次开车成功】年内，燕山石化重点科研项目高性能聚丁二烯橡/塑复合新材料开发项目，投料开车一次成功，生产出两个目标产品，开发的新型聚丁二烯橡胶填补了国内空白。该项目采用双活性中心原位催化丁二烯单体聚合技术，生产的聚丁二烯橡/塑复合材料具有一定的弹性模量、刚性、优异的耐屈挠性，主要应用于制造高档漏气保用安全轮胎，能有效提升车辆行驶时的安全性能，减少或杜绝由于轮胎刺穿和爆破引发的交通事故。

（王善高）

【燕化完成锅炉系统退焦任务】年内，燕山石化为适应北京市更加严格的动力锅炉排放标准和集团公司绿色企业创建要求，对锅炉系统实施新一轮清洁化改造，在热电厂东区新建一套 220 吨/小时燃气锅炉，对西区 310 吨/小时 2# CFB 锅炉进行燃气改造，同时作为配套项目，对天然气管线进行升压改造。12 月 22 日，西区 310 吨/小时 2# CFB 锅炉并汽，12 月 23 日完成负荷试验，试验达到设计预期；12

锅炉系统清洁化改造开车成功仪式（李雪　摄）

月24日，东区新建220吨/小时燃气锅炉一次点火成功，12月25日成功并汽投入生产运行，完成燕山石化2020年底落实锅炉退焦承诺并强化冬季安全生产。

（王善高）

【金隅技术升级和环保转型】年内，金隅集团各板块企业按照环保要求，进行技术升级和环保转型。大同冀东水泥有限责任公司实施制成辅料大棚环保技改项目。临澧冀东水泥有限公司（公司全称）实施了石灰石预均化堆棚项目。涞水金隅冀东环保科技有限公司实施石灰石大棚建造项目。邢台金隅冀东水泥有限公司、冀东海德堡（泾阳）水泥有限公司实施篦冷机节能提效改造项目。河北金隅鼎鑫水泥有限公司实施氧化还原超低排放技改项目。保定太行和益环保科技有限公司实施水泥磨节能改造项目。北京金隅投资物业集团有限公司实施环球贸易中心一期污水处理项目、赵府街20号改造项目。金隅集团下属企业唐山冀东启新水泥有限公司、曲阳金隅水泥有限公司、冀东水泥黑龙江有限公司等实施绿色矿山建设项目。金隅集团下属水泥企业践行“城市净化器、政府好帮手”理念，开展利用水泥窑协同处置生活垃圾、危废、一般固废等项目。其中，邯郸涉县金隅水泥有限公司、邢台金隅冀东水泥有限公司实施利用水泥窑协同处置生活垃圾项目，赞皇金隅水泥有限公司、左权金隅水泥有限公司、山西双良鼎新水泥有限公司、沁阳金隅水泥有限公司、阳泉冀东水泥有限责任公司、冀东水泥磐石有限责任公司、冀东水泥凤翔有限责任公司、冀东海天水泥闻喜有限责任公司、大同冀东水泥有限责任公司、冀东海德堡（扶风）水泥有限公司、涞水金隅冀东环保科技有限公司、临澧冀东水泥有限公司实施了利用水泥窑协同处置危险废物项目，金隅冀东水泥（唐山）有限责任公司唐山分公司实施水泥窑协同处置一般固废项目。

（向亚平）

【金隅开展高精尖科技创新】年内，金隅集团加快培育符合首都功能定位的“高精尖”产业。全年实现新产品销售收入46.5亿元；获国家专利578项，其中发明专利33项；主持编制的10项国标、行标和团标颁布实施；获政府科学技术进步奖4项、全国行业协会科技奖6项；获高新技术企业12家、省级企业技术中心等科技创新平台8家。参与《多元低热值燃料灰渣高值化与烟气协同治理利用关键技术与示范》《陶瓷固废微结构屏蔽调控制备高温材料研究及示范》《典型冶金固废原位协同强化及功能耐火材料研究与示范》等国家重点研发计划项目，自主立项并实施了《5万吨/年水泥窑烟气二氧化碳捕集储存利用示范可行性研究》《岩棉在绿化领域中的应用技术研究》等23项集团重点科研项目，取得以“炉排式垃圾焚烧炉用耐火材料技术集成与产业化制备”“县域多源固废水泥窑协同利用关键技术与应用”“超高层泵送高强高性能混凝土成套技术与应用”“超低能耗建筑关键部品开发及在多类型示范工程的应用”等为代表的一批引领性高水平科技成果，搭建“1+N+X”科技创新综合体，启动制订《金隅集团“十四五”科技创新发展规划》《北京金隅集团股份有限公司科技创新攻关三年行动计划（2021—2023年）》，完成并实施了《企业研发投入准备金管理办法（试行）》等配套制度文件，明确集团“十四五”科技创新工作方向和具体举措。

（张吉秀）

【张北柔直工程建成投运助力北京冬奥会】年内，国网北京电力践行绿色办奥理念，12项配套输变电工程全部提前投产，创造12项世界第一的张北柔直工程建成投运，助力冬奥场馆首次实现全绿电供应。“一体化”服务保障模式覆盖11座场馆，全部8座竞赛场馆配电设施提前投运。

（国网北京电力）

企业选介

【首钢集团有限公司】 简称首钢，总部在北京，隶属于北京市国资委。始建于1919年的首钢，是中国冶金工业发展的缩影，工业企业改革的一面旗帜，第一个由中心城市搬迁调整向沿海发展的钢铁企业。首钢已发展成为跨行业、跨地区、跨所有制、跨国经营的综合性企业集团，全资、控股、参股企业600余家，总资产5000余亿元。首钢自2011年以来九次跻身美国《财富》杂志公布的世界500强企业。

2020年，首钢克服新冠肺炎疫情的不利影响，坚持疫情防控和生产经营建设“两手抓、两不误”，创造营业收入、利润同比双增长的经营业绩，并实现“十三五”圆满收官，营业收入2142亿元，实现利润48.8亿元，处理历史遗留问题后报表利润29.6亿元，超额完成预算任务。铁钢材产量分别达到3125万吨、3396万吨、3233万吨，钢和材产量创历史最高水平。钢铁业实物劳产率达到982吨钢/人·年，同比提高18.2%。首钢坚持做优做强钢铁业，持续推进“制造+”服务战略，着力打造质量、产品、成本、服务和技术优势，汽车板、电工钢、镀锡板三大战略产品市场影响力不断增强，高端领先、战略产品和EVI产品分别完成958万吨、552万吨和227万吨，均创历史新高。新能源电机用高强低铁损无取向硅钢等7项新产品国内首发。汽车板国内市场占有率21%，刷新纪录；镀锌、高强、外板和合资品牌供货量同比均增长20%以上，免中涂外板、锌铝镁镀层板、DH高强钢实现国内“领跑”。电工钢无取向高牌号产品同比增长16.7%，取向超薄规格产品连续三年国内市场占有率第一。镀锡板薄规格产品比例达56.4%，DR材同比增长77%。科学编制“十四五”规划，确定了“1+4+N”规划体系。加大企业退出力度，全年退出70家，连续5年被评为北京市国资委专项工作优秀企业和工作成绩突出单位。

扎实推进精准扶贫。年内，首钢落实中央和北京市委市政府、市国资委扶贫攻坚工作要求，扎实做好产业项目扶贫、就业扶贫、消费扶贫、公益扶贫。推进产业扶贫项目2个，投资2420万元，建立扶贫车间1个，带动当地就业300人，其中建档立卡贫困人员14人；在北京市对口帮扶地区采购钢铁原辅料44万吨，合计3.2亿元；在北京市消费扶贫产业双创中心采购工会福利用品69万元，在结对帮扶低收入村采购农产品52万元；首钢技师学院深入贫困地区招收学生45人，其中建档立卡学生10人；结合大学生招聘计划，招收建档立卡应届大学生24人；开展多种形式捐赠、慰问81万元。

（马　晓）

【北京电力设备总厂有限公司】 简称北京设备公司，始建于1952年，是国有大型中央直属工业企业，隶属于中国能建集团装备有限公司，公司总部坐落于北京市房山区，在北京市、河北省、新疆维吾尔自治区设立有子公司。北京设备公司是致力于打造研发、设计、制造、服务一体化的国际能源装备公司，秉承“想客户所想，急客户所急，干客户所需”的企业宗旨，快速发展新型电力系统的关键设备（电力电子方向）、智慧能源设备等高端智能电力装备，强力发展特高压电网装备、电厂灵活性改造服务，稳步发展大型电站辅机设备、工程总包成套服务、备品配件与检修维护服务，形成了“发电、电网、智慧城市、轨道交通、冶金、建材、煤炭、化工”并举的产品格局和一批拥有自主知识产权的重大技术装备产品。北京设备公司自主研制的三大主要产品ZGM型中速辊式磨煤机、特高压干式空心电抗器和封闭母线支撑了企业良好发展，产品市场占有率均处于全国前三位。北京设备公司利用产品技术“差异化、大型化、高端化”优势，延伸发展工程总包和检修维护服务，为用户提供从设计、制造、安装、调试、培训、备品备件等个性化服务。北京设备公司加快创新驱动，创造了多项世界第一。联合清华大学在2019年研制成功535千伏耦合负压式直流断路器，应用于张北柔性直流输电工程，助力北京冬奥会在奥运史上首次实现全部场馆绿色电力全覆盖。该产品作为关键核心设备成功应用，标志着攻克了多端柔性直流输电技术瓶颈，代表国家高压直流断路器技术领先国际。北京设备公司发展70年，拥有用户2000余个，主要供应商870余个，客户涵盖国内两大电网公司、五大发电公司、三大核电公司、东方电气公司以及区域性电力公司；市场扩展至五大洲90余个国家和地区。北京设备是国务院科技进步特等奖获得企业、中国工业大奖提名奖获得企业、中国制造业单项冠军产品获得企业、国家高新技术企业、中关村高新技术企业、特高压建设先进单位、现代化管理进步示范企业，连续多年获中国机械工业行业百强企业、中国机械 500 强企业称号。“十四五”期间，公司聚焦国家“双碳目标”等产业政策，依托国家重点工程，以智慧电网技术装备、节能环保技术装备和新能源装备技术为主攻方向，进一步加快产品结构调整步伐，为中国机械工业乃至经济社会发展做出更大贡献。

2020 年，京电设备资产总额 32.49 亿元，市场签约 16.87 亿元，营业收入 17.44 亿元。

（赵晓来）

【燕山石化】 中国石油化工股份公司北京燕山分公司（简称燕山分公司）、中国石化集团北京燕山石油化工有限公司（简称燕化有限公司）统称燕山石化，位于北京市房山区，是中国石化集团公司旗下特大型石油化工联合企业，前身为 1970 年成立的北京石油化工总厂，曾更名为北京燕山石油化学总公司、中国石油化工总公司北京燕山石油化工公司、北京燕山石油化工集团有限公司。北京东方石油化工有限公司（简称东方石化公司）为燕化有限公司全资子公司，中石化保定石油化工有限公司（简称保定石化公司）由中国石化集团公司划归燕化有限公司进行管理。

燕山石化拥有生产装置 62 套、辅助装置 68 套，可生产 94 个品种、431 个牌号的石油化工产品，原油加工能力 1000 万吨 / 年，乙烯生产能力 80 万吨 / 年，是中国石化 12 个千万吨炼厂和 8 个大型乙烯装置之一；成品油生产能力超过 650 万吨 / 年，其中汽油生产能力可达 300 万吨 / 年；聚乙烯生产能力 60 万吨 / 年，聚丙烯生产能力 50 万吨 / 年，合成橡胶生产能力 42 万吨 / 年，有机产品生产能力 52 万吨 / 年，是中国重要的合成橡胶、合成树脂和高品质成品油生产基地。

2020 年，燕山石化下设 32 个中层机构，其中 16 个机关部室、10 个直属单位、6 个业务中心，另有股权投资的 11 家合资企业，共有在岗员工 8677 人（含东方石化公司、保定石化公司）。公司直属党委 18 个，在职党支部 181 个，在岗党员 4504 人。9 月，燕山石化 24883 名退休人员完成面签、档案电子化协议签订、社保关系移交、党组织关系移交等工作，提前一个月完成集团公司下达的目标任务。

年内，在全国行业职业技能竞赛——第十二届全国石油和化工行业职业技能竞赛中，燕山石化两支仪器仪表维修工参赛队分别获团体一等奖（总分第一名）和团体二等奖，化学检验员参赛队获团体三等奖；选手李浩和王聪分别取得仪器仪表维修工个人竞赛第 2 名和第 3 名的好成绩，均被授予全国技术能手称号，选手范鑫和李政被授予全国石油和化工行业技术能手称号。在全国乙烯装置操作工竞赛中，燕山石化参赛队获团体第 10 名，参赛选手谭启龙和卢国福分别获个人铜奖。在北京市第五届职业技能竞赛安全应急领域竞赛中，燕山石化消防中心代表队脱颖而出，获危险化学品应急救援团体第一名，矿山（隧道）救援、陆地搜索与救援团体第二名；在危险化学品应急救援、矿山（隧道）救援、陆地搜索与救援个人决赛三个项目中，包揽前六名。

（王善高）

【北京科技大学设计研究院有限公司】 成立于 1987 年，是依托北京科技大学建立的国家高新技术企业，是西门子高级系统集成商（白金级 SI）和西门子全球解决方案合作伙伴（SOP）。公司作为北京科技大学的全资子公司，拥有冶金行业甲级设计资质、环境工程（水污染防治工程）乙级资质并通过质量、环境、职业健康、信息技术服务、信息安全等多项管理体系认证。公司始终瞄准国家重大战略需求和行业企业可持续发展需要，依托北京科技大学相关学科优势，对相关科研成果进行集成创新和应用技术开发、工程化、产业化推广，为提升企业技术装备和工艺流程的水平做贡献，为企业技术咨询及高级工程人才的培养提供优质服务。公司拥有高级职称人员 30 余名，研发人员中 60% 以上人员具有博士学位，专业涉及冶金工程、材料科学与工程、控制科学与工程、机械工程等。主要产品有承接国内外冶金企业工艺、设备、三电等专业的工程设计项目，冷热轧机全线自动化控制系统；控制轧制和加速冷却系统装置，表面质量在线检测系统，中小型成套轧钢设备设计集成，生产全流程大数据平台与远程分析集控系统，智能化、无人化库区物流系统，环保技术的研发与应用，以及相应科研成果的推广、转让、咨询和服务。公司始终致力于冶金行业自动化、检测及工艺、装备等技术开发、集成、调试和服务，成为国内钢铁及有色金属关键共性技术的开拓者和引领者。轧制自动化、表面缺陷检测系统、基于大数据的 QMS 系统、产线智能化集控等技术在行业中处于领先地位。在智能制造、无人智能库、智能磨辊间等方面加大研发投入和市场开拓，先后取得多项合同，业绩保持上升趋势。

2020 年，设计院公司营业总收入较上年度增长 25.39%，净利润较上年度增长 133.86%。公司总资产比上年度增加 5.35%，归属于学校权益资产比上年度增加 15.73%。年内，钢铁行业各厂家扩大自己的基础建设，加大新上项目的力度，以迎接疫情后市场行情的反弹。国内新建多条钢铁生产线，热连轧板带生产线的配置水平大幅提高，设计院公司新签合同额创下历史纪录。

（郭　强）

【北京北化大投资有限公司】 是经教育部批准、北京化工大学出资于 1988 年 5 月 18 日组建的法人独资有限责任公司，其职责是代表学校统一持有、管理、监督、经营学校对外投资的资产和股权。经营范围为物业管理（含房屋出租），投资及投资管理、技术推广服务，销售计算机、机械设备、化工产品（不含危险化学品）、仪器仪表。所属企业 28 家，其中全资企业 10 家，控股企业 2 家，参股企业 16 家，主要从事技术推广、科技成果转化、化工产品的研发与销售、教育培训。

2020 年，公司总资产 2.28 亿元，销售收入 1.09 亿元，上缴税金 519 万元，上缴学校年度利润及资源使用费、国有资本收益共计 2404 万元。年内，公司以科技成果作价对外投资 1199.04 万元，并推进“2000 吨镁基插层结构功能材料”产业化项目落地青海。该项目基于北京化工大学化学学院团队的多年研究，针对青海盐湖丰富的废弃镁资源现状和盐湖高镁 / 锂比卤水中锂资源高效分离的难题，从事镁基插层结构功能材料和纳米氢氧化镁两类镁基功能材料的生产，实现锂资源的高效分离。该项目的实施可形成以镁基功能材料为主体的产业链，推动镁基插层结构功能材料的产业化开发和关键技术发展；同时发展系列绿色功能材料，为盐湖镁资源高值利用、打破国际贸易技术壁垒奠定技术基础。该项目在制备镁基插层结构功能材料和纳米氢氧化镁的同时，大幅度降低卤水中镁 / 锂比，实现镁锂资源分离，并可进一步制备高值锂产品，有效提高锂的收率。

在科技产业平台方面，年内围绕“资源整合、品牌建设、创造价值”的发展理念，结合校办企业资源与产品、学校科技创新产品等，探索并形成了新型的产、学、研、用合作机制，搭建从技术研发到产品推广的服务平台——北化大科技平台，为解决部分科研人员和下属企业资源整合能力不足、渠道单一等科技成果转化、产品转化痛点问题提供有力保障。北化大科技平台以“华教授”化妆品为抓手，通过整合第三方资源，不断完善平台产品及功能，逐步将与学校相关技术成果、产品纳入平台中，形成品牌价值，提高学校科技创新产品知名度，为北京化工大学科技成果转化助力。

（孙　娉）

【北京化学工业集团有限责任公司】 简称化工集团，前身为北京化学工业集团公司，1996 年 6 月 25 日改组为北京化学工业集团有限责任公司。该公司是国有独资大型企业，对所属全资、控股、参股企业的国有资产行使出资者权利，依法进行经营、管理和监督，承担国有资产保值增值责任。截至 2020 年年底，公司拥有资产总额 67 亿元，管理二级企事业单位 32 户，三级企业 29 户。主要经营领域包括精细化工产品、基本化工原料、石油化工原料及产品、工程塑料与塑料、橡胶工业品、新材料、循环经济产业等为主的制造业和房地产开发及置业领域。

2020 年，化工集团营业收入市国资委口径完成 30.53 亿元，全年利润总额完成 1.16 亿元，完成市国资委考核指标的 116%。完成市国资委考核的 7 项基本指标（利润总额、资产收益率、盈余现金保障倍数、销售利润增长率、已获利息倍数、户均创利、人均创利）。完成国有资本收益收缴指标，上缴收益 1464.72 万元，连续 12 年按归属于母公司净利润 20% 的比例足额上缴国有资本收益，达到了出资人要求。全员劳动生产率同比增长 9.8%；职工平均收入同比增长 9%，劳动效率和劳动者收益持续稳步增长。化工集团拥有各级资质的“企业工程（技术）中心”10 家，全年科技研发投入总额达 9200 余万元，研发新品 85 项，实现销售收入 1.3 亿元，其中重点科技企业研发投入占比连续超过 3%；有效运用集团科研创新基金，150 万元专项资金支持丁腈胶乳研发。全年新申请专利 43 件，北京华腾新材料股份有限公司的“一种应用于软包装耐蒸煮胶粘剂的香精捕获剂”获第 21 届中国专利奖发明专利优秀奖；化研院科方公司获批“中关村硬科技孵化器”资质。北京华腾新材料股份有限公司的手持显示设备专用反应性热熔胶 PUR 项目完成联动试车；北京华腾橡塑乳胶制品有限公司的绝缘耐电手套项目，产品性能通过国外第三方机构认证；北京市化学工业研究院的改性 PAE 合金产品、高光高硬度免喷涂材料等新产品顺利投放市场；华腾冀春科技有限公司多彩涂料乳液项目完成了扩试。

年内，化工集团引进 2 名博士进入集团公司博士后流动站，招收应届大学毕业生 50 人，其中研究生 16 人。落实职业能力提升培训计划，以训稳岗、以训促产，全年共举办各类培训班 221 个，培训近 4000 人次。开展导师带徒，推荐北京市工业技师学院王展超申报享受国务院特殊津贴，北京市化工职业病防治院刘冬朋技能大师工作室申报北京市技能大师工作室。北京华腾橡塑乳胶制品有限公司李清华被市委、市政府授予北京市劳动模范，北京市工业技师学院世赛集训基地被授予北京市模范集体。

（化工集团）

【北京金隅集团股份有限公司】简称金隅集团，前身为北京建筑材料集团总公司，1996年改制为北京建筑材料集团有限责任公司，2000年12月26日更名为北京金隅集团有限责任公司，2005年12月25日，金隅集团作为发起人，联合中国材料科工集团、香港合生集团、北方开发集团、天津建材集团4家战略投资者，共同设立北京金隅集团股份有限公司。该公司是以“新型绿色环保建材制造、贸易及服务，房地产开发经营、物业管理”为主业，并实现A+H整体上市的市属国有控股产业集团，位居中国企业500强第180位和制造业企业500强第74位。

2020年，金隅集团资产总额2989亿元，同比增长5%；实现营业收入1339亿元，同比增加13%；实现利润总额78.5亿元，与上年基本持平。各产业板块落实高质量发展要求，经营效益和质量稳步提升。金隅冀东水泥（唐山）有限责任公司坚持走内涵式发展之路，培优工程成效显著，重点区域统筹资源能力、联动发展能力持续增强，区域龙头地位愈加稳固，全年水泥及熟料销量1.25亿吨，实现营业收入465亿元。金隅冀东（唐山）混凝土环保科技集团有限公司全年混凝土销量1605万立方米，实现营业收入64亿元。冀东发展集团有限责任公司攻坚历史遗留问题，坚持有进有退，聚焦主责主业，实现营业收入316亿元。北京金隅新型建材产业化集团有限公司全年实现营业收入76亿元。北京金隅地产开发集团有限公司主动应对市场变化，全年实现营业收入317亿元，合同金额首破500亿元大关。北京金隅投资物业管理集团有限公司创新经营策略，拓展营销渠道，全年实现营业收入30亿元。天津市建筑材料集团(控股）有限公司持续推进止血管控,盘活各类闲置资产，全年实现营业收入72亿元。创新融资方式，超额完成创新权益型融资110亿元，公开发行28.2亿元可转债，优化资本结构，有效控降资产负债率。金隅智造工场加快智慧科技园区、绿色生态园区、共享园区建设，形成以“大信息及智能制造”为产业核心的创新型科技园区。怀柔兴发水泥厂升级改造为应用研究及产业转化示范区，引入北京雁栖湖应用数学研究院，支持怀柔科学城发展。打造特色琉璃文化和龙顺成文化创意产业园，传承传统文化。坚持绿色发展，利用水泥窑协同处置危废企业达35家，危废处置能力达273万吨/年。在京水泥企业全部转型为城市基础设施，承担着北京市90%的垃圾焚烧飞灰、80%的危险废弃物、25%的污水厂污泥等无害化、资源化处置任务，肩负着北京市环境应急突发事件救援及违禁物品销毁等重要工作。产业扶贫8.32亿元，在市管企业扶贫攻坚成效考核中处于第一梯队。环境、社会与管治报告暨社会责任报告升至BBB级评价，为国内大型综合性建材和房地产集团最高评级。

产业发展。年内，金隅集团各产业板块一手抓疫情防控、一手抓稳运行稳增长。金隅冀东水泥（唐山）有限责任公司以“优化核心市场布局、强化外围市场战略辐射”为主线，加强区域化管理，开展“培优”工作，高质量发展态势加快形成，对标主要竞争对手，精准施策，狠抓商混客户回归、重点工程投标和民用市场渠道建设，实现市场份额的有效增长和营销结构的优化提升，京津冀区域水泥熟料综合市场占有率提升到53%，较同期增长5个百分点；全年煤炭直采比例100%，集采煤炭实现全覆盖；推进篦冷机、预热器、磨粉系统等节能、降耗、降维修费改造项目，完成9台篦冷机改造，优化8条生产线预热器系统；加强矿山资源储备和绿色矿山建设，全年24个矿山入选省级绿色矿山,其中8个矿山为国家级绿色矿山，累计41个矿山入选省级及以上绿色矿山库，占生产矿山的85%；积极推进水泥行业调整转型工作，32家单位开展固废处置业务，年处置规模273万吨，同比增长51%。金隅冀东混凝土集团不断强化内部管理，着力降低企业运营成本，全年完成产销量1605万方，单方主材成本同比下降18元，增利达2.7亿元。冀东发展集团有限责任公司加强质量和成本管控意识，推进TQC质量小组活动与成本降控工作，13家企业累计开展改进课题84项，收益超400万元。北京金隅新型建材产业化集团有限公司“设计+施工+产品+供应+服务”的一体化产业链基本形成，综合服务能力不断完善；北京金隅天坛家具股份有限公司持续建设与商用、民品、电商等主营业务板块相适配的标准化产品套系，完成工业4.0智能制造板式加工中心建设，实现板式产品从设计到揉单再到生产的全流程信息化管理；金隅天坛（唐山）木业科技有限公司两条生产线的生产效率稳定在90%以上；北京金隅节能保温科技（大厂）有限公司实施区域匹配销售政策，东北区域、西南西北区域岩棉年销量突破2万吨；北京金隅砂浆有限公司在石膏基自流平、轻质石膏砂浆等特种砂浆市场开拓成绩显著，合同存量突破6万吨；北京金隅涂料有限责任公司深耕深挖市场，全年完成经销商签约205户；星牌优时吉建筑材料有限公司增加中高端产品销售，矿棉板平均单价较去年同期提高 0.54 元 / 平方米。天津建材集团全年实现 13 户企业扭亏为赢，完成 20 户企业的退出工作。

（黄谦　祁爽）

【北京首钢吉泰安新材料有限公司】简称吉泰安新，前身为 1956 年成立的北京钢丝厂，2008 年公司改制后更名为北京首钢吉泰安新材料有限公司，注册资本 2600 万元。占地面积 8.8 万平方米，建筑面积 39268 平方米，是一家主营高端电热合金、精密合金、高铁动车电阻材料、机动车尾气净化材料、国家电网超高压特高压输变电材料、环保型圆珠笔头用超易切削材料、城市清洁供热蓄能材料、高端玻璃热处理材料、太阳能光伏晶圆热处理材料等金属功能材料的高新技术企业。电热合金材料领域“国内第一、世界第二”（世界第一是瑞典康泰尔）。吉泰安新是国家高新技术企业、中关村高新技术企业、高新技术企业科技成果转化示范企业、北京市企业技术中心，被评为北京市节水型企业、昌平区节能先进单位资质；拥有《高电阻电热合金》《金属蜂窝载体铁铬铝箔材》《机动车尾气净化纤维丝材》《高电阻电热合金快速寿命实验方法》4 项国家标准，获授权专利 25 项。拥有“钢花”“吉泰安”“GITANE”“HRE”4 个注册商标，其中“钢花”商标是北京市著名商标，国内外知名度很高。吉泰安新共获 33 项奖，“铁铬铝金属纤维丝材”获国家重点新产品、“圆珠笔头用超易切削不锈钢材料”获北京市新技术新产品、“超高温铁铬铝合金”获北京市新技术新产品、汽车尾气净化材料获首钢科技奖二等奖，金属蜂窝载体铁铬铝箔材获首钢科技奖三等奖。长期与北京科技大学冶金学院及新金属材料国家重点实验室、钢铁研究总院、安泰科技产学研合作，被评为产学研合作示范企业，获国家产学研合作创新奖，被北京首钢股权投资管理有限公司授予 2020 年特殊（突出）贡献奖。

2020 年，吉泰安新销售收入 23604 万元，比上年增加 3400 万元，增长率 16.83%；实现利润 2603 万元，比上年增加 703 万元，增长率 37%。全年钢产量 5030 吨，材产量 4997 吨；丝产量 4608 吨，商品产量 5324 吨，商品产量比上年增加 667 吨，增长率 14.3%。产品结构进一步优化，高端、高利产品销量增加，镍铬、HRE、OCr21Al6Nb、YHZ 产品销售量 2114 吨，同比增加 398 吨，增长率 23.19%，销售收入 11950 万元，占总销售收入的 50.6%。产品毛利同比提高 4.32 个百分点。

科技创新。年内，吉泰安新在微电水替代拉丝油实现清洁化生产工艺研究、电热合金高温抗蠕变机理研究、氧化膜生成机理研究、铁铬铝拉拔开裂断丝机理研究、辊模拉拔技术研究等工艺技术研究取得突破；解决了佐帕斯 Cr15Ni60 成品丝下垂度超标、蓝色铁铬铝表面颜色不稳定、Cr20Ni80 表面颜色不均、SG140 一次电渣轧制开裂等工艺难点问题。完成火花塞侧电极、高温抗蠕变电热合金、点火针三项新材料的样品试制和测试。超高温电热合金销售实现了“零”的突破，创收 8.4 万元，粉末冶金管材成功交付样品，结束了国产高端电热合金“有丝无管”的历史。获“圆珠笔头用超易切削不锈钢材料”“超高温铁铬铝合金”两项北京市新技术新产品证书。完成专利申请 11 项，获得专利授权 8 项，完成首个国际商标注册申报。

安全管理。年内，吉泰安新采用岗位写实、事故倒推法，全方位、全过程排查风险，共辨识安全风险 189 项，制定防控措施 567 条，加装机械防护 23 处，推进现场安全目视化打造，通过首钢集团公司验收。全年安全生产双重预防控制系统排查整改安全隐患 2996 项，隐患排查率为 99.56%，整改率达到 100%。组织包括城区出租地在内的例行安全、消防检查共计 61 次，排查整改安全隐患 245 项，整改率 100%。迎接北京市、昌平区、首钢集团、首钢股权各级安全检查共计 21 次。

（黄素娟）

【国网北京市电力公司】简称国网北京电力，前身为北京供电公司，2004 年 3 月更名为北京电力公司，2008 年 1 月登记注册为有限责任公司，成为独立法人企业，名称由北京电力公司变更为北京市电力公司。该公司是国家电网公司的子公司，负责北京地区 1.64 万平方千米范围内的电网规划建设、运行管理、电力销售和供电服务工作，下辖二级单位 34 个，包括供电公司 16 个、业务支撑和实施机构 12 个、其他单位 4 个、合资公司 2 个。截至 2020 年年底，国网北京电力共有长期职工 8684 人，其中研究生及以上学历 2321 人，本科学历 4423 人，专科学历 1282 人；高级职称 1888 人，中级职称 2187 人；技师及以上职业资格 3525 人，高级工 1505 人，中级工 473 人。

2020 年，北京电网共有电厂 39 座，机组 299 台（含 124 台风机 +73 台光伏逆变器），总装机容量 11565.53 兆瓦，完成售电量 1057.5 亿千瓦时，同比降低 0.38%。营业收入 639.28 亿元，同比降低 7.18%。发展总投入 123.2 亿元，同比减少 19.08%。北京电网共有 110 千伏及以上变电站 579 座，变压器 1487 台，变电容量 144040.3 兆伏安；110 千伏及以上架空线路

514 条 4962.06 千米；110 千伏及以上电缆线路 570 条 1974.72 千米；110 千伏及以上架空电缆混合线路 402 条 3588.32 千米。

电网建设情况。年内，国网北京电力开工 35 千伏及以上工程 32 项，线路长度 240.37 千米，变电容量 545.9 万千伏安；投产 35 千伏及以上输变电工程 45 项，线路 327.38 千米，变电容量 689.75 万千伏安；投产 35 千伏及以上迁改工程 35 项，线路长度 127.78 千米。12 项配套输变电工程全部提前投产，创造 12 项世界第一的张北柔直工程建成投运，助力冬奥场馆首次实现全绿电供应。“一体化”服务保障模式覆盖 11 座场馆，全部 8 座竞赛场馆配电设施提前投运。北京房山至天津南蔡 500 千伏Ⅰ、Ⅱ回输电线路工程（北京段）获国家电网公司输变电优质工程金奖，沙河北 220 千伏变电站工程、科学城西 110 千伏变电站工程获国家电网公司输变电优质工程银奖。

电网规划发展。年内，国网北京电力编制“十四五”北京电网规划和 11 个专项规划，完成亦庄新城、怀柔科学城等区域配套电网规划。落实首都功能核心区控制性详细规划任务，明确 7 类 17 项重点举措。500 千伏 CBD 变电工程规划意见书和立项取得核准，共取得工程核准 42 项。

2020 年 6 月 16 日，京通铁路配套新村牵引站外部供电工程现场安装绝缘子（赵艳阳、池源　摄）

经营管理。年内，国网北京电力制定实施 6 方面 102 项提质增效举措，对冲减利 70.87 亿元，超额完成目标。创新“煤改电”投资模式，争取到市区两级政府承担山区 80%、平原地区 60% 投资。推进 4 类外部资金工程，完成 533 项、70.67 亿元结算转资。整合利用房产、杆塔等资源，实现租赁收益 2.32 亿元。开展市场化碳配额交易，实现收益 400 万元。开展高损台区专项治理，高损线路、台区分别压降 80.4%、81.6%，综合线损率压降 1.83%，减少电量损失 9167 万千瓦时。压减非生产性支出 6%，“三公”经费及会议费同比降低 48.24%，车辆使用及应急费用同比降低 15%。用足用好燃煤机组关停替代等政策，节约成本支出 4.6 亿元。全年燃气机组发电量较计划减少 104 小时，减少购电成本 1.38 亿元。清查资产和设备卡片共计 237 万张，延寿使用有效资产 7 亿元，盘活利用工程退出和库存物资 2.28 亿元。加大电费回收和反窃查违力度，实现电费回收率 100%，反窃查违挽回收入 5975.1 万元。搭建财务数字化经营管理平台，部署 77 项应用场景。完成国家审计署冬奥跟踪审计和国家电网公司 3 项经济责任审计迎审，整改问题 539 项。公司 34 项创新实践成果（论文）获得省部级以上奖项，1 个 QC 小组获得“全国优秀质量管理小组”称号。省管产业统筹新冠肺炎疫情常态化“防”和生产加速“复”，先后出台 6 方面 25 项措施，全年实现新签合同额 171 亿元，营业收入 130 亿元。

科技研发。年内，国网北京电力围绕智能配电网、综合能源、5G 电力应用等开展专利布局，共申请专利 542 件，其中发明专利申请 337 件；授权专利 306 件，其中发明授权 113 件。

优质服务。年内，客户服务满意度调查指标蝉联国家电网公司第一，12345“三率”综合排名在全市公共服务行业保持领先。全年 95598 话务量累计 320.48 万通，同比下降 40.48%，下派工单 370548 件，同比减少 36.60%，受理投诉共计 402 件，同比减少 66.25%。累计完成 1198 个重要客户的用电安全评估，度夏期间完成 240 个非公司产权老旧小区用电排查梳理，度冬期间开展供暖负荷实时监测，惠及 274 万用电客户。开展共产党员服务队“首善先锋 · 红马甲在行动”“电力爱心教室”讲堂、“情系万家 · 电暖京城”“卫蓝暖心”“煤改电”服务日等多项活动。

2020 年 11 月 6 日，工作人员向平谷区东高村镇克头村居民客户讲解“煤改电”安全用电知识及电采暖设备使用技巧（安晓静　摄）

网上优化国网App客户体验，完善一证办电、后付费交费、一户多人口、政策文件及时发布、办电e助手、政务网打通等功能。优化电力微信客户体验，完善电子发票查询、政策文件快速发布、一户多人口阶梯电量查询、二维码分享、活动推广等便民服务，建设智能云客服，优化AI机器人在线办理查询、充值、报修等高频业务，开展停电信息、欠费信息精准微信消息推送。

获得荣誉。年内，国网北京电力1人获全国劳动模范，3人获北京市劳动模范，1个集体获北京市模范集体，3人获国家电网有限公司劳动模范，2个集体获国家电网有限公司工人先锋号，2家单位获国家电网有限公司先进集体，1人获国网抗击新冠肺炎疫情功勋个人、1个集体获国网抗击新冠肺炎疫情功勋集体，1人获国家电网有限公司新基建劳动竞赛劳动模范、2家单位获国家电网有限公司新基建劳动竞赛先进集体。

（邢　蕊）

【金诚信矿业管理股份有限公司】简称金诚信股份，是一家集有色金属矿山、黑色金属矿山和化工矿山工程建设、矿山运营管理、矿山设计与技术研发等业务为一体的专业性管理服务企业。金诚信股份拥有矿山工程施工总承包一级资质和对外承包工程资格，全资子公司金诚信矿山工程设计院有限公司拥有冶金矿山工程专业设计甲级资质。金诚信股份于2015年6月30日在上海证券交易所主板挂牌上市，股票简称金诚信，股票代码603979。金诚信股份注册资本金为5.83亿元，在境内外设有30家子公司、4家分公司及1家省级研发中心。金诚信股份在境内外承担30余项大型矿山工程建设和采矿运营管理项目，其中百万吨级以上的采矿项目12项；竖井最深达1556米，斜坡道最长达8008米。

2020年，全年完成掘进总量335万立方米，采供矿量3133万吨，实现销售收入38.1亿元。10月在市工商联召开的2020北京民营企业百强发布会上，中关村密云园企业——金诚信矿业管理股份有限公司入选民营企业百强。

（许王青　王希华）

“十三五”回顾

【材料产业】产业发展颇具规模。“十三五”期间，北京重在推动新材料产业高端化发展，高附加值产品占比不断提高，竞争力逐渐增强，科研及产业化创新实力不断提升，航空航天材料、第三代半导体材料、新型显示材料等呈现集聚发展态势，发展优势明显；纳米材料、生物材料、石墨烯等居于全国领先地位；新材料技术转化、检验检测等服务能力持续提升，配套服务体系逐渐完善。2020年新材料产业完成产值约650亿元，初步形成以前沿新材料为突破、关键战略材料为核心、先进基础材料为依托、生产性服务业蓬勃发展的新材料产业体系。

创新能力全国领先。“十三五”期间，北京集聚材料领域国内顶尖的高校和科研机构，建设了以北京石墨烯研究院，北京市石墨烯产业创新中心为代表的新型创新载体，新材料领域申请专利数量位居全国前列，新材料产业化技术攻关能力处于全国领先地位。在石墨烯、液体金属为代表的前沿新材料领域技术创新处于国际并跑或者领跑阶段；在稀土功能材料、第三代半导体材料、高性能纤维等领域产业化及应用上处于国内领先地位。

产业集聚已成态势。“十三五”期间，北京新材料产业呈现集约化和集聚化发展态势，形成以中关村科学城、怀柔科学城为新材料创新高地，以顺义第三代半导体材料、高性能纤维及复合材料，房山新能源材料、新型显示材料等为重点产业承载区，北京创新、辐射全国的新材料产业化创新发展格局。

配套服务逐渐完善。“十三五”期间，北京建设国家新材料测试评价平台主中心和先进无极非金属材料、钢铁材料、先进高分子材料、有色金属材料行业分中心，新材料测试评价体系逐步完善；建设核能材料、航空发动机材料、集成电路材料、卫星及空间探测材料等生产应用示范平台，推动上下游企业的协同发展；支持建设国家新材料产业资源共享平台，资源整合能力逐步提高。

（市经济和信息化局）

【绿色环保产业】绿色制造成绩突出。“十三五”期间，市经济和信息化局研究制订《北京绿色制造实施方案》；开展绿色制造示范体系创建，累计64家企业获国家级绿色工厂，11家企业获绿色供应链管理示范单位，9家企业56种产品入选国家级绿色设计产品，北京经济技术开发区获国家级绿色园区称号，9家企业入选工业产品绿色设计示范企业；支持企业开展绿色化技术改造；利用高精尖产业发展资金支持绿色化技改项目。

节能环保产业发展。“十三五”期间，市经济和信息化局制定并落实《北京市加快科技创新发展节能环保产业的指导意见》，支持节能环保企业积极参与疫情防控工作，帮助高能环境、碧水源、润泰环保等企业对接疫情防控再贷款和产能提升项目支持。推进领域内 23 家企业技术中心创建以及海绵城市产业创新中心建设。开展节能环保企业与绿色制造企业项目对接及政策宣贯会，组织部分重点企业赴津冀开展对接交流。

工业节能节水。“十三五”期间，市经济和信息化局组织拟定工业和软件信息服务业节能相关地方标准；组织开展《用水定额 第 13 部分：酒》等 10 余项地方标准编制工作；组织开展节能诊断工作，全市 30 家节能服务机构中标工信部节能诊断市场化组织，为 85 家用能企业提供免费节能诊断服务。

一般制造业企业退出。“十三五”期间，按照清洁空气行动计划、“疏解整治促提升”专项行动有关工作要求，市经济和信息化局累计推动全市 2154 家一般制造业企业和污染企业调整退出，一般制造业企业集中退出工作阶段性完成，退出企业主要集中在建材、机械加工、家具制造、农副产品加工等行业；完成工业燃煤设施清洁能源改造工作，基本实现无工业燃煤；修订并报市政府印发了《北京市工业污染行业生产工艺调整退出及设备淘汰目录（2017 年版）》，完成涉及的相关行业和生产工艺的淘汰工作。

落实大气质量保障任务。“十三五”期间，市经济和信息化局落实制造业领域空气重污染应急应对，组织各区制定制造业企业空气重污染应急减排清单和“一企一策”企业应急工作方案，预警期间组织开展制造业应急减排工作；组织实施重大活动期间空气质量保障工作，开展生产调度企业措施落实情况走访检查；组织各区对开发区和产业基地内涉 VOCs 排放企业开展摸排，配合市生态环境局梳理园区内涉 VOCs 排放企业清单。

（市经济和信息化局）

国防科技工业

本栏目采用条目体，刊载2020年北京国防科技工业概述、政策与措施、产业动态、研发与成果和“十三五”回顾5项内容。其中，政策与措施分目包括出台的政策文件及实施情况，机构设立、调整变化等内容；产业动态分目包括经营业绩、项目启动、签约、论坛、获奖等内容；研发与成果分目包括新产品发布、技术测试、解决方案等内容。“十三五”回顾分目对产业发展情况进行了简述。

概　述

2020年，北京市国防科技工业系统认真学习习近平总书记关于做好北京工作的系列指示精神，贯彻执行国家国防科工局，北京市委、市政府有关工作部署，落实市经济和信息化局党组各项工作要求，以保障军工科研生产运行为重点，严格准入，强化监管，统筹疫情防控，全力做好综合协调保障，确保全年各项重要工作任务顺利进行。积极作为，为军工企业上市开辟绿色通道；强化检查和服务，为军工科研生产营造良好环境；创新思路，加强军工项目管理；夯实基础，为行业发展做好支撑服务。

（市国防科工办）

政策与措施

【北斗技术创新和产业发展实施方案发布】2月19日，为加强全国科技创新中心建设，促进北京市北斗技术创新和应用推广，由市经济和信息化局组织编制的《北京市关于促进北斗技术创新和产业发展的实施方案（2020—2022年）》发布。该实施方案以建设具有全球影响力的科技创新中心为引领，提出北京市推进北斗产业的发展目标、重点任务和保障措施，充分发挥资源优势，通过推动关键技术攻关、引导资源集聚、培育优势企业、搭建应用场景、建设基础设施等，构建良好的北斗产业发展生态，为加快构建高精尖经济结构提供有力支撑。

（市国防科工办）

【北斗产业创新基地启动】8月27日，2020年北斗创新应用和产业发展研讨会暨北京市北斗产业创新基地启动仪式在北京合众思壮北斗产业园举行。该基地是落实《北京市关于促进北斗技术创新和产业发展的实施方案（2020—2022年）》中“打造北斗特色基地”任务，推动北斗产业在海淀区、顺义区、北京经济技术开发区协同布局发展的重要举措。基地建筑面积10万平方米，由北京合众思壮科技股份有限公司、

北斗导航位置服务（北京）有限公司、环球新时空（北京）信息技术研究院有限公司、中关村空间信息技术产业技术联盟等共建，北京中科精图信息技术有限责任公司等首批企业签约入驻。基地依托“一院（北斗新时空研究院）、两馆（卫星导航应用体验馆及博物馆）、四平台（协同创新平台、快速制造平台、位置数据运营服务平台和众创空间平台）”，着力“建设高水平、国际化、智能化的北斗新时空产业基地，提供专业化的创新创业孵化平台服务，打造北京北斗产业生态的核心枢纽”，为国家经济社会发展提供重要时空信息保障。

（市国防科工办）

【中关村延庆园无人机创新基地开园】9月22日，中关村延庆园无人机创新基地开园暨企业签约仪式举行，6家无人机企业签约入驻。无人机创新基地采用政府规划、企业运营的模式，将中关村延庆园的空域优势、优惠政策、完善的企业服务与中关村e谷产业平台优势相结合，在场地、招商、企业运营、技术创新、产品试验、专利运营等多个领域加速推进无人机产业纵深发展。无人机创新基地建筑面积1.1万平方米，具备无人机企业生产、研发、测试、办公等多维空间，可提供无人机发展成长平台、产品检测平台、投融资及运营管理平台。配套建设的中关村e谷·无人机检验检测中心，为国内首个无人系统第三方检测认证平台，可为无人机企业提供国内前端的检测认证服务。

（图片来源：北晚在线）

（延庆区官网）

【顺义航天产业园综合研发楼奠基】11月1日，顺义航天产业园综合研发楼举行开工奠基，标志着航天产业园航天器姿轨控系统及产品研发基地项目全面启动。该项目建筑面积约13万平方米，建设卫星控制系统核心制造基地，涉及电子产品集成测试厂房、姿轨控系统产品研发试验厂房、联合实验装备测试厂房及综合配套楼，用于开展空间飞行器控制系统，推进系统及其部件的研究、开发、设计、生产、试验任务等。

（图片来源：北青社区报）

（顺义区官网）

【《商业航天发射保险贴费暂行办法》出台】11月26日，市经济和信息化局出台《商业航天发射保险贴费暂行办法》。2020年度高精尖资金中安排近300万元，用于发射保险贴费，鼓励商业航天企业总部、销售、运营业态发展，支持在京研发制造。

（市国防科工办）

产业动态

【银河航天成为国内卫联网领域首家独角兽企业】1月16日，银河航天首颗通信能力达10Gbps的低轨宽带通信卫星成功发射，并完成卫星互联网试验系统接入演示，实现3分钟双向视频通话，已成长为国内卫星互联网领域首家独角兽企业。

（市国防科工办）

【2020中国航天创新发展云峰会举办】4月24日是中国第一颗人造地球卫星“东方红一号”成功发射50

周年纪念日，也是第五个“中国航天日”，市经济和信息化局联合商务部投资促进事务局、北京航空航天学会、卫星产业投资合作工作委员会、北京空间科技信息研究所、新浪科技、空天界、国翊创新等单位，共同举办2020中国航天创新发展云峰会。该峰会分为创新发展、商业航天两个篇章，采用网络直播形式，52万观众线上参与活动。

（市国防科工办）

【首次火星探测任务保障工作协调会召开】7月21日，市国防科工办为确保首次火星探测“天问一号”任务完成，在中国科学院国家天文台组织召开首次火星探测任务保障工作协调会。密云区经信局、密云区不老屯镇政府、北京联通、北京电力等相关保障单位参加了会议。会议要求，各单位与国家天文台建立对接机制，制定处置预案，并指定专人负责，明确责任，落实措施。会议强调，各单位要从大局出发，密切配合，全力支持保障首次火星探测“天问一号”任务的顺利实施。

（市国防科工办）

【延庆区成为全国首批民航无人驾驶试验区】11月10日，经民航局批复，延庆区成为全国首批“民用航空无人驾驶试验区”，为后续北京市进一步明确和完善无人机产业支持政策、培育龙头企业、完善无人机产业生态奠定基础。

（市国防科工办）

【“嫦娥五号”任务保障工作协调会召开】11月17日，市国防科工办在中国科学院国家天文台密云地面站组织召开“嫦娥五号”任务保障工作协调会。无线电监测站，密云区经信局、密云区不老屯镇政府，北京联通、北京电力等相关保障单位参加了会议。会议要求，各单位要与国家天文台建立对接机制，明确责任、细化分工，制定处置预案、落实保障措施。会议强调，各单位要进一步提高政治站位，顾全大局、密切配合，全力保障“嫦娥五号”任务的顺利实施。

（市国防科工办）

【核应急管理】年内，市国防科工办完善核应急预案体系，组织专家编制完成了《北京市核应急现场通信保障方案》；建立应急救援联动协调机制，为核设施单位、场外应急技术支援队伍与救援部队之间搭建对接交流的工作平台；探索开展核应急体系建设相关问题研究，调研完成《北京市核应急预案体系建设调查分析报告》；开展核应急公众沟通与宣传活动，组织市核应急委各成员单位、市核应急专业应急救援队、原子能院2020年新职工、核工业大学学生等近200人开展以“核你在一起”为主题的核应急公众沟通与宣传活动；精心组织核应急演练活动，组织开展了各成员单位参与、多部门联动的“北京市乏燃料运输事故应急演练”。

（市国防科工办）

【国防知识产权管理】年内，市国防科工办推进北京地区国防专利申报工作，协助军工单位取得10项国防专利所有权、2项计算机软件专利所有权；推进国防专利尽快转化为生产效益，完成23项国防专利转让工作，确保科技成果的有效应用；为军工单位14项国防科技成果进行成果鉴定，保证了军工单位国防科技奖项申请；按照时间节点，完成2家军工单位的国防科技成果登记；为规范国防科技创新团队建设与管理，加强国防科技工业高层次人才队伍建设，开展国防科技协同创新与集智攻关，推荐1家军工单位为北京地区的国防科技创新团队，推荐北京信息科技大学的1名教授为北京地区国防科技中青年创新领军人才。

（市国防科工办）

【军工计量器具标准考核及三级技术机构行政许可管理】年内，市国防科工办不断加强北京地区国防军工计量监督，规范国防军工计量管理。对本地区军工企事业单位国防计量机构行政许可、标准器具、测量设备、计量人员等现状及计量需求进行全面调研，了解各生产企业或研究单位的军工计量技术情况、标准器具的建立、检定和校准人员的管理问题，提高企业产品的质量，强化计量基础作用。对企业开展军工计量工作宣传，加强正面引导，提高军工单位对军工计量工作的重视程度。在严格疫情防控的基础上考核复查计量标准器具13家军工单位60余台套，审查三级国防计量技术机构行政许可6家军工单位。因新冠肺炎疫情原因，为200余名军工计量检定人员和校准人员证书顺延有效期。

（市国防科工办）

研发与成果

【微纳星空发布 MN50-2A/B 亚米级商业卫星】 9 月 4 日，北京微纳星空科技有限公司在 2020 年中国国际服务贸易交易会上发布其最新研制成果 MN50-2A/B 亚米级商业卫星。该卫星可生成亚米级对地遥感影像产品，将应用于农作物灾情监测、林业森林防火、林业资源调查、环境监测、地震监测、海洋环境监测、气象监测、水利和山洪灾害监测等领域。卫星平台由综合电子分系统、姿控分系统、电源分系统、结构分系统、测控分系统、数传分系统、导航分系统和热控分系统等 8 个分系统组成。

（图片来源：千龙网）

（海淀区官网）

【北京民营企业卫星首次发射成功】 11 月 7 日，星河动力“谷神星一号”火箭将北京国电高科“天启 11 星”送入预定轨道。这是北京民营火箭制造商，首次成功发射北京民营企业卫星，并进入 500 千米高度太阳同步轨道，体现了北京民营商业航天的研发制造能力和水平。

（市国防科工办）

“十三五”回顾

“十三五”以来，市国防科工办贯彻市委、市政府指示精神，全面落实国家国防科工局工作部署，以保障军工科研生产运行为重点，坚持优化服务，强化监管，全力做好军工综合保障，积极推进民参军，促进国防工业健康发展。

全力协调保障，确保重大项目。5 年来，先后围绕“长征五号”重型运载火箭、探月工程三期、高分工程、“嫦娥四号”、火星探测卫星“天问一号”和“嫦娥五号”发射等重大任务，做好通信网络、供电、区域安全以及无线电防护等多方面协调保障。完成了多项航天科技集团、航天科工集团、中国建材院等中央在京单位重要建设项目的运行保障工作。2020 年 7 月和 11 月，分别组织国家天文台、北京联通、北京电力等 6 个相关保障单位召开部门协调会和现场工作保障会。协调各方建立对接机制，制定工作预案和保障措施，明确责任，细化分工，较好地完成两次发射任务保障工作。

优化服务环境，推进军品准入改革。开展武器装备科研生许可与武器装备承制单位资格联合审查试点工作，简化工作程序，减轻企业负担；与市军民融合办、市保密局共同研究制定《优化营商环境，服务企业发展的 8 项措施》，采取提供“管家”服务、开通“绿色通道”“快速通道”等措施，减少军工资质审批时间；以让企业跑一次为目标，编制并向企业公布问题解答、办理流程，制定申请书模板，缩减受理时间；增强服务意识，为企业排忧解难。坚持特事特办，受到军工单位的欢迎。5 年来，累计接受 4 项军工资质材料 4000 余份，组织现场审查 900 余次。

加大监管力度，保障军工科研生产。组织开展武器装备科研生产许可年度监督检查工作。5 年累计审查 1100 余次。组织许可单位的保密情况进行双随机抽查，5 年累计现场检查企业 265 家。配合科工局对 120 家许可持证单位进行军工能力保持情况监督检查。

加强军工项目管理，促进军工能力建设。通过规范项目验收程序，严格验收标准，提高验收效率，五年累计完成固定资产投资项目验收 211 项，科研项目验收 130 项。2020 年为迎接军工项目管理新任务，与国家科工局 10 个司局和 10 个军工集团公司进行对接，摸清基本情况，做好调研和前期准备工作，起草相关制度和程序文件。积极推进民参军，联合市发改委组织产业化能力提升项目申报，共报送 9 家企业 21 个先进技术产品申报转化目录。

推进北京市核应急管理工作。推动北京市核应急委员会（北京市核应急指挥部）组建工作。研究构建核应急组织机构框架及职责，起草《北京市核应急委员会组建方案》。2016 年 10 月 29 日，市编委批复设立北京市核应急委员会，加挂北京市核应急指挥部牌子。办公室设在市经济和信息化委。

加强制度建设。完成《北京市核应急预案》修订并颁布，完成《北京市核应急现场通信保障方案》，拟制《北京市核应急专家顾问组管理办法》，启动《北京市核应急演习管理办法》《北京市核事故报告程序》等北京市核应急相关管理办法的编写工作。

加强核应急能力建设。坚持常态化应急演练，相继组织了核恐怖袭击事件应急演习、核事故通信应急专项演练、核事故去污洗消专项演练、核设施核事故辐射监测应急演练。2020 年 12 月 4 日在延庆完成军地协同多部门参加的《北京市乏燃料运输事故应急演练》。通过实战演练，检验了核设施营运单位在核突发事件中的应对能力，提升了核应急响应能力。军工统计、国防动员、军工计量、关键设施管理、国防知识产权、涉密中介备案监管、军工企业定密等基础性工作都较好完成任务。

（市国防科工办）

中小企业、私营个体经济、校办产业与民政工业

本栏目采用条目体，刊载2020年北京市中小企业、私营个体经济、校办产业与民政工业基本情况及年度重点事项。

中小企业

【概况】2020年上半年，受新冠肺炎疫情影响，北京市九成以上的中小企业生产经营遭受较为严重的冲击，各项主要经济指标与上年同期相比降幅均在两位数以上，超过八成的中小企业营业收入比上年同期大幅减少，近三成的中小企业面临倒闭的风险，交通运输仓储业、社会服务业和住宿餐饮业等第三产业影响尤为突出。随着后半年疫情的好转，中小企业生产经营状况逐步恢复。2020年，北京市规模以上中小微企业有35574家，其中第二产业5369家；营业收入65369.1亿元，其中第二产业10108.5亿元；利润总额3682亿元，其中第二产业785.2亿元；从业人员平均人数307.3万人，其中第二产业63.6万人；研发费用1136亿元，其中第二产业779.9亿元；发明专利数19660件，其中第二产业6628件。

（市经济和信息化局）

【北京市中小企业超省月专项服务启动】5月28日，北京市中小企业超省月专项服务在京东总部启动。市经济和信息化局领导崔旭龙、京东集团副总裁孙志祥以及企业微信、企查查、微软、联想等相关负责人出席启动仪式。启动仪式上，崔旭龙指出，党和政府对中小企业高度重视和关心，在今年“两会”政府工作报告10余次提到支持中小企业的发展，北京市中小企业在吸纳就业、推动北京高质量发展方面发挥重要作用。要稳住经济基本盘，抓好“六保”促进“六稳”，离不开广大中小企业健康发展。市经济和信息化局出台一系列支持疫情防控和促进企业发展的政策措施，京东集团以“企业消费券”形式为北京市中小企业发放5000万元的专属采购补贴，推动“专精特新”中小企业线上拓展市场。北京市已发布《促进大中小企业融通发展2019—2021年行动计划》，旨在构建大企业与中小企业协同创新、资源共享、融合发展的产业生态，希望京东集团进一步推进数字化深度应用，延伸服务链条，推广应用集中采购、协同物流、新零售等解决方案。同时，鼓励更多龙头企业针对不同行业中小企业的需求场景，提供便捷有效、低成本的数字化解决方案，增强中小企业可持续发展和抗风险能力，全面提升发展质量和水平。

（市经济和信息化局）

【泛生子成为全球癌症精准医学领域史上最大IPO】中国北京时间6月19日，美国东部时间6月19日，“创客北京2020”疫情防控赛一等奖参赛企业——北京泛生子基因科技有限公司（简称泛生子）在纽约纳斯达克交易所挂牌上市，股票代码为GTH。泛生子共发行1600万股美国存托股（ADS），每股公开发行价格为16美元，合计募资约2.6亿美元（绿鞋前），达成全球历史上最大规模癌症精准医学公司上市项目（按绿鞋前计）。泛生子上市募集资金将用于技术和产品研发、市场开拓以及用于满足营运资金和一般公司用途。招股书显示，泛生子计划将高达40%的募集资金投向研发领域，主要用于基础科研、IVD产品注册和早筛技术研发。泛生子是中国领先的癌症精准医疗公司，拥有前瞻性的“LDT+IVD”双轨并行的业务模式，服务及产品覆盖从癌症早筛到诊断及治疗指导，再到监测及预后管理的癌症全周期，涉及中国前十大高发癌症中的8种。成立至2020年6月，泛生子已完成癌症早筛、诊断与监测及药物研发服务三大业务领域布局，并达成高速业务增长，在2017—2019年三年间达到近80%的业务营收增长，尤其在受新冠肺炎疫情严重影响的2020年第一季度，泛生子达成同比15.3%的业务营收增长及47.9%的毛利增长。泛生子所研发的新冠试剂盒与取样器荣获“创客北京2020”疫情防控赛一等奖。

（市经济和信息化局）

【数字化赋能中小企业行活动启动】9月21日，由市经济和信息化局、市商务局、丰台区政府联合主办，丰台区科学技术和信息化局、北京软件与信息服务业促进中心等单位共同承办的丰台区数字化赋能中小企业行活动启动仪式暨丰台区“新基建”“新场景”政策宣讲会举行。活动旨在以数字赋能中小企业，发展数字经济新模式、新业态，激活创新引领的合作动能，助力提升信息消费服务能力、构建新型消费体验场景，进一步挖掘数字经济红利、推动产业发展、提升消费热度。工信部信息技术发展司信息服务业处处长史惠康，北京市经济和信息化局副局长陈焕文，丰台区委常委、副区长张鑫出席启动仪式并致辞，市商务局、市科委、丰台区相关委办局等单位，丰台区有关企业代表共计200余人参加活动。活动为京东、酒仙网、苏宁、多点等获得2020年工业和信息化部新型信息消费示范项目的北京企业授牌。市经济和信息化局介绍了北京市信息消费节总体活动及信息消费政策和重点工作思路，丰台区科学技术和信息化局对丰台区数字化赋能中小企业行活动进行介绍，多点、值得买、中国信通院、北京联通等单位分别围绕数字化赋能实体零售、中小企业数字化赋能平台、工业互联网发展及行业解决方案等做主题分享。政策宣讲会上，市经济和信息化局、市科委、北京询策科技有限公司分别围绕“新基建”“新场景”“数字经济”开展政策解读和专题培训。企业行活动期间，北京工业大数据创新中心、北京工业技术软件化创新中心、数字化设计与制造创新中心、北京工业互联网平台等服务平台联合发力，阿里、曲美、多点、苏宁、海尔、中金云金融等信息消费代表性企业率先赋能，树根互联等工业互联网企业走进丰台，通过集中路演和供需对接，交流先进的数字化服务经验，为打造大中小企业融通产业生态、赋能中小企业寻求合作共识。

（市经济和信息化局）

【“创客中国”首届京津冀中小企业创新创业大赛闭幕】9月29日，由工信部、财政部指导，北京市经济和信息化局、北京市财政局、中关村科学城管理委员会、天津市工业和信息化局、天津市财政局、河北省工业和信息化厅、河北省财政厅联合主办的“创客中国”首届京津冀中小企业创新创业大赛（简称京津冀大赛）暨“创客北京2020”创新创业大赛（简称“创客北京”大赛）在北京闭幕。大赛秉承“以大赛为平台、以企业为根本、以服务为核心”的理念，汇聚优势服务资源，提供专属服务包，有150余个参赛项目和投资机构达成投资意向15.5亿元。大赛颁奖礼上，北京市中小企业公共服务平台发布中小企业“北京服务”品牌，包括“政策通”“易企融”“场地汇”“小企业大学”等服务子品牌。工信部中小企业局副局长叶定达，北京市经济和信息化局副局长崔旭龙，北京市财政局副局长刘圣国，北京市工商联副主席郑勇男，海淀区人民政府副区长、中关村科学城管委会副主任林剑华，东城区人民政府副区长胡雁，河北省工业和信息化厅一级巡视员邵建华等领导出席活动并为获奖企业颁奖。市发展改革委、市教委、市科委、市商务局、市市场监督管理局、市统计局、市金融监管局、市知识产权局、中关村管委会、市工商联、人民银行营管部、北京证监局、市地方金融监管局等委办局，16个区、经开区中小企业主管部门领导，以及小米、美团、鲲鹏、京东四大赛道、各协办单位负责人、参赛项目代表共300余人参加活动。市政府副秘书长、市经济和信息化局党组书记、局长杨秀玲在视频致辞中强调，希望京津冀大赛、“创客北京”大赛推出更多的促进创新精神、企业家精神和工匠精神融合的“好故事”，激发中小企业的创新潜能和创造活力，培育和催生京津冀经济社会发展的新动力，推动首都经济高质量发展。京津冀大赛于7月启动，是“创客中国”大赛体系下首个城市群双

创大赛，赛事聚焦交通协同、生态环保协同、产业协同、文化协同4个主题，共96个项目获奖。部分项目已在京津冀产业链协同配套、科技成果转化等方面进行落地和布局。“创客北京”大赛由区域赛、赛道赛、疫情防控专题赛构成。其中，疫情防控专题赛是全国首个省级科技抗疫赛，于2月12日启动，17天时间共吸引420个项目，主要涵盖诊断试剂、消杀用品、医疗装备、医废处理等方面，为疫情防控以及复工复产提供重要支撑。45家企业的产品参与湖北省、北京市以及全国的抗疫保障工作。7月2日，2020年“创客中国”北京市中小企业创新创业大赛暨“创客北京2020”创新创业大赛云上启动，并在网上全程直播。首次设立小米、美团、鲲鹏、京东4个赛道赛，推动龙头企业开放创新资源，明确技术研发方向，鼓励中小企业通过协同创新进入龙头企业供应链体系。

（市经济和信息化局）

【北京中小企业精准帮扶专场招聘会举办】10月16

日，2020年北京中小企业精准帮扶专场招聘会在雁栖镇法治文化公园举办。由北京市中小企业服务中心和区经济和信息化局筛选出的34家重点企业到会招聘，提供了适合农民工就业的保安、保洁、月嫂、维修工、物管、库管、服务员、采购、质检等工作岗位200余个，现场初步达成就业意向400余人。招聘会借助“怀柔微聘”“怀柔直聘”、京津冀人才网等网络平台，采用“线下现场招聘会+微信线上招聘会”相结合的形式，受到了参会企业和求职者的欢迎和好评。

（宋金飞）

【4家基地获国家小型微型企业创业创新示范基地】 10月30日，工信部公布2020年度国家小型微型企业创业创新示范基地名单，北京市推荐的北京赛欧科园科技孵化中心有限公司、北京北控宏创科技有限公司、锋创科技发展（北京）有限公司、中关村意谷（北京）科技服务有限公司4家基地获得国家小型微型企业创业创新示范基地称号。

（市经济和信息化局）

【软体机器人（SRT）入选全球最具潜力50新锐公司】 12月2日，硅谷权威科技媒体The Information公布2020年度全球50家最具发展潜力初创企业榜单（The Information’s List of the 50 Most Promising Startups，简称TI50），在全球范围内评选出六大领域50家具有高成长潜力的初创公司。由于中国企业在科技领域的突出表现，这次TI50榜单专门设立“China”板块。“创客北京2020”中小企业创新创业大赛企业组特等奖获奖企业北京软体机器人科技有限公司（SRT）入选榜单十强。全球最具发展潜力的50家初创企业榜单是全球最有影响力的初创企业风向标之一。2020年榜单从商业模式、竞争力和经营表现等方面评估企业前景，入围企业被认为是最有前途的科技创业公司。软体机器人科技有限公司（SRT）是以软体机器人技术为基础的创新型科技公司，致力于软体机器人技术在工业自动化领域的推广和应用，为客户提供简易、可靠的复杂产品柔性抓取解决方案，持续为用户创造可观价值。企业已获国家高新技术企业，中关村高新技术企业，ISO9001质量体系认证，欧盟AP认证，欧盟RoHS安全检测认证，美国FDA和日本认证，欧洲CE认证，并拥有国内外知识产权60余项。SRT在北京、苏州、张家港、深圳、永康设有分公司，在全球15国家和地区设有代理机构，凭借可靠的产品和优质的服务，与富士康、台达、施耐德、比亚迪、宁德时代、肯德基、安井食品、华美月饼、弗吉亚、法雷奥、博世、哈尔斯、安胜科技等3C、动力电池、食品、汽车零配件、保温杯等行业龙头企业达成合作，产品远销美国、日本、韩国以及欧洲、东南亚各国。

（市经济和信息化局）

【中小企业发展基金屡获大奖】 12月10日，2020 Venture50榜单揭晓，北京市中小企业发展基金数十家投资企业上榜。12月11日，“2020中国（深圳）风险投资高峰论坛CVCF”发布“2020中国风险投资年度榜单·金投奖榜单”，北京市中小企业创业投资引导基金荣膺2020年度中国政府引导基金TOP30。12月19日，中国科技金融促进会风险投资专业委员会和中国母基金联盟主办的2020中国母基金50人论坛发布通报表扬名单，北京市中小企业发展基金荣获2020中国最佳政府引导基金（省级）TOP20。

（市经济和信息化局）

【8家平台获“国家中小企业公共服务示范平台”称号】 12月11日，工业和信息化部公布2020年度国家中小企业公共服务示范平台名单。北京市推荐的畅捷通信息技术股份有限公司、北京路浩知识产权代理有限公司、北京洪泰盛世科技有限公司、北京盛世大唐科技发展中心、北京数码大方科技股份有限公司、北京软件和信息服务业协会、创业黑马科技集团股份有限公司、中机生产力促进中心8家平台获“国家中小企业公共服务示范平台”称号。

（市经济和信息化局）

【优化营商环境专场新闻发布会召开】 12月22日，为推动北京市经济高质量发展，推进首都治理体系和治理能力现代化，持续做好北京市优化营商环境工作，市政府召开回顾“十三五”、展望“十四五”系列新闻发布会——优化营商环境专场。会上，市发展改革委、市经济和信息化局、市规划自然资源委、市市场监督管理局、市政务服务局等单位分别介绍优化营商环境相关工作。市经济和信息化局党组成员、副局长崔旭龙参加新闻发布会，并回答记者提问。崔旭龙从“完善政策体系，夯实法制基础；升级服务体系，提升服务水平；深化普惠金融，促进资金融通；加大科技支持，推动创新发展；加强权益保护，保障合法权益”5个方面回顾了“十三五”期间北京市提升中小企业服务水平、优化营商环境的工作成效，展望“十四五”工作重点。针对普遍关注的中小企业融资难、融资贵问题，崔旭龙在答记者问时表示，北京市将从完善升级现有投融资体系和建立资金融通新机制新模式两个方面做好包括加大融资担保支持、完善股权投资体系、鼓励企业上市融资，以及加快信用机制建设、创新融资服务产品、拓宽融资新渠道6个方面工作。

（市经济和信息化局）

【公共平台服务200余家中小企业】年内，北京市中小企业公共服务平台网络共服务企业200余万家次，其中开展各类公共服务活动1377场，服务企业371012家次，服务人数1976740人次，完成服务对接1205家次。枢纽平台组织调动服务机构和各窗口平台通过线上直播方式开展各类公共服务活动275场，参加企业1019851家次，参加1020295人，其中，开展中小企业融资系列培训、讲座活动18场；通过平台达成有效服务对接532家次，客服中心解答企业咨询5290家次。

（市经济和信息化局）

【改善中小企业发展环境】年内，北京市支持中小企业发展资金发挥财政资金引导带动作用，改善中小企业发展环境，支持融资租赁机构为中小微企业提供融资租赁服务；支持担保机构、再担保机构为小微企业提供融资担保服务。全年，中小企业发展资金支持改善中小企业融资环境项目共18个，其中融资担保奖励项目14个、融资租赁奖励项目4个；引导担保机构支持小微企业约7913户，涉及担保（含再担保）约255亿元；引导租赁机构支持中小企业189余家，涉及租赁金额约10.5亿元。

（市经济和信息化局）

【支持中小企业服务体系项目】年内，中小企业发展资金采取事后补助和以奖代补方式，共支持91个中小企业服务体系项目。其中，服务体系建设项目30个，为"高精尖"领域企业提供创业空间和专业服务能力，新增或改造服务场地面积12.2万平方米，新增设备、软件8513（台）套，整合服务资源600家，年有效服务企业近2万家。服务奖励项目61个，整合服务机构1560家，提供财务、法律、金融、知识产权等百余类服务（产品），有效服务京津冀中小企业超过67万家，新增服务京津冀中小企业11万家。

（市经济和信息化局）

【优化代偿补偿资金使用】年内，市经济和信息化局探索将代偿补偿政策与再担保机制有效结合，促进合作担保公司及银行有效提高小微担保业务的信贷供给。全年代偿补偿资金共完成5家担保机构、479笔业务备案，备案金额8.22亿元，平均综合费率1.86%，远低于政策设立之初2.5%的平均综合费率。

（市经济和信息化局）

【创投引导基金助力中小企业发展】年内，北京市中小企业创业投资引导基金参股子基金共12批55家，子基金协议总规模约101.83亿元，财政资金实现4倍放大效果；对616家中小企业进行816项股权投资，被投项目集中于海淀区、经济技术开发区及昌平区等"三城一区"内的科技型、创新型中小企业。投资领域中超过90%集中在新一代互联网、生物医药、智能制造等高精尖领域。

（市经济和信息化局）

【"十三五"回顾】"十三五"期间，市经济和信息化局扶助小微企业，通过中小企业发展基金，以引资、引智、引资源方式，发挥财政资金杠杆放大效应，引导各类社会资金支持初创期、早中期民营企业和中小企业发展。中小基金主要投向新一代信息技术、医药健康、智能装备等高精尖领域以及教育、文化创意、生活服务业等领域，投资于天使、初创期及早中期的企业占已投项目数比例超过95%。截至2020年年底，中小基金总规模29.7亿元，共对中小企业进行1279项股权投资，累计投资金额154.71亿元，成功将一批科技型中小企业送入发展快车道，数十家企业在海内外上市、新三板挂牌；支持清华大学、北京大学、中科院理化所、北京生命科学研究所等一批高校、科研院所的"双创"项目，所投项目中90%以上拥有重要专利技术或商业模式创新；累计支持全国30余位院士、千人计划、海聚工程等各类专家在光学、人工智能、电子信息、生物制药等高科技领域创新创业。

中小企业融资环境。"十三五"期间，市经济和信息化局发挥中小企业发展资金引导作用，带动融资担保机构、融资租赁机构加大对小微企业的融资支持。中小资金累计支持担保机构、融资租赁机构金额超过1.9132亿元，引导担保机构服务小微企业12300余家，涉及担保金额约355亿元；引导融资租赁机构支持中小企业359余家，涉及租赁金额约27.5亿元。鼓励金融服务机构降低中小企业收费标准，中小企业融资担保费率控制在2%以内，切实减轻了中小企业融资负担。

小微企业信用担保代偿补偿资金。"十三五"期间，小微企业信用担保代偿补偿资金支付小微企业担保代偿补偿款1365万元，纳入代偿补偿资金支持范围的小微企业贷款规模累计达259亿元，涉及企业1.65万户次。其中，科技、文创、涉农及现代服务业等4类政策鼓励行业项目金额占比达80%。2015年，北京市作为首批"中央与地方财政担保风险分担补偿"政策试点省市，与中央财政共同出资5亿元设立小微企业信用担保代偿补偿资金。

小微担保降费奖补资金。2018年8月，财政部、工信部对小微企业融资担保业务实施降费奖补政策，中央财政在2018—2020年每年安排资金30亿元，采取奖补结合的方式，对扩大小微企业融资担保业务规模、降低小微企业融资担保费率等政策性引导作用发挥较好的省市进行奖补。2018年、2019年，市经济和信息化局获得小微企业担保降费奖补资金2.3092亿元，重点对单户贷款2000万元以下、单户年化担保费率不超过2.6%的小微企业融资担保业务进行奖励，共支持担保机构24家次，引导担保机构服务小微企业约7800户，涉及担保金额约280亿元。

（市经济和信息化局）

私营个体经济

【概况】北京市工商业联合会（简称市工商联）始创于1951年6月，是中国共产党领导的以非公有制企业和非公有制经济人士为主体的人民团体和商会组织，是党和政府联系非公有制经济人士的桥梁纽带，是政府管理和服务非公有制经济的助手，在北京市经济、政治、文化、社会生活中有着重要影响，在促进非公有制经济健康发展、引导非公有制经济人士健康成长中具有不可替代的作用。市工商联具有统战性、经济性、民间性有机统一的基本特征，其服务对象主要包括私营企业、非公有制经济成分控股的有限责任公司和股份有限公司、港澳投资企业等。其主要职能作用是充分发挥在非公有制经济人士思想政治工作中的引导作用；在非公有制经济人士参与国家政治生活和社会事务中的重要作用；在政府管理和服务非公有制经济中的助手作用；在行业协会商会改革发展中的促进作用；在构建和谐劳动关系、加强和创新社会管理中的协同作用。年内，市工商联对口帮扶的燕落村低收入户855户、低收入人口1865人全面脱低。全市工商联系统、民营企业、商会等为新冠肺炎疫情防控捐款捐物共计21.15亿元，以各种形式参与社区、楼宇、园区等基层疫情防控工作人数共计13.4万人次。5月，首家“民营企业产权保护调解室”在石景山区法院成立。2020年，全市民营企业实现营业收入19.2万亿元，占全市企业营业收入总额的51.1%；实现各项税费收入6165.1亿元，占全市税收总量的47.9%。6月17日，北京市工商联十四届四次执委会通过视频形式召开。

（市工商联）

【优化营商环境第三方评估】4月28日，市工商联召开优化营商环境第三方评估专题座谈会，围绕如何把营商环境评估工作打造成在统战系统乃至全市的品牌工作展开专题研讨。会议认为，做好第三方评估工作对于北京市持续优化营商环境，推动营商环境工作深化、细化，促进首都经济高质量发展具有重要意义。市工商联要以第三方评估工作为抓手，通过问卷调查组织企业广泛参与；深入企业调研，掌握鲜活的案例和素材；访谈多个涉企政府部门，找出促进企业高质量发展的解决路径。市政协副主席、市工商联主席燕瑛同志指出，评估报告站位要高、定位要准，坚持问题导向，推动解决民营企业反映的困难问题，助力惠企政策的落地落实落细，切实提高企业获得感，为北京市立足北京特点打造亮丽的营商环境工作品牌献计出力。

（市工商联）

【石景山区民营企业产权保护调解室揭牌成立】5月13日，石景山区“民营企业产权保护调解室”揭牌仪式在区法院举行。市区工商联和法院相关部门负责人、企业家代表等出席揭牌仪式。会上，石景山区工商联介绍了石景山区民营企业产权保护社会化服务体系工作开展情况，区法院介绍了疫情期间司法服务保障民营企业经济发展的工作情况。石景山区在全市率先设立基层调解室并建立了区级民营企业产权保护社会化服务体系。

（市工商联）

【北京光彩事业和田行】5月25日至29日，市工商联组织13家民营企业、社会组织赴新疆和田开展2020北京光彩事业和田行暨民营企业助力挂牌督战调研对接活动。其间，走访了墨玉县、洛浦县11个深度贫困村，调研贫困村整体状况、产业发展等情况，组织结对企业责任人与第一书记“面对面”对接“结亲”。博龙阳光公司与和田地区昆玉市党委组织部签订节能环保产业扶贫协议，投资1000万元并捐赠50套智能路灯节能产品；实地走访了洛浦县利田香农食品有限公司、纳克西湾手工地毯厂、圣果源农业科技开发有限公司等当地企业。北京市闽龙世纪建材市场有限公司向和田地区工会捐赠8台空气净化器，改善办公条件；北京宜信公益基金会与和田地区工会签订战略合作意向书，联合启动公益合作项目“保”贝计划，为和田地区有关贫困村18个月到18周岁乡村儿童提供一份一年的重疾+医疗险保障。截至年底，市工商联组织的20家北京民营企业、社会组织已全部与20个贫困村达成帮扶协议，实际到位资金已达129.55万元，主要用于养殖场改造扩建、设立扶贫超市、资助弱势群体等。

（市工商联）

【构建民营企业产权保护服务体系】8月25日，北京市区两级民营企业产权保护社会化服务体系工作推进会通过视频会议形式在京召开。市委统战部、市工商领导，各区委统战部部长、区工商联党组书记和主席及部分商会和企业家代表共计260余人参加视频会议。北京民营企业产权保护社会化服务体系成立以来，据不完全统计，共接待民营企业产权保护问题咨询2166次，受理案件1362件，调解成功案件794件，反映涉政府产权纠纷问题线索18件，有效地保护了民营企业合法权益，受到民营企业普遍欢迎，并被纳入“北京支持民营经济20条”措施、“营造企业家创新创业环境激发弘扬企业家精神若干政策”以及“贯彻十九大精神首都深改规划”等文件中。

（市工商联）

【首批88位民营企业家受聘政府营商环境监督员】9月17日，市工商联联合市发展改革委、市政务服务局，召开北京市优化营商环境社会监督员队伍成立大会暨第一次全体会，为首批88名民营企业家和商协会负责人颁发“北京市优化营商环境社会监督员”聘书。会上，市发展改革委、市政务服务局、市工商联为社会监督员进行了培训和工作部署。建设银行北京分行开展了特色金融产品推介和现场银企对接服务。市委统战部、市发展改革委、市政务服务局相关部门负责人，各区工商联、受聘社会监督员等150余人参加会议。

（市工商联）

【2020北京民营企业百强榜发布】10月10日，2020年北京民营企业“1+4”百强榜单发布。该届榜单呈现“整体实力稳步提升，研发投入持续加大，盈利能力显著增强，产业结构不断优化，社会责任担当有为，独角兽和隐形冠军企业后劲十足”的特点，除延续往年的民营企业百强、科技创新百强、文化产业百强、社会责任百强外，新增中小企业百强，以突出科技型中小企业的重要地位和作用。

（市工商联）

【促进独角兽企业高质量发展座谈会召开】12月17日，市委统战部、市工商联联合召开全市促进独角兽企业高质量发展座谈会，有关部门负责人及企业家代表共计80余人出席座谈会。座谈会上，京东数字科技集团、北京旷视科技有限公司等6家企业发言，围绕发展数字经济、完善现代产业体系、建设国际科技创新中心等方面提出了意见建议，市有关部门进行了回应。同时，宣布在22家企业设立第二批“北京市民营经济统战工作联络站”并授牌。

（市工商联）

校办产业

【概况】2020年，北京市校办产业管理中心推进机关事业单位所办企业清理规范、高校所属企业体制改革、巡视市属高校专项整改“僵尸企业”处置、财源建设、全民所有制企业公司制改革等6个专项工作。其中，机关事业单位所办企业清理规范工作，截至年底，市教委批复的13家直属单位58户企业，已完成清理规范工作49户，其中已批复保留5户；正在持续清理的企业9户，主要是小股东和涉诉企业。另有北京高校房地产开发总公司的6户企业正持续推进清理。财源建设工作有序推进，结合事业单位企业清理规范和高校企业体制改革工作，重点对保留企业是否存在异常纳税的情况进行摸底和分析，采取多种方式对纳税异常企业进行排查，及时做好信息月报，努力做到“无死角、无漏洞”。全民所有制企业公司制改革工作积极推进，按月报送信息，工作取得较好效果。

（宋慧宇）

【高校所属企业体制改革取得进展】11月13日，市政府召开专题会听取高校所属企业体制改革工作专项汇报。会议明确高校所属企业体制改革工作方案审批程序，同意印发《北京市高等学校所属企业体制改革工作指引》。根据专题会精神，市教委和市财政局于11月24日至26日，对相关21所市属高校报送的所属企业体制改革工作方案进行审核。纳入体制改革工作范围的企业453户，其中拟清理关闭企业278户、拟脱钩剥离企业91户、拟保留管理企业84户。北京建筑大学和北京电子科技职业学院作为试点高校，所属62户企业已于2019年完成改革方案的审核、批复。12月10日，市教委印发《北京市高等学校所属企业体制改革工作指引》，指导各高校企业体制改革工作。

（宋慧宇）

【举办线上科技成果对接活动】12 月 18 日，北京市校办产业管理中心与南阳高新技术产业开发区、北京中关村信息谷资产管理公司联合主办“深化京宛合作优化创新资源配置”线上路演活动。通过北京市校办产业管理中心公众号发布企业需求、点对点联系高校等方式，精准对接科技成果供需双方，组织北京化工大学、北京信息科技大学的《碳纤维专用树脂的研发进展》《超稳矿化材料与重金属污染土壤原位修复实践》《高速及超高速光纤栅解调仪》《远距离物质激光拉曼光谱探测系统》等 4 个项目与南阳地方政府和企业进行精准对接。

（宋慧宇）

【“僵尸企业”处置工作完成率超过 90%】年内，根据市发展改革委《关于开展“僵尸企业”处置情况摸底调查的通知》文件精神，北京市校办产业管理中心积极组织各单位进行摸排，上报 208 户“僵尸企业”，并开展清理工作。市教委通过多次召开工作布置会、约谈高校负责人等方式，压实责任、推进工作。截至 12 月底，市教委 17 家单位所办 208 户“僵尸企业”中完成处置 192 户，完成率 92.3%。

（宋慧宇）

【推进全民所有制企业公司制改革】年内，根据国务院国企改革办《关于全面完成国有企业公司制改革有关事项的通知》及市国资委有关文件精神，北京市校办产业管理中心结合事业单位企业清理规范和高校企业体制改革，开展全民所有制企业公司制改革工作。根据统计，市教委所属单位所办企业中全民所有制企业共计 33 户。

（宋慧宇）

【推进国有经营性资产监管和规范化建设】年内，北京市校办产业管理中心完成事业单位所属企业国有资产产权登记。共审核通过并办理 115 家单位办理产权登记，其中占有登记 10 家、年度检查 82 家、变动登记 11 家、注销登记 12 家。阶段性完成吊销企业清理专项工作。完成清产核资审计企业 54 户。

（宋慧宇）

民政工业

【概况】北京市民政工业总公司（简称总公司）是市直属福利企业的管理部门。按照北京市政企分开的要求，2002 年，市民政局所办经济实体与市局实现脱钩，所属福利企业全部由总公司管理，总公司代行国有资产出资人的各项权利和职能，承担福利企业管理、国有资产保值增值、集中安置残疾人就业和保障残疾人生活的社会责任。2006 年 12 月，北京市社会福利事务管理中心成立后，总公司及所属企事业单位由市民政局划归中心直接管理。截至 2020 年年底，总公司共有企业 47 家，全系统职工总数 7874 人，其中残疾职工 2890 人，占职工总数的 36.7%。

（赵爽辰）

【推进民政总公司改革】年内，市委社会工委、市民政局、市福利事务管理中心、总公司多次召开专题会议统筹研究推进总公司整体改制和划转工作，与国资委进行交流沟通，并就相关问题初步达成一致，拟按程序报请市政府审批。整理形成《总公司及所属企业土地及房屋情况专题报告》。委托的会计事务所已完成总公司及所属 72 家企业财务电子数据采集和下户现场核查工作。总公司所属 37 家停产半停产的“僵尸企业”中，已完成 12 家企业注销。完成了总公司所属 42 家企业及 3 家事业单位产权登记工作和 2 家事业单位法人注销工作。完成对原建设处相关资产的梳理工作，并形成《建设中心资产清查情况工作报告》。

（赵爽辰）

【亚美日化厂加快产品技术研发】年内，亚美日化厂以“品牌重塑、产品重构、渠道重建”为导向，推出 13 款产品，其中 6 款产品完成上市；与山东派恩科技公司签署战略合作协议，进行专利技术研发工作；与德国 LilyVita 公司、天宝牡丹生物科技有限公司、山东悦如农业发展有限公司达成战略合作，为推出富含专利技术的迷奇新产品奠定基础。

（赵爽辰）

【打造殡葬产品发展平台】年内，北京福源殡葬用品有限责任公司积极拓宽销售市场，与河北省张家口市怀安县诚厚殡仪服务有限公司签订合作协议；维护企业在阿里巴巴平台运营，更新产品信息；加强与中国殡葬协会和北京市殡葬协会沟通，为参加明年全国殡葬产品展会做市场分析与研判；研发新型纸棺产品，完善内饰及工艺流程。

（赵爽辰）

社会信用体系建设

本栏目采用条目体，刊载2020年北京市社会体用体系建设的概述、政策与措施、服务与保障、研发与成果和“十三五”回顾5项内容。其中，政策与措施分目包括出台的政策文件及实施情况，机构设立、调整变化等内容；服务与保障分目包括项目签约、论坛、获奖等内容；研发与成果分目包括项目启动等内容；“十三五”回顾分目对信用体系建设发展情况进行了简述。

概　述

2020年，市经济和信息化局推进信用数据体系建设，建立基于市大数据平台的归集共享新机制。完成信用数据“补短板”工作，编制《公共信用数据归集目录清单》《公共信用数据共享目录清单》，组织开展“信用承诺”和“正向信用信息”（政府、事业单位、国企授予的奖励表彰信息）的归集工作，归集全市已开展信用承诺事项1020项，信用承诺书204万份，企业及个人正向信息4892条。

实施政府部门事前、事中、事后信用监管。年内发布《开展信用分级分类监管工作的实施意见》《北京市失信信息信用修复和异议处理暂行办法》，明确信用监管工作框架。在事前监管环节，实现20余个领域的信用核查工作，覆盖公务员入职、积分落户、荣誉授予、企业项目支持、缓交社保等多个应用事项。为推进利用信用报告替代企业上市所需盖章材料的改革工作提供支撑服务。在事中监管环节，全市15个行业领域开展信用分级分类监管。全市提出4等9级公共信用综合评价标准，通过市大数据平台向各部门推送147万家企业公共信用综合评价结果。在事后监管环节，联合奖惩系统支持全市实施联合奖惩案例13万个。企业登记注册环节限制任职资格6337人次。企业实现信用修复0.8万例。北京累计纳入失信被执行人名单38万人次（含自然人27万人次），限制其乘坐飞机267万人次、乘坐火车14万人次，限制参加小客车摇号8万余人次。

推进“信用+”应用场景试点。年内支持北京金控建设国家“信易贷”北京平台，支持社会机构开展“信用+医疗”“信用+预消费”“信用+园区”应用示范。公开遴选来自全国范围内35家北京市信用联合决策咨询机构。支持社会机构联合创建国内首个信用科技产业创新中心，筹划建设信用产业园。推出北京市企业创新信用领跑行动、大学生诚信辩论大赛、高校诚信演讲比赛等诚信宣传品牌活动。持续开展信用北京行、信用记录关爱日、征信知识宣传周、诚实做人守信做事等主题教育实践活动。

强化对疫情防控和复工复产的支持。3月2日印发《关于应对新冠肺炎疫情影响加强信用管理和服务工作的函》，明确强化信用体系对中小微企业融资的支持作用、对确因疫情影响导致的失信信息不纳入信用记录、做好失信主体信息异议和信用修复工作等7条措施。针对不法商户利用疫情对口罩、温度计、消毒液以及重要生活物资不明码标价、哄抬物价、假冒伪劣等严重失信行为，从市市场监管局共归集相关行政处罚信息172条，从各区法院归集相关司法判决信息17条；针对拒绝执行依据市委市政府工作要求制定的社区防控措施，使用、伪造、买卖小区出入证等证明文件的严重失信行为，从市公安局共归集相关行政处罚信息157条；针对拒绝执行卫生防疫机构依照传染病防治法提出的防控措施的严重失信行为，从市公安局共归集相关行政处罚信息7条；针对积极捐赠疫情防控物资或资金等正向行为，从怀柔、顺义等区共归集相关表彰或奖励信息27条；疫情期间为2000余家企业在“信用中国”网站修复行政处罚信息。

（市经济和信息化局）

政策与措施

【市人大常委会审议通过《北京市社会信用条例》立项论证报告】6月18日，市人大常委会召开主任会议，审议通过《北京市社会信用条例立项论证报告》，同意列入2020年度市人大常委会立法审议项目。会议听取市人大常委会财经办主任张伯旭《关于制定北京市社会信用条例的立项论证报告》的情况汇报，主要包括制定《条例》的必要性和可行性、要解决的主要问题、制定的基本思路和主要内容，以及预期效果等。市司法局汇报关于对《条例》立项的审查意见，提出同意立项的建议。会议经过研究讨论，认为市经济和信息化局就制定《条例》进行了大量基础性研究，做了充分的立法前期准备工作，立法调研论证比较充分，立法时机已经成熟，一致同意列入2020年度市人大常委会立法审议项目。

（市经济和信息化局）

【信用数据体系建设】年内，北京市开展3轮信用数据整改工作，截至11月底，数据上报国家合规率提高到97%。组织各部门整改异议数据1万余条。市信用平台实现数据归集8.4亿条。编制《公共信用数据归集目录清单》《公共信用数据共享目录清单》，明确68个单位1万余个信用信息的归集和共享目录。组织开展“信用承诺”和“正向信用信息”（政府、事业单位、国企授予的奖励表彰信息）的归集工作。归集全市已开展信用承诺事项1020项，信用承诺书204万份，企业及个人正向信息4892条。

（市经济和信息化局）

服务与保障

【212家企业接受社会信用监督】9月，在市经济和信息化局统筹协调下，中关村企业信用促进会组织212家北京市创新信用领跑企业在“信用中国（北京）”网上主动亮信，上传资质证照、市场经营、合同履约等信用信息，接受社会监督。

（市经济和信息化局）

【诚信短视频征集活动举办】11月10日，由市教委和市经济和信息化局联合主办，中宏网、《现代教育报》、中关村企业信用促进会共同承办，北京博赛时代网络科技有限公司提供技术支持的北京市首届中小学生“讲述我身边的诚信故事”短视频征集活动启动。活动以“诚信伴我好成长”为主题，组织中小学生围绕身边的诚信故事进行讲述拍摄，并以家庭为原点进行扩散传播。活动期间共收到402个学校3197名学生的3120件作品，相关视频观看量突破550万人次，参与活动的学生家长主动签署信用承诺书805份。

（市经济和信息化局）

【2020信用北京暨第六届信用中关村高峰论坛举办】12月22日，由北京市经济和信息化局、中国人民银行营业管理部、中关村科技园区管理委员会指导，中关村发展集团、中关村企业信用促进会、北京市中小企业公共服务平台联合主办的2020年信用北京暨第六届信用中关村高峰论坛召开。市政府副秘书长张劲松、国家公共信用信息中心副主任汪育明，市经济和信息化局党组书记、局长杨秀玲等出席论坛并致辞。论坛以“数字经济&服务业开放高地与信用经济创新动能”为主题，依托“两区”建设机遇，探索“信易+”应用创新，通过大数据、区块链技术，不断完善社会信用体系建设，改善北京营商环境，提升全民信用意识。论坛上，“信易贷”平台北京站上线启动，14家守信服务联合推进机构共同发起诚信倡议，北京信用科技产业创新中心授牌，北京市企业创新信用领跑企业领取亮信证书。

（市经济和信息化局）

【“信易+”应用建设】年内，北京市继续探索“信易+”应用试点，让信用良好的主体在多领域获得便利和优惠，激励社会公众主动守信，自觉融入“信用北京”建设。推进“信用+预付式消费”试点应用，通过构建以信用为主线的预付式消费服务平台，实现“事前查询、事中留痕、事后维权”的监管闭环，覆盖教育培训机构、体育健身、美容美发等领域，完成首批示范案例测试。北京推出一系列具有北京特色的园区信用管理与服务体系，包括建立园区信用制度及评价体系、开展园区信用监测评价试点、打造“1+4”园区综合信用管理平台等。

（市经济和信息化局）

【推进“信用+”应用场景试点】年内，市经济和信息化局支持北京金控建设国家“信易贷”北京平台，支持社会机构开展“信用+医疗”“信用+预消费”“信用+园区”应用示范。公开遴选来自全国范围内35家北京市信用联合决策咨询机构。支持社会机构联合创建国内首个信用科技产业创新中心，筹划建设信用产业园。推出北京市企业创新信用领跑行动、大学生诚信辩论大赛、高校诚信演讲比赛等诚信宣传品牌活动。持续开展信用北京行、信用记录关爱日、征信知识宣传周、诚实做人守信做事等主题教育实践活动。

（市经济和信息化局）

研发与成果

【“信易贷”平台北京站启动】12月22日，“信易贷”平台开启“信用+金融”服务中小企业融资模式。2019年10月，“信易贷”平台北京站上线试运营。平台与市级及17个区协同合作，N家银行、担保、保险、投资等金融机构全力配合，形成“1+17+N”的模式，建立金融服务实体经济的常态化对接机制，与国家“信易贷”基础平台深入对接，缓解中小微企业融资难题。“信易贷”平台北京站累计注册企业3.1万家；入驻银行、担保、保险、投资等金融机构343家；中小微企业依靠信用获得授信金额317亿元；完成放款184亿元，其中信用放款44亿元。

（市经济和信息化局）

【信用平台二期建设启动】 年内，北京市启动信用平台二期建设，提出“4322”总体架构，即四类业务板块、三大服务门户、两个数据库集群和双链驱动，平台建设进入创新发展新阶段。信用平台与市大数据平台实现无缝对接，打造职责为根、目录为干、数据为叶的“目录区块链”体系，归集信用信息25.9亿条，比上年同期增长6倍多。汇集信用信息68类，完全覆盖国家信用信息归集目录要求。平台与45个市级部门的62个业务系统进行“嵌入式”对接；与54个市级部门、16区、127个社会机构实现信用数据共享。信用北京网站提供红黑名单、行政处罚等65类信用信息公示约4亿条，平台网站对外提供各类信用记录报告查询近500万次。

（市经济和信息化局）

【“信用＋医疗”解决就诊难题】 年内，石景山区率先开展“信用就医”试点，以“信用＋保险”机制为桥梁，将信用应用与医疗卫生服务体系建设有机结合。利用移动互联网、大数据、人脸识别、AI和区块链技术，建设信用就医服务平台，为信用良好的患者提供“先诊疗后付费”服务，为医疗付费“减环节”“缩时间”，实现“一次就诊一次缴费”，改善就医体验。创新引入“信用＋保险”手段，对于逾期未缴费的情况，由保险公司先行向医院进行赔偿，解决医院后顾之忧；对于逾期后多次提醒仍未缴费的情况，取消其就医资格，并将信用数据归集至市、区两级公共信用信息服务平台；对于履约状况良好的市民，通过持续提升额度、开启住院免押金等惠民服务，彰显守信激励作用。

（市经济和信息化局）

“十三五”回顾

信用政策体系建设。“十三五”期间，北京市信用政策体系建设逐步完善，市政府先后印发《关于建立完善信用联合奖惩制度加快推进诚信建设的实施意见》和《北京市公共信用信息管理办法》。市社会信用联席会议先后印发《关于加强社会信用体系建设进一步提升城市管理水平优化营商环境工作推进方案》等15个文件和30多个市级联合奖惩备忘录。成立北京市信用标准化技术委员会，制定《北京市公共信用信息分类与标准规范》等11个工作规范。相关部门和各区先后出台150余个信用管理文件。建设全市统一的公共信用信息服务平台（一期），归集全市部门企业信用信息、30个部门个人信用信息、1.1万余家社团信用信息、1.2万家事业单位信用信息。

信用监管体系建设。“十三五”期间，北京市持续开展涉政府机构的执行案件专项治理，完成率100%。运用大数据技术对各区各部门政务诚信进行监测，形成《北京市政务诚信提示月报》。开展公务员诚信、守法和道德教育。建立基于信用的事前、事中、事后监管体系，市场监管、海关、税务、规划、住建、旅游、交通、科技等15个领域实施了信用分级分类监管。

社会诚信建设。“十三五”期间，北京市制定了北京个人信用评价体系（初稿），推进律师、教师等重点人群信用档案建设。市社会组织信用信息公示系统已对外公布14848家社会组织信用信息，发布诚信承诺书4950个。依托北京法院审判信息网实现裁判文书上网公开，加强在12309中国检察网平台的案件信息公开力度，提升司法公信力。

“信用北京”品牌建设。“十三五”期间，北京市公开遴选来自全国范围的35家北京市信用联合决策咨询机构，创建国内首个信用科技产业创新中心。全市聚集国内近1/2信用服务企业，拥有10余个行业组织，从事征信、评级的信用服务业机构达504家。取得人民银行备案的企业征信机构40家，占全国30%。连续4年举办信用北京论坛和诚信北京“3·15”晚会，持续开展信用北京行、信用记录关爱日、征信知识宣传周、诚实做人守信做事等活动。

（市经济和信息化局）

区域工业

本栏目采用条目体，刊载2020年东城区、西城区、朝阳区、海淀区、丰台区、石景山区、门头沟区、房山区、通州区、顺义区、大兴区、昌平区、平谷区、怀柔区、密云区、延庆区16个区，以及中关村国家自主创新示范区、北京经济技术开发区和市级16个工业园区年度发展情况。

概　述

2020年，北京市规模以上工业企业总产值20897.3亿元，其中海淀区2634.1亿元、昌平区1522.6亿元、顺义区1488.2亿元。全市规模以上工业企业单位个数3028家，其中海淀区381家、顺义区344家、通州区320家。全市规模以上工业企业资产总计55167.0亿元，其中西城区24711.0亿元、北京经济技术开发区6964.5亿元、海淀区5568.6亿元；主营业务收入23849.0亿元，其中西城区5731.5亿元、北京经济技术开发区4800.9亿元、海淀区3766.3亿元；利润总额1729.5亿元，其中北京经济技术开发区553.9亿元、西城区357.4亿元、海淀区247.2亿元；应缴税金合计998.7亿元，其中北京经济技术开发区375.5亿元、房山区101.6亿元、顺义区83.4亿元；平均用工人数83.1万人，其中北京经济技术开发区13.6万人、顺义区10.1万人、海淀区9.2万人。

（市经济和信息化局）

东城区工业

【概况】2020年，东城区规模以上工业生产持续低位运行，实现工业总产值42.0亿元，同比下降8.6%；实现工业销售产值42.2亿元，同比下降9.6%；三大门类行业呈现“两升一降”态势，产销衔接一般。从重点行业看，三大重点行业呈现小幅增长态势。文教、工美、体育和娱乐用品制造业，医药制造业，石油和天然气开采业三大支柱行业“两升一降”。其中，采矿业工业总产值同比增长6.4%，电力、热力、燃气及水生产和供应业同比增长4.4%，制造业产值同比下降30.6%。

（区科技和信息化局）

【“创翼东城”创业创新大赛决赛举行】7月15日，第三届“创业北京”创业创新大赛东城区选拔赛暨首届“创翼东城”创业创新大赛决赛及颁奖仪式举行。创业组和创新组两个组别的共6个优秀项目展开角逐。最终，“机器人智能力感知系统”和“诗乐中华——义务教育部编版古诗文吟唱汇编”两个项目分别获得创新组和创业组一等奖；“梦想+智能空间管控系统”“华语辩论世界杯”两个项目获得创新组二等奖，“张家口市崇礼区农产品初加工包装车间”“冰雪戏剧——2022北京冬奥会红利期下文娱新模式”两个项目获得创业组二等奖。这6个项目将代表东城区参加第三届“创业北京”创业创新大赛复赛阶段赛事。

（区官网）

【向百家企业派驻首批“紫金驻企专员”】10月15日，东城区首批“紫金驻企专员”派驻启动仪式暨岗前培训会举办，首批选派30名优秀干部脱产到百家重点企业和成长性好的中小微企业报到，为企业提供更加精准、精心、精细的服务。首批选派的30名“紫金驻企专员”主要来自东城区“紫金服务管家团”成员单位，将对接全区100家企业，行业涉及金融、科技、文化等。“紫金驻企专员”服务模式以尊重企业意愿、服务企业壮大、助力企业发展为3项基本原则，解决政企之间信息不对称、沟通不及时等问题。

（区官网）

【精准支持中小微企业】为应对疫情防控常态化新形势，东城区把职业技能培训作为保持就业稳定的重要举措，支持企业职工参与线上线下技能提升培训，北京市人力资源和社会保障局发布《关于精准支持重点行业中小微企业稳定就业工作的通知》，给予企业以训稳岗补贴及临时性岗位补贴政策。该次援企稳岗补贴政策主要面向全市参加失业保险的中小微企业，包括科技创新、城市运行保障、生活性服务业等符合首都功能定位和区域发展规划的重点行业，且企业2020年2月至4月生产经营收入同比下降80%（含）以上。企业名单由参保企业所在区认定，对组织职工开展培训时长累计不低于20课时培训的，按照每人500元标准给予企业以训稳岗培训补贴，培训补贴最高不超过120课时（5400分钟）3000元。在全市参加社会保险的企业职工参与技能提升培训，每名参培职工培训时长累计不低于40课时，按照每人1000元的标准给予企业一次性培训补贴。除落实基本政策外，东城区还组织实施技能大师工作室技能人才培养计划，利用辖区15

个首席技师工作室资源，发挥首席技师在带徒传技、技能攻关、技艺传承、技能推广等方面作用，激发所在企业自主创新能力。

（区官网）

西城区工业

【概况】2020年，西城区规模以上工业企业产、销均下降，完成工业总产值556.3亿元，同比下降3.0%；完成工业销售产值561.9亿元，同比下降2.8%；产销率为101.0%，产销衔接顺畅。其中，7家能源供应业企业累计完成产值478.0亿元，与上年同期相比下降2.0%，占西城区规模以上工业企业的85.9%。在工业总产值排名前十的企业中能源供应业企业为5家，累计完成产值476.6亿元，成为拉动区域工业下降的主要因素。能源供应业是西城区工业经济支撑行业，在生产、销售等方面下半年降幅逐月收窄，下降得到有效扼制。

（区发展改革委）

【全市首个民政系统区块链场景落地】3月26日，西城区率先在全市推动区块链技术在区政务服务领域落地，紧贴企业和群众办事需求，优先选取区块链技术在企业注销、企业社保账户注销、城乡最低生活保障对象认定等9个场景应用和电子证照现场核验1个场景应用，打通数据共享，为企业和群众提供高效优质服务。在通过区块链城乡技术申请最低生活保障认定场景中，区政务服务局协调市公安局、市住建委、市民政局等5个部门6类数据支撑场景应用，利用智能合约，为审批人员提供精准化的验证服务，让办事群众真正实现减材料、减跑路、减时间。

（区官网）

【“专精特新”中小企业培育成果显著】年内，市经济和信息化局公布《2020年度北京市“专精特新”》第一批名单，北京诺亦腾科技有限公司、北京安博通科技股份有限公司、北京世纪国源科技股份有限公司等13家企业入围。北京诺亦腾科技有限公司专注于人体动作捕捉技术以及动作与环境的交互，根据不同行业的需求提供数字化解决方案，其产品已经应用于动画与游戏制作、体育训练、虚拟现实、医疗诊断以及机器人等领域。北京安博通科技股份有限公司是可视化网络安全专用核心系统产品与安全服务提供商，其自主研发的ABTSPOS可视化网络安全系统平台，已成为众多一线厂商与大型解决方案集成商广泛搭载的网络安全系统套件，是国内众多部委与央企安全态势感知平台的核心组件与数据引擎。西城区中小企业多领域开辟“专精特新”市场。北京绿洲德瀚环境保护中心有限责任公司是一家集环境保护技术开发、工程设计、设备制造、产品调试于一体的高新技术企业，自创建以来，始终以改善生活环境和保护生态环境为已任，坚持以研制开发环保节能产品为企业的发展方向，大力引进国内外高精尖的环保技术和设备。北京英凯瑞科技股份有限公司专业从事远程数字微波无线监控系统、弱电系统集成、建筑弱电智能化产品研发、生产及推广，致力开拓数字化、信息化、智能化远程数字微波无线监控系统领域，通过持续提升产品的科技含量、扩大产品的特异性，最终将公司建设成为该市场中集产品生产、销售、系统集成及运营服务于一体的高科技企业。

（区发展改革委）

【国网电商获全国首个区块链电子合同授权专利】年内，驻区金融科技企业——国网电商公司（国网金融科技集团）专利“一种基于区块链的电子合同管理方法、装置及系统”获得国家知识产权局授权，成为全国首个区块链电子合同授权专利。该专利为区块链电子合同落地应用提供了先进的技术理论支撑，将推动区块链电子合同在更多业务、更大范围推广普及，赋能中国互联网数字经济可信契约环境建设。该发明专利提出以区块链为核心技术，融合电子签名、身份认证、非对称加密等技术手段，通过将电子合同的签署、确认、传递、保存等签约全过程关键信息的上链存证，大幅增加数据篡改难度和成本，从而确保签约数据的真实性，增强电子合同的安全性。相较于传统的普通电子合同，该发明专利解决了电子合同平台潜在的信用缺失、密钥安全性低、签约流程繁杂、取证难等难题。

（区官网）

朝阳区工业

【概况】2020 年，朝阳区拥有规模以上工业企业 222 家，完成工业总产值 749.9 亿元，同比下降 1.3%，占全市 3.7%，产值排名全市第六。分行业看，在 26 个工业大类行业中，10 个行业产值同比增长，15 个行业同比下降，1 个行业与同期持平。产值总量排名前五位的支柱行业累计实现产值 536.7 亿元，同比下降 0.1%，占全区总量的 71.6%。其中，电力、热力生产和供应业实现产值 222.2 亿元，同比增长 2.1%，占全区工业总产值比重 29.6%；开采专业及辅助性活动实现产值 112.3 亿元，同比下降 1.8%，占全区工业总产值 15%；电气机械和器材制造业实现产值 90.2 亿元，同比增长 3.2%，占全区工业总产值 12%；非金属矿物制品业实现产值 56.1 亿元，同比下降 13.4%，占全区工业总产值 7.5%。医药制造业实现产值 55.9 亿元，同比增长 4.8%，占全区工业总产值 7.5%。

年内，朝阳区信息传输、软件和信息技术服务业规模以上企业 790 家，从业人员 12.4 万人，实现营业收入 2504.8 亿元，同比增长 6.8%，占全区 GDP 的比重为 12.5%。全区横向对比，增速高于第三产业平均增速 11 个百分点，次于金融业，居第三产业第二位。全市对比，与全市增速差距为 8.4 个百分点。分领域情况为软件和信息技术服务业实现收入 1621.9 亿元，占比 64.8%，同比增长 10.5%；互联网和相关服务业实现收入 646.2 亿元，占比 25.8%，受重点单位基期数据走高的影响，增速同比下降 1.5%；电信、广播电视和卫星传输服务实现收入 236.7 亿元，占比 9.4%，同比增长 7.4%。

（赵浚　李京）

【建立中小微企业数据库】年内，朝阳区按照市级工作要求，为精准支持中小微企业发展，落实“六稳六保”任务，稳住经济基本盘，加强对中小微企业的量化监测，5 月初，朝阳区中小微企业数据库在全市率先建成，依托四经普数据，对照工信部中小企业划型标准，并整合了统计局、市场监管局、人社局和税务局等部门企业信息。截至年底，全区中小微企业数量约 25.5 万家，其中，科技创新类约 0.38 万家，占比 1.51%；城市运行类 0.07 万家，占比 0.26%；民生保障类 7.95 万家，占比 31.15%；其他类约 17.12 万家，占比 67.09%。通过比对税收、社保等部门数据，全区缴纳税收中小微企业约 16.6 万家，缴纳社保的中小微企业约 10.26 万家，并根据就业人数、税收收入情况对区域中小微企业经营情况进行监测分析。

（赵　浚）

【11 家企业入选新基建独角兽】6 月 30 日，创业家、i 黑马联合《证券日报》、新浪财经、科创板日报等多家媒体发布了新基建产业独角兽 TOP100 企业名单。朝阳区 11 家企业入选，占北京上榜总数的 24.4%。朝阳区上榜企业分布在人工智能、大数据、5G、工业互联网等领域。人工智能领域企业 5 家，分别是北京升哲科技有限公司、北京小鱼易连科技有限公司、北京维择科技有限公司、北京云测信息技术有限公司和北京澎思科技有限公司；5G 领域 3 家，分别是北京仁科互动网络技术有限公司、北京容联易通信息技术有限公司和北京优锘科技有限公司；大数据领域 2 家，分别是北京深演智能科技股份有限公司和北京基调网络股份有限公司；工业互联网领域 1 家，为车主邦（北京）科技有限公司。近年来，朝阳区人工智能、大数据、区块链等新基建全面提速，全区已建设 5G 基站 2380 站，数量居全市第一位。拥有区块链企业 133 家，占北京市区块链企业数量的 30.6%，在各区中居第一位。

（李京　张佩佩）

【44 家中小企业入选市首批“专精特新”】7 月 21 日，市经济和信息化局公布 2020 年度第一批北京市“专精特新”中小企业名单，共有 561 家入围，其中朝阳区华大智宝电子系统有限公司、三未信安科技发展有限公司等 44 家企业入选。北京市“专精特新”中小企业称号有效期为 3 年，有效期满当年可再次申报。市经济和信息化局对北京市“专精特新”中小企业实行动态管理，每年复核一次，对不合格的予以撤销。

（李京　张佩佩）

【中国首个工业互联网推委会成立】9 月 5 日，2020 年工业互联网高峰论坛在国家会议中心举行。会上发布成立中国首个工业互联网推进委员会。该委员会是在工业和信息化部指导下，由中国工业互联网研究院发起，联合国内工业互联网领域有影响力的企事业单位、行业协会的专家和企业家，共同组建的国家工业互联网推进联合体。秘书处设在朝阳区利泽西街东湖国际中心中国工业互联网研究院。

（李京　张佩佩）

【区工业互联网创新发展产业生态集聚中心成立】 9月18日，在2020年中关村论坛工业互联网论坛上，朝阳区工业互联网创新发展产业生态集聚中心成立。该中心依托产业集群良好基础，打造“1+N”服务体系，成立1个工业互联网生态集聚中心，集聚并服务N家企业，发挥北京作为全国科技创新中心的优势，服务京津冀，协助集群企业走出去，以赋能全国数字化转型为目标，提升高端供给能力，为全国传统产业数字化转型做贡献。

（李京　张佩佩）

【时代凌宇获阿里巴巴集团战略投资】 年内，驻区企业北京时代凌宇科技股份有限公司（简称时代凌宇）获得阿里巴巴集团战略投资1.2亿元，是该企业自2019年获得中国建投集团、国家开发银行和中关村发展集团旗下的央企、国企战略投资后，再次引入战略投资方。时代凌宇以物联网、大数据、人工智能融合创新应用为核心技术的智慧城市综合解决方案提供商，在城市综合管理、城市安全与应急、智能建筑与智慧园区领域，提供从信息系统咨询设计、软硬件开发与部署、系统集成与实施、运行维护与升级全流程的服务。该次引入阿里巴巴入股，是其在IBA（物联网、大数据和人工智能）融合应用领域发展的重要举措，有助于进一步拓展智慧城市领域的资源和科技优势，引领和推动智慧园区、智慧城管、智慧应急等领域的解决方案落地实施，助力我国智慧城市建设。

（李京　张佩佩）

【修订空气重污染应急减排清单】 年内，朝阳区按照市区两级工作要求，加快推进蓝天保卫战工业领域重点任务，修订2020年度空气污染应急减排工业企业清单，要求相关企业制定应急公示牌及“一厂一策”应急预案。清单台账内共有工业企业17家，其中印刷类企业7家、水泥类企业1家、其他类企业9家。

（李　建）

【做好重点项目征集和推荐】 年内，朝阳区先后开展了疫情防控物资产能提升项目、2020年（第27批）国家企业技术中心、第五批制造业单项冠军和复核第二批制造业单项冠军、2020年新型基础设施建设工程（宽带网络和5G领域）、股权投资标的信息、创新平台布局储备、第四批国家工业遗产第五批绿色制造体系、首批国家骨干冷链物流基地、高技术产业发展重大项目征集储备等25项国家和北京市各类项目征集和推荐工作。协助区内14家企业申请到国家级市级资金补贴共计4259万元。

（区发展改革委）

海淀区工业

【概况】 2020年，海淀区全年规模以上工业企业总产值2466亿元，同比增长8.9%，超额完成全年增速4.5%的目标，占北京市工业总产值的12.2%，实现出口交货值757.2亿元，同比增长46.8%，其中高技术制造业产值占比达75.1%。从具体行业看，电子信息产业实现工业总产值1682.6亿元，占海淀区工业总产值的比重为68.2%，同比增长16.3%。其中小米通讯今年持续高速增长，产值同比增长28.6%，约占全区工业产值的近五成；由于复工复产工作的有序进行，装备产业降幅从1—2月的43.3%收窄至5.3%、生物医药产业降幅从1—2月的52.5%收窄至11.6%。

年内，海淀区在人工智能、区块链、大数据、网络安全、互联网服务等细分领域具备突出优势与发展潜力，软件和信息服务业占海淀区GDP的比例达到37%。软件和信息服务业全年完成固定资产投资123.77亿元，完成全年目标的104%；完成建安投资30.46亿元，完成全年目标的117%。从企业情况来看，在新冠肺炎疫情影响下，东华软件股份公司（东华软件）、北京华宇信息技术有限公司（华宇信息）、博彦科技股份有限公司（博彦科技）部分传统软件企业项目开展困难；北京百度网讯科技有限公司（百度），北京微梦创科网络技术有限公司（微博），北京爱奇艺科技有限公司（爱奇艺）等广告收入比重较大企业也出现一定下滑；北京酷讯互动科技有限公司（酷讯）、北京趣拿信息技术有限公司（去哪儿）等企业受出行旅游市场萎缩影响，下降情况较为明显；北京小米移动软件有限公司（小米移动）、北京三快在线科技有限公司（三快在线）、腾讯科技（北京）有限公司（腾讯科技）等龙头企业发展较为稳定；北京金山云科技有限公司（金山云）、腾讯云计算（北京）有限责任公司（腾讯云）、北京快手科技有限公司（快手）、北京微播视界科技有限公司（抖音）开业、网易有道信息技术（北京）有限公司（网易有道）、小船出海教育科技（北京）有限公司（作业帮）等企业抓住云服务、短视频、在线教育等行业发展势头，实现较为快速增长。

（陈　璐）

【首个政府采购全流程电子化项目完成】10月30日，海淀区首个政府采购全流程电子化项目“环卫作业车辆电动化——2019年92辆车停车场配置工程（外电源增容）”竞争性磋商项目在区公共资源交易平台完成磋商工作，标志着区政府采购工作阔步迈进“互联网＋政府采购”阶段。该项目委托代理协议签订、采购需求确定、场地预约、采购文件及公告编制发布、响应文件递交及解密、在线报价、评审等各环节全部线上完成，实现交易过程全电子化。

（区官网）

【产业创新能力实现新提升】年内，海淀区聚焦人工智能、操作系统、集成电路设计、区块链等领域加强底层技术创新布局，在人工智能芯片研发、构建智能化物联网操作系统生态体系、构建面向全球的RISC-V产业生态、区块链基础理论研究和核心技术攻关、搭建数字化赋能基础设施平台等方面取得重要进展。协同创新研究院围绕产业链构建创新链，建成先进制造、柔性电子等6个协同创新中心。新建清华、中科院2个概念验证中心，北航概念验证中心首批7个项目进展顺利，推动中科智汇工场、中科海淀科技创新综合体、中关村智友天使学院等成果转化平台载体建设，驻区国家纳米科学中心等6家单位入选职务科技成果权属改革试点，有效促进科研成果转化。成立总规模27.85亿元的中关村科学城科学家基金，用好国家自然科学基金区域创新发展联合基金（北京）、北京市自然科学基金——海淀原始创新联合基金，引导科研资源解决区内重点领域难题。

（区官网）

【高精尖产业发展新动能】年内，海淀区按照“八个一”路径推动高精尖产业发展，人工智能、大数据、区块链、超高清显示等4个细分领域引领全市工作开展，同步推进5G、集成电路设计、网络安全、智联网联汽车、商业航天等领域发展，落地重大项目24个、在谈项目44个，梳理重点潜力企业89家。以抓好领军企业带动产业链系列企业集群，在硅谷电脑城、蓝润大厦打造人工智能创新集聚区，国家网络安全产业园入驻企业40余家，5G+8K产业园预计近期投入使用，“星谷”千亿级空天产业集聚区已现雏形。发挥资源禀赋和产业优势加快培育壮大新业态新模式，24个新基建、21个新场景项目展开，环保园自动驾驶示范应用场景项目建设完成，五环内及重点区域实现5G全覆盖。

（区官网）

【政策创新步伐加快】年内，海淀区主动融入国家重大战略和首都发展大局，承担全国科技创新中心核心区建设重大职责使命，参与北京市服务业扩大开放综合示范区和北京自由贸易试验区建设，不断为科学城创新发展升级赋能。推动《中关村科学城加强底层技术创新布局计划（2020）》《关于中关村科学城新时期再创业再出发提升创新能级的若干措施》等新政策新举措落地见效，修订完善“1+4”政策体系，加强中关村科学城“十四五”规划研究，营造良好政策环境。严格落实“1+3”高精尖产业空间政策，中关村大街沿线和“马上清西”等区域产业空间环境改造升级加紧推进。推动首农集团原三元华冠项目、金隅智造工场、魏公村百花鞋厂、七一棉纺厂、五棵松蓝色港湾等一批低效楼宇改造升级，提升经济产出密度。科学城北区发展行动计划发布并明确5年时间表和路线图，打造推动北京高质量发展的新引擎。全面推进“上云”“入链”“汇数”，发挥政务云平台、政务大数据平台等基础设施作用，打通数据共享通道。

（区官网）

【企业创新服务升级】年内，海淀区率先开展“集群注册”试点，率先启动不动产交易、企业开办等领域区块链技术应用场景建设，率先开展企业诉求“接诉即办、按需速办”工作。产业研究和监测预警体系基本建立，专业机构、联盟协会的研究和服务能力不断提升，企业服务指导进一步优化。科学城创新发展公司平台支撑作用增强，投资平台项目6个、股权项目6个、子基金项目15个，共计15.4亿元，预计返投海淀资金不低于22亿元。设立全国首家小微企业续贷中心，打造耐心资本，支持科技型企业知识产权融资，着力破解创新创业企业融资难题。

（区官网）

【对口帮扶与交流合作取得成效】年内，海淀区加强与河北省易县、内蒙古自治区敖汉旗等4个地区的对口帮扶，聚焦产业发展、公共服务、低收入帮扶等重点领域，通过品牌和模式输出推动产业链联动合作，带动帮扶地区发展。联合经开区共建成果转化先导基地，加强与城市副中心、怀柔区、延庆区、石景山区等区域协作，探索跨区布局新路径、新机制。

（区官网）

丰台区工业

【概况】2020年，丰台区131家规模以上工业企业实现产值330.4亿元，同比增长9.5%，增速比上年同期增长6.5个百分点。全年完成主营业务收入564.7亿元，同比增长73.4%；完成利润总额69.6亿元，同比增长145.1%。在全市16个区及开发区中，丰台区工业产值所占比例约为1.6%，增速列城六区第一位、全市第四位，高于全市平均增速6.6个百分点。实现工业销售产值321.3亿元，同比增长9.5%。其中，实现内销产值304.1亿元，同比增长5.9%；实现出口交货值17.2亿元，同比增长176.7%。工业产销率为1%。全区现代制造业企业实现工业总产值172.6亿元，同比增长22.7%；高技术产业实现工业总产值117.8亿元，同比增长37.7%。丰台区六大产业产值呈“三升三降”趋势，装备产业同比增长44.6%，生物医药产业同比增长11.5%，都市产业同比增长5.8%，汽车与交通设备产业同比下降6.5%、基础与新材料产业同比下降2.5%、电子信息产业同比下降2.5%。丰台区前十大行业总产值300.9亿元，占全区总产值比重为91.1%。前十大行业呈现“四增六降”态势。其中，通用设备制造业、电力、热力生产和供应业、医药制造业、电气机械和器材制造业，分别增长169.3%、1.2%、11.5%、4.8%；铁路、船舶、航空航天和其他运输设备制造业、非金属矿物制品业、计算机、通信和其他电子设备制造业、通用设备制造业、仪器仪表制造业、印刷和记录媒介复制业，分别下降1.3%、9.2%、2.5%、11.4%、15.0%、4.3%。

年内，全区规模以上软件信息服务业企业147家，实现营业收入422.8亿元，占全市软件信息服务业营业收入的2.3%，同比增长1.1%，实现利润总额80.0亿元，同比增长44.1%；从行业门类看，电信、广播电视和卫星传输服务业营业收入增长50.4%，互联网和相关服务业营业收入增长34.9%，软件和信息技术服务业收入下降4.2%。

（王　蕾）

【4个高精尖产业项目纳入市级重大产业项目库】3月，区发展改革委协调推荐4个高精尖产业项目被纳入市级高精尖重大产业项目库，总投资近2亿元。其中，北矿机电科技有限责任公司的超大型智能高效浮选装备开发及产业化项目打破美国和芬兰在600立方米量级超大型智能浮选装备技术垄断，解决中国在高端选矿装备领域面临的“卡脖子”问题。北京六合伟业科技股份有限公司的面向智慧油气田网络化生产超低频传感关键技术产业化项目突破低频磁通信技术，将磁耦合通信技术引入到测斜行业，填补国内行业技术空白。北京鼎汉技术集团股份有限公司的全自动驾驶站台门系统研发及产业化项目和北京中星时代科技有限公司的基于夜视成像和北斗导航的手持多功能观测仪项目为丰台区加快轨道交通和航空航天产业集群建设注入新动能。

（区官网）

【丰台区数字化赋能中小企业行活动启动】9月21日，由市经济和信息化局、市商务局、丰台区政府联合主办，丰台区科信局、北京软件与信息服务业促进中心、中关村现代信息消费应用产业技术联盟、中国信息通信研究院智能+学院、北京工业互联网技术创新与产业发展联盟共同承办的北京信息消费节系列活动之丰台区数字化赋能中小企业行活动启动仪式暨丰台区“新基建”“新场景”政策宣讲会举行。该次活动旨在进一步加深业界对信息消费及“五新”政策的认知，引导信息消费升级，促进内循环产业发展，推动新一代信息技术向更多消费领域广泛融合渗透，培育信息消费新增长点、打造数字经济发展新动能。

（区官网）

【服务中小企业】年内，区发展改革委建立丰台区中小微企业数据库，对辖区10.69万家中小微企业登记注册、税收、就业情况等重点指标日常监测。推进“助保贷”业务，共为北京迪赛奇正科技有限公司、北京东颐食品科技有限公司等7家企业放款5960万元。履行12家“服务包”工业重点企业服务管家职能，走访服务包企业，了解疫情防控期间企业发展情况，及时协调解决企业的诉求。将企业诉求录入全市企业发展和项目落地统筹服务双平台系统，涉及服务包企业诉求共计15条，均已办结。

（王　蕾）

【疏解非首都功能】年内，丰台区一般制造业企业退出任务数为3家，实际退出北京市赵辛店红光塑料厂、北京北内柴油机有限责任公司、北京赛尔克瑞特电工有限公司、北京新越翔达彩色印刷有限公司、北京正丰饲料有限公司5家公司，涉及土地面积约11.8万平方米，建筑面积约3.3万平方米，人数345人。

（王　蕾）

【落实产业限制政策】年内，丰台区落实北京市及区内有关新增产业的禁止和限制目录相关规定，控制不宜发展的产业增量。全年共完成工业和信息化固定资产投资备案项目17个，涉及总投资约10亿元，其行业均不属于禁限目录的范围。

（王　蕾）

石景山区工业

【概况】2020年，石景山区规模以上工业总产值完成254.5亿元，同比增长7.7%。实现工业增加值48.4亿元，同比增长4.4%。全年完成主营业务收入537.3亿元，同比增长8.7%；完成利润18.8亿元，同比增长158.9%。石景山区工业总产值主要依靠头部企业支撑，其中黑色金属矿采选业、电力和热力生产供应业为全区工业主导产业，两大产业产值分别为116.6亿元、70亿元，合计占全区工业总产值的比重为73.3%。制造业在全区工业的占比不足27%。

年内，全区信息传输、软件和信息技术服务业实现收入702.9亿元，同比增长44.1%；实现增加值217.4亿元，同比增长20.5%。在龙头企业北京字节跳动网络技术有限公司业务扩张带动下，石景山区信息传输和软件信息服务业收入实现大幅增长。近年来，石景山区加大产业转型力度，以新一代信息技术、数字创意为主导的软件信息服务业快速发展，工业互联网、虚拟现实、科幻等特色产业稳步推进。

（代　蓉）

【2020AIIA人工智能开发者大会举办】9月28日，以“开源、开发、开放”为主题的2020AIIA人工智能开发者大会在石景山区首钢园举行。大会主论坛由主旨演讲、专题研讨、展示体验、成果发布四部分组成，共举办9场分论坛，从智慧金融、计算机视觉、自然语言理解、机器人流程自动化等角度，展开思想的碰撞与交流。AIIA人工智能开发者大会是国内人工智能领域最具创新价值的行业盛会，已连续举办两届。

（石景山区官网）

【一般制造业疏解“动态清零”】年内，区经济和信息化局严格落实《北京市新增产业的禁止和限制目录》，确保不符合首都城市战略定位的工业企业按期退出。按照《关于组织开展“疏解整治促提升”专项行动（2017—2020）的实施意见》和《2020年石景山区一般制造业疏解“动态清零”工作方案》，全区对退出一般制造业没有硬性任务，主要目标是实现“动态清零”，保成果、防反弹，随时发现随时疏解。全年未发现有退出企业反弹，也没有新增制造环节的发生。

（代　蓉）

【落实安全生产责任制】年内，区经济和信息化局严格落实《北京市党政领导干部安全生产责任制实施细则》要求，推进企业主体责任和经信部门安全生产指导职责落实，推动全区工业领域安全生产和消防形势的持续平稳发展。全年实地指导企业100余家次。

（代　蓉）

【获批国家新型工业化产业示范基地】年内，石景山区定位工业互联网方向，成为全国3个新晋“典型”之一。出台《北京市石景山区工业互联网产业发展规划（2020—2025年）》，聚集发展工业互联网产业，推进工业互联网产业园核心区土地入市、先导区建设、整体运营等工作，实现经济高质量发展。工业互联网先导区和产业园建设同步推进，新引进6家相关领域企业已实现入驻。以产业基地为依托，充分发挥新一代专网通信、东土科技等龙头企业的引领带动作用，更快更稳迈向高质量发展新征程。

（代　蓉）

【做好工业企业环保工作】年内，区经济和信息化局落实《北京市空气重污染应急预案》要求，在空气重污染期间对区内相关工业企业停限产应急措施落实情况进行监督检查，并督促企业做好工业源“一厂一策”更新备案；执行新增产业的禁止和限制目录要求，实现高污染企业零准入；向企业负责人宣传国家鼓励的有毒有害原料（产品）替代品目录，引导企业持续开发、使用低毒低害和无毒无害原料，减少产品中有毒有害物质含量，从源头削减或避免污染物产生；对区内企业内部非道路移动机械使用情况进行摸排并建立台账，督促企业做好网上备案登记，严格使用符合排放标准的非道路移动机械，确保达标排放；落实第二轮中央生态环境保护督察期间重点企业的监督检查工作，现场检查了企业的环保设施运行情况。

（代　蓉）

门头沟区工业

【概况】2020 年，门头沟区拥有规模以上工业企业 29 家，累计完成规模以上工业总产值 54 亿元，同比下降 1.3%。完成主营业务收入 64.6 亿元，同比增长 13%；完成利润 5.5 亿元，同比增长 44.9%。现代制造业持续稳定增长，完成产值 42.3 亿元，同比增长 3.2%，是全区工业复苏回升的主要带动力量；医药制造业完成产值 4.2 亿元，同比增长 4.8%，增速较上月加快 0.8 个百分点。

信息传输、软件和信息技术服务业企业 12 家，累计完成收入 13 亿元，同比增长 14.4%，从业人员平均数 1067 人，同比下降 4.9%，利润 1.2 亿元，同比增长 39%。完成办理北京市非政府投资工业和信息化固定资产投资项目备案 17 件，涉及总投资合计 12.44 亿元。

（刘　力）

【服务中小企业】年内，区科信局落实企业房租减免政策，协助区内 10 家孵化器和双创基地为 114 家中小微企业减免房租。采集区内各中小微工业企业产品信息向市级和区政府部门进行对接，促进中小微企业融通创新发展。年内，门头沟区落实《关于精准支持重点行业中小微企业稳定就业工作的通知》精神，开展精准支持区内中小微企业稳定就业岗位补贴工作，宣传通知企业 300 余家次，组织符合条件的中小微企业共 28 家进行申报。

（贾岩琦）

【获创新创业大赛 3 个奖项】年内，门头沟区获“创客北京 2020”创新创业大赛优秀分赛区荣誉奖，推送的创客组刘华兴团队的北斗三期四模 5G 十一频卫星导航 SOC 芯片产业化项目获“创客北京 2020”创客组二等奖，北京瑞途科技有限公司的机器人巡检项目获“创客中国”首届京津冀大赛企业组二等奖。

（贾岩琦）

【完成剑江制衣整体退出】年内，门头沟区严格落实《北京市工业污染行业生产工艺调整退出及设备淘汰目录（2017 年版）》，综合运用法律法规、标准、经济、市场等手段，完成北京剑江制衣集团 1 家一般制造业企业整体退出。

（李　瑀）

房山区工业

【概况】2020 年，房山区共有规模以上工业企业 169 家，受新冠肺炎疫情和企业关停转型影响，实现工业总产值 740.8 亿元，比 2019 年的 927.4 亿元减少 186.6 亿元，降幅为 20.1%。规模以上工业总产值占全市比重为 3.66%，在 5 个城市发展新区中，总量排名第四位，增速排名第五位。高技术企业逆势增长。其中，23 家高技术企业（化学药品制剂制造、中药饮片加工、生物药品制造、航天器及运载火箭制造、供应用仪器仪表制造等行业）实现产值 40 亿元，同比增长 3%，增速高于全区工业增速 23.1 个百分点。增长幅度较大企业八亿时空液晶显示材料实现产值 8 亿元，同比增长 81.9%；金朋达无人机实现产值 1.5 亿元，同比增长 20.8%。

年内，房山区规模以上信息传输、软件和信息技术服务业企业 36 家，实现收入 34.6 亿元，同比下降 24.5%；税金 11042.2 万元，安置就业 5674 人，同比下降 16.1%。其中，电信、广播电视和卫星传输服务业企业 8 家，实现收入 12.7 亿元，同比下降 16.2%，占比 36.7%；互联网和相关服务业企业 8 家，实现收入 7.1 亿元，同比增长 34.3%，占比 20.5%；软件和信息服务业企业 20 家，实现收入 14.8 亿元，同比下降 41.6%，占比 42.8%。房山区规模以上信息传输、软件和信息技术服务业企业个数占全市 1%，收入占全市 0.2%。

（李静怡）

【推动重点企业项目】 年内，房山区推动“2+1”产业发展，重大项目进展顺利。在高端制造产业领域，达闼科技云端智能机器人打样实验中心正式运行；天仁道和轨道交通装备项目正式投产；5G 自动驾驶示范区一期建成并投入使用，二期实施方案编制完成；奥特贝睿自动驾驶系统项目入驻并运营；中关村智能应急装备产业园揭牌，航景创新无人机灭火项目进展顺利。在新材料产业领域，八亿时空二期前期手续办理完成；集联光电高性能液晶关键材料项目正加快办理开工手续；环宇京辉全液化空分项目厂房正加快建设；燕山石化北京冬奥氢气新能源保供项目建设完成；环宇氢能产业园二期启动建设；燕山石化熔喷无纺布项目两期工程 4 条生产线全部实现量产，日生产能力 12 吨。在医药健康领域，京东方生命科技产业基地 01 地块成为北京市首批土地资源整理试点园区，正在申报项目立项手续；02 地块全面开工建设；03 地块取得征地批复；嘉民房山大健康现代产业园一期已投入运营。

（李静怡）

【中关村房山园建设】 年内，房山区落实中关村房山园 3 年发展行动方案，梳理形成 3 年 20 项重点任务清单、20 个重点项目清单、8 个重点指标清单；编制完成《中关村国家自主创新示范区房山园发展规划》和《中关村示范区（房山园）规划优化方案》；与中关村发展集团、中粮集团有限公司、石墨烯产业创新研究院等机构合作，创新园区招商引资和服务运营模式。

（李静怡）

【众创空间建设】 年内，房山区共有 28 家众创空间，其中国家级众创空间 5 家、北京市众创空间 11 家、中关村创新型孵化器 5 家、中关村海创园 2 家、中关村硬科技孵化平台 2 家。28 家众创空间新增入孵“双创”企业 1516 家，累计入驻 9184 家，实现总收入 123 亿元。支持创业服务机构建设创新型孵化器和硬科技孵化平台，环宇京辉氢能硬科技孵化平台获得中关村授牌。

（李静怡）

【完成疏解整治任务】 年内，房山区疏解退出一般制造业企业 30 家，市级退出任务 2 家、区级任务 30 家已全部完成。对 2019 年已完成清退的 13 处镇村产业聚集区开展“回头看”工作。

（李静怡）

【完成“十四五”规划编制】 年内，房山区起草完成《房山区“十四五”时期工业发展规划》和《“十四五”时期房山区“高精尖”产业发展规划》，启动“十四五”信息化发展规划编制工作。

（李静怡）

通州区工业

【概况】 2020 年，通州区规模以上工业企业完成总产值 596.4 亿元，同比下降 0.6%；营业收入 746.8 亿元，同比下降 3.3%；增加值 189.0 亿元，同比增长 3.7%；利润总额 54.4 亿元，同比下降 9.0%；上缴税金 44.1 亿元，同比下降 12.0%。其中，规模以上工业企业 335 家，完成总产值 576.8 亿元，同比下降 4.9%，占区域工业总产值的比重为 96.7%。工业六大重点产业呈现“一升五降”态势。产值增速同比上升的是都市产业，完成产值 181.5 亿元，同比增加 11.3 亿元，增长 6.6%。产值增速同比下降的是汽车与交通设备产业、生物与医药产业、装备产业、基础与新材料产业、电子信息产业。其中汽车与交通设备产业完成产值 83.7 亿元，同比减少 17.4 亿元，下降 17.2%；生物与医药产业完成产值 80.9 亿元，同比减少 2.9 亿元，下降 3.4%；装备产业完成产值 145.9 亿元，同比减少 15.2 亿元，下降 9.5%；基础与新材料产业完成产值 71.8 亿元，同比减少 4.3 亿元，下降 5.6%；电子信息产业完成产值 13.1 亿元，同比减少 1.1 亿元，下降 8.4%。

（金绍光）

【管理固定资产投资项目】 年内，通州区完成非政府投资工业和信息化领域固定资产投资项目备案 79 个，总投资 134.78 亿元，其中新建项目 71 个、技改项目 3 个、改扩建项目 3 个、简易低风险项目 2 个。

（鲁云乐）

【高精尖产业发展】 年内，通州区制定《通州区高精尖产业发展资金管理办法（试行）实施细则（2020 版）》，共有 36 个高精尖项目通过评审，获得支持资金共计1960万元；推进高精尖项目库建设，在库项目共16个，包括3个生物健康项目、2个新能源汽车项目、4个智能装备项目、5个软件和信息服务业项目、1个节能环保项目、1个科技服务业项目，其中12个为在建项目、4个前期项目；推进网络安全产业园区建设，将网安园专项政策纳入到通州区2020年度高精尖产业发展重点支持项目中，对园区内企业在房租、社保等方面给予补贴。

（鲁云乐）

【重点项目区5G全覆盖】年内，通州区继续推进5G基础设施建设，相继发布《推进副中心5G产业发展三年行动计划（2020—2022）》《通州区智慧灯杆建设导则》等文件，统筹协调各运营商有序开展建设工作。全年投资2.4亿元，建成5G基站1024个，实现通州区重点项目区域全覆盖。

（魏 锐）

【推动企业减负】年内，通州区加强全区清欠工作开展，印发了《通州区2020年清理拖欠民营企业中小企业账款工作方案》，共完成清欠17笔，金额7066.3万元，清偿进度为75.9%，张家湾镇、梨园镇、宋庄镇和区水务局均已全部清偿。

（刘建波）

【推动产业扶贫】年内，根据通州区扶贫协作和支援合作领导小组办公室通知要求，区经济和信息化局向内蒙古科右中旗工业和信息化局拨付扶贫项目补助资金100万元，用于对内蒙古花仙子农业科技有限公司的帮扶项目。区经济和信息化局牵头相关产业部门为各受援地大力引进优质企业，拉动投资。上半年蒙东三旗（奈曼旗、翁牛特旗和科右中旗）共引进企业6家，计划投资2.1亿元，已完成5000万元。区经济和信息化局牵头相关产业部门分别同西藏拉萨市城关区、内蒙古兴安盟科右中旗、内蒙古赤峰市翁牛特旗、通辽市奈曼旗开展产业对接、对口支援等合作交流活动。

（刘书标）

【促进中小微企业发展】年内，通州区利用中小企业服务平台加强政策宣传，共发布各类政策信息79条；按照市人力社保局《关于精准支持重点行业中小微企业稳定就业工作的通知》精神，做好重点行业中小微企业稳定就业工作，科技型工业企业、软件信息化企业的统计审核上报工作中，共审核、推荐上报18家符合条件的企业。

（刘建波）

【超额完成一般制造业疏解任务】年内，通州区制订《通州区2020年依法依规促进一般制造业企业退出工作方案》，明确全区2020年计划疏解企业13家。全年共完成16家企业疏解工作，超额完成全年市区两级一般制造业疏解工作；制订《通州区2020年工业大院清理整治工作方案》，完成3家工业大院清理整治工作并通过市级联合验收。

（刘书标）

【工业领域空气重污染应急】年内，通州区修订了《北京市通州区空气重污染应急工业分预案》（2020年）；指导42家清单内企业制订“一厂一策”方案；启动空气重污染黄色预警1次，走访3次，各乡镇、街道办事处共出动人员280余人次、94余车次，检查企业210余家次。

（刘书标）

顺义区工业

【概况】2020年，顺义区拥有规模以上工业企业360家，完成工业总产值1449.0亿元，全市占比7.2%，总量排名第四。重点工业企业实现固定资产投资64.1亿元，同比增长73.2%；建安投资完成24.6亿元，同比增长30%，完成率在主要投资承载区排名第一。汽车与交通设备企业53家，累计完成工业总产值592.1亿元，占比40.9%，同比下降17.7%，拉低工业增长7.7个百分点；装备制造企业121家，累计完成工业总产值277.3亿元，减量15.6亿元，同比下降5.3%，拉低工业增长0.9个百分点；都市企业94家，累计完成工业总产值225.1亿元，减量29.8亿元，同比下降11.7%，拉低工业增长1.8个百分点；基础材料企业53家，累计完成工业总产值229.6亿元，增量10.3亿元，同比上升4.7%，拉升工业增长0.6个百分点；生物医药企业18家，累计完成工业总产值63.2亿元，减量3.6亿元，同比下降5.4%，拉低工业增长0.2个百分点；电子信息企业21家，累计完成工业总产值61.8亿元，减量25.7亿元，同比下降29.4%，拉低工业增长1.6个百分点。

年内，顺义区规模以上软件信息服务业企业数量由年初52家增至66家（较2019年增加26家，其中新入驻企业14家），全年实现营业收入207亿元，增幅 0.4%，总量排名全市第 9。

（区经济和信息化局）

【率先应用“区块链 + 电子证照”功能】2 月，顺义区政务服务中心在全市率先应用“区块链 + 电子证照”功能。办事者只需凭借支付宝搜索“北京通”小程序，通过人脸识别确认，即可完成身份证、结婚证、离婚证、户口本、驾驶证、居住证 6 类电子证照授权，综合窗口人员即可获取办事者信息，免带免交纸质证照，实现“减材料”197 份。该功能利用区块链技术，每个环节及信息均“上链”，且全过程留痕。办事者通过线上小程序，可清楚了解本人证件的业务办理使用记录。

（区官网）

【重点项目建设】年内，北京奔驰顺义工厂新能源汽车项目四大工艺车间建设完成；理工华创高精尖产业研发及生产基地项目完成总部和工程研究中心迁址；20 万平方米自动驾驶封闭测试场投入运营，北京触达无界科技有限公司（美团）、滴滴丰田合资公司项目等企业落户自动驾驶板块，北京触达无界科技有限公司（美团）、毫末智行无人配送项目等无人配送业务在顺义覆盖 15 个小区；罗罗发动机项目加快推进，航空发动机优异中心、北京中科航发科技发展有限公司、北京汉飞航空科技有限公司等项目开始试生产；中航发动机基础与应用、航天产业园姿轨控等项目开工建设；第三代半导体材料及应用联合创新基地竣工验收，迪希埃分子束外延项目建成投产；理想汽车北京绿色智能工厂项目、中国电子科技集团光电总部基地等项目加快落地；中科星图股份有限公司、北京莱伯泰科仪器股份有限公司成功在科创板挂牌上市。

（区经济和信息化局）

【重点平台建设】年内，顺义区加快推动北京创新产业集群示范区建设，制订出台《创新产业集群示范区（顺义）发展规划实施方案》。推动中德产业园建设，编制形成《北京中德经济技术合作先行示范区总体方案（2020—2035 年）》，确定 20 平方千米的发展核心区域。完成产业园运营管理公司全球招募，启动设立柏林、慕尼黑、法兰克福 3 个主要经济和产业城市海外联络处招标，组建完成中德智能制造产业协会。西门子、博世、SAP、阿吉斯等 19 个项目已签订入区协议。起步区 40 万平方米国际会议会展中心和一期 10 万平方米公租房投入使用，48 万平方米国际人才公寓开工建设，中德大厦即将投入使用；拓展区 10 万平方米商业综合体一期启动建设。

（区经济和信息化局）

【优化营商环境】年内，顺义区扎实做好清理拖欠民营企业中小企业账款工作，累计清偿 1460.27 万元，累计清偿比例 67.5%。“早餐会”企业服务包为 159 家企业解决诉求 222 个。开展“全国两会安全服务保障”“消防安全隐患攻坚整治”等安全生产专项行动 6 次，指导企业安全生产工作 424 家次，整改各类安全隐患 223 项，行业内企业未发生安全生产事故。

（区经济和信息化局）

【助力中小企业发展】年内，顺义区 24 家双创基地入驻企业 1200 余家，累计取得知识产权 2000 余项，获得国家高新技术企业称号 93 家；完成创业摇篮计划支持政策实施办法修订，支持 64 个中小企业项目进行产业结构调整和优化；“创客北京　创新顺义”2020 中小企业创新创业大赛成功举办，3 个项目获得北京市级二等奖；推动中关村顺义园获评“第三批国家级中小企业创新创业升级特色载体”，获得国家支持资金 5000 万元。

（区经济和信息化局）

【超额完成一般制造业疏解任务】年内，顺义区一般性制造业疏解退出及疏解空间再利用奖励暂行办法印发实施，疏解退出一般制造业企业 26 家，完成率 104%，提前超额完成年度任务，累计共疏解退出 319 家，完成量全市第二名。疏解腾退空间约 426.3 万平方米，年用电量可减少 13180 万度，年用水量可减少 91 万吨，年大气污染物排放可减少 607 吨。

（区经济和信息化局）

大兴区工业

【概况】2020 年，大兴区规模以上工业企业 289 家，实现工业总产值 898.6 亿元，同比增加 50 亿元，同比增长 5.9%，高出全市平均增速 3 个百分点。规模以上工业共涉及 26 个行业，产值实现正增长行业 10 个，实现产值 373.1 亿元，同比增长 29.5%，占规模以上产值比重 41.5%；负增长行业 16 个，实现产值 525.5 亿元，同比下降 6.2%，占规模以上总产值 58.5%。全区电子信息产业、生物工程和医药产业、汽车及交通设备产业和装备制造产业四大主导产业累计完成工业总产值 653.5 亿元，同比增长 10.1%，占全区工业总产值比重达到72.7%，占比较上年同期上升3.0个百分点,比“十二五”末提升13.7个百分点。分行业看，电子信息产业规模以上企业5家，实现产值25.3亿元，同比增长8.3%，占规模以上工业总产值的2.81%；都市产业规模以上企业88家，实现产值175.3亿元，同比下降3.9%，占规模以上工业总产值的19.5%；生物医药产业规模以上企业39家，实现产值240.9亿元，同比增长43.1%，占规模以上工业总产值的26.8%；智能制造和装备产业规模以上企业86家，实现产值129.3亿元，同比下降8.4%，占规模以上工业总产值的14.4%；汽车与交通设备制造业规模以上企业29家，实现产值258亿元，同比下降0.9%，占规模以上工业总产值的28.7%；基础产业规模以上企业42家，实现产值69.8亿元，同比下降4.2%，占规模以上工业总产值的7.8%。全年规模以上软件信息服务业企业8家，实现营业收入19亿元左右，同比下降8.7%。新华网股份有限公司2020年营业收入12.2亿元，占2020年大兴区规模以上软件信息服务业营业收入的64%。

（刘　莉）

【首家“国家小型微型企业创业创新示范基地”挂牌】 7月，经工信部批准，大兴区新媒体北京奥宇科技企业孵化器有限责任公司成为大兴首家获得“国家小型微型企业创业创新示范基地”称号的企业并挂牌。

（区官网）

【打造中日创新合作示范区】 年内，北京中日创新合作示范区获得国家发展改革委批复。完成产业、空间规划。多渠道开展宣传推介，北京君磁新材料科技有限责任公司、欧力士（中国）投资有限公司、日中经营者协会等22家企业、商协会已落地或签订协议。

（刘　莉）

【打造国际氢能示范区】 年内，区经济和信息化局牵头与4省市的12个区，北京的大兴、昌平、房山、海淀、顺义、延庆、经开区，天津滨海新区，河北省的唐山、保定，山东省淄博、滨州，联合申报燃料电池汽车示范城市群，已上报财政部。海珀尔、北京聚兴华通氢能科技有限公司（亿华通）、明天氢能等22个氢能项目已落地，21余个项目在谈，项目涵盖制、储、运、加、用各环节和电堆、空压机等关键零部件环节。加快示范区一期建设，12月底氢能展厅和加氢站完成建设。

（刘　莉）

【完善高精尖产业政策】 年内，大兴区实施《大兴区促进医药健康产业发展暂行办法》，共21家企业获得近3000万元资金支持。发布《大兴区促进高精尖产业发展暂行办法》《大兴区促进氢能产业发展暂行办法》。

（刘　莉）

【加快存量用地转型升级】 年内，大兴区完成154个工业大院市级疏解整治验收。制定下发《关于促进存量工业用地转型升级的通知》，明确产业转型升级方式及路径。推进闲置、低效产业空间盘活腾退。生物医药基地内北京科兴中维生物技术有限公司盘活北京依生肖业科技有限公司用地，新媒体基地内北京长城系统科技有限公司盘活人民电器厂空间。

（刘　莉）

昌平区工业

【概况】 2020年，昌平区298家规模以上工业企业完成产值1494.7亿元，同比增长25.9 %；实现销售产值1418.8亿元，同比增长22.4%。在5个城市发展新区中，昌平总量第一，增速第一，工业总产值对北京工业增长贡献率达到53.7%。完成销售产值1418.8亿元，同比增长22.4 %，实现产销率94.9%；营业务收入完成1818.7亿元，同比增长22 %；实现利润总额149.7亿元，同比增长92 %。完成工业固定资产投资28亿元，同比增长48.2%。工业出口交货值同比增长6.4%。

分行业看，电子信息产业现有规模以上企业21家，完成产值118.8亿元，同比增长50.4%，增量39.8亿元，拉动全区工业增长3.4个百分点，占全区规模以上工业产值总量7.9%，重点企业包括有研亿金新材料有限公司、北京智芯半导体科技有限公司、北京东方广视科技股份有限公司等。汽车与交通设备制造产业现有规模以上企业24家，完成产值591.2亿元，同比增长27%，增量125.6亿元，拉动全区工业增长10.6个百分点，占全区规模以上工业产值总量39.6%,重点企业包括北汽福田汽车股份有限公司、北京福田康明斯发动机有限公司、北京铁科首钢轨道技术股份有限公司等。装备制造产业现有规模以上企业116家，完成产值430.8亿元，同比增长39.2%，增量121.4亿元，拉动全区工业增长10.2个百分点，占全区规模以上工业产值总量 28.8%，重点企业包括北京三一智造科技有限公司、乐普（北京）医疗器械股份有限公司、中电普瑞电力工程有限公司等。生物与医药产业现有规模以上企业 38 家，2020 年完成产值 149.7 亿元，同比增长 18.1%，增量 22.9 亿元，拉动全区工业增长 1.9 个百分点，占全区规模以上工业产值总量 10%，重点企业包括北京诺华制药有限公司、北京振东康远制药有限公司、北京万泰生物药业股份有限公司等。都市产业现有规模以上企业 42 家，2020 年完成产值 40.1 亿元，同比下降 8.9%，减量 3.9 亿元，拉动全区工业下降 0.3 个百分点，占全区规模以上工业产值总量 2.7%，重点企业包括北京二商大红门五肉联食品有限公司、北京安德鲁水果食品有限公司等。基础与新材料产业现有规模以上企业 57 家，完成产值 164 亿元，同比增长 1%，增量 1.6 亿元，拉动全区工业增长 0.1 个百分点，占全区规模以上工业产值总量 11%，重点企业包括北京利尔高温材料股份有限公司、中信国安盟固利电源技术有限公司、北京金隅北水环保科技有限公司等。

（于凌燕　赵星）

【优化营商环境】年内，区经济和信息化局发挥“服务管家”职能，协调推进重点企业“服务包”制度落实，全年负责服务事项服务包 35 个 67 项，完结 57 项。完成市、区两级产业链龙头企业梳理，形成问题清单和项目清单，共计 32 家企业纳入龙头企业名录。召开 2020 年社会信用体系建设联席会议，组织 2020 年昌平区公益性信用修复培训会，完成 196 家企业的信用修复工作。优化公共信用服务平台栏目，更新信用昌平网站，截至年底，归集 20 家单位双公示数据 8490 条，全区行政审批告知承诺 45216 件。开展“诚信建设万里行”活动，印发宣传品 1000 份。启动“创客北京 2020”疫情防控专题赛，昌平区 12 个项目晋级全市决赛，鑫精合激光科技发展（北京）有限公司获得企业组一等奖，北京吉因加科技有限公司、艾吉泰康生物科技（北京）有限公司获得企业组三等奖。组织参加“创客北京 2020”大赛，区内 303 个项目注册报名，40 个项目成功晋级“创客北京 2020”创新创业大赛北京市总决赛，15 个项目分别在赛道赛、专题赛和“创客中国”京津冀大赛中获一、二、三等奖。为中小企业提供法律援助服务，为企业挽回经济损失 550 余万元。举办小企业大学线上课程 346 场。

（于凌燕　赵星）

【重点企业运行】年内，北汽福田汽车股份有限公司完成产值 404.7 亿元，同比增长 29.2 %，拉动全区规模工业增长 7.7 个百分点。三一重工股份有限公司完成产值 166.2 亿元，同比增长 104.9 %，拉动全区规模工业增长 11.5 个百分点。福田康明斯发动机有限公司完成产值 127.7 亿元，同比增长 41.7 %，拉动全区规模工业增长 3.2 个百分点。北京诺华制药有限公司完成产值 88.4 亿元，同比增长 28.1 %，拉动全区规模工业增长 1.6 个百分点。

（于凌燕　赵星）

【加快项目落地和开工建设】年内，围绕先进能源、智能制造、生物医药等产业体系做好项目立项审批和推进，加快项目落地、开工、建设。重点推进三一集团北京制造中心新建项目等 24 个工业固资重点支撑项目建设。截至年底，三一集团灯塔工厂一期项目已试生产，北汽福田汽车股份有限公司氢燃料商用车及测试能力建设项目等 5 个项目正在进行主体结构施工，北汽福田汽车股份有限公司智云商用车工业互联网平台建设等 5 个项目进行设备采购和安装工作，北京德海尔医疗技术有限公司厂房及附属用房项目取得开工证，北京百奥药业有限责任公司二期厂房等 13 个项目办理开工前手续。推进区级重点产业项目 20 个，义利北冰洋（北京）食品有限公司生产基地等 4 个项目投产，北京万泰利克药业有限公司新建厂房项目等 12 个项目在建。纳入市级高精尖项目库 21 个，完成工业重点产业固定资产投资 5.07 亿元，建安投资 3.11 亿元。做好企业投资项目备案工作，办理备案项目 89 个，总投资 83.6 亿元，其中固定资产投资 56.5 亿元。

（于凌燕　赵星）

【落实助企惠企措施】年内，区经济和信息化局主动对接落实助企惠企措施。推荐北京泰润创新科技孵化器有限公司创新药物生产基地项目和智云商用车工业互联网平台建设项目获得 2020 年工信部国家技改专项支持资金 4167 万元；10 家企业入选全国和北京市防控重点企业名单，获银行授信 13.16 亿元；推荐北京亚东生物制药有限公司获疫情防控物资产能提升项目市级资金支持 43 万元；6 家疫情防控重点保障物资生产企业获得税收减免政策；推荐 3 家企业获得北京市级企业技术中心认定；推荐 1 家企业获得高精尖产业技能提升培训补贴 38.16 万元。

（于凌燕　赵星）

【加大中小企业金融服务力度】年内，区经济和信息化局帮助区内 90 家企业完成融资担保对接，涉及资金 1.19 亿元。推荐 8 个项目获批 2020 年北京市支持中小企业发展资金服务体系建设补助和服务奖励项目，涉及资金350万元。帮助8家企业完成昌平区疫情防控重点保障企业名单及信贷资金需求对接工作，涉及担保资金1.67亿元。与区金融办联合搭建小微企业金融综合服务平台，注册企业2499家，认证企业1022家，发布需求50笔，涉及金额15625万元，放款3150万元。引导双创基地为小微企业减免房租3861.45万元。做好小微企业职业技能提升工作，服务援企稳岗补贴企业22家、员工618人，涉及补贴金额61.8万元。

（于凌燕　赵星）

【完成一般制造业疏解任务】年内，昌平区继续做好2020年企业疏解，依法依规退出一般制造业企业5家，腾退面积24333.3平方米，完成市级验收。区经济和信息化局牵头组织相关部门对非涉污“散乱污”企业存在的其他违法行为开展联合执法，共处罚240起，处罚金额90.16万元。区经济和信息化局聚焦产业集聚区整治升级，完成对5个产业聚集区内的工业企业整治升级工作，在产企业环保手续、环保设施均已达标。

（于凌燕　赵星）

【昌平园推进“两谷一园”发展格局】年内，中关村科技园区昌平园依托“能源谷”打造国家级先进能源产业和智能制造主阵地，重点打造能源互联网、新能源两个板块，加快构建先进能源产业生态。“生命谷”形成“管委会+运营公司+开发企业”工作机制，启动全球招商和创新生态搭建。沙河高教园落实理事会工作制度，推进减量发展，依托区属国企负责土地开发，形成多方联动。

（纪根达）

【昌平园提升产业空间有效承载】年内，中关村科技园区昌平园梳理昌平新城中心区共122宗、255万平方米已出让产业用地，建立“一表一图一档”动态台账，推进爱康宜诚等企业总部落地、高效盘活6.67万平方米用地。加快生命园3期搬迁腾退，推进回龙观信息园2期项目建设；整体收回中科云谷园等存量空间约28万平方米。推进沙河高教园承载产业落地的配套功能区项目和前期开发剩余地块项目开发建设，研究在条件相对成熟的地块内先期建设科研转化空间、人才公寓。强化产业用地用途监管，签订8个项目履约监管协议，对土地用途、产出贡献、退出机制等加以明确，确保规范合理利用。

（纪根达）

【昌平园完善优化创新服务环境】年内，中关村科技园区昌平园推动北京诺诚健华医药科技有限公司、北京万泰生物药业股份有限公司等10家企业成功上市，实现昌平区历年新高；北京颖泰嘉和生物科技股份有限公司成为全国第一家新三板精选层过会企业。全力帮助企业恢复生产、稳定经营，服务乐普医疗、金匙基因等19家企业获批贷款1.6亿元；推进北京科兴生物制品有限公司等40余家企业加快研发生产防疫物资、新冠疫苗、核酸检测试剂及器械等工作，北京卓诚惠生生物科技股份有限公司等3家企业新冠检测试剂获批上市，北京吉因加科技有限公司等8家企业取得新冠检测资质。成功举办全球能源转型高层论坛、北京脑科学国际学术大会等活动，提升国际影响力。

（纪根达）

平谷区工业

【概况】2020年，平谷区107家规模以上工业企业完成工业总产值136亿元，同比下降8.4%；实现主营业务收入182.3亿元，同比下降4.5%；实现利润总额5.5亿元，同比增长28.6%；全年共组织实施工业固定资产投资项目22个，完成工业性固定资产投资10.4亿元，完成建安投资4.1亿元，同比分别增长1.1倍和1.3倍。全区共有高技术制造业企业20家，完成产值28.1亿元，同比增长1.6%，占全区工业比重20.7%；战略性新兴产业企业22家，完成产值29.9亿元，同比下降3.4%，占全区工业比重21.9%。六大产业产值同比延续“三增三降”趋势，都市、基础和电子信息3个产业产值同比增长，共完成产值69.5亿元，增长8.9%，拉动全区产值增长3.8个百分点；装备、汽车和医药3个产业产值同比下降，共完成产值66.5亿元，下降21.5%，下拉全区增速12.3个百分点。软件信息服务业完成收入7.1亿元，同比下降4.1%。

（区科技和信息化局）

【产业分布】年内，平谷区共有规模工业企业107家，主要分布在兴谷开发区、马坊开发区和11个乡镇。两个开发区企业总数77家，占规模工业企业总数的71.9%，完成工业总产值103亿元，同比下降10.8%，占规模工业企业的比重为75.7%，比上年降低了2个百分点。其中，兴谷开发区完成工业总产值76.9亿元，同比下降14.2%，占规模工业企业的比重为56.5%，比上年降低了3.8个百分点；马坊开发区完成工业总产值26.2亿元，同比增长1%，占规模工业企业的比重为19.2%，比上年提高了1.8个百分点。

（区科技和信息化局）

【产业发展】平谷区工业主要由装备产业、汽车及交通运输设备制造业、生物和医药产业、基础和新材料产业、都市产业、电子信息产业6个产业构成。截至年底，装备产业有规模工业企业28家，完成工业产值24.8亿元，同比下降6.8%，占规模工业企业的比重为18.2%，比上年提高0.3个百分点；汽车与交通设备产业有规模工业企业21家，完成工业产值33.9亿元，同比下降29%，占规模工业企业的比重为24.9%，比上年降低7.2个百分点；生物医药产业有规模工业企业8家，完成工业产值7.8亿元，同比下降24.8%，占规模工业企业的比重为5.8%，比上年降低1.2个百分点；基础与新材料产业有规模工业企业13家，完成工业产值18.7亿元，同比增长13.7%，占规模工业企业的比重为13.7%，比上年提高了2.7个百分点；都市产业有规模工业企业34家，2020年完成工业产值43.6亿元，同比增长2.6%，占规模工业企业的比重为32.1%，比上年提高3.5个百分点。其中：食品饮料业完成工业产值33.2亿元，同比增长12.2%，占规模工业企业的比重为24.4%，比上年提高4.5个百分点。服装纺织业完成工业产值2.6亿元，同比下降27.7%，占规模工业企业的比重为1.9%，比上年降低0.5个百分点；电子信息产业有规模工业企业3家，完成工业产值7.2亿元，同比增长48.4%，占规模工业企业的比重为5.3%，比上年提高2个百分点。

（区科技和信息化局）

【产业转型升级】年内，区科技和信息化局牵头成立全区汽配企业工作专班，重点跟进企业诉求、订单增量以及产业链供应链等问题，深入企业调研，对企业基本情况、发展思路、存在问题等情况进行梳理，建立“一企一策”工作台账，为企业解决诉求30余项；组织区内日进、敏实、大林等6家汽车零部件企业到北京经济技术开发区进行对接，实地参观北京奔驰汽车有限公司、国家新能源汽车技术创新中心的办公场所并学习先进管理理念，进一步打通平谷区、北京经济技术开发区、整车企业之间的联动产业合作渠道，保障企业间信息畅通；组织区内企业与市经济和信息化局、市汽车行业协会以及北汽集团、北京长安汽车有限公司、北京现代汽车有限公司、北京奔驰汽车有限公司、北汽福田汽车股份有限公司等单位进行对接，促进企业、行业间的互相交流，开拓企业市场资源，推动为区汽配企业转型升级，助力企业发展。

年内，平谷区科技和信息化局组织区内重点企业与市级资源对接

（区科技和信息化局）

【优化营商环境】年内，区科技和信息化局开展非政府投资的工业和信息化固定资产备案、非政府投资的工业和信息化固定资产核准及非政府投资的工业和信息化固定资产招标方案的核准。全年共办理非政府投资工业和信息化固定资产投资项目备案29个，包括医药健康项目11个、智能装备项目2个、新一代信息技术项目7个、其他领域9个，涉及投资22.8亿元，其中固定资产投资20.7亿元，备案数量同比增长123%。开展入区工业项目会商咨询工作，共有30个项目通过会商，其中新建厂房项目7个、租赁厂房项目12个、利用自有厂房项目11个；医药健康项目7个，智能装备项目7个，新一代信息技术项目3个，其他食品制造、化学品领域项目13个。项目通过数量创造历史新高，为全区工业转型升级奠定基础。组织开展工业企业协同执法试点工作，牵头研究制订工作方案，开展综合执法试点，解决各执法部门多头执法、检查过密等问题，减轻企业负担，增强服务企业效果，在兴谷开发区、马坊工业园区的试点取得了较好成效，企业反响良好。

（区科技和信息化局）

【服务中小企业】年内，区科技和信息化局在线召开《中关村“1+4”政策》宣讲会2期，为企业解读中关村最新政策，由专家根据企业实际需求对企业进行相关政策的宣传和讲解，共100余家园区企业参加。组织实施《平谷区农业科技创新示范区高新技术企业及技术交易资助办法》，对上一年度获得国家级高新技术企业证书并符合资助条件的88家企业资助资金880万元，对上一年度办理技术合同认定登记并达到资助条件的5家企业助资金22万元。

（区科技和信息化局）

【盘活利用闲置资产】年内，区科技和信息化局会同各产业园区梳理并制定2020年闲置土地厂房分类盘活计划清单，完成“闲停低改非”土地盘活18.12万平方米，累计达到29.59万平方米，完成2018年台账基数的48.9%；完成产业园区闲置厂房盘活7.05万平方米，累计达到9.70万平方米，已完成2018年台账基数的63.1%；按照“一地一策”和“市场化”方式，对接中关村管委会、市经济和信息化局、市科委、北京经济技术开发区，做好科研成果和高精尖产业项目溢出承接工作。

（区科技和信息化局）

【巩固清欠成果】年内，区科技和信息化局发挥减轻企业负担联席会议机制作用，会同各部门有序推进区内清欠工作任务落实，未出现新增拖欠账款的情况。组织开展清欠工作“回头看”，对前期已清偿账款情况开展企业回访和实地核查；建立政府投资项目合同支付台账动态管理机制，及时做好预警，从源头上防范和杜绝拖欠民营企业、中小企业款项现象；抓好《保障中小企业款项支付条例》贯彻落实，预防新欠账款产生。

（区科技和信息化局）

【工业企业监管】年内，区科技和信息化局按照全市一般制造业企业调整退出工作要求，结合平谷区产业功能定位，在全区范围内开展摸排，确定退出企业计划名单，完成3家企业退出及市级察访核验工作；推荐北京敏实汽车零部件有限公司、维达北方纸业（北京）有限公司申报国家第五批“绿色工厂”称号，维达北方纸业（北京）有限公司获得“国家级绿色工厂”称号；按照区大气办提供重点行业企业减排措施清单，组织28家企业制定“一厂一策”和公示牌；落实平谷区VOCs治理专项行动方案，对全区涉及石化、化工、制药、农药行业的企业停检修计划进行摸排，形成包含10家化工企业、1家农药企业、13家制药企业的工作台账，并将企业停检修计划上报市经信局；对全区生产涂料、工业清洗剂、油墨、胶黏剂企业进行摸排，形成包含3家涂料企业、1家油墨企业的工作台账，并对企业进行国标宣贯；联合区应急、区消防、属地等部门组织开展指导检查，重点查看企业安全生产制度、员工培训档案、应急预案以及安全生产状况等，共检查企业300家次，发放宣传材料、指导单300余份，对发现的安全隐患，会同属地政府督促企业整改。

（区科技和信息化局）

年内，平谷区科技和信息化局组织区内企业开展消防演练

【中关村平谷园建设】年内，平谷园入统高新技术企业总数173家，从业人员1.7万人，工业总产值57亿元，总收入169.1亿元，进出口总额4.6亿元，实缴税费总额7.1亿元，利润总额9.5亿元，资产总计296.4亿元，科技活动经费支出总额8.3亿元，专利授权量399件。平谷园重点技术领域总收入169.1亿元。其中，新材料领域在产业发展中领先，收入34.6亿元，占总收入的20.5%；生物医药领域收入27.6亿元，占总收入的16.3%；电子信息领域收入24.9亿元，占总收入的14.7%；新能源与节能领域收入21.2亿元，占总收入的12.5%；先进制造领域收入19.6亿元，占总收入的11.6%；环境保护领域收入6.1亿元，占总收入的3.6%；其他领域收入35.2亿元，占总收入的20.8%。

（区科技和信息化局）

【推进科技创新主体建设】年内，区科技和信息化局围绕全区农业科技创新区建设，多渠道推进农业科技创新主体建设，中关村农业科技前沿技术创新中心新入驻孵化32家企业，2家毕业企业落地入驻园区闲置厂房；完成启迪绿谷创新企业加速器建设并运营，加速器以高成长科技企业为主要服务对象，引入优质社会资源和创新创业资源，补齐和强化创新孵化培育短板，培育全区产业新动能，全年共引进北京树鱼农业科技有限公司、北京点滴节能有限公司、北京筝力量文化传媒有限公司等10家企业落户；组织平谷区18个乡镇（街道）与中关村示范区200家创业孵化服务机构，48家中关村技术转移服务平台建立了常态化对接机制，并组织2次乡镇（街

年内，人社部和全国博士后管理委员会批准设立平谷区博士后工作站

道）与中关村示范区孵化器对接工作调度会；按照平谷区与北京经济技术开发区结对协作工作的整体安排和部署，区科技和信息化局开展无人机产业合作对接和招商合作对接。在北京亦庄国际投资发展有限公司的支持下，先后与北京中航智科技有限公司开展3次无人机产业对接、8次符合平谷区功能定位的企业对接。

（区科技和信息化局）

【对口支援】年内，区科技和信息化局利用挂职干部的"岗哨"作用，采取电话、微信联系等方式，与4个对口合作地政府相关部门及企业联系，做好项目落地投产、信息沟通等基础工作。推进平谷区落地内蒙古自治区商都县、河北省望都县、湖北省郧西县、新疆维吾尔自治区洛浦县的各类项目，拓展扶贫地项目招商范围，与联东U谷、中联智创等企业联系，利用平台招商，为结对帮扶县引进投资企业。动员社会力量参与洛浦县贫困村结对，会同区投促局、兴谷管委会、马坊工业区管委会，动员10家企业参与结对帮扶，捐献扶贫资金50万元。

（区科技和信息化局）

怀柔区工业

【概况】2020年，怀柔区规模以上工业总产值684.4亿元，年均增长8.9%，产值增速较全市高16.2个百分点；企业资产总量由576.4亿元提高到758.0亿元，年均增长5.6%。龙头企业带动强劲。北京福田戴姆勒汽车有限公司紧抓时机，提高产品市场占有率，在内外双重因素影响下，生产增速逐月提高，全年累计生产载货汽车13.1万辆，比上年多生产4.2万辆，累计完成工业总产值410.0亿元，同比增长52.1%，拉动怀柔区规模以上工业总产值增速24.4个百分点。怀柔区医药制造企业全年累计完成工业总产值28.1亿元，同比增长19.9%，增速高于全区0.8个百分点。其中，北京科卫临床诊断试剂有限公司工业总产值同比增长213.4%，北京健乃喜生物技术有限公司工业总产值同比增长149.1%，北京春风一方制药有限公司工业总产值同比增长199.7%。怀柔区初步形成生物医药制造占主导，现代中药与民族药制造等为辅的多元发展的医药制造产业格局。仪器仪表业发展较好。年内，全区仪器仪表产业累计完成工业总产值10.5亿元，同比增长25.6%，拉动较强的是占绝对主导地位的同方泰德国际科技（北京）有限公司，全年实现工业总产值7.7亿元，同比增长47.9%，拉动该行业增长30.0个百分点。

年内，新建各类信息管道1176.06千米；光纤总里长达16829千米；全区光纤接入互联网家庭住户数累计已达到261093户，其中新增光纤网络家庭住户30028户；光纤接入网覆盖家庭住户数覆盖率达到100%，光纤入户率100%。无线通信网络覆盖地区面积为2122平方千米，无线通信网络覆盖率为100%。全区光纤网络出口带宽达241G。全区固定电话累计8.99万部，新装固定电话1600户部。4G基站数量累计2579个，全年完成162个；5G基站数量累计713个，全年完成343个。

（郑立勇　高秀娟）

【获多个"创客北京2020"创新创业大赛奖项】9月29日，"创客中国"首届京津冀中小企业创新创业大赛暨"创客北京2020"创新创业大赛在京落幕。怀柔赛区被评选为北京市优秀赛区，选送晋级市决赛的15个高精尖项目多数获奖。中科健兰团队、结力能源团队、新型人造血开发团队3家获得创客组50强称号；中科宇达（北京）科技有限公司、北京中科盛视科技有限责任公司、北京中科纳清科技股份有限公司、有研工程技术研究院有限公司4家获得企业组100强称号。中科宇达（北京）科技有限公司的机场跑道异物（FOD）检测系统研制及应用项目，获2020年"创客中国"中小企业创新创业大赛200强。中科宇达（北京）科技有限公司获企业组一等奖，中科健兰团队、结力能源团队获创客组二等奖，北京山美水美臭氧高科技有限公司、北京中科心研科技有限公司、同方泰德国际科技（北京）有限公司获企业组三等奖。

（宋金飞）

【机械科学研究总院集团开工建设】12月28日，机械科学研究总院集团怀柔科技创新基地项目在怀柔科学城举行开工仪式。该项目位于北京怀柔新城0213街区原030等地块，建设用地面积6.69万平方米，总建筑面积12.76万平方米，项目总投资15亿元。项目总体定位是围绕航空航天、轨道交通、汽车等重点领域，解决装备制造“卡脖子”短板问题，聚焦新材料和智能制造两个研究方向，集聚优质创新资源，打造世界一流的集科技创新、中试验证、公共检测、标准服务为一体的综合性科技创新基地。

（宋金飞）

【推进重点项目】年内，北京红星股份有限公司怀柔厂区升级改造（联合厂房、立体库）项目、北京艾森中科科技有限公司世界首套工业基础物性数据库等项目竣工。福田戴姆勒高端重卡项目、红星保健酒生产、技术中心及中试车间项目6月开工，机械总院怀柔基地12月正式开工建设。国联汽车动力电池国家动力电池创新中心建设等项目稳步推进。

（宋金飞）

【服务中小企业】年内，区经济和信息化局帮助130余家企业融资约15.5亿元，有效提升企业经营管理能力，缓解中小企业融资难题。收集中小微企业贷款贴息项目71个，新增贷（借）款金额7.94亿元，公共服务平台建设项目1个，担保费项目1个，清理拖欠民营企业中小企业账款7项合计788.13万元；开展“战疫助农”新媒体赋能培育中小特色农加工产品品牌活动，全平台视频观看人次400余万。

（宋金飞）

【获得荣誉】年内，北京碧水源膜科技有限公司入选国家第五批“绿色工厂”，其OW－DF－24型纳滤直饮机同时入选绿色设计产品。奥瑞金科技股份有限公司被北京市经济和信息化局认定为“2020年北京高精尖产业设计中心”；北京科锐配电自动化股份有限公司通过基于工业互联网的配电产品数字化车间项目，被北京市经济和信息化局评为2020年北京市智能制造标杆企业。

（徐　程）

密云区工业

【概况】2020年，密云区140家规模以上工业企业实现产值220.1亿元，同比下降24.7%，其中宝沃汽车减少产值50.4亿元，下拉规模以上产值15.6个百分点，剔除宝沃后同比下降9.1%。中关村密云园80家规模以上工业企业完成产值165.4亿元，同比下降27.4%；区属11家规模以上工业企业完成产值33.5亿元，同比增长1.0%；12个乡镇49家规模以上工业企业完成产值21.2亿元，同比下降32.2%。在全市17个区（含亦庄开发区）总量排名第13位，增速末位；5个生态涵养区中，总量居第二位，增速末位。全年完成工业总固投11亿元，同比增长11%。制造业固定资产投资1.7亿元，同比下降35.1%；建安投资0.8亿元，同比增长30.6%。六大产业中，除生物医药产业自7月降幅由负转正外，其他5个产业全年均负增长，3个产业降幅在两位数以上。主导产业——汽车制造业企业19家，其中亿元以上企业10家，5家实现正增长。疫情保障企业——北铃专用汽车有限公司（改装医疗救护车）增幅显著，同比增长116.6%，由于受龙头企业北京宝沃汽车有限公司停产影响，该产业同比下降49.3%。生物医药产业企业10家，其中亿元以上企业7家，正增长企业3家，其中北京博恩特药业有限公司因将2019年产品计入今年产值而同比增长48.3%，拉动作用显著。北京康辰药业股份有限公司因其产品主要用于手术，上半年受疫情影响突出，同比下降22.4%。装备制造业企业42家，亿元以上企业12家，5家企业正增长，其中电科北方智能电气有限公司年度内因总部业务结算到密云公司同比增长155.8%；7家负增长企业中，同方威视科技（北京）有限公司因70%业务在海外，疫情影响同比下降44.4%。基础产业企业32家，亿元以上企业8家，包括供热企业2家、矿山企业3家、混凝土生产企业2家、燃气企业1家，其中2家供热企业和1家混凝土企业实现产值正增长。整体下降的主要原因是受矿山企业关停影响。都市产业企业31家，亿元以上企业6家，2家疫情物资保障企业北京倍舒特妇幼用品有限公司和北京铜牛服装有限公司实现正增长，倍舒特增长50%；2家饮料企业今麦郎饮品股份有限公司和北京汇源生物科技有限公司受疫情影响显著，分别下降7.9%和57.3%。电子信息产业企业4家，均大幅下降，北京燕东半导体科技有限公司生产环节全部迁到亦庄，同比下降91%。

年内，区经济和信息化局按照“统筹规划、资源共享、强化应用”的发展原则，突出重点，统筹兼顾，以信息化带动工业化，以工业化促进信息化，助推全区信息化建设水平不断提升。密云区13家规模以上软件信息服务业企业，累计实现营业收入13.2亿元，同比下降14.4%。

（周梅　张秀珍）

【固定资产投资项目备案】年内，区经济和信息化局执行《禁限目录》等政策，做好固定资产投资项目备案，完成备案项目17个，备案投资总额7.1亿元。

（陈　阳）

【高精尖产业发展】年内，区经济和信息化局成立高精尖产业发展工作组，为38家企业兑现实体经济扶持资金4173.5万元，9个高精尖项目纳入市级重点项目库。编制《密云区“十四五”时期高精尖产业发展规划》，梳理“十四五”全区高精尖项目储备和重点工作任务。

2020年12月8日，密云区经济和信息化局召开高精尖重点工程项目调度会（田兆龙　摄）

（王靖峰　周梅）

【绿色制造体系建设】年内，区经济和信息化局加强绿色制造体系建设宣传，鼓励企业推进实施绿色、智能、智慧转型升级，创建绿色园区、绿色工厂、绿色产品。北京康辰药业股份有限公司、北京北陆药业股份有限公司、今麦郎饮品股份有限公司3家企业被评为国家级“绿色工厂”，获得市级奖励资金300万元。

（王　祎）

【企业减负】年内，区经济和信息化局印发《密云区2020年减轻企业负担工作实施方案》。组织企业参加市减负办在线调查问卷。区减负办召开清欠专题会3次，推进剩余账款清偿。账款数据上传全国清欠统计系统，报送清欠进展情况报告12次，核实反馈企业反映线索情况2条。

（陈　阳）

【中小企业发展】年内，区经济和信息化局为38家企业直接融资3.18亿元。40家重点保障类企业进入人民银行再贷款项目库。北京富特盘式电机有限公司、北京雅迪力特航空新材料股份公司等13家企业获首批北京市“专精特新”中小企业认定，其中北京康辰药业股份有限公司、北京北陆药业股份有限公司等3家企业获北京市“专精特新”小巨人企业认定。开展13期在线培训、1期线下培训，对融资方案、政策进行解读。

（朱　林）

【生产物资物流运输】年内，区经济和信息化局制订《疫情期间密云区工业企业生产物资物流运输临时保障工作方案》，安排专人负责政策解答和问题处置80余次；为26家企业的299辆货车办理转运证明。

（宋　哲）

【镇村产业聚集区整治升级】年内，区经济和信息化局召开专题工作会，明确整治标准、责任分工、完成时限等，完成西田各庄镇环保工业园（东区）产业聚集区环境保护、能源节约、产业发展方向等方面的清理整治任务。

（李　斌）

【落实企业“服务包”】年内，区经济和信息化局通过上门走访等方式了解企业诉求，协调督促有关部门解决企业困难。对接北京倍舒特妇幼用品有限公司、北京慧缘塑料制品有限公司、北京中防恒立人防设备有限公司等39家重点企业，协调解决企业简化运输车辆防疫审批手续、货运车辆进京通行证申报、政策规定解读等45项企业需求。

（陈　阳）

【创建“基本无违建区”】年内，区经济和信息化局成立专班开展农民就业产业基地（园区）及以外工业企业“基本无违建区”创建工作，审核认定图斑3952个，涉及企业358家，建筑面积155.56万平方米。

（王靖峰　陈阳）

【工业领域空气重污染应急】年内，区经济和信息化局制定空气重污染工业应急清单及工业应急预案，确定重点行业企业78家，涉及12个行业，开展“一厂一策”预案制定、公示牌制作、核查方法等空气重污染应急工作培训。启动3次重污染过程和1次黄色预警，出动52人次、检查82家次应急企业。发现1家企业无环保设施露天混凝土搅拌、设施大棚内浇铸成型作业，责令停工整改。3次污染过程应急清单内有48家企业主动停产，17家次企业涉气环节限产50%以上。

（王　祎）

【“散乱污”企业清理整治】年内，区经济和信息化局统筹协调开展涉污“散乱污”企业清理整治，累计上账5家并通过区生态环境局、区经济和信息化局及属地联合会审。联合区生态环境局、属地政府对136家“散乱污”企业清理整治，开展反馈问题自查，出动15人次、检查企业26家次。

（王　祎）

【监测重点企业用能】年内，区经济和信息化局开展工业领域重点用能企业管控与VOCs专项治理等工作。做好重点用能企业监测，14家年用能1000吨标煤以上的重点用能企业综合能源消费90345.76吨标煤，同比下降20.17%；万元产值能耗0.10吨标煤，同比上升30.25%。

2020年6月9日，密云区经济和信息化局“一对一”调研中小企业融资需求

（王　祎）

【超额完成一般制造业疏解任务】年内，密云区完成12家一般制造业企业的退出验收，市级退出一般制造业任务7家，任务完成率171%。

（田兆龙）

【扶贫协作与对口支援】年内，区经济和信息化局完成库伦旗对口帮扶目标任务，68万元扶贫车间西裤生产线设备安装调试到位并运行；协调社会捐赠50万只口罩，价值35万元。引导社会投资310万元建设高新养猪基地3000平方米，带动建档立卡19户48人。

2020年8月10日　密云区经济和信息化局新冠疫情防控物资捐赠仪式现场（王靖峰　摄）

2020年8月11日，密云区经济和信息化局在扶贫车间指导产品生产工作（孟鑫　摄）

（李　斌）

延庆区工业

【概况】2020年，延庆区规模以上工业企业43家，实现工业总产值141.8亿元，同比增长29.6%，增速位列全市第一名。其中，新能源和环保产业完成产值103.2亿元，同比增长65.7%；食品饮料产业完成产值5.1亿元，同比下降14.7%；纺织服装产业完成产值3.1亿元，同比下降59.5%；基础和新材料产业完成产值14.5亿元，同比下降19.6%；机械制造产业完成产值2.6亿元，同比增长1.7%；医药制造产业完成产值7.0亿元，同比增长11.3%。全年实现固定资产投资1.3亿元，其中建安投资1.5亿元，完成全年任务292.98%。落实绿色高精尖产业配套政策，年内延庆区入市级高精尖项目库项目9个。疏解退出一般制造业企业11家，超额完成市级3家的指标任务，占地面积共43436平方米，涉及人员195人，涉及针织、煤制品、酱油醋、机加工制造等行业。

年内，延庆区通信基础设施日趋完善。宽带光纤覆盖城区及所有376个行政村，基本具备200兆宽带接入能力；新建555个5G基站，累计完成1072个5G基站建设，实现城区及重点区域5G覆盖。全年共检测到针对区政府网站的网络攻击27.5万余次，均已拦截并进行应急处理，确保信息安全事件“零发生”。

（刘　咪）

【召开减轻企业负担联席会】 1月，区减轻企业负担联席会办公室（设在区经济和信息化局）组织区发展改革委、区住建委等31个政府部门、15个乡镇、3个街道、9家重点国有企业的清欠工作主管领导召开清理拖欠民营企业中小企业账款工作专题会。

（闫永红）

【首届京津冀中小企业创新创业大赛分赛开赛】 8月，由市经济和信息化局指导，区经济和信息化局、区财政局共同主办的“创客中国”首届京津冀中小企业创新创业大赛暨“创客北京2020”创新创业大赛分赛开赛。由延庆分赛区推荐的“降维动漫”“红点盲文”2个项目获得创客组三等奖，延庆区被评为优秀分赛区。

（刘　咪）

【落实绿色高精尖产业配套政策】 年内，延庆区进入市级高精尖项目库项目9个，分别是食品安全与环境保护检测产品生产项目、压力温度检测仪表智能制造项目、智能校准产品研发中心项目、MEMS传感器垂直产业智能制造项目、测控系统及组件产业化项目、延庆区优质高效农产品龙头企业深加工技术改造项目、中国电力氢能产业园二期（先进制氢）项目、民机高性能复合材料地板实施方案项目（研发项目）、延庆区人工智能产业赋能中心项目为新增入库待审核项目。

（刘　咪）

【推动产业聚集发展】 年内，延庆区在工业领域继续优化产业结构，严格按照《北京市新增产业的禁止和限制目录（2018年版）》要求进行项目准入及备案，严格限制不符合生态涵养区功能定位的工业企业落户。按照延庆区功能定位、四大主导产业定位以及高精尖指导意见等，引导相关产业到延庆园形成集聚发展态势。对存量企业进行指导，促使其实施改造升级，提高存量产业效率。区经济和信息化局全年共备案项目20个，答复相关咨询54件。

（刘　咪）

【获市级安全生产优秀组织单位称号】 年内，区经济和信息化局印发各项安全生产工作方案等文件共7个。出动543人次，对121家工业企业开展64次安全生产指导，组织相关部门参加联合大检查3次。邀请市经济和信息化局安全处对中关村延庆园59家工业企业开展《北京市经营单位安全生产主体责任规定》等文件的培训。邀请区消防救援支队到局机关开展“消防安全进单位”培训活动。获北京市“应急宣传进万家”暨“安全生产月”优秀组织单位称号。

（刘　咪）

【推进冬奥会服务保障】 年内，延庆区加快冬奥会赛区内移动通信基站建设，赛区内11处基站已进场施工，并完成浇筑，机房有9处技防已完成安装，基站内设备安装、外电引入及光缆布放正在按照进度实施。室分系统高山滑雪完成进度90%、冬奥村完成约50%。冬奥延庆赛区通信保障的1.4G无线政务专网已覆盖城区中心、冬奥赛区外围重点区域；800兆无线政务专网已为公安局、应急办等应急指挥部提供安全稳定的无线应急通信保障。按照“1+1+3”模式推进冬奥外围京礼高速延庆段隧道室分公共网络信号覆盖工作、西羊坊等5条隧道信号已全部开通。延庆冬奥核心赛区内合计规划站点31个，已交付28个，配合冬奥会相关赛事网站上线，确保政府网站和系统安全稳定运行。

（刘　咪）

中关村国家自主创新示范区

【概况】2020年，中关村国家自主创新示范区（简称中关村示范区）发挥在北京国际科技创新中心建设中的主阵地作用，支持关键核心技术攻关，促进科技成果转化和产业化，统筹推进新冠肺炎疫情防控和企业复工复产，狠抓重点任务落地实施，努力化危为机，塑造发展新优势。完成“十三五”规划主要目标任务，初步成为具有全球影响力的科技创新中心，有力支撑北京国际科技创新中心和中国世界科技强国建设。

中关村示范区在全国高新区综合排名中稳居榜首。年内，经济质量规模稳步提升。区内企业实现总收入7.2万亿元，同比增长8.8%；实现技术收入1.6万亿元，同比增长19.2%；实现利润总额6344.7亿元，同比增长51.7%。北京三快在线科技有限公司（美团）、北京京东世纪贸易有限公司、北京字节跳动科技有限公司、小米科技有限责任公司等10家示范区企业入选“2020胡润世界500强”。

管理服务水平迈上新台阶。加强法治政府建设，实施外聘政府法律顾问制度，制定行政规范性文件管理办法，开展规范性文件清理。优化政务服务，12345热线“接诉即办”总体“三率”年度总评全市第二。发挥企业家顾委会、产业联盟、协会商会等作用，构建“亲”“清”政商关系。落实中关村示范区党建联席会议制度，塑造一批非公企业党建工作品牌。《中关村年鉴2019》获全国地方志优秀成果、北京市综合质量评审特等年鉴。中关村管委会相关处室和个人获得北京市三八红旗集体、市直机关先进党组织、北京市扶贫协作奖（组织工作奖）、北京市抗击新冠肺炎疫情先进个人、北京市“人民满意的公务员”等荣誉称号。

2020年是“十三五”规划的收官之年。回顾过去5年发展，中关村示范区创新创业生态不断优化，高端人才加快聚集，创新能力显著提升，企业总收入保持两位数增长，对全市经济增长贡献率近40%，初步成为具有全球影响力的科技创新中心。

（中关村管委会）

【中关村2020年工作要点印发】3月2日，中关村国家自主创新示范区领导小组办公室印发《中关村国家自主创新示范区2020年工作要点》。总体思路是坚持以习近平新时代中国特色社会主义思想为指导，全面贯彻习近平总书记视察北京和致中关村论坛贺信精神，深入落实市委、市政府决策部署，坚持稳中求进工作总基调，坚持新发展理念，坚持改革创新，紧扣首都高质量发展要求，以促进科技成果转化与产业化为核心，以重大任务为抓手，以落实落地为导向，不断提升科技创新治理能力，有力支撑全国科技创新中心建设，加快打造世界领先科技园区和创新高地。《工作要点》明确聚力抓好科技抗疫、高水平办好中关村论坛、推进一区多园统筹发展、深化先行先试改革、提升成果转化能力和效率、加快培育高精尖产业、支持“三城一区”建设、推进京津冀协同创新8项重大任务；以及高质量推进示范区“十四五”规划编制、加强重大前沿技术攻关布局与支持、强化知识产权和标准引领、提高创业孵化能力、加强企业精准服务、促进新技术新产品推广应用、推进科技军民融合创新发展、加强人才引进和服务、优化企业融资环境、加强特色园区和重点功能区建设、推进示范区国际化发展、加强智库和社会组织建设、提升示范区管理服务水平13项重点工作。

（中关村管委会）

【中关村工业互联网产业园“先导园”开园】9月，中关村工业互联网产业园“先导园”开园。该产业园是中关村发展集团与石景山区政府共同打造的工业互联网产业集聚区与世界级特色产业园，建设地点为石景山区田顺庄北路1号院古城创业大厦，建设规模3.05万平方米，主要为工业互联网产业相关企业及机构，包含工业软件、工业互联网平台企业、围绕5G和工控安全技术为核心的技术研发企业、工业互联网行业联盟、科研院所等开展人才培养、行业展示等服务。

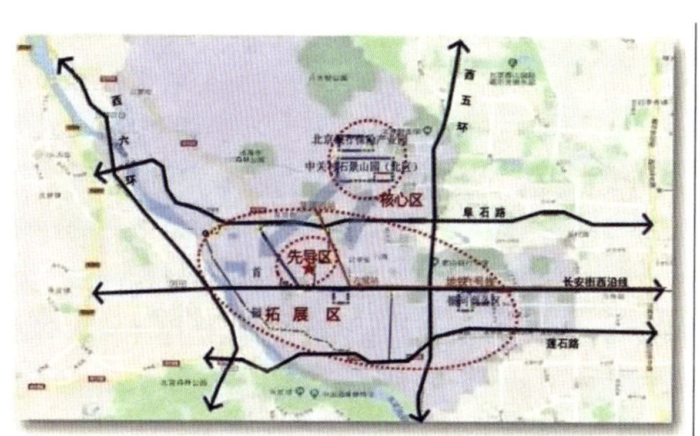

（石景山区官网）

【中关村科学城获评五星级产业示范基地】年内，工信部公布了关于 2019 年度国家新型工业化产业示范基地发展质量评价结果。中关村科学城管委会（原海淀园管委会）从全国 381 家产业基地中脱颖而出，成为北京市 8 个国家新型工业化产业示范基地中唯一发展质量总体水平为 5 星级的产业基地。

（海淀区官网）

【自主创新能力不断增强】年内，中关村示范区企业研究开发费用 3785.4 亿元，同比增长 11.3%，约四分之一的企业研发投入强度超 20%，其中北京京东尚科信息技术有限公司、百济神州（北京）生物科技有限公司、大唐移动通信设备有限公司等 544 家企业研发投入强度超 50%。企业专利授权量 7.2 万件，同比增长 21.7%；企业 PCT 专利申请 6193 件，同比增长 33.5%。

（中关村管委会）

【新动能新优势加速形成】年内，中关村示范区六大重点高新技术领域实现总收入 5.9 万亿元，同比增长 10.9%，其中电子信息领域持续快速增长，实现总收入 3.5 万亿元，同比增长 17.8%。互联网消费、协同办公、“互联网 +”“人工智能 +”等新经济发展迅猛，现代服务业实现总收入 4.1 万亿元，同比增长 12.2%。

（中关村管委会）

【创新创业活力持续释放】年内，中关村示范区上市公司总数 406 家，其中新增上市公司 58 家，同比增长 81.3%，首发募资金额 1658.1 亿元，同比增长 273.4%，涌现独角兽企业 93 家。新设立科技型企业 2.6 万家，占全市新设立科技型企业总量的 35.1%，平均每天新设立 72 家。科技部火炬中心发布的 2019 年度国家级科技企业孵化器评价结果显示，中关村示范区有 20 家国家级孵化器获评优秀。

（中关村管委会）

【先行先试改革实现新突破】年内，财政部等国家相关部委支持在中关村开展公司制创投企业所得税、技术转让所得税、高端境外人才个人所得税等税收试点，国家外汇管理局升级中关村外债便利化政策。开展赋予科研人员职务科技成果所有权或长期使用权、央企科技成果转化改革试点。制定实施强化高价值专利运营促进科技成果转化若干措施，努力打通政策落地“最后一公里”。出台推动中关村首创产品市场应用的若干措施，全链条支持新产品推广应用。提出创新国际人才出入境、创业就业等政策建议，纳入北京市与国家移民局签署的合作备忘录文件。争创中关村科创金融试验区，建立中关村知识产权质押融资成本分担和风险补偿长效机制，降低企业融资成本。有序推进全面创新改革与中关村先行先试专项办各项任务。

（中关村管委会）

【构建高精尖经济结构取得新成效】年内，中关村示范区落实市 10 个高精尖产业发展总体部署，推出高精尖产业强链工程，探索“揭榜挂帅”机制。实施基于专家实名推荐的非共识评价筛选机制，支持 22 项颠覆性技术项目。把握国际创新前沿趋势，采取技术专家、投资人联合评审和公开路演方式，支持 160 余家前沿技术企业。在人工智能、集成电路、生物医药等领域支持龙芯中科技术有限公司、北京华大九天软件有限公司、北京旷视科技有限公司等企业新建 14 个高精尖产业协同创新平台，涌现出清华类脑计算、国际原创抗癌治疗药物等一批重大创新成果。构建自主可控产业生态。推动工业芯片、国产 CPU、EDA 等 4 个集成电路创新中心建设，北京市工业芯片创新中心揭牌成立。支持中国钢研、航材院等关键材料技术创新和新材料中试平台建设，新认定清华大学机械工程系“精密超精密制造装备及控制北京市重点实验室”等 20 家中关村开放实验室。印发实施《中关村国家自主创新示范区数字经济引领发展行动计划（2020—2022 年）》，互联网医疗、在线教育、协同办公、“AI+”等新经济迅猛发展。联合丰台区政府印发实施《中关村丰台园轨道交通产业创新发展行动计划（2020—2022 年）》，会同亦庄园、大兴园、昌平园、海淀园建设药品医疗器械研发生产服务平台。形成新一代信息技术、生物健康等 6 个千亿级以上产业集群。

（中关村管委会）

【创新创业生态得到新优化】年内，中关村示范区制订实施促进孵化服务产业发展工作方案，开展孵化器分类评价，提高创业孵化能力。举办 58 场科技成果转化“火花”活动，支持 44 家技术转移服务平台建设，促进科学家、企业家、投资人深度对接。深入实施“高聚工程”“雏鹰计划”，研究制定《关于进一步加强中关村海外人才创业园建设的意见》。启动“全球青少年图灵计划”，完善市场化人才发展机制，发掘引进一批战略科技人才和具有世界影响力的杰出青年人才。推动新三板精选层改革和北京四板市场债转股资产集中交易试点。成立首只中关村科学家投资基金。搭建中关村企业联系服务平台，制订实施独角兽企业服务行动方案。放大科技型小微企业研发支持政策效应，给予 4817 家企业 3.16 亿元支持。举办 2020 年中关村 5G 创新应用大赛、中关村第四届新兴领域专题赛等品牌活动。

（中关村管委会）

【一区多园协同发展取得新进展】年内，经市委、市政府审议通过，印发实施《中关村国家自主创新示范区统筹发展规划（2020—2035年）》，制订《中关村国家自主创新示范区分园三年提升发展行动方案（2020—2022年）》。出台《中关村国家自主创新示范区关于推进特色产业园建设　提升分园产业服务能力的指导意见》，支持分园建设产业促进服务机构，提升分园专业化服务运营能力。搭建中关村示范区高精尖产业空间供需服务平台，推动组建高精尖产业空间供需服务联盟，支持产业空间供需精准对接。推进首钢AI园、中关村工业互联网产业园先导园、房山新材料产业园等特色产业园建设，推动通州张家湾设计小镇产业发展，编制产业规划，推介优质企业项目导入。开展中关村示范区分园创新发展考核评价，引导分园高质量发展。年内，10个分园总收入超过千亿元，海淀园总收入2.9万亿元，成为首都高质量发展的核心引擎。

（中关村管委会）

【开放创新合作呈现新局面】年内，中关村示范区加强国际化发展顶层设计，推动制定《中关村国家自主创新示范区国际化发展指导意见》。进一步优化驻海外联络处布局，增设比利时、阿联酋、新加坡、韩国、俄罗斯5个联络处，中关村海外联络处数量达19个，基本形成覆盖欧美、环太平洋和“一带一路”主要国际先进创新区域的示范区国际化创新网络。落实“一带一路”科技创新北京行动计划，从设立海外科技园区、研发中心、开展国际研发合作等方面对216家企业给予资金支持。研究编制雄安新区中关村科技园规划，雄安新区中关村企业集中办公区揭牌，加快天津滨海——中关村科技园等共建园区建设，中关村企业累计在津冀设立分支机构超过9000家。

（中关村管委会）

【高标准举办中关村论坛】年内，科技部、中科院、中国科协、北京市政府共同举办2020中关村论坛。论坛以“合作创新·共迎挑战”为年度主题，采用线上线下结合的方式，集成“会议＋交易＋展览＋发布”四大板块，中国北京国际科技产业博览会首次与中关村论坛融合，共开展50余场活动，2600余名中外嘉宾参会。首次设立技术交易板块，搭建中关村科技成果转化与技术交易综合服务平台，汇集线上线下7000余个项目。论坛相关信息阅读量逾12.4亿人次，展现了北京建设国际科技创新中心的丰硕成果，提升了北京与中关村的国际影响力。

（中关村管委会）

北京经济技术开发区

【概况】2020年，面对突如其来的新冠肺炎疫情，在市委、市政府的坚强领导下，北京经济技术开发区（简称经开区）贯彻落实中央和市委、市政府决策部署，坚定不移推进改革开放，沉着有力应对风险挑战，全力统筹推进疫情防控和经济社会发展，在严峻考验和巨大压力中展现出亦庄担当，为全市高质量发展做出重要贡献。

年内，规模以上工业企业实现总产值4467.9亿元，同比增长8.3%。其中，现代制造业和高技术制造业分别完成产值3851.5亿元和1553.1亿元，分别同比增长10.6%和14.2%（两者有交叉）。外商及港澳台商企业完成产值3383.5亿元，同比增长7.2%；内资企业完成产值1084.4亿元，同比增长12%。全年规模以上工业企业实现销售产值4366.4亿元，同比增长7.2%。其中，内销产值3884.8亿元，同比增长7.6%；出口交货值481.6亿元，同比增长4%。全年规模以上工业企业利润为553.9亿元，同比增长5.1%。全年规模以上工业企业每百元营业收入中的成本为72.6元，同比增加0.3元。营业收入利润率为11.5%，同比降低0.4个百分点。

（经开区管委会）

【大中小融通型特色载体补贴支持】5月25日，北京经济技术开发区管委会发布《北京经济技术开发区打造大中小企业融通型特色载体推动中小企业创新创业升级专项资金管理办法》和《北京经济技术开发区打造大中小企业融通型特色载体推动中小企业创新创业升级专项资金实施细则》。专项资金用于支持大中小企业融通型特色载体、中小企业、第三方服务机构，扶持龙头企业牵引支撑特色载体升级、资源开放，带动大中小企业融通生态体系完善和中小企业创新发展。

（经开区管委会）

【7件专利获中国专利奖】7月14日，国家知识产权局发布《关于第二十一届中国专利奖授奖的决定》（国知发运字〔2020〕28号），评选出中国专利金奖30项，

中国外观设计金奖 10 项，中国专利银奖 58 项、中国外观设计银奖 15 项，中国专利优秀奖 696 项、中国外观设计优秀奖 60 项。其中，北京经济技术开发区 7 件专利获中国专利奖，包括中国专利银奖 2 项、中国专利优秀奖 5 项。

2020 年北京经济技术开发区企业成果获第二十一届中国专利奖一览表

序号	专利号	专利名称	专利权人
中国专利银奖			
1	ZL 201010205166.9	一种 Exendin-4 及其类似物融合蛋白	北京东方百泰生物科技有限公司
2	ZL 201510080570.0	一种像素排列结构、显示面板及显示装置	京东方科技集团股份有限公司
中国专利优秀奖			
1	ZL 201611093768.3	一种综合管廊的天然气舱	中冶京诚工程技术有限公司
2	ZL201610618110.3	一种转向角传感器的校准方法和装置	北京合众思壮科技股份有限公司
3	ZL 201210196099.8	双相机的多光谱成像系统和方法	北京数字精准医疗科技有限公司
4	ZL201380014110.7	真空蒸镀源加热系统和真空蒸镀系统	北京铂阳顶荣光伏科技有限公司
5	ZL 201510536801.4	一种移位寄存器、栅极驱动电路和相关显示装置	京东方科技集团股份有限公司

（经开区管委会）

【3 家企业获国家科学技术进步奖】 8 月 3 日，国家科学技术奖励工作办公室发布 2020 年度国家科学技术进步奖初评通过通用项目，北京经济技术开发区 3 家企业参与的项目获国家科学技术进步奖，分别为中冶京诚工程技术有限公司参与的“连铸凝固末端重压下技术开发与应用”项目、中铁十九局集团有限公司参与的“高压富水长大铁路隧道修建关键技术及工程应用”项目、中国石油集团海洋工程有限公司参与的“深地复杂油气藏钻完井关键技术创新与工业化”项目。

（经开区管委会）

【5 个项目获冶金科学技术奖】 8 月 12 日，中国钢铁工业协会、中国金属学会、冶金科学技术奖奖励委员会联合发布《关于授予“大型转炉洁净钢高效绿色冶炼关键技术”等 101 个项目 2020 年中国钢铁工业协会、中国金属学会冶金科学技术奖的公告》，共 101 个项目获中国钢铁行业的最高科学技术奖。其中，北京经济技术开发区 5 家企业完成（参与）的 5 个项目获奖。

北京经济技术开发区获 2020 年冶金科学技术奖一览表

序号	等级	项目名称	完成单位
1	一等奖	柔性化 45m/s 高速棒材关键技术与装备的开发及应用	中冶京诚工程技术有限公司、北京京诚瑞信长材工程技术有限公司、北京京诚瑞达电气工程技术有限公司
2	二等奖	高强钢高速连续退火机组成套核心技术研究与工程应用	中冶赛迪电气技术有限公司（参与）
3	三等奖	冶金原料场绿色高效储运工艺和即时平衡供料技术开发与应用	中冶京诚工程技术有限公司
4		集约型板矩坯复合连铸工艺和装备技术的开发与应用	中冶京诚工程技术有限公司（参与）
5		高效长寿型转炉废烟气余热回收技术开发与应用	中冶京诚工程技术有限公司、北京京诚科林环保科技有限公司

（经开区管委会）

【5 家企业入选中国医药工业百强系列榜单】 8 月 25 日至 28 日，2020 全国药店周暨中国医药工业百强年会、中国医药互联网经济年会在云南举行，会上发布了 2019 年度中国医药工业百强系列榜单，包括中国化药企业 TOP100 排行榜、中国中药企业 TOP100 排行榜、中国 CRO（含 CDMO）企业 TOP20 排行榜、中国医疗器械（含 IVD）企业 TOP20 排行榜、中国生物医药（含血液制品、疫苗、胰岛素等）企业 TOP20 排行榜五大子榜单，共 260 家企业入选。其中，北京经济技术开发区 5 家企业入选。

北京经济技术开发区企业入选 2019 年度中国医药工业百强系列榜单一览表

序号	企业名称	榜单
1	悦康药业集团股份有限公司	2019 年度中国化药企业 TOP100 排行榜
2	北京赛升药业股份有限公司	
3	康龙化成（北京）新药技术有限公司	2019 年度中国 CRO（含 CDMO）企业 TOP20 排行榜
4	北京昭衍新药研究中心股份有限公司	
5	北京天坛生物制品股份有限公司	2019 年度中国生物医药（含血液制品、疫苗、胰岛素等）企业 TOP20 排行榜

（经开区管委会）

【3 个项目获中国半导体创新产品和技术奖】 8 月 26 日，中国半导体行业协会、中国电子材料行业协会、

中国电子专用设备工业协会、中国电子报社联合举办的第十四届（2019 年度）中国半导体创新产品和技术评选活动发布评选结果，评选出涵盖集成电路产品和技术，半导体功率器件、光电器件、微机电系统（MEMS），集成电路制造技术，集成电路封装与测试技术，半导体设备和仪器，以及半导体专用材料六大类共 53 个项目。其中，北京经济技术开发区 3 个项目入选。

**北京经济技术开发区项目
获第十四届（2019 年度）中国半导体创新产品和技术奖一览表**

序号	单位	产品和技术	类别
1	北京集创北方科技股份有限公司	触控与显示集成芯片	集成电路产品和技术
2	北京烁科中科信电子装备有限公司	低能大束流离子注入机，CI 系列	半导体设备和仪器
3	北京北方华创微电子装备有限公司	北方华创 12 英寸 Polaris 系列复合工艺薄膜沉积设备	半导体设备和仪器

（经开区管委会）

【3 家企业入选中国医药工业百强榜】8 月 30 日，在中国医药工业信息中心主办的 2020 年（第 37 届）全国医药工业信息年会上，2019 年度中国医药工业百强榜单发布。拜耳医药保健有限公司、北京泰德制药股份有限公司和悦康药业集团股份有限公司 3 家企业入选，分别位列第 8、62 和 93 名。其中，泰德制药被评为 2020 年中国医药研发产品线最佳工业企业。

（经开区管委会）

【14 家企业获智能制造试点示范企业授牌】9 月 3 日，北京经济技术开发区科技创新局举办经开区 2020 年度智能制造试点示范企业授牌仪式暨经验交流会，旨在构建新型制造体系，推进互联网、大数据、人工智能等与制造业深度融合，聚焦关键技术，加强重大技术装备研发创新、智能制造技术集成突破，推动具有自主知识产权的机器人自动化生产线、数字化车间、智能工厂建设。北方导航控制技术股份有限公司、北京和利时电子科技有限公司、利乐包装（北京）有限公司、北京金风科创风电设备有限公司、海斯坦普汽车组件（北京）有限公司、北京生物制品研究所有限责任公司、北京东方百泰生物科技股份有限公司、北京新光凯乐汽车冷成型件股份有限公司、瓦里安医疗设备（中国）有限公司、艾尼克斯电子（北京）有限公司、林克骨科（中国）有限公司、华清科盛（北京）信息技术有限公司、北京欣奕华科技有限公司、北京赛赋医药研究院有限公司 14 家企业获 2020 年度智能制造试点示范企业授牌。

（经开区管委会）

【2 位科学家和 11 项成果获市科学技术奖】9 月 10 日，北京市科学技术奖励大会召开，11 位科学家和 154 项科研成果获 2019 年度北京市科学技术奖，奖项包括突出贡献中关村奖、杰出青年中关村奖、国际合作中关村奖、自然科学奖、技术发明奖、科学技术进步奖六大类。其中，北京经济技术开发区 2 位科学家和 11 项科研成果获奖。

**北京经济技术开发区
获 2019 年度北京市科学技术奖一览表**

杰出青年中关村奖			
序号	姓名	工作单位	
1	徐烨烽	北京星网宇达科技股份有限公司	
2	陈　鹏	北京北方华创微电子装备有限公司	
技术发明奖			
序号	等级	项目名称	完成单位
1	二等奖	新能源汽车整车综合控制关键技术与应用	北京新能源汽车股份有限公司
科学技术进步奖			
序号	等级	项目名称	完成单位
1	特等奖	面向移动应用的高分辨率柔性可弯折 AMOLED 显示技术研发与产业化	京东方科技集团股份有限公司
2	一等奖	全球脊灰病毒根除阶段关键疫苗 sIPV 和 bOPV 的研发及应用	北京生物制品研究所有限责任公司
3		中药注射剂和有毒中药的安全性评价关键技术及其应用	北京同仁堂科技发展股份有限公司
4		电网友好型风电高效安全主动支撑关键技术及规模化应用	北京金风科创风电设备有限公司
5		轻量化超大叶轮风电机组与柔性高塔一体化关键技术开发及产业化	北京金风科创风电设备有限公司
6		新能源汽车网联大数据平台关键技术及国家监管体系建设	北京新能源汽车股份有限公司
7	二等奖	显示驱动与触控集成芯片关键技术研发及产业化	北京集创北方科技股份有限公司
8		超大规模计算集群智能弹性调度及数据路由关键技术研究与应用	北京京东世纪贸易有限公司
9		有助于胃癌早诊的创新药链霉蛋白酶颗粒产业化和临床应用	北京泰德制药股份有限公司
10		电动汽车高性能一体化电驱动总成的关键技术与产业化	北京新能源汽车股份有限公司

（经开区管委会）

【12 家企业成为市专精特新“小巨人”企业】 9 月 21 日，市经济和信息化局发布《关于公布第一批北京市专精特新“小巨人”企业名单的通知》，共有 100 家企业入选，其中北京经济技术开发区有 12 家企业入选，分别为北京京东方专用显示科技有限公司、北京集创北方科技股份有限公司、北京贝能达信息技术股份有限公司、森特士兴集团股份有限公司、北京星昊医药股份有限公司、赛诺威盛科技（北京）有限公司、北京诺康达医药科技股份有限公司、北京华海基业机械设备有限公司、心诺普医疗技术（北京）有限公司、富思特新材料科技发展股份有限公司、中晶环境科技股份有限公司、北京和利康源医疗科技有限公司。入选企业涵盖集成电路、生物医药、电子信息等行业，高精尖属性强，“小巨人”特征明显，或属于制造业核心基础零部件、先进基础工艺和关键基础材料，或属于产业链供应链关键环节及关键领域“补短板”产品，或属于国家和北京市重点鼓励发展的支柱和优势特色产业领域。北京市专精特新“小巨人”企业称号有效期为 3 年，有效期满当年可再次申报。

（经开区管委会）

【国家海外人才离岸创新创业基地揭牌】 9 月 25 日，2020 年首都海智“创新链接”年度会议暨北京亦庄国家海外人才离岸创新创业基地发布在经开区举办。该届“创新链接”以“离岸双创 · 海智亦庄”为主题，链接亚太工程组织联合会、中国科协—FCPAE 欧洲（比利时）海智创新创业基地、德国东威斯特法伦—利普智能技术尖端集群、香港工程师学会等组织的创新要素，围绕工程教育及其国际交流合作、“三城一区”科技创新、科创企业的阵痛与突破等议题举办专题研讨。北京国际科技协作中心、北京市科学技术情报研究所共同发布市科协国际科技组织数据平台建设成果。同时，举办首都海智讲堂、生物健康科学委员会筹备研讨会等平行活动。中国科学技术协会国际联络部副部长王庆林、经开区工委书记王少峰为国家海外人才离岸创新创业基地揭牌。经开区管委会副主任张广发布离岸基地建设方案。经开区依托国家级经开区、自贸区、综保区“三区优势”，按照“境外创新中心 + 境内离岸基地”的“双离岸”模式，构建国际创新要素双向流动、集聚发展的有效机制，将离岸创新基地打造成为国际产业合作的新载体、国际技术交流的新平台、国际人才创新创业的新高地。首批 11 家北京 · 亦庄离岸创新中心也同步发布，包括北京经开国际产业发展中心、赛莱克斯瑞典离岸创新中心、伯纳德法国离岸创新中心等。来自市科协、市人才局、经开区有关部门负责人，联合国教科文组织国际工程教育中心、“三城一区”管委会、首都科技社团代表，海内外科学家、工程师、企业家代表近 300 人参加活动，百度、科学加、今日头条等直播平台近 170 万网络观众同步收看。

（经开区管委会）

【中国（北京）自贸区高端产业片区挂牌】 9 月 28 日，中国（北京）自由贸易试验区高端产业片区挂牌仪式在北京经济技术开发区举行。首批近 40 个项目在仪式上集中签约落户经开区，总投资额超过 1600 亿元。经开区工委书记王少峰，工委副书记、管委会主任梁胜出席挂牌仪式。

（经开区管委会）

【33 家企业产品入选首台（套）创新产品名单】 10 月 10 日，北京经济技术开发区科技创新局在经开区政策兑现综合服务平台发布 2020 年经开区首台（套）重大技术创新产品认定及资金支持（第一批）企业的公示，7 家企业产品入选，包括北京锐洁机器人科技有限公司的“CMP 设备抛光清洗机械手系统”、北京中电科电子装备有限公司的“减薄抛光一体机”、北京博奥晶典生物技术有限公司的“恒温扩增微流控多病毒核酸检测芯片系统”、统信软件技术有限公司的“终端域管平台”等。11 月 27 日，经开区科技创新局在经开区政策兑现综合服务平台发布 2020 年经开区首台（套）重大技术创新产品认定及资金支持（第二批）企业的公示，26 家企业产品入选，包括北京中航智科技有限公司的“无人直升机”、北京华海基业机械设备有限公司的“集中泵站”、北京海联捷讯科技股份有限公司的“云资源运营服务平台”、北京博清科技有限公司的“爬行焊接机器人系统”等。

（经开区管委会）

【23 家企业入选北京民营企业“1+4”百强榜单】 10 月 10 日，2020 年北京民营企业百强发布会在经开区举行，会上发布了北京民营企业“1+4”百强榜单，

北京经济技术开发区共有23家企业入选。其中，6家企业入选2020年北京民营企业百强榜单，7家企业入选2020年北京民营企业科技创新百强榜单，1家企业入选2020年北京民营企业文化产业百强榜单，4家企业入选2020年北京民营企业社会责任百强榜单，11家企业入选2020年北京民营企业中小百强榜单。

2020年北京民营企业百强发布会举行（方针 摄）

北京经济技术开发区企业入选2020年北京民营企业“1+4”百强榜单一览表

序号	获奖名称	企业名称
1	北京民营企业百强	北京京东世纪贸易有限公司
2		北京运通国融投资集团有限公司
3		北京金风科创风电设备有限公司
4		北京天诚同创电气有限公司
5		和利时科技集团有限公司
6		森特士兴集团股份有限公司
7	北京民营企业科技创新百强	北京京东世纪贸易有限公司
8		和利时科技集团有限公司
9		北京智飞绿竹生物制药有限公司
10		首药控股（北京）有限公司
11		北京泛生子基因科技有限公司
12		茶穹数码技术股份有限公司
13		北京东方百泰生物科技有限公司
14	北京民营企业文化产业百强	北京盛通印刷股份有限公司
15	北京民营企业社会责任百强	和利时科技集团有限公司
16		北京盛通印刷股份有限公司
17		酒仙网络科技股份有限公司
18		北京云族佳科技有限公司
19	北京民营企业中小百强	赛诺威盛科技（北京）有限公司
20		北京斯利安药业有限公司
21		北京四环生物制药有限公司
22		北京和合医学诊断技术股份有限公司
23		北京云族佳科技有限公司

（续表）

序号	获奖名称	企业名称
24	北京民营企业中小百强	北京诺康达医药科技股份有限公司
25		北京旌准医疗科技有限公司
26		北京东方百泰生物科技有限公司
27		北京浦丹光电股份有限公司
28		北京市科通电子继电器总厂有限公司
29		北京章光101科技股份有限公司

（经开区管委会）

【12家企业入选工业和信息化部绿色制造名单】10月16日，工信部发布《关于公布第五批绿色制造名单的通知》，其中拜耳医药保健有限公司、赛诺菲（北京）制药有限公司、北京ABB低压电器有限公司、富智康精密组件（北京）有限公司、北京盛通印刷股份有限公司、北京北汽李尔汽车系统有限公司、中粮可口可乐饮料（北京）有限公司、利乐包装（北京）有限公司、北京新华印刷有限公司9家企业入选绿色工厂名单，北京京东方显示技术有限公司、北京奔驰汽车有限公司、北京盛通印刷股份有限公司3家企业入选绿色供应链管理企业名单。

（经开区管委会）

【京东产生首单电商平台数字人民币消费】12月11日，全国首单电商平台数字人民币消费在京东商城产生。其中京东数字科技集团作为首批配合中国人民银行数字货币研究所展开“数字人民币试点”工作的科技公司之一，形成了一套包含风险控制、安全策略、支付技术等在内的支付服务体系，短时间内高效对接了运营机构与消费场景，成为首个与工、农、中、建、交、邮储六大行均开展合作并接入数字人民币电商平台消费试点场景的科技公司。

（经开区管委会）

【中关村科技成果产业化先导基地揭牌】12月24日，在中关村管委会、经开区管委会和海淀区政府三方的共同推动下，中关村科技成果产业化先导基地在经开区揭牌。该基地的启用将完善“三城一区”科技成果转化合作机制，打通自贸区高端产业片区与科技创新片区，打造具有国际竞争力的创新产业集群，为加快北京建设国际科技创新中心提供有力支撑，吸引一批优质的成果转化项目和服务机构，打造中关村亦庄园科技创新良好生态，支撑中关村亦庄园高精尖产业发展。活动中，中关村管委会、经开区管委会共同为6家中关村生物医药平台和6家入驻先导基地的服务机构授牌，并举行先导基地“创新成长计划”项目的

签约仪式，思纳福（北京）医疗科技有限公司、北京飞擎科技有限公司、北京思存通信技术有限公司、

（融媒体中心提供）

北京中科辅龙科技股份有限公司、新能动力（北京）电气科技有限公司、铨融（上海）医药科技开发有限公司 6 家企业与中关村亦庄园签署了入驻发展协议。

（经开区管委会）

【经开区入选第三批“双创”示范基地名单】12 月 24 日，国务院办公厅发布《关于建设第三批大众创业万众创新示范基地的通知》，在部分地区、企业、高校和科研院所建设第三批共 92 个“双创”示范基地，其中创业就业方向 25 个、融通创新方向 27 个、精益创业方向 32 个、全球化创业方向 8 个。北京经济技术开发区入选第三批双创示范基地名单（精益创业方向），要求着力打造精益创业的集聚平台，加快培育成长型初创企业、“隐形冠军”企业和“专精特新”中小企业。

（经开区管委会）

【经开区与 SMC 株式会社签署合作协议】12 月 31 日，经开区管委会与 SMC 株式会社签署全面合作协议，共建中日工业自动化产业园。SMC 在经开区将形成投资及管理、销售总部、研发总部及制造总部四大总部的布局。

（经开区管委会）

【6 家企业入选北京市智能制造标杆企业名单】12 月 31 日，市经济和信息化局发布《关于公布 2020 年北京市智能制造标杆企业名单的通知》，北京经济技术开发区 6 家企业入选，包括小米通讯技术有限公司、北京亦庄水务有限公司智能工厂、信维创科通信技术（北京）有限公司、北京柏瑞安电子技术有限公司、利乐包装（北京）有限公司、北京泰德制药股份有限公司。

（经开区管委会）

北京市级开发区

【概况】2020 年，北京市开发区主要经济指标持续增长，企业经济效益明显改善，开发区招商工作取得明显成效，土地集约利用水平进一步提高。全年全市开发区完成总收入 85053 亿元；完成利润总额 6690.1 亿元。

开发区经济规模稳步扩大。年内，北京市开发区实现总收入 8.5 万亿元。其中，中关村国家自主创新示范区实现总收入 7.2 万亿元；3 个市级开发区（房山工业园区 + 临空经济核心区 + 顺义科技创新产业功能区）实现总收入 4043.4 亿元。北京市开发区实现工业总产值 14024.2 亿元，占全市工业总产值的比重为 94.3%。北京市开发区实现利润总额 6690.1 亿元。其中，中关村国家自主创新示范区实现利润总额 6344.7 亿元，3 个市级开发区实现利润总额 127.1 亿元。

开发区创新引领能力不断增强。2020 年，北京市开发区规模以上国家高新技术企业数量 1.7 万家，实现利润总额 3775.8 亿元，占北京市开发区利润总额的 56.4%，从业人员 235.9 万人，占开发区从业人数的 67.9%。

土地开发建设进度逐步加强。年内，北京市开发区规划面积 570.9 平方千米。其中，3 家国家级开发区规划面积 466.3 平方千米，3 家市级开发区规划面积 29.1 平方千米。截至年底，全市开发区累计开发土地面积和累计供应土地面积分别为 361.43 平方千米和 319.82 平方千米，累计建成城镇建设用地面积 284.46 平方千米。全市开发区单位土地工业总产值产出率约为 140.2 亿元 / 平方千米。

（北京国际工程咨询有限公司）

【北京天竺综合保税区】2020 年，保税区完成总收入 533.3 亿元，同比增长 28.9%；完成利润总额 42.8 亿元，同比增长 16.9%。

（北京国际工程咨询有限公司）

【北京临空经济核心区】2020 年，核心区完成总收入 2807.4 亿元，同比下降 38.1%；完成利润总额 38.9 亿元，同比下降 90%。（由于北京市对天竺空港经济开发区进行了整合，统计报表进行了调整。）

（北京国际工程咨询有限公司）

【北京通州经济开发区】2020 年，开发区完成总收入 184.5 亿元，同比增长 1.4%；完成利润总额 36.4 亿元，

同比增长 14.1%。

（北京国际工程咨询有限公司）

【北京兴谷经济开发区】2020 年，北京兴谷经济开发区完成总收入 187.9 亿元，同比下降 8.4%；完成利润总额 5.5 亿元，同比下降 1.8%。

（北京国际工程咨询有限公司）

【北京雁栖经济开发区】2020 年，北京雁栖经济开发区完成总收入 443.9 亿元，同比下降 0.3%；完成利润总额 44.5 亿元，同比下降 1.1%。

（北京国际工程咨询有限公司）

【北京密云经济开发区】2020 年，北京密云经济开发区完成总收入 433.1 亿元，同比增加 4.5%；完成利润总额 9.5 亿元，同比下降 62.9%。

（北京国际工程咨询有限公司）

【北京永乐经济开发区】2020 年，北京永乐经济开发区完成总收入 10.2 亿元，同比增长 1%；完成利润总额 0.6 亿元，同比增长 231%。

（北京国际工程咨询有限公司）

【北京大兴经济开发区】2020 年，北京大兴经济开发区完成总收入 483.9 亿元，同比增长 35.4%；完成利润总额 26.1 亿元，同比增长 93.3%。

（北京国际工程咨询有限公司）

【北京八达岭经济开发区】2020 年，北京八达岭经济开发区完成总收入 942.4 亿元，同比增长约两倍；完成利润总额 350.3 亿元，同比增长近 27 倍。

（北京国际工程咨询有限公司）

【北京延庆经济开发区】根据统计局《北京市开发区统计报表制度》（2019 年）要求，北京延庆经济开发区与北京八达岭经济开发区进行合并统计。

（北京国际工程咨询有限公司）

【北京房山工业园区】2020 年，北京房山工业园区完成总收入 47.5 亿元，同比降低 31%；利润总额 3.1 亿元，同比下降 6.1%。

（北京国际工程咨询有限公司）

【北京顺义科技创新产业功能区】2020 年，北京顺义科技创新产业功能区完成总收入 1188.4 亿元，同比降低 9.4%；完成利润总额 85.1 亿元，同比增加 0.8%。（由于北京市对天竺空港经济开发区进行了整合，统计报表进行了调整。）

（北京国际工程咨询有限公司）

【北京石龙经济开发区】2020 年，北京石龙经济开发区完成总收入 5.1 亿元，同比下降 99.5%；亏损约 0.2 亿元。

（北京国际工程咨询有限公司）

【北京良乡经济开发区】2020 年，北京良乡经济开发区完成总收入 292.4 亿元，同比下降 7.6%；利润总额 4.9 亿元，同比下降 40.2%。

（北京国际工程咨询有限公司）

【北京采育经济开发区】2020 年，北京采育经济开发区完成总收入 236.5 亿元，同比增长 11.5%；完成利润总额 20.1 亿元，同比增长 11%。

（北京国际工程咨询有限公司）

【北京昌平小汤山工业园区】2020 年，北京昌平小汤山工业园区完成总收入 4.9 亿元，同比增长 8.9%；完成利润总额 98 万元，同比降低 71.7%。

（北京国际工程咨询有限公司）

【北京马坊工业园区】2020 年，北京马坊工业园区完成总收入 47.3 亿元，同比增长 29.2%；完成利润总额 0.8 亿元，同比增长 100%。

（北京国际工程咨询有限公司）

2020 年北京市开发区土地开发情况

单位：公顷

名　　称	规划总面积	累计已开发土地面积	累计已供应土地面积	累计已建成城镇建设用地
国家级开发区	46632.49	33795.96	30308.47	26826.68
北京经济技术开发区	5960	5114.6	4466.3832	4063.0457
中关村国家自主创新示范区	42803.89	31009.86	25518.42	25183.16
中关村示范区海淀园	17430.58	14593.51	14296.83	13818.09
中关村示范区丰台园	818	470	441.94	424.58
中关村示范区昌平园	5140.25	2748.65	1956.34	1851.44
中关村示范区朝阳园	2610	1471.88	1447.09	1067.42
中关村示范区亦庄园	2678	2678		2678
中关村示范区西城园	1000	1000	1000	1000
中关村示范区东城园	603	288.78		288.78
中关村示范区石景山园	1334	402.8	402.8	
中关村示范区通州园	3434.62	2323.38	1973.91	1284.62
中关村示范区大兴园	2074.34	842.81	583.44	459.71
中关村示范区平谷园	508	227.71	106.41	85.19
中关村示范区门头沟园	189	120	120	
中关村示范区房山园	1572.57	1213.96	1082	767.865
中关村示范区顺义园	1208.49	912.35	599.48	412.15
中关村示范区密云园	1000.84	699.27	619.25	462.36
中关村示范区怀柔园	711	693.06	664.26	359.16
中关村示范区延庆园	491.2	323.7	224.67	223.79
北京天竺综合保税区	546.6	349.5	323.67	258.48
市级开发区	10462.0	7782.7	6135.2	5692.1
北京石龙经济开发区	189	120	120	
北京良乡经济开发区	240.93	136.11	132.69	117.45
北京大兴经济开发区	415.99	394.63	394.63	377.59
北京通州经济开发区	1947.58	770.67	794.37	637.27
北京雁栖经济开发区	1096	1096	722.2	637.57
北京兴谷经济开发区	503.2	571.72	424.61	596
北京密云经济开发区	1249.46	1249.46	1027.42	909.95
北京临空经济核心区	1360.38	1245.91	699.96	673.88

（续表）

名　　称	规划总面积	累计已开发土地面积	累计已供应土地面积	累计已建成城镇建设用地
北京顺义科技创新产业功能区	1332	942.60	823.2	823.2
北京八达岭经济开发区	491.2	323.7	224.67	223.79
北京永乐经济开发区	459.81	219.306	137.13	137.13
北京延庆经济开发区				
北京昌平小汤山工业园区	257.34	23.48	23.48	45.32
北京采育经济开发区	355.01	327.08	319.71	285.01
北京房山工业园区	218.52	159.51	150.72	122.76
北京马坊工业园区	345.58	202.49	140.4	105.18

注：1. 本表所指开发区包括北京市级及国家级开发区情况。

2. 中关村国家自主创新示范区亦庄园数据在中关村国家自主创新示范区与北京经济技术开发区中为重叠部分。

3. 自2013年起，平谷园、门头沟园、房山园、顺义园、密云园、怀柔园和延庆园7个园区纳入中关村国家自主创新示范区统计范围，后表同（详见简要说明）。

4. 除中关村国家自主创新示范区海淀园外，中关村国家自主创新示范区各园“规划总面积”指标均填报批复土地面积，范围较2012年有所变化。

5. 表内“累计”指自开始至年末的累计数。

6. 为保留原始数据，此表中数据未做小数点后位数调整。

2020年北京市开发区投资、生产情况

名　称	总收入（万元）	利润总额（万元）
国家级开发区	810095897	65629679
北京经济技术开发区	157596540	7012807
中关村国家自主创新示范区	722763687	63446755
中关村示范区海淀园	294962678	18708782
中关村示范区丰台园	66486585	4445283
中关村示范区昌平园	48030585	3679425
中关村示范区朝阳园	83909661	9444529
中关村示范区亦庄园	75597574	5257457
中关村示范区西城园	34809844	11039790
中关村示范区东城园	29135659	2804697
中关村示范区石景山园	31690184	4044413
中关村示范区通州园	10058897	838851
中关村示范区大兴园	7062910	484989
中关村示范区平谷园	1691408	95062

（续表）

名　称	总收入（万元）	利润总额（万元）
中关村示范区门头沟园	4148805	191204
中关村示范区房山园	4861954	197328
中关村示范区顺义园	17424666	1792140
中关村示范区密云园	3842737	−90575
中关村示范区怀柔园	7075704	461499
中关村示范区延庆园	1973835	51883
北京天竺综合保税区	5333245	427574
市级开发区	923684398	6257358
北京石龙经济开发区	51141	−1697
北京良乡经济开发区	2923662	49153
北京大兴经济开发区	4839454	260885
北京通州经济开发区	1844562	363813
北京雁栖经济开发区	4439058	444632
北京兴谷经济开发区	1879132	55321
北京密云经济开发区	4331445	95355
北京临空经济核心区	28074322	388839
北京顺义科技创新产业功能区	11884224	851031
北京八达岭经济开发区	9424328	3503348
北京永乐经济开发区	101717	5632
北京延庆经济开发区		
北京昌平小汤山工业园区	48971	98
大兴采育经济开发区	2364581	201396
北京房山工业园区	475200	31078
北京马坊工业园区	472961	8474

注：1. 中关村国家自主创新示范区亦庄园数据在中关村国家自主创新示范区与北京经济技术开发区中为重叠部分。
　　2. 北京经济技术开发区、市级各开发区“总收入”“利润总额”指标的统计范围为规模（限额）以上法人单位。

行业协会、产业联盟与研究机构

本栏目采用条目体，刊载2020年北京工业经济联合会、北京电子商会、北京市开发区协会等行业协会，闪联产业联盟、中关村大数据产业联盟、中关村数字经济产业联盟等产业联盟，首钢技术研究院、北京一轻研究院、北京市电子科技情报研究所等研究机构的年度发展情况。

行业协会

【概况】2020 年，在全面防控新型冠状肺炎疫情、应对中美贸易摩擦、经济下行压力加大的背景下，北京工业经济联合会（简称北京工经联）发挥“枢纽型”社会组织政治上的桥梁纽带、业务上的发展龙头、日常服务管理上的窗口平台作用，从政治上把大局、看问题，谋划推动工作，全面贯彻中共十九届五中全会精神，牢牢把握新发展阶段、贯彻新发展理念、构建新发展格局，坚持以“四个服务”为宗旨，坚持党建为引领，坚持守成与创新相结合，奋发有为、积极作为，全力促进北京工业经济建设创新发展。

全面履行好服务保障职能。在北京工业经济转型、产业转移的形势下，特别是北京市完成行业协会商会与行政管理部门脱钩工作，行业协会如何发展面临许多新问题。北京工经联着眼首都建设的战略定位，根据行业协会独特的管理优势，围绕寻找新的发展出路，深入会员单位组织专题调研，就有效地发挥社会组织在经济社会发展中的作用提出可行性意见建议。与中国电子质量管理协会协作举办品牌培育管理体系实施指南标准电子信息行业知识竞赛活动。北京工经联作为第六届中国工业大奖申报受理单位，根据第六届中国工业大奖组委会要求，组织北京地区第六届中国工业大奖申报工作，共上报 6 个项目。2020 年年底，北京工经联先后走访考察有关智能制造和电子技术企业，参加由好学智慧科技集团组织的“智龙计划”专家座谈会。

办好《北京工业经济》杂志。截至 2020 年年底《北京工业经济》已出版 54 期，成为宣传党的政策、传递政府信息、公布经济数据、普及专业知识、播报协会动态、展示会员风采的思想舆论阵地，起到引领、示范、影响、互动的作用。《北京工业经济》作为北京工业经济联合会的会刊，2012 年 1 月创刊，按双月刊发行。

行业协会工作取得新成效。12 月 22 日，北京工艺美术行业协会举办北京市劳动模范、先进工作者和人民满意的公务员表彰大会。共表彰北京市劳动模范、先进工作者 1148 名，北京市模范集体 186 个。其中，北京工美集团有限责任公司技术中心副经理、高级工艺美术师徐东、北京市通州区靛庄花丝厂技术总监、北京市工艺美术大师熊松涛荣获“北京市劳动模范”称号；北京握拉菲首饰有限公司、北京市珐琅厂有限责任公司商品部和北京工业大学艺术设计学院彩车设计团队获北京市模范集体称号。12 月 27 日，第六届中国工业大奖发布会在北京举行，北京电力设备总厂有限公司获提名奖。北京电源行业协会、北京电子电器协会，挖掘潜在优势，分别制定了电动车团体标准、家用电器维修技术标准、机器人标准。北京酿酒协会、北京包装技术协会、北京医药行业协会和北京保健品化妆品协会本着平等互利、优势互补、共同促进行业发展服务企业的原则，结成多种产业合作联盟，实现融合发展。北京家具行业协会连续举办北京家居品质消费月推广活动，形成品牌优势，受到商家、消费者的欢迎。北京电子电器协会在“一带一路”建设，特别是在东盟地区组织企业走出去方面，发挥了协调引领作用。

（杜金岗）

【北京金属学会】1957 年成立，是北京地区冶金专业领域的学术团体，是经北京市社团登记管理机关核准登记的非营利性、学术性民间科技社团组织，北京市民政局 5A 社团组织，市科协科技评价试点单位。学会在市科协领导和中国金属学会指导下，开展科普、教育、宣传、咨询、推广、交流等科学技术活动，组织冶金科学技术领域的国际、国内学术会议，开展学术交流与合作，促进冶金科学前沿的研究及学科间的交叉发展，推动新技术、新工艺、新材料的实际应用，发现和举荐人才，组织出版学术刊物，开展冶金、金属材料科技咨询和科学普及等。学会第十一届理事会有理事 51 人，常务理事 9 人，下设 5 个专业委员会，分别为组织工作委员会、学术工作委员会、科普与青年工作委员会、咨询工作委员会、科技评价委员会。下设 19 个专业分会，分别为采选分会、焦化分会、耐火材料分会、炼铁分会、炼钢分会、无损检测分会、压力加工分会、金属材料分会、有色冶炼分会、有色压加分会、有色金属材料分会、物理冶金分会、理化检测分会、能源分会、环保分会、冶金设备分会、自动化与计算机分会、技术经济分会、安全与健康分会。常设办事机构为秘书处办公室。学会现有团体会员 35 个，会员单位涵盖高校、科研院所、企业，在黑色和有色金属研究领域拥有雄厚的技术资源，拥有高精尖实验室和仪器设备，以及拥有一支近 500 人（包括数十名“两院”院士）组成的专家团队。

2020年，学会与中国金属学会分会合作在湛江联合举办2020年（第二十二届）全国炼钢学术会议，与中国金属学会专业分会合作在浙江东阳联合主办“2020年全国棒线材轧钢厂厂长论坛”，在西安召开“2020年（第九届）全国棒线材高效能工艺技术研讨会”，在杭州联合主办“2020年全国钢铁材料生产过程智能制造高级研讨会”，在马鞍山联合主办“2020年全国冶金固废综合利用关键技术研讨会暨长江经济带冶金固废跨行业协同处置与综合利用关键技术研讨会”、“2020钢铁、焦化、铸造行业秋冬季大气污染治理与超低排放升级改造交流会”等。落实中国科协系统深化改革方针和市科协“经理学术”的精神，开展科技成果评价和政府委托的专项检查工作，对中国科学院过程工程研究所和河钢集团有限公司等单位完成的“高纯V_2O_5绿色制造关键技术及产业化”、有研工程技术研究院有限公司等单位完成的“新型高耐蚀、低成本架空导线材料研发及应用”、北京首钢朗泽新能源科技有限公司等单位完成的“钢铁工业尾气生物发酵法制燃料乙醇系统工艺集成研究及其工业化应用”、北京首钢国际工程技术有限公司完成的“钢厂智能化多功能钢卷运输系统核心装备的研究与应用”、北京首钢股份有限公司等单位完成的“钢铁行业减速机装置润滑剂泄漏的控制研究及应用”、北京北冶功能材料有限公司完成的“高品质铁镍钴膨胀合金关键技术及产业化开发”进行评价。与北京首钢华夏工程技术有限公司组建金属3D打印创新簇工作站，开展金属3D打印材料研发及成型技术咨询和学术研讨；组织有色科技集团与河北铸合集团兴隆县矿业有限公司就合作开展“高性能新材料铷铯的高科技产业化应用”签署技术协议；举荐首钢技术研究院张爱斌、北京科技大学新材料技术研究院吴昊阳、北京有色金属与稀土应用研究所柳旭3名优秀青年科技工作者入选北京市科协2021—2023年青年人才托举计划。开展北京金属学会第十一届冶金年会科技论文评选活动，征集参评论文221篇，涵盖钢铁冶金、金属材料、自动化与信息技术10余个专业。新制定《北京金属学会科学技术成果评价管理办法（试行)》《北京金属学会现金管理办法》《北京金属学会办公及安全制度》《北京金属学会募捐公示制度》，修订《北京金属学会财务管理办法（试行)》《北京金属学会学术活动管理办法》。响应市科协号召，向武汉慈善总会汇款1万元。

（李　洁）

【北京玩具协会】1982年2月6日成立，是由北京地区从事玩具生产、科研、销售、教育的企业、事业单位自愿组成的社会经济团体。为政府和企业提供双向服务，推动北京地区玩具事业的发展。北京玩具协会下设传统玩具委员会、益智玩具委员会、空竹玩具委员会、花灯花会委员会、原创设计委员会和传统手工技艺推广培训委员会等7个专业委员会。办会宗旨为服务玩具企业，发展玩具行业，规范玩具产业。工作方针：提升毛绒玩具，开掘益智玩具，承传民间玩具，研发现代玩具。多年来，深入区县、村镇、街道、社区举办培训班，进入学校开展培训，传授灯笼、风筝、剪纸、编结、葫芦雕、堆绣等，培训学员数万人。协会以“在传承中保护、在保护中发展、在发展中创新”为信念，旨在发挥玩具生产企业和民间艺术的资源优势，提高北京玩具文化软实力，推动都市产业发展，促进和谐社会建设。2020年有会员单位96家。

年内，北京玩具协会按照市委、市政府的决策部署，向全体会员单位和各分支机构发出防控疫情倡议和服务管理措施，并组织会员单位开展“驰援武汉助力打赢新冠肺炎疫情阻击战爱心捐款活动”，共筹集捐款18870元。组织会员单位参加2020年服贸会北京工艺美术展，选派风筝、面塑、太平燕、蜡果、葫芦工艺、汉服折纸六个门类的老北京民间传统工艺大师现场与观众互动，展示才艺。参加第22届北京国际幼教展，老北京翻花、风筝、蜡果、面塑、太平燕等，分三大板块亮相展会，启动北京传统民间玩具传承人才培养项目，完成了与行政机关脱钩改革和等级评估所有材料的报送工作。

（赵亚曼）

【北京表面工程协会】前身是北京电镀协会，于1984年7月成立，2012年更名为北京表面工程协会，是北京市成立最早的工业领域行业协会之一，2001年原北京市经济委员会授予具备行业管理职能的首批协会。协会主要职能：贯彻表面工程行业相关法规和政策，推动行业结构调整和布局优化，促进行业清洁生产，提升行业整体水平。向政府部门反映行业、会员诉求，提出行业发展和相关立法等方面的意见和建议。协助开展行业调研，参与相关产业政策、行业标准、行业规划、行业规范条件的研究制定。推动诚信体系建设，健全行业自律性管理约束机制。开展政策、法规和技术咨询服务，组织技术培训、技术推广和信息交流。开展国内外经济技术交流，指导和规范会员企业的对外交往活动。接受政府相关部门委托，协助开展行业管理工作等。

2020年，北京表面工程协会化危为机，迎难而上，推进表面工程行业新发展。协会第一时间成立疫情防控小组，迅速开展疫情防控相关工作。及时传达防控疫情要求，根据市民政局、市经济和信息化局等相关政府部门的要求，向各会员单位发出《倡议书》，组织企业积极应对疫情。全面开展表面工程行业中小企业复工复产情况调查，收集企业受疫情影响信息，并整理汇总成文后提交给政府相关部门，为政府出台相关政策提供基础数据。协会组织行业企业、党员向疫情重灾区捐款，协会会员单位响应，北京纽堡科技有限公司、北京科丽力尔净水科技有限公司等多家企业自发向武汉捐献口罩及消毒试剂等紧缺防疫物资；为北京科勒有限公司、北京京西重工有限公司、北京中科三环高技术股份有限公司等 9 家企业提供清洁生产审核咨询服务；参与生态环境部对外合作与交流中心与世界银行合作开发的全球环境基金“中国污染场地管理项目”电镀行业土壤污染防治对策研究咨询服务项目调研工作；参与生态环境部对外合作与交流中心关于《电镀行业层面铬雾抑制剂及 PFOS 替代品的管理和推广咨询服务》项目调研工作；参与生态环境部《关于公开征求〈国家危险废物名录（修订稿）〉（二次征求意见稿）意见的通知》的回复工作；参与中国表面工程协会组织召开的“表面工程专业技术人员水平评价”线上培训及考试工作，以及高级以上相关人员线上专家评审工作；参加 2020 年国际（重庆）表面处理、电镀、涂装展览会与 2020 年中国绿色环保表面工程暨重庆第 17 届表面工程技术论坛；参加 DMP 大湾区工业博览会；参加第 33 届中国国际表面处理展等活动。

（北京表面工程协会）

【北京市饲料工业协会】简称饲料协会，1986 年成立，是具有社团法人资格的非营利性服务型社团组织。饲料协会以打造品牌协会、打造适应新常态的服务体系、打造企业的核心竞争力为奋斗目标，努力营造互联互通的平台、用心服务的平台、饲料企业之家、企业家之家。

2020 年，饲料协会为促进北京宠物食品产业发展、规范宠物食品市场，加强行业自律，成立第 7 个专业分会——“宠物食品与健康专业分会”。年内，北京市饲料工业总产值 97.1 亿元，总营业收入 100.7 亿元，同比分别增长 17.6%、23.5%，其中饲料产品总产值 91.5 亿元、营业收入 95.4 亿元，同比分别增长 20.3%、26.6%，饲料产品总产量 166.4 万吨，同比增长 7.0%。年内，协会协助 73 家会员企业办理北京市农业农村局“民生保供资质证明”，超过 350 吨饲料通过使用证明得以顺利运至目的地；协助 24 家企业订购 8.3 万只防疫口罩，为复工复产提供必要防疫条件；与北京农业互联网协会联合主办“农业产业场景金融沙龙”，帮助农牧企业获得金融资源支持，获批贷款共计 1170 万元；组织 25 家会员企业累计向全国多个地区的红十字会、医院、各级政府等部门和养殖企业捐款 85.83 万元，捐赠口罩等防护用品、酒精等消毒物资、鸡蛋等生活物资、饲料等保障物资、聚氨酯助剂用于火神山医院建设的生产物资等，价值超过 1422.52 万元；与津、冀、辽、蒙饲料工业协会联合主办“新形势　新动能　新机遇——畜牧饲料行业热点及趋势展望”，来自全国各地约 320 家企业近 500 人抵京出席会议。

（武志超）

【北京照明电器协会】1987 年 5 月 16 日成立，在北京市民政局社团管理办公室的领导下，以面向市场、面向企业，为会员提供服务，维护会员合法权益，保护行业公平竞争，促进行业发展为宗旨，广泛团结行业同人，群策群力，为振兴北京照明电器行业开展工作。2020 年共发展 5 家企业入会。

年内，协会按照市委、市政府、市民政局及相关部门有关疫情防控要求，发出抗疫防控工作和致各灯饰、建材市场减租倡议书，制定《疫情防控期间加强协会服务管理措施》，在线组织了会员企业生产经营受疫情影响调查，发布“红星美凯龙”宣布疫情期间免租一个月和“振辉科技”全力支持——驰援武汉雷神山、北京小汤山医院建设信息。线上召开第八届监事会第二次会议，审议并通过了《北京照明电器协会 2019 年度工作报告》《北京照明电器协会 2019 年度财务情况》。组织开展了由北京市总工会主办的 2020 年北京市“职工技协杯”职业技能竞赛，来自全市企业的 335 名选手参加第一届照明工程设计师初赛考试。组织相关企业到密云尖岩村调研、考察，并与尖岩村党支部达成意向，进行产业扶贫，洽谈文化创意产业、美丽乡村建设合作项目。

（北京照明电器协会）

【北京建材行业联合会】简称建材联合会，1987年12月成立，名为北京建材工业协会，2000年9月18日变更为北京建材行业协会，2009年6月14日更名为北京建材行业联合会，是由北京地区建材专业协会、建材生产、经营以及科研、设计、信息等单位自愿组织的社会团体，是北京地区建材行业组织，是经北京市社团管理办公室核准登记的非营利社团法人。截至2020年年底，北京建材行业联合会拥有会员323家，其中大型企业12家、中型企业40家、小型企业271家。

2020年，受新冠肺炎疫情影响，北京建材行业产品产量较上年继续下降，据全市地方规模以上在京企业累计生产量统计：硅酸盐水泥熟料251万吨，同比下降2%；水泥287万吨，同比下降10%；商品混凝土4400万立方米，同比下降12%；石膏板5058万平方米，同比下降14%；平板玻璃47.7万重量箱，同比下降16%；卫生陶瓷138万件，同比下降17%；沥青和改性沥青防水卷材16.5万平方米，同比下降7%。年内，北京建材行业系统引导行业企业做好新冠肺炎疫情防控和复工复产，发挥了桥梁枢纽、服务保障作用，做到了疫情防控和协会工作两不误，向会员单位发布了《北京建材行业联合会关于进一步加强做好新型冠状病毒感染肺炎疫情防控工作的通知》和《北京建材行业联合会关于切实做好疫情防控工作的通知》，建立了企业复工复产监测机制，及时收集、统计行业内企业复工复产情况，并将汇总的情况按时上报，为国家掌握企业复工复产情况提供数据支持。成立稳定建材市场价格工作领导小组，将市场监督管理局《市场价格行为提醒书》转发给相关行业协会和会员企业，督促有关单位认真学习贯彻执行。完善建筑材料专业职称评审工作，调整增加了“新型纳米材料”“保温材料”等专业，评审全程网上申报、审核、评审，高、中、初级人数达1206人。按照京、津、冀、鲁、辽、晋、蒙环渤海7省、直辖市、自治区建材行业协会会长联席会的统一安排，在环渤海地区继续开展“诚信企业”“知名品牌”“最具影响力企业”“技术创新型企业”4项评价活动，北京地区评出诚信企业24家、知名品牌企业10家、品牌最具影响力企业2家、技术创新型企业3家。继续发挥“国建联信认证中心北京地区认证工作站”作用，做好建材行业企业三体系新认证、再认证工作，全年完成对40家企业143项次的年度监查审核。按照中国建筑材料联合会《关于召开全国建材行业第三十五次质量管理活动代表会议的预通知》及建材工业质量认证管理中心《关于开展全国建材行业第三十五次质量管理活动的通知》要求，组织并指导会员企业申报，有4家企业参与，分别获得了质量管理活动优秀企业、质量认证活动优秀企业、质量管理小组活动卓越领导者、优秀质量管理小组等8个奖项。继续与北京硅酸盐学会联合开展科技评奖和科技成果鉴定工作，有近30家企业参加申报，申报项目46项，获奖项目31项，其中科研成果一等奖1项，二等奖2项，三等奖4项；技术革新一等奖2项，二等奖4项，三等奖16项；技艺工法奖2项。

（杨国宏）

【北京电器电材行业协会】1988年2月12日成立，是北京地区高、低压电器元件及成套装置、电线电缆、绝缘材料及电工器材等企业和有关科研院所、大专院校自愿组成的行业组织。在政府和会员单位的支持帮助下，协会不断发展。协会会员单位可提供的产品有十几大类、近百小类、1000余个品种规格的系列产品。其中包括高低压电器成套开关设备、继电保护及自动控制装置；变压器、互感器、电力电容器；高压断路器、隔离刀关、接触器、启动器、空气断路器、继电器、刀开关、熔断器、主令电器、漏电开关、防爆电器及电器附件；机床配套用断路器、行程开关、微动开关等各种机床电器元件、控制柜及自耦减压启动器。还可提供各种电线电缆、铜铝母线及电缆附件；电机、电器、电子配套用各类绝缘材料。

2020年，北京电器电材行业协会坚持创新工作理念，继续发挥纽带作用，开展行业协调服务。组织协调会员企业开展疫情防控，进行防控宣传、人员登记、体温测量、追踪统计等工作，为防控疫情做出贡献。携手电老虎网在北京举办“2020全国电力电气销售资源对接大会——数字新基建下电器成套开关设备发展论坛”，为国内电气成套企业、变压器企业、EPC 总包单位、设计院、元器件厂家、材料供应商提供合作交流平台。参与北京工业经济联合会2020年度开展的各项线上线下活动。参加《走进华为》培训，经贸形势热点论坛，收集整理脱贫攻坚材料，参加全国行业信用共建联盟成立大会暨中国家居服务行业信用体系建设高峰论坛。建设协会官网、微信公众号、《北京电器电材之窗》内刊，为会员提供多途径多媒体信息服务，内容涵盖产业政策、行业动态、新产品新技术等信息。开办“电协兴电器电材经营部”，为会员单位配套提供优质电器电材产品。

（唐军平）

【北京工业经济联合会】 简称北京工经联，前身为北京工业经济协会，1991年4月23日成立，2000年10月12日更名至今。截至2020年年底，北京工经联有会员单位99家，其中社会组织会员单位47家，企业会员46家，院校和研究机构6家，新增会员2家。

2020年，北京工经联通过多种形式进行疫情防治宣传，发布《北京工业经济联合会关于动员会员单位参与新型冠状病毒感染的肺炎疫情防控工作的倡议书》，动员鼓励会员企业，加班生产紧急防控医药产品和设备，组织捐款捐物支持一线防疫，会员单位捐赠3亿多元；组织会员企业开展3次线上培训，减少疫情对工作的影响；与北京经济技术开发区、中关村北京经济开发区科技创新联盟促进会、中关村绿色科技扶贫创新产业联盟开展对接活动，了解行业协会工作上遇到的问题，上报市经济和信息化局和市国资委，增强指导针对性；深入到北京机电行业协会、北京模具行业协会、北京饲料工业协会、北京电子电器协会、北京酿酒协会，了解工业企业受疫情影响情况，协调解决实际困难；与其他单位联合主办2020年首届“京津冀—粤港澳”先进制造高端峰会；组织各协会为北京市工业年鉴提供稿件；完成北京工业和信息领域社会组织支撑高精尖产业发展情况调查分析，向市经济和信息化局提交调研报告。

（杜金岗）

【北京电子电器协会】 简称北电协，1992年8月成立，成员主要为北京地区从事电子电器产品制造、销售、服务及技术研发、检测认证、教育培训等相关的企事业单位。协会设有人工智能与物联网分会、电磁兼容分会、民用机器人专委会和消费电子服务专委会。

2020年，协会共有会员单位111家，大中小企业分别占比12%、15%和64%，主要成员包括京东方科技集团股份有限公司、小米通讯技术有限公司、北京京东世纪贸易有限公司、国美北京分公司、中国家用电器研究院、北京邮电大学、北京科技大学计算机与通讯工程学院、科大讯飞股份有限公司等单位。年内，北电协按照市委、市政府关于疫情防控及有序复工复产工作部署，制定发布了一、二、三版《北京市家电维修服务疫情期间防控指引》；在会员企业进行宣传各级政府扶持减税政策；与北京烹饪协会、北京商报社等单位联合发布“复工单位员工安全就餐”订餐地图；分5个批次向30余家企业一线员工发放平价口罩2.3万只，协调平价酒精、消毒液等物资；主办“智慧抗疫中的人工智能新技术研讨会”，市经信局副局长潘锋致辞，来自清华、北大、中科院和百度、阿里巴巴、腾讯等机构企业的学者专家，探讨运用人工智能、大数据等前沿技术助力防控疫情，研讨会通多平台直播，累计82.7万人次观看直播，中新网、光明网、《科技日报》等十余家主流媒体报道；以线下线上六地联动方式主办了“京津冀—粤港澳先进制造高端峰会”，20余位院士专家和知名企业代表围绕高端制造技术发展和新基建背景下产业发展机遇发表演讲，历时两天峰会经多平台直播，观看人数达187.8万人次，包括人民网、《北京日报》、新浪、搜狐等14家主流媒体予以报道。组织会员企业参加第五届中国创新挑战赛暨中关村新兴领域专题赛，取得优胜奖2个、优秀奖2个；承办北京市服务技能大赛智能楼宇管理员、制冷空调系统安装维修工项目竞赛，百余家企业及门店5000余人次参与岗位练兵和培训竞赛。该活动共组织各级培训12场，竞赛4场，参赛人员250余人次，两个项目共有60人获得主办方表彰。

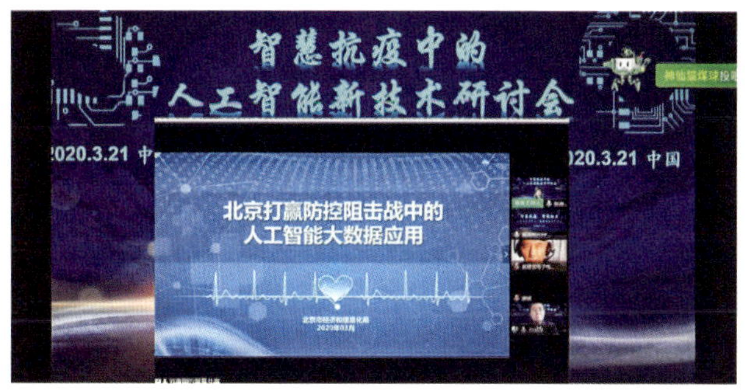

（武建宝）

【北京电子商会】 1993年2月20日成立，是经市民政局核准、登记注册，由北京地区工商企业经营电子信息产品的单位及团体自愿组成的跨地区、跨部门、不以营利为目的的社团组织，具有社团法人地位。有企业会员200余家。会员企业来自中央在京企业和北京电子信息行业企业，涉及通信、计算机、测量仪器、电子专用设备、电子元器件、集成电路、电力电子等多个行业。受市经济和信息化局委托，负责北京电子信息制造业经济运行数据的统计、汇总、监测及分析工作，为政府决策提供参考意见。建立了行业统计网络，对电子信息制造业规模以上企业进行经济运行监控，每月向市经济和信息化局汇报在统企业的主要经济指标数据。按月上报经济指标表，并制作经济运行简报，编写年度报告。协助完成工信部布置的年鉴编写任务。为加快推动电子信息行业高质量发展，组织北京地区每年一次的中国电子信息百强申报工作，参加工信部组织的百强发布会。

2020年，在抗击新冠肺炎疫情中，北京电子商会向会员企业报送抗击疫情相关信息50余条，并组织会员企业捐助资金、物资、设备，派驻专业人员前往一线提供保障；组织召开“2020年度高新技术企业资格认定工作与后期维护”专题培训，共有1000余人上线参加了直播培训；携手北京电子电器协会在牡丹融媒体直播平台共同举办“2020年中关村社会组织联合会政策解读”系列活动，累计2000余人次收看政策解读会；与中关村京企云梯科技创新联盟、北京中科科技创新发展研究院、北京物联网学会联合主办2020物联网技术行业应用高峰论坛；与河北省信息产业与信息化协会、北京牡丹电子集团有限责任公司共同主办“京冀电子信息产业对接会”。

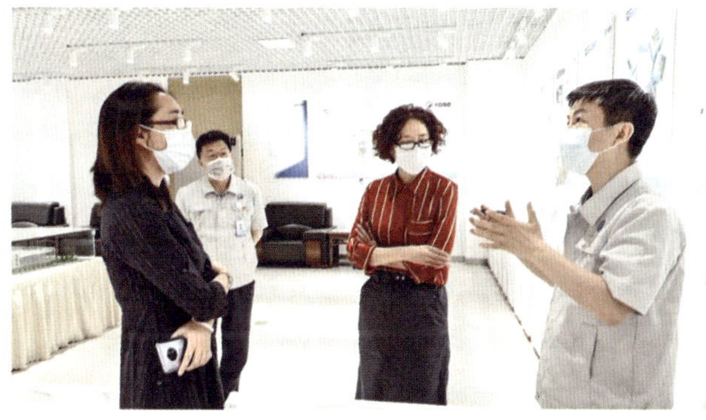

2020年6月4日，北京电子商会就提高服务水平进行调研（商会提供）

（北京电子商会）

【北京电源行业协会】 简称电源协会（BPSA），2001年9月成立，是中国社会组织评估等级4A级协会，会员单位158家，其中大型及上市公司32家、中小型企业125家。电源协会作为电源、新能源、太阳能光伏、储能电源、工业电源系统、电动汽车动力总成及电池、电控、电机集成行业社团组织。2015年先后成立北京电源行业知识产权人民调解委员会（市司法局）、北京电源行业知识产权保护服务工作站（市知识产权局）、北京电源行业版权工作站（市版权局）、北京电源行业多元化调解中心（市高法）等公益组织社会服务职能。

2020年，电源协会按照市委、市政府要求，开辟了“电源行业抗击疫情专题”网站，利用协会官方网站、公众号、微信群等渠道发布抗击疫情信息；与企业联系，捐款捐物达2亿余元。其中，北京机械自动化研究所、京城机电等近百家企业在抗击疫情、复产复工中均做出了较为突出的贡献；落实《国家知识产权战略纲要》文件精神，宣传普及商标和专利等业务知识；继续开展“人民调解——电源行业在行动”社会公益服务品牌宣传活动，走访各区科技园会员企业，赠送知识产权相关书籍；建立“北京电源行业协

会”网站（www.bpsa.org.cn/channels/36.html），开辟“中国电源”App“中国电源”公众号；开展《企业产品研发与知识产权市场策略》《商标、专利侵权判定与赔偿标准》《从中国企业上市受阻看企业知识产权战略》等主题线上培训；开展国家工业互联网“电能质量”服务标识解析的研究与合作，为开展电源行业产品服务标识奠定基础；搭建行业网上培训平台“电源云学苑”（www.cpsa.org.cn）和电源行业电子证书查询系统（peixun.cpsa.org.cn），开展行业专业技能提升及评价工作，并颁发工业和信息化职业等级相应的技能评价证书。

（张凤婷）

【北京市开发区协会】 简称开发区协会，是由北京市范围内经国家和北京市政府认定的开发区与产业基地，及从事开发区建设和服务的企事业单位、个人，以及一切关心和有志于推动北京市开发区发展的企事业单位和社会各界人士组成的非营利性社会团体，是经北京市经济和信息化委员会（原北京市工业促进局）批准，经北京市民政局核准于2007年登记注册。2020年，协会拥有会员单位34家，包括开发区及为开发区和入区企业提供咨询服务的机构。

2020年，北京市开发区累计投产开业企业2.89万家，实现总收入8.51万亿元，同比增长6.83%。其中，中关村自主创新示范区实现总收入7.23万亿，同比增长8.81%。开发区实现工业总产值14024.2亿元，占北京市工业总产值的69.2%，同比下降2.9%。带动就业330.4万人。实现利润总额为6690.1亿元，同比增长38%；实现税收总额2315.4亿元，同比下降1%。2020年，北京经济技术开发区全年实现工业总产值4467.9亿元，同比增长6%，占全市开发区工业总产值的31.9%，成为北京市“高精尖”产业的重要承载区和经济发展的增长极。年内，在疫情防控常态化下，开发区协会认真贯彻落实习近平总书记关于“统筹做好疫情防控和经济社会发展工作”的指示精神，按照市委市政府统一要求，稳步推进各项工作。重点工作：加强协会党建工作，健全党建管理，全年共组织、参加党建活动10余次；积极协助市经信局开展相关工作，协助做好国家新型工业化产业示范基地申报及评价工作；在疫情暴发初期，及时向会员单位发出《倡议书》，有序组织会员单位参加“基础设施REITs项目培训会、第十期中国开发区大讲堂、京津冀开发区战略性新兴产业论坛”，为会员单位联系参观考察天津经济技术开发区、上海创智天地园区等会议交流活动15次。

（开发区协会）

产业联盟

【闪联产业联盟】 闪联产业联盟（闪联标准工作组/闪联信息产业协会）是孵化于中关村、立足于中关村，辐射全国乃至全球的标准组织和产业联盟，致力于IGRS标准的制定、推广和产业化。2003年7月，闪联标准工作组在信息产业部支持下，由联想、TCL、康佳、海信、创维、长虹、长城、中和威8家企业联合发起成立，简称闪联（IGRS）。2005年5月，在中关村管委会支持下，闪联信息产业协会成立，成为闪联产业联盟的法人实体。闪联产业联盟坚持“公平、开放和兼容”的合作模式，与国内外重要标准组织建立了紧密的联系和合作，推动IGRS标准的国际化。闪联产业联盟以产业化为驱动，以市场化为导向，是国内标准建设中产业化步伐进展最快、取得成果最多的标准组织。闪联产业联盟拥有国内发明专利240项，软件著作权7项，国际发明专利48项。闪联产业联盟涵盖3C产业链上下游的重要企业，形成了产学研一体化的产业集群。联盟共有会员单位240家，其中闪联会员厂商覆盖国内电视机市场84.3%、白色家电市场50%、计算机市场43%和手机市场41%的份额。闪联会员厂商有电脑、笔记本、电视、手机、投影仪、高清网络播放机、下载盒、无线连接器等20余种基于闪联标准的产品上市销售，各类闪联产品销量已超过1000万台，直接创造经济效益22.8亿元。

2020年，市经济和信息化局公布北京市第一批“专精特精”名单，闪联产业联盟会员闪联信息技术工程中心有限公司、新联合众（北京）科技有限公司上榜。

（编辑部）

【北京长风信息技术产业联盟】简称长风联盟，于2005年在国家以及地方政府的支持下，由多家致力于自主知识产权的软件与信息服务企业、科研院所及第三方机构联合发起成立。2011年11月于市民政局取得社团法人资格，是首批注册法人实体的产业联盟。长风联盟是科技部首批产业技术创新联盟试点，被科技部等六部委联合认定为首批A级产业技术创新联盟，被工信部认定为国家中小企业公共服务示范平台，被市民政局评为“北京市5A级社会组织”，被原市经济和信息化委评为北京市中小企业公共服务平台，被中关村管委会评为“中关村A级产业技术联盟”“首批示范型社会组织”“中关村示范区标准试点单位”。长风联盟作为国家标准化管理委员会首批团体标准试点单位之一，连续多年入选市科委支持联盟名单。长风联盟会员数量达290余家，会员企业涵盖核心基础软硬件、应用软件、系统集成商及互联网、创新创业机构等，吸纳了京东、东华软件、软通动力、用友、博彦科技、华宇软件等国内2/3的基础软件和应用软件产品龙头企业，覆盖软件与信息服务产业链的各个环节。长风联盟致力于探究产业前沿技术，市场需求对接、产业链资源聚集，搭建IT全产业链创新资源平台。长风联盟汇集全国的产业资源，发挥产学研用的创新服务链机制，围绕标准研制与推广、科技政策咨询、国际资源合作促进、ICT产业链对接、京津冀合作、新技术新产品推广等多方面开展服务。长风联盟致力于推动以自主创新的基础软硬件为核心的产业生态建设，集聚专委会成员100余位、合作伙伴1000余家，联动科研院所、企业、高校等优质资源，定期梳理行业发展趋势、开展决策咨询。产业研究涵盖软件和信息技术服务、人工智能、下一代通信和网络、集成电路、工业互联网和物联网、网络信息安全、大数据、区块链、现代服务业等九大领域，成立至今累计发布行业研究报告50余篇，提交产业发展建议100余篇，收集舆情监测数据1万余条。多条建议得到行业主管部门采纳和认可，为政府制定政策、企业配置资源提供参考依据。长风联盟累计举办各类主题活动500余场次，800余位学术界、产业界、投资界人物参与其中，获得超1000万流量推荐。长风联盟坚持以标准为纽带，以应用促研发，通过牵头组织科研院所、会员企业开展标准制定和推广工作，已参与标准创制37项。

2020年7月，长风联盟成为北京社会企业发展促进会单位会员。12月，长风联盟成为首批“中关村产业技术联盟企业服务工作站”。同月，发布《2020北京软件和信息技术服务业发展现状》白皮书，从产业全景、政策环境、技术创新、产业投融资、重点领域、人才资源和重点企业等多维度进行客观分析，为社会各界了解北京软件和信息技术服务业发展现状提供参考和借鉴。

（编辑部）

【中关村数字电视产业联盟】2006年12月18日，挂牌成立国内首个为数字电视产业集聚而打造的专业园区“中关村数字电视产业园”。为提升国内企业自主创新能力，增强中国数字电视产业的整体竞争优势，2007年6月8日，汇聚数字电视产业链上141企业成立了中关村数字电视产业联盟。在联盟基础上申请组建的数字电视国家工程实验室（北京）于2009年年底由国家发展改革委批复成立，并于2010年7月开始运营。2009年4月，由国家发展改革委、科技部、工信部、广电总局、标准委、商务部、外交部、中国工程院8部门组成数字电视标准国外推广工作组，加大了国标（DTMB）的海外推广的力度。2020年，联盟由地面数字电视工作组、移动多媒体广播工作组、网络多媒体电视工作组、有线电视工作组、数字电视移动存储工作组、AVS工作组、闪联信息产业协会工作组等共8个工作组组成。联盟成员企业在数字电视领域的科技研发、标准制定、芯片研制、关键设备制造、终端产品生产、节目制作、发射与接收、测试与显示服务等各个环节均拥有人才、技术、产业化基础方面的实力和凝聚力。中关村数字电视产业联盟对数字电视产业资源和社会资源进行整合与协调，提升联盟成员在数字电视领域所处环节的竞争力，推动数字电视产业链相关产品在国内及国际市场的应用，为发展壮大数字电视产业起到推动作用。

（编辑部）

【中关村物联网产业联盟】中关村物联网产业联盟于2009年11月1日成立，是由中关村物联网产业链40余家机构共同发起组建的中国第一家物联网产业联盟，也是国际上第一家物联网正式的非政府组织（NGO）。截至2017年年底，联盟已经服务全国近7000余家物联网相关的企业和机构，成为国内最大的物联网产业组织。联盟积累了多年的物联网产业经验，建设了“中关村物联网公共服务平台”，作为科技部的专项，该平台在重庆南岸区和河北唐山、广东珠海等城市先后落地，推动当地物联网产业的发展。联盟先后成立16个专业委员会，其中特种设备专委会、大健康专委会等形成了独具特色的专业平台，引领行业深入发展。联盟着力打造“全球物联网大会及GIC艾欧特大奖”的国际化品牌，先后与20余个国家建立了科技创新的合作关系，并先后创建了“中芬、中日等物联网创新中心”，引导国内外企业进行深度合作。联盟以创新为动力，以技术为核心，以应用为导向，以产业为主线，打造中国物联网产业中心，形成政、产、学、研、用开放式的合作机制。2010年7月10日，创建国内首家“物联网关键应用技术工程研究中心”。工程中心成立后全面推动物联网产业发展，并在多个物联网产业细分领域取得重要成果。2012年11月28日，由北京市科委、中关村物联网产业联盟、英特尔公司及中国科学院联合筹备的“中国英特尔物联技术研究院”在中关村挂牌成立。2014年12月，组建中关村物联网研究院及院士工作站。2011年2月9日，在中关村物联网产业联盟的配合下，代表政府进行股权投资的中关村发展集团，对覆盖物联网产业链上下游的东方正通、信维科技、昆仑海岸、天一众合、庚顿数据、朗德华信、志恒达、思比科、时代凌宇、威讯紫晶等10家中小企业给予投资支持，总投资额超过1亿元，在国内首创了“产业集群投资”的方式，实现了国有资本投资从“点对点”（单一企业、单一项目）向“点对链”（产业集群、产业链）的延伸。联盟组织编写了国家及北京市多项物联网产业相关报告，有《中国物联网产业发展研究报告2010》《物联网产业商业模式创新研究》《北京市物联网基础设施建设需求调研》《北京传感器与传感网络技术路线图（2011—2015）》《“十二五”期间北京市物联网产业发展实施方案》《智慧北京行动纲要》《全球物联网产业发展路线图》等。

2020年12月，中关村物联网产业联盟和海南省物联网产业协会共同主办了2020年第四届全球物联网大会。

（编辑部）

【中关村云计算产业联盟】2010年，中关村云计算产业联盟在中关村软件园成立。联盟肩负助力落实打造北京成为全球云计算产业基地、世界级云城的任务，发挥云计算产业聚集效能与集群优势，引领高精尖技术创新与重点企业培育。借助联盟支撑北京市云计算产业顶层规划的编制与云产业技术图谱的建设，联盟凝聚一批云计算产业龙头企业，锚定云计算产业发展黄金期与定向培育的突破口，从基础设施、技术攻关到创新应用，全力构建具备国际竞争力、行业影响力、自主创新技术体系的新型产业生态。发挥联盟产业生态平台与促发行业转型优势，结合支撑工信部在传统行业数字转型落地契机，以及联盟在医疗智能化、应急管理现代化、产业教育融合发展等领域的成果，牵头打造一批信息化与行业融合发展专委会平台，包括智慧医疗专委会、产教融合专委会、建材智能制造专委会、应急安全产业与数字经济专委会及投资专委会等。

2020年，中国电子技术标准化研究院、阿里云等单位共同编制并发布《边缘云计算技术与标准化白皮书》，是中国首份边缘云白皮书，定义了边缘云计算的概念和标准等。

（编辑部）

【中关村大数据产业联盟】中关村大数据产业联盟是在中关村管委会的指导支持下，由大数据相关企事业单位和社会团体等自愿组成的国际性、非营利的行业组织。联盟于2012年12月开始筹备成立，2016年1月注册成为国内首家大数据行业社会组织。联盟作为国家发改委“数字化转型伙伴行动倡议”首批合作机构，开展了多项技术创新、理论创新、产融发展、资本服务、成果转化、人才培养、知识产权保护等方面的促进和传播服务工作，打造数字生态运营服务体系，全力促进大数据产业生态的建设与数字经济可持续创新发展。

2020年，联盟联合中国人民大学商学院成立“数字经济及数字化转型研究中心”，系统化、组织化研究数字经济及治理相关的重大理论问题，助力国家政策，引领产业发展。入选国家发改委“数字化转型伙伴行动倡议”首批合作伙伴，积极推动“上云用数赋智”行动。“数字经济新型基础设施研究”课题成果获得会员好评。帮助无锡确立城市互联网数字治理体系，规划无锡市城市未来的数字治理的发展趋势和展望。联合金融科技博物馆、金融客咖啡，共同打造“金融发布厅”，集“金融、科技、文化”于一体的品牌沙龙在金融街亮相。联合国家电网大数据中心，启动“能源互联网数字经济发展之路”课题研究。举办“2020数字经济领航者峰会”，发布《上市公司数字化转型白皮书》。发布中关村数字经济指引发展路线图、中关村数字经济健康发展公约。开展“科技抗疫”行动，支持会员单位开发“健康码”“出入通”应用，助力社会防疫；推进科技防疫复工，开展企业数字新基建系列在线论坛；研判中关村示范区相关重点产业发展形势、“新基建”背景下的产业发展机遇；研判2020年疫后数字经济十大发展趋势；在线直播开展数字战“疫”系列解决方案实战案例；开展线上直播课，推出“发现数字财富的秘密”系列直播；联合市发展改革委，以线上调研方式了解北京数字经济发展现状、面临的突出问题及政策诉求。

（编辑部）

【中关村新兴科技服务业产业联盟】中关村新兴科技服务业产业联盟成立于2016年1月14日，联盟依照《社会团体登记管理条例》的规定，由北京地区北京市计量检测科学研究院、中科科技培训中心、北京达沃时代科技有限公司、北京银正泰方投资管理有限公司、北京财智税方信息咨询有限公司、京北方信息技术股份有限公司、北京乐智乐成企业管理服务中心等科研院所、社会组织、科技型企业、第三方专业服务机构自愿联合发起组建，是经北京市社会团体登记管理机关核准登记的非营利性社会团体。联盟通过科技服务体制与功能研究、信息平台与专业数据库建设、复合型人才培养、科技服务基地建设、专业咨询培训与会展、承接政府委托、国际交流与合作开展工作，促进中关村国家自主创新示范区的建设与发展。联盟的业务范围包括开展科技服务业领域内的科技服务体制与功能研究、信息平台与专业数据库建设、复合型人才培养、科技服务基地建设、专业咨询培训与会展、承接政府委托、国际交流与合作工作。包括：科技服务体制与功能研究——组织开展政策研究、“一站式”服务和管理机制研究，为政府决策提供具有权威性、真实可靠数据；信息平台与专业数据库建设——建立综合信息服务平台与专业大数据库，为企业科技服务提供全方位的支撑；复合型人才培养——培养科技金融、技术研发、技术交易、知识产权、成果转化、宣传推广、产业孵化、项目评价人才；科技服务基地建设——创建服务基地，集组建融资服务、孵化服务、项目评估、知识产权、专业咨询、技术转移、专家指导、成果转化为一体的全方位、多功能的示范基地；专业咨询培训与会展——举办专业培训、大型会议会展；承接政府委托——承接各类专业委托，组织实施；国际交流与合作——开展国际交流，走出去、引进来，广泛进行国际合作。

2020年5月6日，北京市科学技术委员会发布《关于公布高精尖产业技能提升培训项目和培训机构目录的通知》，中关村新兴科技服务业产业联盟列入首批培训机构目录。

（编辑部）

【工业互联网产业联盟】为加快中国工业互联网发展，推进工业互联网产学研用协同发展，2016年2月1日由工业、信息通信业、互联网等领域百余家单位共同发起成立工业互联网产业联盟。联盟依托各工作组和特设组，与联盟成员单位共同努力，先后从工业互联网顶层设计、技术研发、标准研制、测试床、产业实践、国际合作等多方面开展工作，发布了工业互联网白皮书、工业互联网平台、测试床、优秀应用案例等系列成果，广泛参与国内外大型工业互联网相关活动，为政府决策、产业发展提供智力支持，联盟成为国内具有国际影响力的工业互联网产业生态载体。联盟支撑工业互联网相关行动实施。持续完善工业互联网顶层设计，支撑网络（标识）、平台、安全三大体系建设。加快关键新技术创新、试验验证与应用探索，深入拓展垂直行业。深化国际合作，与国外行业组织共同构建全球工业互联网生态体系。在5G+工业互联网、边缘计算、信息模型、数字孪生、VR/AR、数据中心、密码应用等方面探索，深化在能源石化、轨道交通、水务、白酒制造、建材、供应链与物流等垂直领域应用发展。截至2020年年底，联盟成员单位数量1778家。

8月，2020年工业互联网大会举办，共有15场活动，200余位嘉宾分享，总点击量超过2.3亿次。年内，联盟发布《工业互联网体系架构2.0》文字版，以业务视图、功能架构和实施框架三大核心板块指引产业共筑生态的工业互联网顶层设计，引领行业跨界融通的数字化转型系统方法论；发布中德工业互联网白皮书《工业4.0X 工业互联网：实践与启示》（中文版），深入剖析中德应用案例，提炼标准化需求和实践经验，共同诠释“工业互联网：制造业数字化转型的关键赋能者”。联盟启动工业互联网产业联盟实验室建设。参与举办各类工业互联网相关大型活动近20场，发布24份白皮书，立项44项联盟标准，遴选出35个测试床、应用案例和解决方案。新冠肺炎疫情期间，联盟实时转发疫情防控工作相关新闻364篇；举办“同呼吸、共命运，万众一心，战疫情”公益直播，累计点击量约8000万；开展“工业互联网助力企业疫情防控、复工复产”公益宣传、“推动工业互联网加快发展”主题宣传，为成员单位搭建供需对接展示平台；与央视网联合推出《经济战疫·云起》特别节目“中国工信业的速度与激情”，全网阅读量及播放量超过7716万。

（编辑部）

【中关村京企云梯科技创新联盟】2016年6月21日，中关村京企云梯科技创新联盟成立。联盟是响应国家创新驱动发展战略，着眼于提升北京市属国有企业创新能力，释放中关村创新创业活力，加快建设全国科技创新中心和构建高精尖经济结构，以“融汇创新资源、服务科技发展、助推国企改革、聚力转型升级”为宗旨，由市国资委和中关村管委会共同推动成立的紧密型、开放式、市场化的科技创新服务平台，是首都第一家正式注册成立的跨行业、跨领域、跨所有制、跨生态链的全产业科技创新联盟。联盟搭建了协同创新中心、会员服务中心、信息数据中心、综合事务中心4个创新服务中心，云梯信息服务平台和云梯产业投资基金2个创新驱动平台。联盟聚力推动市属国有企业与中关村示范区企业建立常态化的合作机制，充分发挥中关村示范区的引领示范和辐射带动作用；促进市属国有企业与中关村企业在高新技术产业、高端制造业、节能环保等领域实现资本融合，通过资本市场、产权市场和组建股权投资基金等方式，深化双方优质资源整合；推进市属国有企业与中关村合作发展创业园区；建立健全专家委员会、对接需求库和资源库，推动市属国有企业与中关村交流合作，逐步建立健全支撑各领域创新发展的专家库和面向需求方协同的合作需求库和资源库；探索建立科技资源合作共享机制，推动中关村示范区的科研院所、高等院校、科技企业、社团组织与市属国有企业开展公共技术服务和产学研用深度合作，共建一批公共技术服务平台，为中关村示范区企业和市属国有企业科技创新提供支撑和保障；针对各区域创新协作与产业发展需求，推动市属国有企业与中关村示范区企业以多种方式参与区域合作工作。服务企业围绕解决合作区域经济结构调整、产业转型、环境治理等社会重大关切问题，参与地方经济建设，实现企业跨区域布局发展。

9月5日，作为2020年中国国际服务贸易交易会“技术服务”专题活动之一，由中关村管委会、市国资委共同主办，中关村京企云梯科技创新联盟参与组织的中关村首台（套）重大技术装备企业与市属国企供需对接会在亚洲金融大厦举办。10月29日，2020年物联网技术行业应用高峰论坛（暨年度研究报告发布会）启动会由论坛主办单位之一中关村京企云梯科技创新联盟在京组织召开。11月25日至26日，由中关村京企云梯科技创新联盟、北京中科科技创新发展研究院、北京电子商会、北京物联网学会联合主办的“2020物联网技术行业应用高峰论坛暨年度研究发布会”在北京国际会议中心举办。

（编辑部）

【中关村亦创智能制造产业互联网技术创新联盟】中关村亦创智能制造产业互联网技术创新联盟是在北京经济技术开发区管理委员会和政府管理部门的支持下，由中金数据系统有限公司、国际产业互联网研究院、电子科技大学等单位联合发起成立，经北京市社会团体登记管理机关核准登记的非营利性社会团体。联盟于2017年6月15日召开成立大会。联盟的主要任务是响应国家政策，在智能制造、产业互联网领域搭建国际合作交流平台，以市场为导向，促进智能制造、产业互联网领域的学术研究、交流合作，并逐步开展产业规划、基金管理、咨询培训、会议会展、项目申报、产业基地建设、国家级课题研究等工作。

在2020年新冠肺炎疫情期间，联盟号召联盟内企业做好企业自身疫情防控工作，配合有关部门的工作部署，保障社会正常经济秩序。由中金云金融（北京）大数据科技股份有限公司负责“畅融工程”相关工作，服务企业端的平台融资需求对接与问题解决、服务金融机构端的平台金融产品对接与问题解决。2月23日，联盟成员单位杉岩数据继推出“统一存储平台软件 SandStone USP”免费使用服务后，再次向武汉捐赠医疗云基础设施。4月3日，联盟副理事长单位云投资本发起“资本助企，畅融计划”，联合联盟秘书长单位国际产业互联网研究院和国内外15家银行及非银机构，为企业建立高效融资绿色通道。

（编辑部）

【中关村数字经济产业联盟】2020年12月，经民政部门批准，中关村数字经济产业联盟成立。联盟为非营利性社会团体。工业和信息化部和中国科协等担任联盟指导单位，中国电信、京东集团担任联盟理事长单位，华为、腾讯、中兴通讯、京东方、科大讯飞、中国节能、北京银行、华夏银行、有研集团、北京移动、北京联通、农发行北京市分行、招商银行北京分行、北控集团、京能集团、北京金控集团、伊利集团、蒙牛集团、首都信息、北明软件、牡丹集团、用友、广联达、东旭集团、金蝶、亿达未来、第一创业、CQC、北方华创、德勤、容联云等一批国内外优秀企业加入联盟并担任副理事长单位。联盟共有成员单位300余家。联盟集聚政产学研各界资源，吸纳数字经济优秀企业和专业人士，致力于加强技术赋能，打造数字技术赋能平台；加强服务赋能，树立数字化标杆企业；加强知识赋能，打造数字经济领域高端智库；加强生态赋能，深化数字经济融通创新。为推动数字经济和实体经济深度融合，打造具有国际竞争力的数字产业集群、建设数字中国提供支撑。联盟以中关村为核心，立足北京、面向全国、走向世界，以“推进数字产业化和产业数字化”为使命，主要开展搭建“政产学研用”相结合的数字经济领域共性技术创新平台，开展数字经济领域技术联合攻关和产业研究，探索数字经济领域新技术、新业态、新模式和新场景；开展数字化转型供需对接工作，发挥成员单位之间的桥梁和纽带作用，推动成员单位加强交流与合作，构建“联盟搭台—需求牵引—技术赋能”数字化转型生态共同体，树立一批数字化标杆企业；联合成员单位开展数字经济领域的课题研究，围绕大力发展数字经济提出意见建议，追踪全球数字经济前沿发展趋势；定期举办数字经济专题论坛，打造数字经济国际高端交流平台，整合全球数字经济领域资源，服务于成员单位的创新发展，在数字领域形成一批国际合作成果；引导支持成员单位抢占数字产业发展制高点，确立数字技术规范、产业标准，积极参与数字领域国际规则和标准制定，推动联盟成员单位开展国际化交流与合作。

（编辑部）

研究机构

【首钢技术研究院】 简称技术研究院，1960 年成立，前身是首钢钢铁研究所，1995 年经国家经贸委、税务总局、海关总署确认为国家级企业技术中心。技术研究院已成为首钢科技创新的组织管理中心、研发推广中心和高素质人才培养输送基地，为首钢的转型发展和创新进步提供了重要的科技支撑。技术研究院主要承担首钢新产品、新技术、新工艺、新材料的开发与应用技术研究工作，具备从铁前原燃料优化配比到冶炼、热轧、冷轧、退火、镀锌以及用户技术开发等钢铁生产全流程的仿真模拟、工艺优化等能力。拥有支撑多地产品开发和工艺研究的国际一流水平的冶金材料检验、试验中心，包括实验室 115 个，试验设备 625 台 / 套。分析检测能力由结果检测拓展到过程检测，钢铁化学成分微量分析能力达到 ppb 级，微观分析尺度达 0.23 纳米。通过中国合格评定国家认可委员会（CNAS）实验室认可。技术研究院致力于创新体系的探索与实践，着力打造“一院多中心”创新研发体系和“产销研一体化”高效协同模式。聚焦国内外优秀科技资源，开放合作，与国内外 70 多所高校、科研院所、用户等建立了不同类型的合作平台。技术研究院秉承“尊重劳动、尊重知识、尊重人才、尊重创造”的发展理念，作为首钢集团科技人才高地，聚集了一批高学历、高素质的创新人才。截至 2020 年年底，在岗职工 500 余人，其中博士 110 余人、硕士 250 余人，硕博占比约 72%。

“十三五”期间，首钢集团获得国家、行业和省级以上科技奖励共计 70 项，其中“热轧板带钢新一代控轧控冷技术及应用”“超大型水电站用金属结构关键材料成套技术开发应用”2 项成果获国家科技进步二等奖，“大型高炉低碳冶炼用优质球团矿开发与应用”等 9 项成果获得冶金科学技术一等奖，“高性能低合金耐蚀钢系列钢种研制及应用成套技术”等 3 项成果获北京市科学技术一等奖。首钢完成专利申请近 5000 件，其中发明专利申请 2700 余件；获国家专利授权 3200 余件，其中发明专利 1400 余件。首钢被授予“全国专利工作先进单位”“国家知识产权示范企业”“北京市知识产权示范单位”、工信部“知识产权运用标杆企业”等称号。首钢集团主持、参与各类标准制定、修订 240 余项，其中国际标准 10 项。首钢技术中心在全国 1300 余家国家级企业技术中心评价中连年被评定为优秀，稳居冶金行业前三名。

年内，技术研究院坚持新冠肺炎疫情防控与科研开发“两手抓、两不误”，构筑坚强抗疫防线，科学有序复工复产。干部职工众志成城，顺利完成全年目标任务，成功实现首发产品 7 项、首创工艺 3 项、首开设备 1 项。获省部级科技奖励 12 项，其中一等奖 5 项，创历史新高。在全国钢铁企业专利创新力排行榜中排名第二，获“最具专利创新力企业”称号。

（编辑部）

【北京市电子科技情报研究所】 简称情报所，1979 年成立，是北京市唯一市属专业从事电子科技情报研究的科研院所，被市政府主管部门确认为北京市电子信息行业软科学研究中心、信息开发传递中心、交流培训中心和展览服务中心。情报所主要业务是研究国内外经济环境、市场宏观环境、最新科技动态对电子信息产业的影响；研究国家电子信息产业方针政策，帮助区域电子信息产业及时、准确地预测产业发展前景，抓住有利商机；有针对性地研究国内各个省、市、地区在电子信息产业方面的信息情报；研究区域电子信息产业的发展战略和对策，论证和建议区域电子信息产业的发展规划；研究和推动区域电子信息产业发展的政策法规和软环境建设，论证和建议地方性的法规、条例等；研究电子信息产业科技发展前景和预测电子产品的市场需求和竞争能力；研究电子信息技术向国民经济各部门的渗透和应用，论证和建议电子信息技术的应用发展规划与重点项目；为区域电子信息产业企业提供情报、专利信息、知识产权咨询与培训。情报所重点从事北京市电子信息产业发展战略、行业发展规划及用电子信息技术提升传统产业和拉动首都经济发展的对策设想等“战略情报”研究；同时承担市场调查任务，进行竞争情报研究。情报所利用自身的优势和资源，与相关企事业单位、研究机构联合开展电子信息领域重点产业一系列的专题研究，并做长期的跟踪探索，对所涉及产业的发展状况和趋势做分析和判断。情报所先后承担并完成包括国家级、部级、市级在内的各类各级软课题调研任务 200 余个，获各种成果奖 50 余项。其中，获部市级科技进步二等奖 3 项、部市科学技术进步三等奖 15 项、情报成果奖近 50 项。课题研究内容涉及工艺类研究、专业领域情报研究、专利分析研究、政策研究以及其他信息调研与咨询服务项目。情报所重点产业研究领域包括集成电路、半导体显示、高端电子工艺、高效储能电池、智能装备、传感器、物联网、移动互联网及软件产业。情报所设有产业研究室、媒体与市场部、网络信息中心、培训与展览交流部、信息咨询服务中心、计划财务部、综合办公室。80% 以上的职工是专业技术人员，具有中级和高级技术职称，高学历职工人数超过 90%。

2020 年，情报所服务市经济和信息化局电子处，持续推进的传感器项目和智慧城市项目，多次获得陈吉宁市长批示。服务 02 专项（北京）办公室，参与中电科装备、北京电子装备协会、华海清科、北方华创、沈阳富创、中科院光电所、武汉新芯、沈阳拓荆 8 个项目的综合绩效评价工作。服务清华大学，承接《新一代信息技术产业基础能力提升的主要内容和路径研究——集成电路篇》，完成报告撰写工作。组织京东方、兆维集团参观中车株洲所，促成京东方在中车株洲所举办“创新日”活动；促成京东方参加中车株洲所 2020 年战略论坛，并发表主旨演讲。拓展为北京电控集团所属各级企事业单位服务职能，承接 3 项技师学院课题，提供 6 份研究报告；为京企云梯联盟提供 6 份产业研究报告；为 761 工场评审“工业互联网”相关项目。通过全国情报领域接口，为北京电控集团及下属企业寻找合作机会。深度参与北京电控集团“十四五”规划纲要编制工作，协助完成了外部环境分析和重点行业专题研究。进一步提升竞争情报服务系统的效能，拓展对北京电控集团服务职能，为资产管理部定制房地产行业月度观察 12 期；为人力资源部提供 29 期情报整理；参与资本运作部 2 次专家论证会，提供专业意见和报告；完成《电控重点产业每日资讯》260 余期、《电控重点产业月度观察》12 期，完成国企改革和宏观经济形势分析两个专题季报共计 6 期；完成针对北京电控集团需求的各类研究报告 54 篇；创新竞争情报服务内容，完成《每日情报专递》184 期，有效支撑了领导决策；完成北京电控集团在汽车电子、人工智能、6G 等产业机会的分析报告 5 份；完成《疫情简报》77 期，满足了企业在复工复产和产业发展中对情报工作的需求。编印情报所所刊《北京电子情报》12 期。

（编辑部）

【北京市科学技术研究院】 简称北科院，1984 年成立，位于海淀区西三环北路 27 号北科大厦。北科院是北京市属唯一的大型多学科高水平科研机构，以服务北京建设国际一流的和谐宜居之都的战略目标为己任，坚持“创新立院、人才强院、开放办院、服务兴院”发展战略，立足应用基础研究、战略高技术研究、重大公益研究和科技服务发展定位，努力成为建设国际科技创新中心和推动京津冀协同发展的重要力量。经过多年发展，北科院已成为拥有 27 家院属单位，涵盖城市安全与治理、城市环境与生态保护、高精尖技术与产业、生物医药与营养健康、科技创新智库、科学普及与文化传播等六大重点领域的科研机构。北科院紧紧围绕北京落实“四个中心”城市战略定位，积极参与国际科技创新中心建设，大力实施科技创新工程、科技成果转化引导工程、人才发展工程、科技条件建设工程。构建以仪器设备共享为核心的分析测试创新平台、以工业云为核心的计算信息服务平台、以出版物为核心的科技传播服务平台，形成了开放共享的新型运行机制；打造具有北科院特点、服务首都创新发展的新型科技智库，在服务党和政府科学决策上发挥作用；加强应用研究、高新技术研究和重大科技攻关，不断提高科研开发和自主创新能力，形成竞争领先优势；坚持科研与产业发展并重，力促重大科技成果落地转化，孵化了一批优秀的高新技术企业；秉承以人为本，弘扬创新精神，形成富有创新活力的人才聚集，培养了一批优秀学术带头人和科技骨干人才；坚持开放办院，聚焦全球高端创新要素，构建了协同发展的科技创新体系。

在 2020 年 9 月 10 日召开的北京市科学技术奖励大会上，北科院共有 4 项成果获奖。其中，北京自然博物馆牵头完成的《晚中生代哺乳动物生态适应研究》项目获自然科学奖二等奖，北科院与院属单位参与完成的《建筑室内PM2.5污染控制关键技术与应用》项目、《基于微色谱的快速准确高灵敏气体检测关键技术及应用》项目和《超大城市燃气管网风险监测与管控关键技术研究及应用》项目获科学技术进步奖二等奖。9月15日，第十五届北京发明创新大赛在北科大厦举办启动仪式。北科院已连续4年在北京发明创新大赛设立创新人物专项奖，每年评选10位创新大工匠，在科技创新中弘扬工匠精神。9月19日，由北科院等单位联合承办的“2020中关村论坛全球科技创新智库论坛”在中关村国家自主创新示范区展示中心会议中心召开，由北科院倡议，联合中国、美国、日本、新加坡、以色列、塞尔维亚等国家19家智库单位共同发起成立中关村全球高端智库联盟。10月29日，北科院举办“一带一路”国际科技合作培训中心揭牌仪式暨“重大疫情防控下的企业大数据应用模式”专题培训。该培训中心是由北科院对外合作处牵头，联合北京国际科技服务中心有限公司等单位共同成立的。培训中心将发挥北科院科研与国际合作优势，通过与“一带一路”国际科技组织开展专业科学技术、科学普及等领域的科技创新人才培训，加深国际间科研机构了解与互信，服务国家“一带一路”倡议，推动“一带一路”科技人文交流工作。

（编辑部）

【北京国际工程咨询有限公司】简称咨询公司，1985年成立，为北京市属国有企业，上级单位是北京市工业设计研究院有限公司，隶属于中关村发展集团。经过多年发展，咨询公司成为一家业务领域广阔、专业优势明显的综合性工程咨询机构，业务范围涵盖电子、信息工程、机械、石化、化工、医药、电力、建筑、市政公用工程、轻工、纺织、农业、林业、建材、生态建设和环境工程、公路、铁路、城市轨道交通、冶金、商物粮、PPP咨询等领域。咨询公司具有雄厚的咨询技术服务力量，有员工160人，其中硕士及以上学历占69%、本科及以上学历占94%。拥有较高理论和丰富实践经验的工程技术、经济、财会、管理等方面的专业技术人员，聚集了从宏观到微观、从理论到工程实践等不同层面的专家资源，实现了不同专业领域知识共享和在业务上的相互支撑。咨询公司具有“全方位、多层次、专业化、宽领域”的咨询服务链，业务单元已完成了从“单一”的工程咨询发展为“三业并举”的工程咨询、专题咨询、规划咨询，多元化经营形成了互促互动、相互呼应的格局。咨询公司作为国家发展改革委、工信部、财政部评审中心、市发展改革委、市经济和信息化局、市财政局、市商务局等单位的咨询顾问，每年完成各类报告上千项，涉及编制规划、课题研究及可行性研究报告、项目申请报告、资金申请报告编制以及评估、绩效评价、后评价等。

2020年5月10日，由国家发展改革委、中宣部、工信部等部门和上海市政府联合主办的云上2020年中国品牌日活动开幕，咨询公司作为支撑服务单位，连续第3年承担品牌日活动北京展区筹备组织服务工作。10月15日，2020年全国大众创业万众创新活动周启动，由咨询公司连续多年服务支撑的北京分会场启动仪式同步举行。11月，咨询公司入选2020年度北京市科技服务业促进专项工程技术服务机构方向拟支持单位。新冠肺炎疫情期间，咨询公司发布《新冠肺炎疫情下游戏产业的隐忧与转机》《新冠肺炎疫情下北京市属文艺院团发展的对策建议》《新冠肺炎疫情对中关村智能装备产业的影响分析及应对措施建议》《新型冠状病毒肺炎疫情对北京市医药健康产业的影响分析及对策建议》《北京市电动汽车充电设施行业发展及新冠肺炎疫情影响分析》等研究报告，为政府和企业提供多项规划课题咨询服务。

（编辑部）

【北京市长城企业战略研究所】简称长城战略咨询，1993年8月成立，下设北京市长城企业战略研究所、北京智识企业管理咨询有限公司、中国知识管理网三大实体，总部位于北京市，在宁波市、武汉市、广州市、天津市、成都市、济南市、沈阳市、西安市、合肥市、杭州市、郑州市、南京市、青岛市、淄博市、福州市、重庆市16地设有业务中心。长城战略咨询拥有由500余名项目经理、咨询师组成的专业团队以及3000余名外部专家组成的专家网络，面向商业组织和公共组织提供战略规划、管理咨询以及知识管理咨询等服务，业务涵盖企业战略、运营管理、组织设计、人力资源管理、创业管理、营销管理、区域战略、产业战略、科技管理、IT顾问式服务、系统实施等内容。

2020年1月10日，长城战略咨询入围“2019中国管理咨询机构50大名单”，位列第16位。2月5日，长城战略咨询作为中国科技咨询协会副理事长单位，参与发起倡议，利用远程服务方式，为受新冠肺炎疫情影响面临生存困境的企业、地方政府和社会机构提供免费咨询服务。7月16日，长城战略咨询参与承办了2020年中小企业数字经济全球论坛“开放生态：实现包容赋能新融合”分论坛。7月22日，长城战略咨询和来也科技战略合作签约仪式暨RPA+AI（机器人流程自动化）场景创新联合实验室成立发布会在北京举行。9月15日，由北京市长城企业战略研究所等4家单位联合主办的第四届海创汇全球创业创新生态峰会暨青岛高科技高成长企业发展论坛在青岛举行。12月2日，由北京市长城企业战略研究所、中国—东盟科技创新政策研究中心、国际科技产业园区共同体（CISIP）主办的2020年国际科技产业园区共同体创新发展论坛在北京举办。12月12日，在由北京市朝阳区政府、中国信息消费推进联盟主办的“2020全国信息消费城市行北京站活动”中，长城战略咨询发布了《2020北京信息消费独角兽企业发展报告》。

（编辑部）

【北京一轻研究院】 简称一轻院，2009年9月成立，位于通州区中关村科技园通州园光机电一体化产业基地兴光四街5号。一轻院由北京玻璃研究院、北京一轻研究所、北京电光源研究所、北京市食品工业研究所、北京乐器研究所、北京日用化学研究所和北京市发酵工业研究所7家科研院所整合组成，拥有直属企事业及社会团体单位19家，其中全资或控股企业2家。一轻院拥有丰富的科技资源，有3个国家级检验机构、3个北京市检验机构、2个国家标准中心和2个国家信息中心，并以此为基础广泛开展产学研合作，密切跟踪国际前沿技术，围绕一轻自主品牌，开展中长期应用研发，发挥科研孵化器作用，为振兴北京都市工业做出积极贡献。一轻院围绕“科研开发、技术服务、行业研究”三大主业，广泛开展光电功能材料及器件、高效照明技术与服务、食品科学与食品安全、数码乐音技术与器乐文化、日用化学与个人护理和信息管理与数据共享六大专业领域工作，打造资源整合、业务发展、资本收益三类平台，积极推动新产品、新技术、新项目的科研开发工作，规划及相关市场调研，研究先进技术的发展趋势和市场前沿的热点动态，发挥技术服务能力，致力于建设成为适应一轻发展阶段、彰显首都科技水平、代表中国研究形象的新型特色技术研发机构和产业孵化平台。

2020年9月7日，由一轻院下属食品工业科技杂志社主办，中国食品科学技术学会支持的“第三届食品科技创新论坛”召开。论坛邀请管理机构领导、行业科学家、高校知名教授以及一线生产企业研发总监，围绕大健康主题进行了交流、探讨，解读健康食品行业法律法规政策，分析行业现状，展示最新研究成果，将产学研高效结合，为行业服务，为企业服务，为食品工业创新发展、国民健康事业夯实基础，提供发展动力。10月11日，首届北京国际音乐产业高质量发展促进大会分论坛“和乐器　赢未来——2020乐器文化创新发展论坛”在北京龙徽1910文化创意产业园举行。论坛秉持“音乐点亮城市　创意美好生活”的大会主题，以主题演讲、专家论坛、文化沙龙、精品展示等多种形式和丰富活动，从多元维度探讨“乐器＋文创”的新发展之路，并对后疫情时代行业普遍关注的新变化、新问题进行深入交流，提振乐器经济、促进文化消费，推进乐器科技和文化创新发展。11月27日，在北冰洋饮料85周年新品发布会上，北京一轻食品集团与一轻院共同推出13款饮料新品。12月10日，国家战略性科技先导项目“空间科学二期”的首发卫星“怀柔一号”发射成功。北京玻璃研究院为该卫星研制了全部核心探测材料——高性能溴化镧晶体，并受邀现场观摩了卫星发射过程。

（编辑部）

综合管理

本栏目采用条目体，主要刊载2020年北京经信系统政策与措施、机构与职能调整、北京工业系统主要领导干部、政务信息与服务、政务信息化建设、无线电监管、安全生产、央企服务、机关党建、人事人才以及合作与交流内容。

政策与措施

【《北京市电子印章推广应用行动方案（试行）》发布】 11 月 24 日，为贯彻落实党中央、国务院关于全面推动政务服务“一网通办”，进一步深化“放管服”改革、优化北京市营商环境，市经济和信息化局、市政务服务管理局、市公安局联合印发《北京市电子印章推广应用行动方案（试行）》(简称《行动方案》)。《行动方案》提出，以“统一管理、分步实施、政府带动、并行过渡”为原则，以政务服务领域电子印章应用为突破口，推进电子印章在企业提交可信材料、政府全程在线审批等业务场景中的便捷应用，逐步构建“互联网＋”环境下政府管理和服务方式；鼓励政府和企业使用存储在云端的电子印章（简称云章)，减少纸质材料和实体印章使用，建立程序更便利、资源更集约的政务服务新模式。《行动方案》明确，2020 年年底前逐步实现政府部门在受理、审批等过程中使用电子印章对电子证照、批文批复、合同等各类电子材料进行签章，凡可以使用电子材料的，均应当提供电子版式;同时，在企事业单位和社会组织办理涉税事项、就业参保、公积金等重点高频服务领域，企业可通过电子营业执照等多种方式登录后进行电子签章，全流程办结相关业务。

（市经济和信息化局）

【组织编制“十四五”时期高精尖产业发展规划】 年内，市经济和信息化局会同市科委、市发展改革委研究编制“十四五”时期高精尖产业发展规划。经过几轮研讨修订，形成初步文本，初步提出了发展基础、发展思路与目标、产业方向与重点任务等方面内容。按照市领导对“十四五”末北京市制造业比重要达到 15% 的要求，对北京市制造业发展趋势、发展新特征与内涵进行分析，形成《关于北京制造业发展趋势与“十四五”时期加快发展的几点考虑》，供市领导决策参考。

（市经济和信息化局）

【研究制定产业促进政策文件】 年内，按照市政府要求，市经济和信息化局会同相关部门以及几个主要区研究编制《关于加强资源统筹政策联动 稳定优质企业在京发展的工作方案》，从推动跨部门企业数据汇聚、调整政策制定与支持方式、完善机制补齐政策缺口、提高精准服务企业能力。牵头编制《高精尖产业集群细化方向工作方案》，经市政府审定后于 4 月下旬印发实施。该工作方案按照“三有”“三能”的标准，即有发展前景、有基础条件、有支撑项目，最终能形成头部企业、能形成创新引领优势、能形成产业生态，将十大高精尖领域进一步细分为 20 余个细分方向，明确市级统筹牵头部门、重点承载区，各细分产业专班组建完成。编制完成《北京市推动制造业企业提质升级三年行动方案（2020—2022 年）》。配合其他委办研究编制平原新城高质量发展规划、中关村示范区统筹发展规划等重要文件。

（市经济和信息化局）

机构与职能调整

【共青团北京市经济和信息化局机关第一次团员大会召开】 4 月 16 日，共青团北京市经济和信息化局机关第一次团员大会召开。局党组成员、副局长、机关党委书记刘京辉出席会议并讲话，共青团市直属机关工作委员会书记刘煦淳到会指导。局机关和事业单位 44 名团员同志参加会议。会议宣读了共青团北京市直属机关工作委员会《关于同意共青团北京市经济和信息化局机关委员会召开团员大会的批复》，审议通过《共青团北京市经济和信息化局机关第一次团员大会选举办法》，会议采取无记名投票的形式，选举产生共青团北京市经济和信息化局机关第一届委员会 9 名委员。会议宣布共青团北京市经济和信息化局机关第一届委员会成立。刘煦淳指出，市经济和信息化局机关团委在 2019 年工作中取得优异成绩，于 2020 年年初作为北京市直机关战线团组织的优秀代表参评“全国五四红旗团委”。她希望新一届机关团委继承和发扬优良传统和作风，坚定理想信念，加强组织建设，抓好青年干部理论武装，服务青年干部成长成才。刘京辉强调，共青团作为党领导下的先进青年群众组织，必须始终坚持党的绝对领导，牢牢把握青年工作的正确方向。第一届机关团委要站在新的起点上，切实加强青年思想引领，围绕中心、服务大局，提高团员青年政治站位。要加强队伍建设，发挥先锋作用，提高团组织整体素质；要完善服务机制，创新服务方式，为青年搭建充分发挥聪明才智、尽情展现人生价值的广阔舞台；要锐意进取、奋发有为，激发广大团员青年的工作积极性，切实把局机关团建工作提升到一个新水平，为首都经济和信息化事业发展贡献更大青春力量。会议闭幕后，局机关团委召开第一次全体会议，选举产生机关团委书记和副书记。

（市经济和信息化局）

【北京市大数据中心完成人员转隶】6 月 19 日，根据市人力社保局批复的岗位设置，市经济和信息化局党组召开第 11 次党组（扩大）会议，审议通过北京市大数据中心人员转隶名单。6 月 23 日，市大数据中心在数北大厦 4 层多功能厅召开全体人员会。会议由市大数据中心副主任石志国主持，全体职工通过现场及远程方式参会。会上宣布市大数据中心 64 名人员转隶和干部职务任免决定。市大数据中心副主任唐建国通报 2019 年度北京市大数据中心领导班子测评考核结果，介绍了总体评价、政治思想建设、领导能力、工作实绩、党风廉政建设及作风建设等 6 个方面的得分情况，以及下一步整改工作安排。市经济和信息化局党组成员、副局长潘锋在总结讲话中强调，大家要领会好“诚实、忠诚、坦诚、诚信”和“简单、减法、可见”等关键词，并在做人做事方面对全体干部职工提出新的要求。大数据人要继续发挥大数据“高、快、精、实、细、韧”的工作作风，以实现对市长有支撑、对市民有服务、对市场有贡献的工作实绩；以形成“有才有能敢展现、有品有德愿担当”的中心文化，把个人规划和个人价值在中心充分发挥出来，把中心力量在城市中体现出来。会后，潘锋主持召开市大数据中心中层以上干部座谈会，提出中心工作要坚持“两手抓”，既抓好疫情防控工作，又要做好正常业务工作，尽快完成中心组建后续相关工作。

（市经济和信息化局）

【北京工艺美术出版社划转工作会召开】12 月 26 日，北京工艺美术出版社划转工作会在北京出版集团举行。市委宣传部副部长、市新闻出版局局长王野霏，市经济和信息化局党组成员、副局长刘京辉，市经济和信息化局总经济师张晶，北京市国有文化资产管理中心副主任禹拥军，北京工艺美术行业发展促进中心主任盛景涛，北京出版集团党委书记、董事长康伟，党委副书记、副董事长、总经理曲仲，北京工艺美术出版社社长（董事长）兼总编辑陈高潮、副社长高岩、副总编辑杨世君等出席会议。曲仲主持会议，介绍北京工艺美术出版社划转工作的相关情况。刘京辉在发言中谈道，北京工美社成立于 1985 年，是全国唯一一家工艺美术专业出版社，依托优质的艺术资源，辐射新媒体、图书营销、艺术品经营、拍卖四大板块。这次划转到京版集团，有利于提升北京工美社的行业竞争力和品牌影响力，实现创新发展。康伟表示，这次划转是贯彻落实北京市委、市政府的工作部署，整合首都出版资源、聚拢出版力量、拓展出版品牌，优化国有资本布局、深化国有文化企业改革的重要举措，对于京版集团增强改革发展动力，不断做大做强做优具有重要的推动作用。集团将坚持平稳交接、无缝对接，推动北京工美社全面融入京版集团，实现优势互补、资源共享、融汇融合。陈高潮做表态发言。北京出版集团、北京工艺美术行业发展促进中心、北京工艺美术出版社共同签署划转协议。王野霏提出 3 点希望，要以“转型改制”为统揽，理顺完善法人治理体系。要加强统筹协调，坚持一手抓改革推进，一手抓稳定运行。健全法人治理体系，完善体制机制，提升可持续发展能力。要以“出版导向”为核心，促进“双效”统一。要坚守文化自信和使命担当，把社会效益放在首位，实施精品出版战略，打造优质的京版精品图书，努力实现两个效益的有机统一。要以“主业主责”为关键，提升整体竞争力。要按照“主业突出、资源优化”的原则，发挥品牌、资本、人才、管理、市场、技术等优势，稳步推进业务整合与调整，推动业态转型创新，实现规模壮大与效益提升同步推进。

（市经济和信息化局）

2020年北京工业系统主要领导干部

下列名单中，各区和相关部门只列主管工业的领导，市属控股（集团）公司（包括部分中央在京工业企业）列至党、政副职领导。按照《北京市公务员职务与职级并行制度实施方案》，2020年市政府主管部门公务员与职级并行刊载。

北京市经济和信息化局（北京市大数据管理局、北京市国防科学技术工业办公室）

党组书记 王 刚（9月离任）
杨秀玲（9月任职）

局　　长 王 刚（9月离任）
杨秀玲（9月任职）

副 局 长 孔 磊（4月离任）
潘 锋
刘京辉（女，二级巡视员）
姜广智（5月任职）
崔旭龙
邱 钢（女，5月离任）

纪检组长 续 栋（市纪委监委一级巡视员）

副巡视员 王 伟（一级巡视员）
任世强（二级巡视员）
姜广智（二级巡视员，5月离任）
邹 彤（女，二级巡视员）

副 局 级 陆恭超（9月离任）

北京市国防科学技术工业办公室

主　　任 王 刚（9月离任）
杨秀玲（8月任职）

16个区及其他单位领导

东城区

副 区 长 刘俊彩（女）

科技和信息化局局长 魏 搏

西城区

区委常委 翟德罡

科技和信息化局局长 杨 秋

朝阳区

常务副区长 崔小浩（10月任职）

发展改革委主任 李 欣

海淀区

常务副区长 李俊杰

副 区 长 林剑华

科技和信息化局局长
林剑华（1月任职，7月离任）
舒毕磊（7月任职）

丰台区

副 区 长 周新春

发展改革委主任 郭晓一

石景山区

副 区 长 周西松

经济和信息化局局长 王晓华

门头沟区

副 区 长 陆晓光

科技和信息化局局长 李世春

房山区

副 区 长 高武军

经济和信息化局局长 高武军（4月离任）

李爱军（4月任职）

通州区

副 区 长 苏国斌

经济和信息化局局长 杜 伟（10月离任）

耿 磊（10月任职）

顺义区

副 区 长 支现伟（10月离任）

徐晓俊（10月任职）

经济和信息化局局长 兰雄景

大兴区

副 区 长 杨倍倍

经济和信息化局局长 胡宝琛（8月离任）

高振华（8月任职）

昌平区

副 区 长 董贵蛟

经济和信息化局局长 张劲柏

平谷区

副 区 长 韩小波

科技和信息化局局长 胡东升

怀柔区

副 区 长 李志遂（1月离任）

郭文杰（1月任职）

经济和信息化局局长 马天彪（7月离任）

杨惠芬（7月任职）

密云区

副 区 长 范永红（2019年12月离任）

方建卿（1月任职，5月离任）

杨 珊（6月任职）

经济和信息化局局长 祝 刚

延庆区

副 区 长 罗 瀛

经济和信息化局局长 黄金龙

中关村科技园区管理委员会

主 任 翟立新

副 主 任 侯 云（女，兼任一级巡视员）

朱建红

北京经济技术开发区管理委员会

主 任 梁 胜

副 主 任 张继红（5月离任）

孔 磊（5月任职）

绳立成（12月离任） 袁立洪

陈小男 沈永刚

北京电子控股有限责任公司

董 事 长 王 岩

总 经 理 张劲松（10月离任）

潘金峰（12月任职）

副总经理 米士军 杜岁坤

陈勇利 潘金峰

党委书记 王 岩

党委副书记 张劲松（10月离任） 张岳明

北京汽车集团有限公司

董 事 长 徐和谊（7月离任）

姜德义（7月任职）

副董事长 卫华诚（2月离任）

总 经 理 张夕勇

副总经理 沈安东（2019年5月离任）
廖振波（2019年9月任职）
蔡速平　蒋自力　张　健
叶正茂　陈　江　张建勇
党委书记 徐和谊（7月离任）
姜德义（7月任职）
党委副书记 张夕勇　韩永贵

中车北京二七机车有限公司

董事长 史硕致
总经理 郭凤江
副总经理 乔红波（8月离任）
王洪义（5月挂职）
王玉民
陈　江（6月离任）
曹　岩（2019年1月离任）
孙　斌（10月任职）
王武建（10月任职）
党委书记 史硕致
党委副书记 曹宏晏（5月离任）
陈　江（6月任职）

中车北京南口机械有限公司

董事长 孙　凯
总经理 孙　凯
副总经理 樊学军　穆乃利
党委书记 孙　凯
党委副书记 宋焕其

北京京城机电控股有限责任公司

董事长 阮忠奎
总经理 王国华（12月离任）
副总经理 范宏利（12月离任）
齐剑波　王　军　姜　建
党委书记 阮忠奎
党委副书记 王国华（12月离任）
赵　莹（1月离任）
范宏利（12月任职）

北京京仪集团有限责任公司

董事长 高玉清（7月离任）
秦海波（7月任职）
副董事长 李英龙（8月离任）
总经理 秦海波（7月离任）
李英龙（8月任职）
副总经理 杨睦民
卢继伟（7月离任）
李　源（7月离任）
党委书记 高玉清（7月离任）
秦海波（7月任职）
党委副书记 秦海波（7月离任）
李英龙
漆　玮（12月任职）

中国北京同仁堂（集团）有限责任公司

董事长 王贵平
总经理 高振坤
副总经理 丁永玲（女）　马保健（女）
顾海鸥　饶祖海　张荣寰
李　缤
党委书记 王贵平
党委副书记 肖辉利

北京一轻控股有限责任公司

董事长 苏志民
总经理 （空　缺）
副总经理 张德华　杨中俊　（7月离任）
葛云程　王劲雨　常　明
戚志胜
党委书记 苏志民
党委副书记 洪艳华

北京时尚控股有限责任公司

董事长 吴　立
总经理 顾伟达（5月任职）
副总经理 胡亚辉　刘常峰（女）　赵宏晔
吴鹤立　贠天祥　刘明杰
党委书记 吴　立
党委副书记 顾伟达　尹晓燕（女，9月任职）

北京工美集团有限责任公司

董事长 （空　缺）
总经理 魏连伟
副总经理 孟繁民　索德金　方　健
段体玉
党委书记 （空　缺）
党委副书记 魏连伟　甘学荣

中国石化集团北京燕山石油化工有限公司

董事长 李　刚
总经理 李　刚
副总经理 王　哲
党委书记 王　哲
党委副书记 李　刚　李栋华

中国石油化工股份有限公司北京燕山分公司

总经理 李　刚
副总经理 王　哲　焦　阳（11月离任）
孔　健（11月任职）　程嘉猷
曲宏亮　赵保成

北京化学工业集团有限责任公司

董事长 刘文超（9月离任）
王国华（12月任职）
总经理 苏建军
副总经理 孙绍刚　吕德明　韩宝海
陈　宇　李效军（2月任职）
韩淑华（12月离任）
党委书记 刘文超（9月离任）
王国华（12月任职）
党委副书记 苏建军　吴瑞峰

首钢集团有限公司

董事长 张功焰
总经理 张功焰（5月离任）
赵民革（5月任职）
副总经理 赵民革（5月离任）
白　新（4月离任）
王世忠　胡雄光　韩　庆
梁　捷　赵天旸
党委书记 张功焰
党委副书记 赵民革（5月任职）　何　巍

北京金隅集团股份有限公司

董事长 姜德义（7月离任）
曾　劲（7月任职）
总经理 姜英武（12月任职）
副总经理 姜长禄　姜英武　王肇嘉
刘文彦　李　莉
陈国高（12月离任）　安志强
党委书记 姜德义（7月离任）
曾　劲（7月任职）
党委副书记 姜英武（12月任职）　吴　东

国网北京市电力公司

董事长 潘敬东
总经理 万志军
副总经理 李百顺　李　路　刘润生
周建方　闫承山　陈守军
刘明志
党委书记 潘敬东
党委副书记 万志军

北京市民政工业总公司

总经理 姜　武
党委书记 沈永刚

政务信息与服务

【市经济和信息化局获 2019 年政务服务先进单位、最佳首席代表、先进个人称号】1 月 19 日，北京市政务服务局组织召开北京市政务服务中心 2019 年度总结表彰大会暨风采展示活动。会上对在 2019 年度政务服务工作中表现突出的单位和个人进行表彰。市经济和信息化局被评为北京市政务服务中心 2019 年度先进单位，吕晓梅被评为北京市政务服务中心 2019 年度最佳首席代表，谢京卫被评为北京市政务服务中心 2019 年度先进个人。

（市经济和信息化局）

【2020 年永定河管架桥防汛应急演练结束】 6 月 11 日，根据《北京市 2020 年防汛抗旱工作要点》和永定河跨河管线指挥部的统一部署，为确保永定河管架桥平稳度汛，检验防汛预案的可操作性，市经济和信息化局会同北京燕山石化公司防汛办公室、北京京源水务有限公司防汛办公室组织永定河管理处及 6 家跨河管线权属单位参加的永定河管架桥防汛应急演练。演练活动共计 80 余人参加，动用含专业工程车在内的 20 余辆车。检验了相关单位应对突发事件的处理过程、预案的可操作性及与各单位之间的协同配合能力。

（市经济和信息化局）

【首枚通过备案的电子云章在北京政务服务领域启用】 7 月 23 日，朝阳区某酒店获批“接收卫星传送的境外电视节目许可”电子证照，标志着北京市第一枚通过国办、公安双重备案的电子印章在北京市政务服务领域的启用。电子印章作为新基建的基础设施之一，在全国“两会”期间被多次提及。6 月，市委、市政府发布《北京市加快新型基础设施建设行动方案（2020—2022 年）》，提出建设完善电子证照、电子印章，支持企业电子印章推广使用，拓展“亮证”应用场景，最大限度实现企业和市民办事“无纸化”。7 月，国务院办公厅发布《关于进一步优化营商环境更好服务市场主体的实施意见》国办发〔2020〕24 号，提出要加快实现电子印章应用，提升企业服务质量和效率，进一步深化“放管服”改革。11 月 24 日，《北京市电子印章推广应用行动方案（试行）》发布。推行接收卫星传送的境外电视节目许可电子证照应用是落实党中央、国务院推进转变政府职能，深化“放管服”改革，全面实行政务服务“一网通办”的重要举措，是优化营商环境的重要成果，同时也是提升广播电视资源管理政务服务规范化、便利化水平的重要措施，是深化广播电视管理审批制度改革、提升监管能力的重要手段。

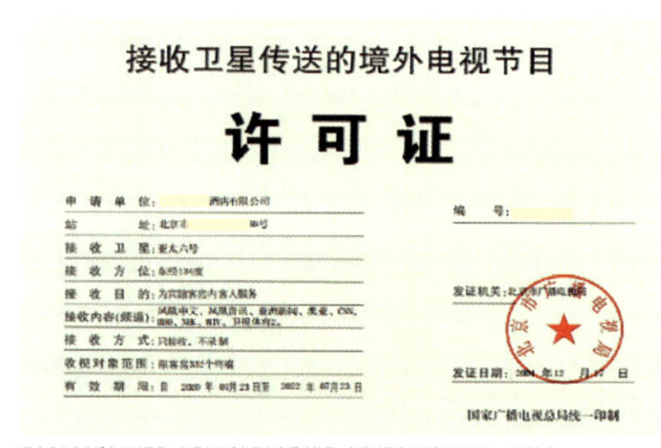
接收卫星传送的境外电视节目

许 可 证

申请单位：酒店有限公司
站址：北京市 号
接收卫星：亚太六号
接收方位：东经134度
接收目的：为宾馆客房内客人服务
接收方式：只接收、不录制
收视对象范围：限客房332个终端
有效期限：自 2020 年 07月23日至 2022 年 07月23日

编号：
发证机关：北京市广播电视局
发证日期： 年12 月 日

国家广播电视总局统一印制

（市经济和信息化局）

【抗战胜利 75 周年纪念活动应急通信保障】9 月 3 日，中国人民抗日战争暨世界反法西斯战争胜利 75 周年纪念活动在卢沟桥中国人民抗日战争纪念馆举行。党和国家领导人同首都各界代表一起，在中国人民抗日战争纪念馆向抗战烈士敬献花篮。市经济和信息化局根据市委办公厅要求，组织政务网管中心和正通公司为纪念活动提供应急通信保障服务。活动期间，市经济和信息化局网管中心、正通公司共投入现场保障人员3人、应急通信车和保障车辆2辆，现场无线政务网和40部800兆手台运行正常，其间无突出情况和突发事件发生，通信保障任务完成。

（市经济和信息化局）

【2020服贸会政务信息安全保障】9月4日至9日，2020年中国国际服务贸易交易会在北京举办。市经济和信息化局成立以副局长为组长的保障工作组，认真筹划，严密部署，完成服贸会政务信息安全保障工作。服贸会召开前夕，为做好服贸会期间政务信息安全保障和应急值守工作，市经济和信息化局召开会议安排部署，明确网络安全保障和应急值守工作方案，做好人员值班、应急预案、保障措施等各方面准备工作。8月31日，市经济和信息化局与市委网信办、市公安局、市国家安全局和市通信管理局联合组织开展2020年中国国际服务贸易交易会线下基础设施网络安全监督检查工作，对服贸会各展台的基础网络、电子屏、机器人等关键设施的安全防护情况进行检查，并对电子屏、机器人等物联设施及其控制设备的病毒防范、外置USB防护、一键关停等安全保障措施进行现场核查验证，保障了服贸会相关系统及设施的安全稳定运行。为保障服贸会期间“北京健康宝”系统正常运行，市经济和信息化局在六里桥政务云监控室开展现场安全监测分析工作，共监测流量数据约2.6TB，形成8份监测分析报告，对于发现的攻击行为及时溯源分析，通知并协助责任单位排查处置。服贸会期间，“北京健康宝”运维值守人员每日6：30—17：00开展现场保障，后端7×24小时监测，实时跟踪“北京健康宝”运行情况、访问情况，对用户访问高峰和可能出现问题提前预警，及时通知、协同处置，并每日提交“北京健康宝”及政务云运维监控日报和安全分析报告。由北京市政务信息安全监测预警平台、政务云安全监测及云服务商安全监测工具，共同对“北京健康宝”受攻击情况、可用性、安全性进行7×24小时监控，做到随时发现、迅速定位、及时通报并处置。从9月2日到9月9日，“北京健康宝”运行稳定，未发生安全事件。9月2日0时至9月9日24时，政务信息安全监测预警系统运行正常，外围监测渠道畅通。应急中心共分析网络安全日志1563万条，处置网站报警2933条。保障期间共发现安全事件32起，其中安全漏洞19起，病毒与蠕虫事件8起，僵尸与木马事件5起，上述事件及时通知责任单位并协助其处置。严格落实岗位责任制，严格执行值班制度、报告制度，安排人员在数字北京大厦的市政务信息安全监测室、公安808办公区、六里桥政务云监控室、密云灾备中心、市通信保障应急指挥部办公室等重要场所开展现在保障值守工作。同时，安排外围应急支援单位做好人员值班、装备保障等方面的安排和准备。保障期间累计投入值班人力192人日，各类应急专用工具38台（套）。8月7日至9月1日，为确保服贸会期间全市电子政务网络及信息系统安全运行，消除安全隐患，市经济和信息化局对市药品检验所、市12320中心、市血液中心、市疾控中心、市医保局、市卫生健康委、市疾病预防控制中心、市大数据中心、市政务云（太极云、金山云、首信云、移动云、浪潮云、优刻得云、电信云、联通云）、市民政局、市税务局、市政务网络管理中心、市规划和自然资源委、市教委、市应急局、市统计局、市人社局、市交通委、北京公积金管理中心、市发改委等单位开展电子政务网络安全检查，对检查中发现的问题现场反馈并协助整改。

（市经济和信息化局）

【2020服贸会应急通信保障任务完成】9月4日至9日，2020年中国国际服务贸易交易会在北京举办。服贸会期间，市经济和信息化局完成服贸会峰会及政务网络应急通信保障任务。市经济和信息化局网管中心、正通公司和首信公司政务网络通信保障人员126人、应急通信车3辆（1辆现场、2辆土城机房）、应急通勤车2辆参加峰会保障任务，确保了各政务专网安全稳定，有力支撑了现场800兆指挥调度体系、应急视频会议系统和加密视频会议系统及其他政务信息系统的安全运行。

（市经济和信息化局）

【烈士纪念日敬献花篮仪式应急通信保障】9月30日，第八个“烈士纪念日”向人民英雄纪念碑敬献花篮仪式在天安门广场举行，党和国家领导人与首都各界代表一起出席向人民英雄纪念碑敬献花篮仪式。市经济和信息化局现场组织指挥应急通信保障工作。天安门广场核心区800兆无线政务网运行平稳，800兆手台及通信指挥调度系统工作正常，通信保障任务完成。

（市经济和信息化局）

【2020年度市电子政务信息安全培训会召开】 11月24日，北京市电子政务信息安全管理人员培训会在北京中工大厦召开。会议由市经济和信息化局主办、北京信息安全测评中心承办，市委网信办、市密码管理局、市公安局、市经济和信息化局等单位负责人，市政府各委办局、各区政府信息化部门参会代表约100人出席现场会议，同步约130人通过线上视频的方式参加会议。市经济和信息化局副局长陈焕文在开幕词中指出，面对经济下行、中美经贸摩擦和新冠肺炎疫情等不利因素的叠加影响，全国人民在党中央坚强领导下，众志成城、顽强拼搏，取得疫情防控阻击战的重大战略成果。2020年北京市网络安全工作面临新形势与新任务，相关各方要恪尽职守，高度重视电子政务网络安全保障工作。会议通报2020年北京市电子政务网络安全检查总体情况，邀请市公安局网安总队、市密码管理局、北京市大数据中心、北京邮电大学、北京信息安全测评中心、国家工业信息安全发展研究中心、北京市政务信息安全应急处置中心的专家分别就网络攻防、密码、数据、区块链、政务云、零信任、工业控制系统等领域进行授课。

（市经济和信息化局）

【北京冬奥会外围保障综合应急演练桌面推演暨第一次合练通信保障任务完成】 11月26日，市应急局在延庆区组织开展冬奥会外围保障综合应急演练桌面推演暨第一次合练。市经济和信息化局组织网管中心、正通公司和首信公司参加演练，共派12名保障人员、1辆800兆无线政务网应急车和1辆1.4G政务专网应急车前往现场开展通信保障。现场800兆应急车开启移动基站，保障演练现场800兆信号良好，通话清晰，确保现场指挥调度畅通；新建设并首次投入使用的1.4G应急车在现场进行了保障能力验证，运行良好，保障现场的信号覆盖，宽带集群业务语音清晰、视频流畅、定位准确。

（市经济和信息化局）

【政务信息公开】 年内，市经济和信息化局通过网站专栏公开信息1500余项，依法依规处理依申请公开，答复申请38项，答复信息咨询500余项，完成行政复议2项，行政诉讼1项。

（市经济和信息化局）

【政民互动】 年内，市经济和信息化局接收信访件59件，其中纸质信件15件，网上电子信件44件。有效答复12345转来企业和群众诉求173件，北京市一体化互动交流平台政民互动来信322条，市级节约平台业务咨询324条，通过加强与市民和企业的互动，为市民和企业办实事、办好事。

（市经济和信息化局）

【人大和政协提案办理】 年内，市经济和信息化局办理完结人大建议和政协提案204件，其中主办件70件。

（市经济和信息化局）

【新闻宣传】 年内，市经济和信息化局与市委宣传部、市政府新闻办等部门沟通联络，围绕疫情防控和复工复产等重点工作，组织参加市级新闻发布会20余场；与中央电视台、《北京日报》、北京电视台等媒体对接，采取策划电视台节目、制作报纸专版、接受采访等多种方式，就“北京健康宝”、新基建、数字经济等开展宣传，发布报道约2000余篇；围绕服贸会、中关村论坛、石墨烯大会和智能网联汽车大会等活动，以图文、漫画、短视频方式进行宣传，并通过微信、微博等新媒体发布信息1470余条，阅读453万余次，互动3.3万余次。

（市经济和信息化局）

【持续深化简政放权】 年内，在“减材料”方面，在2019年基础上通过数据共享、电子证照应用等方式，实现政务服务事项申报材料进一步压减28%。在“减时限”方面，通过优化简化事项申请、受理、审查、决定、送达等流程，政务服务事项办理时限较2019年进一步压减10%。在清理“零办件”事项方面，分两批共清理政务服务“零办件”事项10项。同时，开展政务服务事项目录清单规范化清理，将企业投资项目核准等2个事项列入零办件事项，强化清单对企业的指导性。

（市经济和信息化局）

【加快推进“一网通办”】 年内，结合疫情防控形势，采取信息推送、电话通知等方式，推动政务服务“全程网办”，政务服务事项网办率由0.4%升至95.4%。开展政务服务电子档案管理工作，依托全市统一的电子档案管理系统，实现电子档案的整理、归档，为深化数据共享、提升向国家平台汇聚数据质量提供支撑。完成审批服务专用章电子印章刻制工作，加快推进电子印章在政务服务各环节的应用。实现推进“互联网＋监管”事项，对照国家监管事项，规范市经济和信息化局对应的检查实施清单，配合做好国办电子政务办省级政府“互联网＋监管”能力第三方评估迎检。

（市经济和信息化局）

【持续提升对外服务水平】年内，加强进驻市政务服务中心团队建设，及时有效对外提供咨询服务，向企业群众宣传产业政策、解读法律法规、讲解办事要求和注意事项。2020年累计接待企业、个人咨询4006人次，受理事项6141项；办结事项6141项（未含未进驻的工美和人才事项）。疫情期间，进驻团队作为市经济和信息化局复工复产政策咨询重要窗口，及时全面地向社会宣传解读复工复产政策措施，累计接听复工复产咨询电话400余次，为北京工业和信息化复工复产提供保障。创新服务模式，实行政务服务“午间不打烊”“早晚弹性办”和周六延时服务，截至12月31日累计提供延时服务612小时。通过首问负责制、一次性告知制、双向邮寄和容缺受理等措施，为办事企业提供暖心服务。

（市经济和信息化局）

政务信息化建设

【政务网络防汛专项应急通信保障演练完成】7月13日，根据《北京市2020年应急演练评估工作实施方案》（京应急办函〔2020〕12号）要求，结合汛期政务网络通信保障工作实际，市经济和信息化局在西城区中环大厦和丰台区中顶庙地区组织开展政务网络防汛专项应急通信保障演练。演练模拟丰台区中顶庙地区发生严重汛情，现场800兆无线政务网基站故障，防汛指挥通信受到影响。市政务网络管理中心接到市通信保障应急指挥部办公室通报后，启动Ⅲ级应急响应，派应急队伍赴现场开展应急通信保障。演练中利用卫星链路，建立现场与指挥组的视频会议，开通应急通信车上的移动基站，恢复现场800兆无线政务网通信。演练全程通过1.4G宽带专网语音调度，并通过1.4G终端实时回传现场画面。演练响应迅速，故障处置和故障恢复快捷，各环节紧凑、顺利，参演人员、车辆、通信设备和安全设备等各项保障措施落实到位，1.4G终端图传画面清晰流畅。演练由市经济和信息化局信息化基础设施处、市政务网络管理中心组织实施，北京正通网络通信有限公司、首都信息发展股份有限公司和鑫诺卫星通信有限公司协同完成。

（市经济和信息化局）

【政务外网平稳运行】年内，市经济和信息化局负责的政务外网为用户远程办公、视频会议提供有力支撑；为市医院管理局及22家市属医院开通视频会议系统；完成首都机场集团接入；为司法部全国视频会议系统提供网络保障；启动对101家发热门诊医院和20家新冠肺炎定点医院医保业务接入链路的重点监控，实行专项保障；配合完成北京健康宝系统与河北省健康码系统对接工作；开通862个安全接入平台账号，便于公务人员通过互联网远程接入政务外网业务系统。

（市经济和信息化局）

【政务内网安全稳定】年内，市经济和信息化局负责的政务内网传输网保障了内网加密视频会议及内网数据报送业务稳定运行；完成北京市疾控中心、市公安局808大楼、佑安医院、地坛医院、小汤山医院、顺义新国展、首都机场集团、市核酸检测检疫工作组等单位的内网传输网接入工作，满足上述单位疫情期间参加内网加密视频会议及通过内网报送数据的需求。

（市经济和信息化局）

【北京冬奥会网络通信保障】年内，市经济和信息化局向冬奥组委报送北京2022年冬奥会和冬残奥会集群通信服务规划及网络建设方案，完成800兆无线政务网与张家口350MHz窄带集群专网对接工作。

（市经济和信息化局）

【“十三五”回顾】“十三五”期间，在公用通信网百兆带宽建设上，北京完成铜缆网络光纤化改造，全面建成光网城市，全市宽带接入能力均达到千兆，百兆宽带用户占比达74%，成为主流。4G网络实现城乡覆盖，4G用户达3212.5万户，超额完成“十三五”任务。5G基站累计达到3.2万个，基本实现五环内室外信号连续覆盖，五环外重点区域精准覆盖，实现了5G商用，用户超过500万户。

“十三五”期间政务专网升级改造完成。根据北京城市副中心和政务云等新增需求，市经济和信息化局对市级有线政务专网进行网络布局调整和升级改造，设备国产化率从“十二五”末的 15.19% 提高到 100%；对 800 兆无线政务网进行升级改造，保障国庆 70 周年等重大活动，继续保障 2022 年北京冬奥会；对 1.4G 专网进行标准升级，具备了宽带集群功能。

（市经济和信息化局）

无线电监管

【“两会”期间无线电安全保障】 5 月 21 日至 28 日“两会”期间，市经济和信息化局累计出动 40 余人参加一线无线电安全保障工作，投入 26 座固定监测站、2 部移动监测车，对广播、电视和 800MHz 集群等重点频段累计监测 150 小时。配合民航部门查处首都机场区域起降航空器 GPS 信号丢失问题。全面落实 7×24 小时无线电监测值守制度，开展专项巡查监测，保障“两会”期间无线电安全畅通。

（市经济和信息化局）

【2020 年高考无线电安全保障工作完成】 7 月 10 日，2020 年度全国高考结束，市经济和信息化局按照市政府的统一部署和要求，完成北京地区高考的无线电安全保障任务。2020 年高考期间，为落实疫情防控需求，北京市高考考场人数由 30 人减少为 20 人，考场数量相应增加，考场区域覆盖面更广。北京市作为首批高考改革试点地区，考试时间由 3 天调整为 4 天。无线电安全保障处等有关部门提前研判高考安保形势，加强组织部署，强化应急处置，全力以赴完成好高考无线电安全保障任务。组织相关无线电业务处室和无线电监测站制订 2020 年高考无线电安全保障方案，成立综合、检测、监测、执法和机动等 5 个工作小组，明确任务分工和工作职责，先后开展“打击销售无线电作弊器材”和“净化考点周边电磁环境”专项治理行动。考试期间，市无线电监测站开启覆盖全市的 26 个固定监测台网，累计监测时长 40 小时，严密监测全市各考点周边电磁环境，对可能发生作弊的频段持续重点关注。出动 14 台次移动监测车、22 名监测人员对重点区域无线电频率进行保护性监测，对涉嫌作弊的无线电信号进行查找定位。出动 4 台次机动巡查车，应对无线电安全突发事件，维护了高考期间无线电波秩序的平稳，保障考试的顺利进行。

（市经济和信息化局）

【开展服贸会无线电安全保障电磁环境测试】 8 月 26 日，为做好 2020 年中国国际服务贸易会期间的无线电安全保障工作，市无线电管理局领导陆恭超带队前往国家会议中心和奥体观光塔进行电磁环境测试。无线电频率台站处、无线电监督检查处、无线电安全保障处、无线电监测站相关同志参加测试工作。工作人员首先前往奥体观光塔及奥林匹克中心区，利用便携监测设备，对央视重点转播频率进行保护性监测，了解其无线电设备的使用情况，重点了解通信频率、媒体转播调度和直播无线传输用频情况，掌握各频段频谱占用情况。随后到国家会议中心，对会场组织、指挥调度、安全保卫等重点频率进行保护性监测，在重点保障点位开展实地踏勘演练，确保展会期间无线电频率使用安全，电磁环境整体可控。2020 年中国国际服务贸易会筹备及保障工作期间，市经济和信息化局先后派出无线电保障工作人员 40 名，累计派出监测车辆 32 台次，共完成北京地区 40 家单位共计 280 个频点的审批，涉及无线电设备共计 4809 台，全天候开启全市固定监测网络，监测重要用户使用频率累计 300 余小时，查处无线电干扰 3 起，查获“黑广播”2 起。保证指挥调度、新闻转播、机场航路、应急通信等无线电业务正常运行。

（市经济和信息化局）

【对干扰移动 4G 信号开展行政检查】 8 月，根据中国移动北京公司干扰申诉，称在房山区葫芦垡村附近 2575 ~ 2615MHz 频段受到干扰，影响了周边基站正常业务。8 月 6 日经无线电监测站技术查找发现干扰信号来自房山区葫芦垡村一出租房内。市无线电管理局协调房山区经济和信息化局、长阳镇政府及派出所于 8 月 14 日到现场开展联合行政执法检查，当场查获无线电信号屏蔽器一台，经现场技术检测该设备发射频率与被干扰的中国移动频率一致，确定该设备为干扰源。该设备未办理无线电电台执照，当事人不具备使用该设备的资质条件，执法人员向当事人宣讲了无线电管理相关法规，下达责令改正通知书，当场拆除该非法无线电设备并依法做出查封扣押决定，消除了干扰源。

（市经济和信息化局）

【十九届五中全会期间开展打击“黑广播”专项治理行动】根据市委扫黄打非办的统一部署，为净化北京地区电磁环境、保障十九届五中全会召开。市无线电监测站对发现的一起“黑广播”信号进行监测，并于10月27日夜间定位到该黑广播发射源朝阳区某小区楼顶，于10月28日配合公安和文化执法总队对“黑广播”电台进行执法拆除。

（市经济和信息化局）

【北京冬奥会无线电管理协调小组第一次会议召开】12月8日，北京冬奥会无线电管理协调小组在北京召开第一次全体会议，学习贯彻习近平总书记关于北京冬奥会工作的系列重要批示、指示精神，落实党中央、国务院关于北京冬奥会筹办的决策部署，听取北京冬奥会无线电管理协调小组成员单位工作进展汇报，研究下一阶段重点工作。工信部党组成员、总工程师田玉龙，北京冬奥组委副主席杨树安，河北省人民政府副省长葛海蛟，北京市人民政府副秘书长张劲松出席会议并讲话。市经济和信息化局党组成员、副局长崔旭龙参加会议并做工作交流。会议要求，北京冬奥会无线电管理协调小组各成员单位要进一步细化北京冬奥会无线电管理工作举措，细致排查安全隐患，落实责任人，以更高的标准、更大的力度，确保冬奥会赛事安全运行。北京冬奥会无线电管理协调小组办公室要发挥好统筹协调作用，不断完善工作机制，提升北京冬奥会无线电管理技术设施建设能力、运行保障能力和突发事件应急处置能力。北京冬奥会无线电管理协调小组各成员单位要充分发挥无线电管理领域协同作战的优良传统，部门联动，相互补位、密切配合，形成保障合力。张劲松对北京市冬奥会无线电安全保障工作提出工作要求，要提高工作政治站位，强化风险防控意识，坚持以习近平总书记重要指示精神为根本遵循，始终把无线电安全保障工作纳入筹办工作全局考虑；要加强工作组织领导，进一步织密体系网络，充分发挥协调小组作用，做好军地省际协调联动；要强化办奥主体责任，主动推进工作落实，坚持首善引领，发挥经验优势，坚持靠前谋划，紧抓工作落实。崔旭龙代表市经济和信息化局从前期搭建组织架构、统筹频率资源、加强设施建设、净化电磁环境等方面工作开展情况做工作交流。他表示，坚决落实属地责任，做好组织机构、工作机制和工作任务有效对接，做好风险评估，完善应急保障机制，做好电磁环境监测和非法信号排查，落实无线电管制，扎实做好无线电安全保障各项筹办工作。会议期间，参会人员共同调研北京冬奥会场馆和基础设施建设情况。北京冬奥组委技术部、河北省工信厅做了工作发言。

（市经济和信息化局）

【2020年度北京地区各项考试无线电安全保障任务完成】12月28日，全国硕士研究生招生考试结束。至此，市经济和信息化局完成2020年度北京地区教育、人事、司法、军转等考试的无线电安全保障任务。2020

年各项考试由于叠加疫情影响，考试要素均有不同程度的变化，市经济和信息化局无线电安全保障处等有关处室提前研判考试安保形势、加强组织部署、强化应急处置，制订考试无线电安全保障方案，成立综合、检测、监测、执法和机动等5个工作小组，明确任务分工和工作职责，并先后开展“打击销售无线电作弊器材”和“净化考点周边电磁环境”专项治理行动。考试期间，市无线电监测站开启覆盖全市的26个固定监测台网，累计监测时长600余小时，严密监测全市各考点周边电磁环境，对可能发生作弊的频段持续重点关注，先后出动50余台次移动监测车对重点区域无线电频率进行保护性监测，对涉嫌作弊的无线电信号进行查找定位。在成人高考英语听力考试和硕士研究生入学考试保障中，监测站现场保障人员密切配合，高效工作，当场截获正在发送考试答案的作弊信号，并立即采取压制、阻断等有效措施，迅速固定证据，第一时间通知考试主管部门，协助查找并提供作弊信号具体方位。维护了考试期间无线电波秩序的平稳，保障了考试的顺利进行。

（市经济和信息化局）

【北京冬奥会无线电安全保障筹备工作】年内，市经济和信息化局编制完善《北京2022年冬奥会和冬残奥会无线电安全保障方案》，定义无线电监测网文档。完成场馆技术运行计划、技术设施建设需求和结构部署图等30余份重要文件编制工作。实地踏勘8个场馆，围绕赛会期间场馆办公场所、车辆和人员等无线电保障需求开展对接，确定场馆保障人员及车辆安排。组织延庆海坨山高山滑雪赛场电磁环境测试，累计协调审批涉及部分国家参赛队伍、央视等主流媒体以及场馆运行保障团队43份频率申请，指配频率50个，涉及无线电设备458台。完成重点用户OBS频率预指配近200个。印制“相约北京”系列测试赛无线电设备专用标签。

（市经济和信息化局）

【重大项目频率资源指配】年内，市经济和信息化局完成全市重点项目“北京环球主题公园”现场信号、设备测试、无线电台执照颁发等工作；与北京京投资产经营有限公司和北京市轨道交通建设管理有限公司对接，全面掌握北京城市轨道交通无线电业务使用情况，了解LTE−M和EUHT技术应用以及800兆赫集群使用情况，协调解决11号线冬奥支线800兆赫集群频率问题。

（市经济和信息化局）

【无线电台站管理】年内，市经济和信息化局对重点台站进行设备检测和信号监测，确保符合规范要求。开展台站数据库完整性和准确性核查，随机抽查在用的微波台、雷达站、公众移动通信基站、专网基站、广播电视发射台、卫星地球站88个，台站数据的完整率和准确率均达到100%。组织完成对1100个设台单位和个人实施行政检查，纠正存在问题。

（市经济和信息化局）

【5G基站与卫星地球站管理】年内，根据《关于开展3400～4200兆赫和4500～5000兆赫频段卫星地球站等无线电台（站）清理核查的通知》，市经济和信息化局加强5G基站与卫星地球站干扰协调管理，为新基建创造条件。通过频率台站数据核查、重点用户信息报送、组织专题会议等方式，梳理出受影响的C波段卫星地球站310个。成立专项工作小组，组织协调国家广电总局、北京市广电局与移动、联通、电信3家运营商召开专题会研究推进5G基站与广电卫星地球站的干扰协调工作。完成297个卫星地球站的改造、协调工作，完成率95.8%，达到国家要求。

（市经济和信息化局）

【无线电监测与设备检测】年内，市经济和信息化局完成地铁5号线、8号线、9号线、10号线、14号线、16号线、燕房线等800兆集群调度基站、广电新增频率设台、气象局气象探测新增台、民航机场新增台等单位的电磁环境测试；对31家设台单位的32个无线电台站进行建站技术审查；完成46家单位新设台站的设备检测，测试各类无线电发射设备110台(套)；完成大兴机场空中管制导航、监视、气象雷达、无线电定位、调度指挥5个大类14种无线电发射设备检测。

（市经济和信息化局）

【无线电执法及宣传】年内，市经济和信息化局开展无线电行政执法，组织相关单位查处首都机场、密云机场GPS干扰，京张铁路、地铁4号线、燕房线轻轨等列调干扰，广播卫星通信干扰等案件，罚没无线电发射设备2台；出动人员82人次，动用设备车辆256台套，累计监测时长9800余小时，监听疑似“黑广播”信号68个，打掉北京地区“黑广播”窝点5个，拆除设备5套；在“两会”、服贸会和国庆保障期间，联合市公安局、市广播电视局、市文化执法总队开展“净空2020”打击治理“黑广播”专项行动；利用“伪基站”数据采集及定位预警系统，实时动态监测“伪基站”行踪，安排专职人员24小时开展信息采集监测；受理网络销售无线电发射设备未做型号核准投诉27起，下达无线电责令改正通知书13份，罚款1万元；创新无线电法律法规宣传工作，利用京东集团网络销售平台直接面对无线电发射设备销售商和用户开展宣传活动，探讨利用大型销售平台的宣传模式。启动《北京市无线电管理办法》的修订工作。

（市经济和信息化局）

【受理无线电管理争议和纠纷】年内，市无线电管理局受理违章举报、投诉及信访，协调处理行政执法争议和纠纷。受理网络销售无线电发射设备未做型号核准投诉27起，下达无线电责令改正通知书13份，罚款1万元。

（市经济和信息化局）

【落实《北京市优化营商环境条例》】年内，市无线电管理局全面开展“双随机、一公开”工作，加快推进监管执法有关制度，加大非法设台的打击力度；在国务院质量工作考核中，对生产、销售无线电发射设备监督检查，对23家企业共计31种设备的型号核准抽查工作。

（市经济和信息化局）

【开展无线电宣传活动】年内，市无线电管理局组织实施、指导、协调无线电管理法制宣传教育等工作。结合推动区县无线电管理工作，通过研究室法制培训班加入无线电管理与执法授课；组织“2020年无线电管理与应急通信演练”活动，对区县无线电管理一线人员进行业务培训和应急通信演练观摩；创新无线电法律法规宣传工作，启动利用京东集团网络销售平台直接面对无线电发射设备销售商和用户开展宣传活动，探讨利用大型销售平台新的宣传模式。

（市经济和信息化局）

【启动《北京市无线电管理办法》修订】年内，市无线电管理局研究起草北京市无线电管理地方性法规、政府规章草案，并会同有关部门实施。由于《中华人民共和国无线电管理条例》的修改和无线电技术发展，2007年颁布的《北京市无线电管理办法》已经不适应北京市的发展需求，启动《北京市无线电管理办法》的修订工作。

（市经济和信息化局）

【“十三五”回顾】“十三五”期间，市经济和信息化局完成新中国成立70周年庆祝活动、党的十九大、“一带一路”国际合作高峰论坛、中非合作论坛北京峰会、世界机器人大会、世界园艺博览会、亚洲文明对话大会等重大活动无线电安全保障，有效保障了重大活动期间用频安全，电磁环境总体可控、电波秩序良好。先后被市委、市政府授予中华人民共和国70周年庆祝活动先进集体，被国家无线电办公室授予无线电安全保障先进集体，被“一带一路”国际合作高峰论坛筹委会安全保卫组授予安保贡献先进集体。

打击治理非法设台。“十三五”期间，市经济和信息化局根据国家无线电办公室有关要求，开展“黑广播”专项打击行动。对发现的“黑广播”启动应急处理程序。对“黑广播”重点高发区域，保持实时监测，区域性集中打击。配合公安部门做好打击“伪基站”工作，参与打击整治生产销售使用“伪基站”违法犯罪活动专项。依托“互联网+大数据”，加强对“黑广播”“伪基站”等非法设台行为的打击力度。2016—2020年市经济和信息化局共参与打击“黑广播”行动近130起，查获非法设备近150套；出具“伪基站”认定书500余份。

重点频段应用推进。“十三五”期间，市经济和信息化局完成1.4吉赫频段宽带数字集群专网规划和分配，在全市范围组建1.4吉赫频段宽带数字集群专网。开展1.8吉赫无线接入系统频率需求调研，组织1.8吉赫频段不同业务和不同体制的干扰分析研究，协调解决北京市轨道交通1.8吉赫频率使用。

军地无线电管理协调。“十三五”期间，市经济和信息化局与部队建立工作协调机制，多次与联参信通局、中部战区等单位和部门进行工作沟通，及时协调和解决工作中存在的问题。向中部战区频管部门共享监测网与频率台站资源，共同开展电磁环境清理整顿和无线电管制工作。70 周年国庆活动中，与部队、天津市、河北省无线电管理机构建立军地电磁频谱联合管控机制，做好受阅期间空中梯队的通信保障。

重大任务电磁频谱联合管控。“十三五”期间，市经济和信息化局全程参加建军 90 周年阅兵，朱日和联合军事演习，新疆库尔勒“国际军事比赛”等重大电磁频谱管控任务的频率指配、设备检测、电磁环境监测和干扰查处等工作。

技术设施能力全面提升。“十三五”期间，市经济和信息化局固定监测设施监测覆盖率达到 95%，比“十二五”提升 3 个百分点。提升首都机场区域的监测覆盖率，增加铁路 GSM-R 专项监测能力。实现对其行政范围内的“黑广播”信号实时监测、测向、数据记录的功能。移动监测车具备 6 吉赫以上频段监测能力占比达到 60%。推进了北京城市副中心监测网建设。

（市经济和信息化局）

安全生产

【京津冀应急产业对接活动举办】9 月 10 日，京津冀三地经信（工信）部门在河北省唐山市联合举办 2020 年度京津冀应急产业对接活动。活动以“协同发展、创新融合、打造京津冀应急产业新高地”为主题，围绕三地产业协同发展进行了交流。工信部运行监测协调局、工信部国合中心、京津冀三地经信部门、应急产业联盟组织和应急领域相关企业负责人出席活动。工信部运行监测协调局副局长何亚琼致辞；河北省工信厅厅长龚晓峰、天津市工信局二级巡视员胡旭东进行主题发言；北京市经济和信息化局领导李涛以“共促区域协同发展，构建京津冀应急产业新格局”为题，回顾了京津冀协同发展历程，总结北京经信部门贯彻落实习近平总书记关于安全生产、应急管理、防灾减灾等重要指示精神情况，介绍了北京地区国家级应急产业示范基地建设及应急企业基本情况。活动期间连线 89 岁高龄的中国工程院院士钟山进行致辞，并邀请北京航天长峰研究所、联通系统集成有限公司以及三地产业园区、联盟的专家学者、负责人做主题演讲和企业推介；京津冀三地产业园区、联盟组织、企业代表前往唐山市高新技术开发区和开平应急装备产业园实地参观中信重工、唐山国家级科技企业孵化器以及住友建机（唐山）有限公司等重点应急企业。京津冀三地经信部门签署《进一步加强应急产业合作备忘录》。市经济和信息化局安全生产处、对外交流处会同丰台科技园管委会、7 家重点应急企业、2 个应急产业联盟赴河北参加活动。

（市经济和信息化局）

【民爆行业事故应急救援演练完成】10 月 22 日，市经济和信息化局组织开展 2020 年度民爆物品储存安全事故应急救援演练活动，北京鑫运昌民爆器材公司、北京京煤化工公司、新兴应急救援队共同参与演练。应急救援演练采取实景演练与桌面推演相结合的方式，模拟房山区大南峪民爆物品储存库区突发山火，企业与属地消防救援人员奋力扑救并转移邻近库房内民爆物品场景。北京鑫运昌民爆器材公司重点演练火情上报、启动应急预案、集结应急队伍、联合北京京煤化工公司与驻地武警扑救山火、转运邻近库房内民爆物品、紧急撤离等应急响应工作；市经济和信息化局重点演练火情通报与爆炸事故上报、启动民爆事故应急处置流程，联合市应急、消防与属地政府进行现场指挥与应急救援等工作。7 月以来，市经济和信息化局联合民爆企业、安全专家、救援队伍成立演练筹备组，先后 2 次召开会议研究应急演练各项工作，明确演练方式、场景设置、应急处置流程及人员物资需求，形成《民爆物品储存安全事故应急预案演练实施方案》，并对相关场景进行录制。演练结束召开总结评估会，对这次演练提出评估意见。这次演练考虑疫情防控因素，未组织政府部门及企业人员大量聚集。通过前期录制视频创建场景、适量人员聚集进行实战的方式，避免因夏季高温、冬季寒冷导致演练人员中暑、感冒或疾病传染的情况。考虑科学性与全面性。通过桌面推演市级部门启动应急响应工作的方式，避免应急部门调度大量应急救援力量、增加行政成本，高效保障了事故演练要素齐全、部门联动逻辑清晰。考虑真实性与综合性。通过视频录制相关应急救援场景的方式，增强参演人员的紧张感，为确保演练效果，参演人员组织多次实景拍摄，提升参演各方在紧张环境下有序开展应急处置工作的能力；同时，通过创建火灾、爆炸连锁事故场景，引导北京市民爆行业进一步提升应对综合性突发事件的能力。

（市经济和信息化局）

【全市经信系统安全生产工作会议召开】11月13日，市经济和信息化局在通州区城市副中心组织召开2020年度全市经信系统安全生产工作会议。各区级经信部门主管领导、科室负责人及专职安全员共计40余人参加会议。会议学习了习近平总书记关于安全生产的重要论述和党的十九届五中全会有关精神，为全市经信系统进一步做好安全生产工作提供了思想遵循。会议通报2020年度安全生产工作开展情况，以及重点工作完成情况，逐条梳理全市经信系统安全生产专项整治3年行动任务推进情况，进一步明确相关工作措施。会议部署2020年区级经信部门安全生产年终考核工作以及2021年全市经信系统安全生产专项整治三年行动有关工作，指导区级经信部门进一步理清工作思路，明确重点任务。会议强调，全市经信系统要继续严格按照安全生产“党政同责、一岗双责、齐抓共管”的工作要求，贯彻落实《中共中央　国务院关于推进安全生产领域改革发展的意见》，不断完善经信部门安全生产工作体系，确保依法依规完成经信系统重点工作任务。

（市经济和信息化局）

【安全生产指导】年内，市经济和信息化局按照安全生产“党政同责、一岗双责、齐抓共管”的工作要求，贯彻落实《中共中央　国务院关于推进安全生产领域改革发展的意见》，完善市、区经信部门安全工作体系，强化落实消防安全工作，有序推进各项年度考核任务。先后制定《2020年度全市经信系统安全工作要点》《市经济和信息化局2020年度安全生产和消防工作目标任务分工》《区级经济和信息化部门2020年度安全生产工作任务》。

（市经济和信息化局）

【专项整治3年行动】年内，市经济和信息化局以安全生产专项整治3年行动、市属国有工贸企业安全生产考核为契机，会同有关部门，先后赴朝阳区、海淀区、丰台区、石景山区、房山区、通州区、顺义区、大兴区、怀柔区、平谷区、延庆区、北京经济技术开发区12个区开展安全生产服务指导工作，累计覆盖企业近百家。通过实地走访、举办宣讲培训、召开座谈会议等形式，向企业宣讲中央关于安全生产重要指示批示精神，解读安全生产法律法规及重要文件要求，指导企业依法依规落实安全生产主体责任，全力促进产业领域安全发展。

（市经济和信息化局）

【民爆物品监督管理】年内，根据工信部要求和民爆行业安全生产专项整治行动计划，市经济和信息化局以“岁末年初”、全国“两会”、汛期、国庆等重要时段为节点，对2家在北京实际经营的民爆企业和11家在北京注册的民爆企业总部开展多轮次安全生产执法检查，督促民爆企业整改问题隐患、夯实安全生产基础；根据《民用爆炸物品企业安全生产标准化实施细则》要求，联合安全专家对北京京煤化工公司、北京鑫运昌民爆公司安全生产标准化达标情况进行现场评审，促进企业完善安全管理体系；根据民爆物品安全管理要求，严格开展10余家民爆物品销售企业的换证、年检工作，依法依规履行民爆行业监管职责。

（市经济和信息化局）

【应急宣传】年内，为落实《北京市“应急宣传进万家”工作方案》要求，做好2020年度相关活动组织工作，市经济和信息化局制订《北京市经济和信息化局2020年度“应急宣传进万家”系列活动方案》，开展安全生产宣传指导、军工系统安全生产月、民爆行业应急宣传与演练等系列宣传活动，并组织区经信部门、民爆企业参与“应急宣传进万家”最佳实践奖、优秀组织奖以及“应急先锋·北京榜样”等评优活动。

（市经济和信息化局）

【禁止化学武器公约】年内，市经济和信息化局根据国家禁止化学武器办公室有关工作部署和要求，围绕禁止化学武器履约开展相关工作，加强与有关部门沟通协调，完成监控化学品生产企业、厂区达到宣布阈值的数据宣布工作；推进放管服改革，实行线上审批，完成16批次监控化学品的初审工作；按照《关于做好2020年禁化武履约宣传作品征集活动组织工作的通知》要求，开展履约宣传活动。

（市经济和信息化局）

【安全与应急产业推进】年内，为贯彻落实国家应急管理体系和能力现代化有关要求，市经济和信息化局完成《北京市重点安全与应急企业及产品目录（2019年版）》的编制和发布。《目录》包括北京市安全与应急企业141家，涉及340余种产品与服务，为社会各界提供安全与应急资源的共享途径。

（市经济和信息化局）

央企服务

【推进央企高精尖项目在京落地】4月3日，为推动中央在京企业与北京市创新型企业合作以及央企高精尖项目在京落地，市经济和信息化局副局长崔旭龙带队赴航空工业制造院、航天三十五所等单位调研。在航空工业制造院参观了航空装备及产品展厅，现场调研机器人系统集成研发平台、增材制造实验室等场所，了解院里智能制造业务、燃料气瓶和航空标准件项目、承担的全自动口罩机研发生产任务等情况。崔旭龙指出，航空工业制造院具有深厚的技术储备，支持其与北京市创新型企业合作，向民用领域转化发展。崔旭龙表示，支持其发挥北京市智能制造解决方案供应商的能力，帮助北京市传统企业智能化转型升级；燃料气瓶项目、航空标准件项目符合北京市高精尖产业发展政策，支持项目分别在顺义区和亦庄加快落地进程。在航天三院三十五所现场调研了油气管网巡检机器人研发生产情况，听取三十五所智慧管网技术发展中心的汇报，详细了解油气管网巡检领域国内外产品和服务发展情况。崔旭龙表示，当前北京市积极推动与国家管网公司开展合作，支持三十五所在管道巡检领域继续发挥优势，同北京市相关企业一起积极参与，在合作中抓住机遇，实现多方共赢。

（市经济和信息化局）

【北京信息化和工业化融合服务联盟央企CIO工作委员会成立】5月10日，由市经济和信息化局指导，北京信息化和工业化融合服务联盟主办的央企CIO工作委员会成立大会暨数字化转型云系列论坛启动仪式以视频直播形式召开。工信部信息技术发展司副司长王建伟，市经济和信息化局二级巡视员姜广智出席会议并做主旨讲话，中国人民大学、中国中钢集团、中国中车集团、中国节能环保集团、中国铝业集团、中国建筑集团等单位相关领导参加会议。据各直播平台数据实时统计，1100余人次在线观看。王建伟在讲话中表示，当前世界经济正处在动能转换的换挡期，数字化转型已成为这次变革的主旋律。工信部重点围绕“两化”融合创新发展、首席信息官制度建设、工业互联网创新发展工程、制造业双创和融合发展专项、工控安全管理等重点任务，多措并举取得阶段性进展。姜广智在讲话中表示，以大数据、人工智能、云计算、移动互联网为代表的数字科技在疫情防控中发挥重要作用，推动加快数字化转型步伐；要积极推动传统产业数字化转型升级，有效应对国际分工调整和全球产业链日益复杂的趋势，促进产业链上下游企业协同联动，维护产业链稳定、安全；要借助央企作为行业龙头的辐射能力，助力央企数字化、网络化、智能化转型升级，从而带动北京中小企业融合发展，促进产业生态完善。会上成立以中国中钢集团、中国中车集团、中国节能环保集团、中国铝业集团、中国建筑集团信息化工作负责人为主体的央企CIO工作委员会。市经济和信息化局做《对接央企推动北京市软件和信息服务业发展》主题报告，介绍了北京市软件和信息服务业发展情况、对接服务央企工作举措及下一步工作思路。

（市经济和信息化局）

【北京市首贷服务中心首场银企对接会召开】9月18日，为贯彻落实党中央、国务院关于做好“六稳”工作、落实“六保”任务的决策部署，以及人民银行、外汇局等上级部门关于金融支持稳企业保就业政策以及北京市委、市政府工作要求，保护和激发市场主体活力，解决企业融资难题，人民银行营业管理部（外汇局北京外汇管理部）、北京银保监局、北京证监局、市地方金融监管局、市政务服务局联合在北京市首贷服务中心召开北京市金融支持稳企业保就业暨畅融工程银企对接会，推进银企融资对接合作。市委常委、副市长殷勇应邀出席并讲话。市经济和信息化局副局长潘锋出席会议并助签银企签字仪式。

（市经济和信息化局）

机关党建

【北京市大数据中心党总支部成立暨第一次党员大会召开】9月29日，在市经济和信息化局机关党委指导下，大数据中心成立党总支部党员大会筹备工作领导小组，组建综合部党支部等9个党支部，酝酿产生大数据中心党总支部委员候选人名单。北京市大数据中心党总支部在数字北京大厦召开第一次党员大会。会议由大数据中心副主任唐建国主持，市经济和信息化局党组成员、副局长、机关党委书记刘京辉出席会议并讲话，市经济和信息化局机关党委专职副书记李忠祥及大数据中心领导班子、党员和积极分子参加会议。大会应到党员46名（有选举权党员45名），实到党员43名（有选举权党员42名）。会议采取无记名投票、差额选举办法，选举产生第一届党总支部委员会委员，并召开支部委员会第一次全体会议。刘京辉代表局党组提出3点要求和希望。加强政治建设，努力提高党员政治素质。要以政治建设为统领，坚持贯彻党中央和市委、市政府的各项决策部署；坚持学习贯彻习近平新时代中国特色社会主义思想；提升党员政治素质，增强政治理论性和政治鉴别力。勇于开拓创新，努力创造大数据中心新局面。围绕中心抓党建，抓好党建促发展；融入业务，把准党建工作的结合点，党建和业务“两结合、两促进”；依靠党支部把准党建工作的支撑点，把支部作为党建工作的“主阵地”，做到“一个党员、一面旗帜”，按照党员要求、符合党章标准，钻研业务的同时加强对党建的学习。发挥模范作用，努力推动大数据事业发展。进一步增强责任意识、表率意识和团结意识。唐建国代表大数据中心党总支部表态，大数据中心党总支部将在局党组和机关党委领导下，坚持政治引领，结合党建推动大数据事业发展，让党的旗帜飘扬在大数据基层战线，让红色引擎为大数据行动计划实施注入动力。

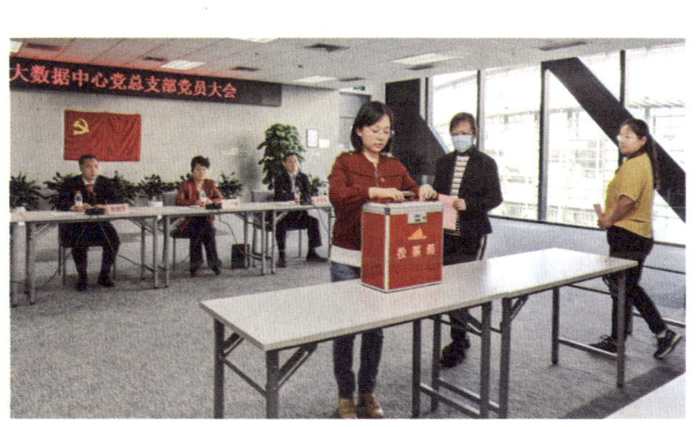

（市经济和信息化局）

【市经济和信息化局离退休干部党总支换届选举】10月15日，在市经济和信息化局机关党委指导下，北京市经济和信息化局离退休干部党总支在凯富大厦办公区召开党总支委员会换届选举会议。市经济和信息化局党组成员、副局长、机关党委书记刘京辉出席会议并讲话，局机关党委专职副书记李忠祥及离退休党员干部参加会议。会议应到党员103名（有选举权党员103名），实到党员94名（有选举权党员94名）。会议采取无记名投票、差额选举的办法，选举产生新一届离退休干部党总支部委员会委员，并召开总支委员会第一次全体会议。刘京辉代表局党组对新一届离退休干部党总支部提出进一步加强离退休干部政治理论教育、加强离退休干部党组织建设、为离退休干部做好服务3点希望。会后，刘京辉与新当选的委员座谈，鼓励大家积极开展工作，传承离退休党总支工作优良传统，创新工作方式。新一届委员纷纷表示，在局党组的领导下，一定要积极发挥老同志的政治优势、经验优势、威望优势，积极地为首都经济和信息化事业发展建言献策，力所能及地为党和人民的事业做贡献。

（市经济和信息化局）

【市经济和信息化局举办干部专题轮训班】 10月21日至23日、10月28日至30日，为学习贯彻习近平新时代中国特色社会主义思想，持续巩固深化“不忘初心、牢记使命”主题教育成果，加强党员领导干部政治能力建设，提高党支部书记抓党建工作能力，市经济和信息化局在中华全国总工会国际交流中心，分两批举办2020年处级干部（党支部书记）学习贯彻《习近平谈治国理政》第三卷专题轮训班。局党组书记、局长杨秀玲出席培训班结业式并作总结讲话。局党组成员、副局长、机关党委书记刘京辉主持开班式、结业式，并作开训动员、全程督导培训。局总经济师、总工程师、机关各处正副处长、直属单位正副主任和基层党支部书记共122人参加轮训。轮训班以学习贯彻《习近平谈治国理政》第三卷为主题，涵盖机关党的建设、中共党史、北京“两区”建设、“双循环”新发展格局、作风纪律建设和党支部工作条例等方面。中国人民大学、北京市委党校、前线杂志社、市直机关工委、市商务局的专家学者和领导进行理论阐释、政策解读、实操辅导。受到国家和北京市表彰的3个先进典型代表围绕怎样发挥好党支部战斗堡垒作用、党员先锋模范作用作主题发言。参训人员分为3个小组，结合工作实际畅谈学习体会，加深对习近平新时代中国特色社会主义思想重大意义、科学体系、丰富内涵的理解，增强贯彻落实的自觉性和坚定性，提高党性意识，强化使命担当。10月30日，杨秀玲出席结业式并作讲话，局领导班子成员、总经济师、总工程师、机关各处正副处长、直属单位正副主任和基层党支部书记参加。杨秀玲强调，在年底任务非常繁重的情况下，组织处级干部（党支部书记）集中脱产培训，充分体现了局党组高度重视常态学习、坚决压实党建责任、着力抓好“关键少数”的鲜明导向。各级要切实增强学习的紧迫感，深入领会新时代机关党建的重要地位、职能作用、核心任务和目标要求，压紧压实抓党建的政治责任、主体责任和领导责任，加强思想淬炼、政治历练、实践锻炼，提高解决实际问题能力。杨秀玲指出，2020年来，全局迎难而上，为统筹推进全市疫情防控和经济社会发展付出了努力，取得积极成效，关键时刻彰显担当作为、重大任务推进蹄疾步稳、产业经济实现恢复增长。随着北京“两区”建设全面启动，大数据行动计划向纵深推进，疏解整治促提升和营商环境优化改善工作进入新阶段，全局在履行重要使命任务、实现更大发展上，面临难得的重要机遇。同时，首都产业经济发展面临的内外部环境更加严峻复杂，经济下行压力仍然较大，科技创新支撑产业发展驱动力不够，发展新动能还需大力培育，实现高质量发展还面临着一些困难和挑战。杨秀玲强调，党的十九届五中全会审议通过《中共中央关于制定国民经济和社会发展第十四个五年规划和二〇三五年远景目标的建议》，深刻指明今后一个时期中国发展的指导方针、目标任务、战略举措。学习宣传贯彻党的十九届五中全会精神，是当前重大政治任务。各党支部要第一时间组织

学习全会精神，切实把思想和行动统一到中央精神上来，增强责任感、使命感。要认真领会全会提出的“十四五”时期经济社会发展指导思想和必须遵循的原则，准确把握6个方面主要目标以及实现奋斗目标的12个方面具体举措，结合学习宣传贯彻全会精神，做好年底前各项工作，谋划好“十四五”开局之年的工作思路、重点任务。杨秀玲要求，市经济和信息化局作为首都产业和信息化主管部门，要用全面、辩证、长远的眼光看待机遇、风险和挑战，牢固树立“有为才有位”的意识，坚定发展信心，攻坚克难、化危为机、发挥更大作用，推动经济和信息化工作翻开新篇章。要立足当前、着眼长远，抓好各项任务落实，特别是要分类盘点、倒排工期、挂账销号，全力以赴完成年度工业和软件信息服务业增长目标任务；抓紧编制“十四五”高精尖产业规划、智慧城市发展行动纲要以及各专项规划；着力推动高精尖产业发展实现新突破，促进中小企业创新发展，加快推进数字经济工作，抓好大数据行动计划后续落实；要改进工作方法，狠抓工作作风，重点在学会“弹钢琴”、尽量求快、掌握主动、落小落细、各尽其责、服从大局、发扬钉钉子精神、增强集体荣誉感8个方面下功夫，增强执行力，确保中央决策部署，市委、市政府工作要求按时、保质落地见效。要坚持讲政治、精业务，做到追求“术业有专攻”和“艺多不压身”相统一，精通本职，厚积薄发，提高工作的专业水准；在现有基础上加强制度建设，集中精力规范议事决策、规范政商关系、规范奖惩办法，提高机关治理效能。

（市经济和信息化局）

【市经济和信息化局在市“两优一先”表彰大会做经验交流】10月27日，市直机关召开优秀共产党员、优秀党务工作者和先进党组织表彰大会。市委常委、秘书长、市直机关工委书记张家明出席会议并讲话。会议由市直机关工委常务副书记吕和顺主持，市直机关各单位机关党委（总支、支部）书记、专职副书记，部分受表彰的党员、党务工作者和党组织代表，工委领导班子成员及有关同志，共200余人参加会议。会议宣读了“两优一先”表彰决定，对100名优秀共产党员、100名优秀党务工作者、50个先进党组织进行表彰，并为受表彰的“两优一先”集体和个人代表颁发荣誉证书和奖牌，4名同志代表受表彰的集体和个人进行了典型经验交流，市经济和信息化局大数据应用与产业处党支部书记唐建国代表受表彰的优秀党务工作者做典型经验交流发言。市经济和信息化局经济运行处侯守国、大数据中心

贾晓丰获优秀共产党员称号，大数据应用与产业处党支部书记唐建国获优秀党务工作者称号，生物与医药产业处党支部获先进党组织称号。张家明在讲话中充分肯定过去1年机关党建工作，指出市直机关各级党组织和广大党员、党务工作者坚决贯彻落实党中央和市委要求，履职尽责、真抓实干，攻坚克难、锐意进取，在中华人民共和国成立70周年庆祝活动等重大活动服务保障中做出了积极贡献，在疫情防控大考中彰显了政治担当、践行了初心使命，机关党建工作抓得实、抓得细，为建设国际一流的和谐宜居之都做出重要贡献。张家明强调，各级党组织和党员、干部要深刻认识机关党建工作面临的形势、任务和要求，切实增强责任感、使命感、紧迫感，以首善标准推进新时代市直机关党的建设；明年是建党100周年、“十四五”开局之年，市直机关要以新成效、新姿态开启新征程。深入贯彻落实习近平总书记重要讲话精神，站在首都工作全局的高度谋划和推动机关党建各项工作，做好“三个表率”，建设让党中央放心、让人民群众满意的模范机关，为推动首都新发展提供坚强保障。要始终把党的政治建设摆在首位，认真落实“看北京首先要从

政治上看”的要求，教育引导党员干部锤炼忠诚干净担当的政治品格，把“两个维护”融入日常，体现在工作中，落实在行动上；要走在理论学习的前列，把学习贯彻习近平新时代中国特色社会主义思想作为重中之重，组织机关党员干部持续、全面、深入学习贯彻总书记 8 次视察、13 次对北京重要讲话精神，认真组织学习《习近平谈治国理政（第三卷）》，精心组织开展十九届五中全会精神学习和宣讲，做到思想上认同、政治上看齐、行动上紧跟；要不断夯实基层基础，坚持党的一切工作到支部，全面推进党支部标准化规范化建设，着力建设“四强”党支部，以提升组织力为重点，推动基层党组织全面进步、全面过硬；要持之以恒抓好作风建设，认真贯彻执行中央、市委关于整治形式主义、为基层减负各项要求，坚持严字当头，把纪律和监督挺在前面，涵养风清气正、干事创业的良好政治生态；要进一步压实机关党建责任制，要牢固树立“抓好党建是最大政绩”的理念，层层传导压力，把管党治党的“螺丝”拧得更紧。

（市经济和信息化局）

【市主管领导宣讲十九届五中全会精神】 12 月 1 日，按照市委统一部署，市委常委、副市长殷勇到市经济和信息化局宣讲十九届五中全会精神。市经济和信息化局领导班子成员，总经济师，总工程师，机关全体干部职工、直属单位领导班子成员参加会议。局党组书记、局长杨秀玲主持会议。殷勇围绕深刻领会和准确把握习近平总书记重要讲话和十九届五中全会精神，进一步坚定发展信心、构建特色与活力兼备的现代化经济体系、全方位推进北京经济和信息化工作 3 个方面进行系统阐述和解读。殷勇指出，全会是中国共产党在全面建成小康社会胜利在望、全面建设社会主义现代化国家新征程即将开启的重要历史时刻召开的重要会议，是在中国将进入新发展阶段、实现中华民族伟大复兴正处于关键时期召开的具有全局性、历史性意义会议。学习贯彻十九届五中全会精神是当前和今后一个时期的重要政治任务。殷勇强调，当前，世界百年未有之大变局叠加新冠肺炎疫情大流行，中国发展面临前所未有的挑战和考验。北京要立足中华民族伟大复兴战略全局，科学把握新发展阶段，坚决贯彻新发展理念，服务构建新发展格局，把经济发展着力点放在实体经济上，构建现代产业体系，努力成为全面建设社会主义现代化国家的排头兵。要高标准高起点谋划好本市经济和信息化“十四五”规划；要做好“两区”建设在经信系统的落实；要强化服务意识，做好服务企业各项工作；认真做好年度收尾工作；充分发挥党建引领作用，持续加强作风建设，推动全面从严治党向纵深发展。杨秀玲强调，全局干部职工要认真领会宣讲会精神，深入学习贯彻十九届五中全会精神，结合自身工作抓好落实，确保全会精神落到实处。抓紧编制高精尖产业发展、智慧城市建设等“十四五”规划，细化任务和项目，为“十四五”开局打下良好基础。统筹做好疫情防控和经济社会发展工作，落实落细今冬明春疫情防控各项措施。努力做好产业政策和企业服务工作，全力以赴完成好今年的各项目标任务。扎实高效推进“两区”建设。充分发挥党建引领作用，把全面从严治党向纵深推进。

（市经济和信息化局）

【市直机关青年忠诚教育平台上线】 12 月 1 日，由市直机关团工委和首都之窗运行管理中心共同主办的

首页　视频北京　访谈　市政府新闻发布会　政务活

“市直机关青年忠诚教育—市直未来呈”上线仪式

发布时间：2020-12-01

“市直机关青年忠诚教育——市直未来呈”平台（简称“市直未来呈”）上线仪式在首都之窗举行，市直机关工委副书记何群，市经济和信息化局党组成员、副局长、机关党委书记刘京辉出席上线仪式并讲话。刘京辉在讲话中表示，市经济和信息化局作为全市统筹推进“高精尖”产业发展的政府机关，将继续以“学思践悟铸忠诚，履职尽责勇担当”为主题，组织开展好青年忠诚教育活动，为市直机关和全市共青团工作增光添彩。作为统筹推进大数据建设的业务部门，将履行好工作职责，发挥好资源优势，依托大数据和信息化手段，指导首都之窗做好平台开发建设和运营维护，将“市直未来呈”建成全市团建信息化平台的标杆典范。何群在讲话中指出，在市直机关青年干部中开展忠诚教育，是市直机关工委带头旗帜鲜明讲政治，主动对标总书记在中央和国家机关党的建设工作会议上的讲话精神，落实中央市委部署的重要举措。为进一步推动忠诚教育的深入开展，探索“三平台一机制”体系建设，在首都之窗网站开设“市直未来呈”平台，主要用于忠诚教育的开展和青年风采的展示。通过各方面的共同努力和广大青年的热情参与，“市直未来呈”平台建设成为市直共青团系统的思想政治教育阵地和青年展示舞台，展现广大机关青年信念坚、政治强、本领高、作风硬的良好风貌。“市直未来呈”是市直机关团工委推进青年忠诚教育的重要举措，平台的上线对于学习宣传贯彻党的十九届五中全会精神，认真落实习近平总书记关于加强对党忠诚教育的重要指示精神，在市直机关青年中推动忠诚教育的持续深入开展，提供展示平台。平台设七大板块，“经典集”收录总书记及各级领导关于忠诚教育的经典论述和相关方案通知；“读书范”向市直机关青年推荐忠诚教育经典阅读书目，并展示读书活动；“大讲堂”以线上线下相结合方式，组织开展忠诚教育大讲堂；“风采展”主要展示青年干部履职尽责、担当作为、志愿服务等方面的青春风采；“创新苑”重点展示青年参与国家治理、首都发展献策，为北京“十四五”规划落实做贡献等活动成果；“先锋榜”将通过邀请评先评优活动中的优秀青年代表，以主题宣讲、媒体访谈、网络直播等形式，展示青年忠诚于党、奋斗成才的青春力量；“畅心园”主要展示青年围绕中心工作开展的工作调研、定点扶贫和志愿服务等，并在青年中开展思想动态调研，为青年建言献策畅通渠道。

（市经济和信息化局）

人事人才

【概况】2020年，北京经信系统聚集高层次人才，做好人才引进培养工作。引进培养百名科技领军人才。会同市人才工作局共同实施北京市优秀青年科技人才培养资助计划，聚焦高精尖产业领域的头部企业，依托20个关键技术项目引进一批包括国际型企业家、产业投资人、顶级工程师和产品经理等在内的青年科技领军人才，共约100余名。推动实施本市重点人才项目工程。推动实施“海聚工程”，指导百度继续开展自主认定工作，有3名人才入选“青年项目”，1名人才入选“创新人才长期项目”，并获得相应资助。加大创新型企业人才引进力度。开展创新型企业人才引进需求调研工作，按照产业发展方向和引进条件对口梳理产业领域人才引进需求，经局长办公会集体研究，向市人才工作局推荐179名人才引进对象。开展高精尖产业技能提升培训。推动实施《北京市职业技能提升行动实施方案（2019—2021年）》，会同市科委、市人力社保局、市财务局制定发布《北京市高精尖产业技能提升培训补贴实施办法》，在新一代信息技术、集成电路、智能装备、节能环保、软件与信息服务等产业领域开展高精尖产业技能提升培训。克服新冠肺炎疫情的不利影响，先后征集一批线下培训机构和线上培训平台，通过多种方式鼓励企业组织职工开展培训，为3家完成培训的企业发放补贴833860元，惠及139名在岗职工。

（市经济和信息化局）

【市经济和信息化局组织开展2020年公共知识培训】为进一步落实《专业技术人员继续教育规定》《事业单位工作人员培训规定》，加强专业技术人员、事业单位工作人员队伍建设，全面提升人员的政治素养、理论水平、专业能力和实践本领，按照市人力资源和社会保障局部署安排，自2020年10月中旬开始，市经济和信息化局组织直属单位专业技术人员和事业单位工作人员参加2020年全市公共知识专题培训。培训首次采取线上培训方式，由参训学员自主学习，其中必修课10学时，选修课20学时。课程包含党史新中国史、国际政治与经济形势、科技创新、信息安全等主题内容。全局共有 214 名专业技术人员、199 名事业单位工作人员参加培训，全部完成学习任务并通过考试。

（市经济和信息化局）

【徐艳青获第七届北京市“人民满意的公务员”称号】 12 月 22 日，北京市召开市劳动模范、先进工作者和人民满意的公务员表彰大会，共评选表彰 30 名“人民满意的公务员”。市经济和信息化局大数据建设处二级主任科员徐艳青作为第七届北京市“人民满意的公务员”，参加会议并受到表彰。徐艳青从大年三十起就全面投入全市疫控信息化体系建设任务中，通宵达旦，忘我工作，全力做好疫控数据共享，从健康宝上线至今，每天坚持报送健康宝运行情况、开展健康宝数据运行监测分析，为健康宝状态查询服务提供数据保障。新发地疫情暴发后，她连夜制订工作方案，1 周内将核酸检测结果数据汇聚量提升 6 倍，有效地解决了市民核酸检测结果查询难的问题，用实际行动践行初心使命和责任担当。

（市经济和信息化局）

合作与交流

【京冀两地经信部门对接交流】 8 月 28 日，为进一步加快京冀产业协同工作推进步伐，河北省工信厅副厅长王建分带队到北京市经济和信息化局进行工作交流，就两地经信部门协同发展合作事项进行对接，市经济和信息化局二级巡视员李涛出席座谈会。座谈上，王建分介绍了此行主要目的，希望进一步加强两地产业协同对接合作。市经济和信息化局分别介绍了京津冀产业协同发展总体情况、北京市“十四五”规划起草和高精尖产业基金运行情况、北京市一般制造业关停退出、9 月中旬京津冀应急产业转移对接活动、10 月下旬“中国数坝”峰会配合筹备等相关工作情况。双方就进一步完善沟通协调机制、推动产业链协同和共建产业合作载体、搭建产业合作交流平台等方面进行讨论。李涛表示，2020 年是京津冀协同发展重大国家战略实施 6 周年，8 月 21 日北京市党政代表团就进一步做好京津冀协同发展工作到河北省考察座谈，对下一步合作做出新指示，北京市要以首善标准带头落实好京津冀协同发展各项任务，全方位拓展京冀合作的广度和深度。抓住机遇，发挥各自优势，共同着眼产业增量推动协同发展；克服疫情影响，加强协调，形成合力，继续搭建精准对接交流平台；立足京津冀三地产业基础，深入研究梳理产业链；加强三地产业政策衔接，持续推进共建园区建设。

（市经济和信息化局）

【市经济和信息化局赴乌兰察布市参加项目签约】 9 月 3 日至 4 日，应北京时尚控股公司邀请，市经济和信息化局二级巡视员李涛带队赴乌兰察布市兴和县参加乌兰察布市 · 北京时尚控股公司战略合作暨北京光华集团兴和投资项目签约活动，并赴乌兰察布相关园区进行调研。签约仪式上，北京时尚控股有限责任公司党委常委、副总经理刘常峰与乌兰察布市副市长王国相分别代表北京时尚控股和乌兰察布市政府签订《战略合作协议书》；北京光华纺织集团有限公司党委书记、董事长程庆宝与兴和县委副书记、

县长常达伟分别代表光华集团与兴和县政府签订《投资协议书》。该战略合作签约，将加快北京时尚控股与乌兰察布市在大数据、康养等产业上的战略合作，支持京兴新材料科技园项目落地见效，共同推进内蒙古地区农牧业现代化、应急装备高端化，将京蒙经济合作推向深入。京兴新材料科技园作为光华集团在乌兰察布市的投资项目位于乌兰察布市兴和县兴旺角工业园A区，总建设用地29.6万平方米（约444亩），规划建筑面积18.83万平方米，由光华集团全资设立的内蒙古京和科技有限公司负责运营，预计项目总投资5.7亿元。京兴新材料科技园定位为新材料研发及应用推广，建设开发分近期和中远期。近期以光华集团所属佳泰公司、燕阳公司、海天公司等核心科技企业为主，以军工、军民融合、应急装备、农牧业设施、轻体节能建筑、进口替代产品等为主；中远期将为光华集团的科研合作项目推广留出空间，并为北京时尚控股旗下多个高新技术企业向京外转移创造条件，为光华集团在京七大产业园区内的长期合作伙伴企业疏解拓展提供便利。活动期间，李涛一行对京兴新材料科技园项目及佳泰兴和分公司和艳阳兴和分公司进行现场调研，随后对凯达恒业产业园区及乌兰察布市大数据园区相关企业进行调研，并与乌兰察布市工信局及相关市领导进行座谈交流。

（市经济和信息化局）

【数字贸易国际合作研讨暨国际创新资源对接会召开】9月8日，市经济和信息化局举办的“数字贸易国际合作研讨暨国际创新资源对接会”召开。会议旨在宣贯国家和北京市“引进来、走出去”相关政策，聚焦数字贸易主题，搭建国际交流对接平台，推进北京数字贸易国际合作。市经济和信息化局对外合作交流处处长王佐和大数据应用产业处处长唐建国参加会议并介绍北京市数字贸易开放流动发展情况。中国贸促会研究院、联想集团、中科曙光、滴滴出行、人民网、敦煌网、金山云、澳大利亚驻华使馆、巴西驻华使馆、爱尔兰驻华使馆、立陶宛驻华使馆、拉脱维亚驻华使馆、爱沙尼亚企业局、波兰投资贸易局、卢森堡金融推广署、俄罗斯斯科尔沃创新中心、英中贸易协会、韩中企业家协会、意大利数字支付EGGsist公司、荷兰1421咨询公司以及在京数据产业领域企事业单位和法律机构等近百位国内外代表参加会议。会议围绕数字贸易领域的国际竞争与合作、数据跨境服务的风险与机遇、各国数字经济和数字科技发展情况、跨境电子商务数字化趋势等主题展开研讨和交流互动。会上，丹麦科技创新中心“Blockchain Business Bridge”（丹麦—中国区块链商业桥）项目揭牌并落户北京。该区块链平台项目旨在对接中国—北欧应用场景，引进、孵化、培育丹麦优质区块链企业进入中国市场。

（市经济和信息化局）

【2020年北京与河北廊坊北三县项目推介洽谈会召开】9月15日，为落实《北京市通州区与河北省三河、大厂、香河三县市协同发展规划》，推动北京城市副中心与廊坊市北三县形成更加紧密的联系，全面打造北京重要一翼的发展动力源。2020年北京与河北廊坊北三县项目推介洽谈会在河北省廊坊市大厂回族自治县召开。会议由京冀发改部门及通州区、廊坊市政府主办，市经济和信息化局参与协办，局二级巡视员李涛参加会议。会议坚持“政府引导、市场主导、合作共建”的主基调，集中向社会各界推介展示北京城市副中心和廊坊北三县城市功能定位和优良投资环境，巩固提升合作成效，拓展深化合作领域。会上，双方共同提出将紧抓《北京市通州区与河北省三河、大厂、香河三县市协同发展规划》出台实施的重大契机，总结固化通州区与北三县在推进协同发展中形成的密切联系，发挥协同平台作用；充分发挥北京创新资源的辐射带动作用，由近及远梯次打造产业圈层，助力廊坊北三县产业升级；通过鼓励政策，加强养老合作与协同；共同打造区域营商环境高地，为形成上下游衔接的产业链提供便捷、高效的政务服务环境。

会议期间发布北京市创新资源供给与需求匹配清单，举办了创新资源供需匹配洽谈会。前期，为落实国家“新基建”部署和要求，发挥北京市创新资源优势，针对河北省廊坊鑫盛汽车部件有限公司、廊坊福克斯科技有限公司、河北力准机械制造有限公司等企业提出的升级需求，市经济和信息化局推荐对接包括中国航空制造技术研究院、国机智能技术研究院有限公司、海尔数字科技（北京）有限公司在内的北京20家优质科创企业，利用北京科创资源改造提升廊坊传统优势产业。

（市经济和信息化局）

【京津冀汽车产业链协同发展对接会召开】9月30日，在2020年第十六届北京国际汽车展览会期间，北京市经济和信息化局、天津市工业和信息化局、河北省工业和信息化厅联合主办的京津冀产业协同发展——汽车产业链发展对接会在中国国际展览中心（静安庄）召开。活动旨在进一步贯彻落实京津冀协同发展规划纲要，推动京津冀三地整车及零部件产业协作及发展，搭建精准对接合作交流平台，更好地服务产业协作企业，促进产业协同发展。北京市经济和信息化局二级巡视员李涛、天津市工信局副局长杨坡、河北省工信厅副厅长徐科华、北京汽车协会常务副会长马童立、北京国际汽车展览组委会（国机集团中机国际副总）温亿梅出席对接会并致辞。三地省市工信部门业务处室、廊坊市工信局相关领导、三地汽车整车及零部件代表企业、院校、行业协会代表共计100余人参加活动。会议期间，三地工信领导分别致辞，回顾了近年京津冀产业协同发展、展望三地汽车产业合作前景。李涛志在致辞中指出，近5年北京市以首善标准带头落实好京津冀协同发展各项任务，全方位拓展京冀合作的广度和深度。当前世界汽车产业正在经历重大变革，北京市汽车产业也处于转型升级的重要关口。此次对接活动旨在加强京津冀三地汽车零部件企业及上下游企业的对接，拟在现有密切合作的基础上，搭建三地零部件企业和整车企业交流平台，切实增强京津冀区域汽车产业链的安全性、稳定性，实现互惠互利、合作共赢。北京市经济和信息化局将继续按照市领导要求，统筹推进疫情防控和经济社会发展工作，凝聚多方力量，与天津市、河北省一道搭建产业精准对接的平台，全方位、多层面推进全产业链协同复工和供应链畅通，打通汽车产业断点堵点，继续加强整车、关键零部件等产业链上下游企业供需信息共享和对接，发挥行业协会和产业联盟作用，提高相关企业配套率，支持龙头企业发挥带动作用，强化与上下游供应链合作，稳定提升产业链供应链水平。在专家演讲环节，北京汽车行业协会常务副会长马童立介绍了北京汽车产业发展情况，汽车行业专家杨祥璐做题为“产业链、价值链、创新链高效协同共促区域汽车产业创新发展”的主题演讲。在企业活动环节，北京海纳川汽车部件股份有限公司、天津力神电池股份有限公司、河北布雷博惠联（廊坊）制动系统有限公司等三地企业代表进行了推介，会场50余家企业代表在对接洽谈环节，寻求合作伙伴，交流各领域经验，不断寻求合作共识。

（市经济和信息化局）

【第二十三届京台科技论坛举办】10月21日，由市经济和信息化局、北京市信息化专家咨询委员会指导，北京软件和信息服务业协会、台湾电脑商业同业公会联合会等6家单位联合主办的第二十三届京台科技论坛——智慧城市创新应用论坛在北京举办。论坛设立北京、台湾两个会场，采取线上线下相结合的参会方式。市经济和信息化局副局长陈焕文出席论坛并致辞。陈焕文在致辞中指出，京台科技论坛是两岸有识之士开阔视野、扩大交流的重要平台，是京台两地共谋合作与发展、引领两岸经济科技交流合作的品牌活动，历经22年，薪火相传，矢志不渝。台湾电脑商业同业公会联合会理事长孙腾源，新北市电脑公会、新北市智慧城市产业联盟理事长金际远作为台方贵宾代表向大会致辞。中国信息通信研究院、亚信科技（中国）有限公司、北京千方科技股份有限公司、鸿海S次集团、台湾宏碁通讯公司等京台知名企业和研究机构的领导和专家进行主题演讲，与大家分享两岸在5G+智慧城市中的研究成果和发展经验。台湾新北市原副市长、新北智慧城市产业联盟首席顾问叶惠青对论坛举办做总结发言。

（市经济和信息化局）

【**市经济和信息化局赴乌兰察布市产业对接**】为落实市领导在8月25日“北京市·内蒙古自治区扶贫协作工作座谈会”上的讲话精神，持续巩固前期脱贫攻坚工作成果，进一步推进京蒙合作，市经济和信息化局党组成员、副局长崔旭龙于10月22日至23日带队赴乌兰察布市开展产业对接，推进已落地企业在建项目加快建设、扩大配套资源，组织北京大数据企业调研乌兰察布市大数据产业园及入驻企业。光华集团、凯达恒业、秋实农业等已落地企业，味食源、恒慧通等食品深加工企业及百度、美团、360等北京大数据企业参加活动。乌兰察布市委常委、副市长郑晓博，副市长李勇，市政府副秘书长申治国等人参加相关环节调研交流活动。崔旭龙一行先后调研了凯达恒业、秋实农业等北京企业在乌兰察布的多个投资项目，询问企业的生产经营现状和发展规划，充分肯定了北京企业在带动当地贫困人口就业增收方面的责任担当和经验做法；随后对乌兰察布市大数据产业园及华为云服务中心等企业进行调研，了解乌兰察布市大数据产业基础和发展环境。座谈会上，申治国介绍了当地经济社会发展情况，感谢市经济和信息化局近年来在产业发展方面的大力支持，表达了进一步加强合作、保障服务首都的发展愿望。市经济和信息化局相关处室负责人分别介绍了京蒙合作及产业发展情况，各企业代表分别进行典型发言，汇报企业发展情况、表达调研感受，表示要创新合作方式，全力助力当地打赢脱贫攻坚战、进一步深化京蒙合作。崔旭龙指出，京蒙合作让两地结下深厚友谊，近年来一批北京企业在乌兰察布落地生根、发展壮大，同时对当地政府提供良好的营商环境表示感谢。

（市经济和信息化局）

【**“十四五”产业协同发展规划编制研讨会召开**】11月6日，为做好京津冀三地“十四五”规划编制衔接，提前谋划三地“十四五”产业协同发展工作，北京市经济和信息化局、天津市工业和信息化局、河北省工业和信息化厅、工信部赛迪研究院规划所在北京召开专题研讨会，围绕“十四五”京津冀产业协同发展进行对接，并就“十四五”三地氢能源发展规划研讨。北京市推进京津冀协同发展领导小组办公室负责人介绍了全市“十四五”京津冀协同发展工作思路，市经济和信息化局副局长崔旭龙出席会议。项目课题组汇报《面向“十四五”京津冀产业协同发展研究》前期研究成果，该课题着眼于三地产业规划和产业链布局，围绕共同培育世界级先进制造业集群，优选重点产业推动区域产业链协同，制订产业协同发展规划建议稿，为下一步京津冀三地工信部门联合制订出台规划打下基础。京津冀三地工信部门介绍了各自“十四五”规划的产业体系和重点发展方向，并对下一步产业协同的难点开展对接和交流。会议强调，京津冀协同发展是党中央做出的重大决策，是国家战略，首都功能得以优化和提升，要深入推进三地协同发展，构建高质量发展的新动力源。研究报告要落到实处，过去5年来疏解转移的情况要有所体现，分析阻碍产业协同发展政策障碍和瓶颈问题，如禁限目录、停限产、资质互认等，提出政策建议。对北京创新资源对津冀辐射引领作用没有得到充分发挥，创新驱动发展路径有待进一步探索，三地产业协同升级衔接不足，产业上下游配套和互补性有待提高等问题重点研究。三地产业协同要立足于京津冀的发展实际及产业定位，推动京津冀产业集群建设，深化产业分工协作，优化区域产业布局，完善产业链协作配套体系。在以国内大循环为主体的双循环新发展格局背景下，深入研究梳理产业链，明晰适合京津冀协同布局的产业链环节，共同规划建设京津冀协同发展产业链。联手打造世界级先进制造产业集群。会议议定，由市经济和信息化局牵头，市发展改革委协同办邀请津冀发改部门就“十四五”京津冀氢能源产业发展规划进行对接；三地经信部门谋划共同举办2020年京津冀产业链（产业规划）协同发展对接活动，搭建三地经信部门之间、园区、机构、企业间基于重点产业链合作的对接交流平台。

（市经济和信息化局）

【**京港信息服务产业合作专题活动举办**】11月20日，以“大数据　大应用　新模式”为主题的第二十三届京港洽谈会“京港信息服务产业合作专题活动”在北京国际饭店会议中心举办。这次专题活动由北京市经济和信息化局主办，北京软件和信息服务业协会、香港软件行业协会承办。活动分为香港和北京两个会场，采用线上线下相结合的形式。活动签署3个合作协议，分别是香港软件行业协会、北京软件和信息服务业协会签署的《京港两地软件行业协会合作备忘录》；北京软件和信息服务业协会、中金支付有限公司、智慧城市联盟（香港）、香港公匙基建论坛（香港）签署的《京港非面对面电子合同合作备忘录》；北京软件和信息服务业协会、中金金融认证中心有限公司、智慧城市联盟（香港）、香港公匙基建论坛（香港）签署《京港金融创新互联互通框架协议延续协议之推进京港LEI编码合作》。

（市经济和信息化局）

【京津冀协同专场新闻发布会召开】12月8日，北京市回顾“十三五”展望“十四五”系列新闻发布会京津冀协同专场召开，市经济和信息化局二级巡视员、新闻发言人任世强出席发布会，介绍“十三五”期间京津冀产业协同发展有关工作情况。“十三五”期间，市经济和信息化局贯彻习近平总书记视察北京重要讲话精神和对北京工作的重要指示，落实《京津冀协同发展规划纲要》，在市委、市政府的坚强领导下，以疏解非首都功能为“牛鼻子”，与津冀经信主管部门协力谋思路、打基础、寻突破，产业发展活力持续增强，区域协同创新发展成效持续显现，区域协作水平持续提升。推进非首都功能疏解，加快产业结构调整。“十三五”期间，北京市退出一般制造和污染企业2154家。围绕构建高精尖经济结构、建设全国科技创新中心等重大任务，牵头制定并以市委、市政府名义印发加快科技创新促进新一代信息技术等10个高精尖产业发展的指导意见。制定5G、超高清视频、机器人、北斗、新基建、数字经济等具体领域实施方案，产业发展综合实力持续提升。统筹协调，强化产业协同总体设计。2019年8月，三地工信部门签署《进一步加强产业协同发展备忘录》，建立京津冀产业协同发展统筹协调机制，在京津冀区域内主动谋划产业转型，围绕产业规划、园区共建、项目落地、产业链构建等方面强化工作衔接，促进产业深度有序对接。共建园区，加速建设产业协同发展平台载体。三地围绕构建和提升“2+4+N”产业合作格局，聚焦打造若干优势突出、特色鲜明、承载能力强的承接平台载体。以疏解非首都功能为“牛鼻子”，推动河北雄安新区和北京城市副中心“两翼”建设，择优共建北京（曹妃甸）现代产业发展试验区、北京·张北云计算产业基地、滦南（北京）大健康国际产业园、天津武清电子商务产业园等一批特色示范园区。搭建平台，促进务实合作。2016年以来组织开发区、协会和企业赴雄安新区、河北北三县、唐山曹妃甸等重点地区开展对接交流。推动共建园区重点项目落地，协调属地政府解决有关问题，促成一批项目疏解转移。此外，搭建会展平台加强合作，共同办好中国国际服务贸易交易会、世界智能网联车大会、世界智能大会、中国国际数字经济博览会等。5年来，一批标志性项目开花结果，沧州现代四工厂、河北京车造车基地、新乐三元工业园等项目相继竣工投产，带动了当地经济社会发展。京津冀三地信息化部门签订信息化协同发展合作协议，三地初步形成集群特色鲜明、协同效应显著、资源配置优化的大数据发展格局。建立区域统一社会信用体系，在环保、交通、食品安全等重点领域推动建立企业信用监管机制。抗疫情促开工，推动京津冀上下游产业链协同复工。2020年，京津冀三省市建立疫情联防联控联动工作机制，三地经信部门在信息互通、疫情防控物资供应、企业复工等方面，相互支持、精准施策。任世强表示，“十四五”期间，市经济和信息化局将深入贯彻落实中央关于京津冀协同发展战略部署，紧扣三地功能定位和疏解北京非首都功能总体要求，完善京津冀产业协同对接机制，以打造跨区域优势产业链为重点，以培育先进制造业集群为抓手，推动共建园区建设。持续搭建产业交流合作平台，加强产业政策衔接，加速要素流通，优化资源配置，推动一批产业协同项目落地投产，构建区域产业协同发展生态。

（市经济和信息化局）

【中国（北京）自由贸易试验区高端产业片区宣贯推介会召开】12月16日，由北京市经济和信息化局、北京市大兴区人民政府、北京市经济技术开发区管委会、中国国际贸易促进会北京分会共同举办的中国（北京）自由贸易试验区高端产业片区宣贯推介会在北京市大兴区召开。会上，来自北京市“两区”建设办公室、大兴区、经开区、北京贸促会等部门领导分别进行了政策宣贯，分享市、区政府关于自贸试验区高端产业片区建设的规划思路，介绍关于推进高端产业发展的具体政策，提出促进高端产业建设的措施安排。北京大兴国际机场临空经济区、中日创新合作示范区、北京市经济技术开发区管委会分别推介所涉高端产业片区的规划、园区、项目、企业、服务等内容。

（市经济和信息化局）

产　品

本栏目采用条目体，刊载2020年全市工业领域52个产品，包括带钢热连轧智能化控制系统、全流程大数据平台与质量管控系统、Mini LED外观自动光学检测设备、SP-3500系列气相色谱仪、智能印章监控仪、神经外科微血管减压垫片、呼吸神经肌肉刺激仪（医用版）、气囊测压表、新型冠状病毒灭活疫苗——克尔来福、同仁牛黄清心丸、艾草天然抗菌系列产品、gretton天然彩棉高支内衣、雪莲牌带电作业用绝缘手套、“迷奇”系列化妆品等产品的基本信息及年度情况，涵盖智能制造与装备、生物与医药、都市等领域的研发及应用成果。

【N60 标准化模组】由北京电控爱思开科技有限公司（简称爱思开科技）生产制造。N60 标准化模组采用 SKI 高能量密度三元动力电芯，产品能量密度大于 240 瓦时 / 千克，可满足续航 600 千米以上高端纯电动乘用车的动力电池需求，具有超长循环寿命 1200 圈以上，整车行驶里程可达 60 万千米以上。该产品采用标准化模块设计，采用国内少见的极耳直出焊接工艺，直流内阻更低，寿命更长，安全性能更好能满足整车不同容量电池的需求，极大拓展了产品的适用范围。该产品已成功搭载于北汽智能豪华纯电 SUV ARCFOX αT 和豪华纯电轿车 ARCFOX αS 两款车型上，整车超长续航分别达到 653 千米和 708 千米，轿车百公里加速可达 3.5 秒，同时支持 2.2C 闪充技术，充电 5 分钟，续航百公里，2020 年供应产品折合电量 0.33 亿瓦时。

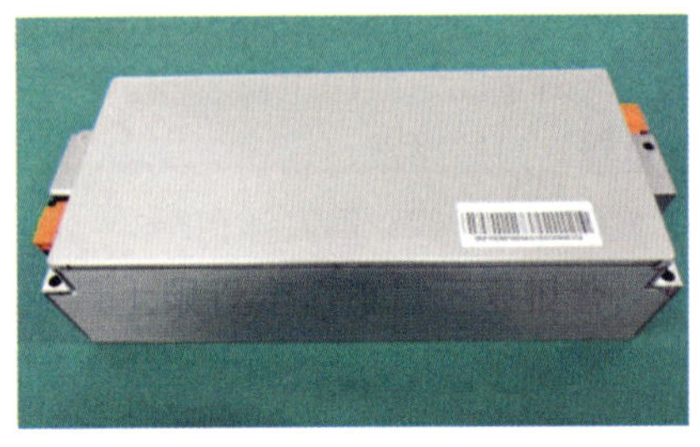

地址：北京经济技术开发区经海四路 9 号
邮编：100076
电话：59290999
传真：59290998
网址：www.besk.cn
法定代表人：何章翔

（爱思开科技）

【擎天 EF860 服务器】由中国长城科技股份有限公司（简称中国长城）研制生产，其中北京长城系统公司作为中国长城全资子公司，是其产业布局核心单位，具有服务器、整机、一体机等全线产品生产和技术服务能力。擎天 EF860 服务器搭载飞腾最新款高性能芯片——腾云 S2500，采用国产中文化 BIOS 固件和操作系统，其中核心 BIOS 、BMC、服务器管理软件、集群运维管理软件、产测软件等全部由中国长城自主研发，国产化器件种类和数量占比达 95%，具有核心多、吞吐率高、单线程能力强、整数计算性能高、存储容量大、访问和 IO 通道带宽高等安全可靠的特点。腾云 S2500 芯片为 EF860 带来 100% 的算力提升，能够更快、更高效地为通信、金融、政府、大型企业、互联网等用户提供高质量服务。2020 年，擎天 EF860 服务器入围工商银行采购目录，完成全国 31 个省、直辖市、自治区产业布局，实现收入 144.46 亿元，同比增长 33.22%。

地址：大兴区广平大街 3 号院 1 号楼
邮编：102628
电话：56991266
传真：56991266
网址：www.greatwall.cn/Index.aspx
电子邮箱：zhuxiaoyang@greatwall.com.cn
法定代表人：吴晶

（袁亚维）

【全自动真密度分析仪】由北京科技大学分析检验中心有限公司于 2020 年研发，是一款基于阿基米德原理的全自动真密度分析仪，该仪器遵循 ASTM D6226-10 标准，采用气体置换法测定材料真密度、多孔材料表观密度、显气孔率 / 开口孔隙率、闭口气孔率和真气孔率。该款仪器采用最新技术和工艺，达到国际先进、国内领先水平。

地址：海淀区学院路 30 号
邮编：100083
电话：62333720
网址：www.ustbtc.com
电子邮箱：utc@ustbtc.com
法定代表人：刘亚东

（刘亚东 张波）

【Mini LED 外观自动光学检测设备】由北京兆维电子（集团）有限责任公司（简称兆维电子）于 2020 年研发制造，主要应用于泛半导体领域 Mini LED 晶粒转移制程后的外观缺陷检测。该产品由带隔振系统的大理石基台、微米级高精度位移台单元、视觉对位单元、高精度定位单元、自动光学检测单元、图像处理单元等组成，能够实现大幅面 Mini LED 产品包括晶粒的缺件、少件、错件、偏移等不良缺陷的自动检测和位置标定信息输出。该产品微米级运动系统能够确保检测位置精度和外界振动的有效隔离。搭载高性能图形工作站，采用多线程任务并行计算来适配多检测端的巨量数据流处理，将高精度定位与高速图像处理相结合，可拓展至更大尺寸的高精度检测系统。模块化的算子库设计，采用模板匹配和深度学习协作的方式，具有扩展性强、精度高、速度快、换型方便、鲁棒性高、缺陷检测能力强等特点。该产品的研制成功能够有效提升首都制造业装备技术竞争力，为推动北京精密制造业迅速发展助力。

地址：朝阳区酒仙桥路 14 号
邮编：100015
电话：64361361
传真：64376211
网址：www.bjcw.cn
法定代表人：刘会阳

（兆维电子）

【SP－3500 系列气相色谱仪】由北京北分瑞利分析仪器（集团）有限责任公司（简称北分瑞利）研发生产，主要应用于石油化工、环境保护、食品、制药、电力等行业，可实现汽油、天然气、大气中的挥发性有机物、土壤中的多环芳烃、水果蔬菜中的农残、药品成分的检测等功能。具备自适应 EPC 系统，智能、稳定、精度高。具备新一代温控系统，安全防护、快速准确。具备新一代放大电路，确保检测出微量物质。2020 年 7 月上市，截至年底全国订单 20 余台，金额逾 200 万元。

地址：海淀区北清路 160 号
邮编：100095
电话：64376475
网址：www.bfrl.com

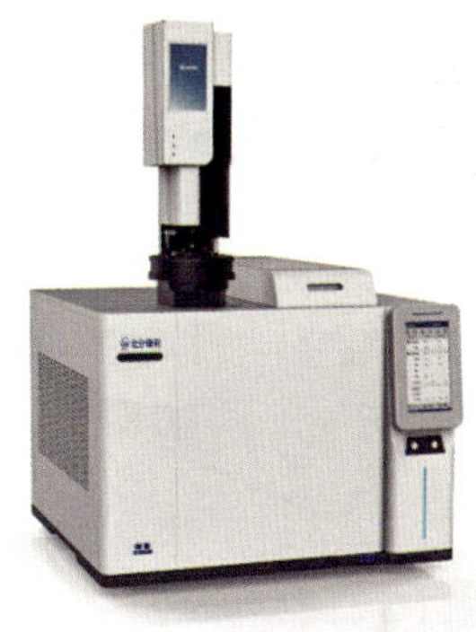

电子邮箱：bfrl@bfrl.com.cn
法定代表人：白雪莲

（北分瑞利）

【WFX－220 系列原子吸收分光光度计】由北京北分瑞利分析仪器（集团）有限责任公司研发生产，广泛应用于地质冶金、农林土肥、食品安全、医疗卫生、水文环保等诸多领域中微量及痕量金属 / 类金属元素的定量分析。具有更智能更稳定的光源、高效的外置石墨炉电源、功能全面的操作软件、多重安全卫士的全方位保护、针对性的火焰发射装置、高清彩色可视观测系统、精准的全自动化分析和更多方便实用扩展功能。2020 年订单 90 余台，金额近 1000 万元。

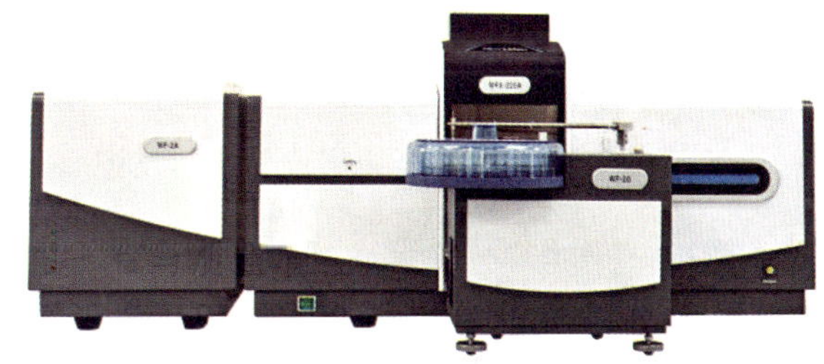

地址：海淀区北清路 160 号
邮编：100095
电话：64376475
网址：www.bfrl.com
电子邮箱：bfrl@bfrl.com.cn
法定代表人：白雪莲

（北分瑞利）

【WQF－530 傅立叶变换红外光谱仪】由北京北分瑞利分析仪器（集团）有限责任公司研发生产，可用于物质成分的定量和定性分析，广泛应用于石油、化工、医药、环保、海关、公安、国防、科研院所等领域。具有高灵敏度光学系统设计、高稳定性模块化分区设计、智能化多重密封防潮设计、良好的抗电磁干扰能力等优势。2020 年订单近 90 台，金额逾 800 万元。

地址：海淀区北清路 160 号
邮编：100095
电话：64376475
网址：www.bfrl.com
电子邮箱：bfrl@bfrl.com.cn
法定代表人：白雪莲

（北分瑞利）

【0.2 级高精度电磁流量计】 由北京远东仪表有限公司自主研发，是一种常用的流量测量仪器，主要作用于测量流量，把流量信号送给控制仪、流量控制仪进行系统控制。主要功能（通过转换器实现）有流量下限设定，流量上限设定，流量下限报警，流量上限报警，小信号切除功能，量程设定，管道空管报警，仪表故障报警、励磁报警等功能。产品准确度等级：0.2 级，口径覆盖 DN25 ~ DN300，防爆等级：Exd iamb IICT6 Gb，广泛应用于石油炼化、精细化工、市政供水、水处理等领域。2020 年该产业仍在研发中。

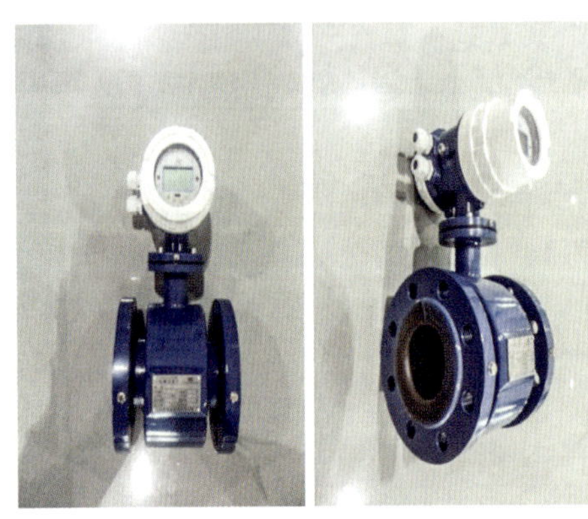

地址：东城区和平里北街 6 号
邮编：100013
电话：64513045
传真：64280756
网址：www.bjfeic.com
邮箱：dengjun@bjfeic.com
法定代表人：刘枫

（张英爽）

【DDZY47–M 单相费控智能电能表】 由北京京仪北方仪器仪表有限公司生产，适用于参比电压 220 伏、参比频率 50 赫兹的单相交流有功电能的计量。具有红外通信、RS485 通信接口；具有远程费控功能，可对电表进行远程拉合闸：具有测量精度高、稳定性好、可靠性高、显示直观、过载能力强等优点。产品符合 GB/T17215321–2008《交流电测量设备特殊要求第 21 部分：静止式有功电能表（1 级和 2 级）》、DL/T645–2007《多功能电能表通信规约》或 DL/T698.45《面向对象的数据交换协议》、Q/GDW1365–2013《智能电能表信息交换安全认证技术规范》及电磁兼容（EMC）标准。主要功能有测量功能、费率功能、事件记录、冻结功能、报警功能、电池可换等。该产品自投入以来，各项性能参数满足国家电网统一招标使用要求，稳定性良好，可靠性高，中标率和中标量不断提升，得到国家电网认可。截至 2020 年年底，共计形成订单 3.19 亿元。

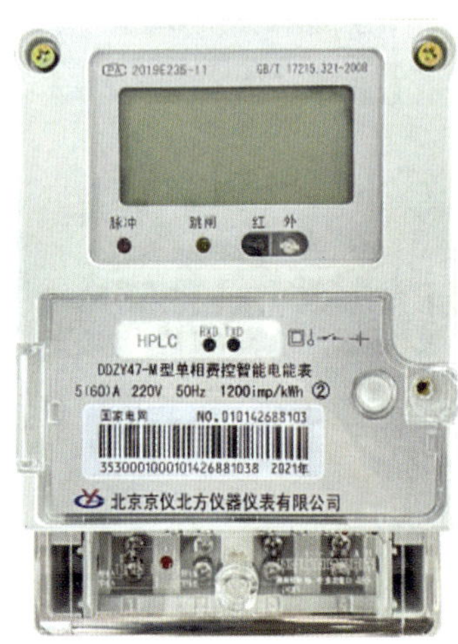

地址：大兴区前高米店工业开发区
邮编：102600
电话：60257647
网址：www.jybfgs.com
电子邮箱：13383369449@163.com
法定代表人：张勇

（京仪北方）

【DTZY47 三相费控智能电能表】 由北京京仪北方仪器仪表有限公司生产，适用于参比电压 3x220 /380 伏、参比频率 50 赫兹的三相交流有功电能的计量。具有红外通信、RS485 通信接口；具有远程费控功能，可对电表进行远程拉合闸；具有测（量）精度高、稳定性好、可靠性高、显示直观、过载能力强等显著优点。产品符合 GB/T17215.301–2007《多功能电能表特殊要求》、DL/T645–2007《多功能电能表通信规约》或 DL/T69845《面向对象的数据交换协议》、Q/

GDW1365—2013《智能电能表信息交换安全认证技术规范》及电磁兼容（EMC）标准。主要功能有计量功能、测量功能、费率功能、事件记录、冻结功能、报警功能、负荷曲线记录功能等。产品自投入以来，产品各项性能参数满足客户使用要求，稳定性良好，可靠性高，得到用户认可。截至2020年年底，共计形成订单86万元。

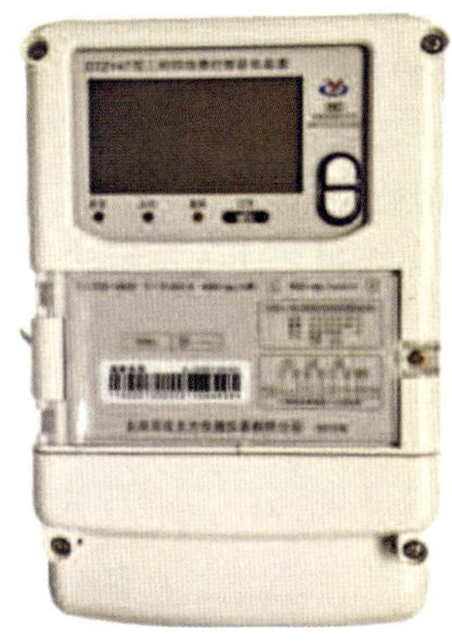

地址：大兴区前高米店工业开发区
邮编：102600
电话：60257647
网址：www.jybfgs.com
电子邮箱：13383369449@163.com
法定代表人：张勇

（京仪北方）

【无线远传膜式燃气表】由北京京仪北方仪器仪表有限公司生产，的新一代NB—IoT远程费控燃气计量产品。产品以膜式燃气表为计量基表，以微控制器、安全芯片、NB—IoT（窄带物联网）为核心，具备内置阀门，使用NB—IoT方式与外部设备进行数据交换，实现计量、无线抄表、阀门控制功能的燃气计量表具。已获得了由北京市市场监督管理局颁发的计量器具型式批准证书和中华人民共和国国家版权局颁发的计算机软件著作权证书。该产品有显示功能、记忆功能、按键功能、防磁功能、过流保护功能、低电压保护功能、远程阀控功能、异常实时报警功能以及可以通过手机App、银行代收等多种渠道进行远程充值。该产品使用物联网专用通道，严格加密，主动安全，抄表成功率高，可大规模应用。该产品可保障运营安全、提升运营效率，已于2020年在北京燃气集团公司用户现场进行试挂，共计挂表107只。

地址：大兴区前高米店工业开发区
邮编：102600
电话：60257647

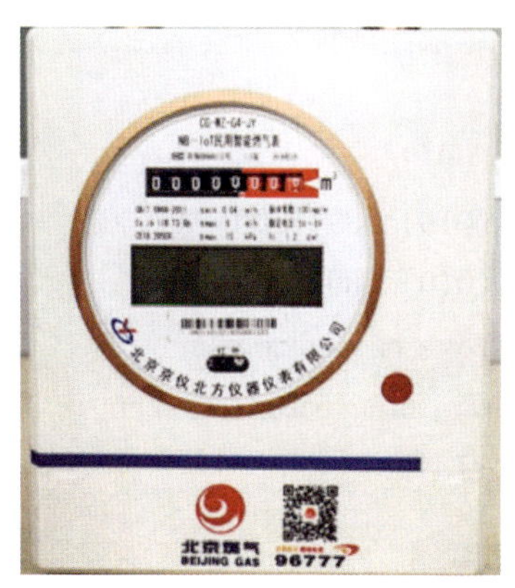

网址：www.jybfgs.com
电子邮箱：13383369449@163.com
法定代表人：张勇

（京仪北方）

【双腔燃烧水洗式废气处理装置】由北京京仪自动化装备技术股份有限公司于2019年研发成功，2020年批量投向市场。主要应用于集成电路制造领域，将该领域产生的有毒有害废气进行高温分解处理。该产品双腔互备系统设计，有效保证设备100%在线运行；集成模块设计，提高设备维护效率；自主研发的内腔粉尘处理技术，有效提升设备维护周期；智能控制系统设计，实现火焰根据废气量自动控制的燃烧处理技术与实现客户端远程数据监控及信息化大数据处理技术；核心火焰系统设计，满足客户废气排放绿色环保要求其处理效率达到国际水平。该产品获得2020年第三批北京市新技术新产品奖和2020年芜湖市科技计划奖。该产品的研发打破了欧美日韩等国家在集成电路废气处理领域的垄断，提升了京仪装备在集成电路附属领域的实力。该项产品于2020年初在客户端验证通过后已累计销售超过200台。2020年工艺气体处理设备销售数量约150余台，客户主要分布中国最大的集成电路制造集团，如武汉长江存储，中芯国际集团，华虹集团，广州粤芯等客户。

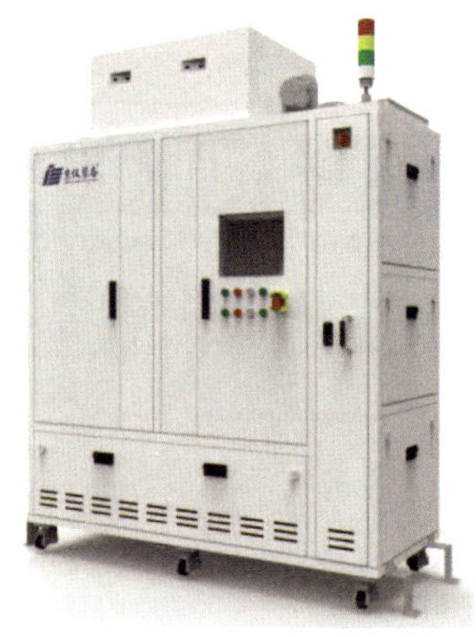

地址：北京经济技术开发区凉水河二街8号院14楼A座

邮编：100176

电话：(010) 58917300

传真：(010) 58917222

网址：www.baecltd.com.cn

电子邮箱：hrd@baecltd.com.cn

法人代表：李英龙

（杨春水）

【晶圆传片机 Sorter G3】 由北京京仪自动化装备技术股份有限公司于2020年11月完成研发及测试，并开始生产与销售，主要应用于半导体制造行业的过程设备，通过设备内部的微环境保证传片过程的洁净要求，实现Wafer的下线、制程前分批、制程后合并、制程间倒片的卡控和产品出厂校验、排序。根据不同的流程需求，可以将FOUP/FOSB ID读写和开关盒、传片、读取Wafer ID、对齐Notch口、翻片等功能组合。通过FA和天车/AGV实现自动化、无人化，通过嵌入在Stocker内还可以实现晶圆的分类存储。该产品的微晶背传送技术打破了国际垄断，可以满足14纳米以下，对洁净度要求更为严苛的制程下的晶圆传送要求，重要技术指标达到国际同类产品最高水平。产品的核心机械手、运动控制算法均由京仪装备自主开发完成，能够达到-70℃低温；节能控制系统设计，有效节能50%以上。Sorter产品在2020年8月27日第四届"中国创翼"创业创新大赛北京市选拔赛暨第三届"创业北京"创业创新大赛中获创业项目组一等奖，并入选北京经济技术开发区首台套产品目录。年内，该产品获得北京市科学技术奖，机械工业科学技术奖及北京市新技术新产品认证。晶圆传片装备销售约4台，客户主要分布中国最大的集成电路制造集团，如中芯国际集团等客户。

地址：北京经济技术开发区凉水河二街8号院14号楼A座

邮编：100176

电话：58917300

网址：www.baecltd.com.cn

电子邮箱：sales@baecltd.com.cn

法定代表人：李英龙

（吕维迪）

【半导体专用温控设备 Chiller】 由北京京仪自动化装备技术股份有限公司研发、生产与销售，主要应用于集成电路及液晶面板制造的工艺腔温度控制。该产品由制冷系统、循环系统、控制系统组成，为集成电路及液晶面板主工艺设备提供温度可控的冷却液，对工艺腔关键部件进行温度控制，达到芯片加工的工艺温度要求。该产品采用智能控制算法，有效提高复杂负载变化的控制精度；自主开发的超低温制冷系统，打破了核心装备"卡脖子"的现状，对于半导体设备供应链安全具有战略意义。2020年，实现半导体温控装备销售数量约850台，客户主要分布中国最大的集成电路制造集团，如武汉长江存储，中芯国际集团，华虹集团，广州粤芯等客户。

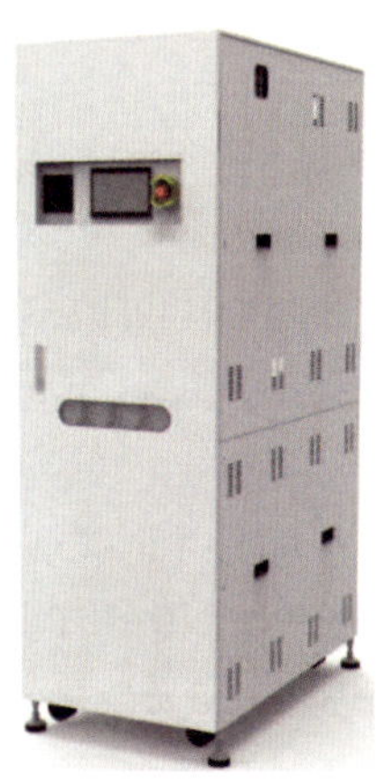

地址：北京经济技术开发区凉水河二街8号院14号楼A座

邮编：100176

电话：58917300

网址：www.baecltd.com.cn

电子邮箱：sales@baecltd.com.cn

法定代表人：李英龙

（芮宁祯）

【智能印章监控仪】 由北京惠朗时代科技有限公司生产。该监控仪采用机电一体化技术，通过仪器管理印章，仪器外置高清摄像头，可以对用印人、用印环境、用印文件过程实现全程摄像记录并分类保存。内置摄像头可以对盖章前后的文件拍照留档，并对审批前后文件比对识别，防止文件被篡改，实现人印分离和对用印过程实施完全监控、记录。通过计算机网络实现远程管理，为大型企业管理分支机构提供了集远程审批、监控、用印、审计于一体的印章监控管理系统，从而有效防范印章的操作风险。2020 年，智能印章监控仪生产并销售约 1 万台，占国内印控仪市场份额 40% 以上。

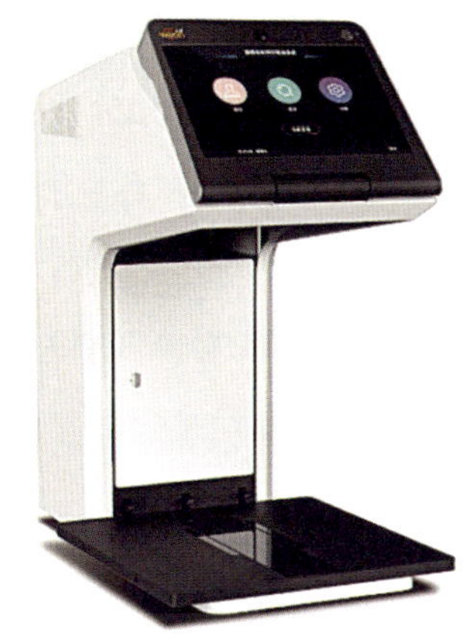

地址：大兴区经济开发区盛坊路 2 号 5 号 3 层 301 室
邮编：102600
电话：15011170517
传真：62260555
网址：www.huilang.cn
电子邮箱：caice@huilang.cn
法定代表人：韩卫兵

（才长娥）

【等离子刻蚀设备】由北京北方华创微电子装备有限公司（简称北方华创微电子）研发生产，主要应用于集成电路领域。通过持续的技术创新，突破了等离子体源系统设计技术、多区温控静电卡盘设计技术以及刻蚀过程中颗粒控制技术，开发出基于自对准双重图形技术的刻蚀装备与工艺。该产品 2020 年累计交付客户 1000 腔室，产品在刻蚀形貌控制、均匀性控制、减少刻蚀损伤、刻蚀选择比提高等方面均可满足刻蚀工艺的需求指标。

地址：北京经济技术开发区文昌大道 8 号
邮编：100176
电话：57846789
传真：57840299
网址：www.naura.com
电子邮箱：sales.nmc@naura.com
法定代表人：赵晋荣

（华创集团）

【SiC 晶体生长设备】由北京北方华创微电子装备有限公司研发生产，主要应用于宽禁带半导体 SiC 晶体的制备。2017 年以来，通过自主研发，突破了长周期、高温的工艺稳定性及可靠性以及全工艺过程温场动态精确调节技术，研制出 6 英寸 SiC 晶体生长设备，并于 2020 年发布高纯半绝缘型 SiC 长晶炉设备解决方案，实现石英管、分子泵等核心部件国产化验证替代。2020 年销售近 500 台。

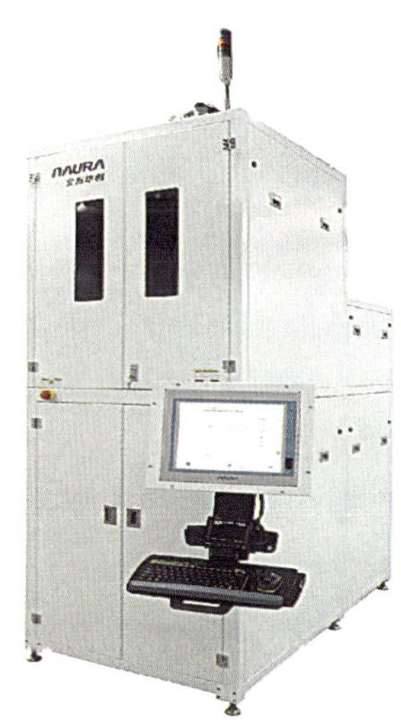

地址：北京经济技术开发区文昌大道 8 号
邮编：100176
电话：57846789
传真：57840299
网址：www.naura.com
电子邮箱：sales.nmc@naura.com
法定代表人：赵晋荣

（华创集团）

【神经外科微血管减压垫片】由北京佰仁医疗科技股份有限公司生产。该产品以 PTFE 纤维为原材料，是专门为微血管减压术（microvascular decompression，MVD）提供的安全有效的治疗性第三类医疗器械，通过植入将神经和压迫在其上的责任血管隔垫、分离，使其解除该血管的压迫，从而治疗面肌痉挛。临床应用微血管减压术治疗有颅神经压迫症状的病人，对三叉神经痛、面肌痉挛、舌咽神经痛、神经源性高血压、原发性眩晕，均取得良好效果。该产品是国内唯一获批用于神经外科微血管减压术的植入用产品，已完成 2800 余例的手术植入。2020 年，公司神经外科微血管减压垫片销售额为 329 万元，获得北京市新技术新产品（服务）认定。

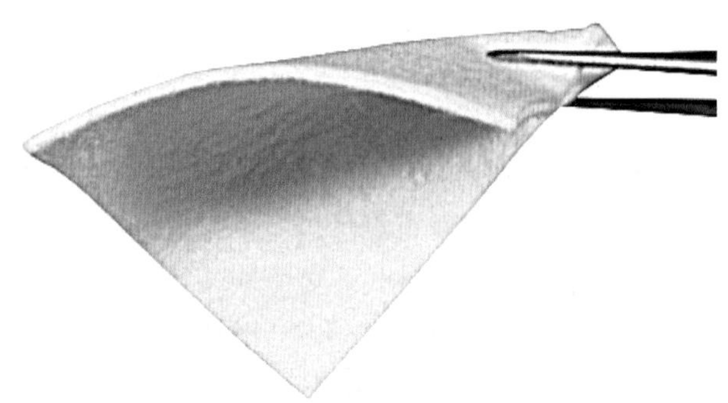

地址：昌平区科技园东区华昌路 2 号
邮编：102200
电话：60735920
传真：89700424
网址：www.balancemed.cn
电子邮箱：bjbalance@balancemed.cn
法定代表人：金磊

（于凌燕）

【“华脉 · 天卓”腹主动脉覆膜支架系统】由北京华脉泰科医疗器械股份有限公司生产。该系统 2015 年获国家食品药品监督管理总局创新医疗器械特别审批，2017 年 10 月获得产品注册证，成为首个获批上市的国产采用带倒刺裸支架设计的腹主动脉覆膜支架系统，也是唯一获国家食品药品监督管理总局批准可以治疗大角度复杂腹主动脉瘤的产品，2020 年 3 月获得欧盟产品 CE 证书。2020 年，腹主动脉覆膜支架系统研发及应用获得北京市人民政府颁发“2019 年北京市科学技术进步二等奖”。全年生产腹主动脉覆膜支架系统 2485 件，销售腹主动脉覆膜支架系统 3127 件。

腹主动脉覆膜支架

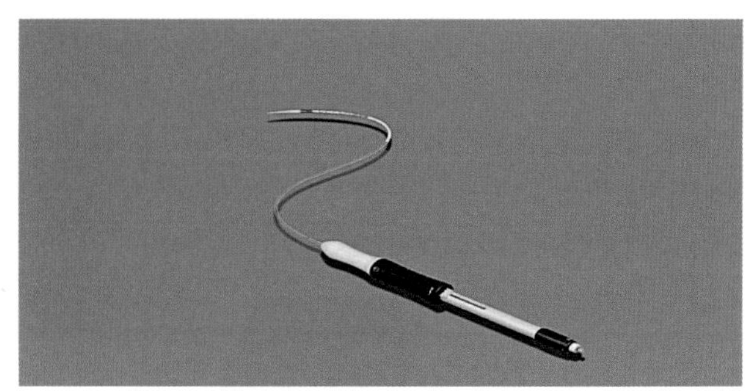

腹主动脉支架输送系统

地址：大兴区中关村科技园区大兴生物医药产业基地永旺西路 26 号院 14 号楼（中关村医疗器械园）
邮编：102600
电话：50927386
传真：61251354
网址：www.percutek.com
电子邮箱：yyyu@percutek.com
法定代表人：周坚

（于艳艳）

【“华脉 · 天医”胸主动脉覆膜支架系统】由北京华脉泰科医疗器械股份有限公司生产。2017 年 8 月获国家食品药品监督管理总局医疗器械优先审批，2019 年 2 月获产品注册证。胸主动脉覆膜支架专门针对中国高发的主动脉夹层动脉瘤疾病设计的产品，是全球首创，填补相关治疗领域空白，2020 年 3 月获欧盟产品 CE 证书。2020 年，该系统获得中关村国家自主创新示范区重大前沿原创技术成果转化和产业化项目支持，全年生产胸主动脉覆膜支架系统 569 件，销售 261 件。

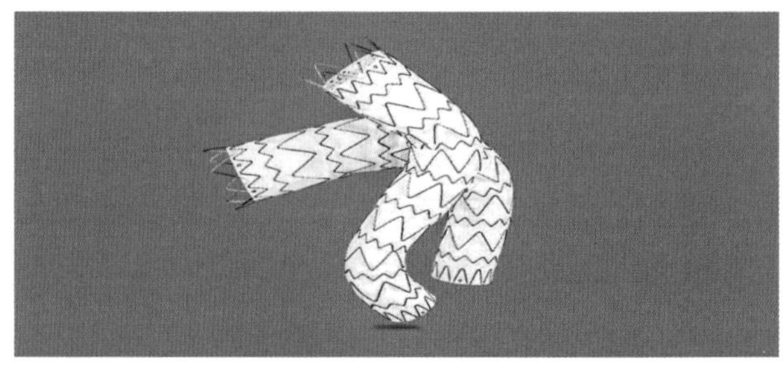

胸主动脉覆膜支架

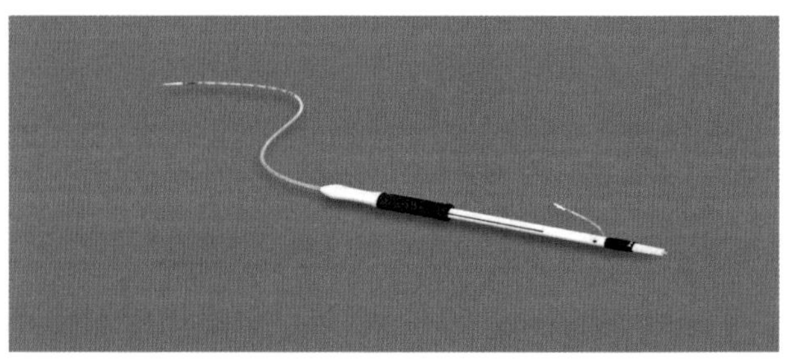

胸主动脉支架输送系统

地址：大兴区中关村科技园区大兴生物医药产业基地永旺西路 26 号院 14 号楼（中关村医疗器械园）
邮编：102600
电话：50927386
传真：61251354
网址：www.percutek.com
电子邮箱：yyyu@percutek.com
法定代表人：周坚

（于艳艳）

【智能仿生排痰系统】由北京雅果科技有限公司（简称雅果）研发生产，是全球首款可以安全高效、充分清除患者肺深部分泌物的设备。主要适用于不能自己排痰的机械通气患者，主要装机科室包括医院的综合ICU、呼吸 ICU、神经 ICU 等重症监护室。该产品已取得 CE 认证，获十几个国家订购，实现数百万销售额；国内注册证正在审核中，尚未实现销售。2020年 2 月国内疫情最严重的时候，智能仿生排痰系统支援前线抗疫主阵地——湖北，助力重症新冠肺炎患者排痰治疗与康复；同年 3 月，随着新冠肺炎疫情的发展，越来越多的海外客户开始认识到雅果的智能仿生排痰系统对于重症新冠肺炎患者的排痰治疗价值，产品已经在欧洲、中东及东南亚等多个地区销售。

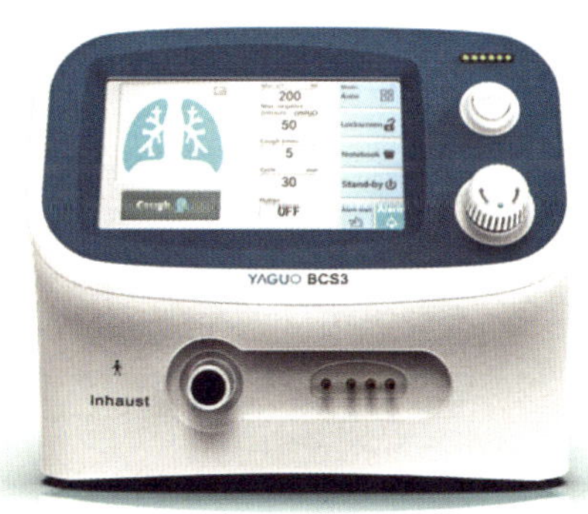

雅果智能仿生排痰系统

地址：大兴区永旺西路 26 号院中关村高端医疗器械产业园 6 号楼 317 室
邮编：102609
电话：53517151
网址：www.yaguor.com
电子邮箱：marketing@yaguor.com
法定代表人：李小雪

（李小雪）

【呼吸神经肌肉刺激仪（医用版）】由北京雅果科技有限公司研发生产，是用于肺康复的新型物理治疗设备，可有效改善肺通气功能，促进呼吸康复，被药监局评为创新医疗器械，是一种创新的物理治疗方法。截至 2020 年年底，该设备已获国内 400 多家医院采购，实现千万元销售额。2020 年 2 月国内新冠肺炎疫情最严重的时候，该设备在疫情前线十几家医院应用。

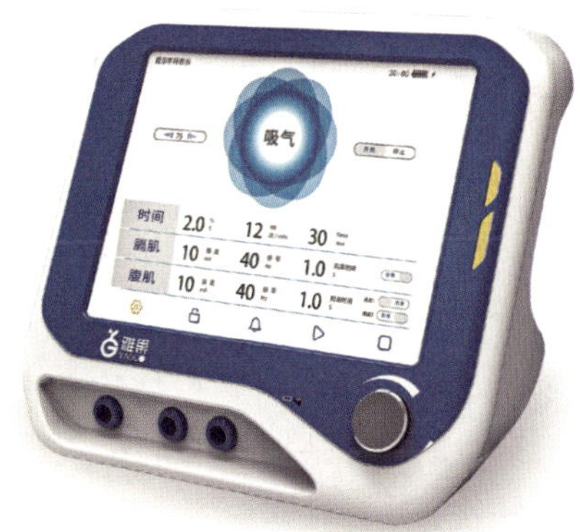

雅果呼吸神经肌肉刺激仪(医用版)

地址：大兴区永旺西路 26 号院中关村高端医疗器械产业园 6 号楼 317 室
邮编：102609
电话：53517151
网址：www.yaguor.com
电子邮箱：marketing@yaguor.com
法定代表人：李小雪

（李小雪）

【气囊测压表】也叫囊压卫士™，由北京雅果科技有限公司研发生产，用于气管插管患者囊内压力的监测，是国内首款可以连续监测囊内压力的产品。2020年在国内销售 400 余台，在抗击新冠疫情中发挥了重要作用。

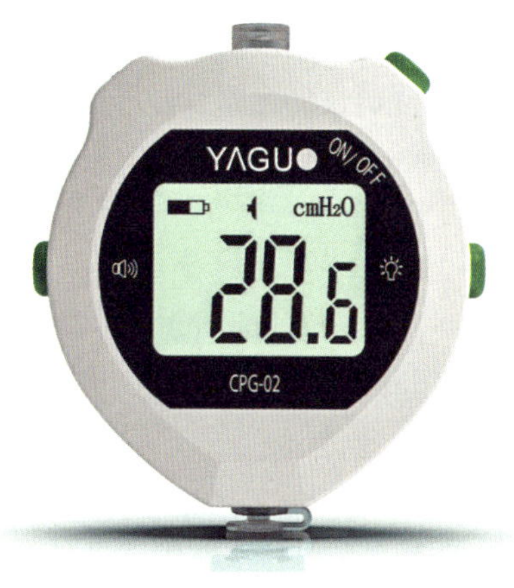

雅果气囊测压表

地址：大兴区永旺西路 26 号院中关村高端医疗器械产业园 6 号楼 317 室

邮编：102609

电话：53517151

网址：www.yaguor.com

电子邮箱：marketing@yaguor.com

法定代表人：李小雪

（李小雪）

【植入性组织修复材料】由北京博辉瑞进生物科技有限公司自主研发的非交联细胞外基质源生物材料（Small Intestinal Submucosa，SIS 材料），列入科技部“十二五”新材料领域 863 重点专项和中关村高精尖技术成果产业化项目。该材料采用动物组织为原料，去除免疫原性，保留天然生物微结构及生长因子，植入人体后可主动诱导缺损组织修复；无化学交联剂，具有良好的生物活性和相容性，可完全降解吸收，应用领域覆盖临床外科全线，具有材料平台属性。2020 年系列产品进入 4 省集采，实现进口替代，降低患者支出，全年完成销售额近千万元。其中生物疝补片获中国首张动物源植入性组织修复产品欧盟 CE 认证。

植入性组织修复材料

地址：大兴区中关村科技园区大兴生物医药产业基地药谷一号国际研发孵化园 6 号厂房西侧

邮编：102600

电话：61252660

传真：61252030

网址：www.biosishealing.com

电子邮箱：info@biosishealing.com

法定代表人：赵博

（甲翠平　赵延瑞）

【医用防护产品系列】由北京博辉瑞进生物科技有限公司生产。医用防护产品系列有医用外科口罩、医用防护口罩、FFP2 防护口罩、FFP3 防护口罩、一次性医用防护服 BH800、医用手术衣 BH600、隔离衣 BH500、隔离衣 BH200、隔离衣 BH100 等 12 项产品，所有产品均具有欧盟 CE 认证证书。其中，医用外科口罩、医用防护口罩、一次性医用防护服获得国家药品监督管理局二类医疗器械注册证。企业还研发出用于评价新冠疫苗人体免疫接种和感染康复后中和抗体水平的新型冠状病毒 2019-nCoV 中和抗体检测试剂盒（胶体金免疫层析法）。企业进入商务部出口白名单。2020 年，企业累计生产口罩类产品 1.1 亿只，防护服装类产品 600 万件，出口至 20 余个国家和地区，累计销售额超过 10 亿元。

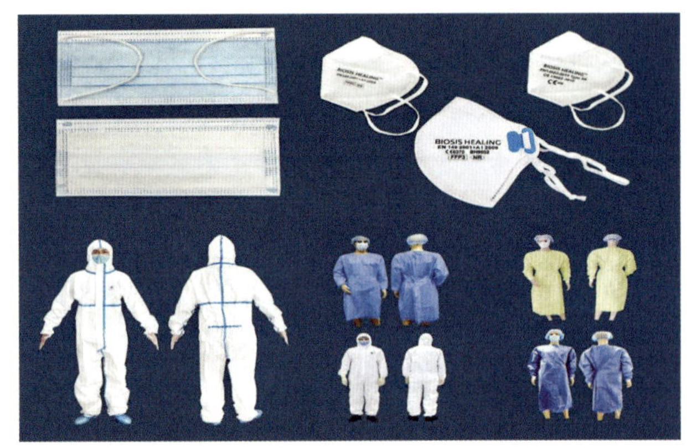

医用防护系列产品

地址：大兴区中关村科技园区大兴生物医药产业基地药谷一号国际研发孵化园 6 号厂房西侧

邮编：102600

电话：61252660

传真：61252030

网址：www.biosishealing.com

电子邮箱：info@biosishealing.com

法定代表人：赵博

（甲翠平　赵延瑞）

【新型冠状病毒灭活疫苗——克尔来福】由北京科兴中维生物技术有限公司（简称科兴中维）生产。科兴中维新冠疫苗是第一个获得国务院联防联控机制颁发“紧急应用”许可的产品，并率先在北京高风险和高危人群中进行了紧急免疫接种。新冠疫苗生产质量管理体系先后接受了中国、巴西、印度尼西亚、智利、新加坡、沙特阿拉伯等国的药监部门以及世界卫生组织的检查，数百批次的规模化生产证明疫苗生产过程可控、质量可靠。科兴中维新冠疫苗已直接或间接向包括中国在内的全球近 40 个国家和地区提供新冠疫苗。科兴中维将继续推进克尔来福®的生产供应和各项研究，保证质量安全，努力满足全球疫情防控需求，为全球新冠疫苗的可及性和可负担性做出积极贡献。

2020 年产值 54.8 亿元，税收 1427 万元。

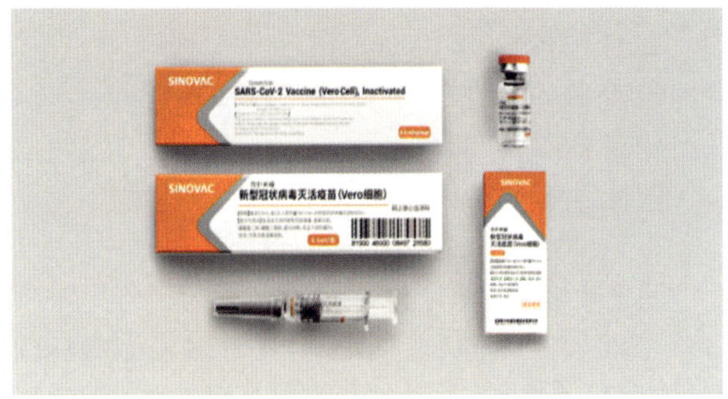

地址：大兴区中关村科技园大兴生物医药产业基地天富街 21 号 1 号楼

邮编：102629

电话：56897188

传真：56897123

网址：www.sinovac.com.cn

电子邮箱：gaozl2536@sinovac.com

法定代表人：尹卫东

（宋亚丽）

【安宫牛黄丸】由北京同仁堂股份有限公司生产。安宫牛黄丸起源于 1798 年清代吴鞠通（吴瑭）的《温病条辨》，是在明代万氏牛黄清心丸基础上，对方药进行加减化裁而制成，并为宫廷所用。其功能主治为清热解毒、镇惊开窍。用于热病、邪入心包、高热惊厥、神昏谵语；中风昏迷及脑炎、脑膜炎、中毒性脑病、脑出血、败血症等症候者。2020 年，生产安宫牛黄丸 245.64 万丸，销售 271.79 万丸（包含上一年度生产的产品）。

地址：大兴区中关村科技园区生物医药产业基地天贵大街 33 号（大蜜丸）、北京市北京经济技术开发区西环南路 8 号（水蜜丸）

邮编：102629、100062

电话：67179817

传真：67179790

网址：www.tongrentang.com

电子邮箱：gfbgs@tongrentang.com

法定代表人：邸淑兵（代）

（张晓雨）

【同仁牛黄清心丸】由北京同仁堂股份有限公司生产。同仁牛黄清心丸是《同仁堂药目》中的开篇名方，也是同仁堂独家产品。同仁牛黄清心丸方剂组成来源于宋《太平惠民和剂局方》卷一的“牛黄清心圆”，是历久不衰的效验名方，并为清宫廷秘方。清宫御药房配制此药时，处方传入同仁堂并沿用至今。“同仁牛黄清心丸”属于国家保密处方，该方由 27 味药组成，具有益气养血、镇静定神、化痰熄风的功效。现代中医认为同仁牛黄清心丸为清心解毒、祛风化痰之品，既能调和营卫气血，又能清心解热，药方配伍精妙、温凉协调、不寒不热、清中有补、补中有清，无论虚实之人，体质强弱者，皆可服用，为治疗风痰之首选药，在心脑血管的保健和治疗以及亚健康人群的调理方面有明显疗效，在中药界有“科学凉茶”的美称。2020 年，生产同仁牛黄清心丸 5559.19 万丸，销售 6570.77 万丸(包含上一年度生产的产品及其他剂型)。

地址：大兴区中关村科技园区生物医药产业基地天贵大街 33 号（大蜜丸）、北京市北京经济技术开发区西环南路 8 号（水蜜丸）

邮编：102629、100062

电话：67179817

传真：67179790

网址：www.tongrentang.com

电子邮箱：gfbgs@tongrentang.com

法定代表人：邸淑兵（代）

（张晓雨）

【同仁大活络丸】由北京同仁堂股份有限公司生产。同仁大活络丸处方来源于明代《摄生众妙方》，生产历史 300 余年。适用于肝肾不足、气血两亏和风痰阻络所致的四肢麻木、肩背疼痛、语言謇涩或骨关节疼痛、屈伸不利、关节变形等症。同仁大活络丸处方中包括祛风湿药、补气药、养阴药、活血药、芳香化湿药、温化寒痰药和芳香开窍药等 18 类 50 味药。各种药物珠联璧合、相得益彰，具有祛风寒湿邪不伤正气，扶正气而不滞邪的特点。在《同仁堂药目》中记载："神效活络丹，治风湿诸痹、肩背疼痛、口眼歪斜、半身不遂、行步艰难、筋骨拘挛；此药能宣通气血、疏活经络，年逾四十预服此丹，到老不生风痰等症。"同仁大活络丸是治疗脑血管病后遗症患者恢复期、类风湿性关节炎、风湿性关节炎、退行性骨关节炎、老寒腿等风寒湿痹引起的病症的首选用药。2020年，生产同仁大活络丸2620.43万丸，销售共计4743.65万丸（包含上一年度生产的产品）。

地址：大兴区中关村科技园区生物医药产业基地天贵大街33号（大蜜丸）、北京市北京经济技术开发区西环南路8号（水蜜丸）

邮编：102629、100062

电话：67179817

传真：67179790

网址：www.tongrentang.com

电子邮箱：gfbgs@tongrentang.com

法定代表人：邸淑兵（代）

（张晓雨）

【同仁乌鸡白凤丸】 由北京同仁堂股份有限公司生产。同仁乌鸡白凤丸处方由明代《寿世保元》白凤丸方加减而成，主要应用于妇科。具有补气养血，调经止带的功效，用于气血两亏引起的月经不调、行经腹痛、少腹冷痛、体弱乏力、腰酸腿软。该产品为同仁堂独家产品，历史悠久，治疗气血亏虚引起的妇科问题，疗效确切。此外，还应用于气血亏虚所导致的贫血、产后虚弱、慢性肝炎、痛风、男性精液不化、慢性前列腺炎等问题的治疗。2020年，生产同仁乌鸡白凤丸3205.8万丸，销售6110.24万丸（包含上一年度生产的产品）。

地址：大兴区中关村科技园区生物医药产业基地天贵大街33号（大蜜丸）、北京市北京经济技术开发区西环南路8号（水蜜丸）

邮编：102629、100062

电话：67179817

传真：67179790

网址：www.tongrentang.com

电子邮箱：gfbgs@tongrentang.com

法定代表人：邸淑兵（代）

（张晓雨）

【坤宝丸】 由北京同仁堂股份有限公司生产。坤宝丸功能主治为滋补肝肾、镇惊安神、养血通络。用于妇女绝经前后，肝肾阴虚引起的月经紊乱、潮热多汗、失眠健忘、心烦易怒、头晕耳鸣、咽干口渴、四肢酸楚、关节疼痛。药方为北京同仁堂在北京中医医院临床验方基础上共同协作而成，是针对女性更年期综合征肝肾阴虚证的中成药，曾获国家医药管理局"科技进步奖"。2020年，生产坤宝丸2138.8万袋，销售4635.72万袋（包含上一年度生产的产品）。

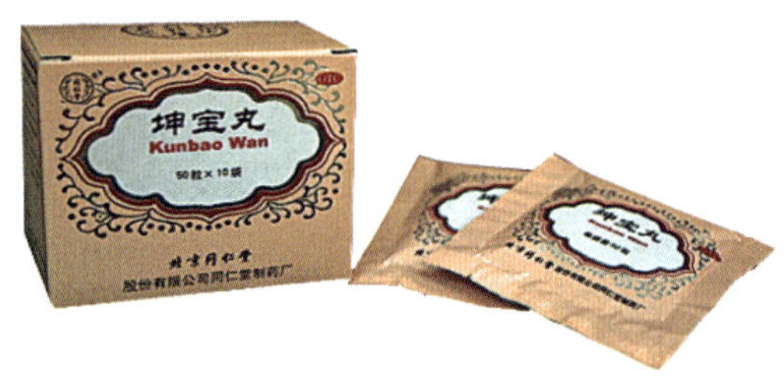

地址：大兴区中关村科技园区生物医药产业基地天贵大街33号（大蜜丸）、北京市北京经济技术开发区西环南路8号（水蜜丸）

邮编：102629、100062

电话：67179817

传真：67179790

网址：www.tongrentang.com

电子邮箱：gfbgs@tongrentang.com

法定代表人：邸淑兵（代）

（张晓雨）

【人工麝香】 由北京联馨药业有限公司独家生产，是国家重大科研成果和属于保密品种的一类新药，国药准字Z20040042。功能主治开窍醒神、活血通络、消肿止痛。用于热病神昏、中风痰厥、气郁暴厥、中恶昏迷等。2020年，人工麝香产销量14吨左右，产值7.5亿元，用户遍布全国31个省、直辖市、自治区的近千家制药企业、科研院所和医院。制剂包括以人工麝香为原料的中成药和蒙药、藏药、维药等民族药的生产，剂型涵盖丸、散、膏、丹等传统中药剂型和喷雾剂、注射剂等现代制剂。人工麝香为《新型冠状病毒感染的肺炎诊疗方案》中推荐用药安宫牛黄丸、苏合香丸和醒脑静注射液的主要原料，公司为国家疫情防控保障企业。

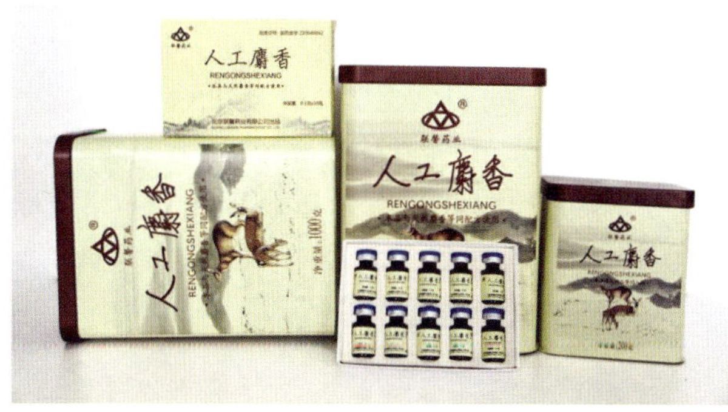

地址：大兴区中关村科技园区大兴生物医药产业基地天贵大街29号
邮编：102609
电话：56330335
传真：56330335
网址：lianxinyaoye.com
电子邮箱：mail@lianxinyaoye.com
法定代表人：程永浩

（程永浩）

【艾草天然抗菌系列产品】 由北京铜牛集团有限公司生产，是以“健康安全舒适”为设计目标，选用具有天然抗菌的艾草粘纤分别与长绒棉、聚酯纤维、弹性氨纶丝混纺或交织开发的全谱抗菌艾草家居休闲系列产品。艾草天然的抗菌成分有别于市场上银、铜、锌等无机抗菌纤维，不会对环境和人体造成金属累计危害，有利于环境保护。该产品抑菌功能强大，水洗50次抑菌率≥80%，具有高抗菌持续性、抗菌安全、防静电性、优良的亲肤透气性、滑爽细腻、健康环保等特点。该系列产品2020年春夏投放市场，全年销售收入127万余元。

地址：朝阳区金台里甲9号
邮编：100026
电话：65858596
传真：65004430
网址：www.topnew.cn
电子邮箱：tnjszx@topnew.cn
法定代表人：贾晓彬

（时尚控股公司）

【gretton天然彩棉高支内衣】 是北京天彩纺织服装有限公司研发生产的高端健康环保型产品。原料使用天然彩棉纤维与新疆长绒棉纤维，按比例充分、均匀地混合制成高支彩棉纱线，经环保型织造和后整理工艺制成天然彩棉高支面料。面料细腻有光泽、颜色淡雅柔和、手感柔软亲肤、穿着舒适透气。天然彩棉高支内衣在缝制过程中采用四针六线无骨工艺，板型反复修改试穿，满足穿着的合体与美观。gretton天然彩棉高支内衣在生产、加工过程中健康环保，产品无有害化学残留，对皮肤无刺激，穿着更舒适、更健康。产品在种植、生产过程中低耗水、低耗能、最大限度地减少污染物排放和碳排放，减少了对环境的污染，是一种绿色环保的天然纺织产品。2020年生产产品2万件，实现销售收入280万元。

地址：朝阳区光华路8号光华大厦A座3层
邮编：100026
电话：65815275
传真：65815142
网址：www.bjtiancai.com
电子邮箱：7267343@qq.com
法定代表人：陈金光

（时尚控股公司）

【PURE TOUCH牌NEO·新生系列产品】 由北京大

华天坛服装有限公司研发生产，是集时尚、科技、文化与深度跨界融合于一身的品牌产品。全系列产品涵盖羽绒、大衣、衬衫、半裙等多个品类，在设计中挖掘中国传统文化中的各类吉祥神兽，通过定位印花等工艺实现抽象和具象律动糅合，实现对传统文化厚重内涵的诚恳解读与像素化潮流下趣味因子的幽默表达。通过将古典宫廷廓形与现代解构设计相结合，运用不对称拼接、不规则撞色和通透等细节突破传统，配以腰封装饰和不规则印花，为传统风格注入新的生命和力量，展现出对传统文化的致敬传承和多元化表达。产品采用丝、棉、麻等舒适度高的面料与欧根纱、蕾丝、网眼等材质拼接，在传统设计中加入兼具现代感与未来风的运动元素，突破传统束缚，诠释现代审美新趋势。2020 年生产 5000 件，销售收入 300 万元。

地址：海淀区中关村大街人民大学南路三义庙大华天坛大厦

邮编：100086

电话：82631160

传真：82631800

网址：www.dahuatiantan.com

电子邮箱：bg@dahuatiantan.com

法定代表人：赵焱

（时尚控股公司）

【雪莲白丁腈防护手套】由北京华腾橡塑乳胶制品有限公司于 2013 年研发生产，可应用于家用清洁、工业防护、食品安全卫生等领域。该产品采用先进的工艺技术和优质的进口丁腈胶乳，通过严格的生产过程管控，可以保障产品在具有优异的物理性能基础上，具备良好的耐磨、耐穿刺、耐切割性能，可以为使用者抵御机械伤害；该产品具有耐酸、耐碱、耐有机溶剂的特性，可提供化学防护，经久耐用。该产品通过了欧盟食品级全迁移测试，符合食品级要求。2020 年，销售额近 2000 万元。

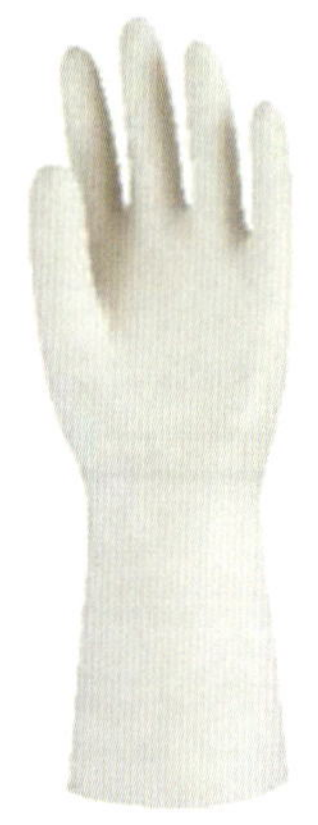

地址：通州区台湖镇光机电一体化产业基地兴光 5 街 6 号

邮编：101111

电话：81501369

网址：www.rubberchina.com

电子邮箱：bjlatex@rubberchina.com

法定代表人：商文禄

（化工集团）

【雪莲牌带电作业用绝缘手套】由北京华腾橡塑乳胶制品有限公司于 2019 年研发生产，主要应用于带电作业领域，为工人提供防触电保护。该产品根据预期接触的最大电压不同分为 6 个级别，该公司可提供 00 级、0 级和 1 级的绝缘手套。通过先进的工艺技术以及优质的原材料配方，绝缘手套通过国际电工协会 IEC 的检测，符合 IEC 60903：2014 标准要求，同时通过国家标准 GB/T 17622—2008 的测试，具有良好的绝缘性能、耐油、耐酸、耐极低温度的特性和机械防护性能。2020 年年底，该系列产品上市，打破绝缘手套浸渍工艺的国外垄断地位，为电力行业提供佩戴舒适、性能优异的防护产品，累计销售 1.2 万双，销售额 110 万元。

地址：通州区台湖镇光机电一体化产业基地兴光 5 街 6 号

邮编：101111

电话：81501369

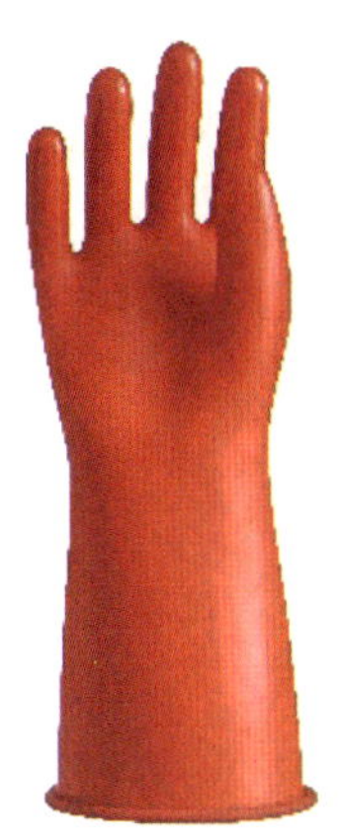

网址：www.rubberchina.com
电子邮箱：bjlatex@rubberchina.com
法定代表人：商文禄

（化工集团）

【“迷奇”系列化妆品】北京市亚美日化厂始创于1987年，创建伊始，即专注研发适合国人的天然植物护肤产品。第一款出口日本的植物草本护肤品“高级神奇美容蜜”，使“迷奇”成为中国最早走向海外的美妆品牌。此后连续多年通过日本厚生省检测。2019年，“迷奇”与菏泽牡丹产业有机种植基地建立战略合作关系，从源头到成品进行整体布局，进军牡丹护肤产业，专注打造“牡丹护肤专家”这一“迷奇”品牌专属形象。2020年，“迷奇”陆续与首创非遗、中外珐琅美术馆、798艺术区、颐和园等达成战略合作关系。“迷奇·景泰蓝牡丹”非遗文创联名款护肤品系列以景泰蓝为灵感进行产品设计，提升了国货的科技价值，也增加了产品的文化内涵，成为国货美妆的趋势。4月，“迷奇牡丹系列”第一款抗初老、美白面膜产品上线，当月即跃居“迷奇”天猫旗舰店面膜类畅销榜第一位。

“迷奇”烟酰胺牡丹驻颜面膜

“迷奇”牡丹系列化妆品

地址：朝阳区姚家园南路1号院4号楼
邮编：100025
电话：53014104/12
传真：52080378
电子邮箱：dabaotn@163.com
法定代表人：张志利

（北京亚美日化厂）

【高品质热轧带卷】由北京科技大学设计研究院有限公司研发，热轧带卷生产流程较冷轧带卷短，综合成本较低，被广泛应用在汽车、船舶、机械以及建筑等行业的众多领域，具有较高的附加值。公司为满足热轧带卷产品高强度、高韧性、耐不同环境服役的综合性能需求，开发了材料基因特性的多尺度材料设计技术、无缺陷铸坯制造技术、新一代控轧控冷技术、全流程仿真技术等，实现了高品质热轧带卷产品的自主开发与稳定化生产。“高钢级X70～X80热轧管线钢的研制”获得冶金科学技术奖二等奖、安徽省科学技术奖一等奖。该成果已在马鞍山钢铁集团进行推广，并合作开发出了X42～X100系列管线钢线钢产品；与其他企业合作开发了高扩孔性热轧双相钢、锯片用中高碳钢、耐磨钢、耐候耐蚀钢等多领域的专用产品。该技术大大提高了高级别产品的国产化生产能力，具有良好的应用前景。2020年与宝钢开展产学研合作，针对短流程热轧复相高强钢的强韧化开展研究，取得良好成效。

地址：海淀区学院路 30 号
邮编：100083
电话：62332598
传真：82377185
网址：iet.ustb.edu.cn
邮箱：bkdgyy@ustb.edu.cn
法定代表人：陈雨来

（江海涛）

【FS–A 级保温板】由富思特新材料科技发展股份有限公司生产。富思特 FS － A 级保温板是以低密度聚苯板为基材，用多组分防火胶凝浆料将其包裹，复合而成的新型保温防火板。该产品采用无机防火浆料包裹工艺，将传统聚苯板的热塑性质提升为热固性质，燃烧性能从 B 级提升至 A2 级。遇火不燃、无烟、不滴落、无火焰传播蔓延，从材料上杜绝了保温材料引发火灾的安全问题，还可用于建筑节能领域的外墙保温系统。2020 年，该产品生产销售近 1000 万平方米。

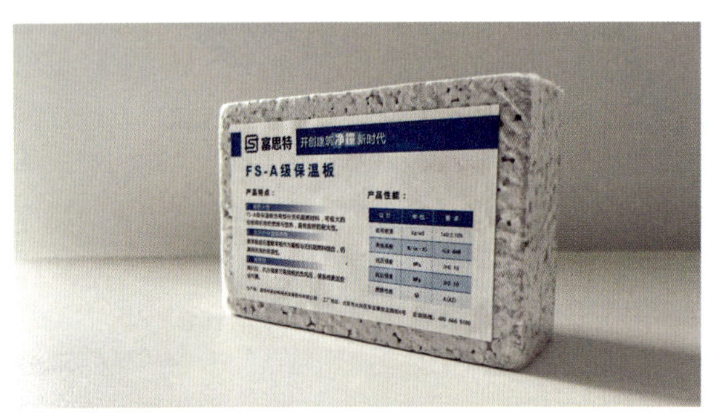

地址：大兴区安定镇安华西路 9 号
邮编：102607
电话：4006665100
网址：www.firstnmt.com
法定代表人：郭祥恩

（富思特）

【富思特外墙涂料】由富思特新材料科技发展股份有限公司（简称富思特）生产。富思特外墙涂料体系主要分为真石漆、水性多彩涂料、弹性质感涂料和乳胶漆四大类。富思特真石漆产品采用高分子合成水性丙烯酸乳液、纯天然彩砂及特殊助剂，经过全新生产工艺技术加工而成，形成一种酷似天然花岗岩的装饰效果。富思特水性多彩产品采用高分子合成水性丙烯酸乳液、高档无机颜料及特殊助剂，经过全新生产工艺技术加工而成，一枪喷涂即可形成立体质感的花岗石装饰效果。富思特弹性质感涂料产品采用高分子合成水性丙烯酸乳液、高档无机颜料及特殊助剂，经过先进的自动化生产工艺技术加工而成，是一种环保、安全和性能卓越的砂壁状外墙建筑涂料产品，具有实用性、科学性、经济性与美观效果。富思特乳胶漆产品采用高分子合成水性丙烯酸乳液、各种精制颜填料及特殊助剂，经过先进的自动化生产工艺技术加工而成，漆膜环保、无毒，具有良好的遮盖力和优异的耐候性。2020 年，富思特真石漆产品销售 5 万余吨，水性多彩涂料销售近 5000 吨，弹性质感涂料销售 2 万余吨，乳胶漆销售近 2 万吨。

地址：大兴区安定镇安华西路 9 号
邮编：102607
电话：4006665100
网址：www.firstnmt.com
法定代表人：郭祥恩

（郭祥恩）

【带钢热连轧智能化控制系统】由北京科技大学设计研究院有限公司自主研发，采用高性能工业控制器、热备服务器以及多层高速网络架构的硬件方案，采用自主知识产权的过程自动化系统开发平台，采用标准化的、模块化设计应用程序，可根据用户当前需求灵活配置应用功能模块，同时能适应未来用户功能升级和扩展的要求；系统基于精确的跟踪算法、状态机编程方法，保障系统稳定可靠、结构清晰、容易扩展；领先的数学模型和板型—辊形控制系统、先进的厚度 AGC 和宽度 AWC、SSC 算法，保障控制精度达到国际先进水平，结合最新研发的大数据平台、质量管控、生产状态分析、能源介质监控、能耗预测、性能预报、设备生命周期管理等功能模块，有效提升了生产线的数字化、智能化水平。不论新建生产线，还是对老旧生产线的升级和改造，都能大大减少风险，有效压缩工期，快速稳定高效地实现生产线投产和达产目标。该系统能够涵盖几乎全部的热轧机型，包括半连轧、3/4 连轧、全连轧、炉卷轧机、CSP 等，已在国内外 30 余条新建或改造的钢铁和铝热轧生产线上成功应用，各项指标达到国际先进水平，成为冶金行业电气自动化系统集成方案领先者之一。先后获得授权专利 50 余项，国家科技进步奖二等奖 1 项，省部级一等奖 8 项、二等奖 2 项、三等奖 3 项。2020 年，公司实现扬州恒润 1780 毫米热连轧、梧州鑫峰 950 毫米不锈钢全连轧绿色精品生产线、四川罡宸 1450 毫米不锈钢和碳钢混合热连轧与重庆攀华万达 1580 毫米带钢热连轧共 4 条生产线自动化系统的投产和达产。

地址：海淀区学院路 30 号
邮编：100083
电话：62332598
传真：82377185
网址：iet.ustb.edu.cn
邮箱：bkdgyy@ustb.edu.cn
法定代表人：陈雨来

（郭　强）

【全流程大数据平台与质量管控系统】 由北京科技大学设计研究院有限公司研制，该系统可将分散在各制造单元不同系统中的质量信息统一集中到一体化质量管控系统中，实现上下游工序全流程质量信息的贯通。该系统的研制意味着以产品质量为中心，收集、整合系统的生产过程数据，实现信息全流程质量信息共享。在全流程数据采集基础上，通过对全流程过程数据的监控、质量异常管理、过程评级和质量分析，保证全流程生产过程受控，促进产品质量持续改进；通过数据挖掘算法和数理分析，获取海量数据中蕴含的知识模型和工艺规律，对产线工艺模型进行优化。2020 年，该项技术作为智能制造大数据应用的核心技术，已在湖南华菱涟源钢铁有限公司、马鞍山钢铁股份有限公司、鞍钢股份有限公司、江苏沙钢集团有限公司、新余钢铁股份有限公司（板带材）、江苏沙钢集团淮钢特钢股份有限公司、中铝瑞闽股份有限公司等企业投入运行或正在实施。

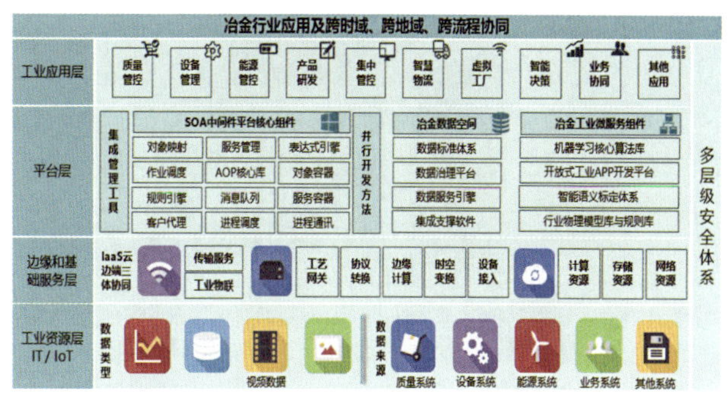

地址：海淀区学院路 30 号
邮编：100083
电话：62332598
传真：82377185
网址：iet.ustb.edu.cn
邮箱：bkdgyy@ustb.edu.cn
法定代表人：陈雨来

（邵　健）

【中厚板及连轧粗轧机厚度控制技术】 由北京科技大学设计研究院有限公司研发，针对采用电动和液压压下的单机架热轧机厚度控制精度较差的缺点，研制了中厚板及连轧粗轧机厚度控制技术。该技术实现了在不依赖测厚仪的情况下，对电动和液压压下的单机架热轧机进行精确的厚度控制，以保证板材厚度公差落在允许范围内。中厚板及连轧粗轧机厚度控制技术采用自学习数学模型，可根据人工卡量数据（无测厚仪）或厚度反馈信号（有测厚仪）对厚度模型进行修正，有效提高厚度控制精度。该技术还采用新型控制算法，对辊缝调节速度进行优化，在辊缝调节时，辊缝的设定值并不直接等于辊缝目标值，而是采用一定的规则逐渐向辊缝目标值平滑逼近，AGC 系统运行更加平稳。该技术不需增加新设备，只需对控制算法进行一定修改，即可改善 AGC 系统控制精度，满足轧制过程需要。中厚板及连轧粗轧机厚度控制技术已在多条中厚板轧机及钢铁和铝热连轧粗轧机等轧线投入使用，相比投入前厚度质量明显提升，具有良好的应用前景。2020 年，先后签订日照钢铁公司 1580 毫米带钢生产线粗轧 L1 控制系统改造项目和立辊升级项目，提高了产品过程控制精度，降低设备故障率。生产节奏可以提高 2 秒，仅此一项每年能够产生效益 126 余万元。

地址：海淀区学院路 30 号
邮编：100083
电话：62332598
传真：82377185

网址：iet.ustb.edu.cn

邮箱：bkdgyy@ustb.edu.cn

法定代表人：陈雨来

（郭　强）

【轧机主传动大功率交直交中压变频驱动】由北京科技大学设计研究院有限公司研发，是轧机用交直交中压变频驱动系统，是涉及冶金企业核心制造能力的关键装备，在对功率半导体器件、大功率变流、高性能传动控制、轧机主传动系统集成等关键技术研究基础上，实现国产化的大功率交直交中压变频轧机驱动装备（5 ～ 33 兆伏安，3300 伏）的工程化与产业化技术研究，主要关键核心技术包括系统集成技术与工程应用推广、大功率变流装置研制、高性能传动控制、驱动系统与工艺控制功能融合等。系统电网侧功率因数保持为 1.0；静态调速误差≤ 0.01%，动态速降 0.25%s（100% 转矩阶跃）。轧机是生产成品金属材料的关键设备之一，该成果打破了国外公司对超大功率交直交中压变频的技术和价格垄断，提高自主配套能力。采用该系统后，相比引进的同类型国外装备，能够降低 1/2 ～ 1/3 一次性投资。2020 年，该系统成功应用于广西柳州银海铝业股份有限公司、福建三钢闽光股份有限公司、新余钢铁集团有限公司等企业，并获得辽宁凌源钢铁股份有限公司轧机主传动升级项目。

地址：海淀区学院路 30 号

邮编：100083

电话：62332598

传真：82377185

网址：iet.ustb.edu.cn

邮箱：bkdgyy@ustb.edu.cn

法定代表人：陈雨来

（张勇军）

【无人天车与智能库管技术】由北京科技大学设计研究院有限公司研发，通过库区智能调度和天车控制系统协调有序地指导天车进行作业，实现无人化生产吊运操作，并提供精细的库区管理、准确的物料跟踪以及实时的生产承接。同时，通过库区系统与 MES 系统、一级、二级系统的衔接，可以有效贯通工厂的信息流和物流，为进一步提升生产效率奠定基础。项目团队创新开发了以库区环境感知与三维重构、机器视觉与天车控制深度融合、库区多智能体协同优化的智能库管调度、库区集控与智能工厂协同优化为标志性技术的第二代无人天车与智能库管技术。系统在珠海粤裕丰棒材物流库、马钢特钢高线成品库成功示范应用，攻克了库区钢材三维料型检测、基于机器视觉的电磁吊精准吊运、多智体天车地面协同调度优化等技术难点，实现了智能库区内 10 部天车 7×24 小时的无人全自动操作，以及全自动的汽车入库、出口装卸操作。在节省人力的同时，提高生产调度效率，并通过解决棒材生产库区瓶颈释放产能，在长材平面智能库应用技术领域属于世界首创。2020 年，该系统推广应用于河北物流集团金属材料有限公司棒线材多功能物流库、首钢智新迁安钢铁有限公司冷轧成品库。这些项目的

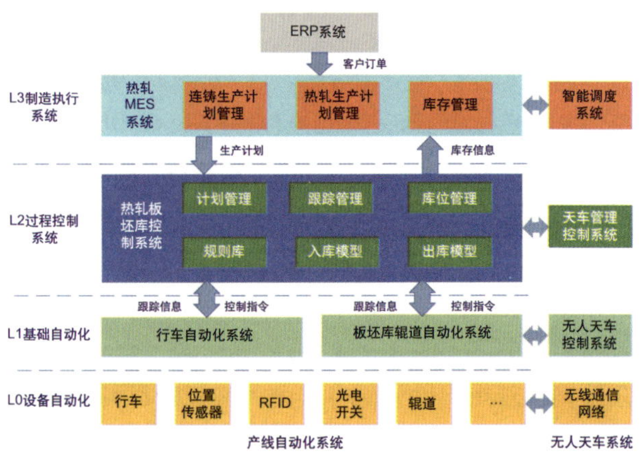

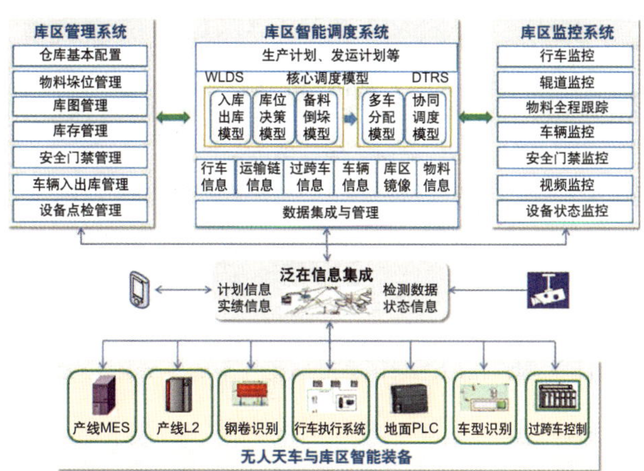

应用为智能库区以及智能工厂建设提供关键技术，人员从恶劣的生产与设备环境中完全脱离，将频繁的操作干预转变为集控室良好环境下的生产监控，从根本上改变库区的作业模式；同时，智能库管系统实现对库区内天车、过跨车、下线运输链、汽车、火车的协同优化调度，对于提高调度物流效率、降低生产成本、释放产能具有重要意义。

地址：海淀区学院路 30 号
邮编：100083
电话：62332598
传真：82377185
网址：iet.ustb.edu.cn
邮箱：bkdgyy@ustb.edu.cn
法定代表人：陈雨来

（王晓晨）

【智能物料跟踪与识别系统】由北京科技大学设计研究院有限公司研发，该系统采用红外监测相机、图像处理工作站以及优化检测识别算法的机器视觉处理技术，可以有效地对旋转、变形、缺失的字符进行准确识别，从而实现智能的物流跟踪。该系统的识别算法对字符印记的质量没有要求，支持面喷、侧喷、钢印和手写等任何形式的字符识别，并且支持自定义字库，语法，多点同步识别。对于人工能辨识的字符，该系统整体的识别正确率能够达到 99%。2020 年，该系统成功应用于马鞍山钢铁股份有限公司轮轴质量管理信息系统建设相关装备改造项目、南京钢铁集团有限公司中厚板卷厂热处理炉区域控制集成项目、江苏沙钢集团有限公司热处理炉自动化控制系统改造项目以及南钢宽厚板后道精整区域板材跟踪自动化项目，实现物流的自动跟踪与识别，在节省巨大人工成本的同时，还提高了跟踪和识别的准确度，大大提升企业自动化水平。

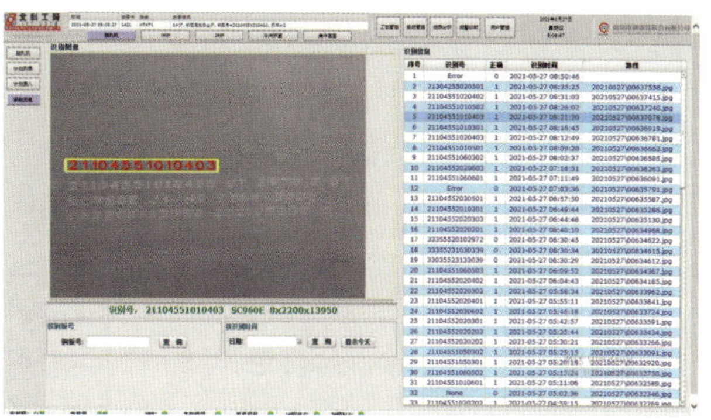

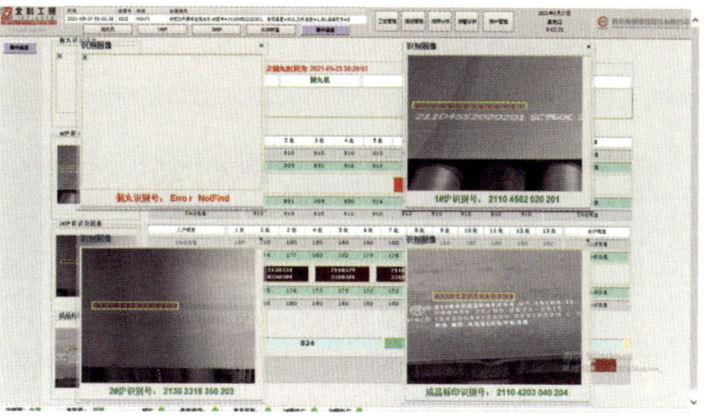

地址：海淀区学院路 30 号
邮编：100083
电话：62332598
传真：82377185
网址：iet.ustb.edu.cn
邮箱：bkdgyy@ustb.edu.cn
法定代表人：陈雨来

（邓能辉）

【加热炉智能燃烧及炉温控制技术】由北京科技大学设计研究院有限公司研发，能够智能设定出最优的加热制度，达到无人干预式智能烧钢效果。该系统特点：借助智能分析仪表，自动适应燃料压力、热值变化，通过智能优化空燃比，自动调整炉膛气氛；成熟的高精度钢坯温度预报模型，能适应不同类型加热炉的计算需要；以轧制温度和速度为控制导向，智能优化钢坯出炉温度和固熔时间，达到轧制和加热两种工艺间的无缝衔接；利用人工智能算法，对生产队列进行智能分析，自动感知出钢种、规格、混装、换辊、温度交替等典型工况变化，统筹决策出多对象目标下的炉温设定。2020 年，该技术已先后在本钢集团板材股份三热轧厂、本钢集团北营轧钢厂二棒材车间、华菱集团涟源钢铁热轧厂、河北新金钢铁集团热轧厂、首钢集团迁安钢铁二热轧厂、沙钢集团张家港宏昌钢板热卷板二车间等多座加热炉上得到成功应用，明显提升加热质量和降低能耗烧损，各项指标均达到预计目标。

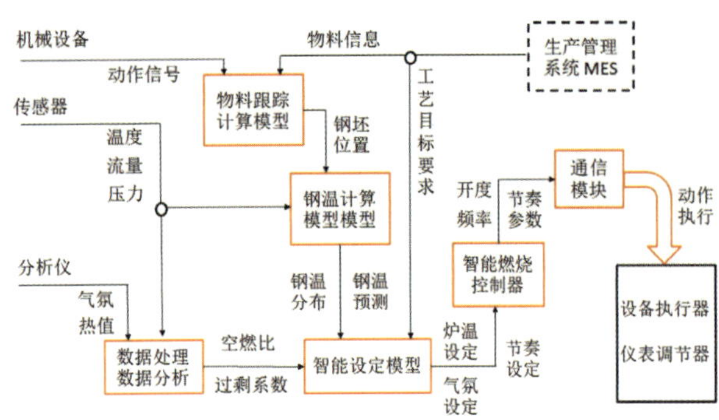

产品系统原理图

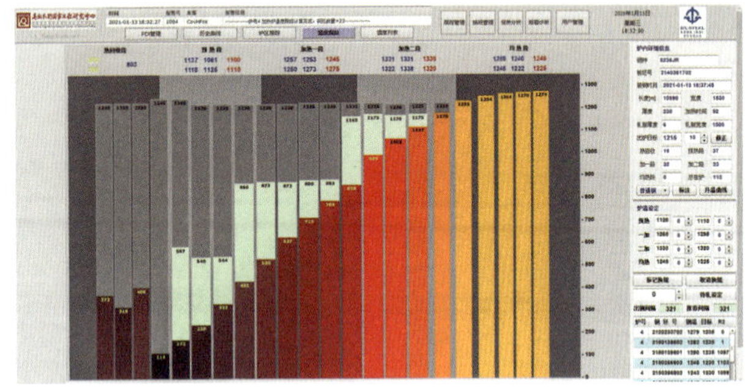

地址：海淀区学院路 30 号

邮编：100083

电话：62332598

传真：82377185

网址：iet.ustb.edu.cn

邮箱：bkdgyy@ustb.edu.cn

法定代表人：陈雨来

（陈万里）

【磨辊间智能信息管控与决策系统】 由北京科技大学设计研究院有限公司研发，包括磨床数据采集平台、智能分析及管理系统、轧辊关键数学模型、磨床集中操作、轧辊身份识别定位技术等。该系统特点：集成磨床数据采集模块，能够采集国内外主流磨床的数控系统和传动系统的数据，实时监控轧辊磨削质量和磨床加工参数；以轧辊、轴承（座）全生命周期管理为主线，实现磨辊间生产信息、运维信息、管理信息的整体集成；以智能推送为核心驱动，自动下发作业工单，实现全流程无纸化作业；开发智能备辊和电子辊票功能，动态匹配轧线计划，确保轧辊高效周转运行；系统融入轧机刚度数字化分析、磨损辊形图形化分析、多维统计评价、成本一键式分析、移动终端操作等诸多特色功能。2020 年，该成果先后在邯郸钢铁集团、马鞍山钢铁集团、广东广青金属科技有限公司等多家企业的热连轧和冷连轧磨辊间得到应用，在降低辊耗、人员优化、质量提升、稳定生产等方面效益显著。同时与宝武钢铁集团宝钢股份、莱芜钢铁集团型钢厂、南京钢铁集团宽厚板厂等交流合作，涉及热连轧、冷连轧、森吉米尔轧机、型钢、无缝钢管、棒线材厂等 20 余条生产线。

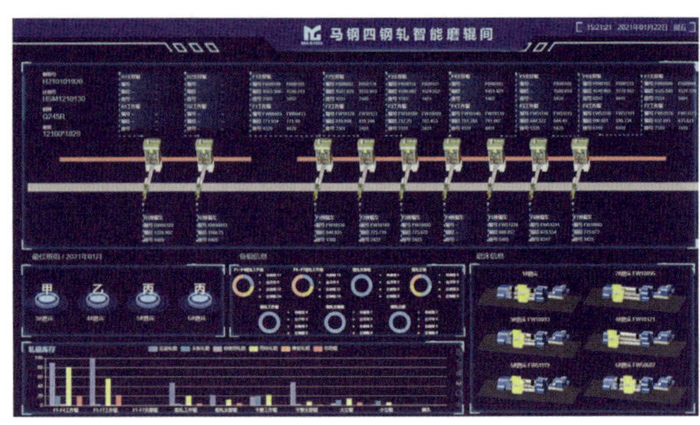

地址：海淀区学院路 30 号

邮编：100083

电话：62332598

传真：82377185

网址：iet.ustb.edu.cn

邮箱：bkdgyy@ustb.edu.cn

法定代表人：陈雨来

（孙文权）

【热轧板带控轧控冷成套工艺装备系统】 由北京科技大学设计研究院有限公司研发，控制轧制与控制冷却工艺是现代轧钢生产过程中节约能源、控制钢材组织性能、降低生产成本、提高产品竞争能力的关键技术。基于对板带钢冷却过程的换热机理及内部组织演变机理的研究，通过实验室研究与工程实践相结合成功开发出具有自主知识产权的超密集快冷工艺、装备及自动化控制系统集成成套技术，与传统的 U 型集管冷却装置相比，在相同水流密度条件下冷却速率提高 10% ～ 40%，在水流密度提高的条件下，冷却速率可提高 50% ～ 100%，冷却均匀性最高可达到 20℃以内，可实现板带钢长宽厚 3 个方向上高效、高速、高均匀化的冷却，该技术应用后可满足热轧板带钢控冷工艺的需求、解决制约板带钢质量提升产品升级的关键核心问题。2020 年，相继推广应用至马鞍山钢铁股份有限公司、吉林建龙钢铁有限公司、宝武集团鄂城钢铁有限公司、天津钢铁集团有限公司、河北敬业中厚板有限公司、南阳汉冶特钢有限公司及山西太钢不锈钢股份有限公司临汾分公司等企业的板带钢生产线。其中，在马鞍山钢铁股份有限公司及吉林建龙钢铁有限公司项目已完成热负荷试车，在宝武集团鄂城钢铁有限公司项目完成了热试及功能考核验收，其余项目陆续完成了详细设计或设备发货。

马钢2250 热轧带钢超密集快冷装置(2020)

地址：海淀区学院路 30 号
邮编：100083
电话：62332598
传真：82377185
网址：iet.ustb.edu.cn
邮箱：bkdgyy@ustb.edu.cn
法定代表人：陈雨来

（何春雨）

【热连轧电气自动化控制系统】由北京科技大学设计研究院有限公司研发的，是轧制领域提供整套的电气设备和工艺自动化解决方案，能够提供交直流传动控制、基础自动化、过程自动化和生产管理系统的全套多级控制系统，覆盖从系统设计、软件设计编程、集成制造、现场调试服务到开工投产的全过程。系统采用热备系统或容错服务器以及多层高速网络结构的硬件方案，并采用具有自主知识产权的稳定高效的过程自动化系统开发平台，应用程序采用标准化的、可自由组合和单独升级的模块设计，为将来的扩展和升级提供极大的方便和空间。系统采用先进的解析算法模型，能对轧件的温度、形状和轧制过程的力能参数和辊缝形状进行精确预报和控制，并自主开发了基于机理模型和数据驱动的全流程数学模型和板形控制、多机架协调宽度－厚度控制、单－双－多机架（中厚板轧机或连轧粗轧机）轧板宽度－厚度控制、终轧温度和卷取温度控制、微恒张力控制等专有控制技术。可实现基于统计过程控制、数据挖掘、信息融合等技术的系统智能故障自诊断及控制，并采用容错控制策略提高系统对异常状态的适应能力。针对超薄规格产品的生产，开发了非对称和非稳态条件下的质量控制技术。系统可适用于碳钢、不锈钢、硅钢、双多相钢等产品生产控制。最新开发的大数据平台、质量管控、生产状态分析、能源介质监控、能耗预测、性能预报、设备生命周期管理、智能磨辊间等功能模块，提升了系统的智能化水平。该解决方案已在 50 余条新建或改造的钢铁热轧生产线上得到应用，成为冶金行业电气自动化系统集成方案领先者之一。系统调试时间短、达产快、维护方便、运行稳定可靠、控制精度高，在提高产品质量、扩大品种和缩短建设速度上都达到国际先进水平。2020 年，公司签订山西晋城钢铁公司 1580、四川罡宸不锈钢公司 1450、酒泉钢铁公司 CSP 二级升级改造、江苏沙钢 CSP 二级升级改造、广东南方东海 1650、河北安丰钢铁公司 1450 等热连轧电气控制系统项目。

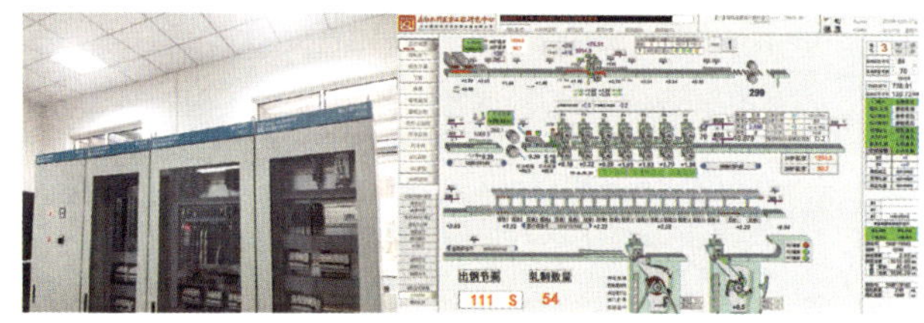

地址：海淀区学院路 30 号
邮编：100083
电话：62332598
传真：82377185
网址：iet.ustb.edu.cn
邮箱：bkdgyy@ustb.edu.cn
法定代表人：陈雨来

（郭　强）

【水质综合毒性在线监测系统】由北京雪迪龙科技股份有限公司生产。该系统灵敏度高，可实现实时监测，对毒性物响应浓度达 ppb 级；检测谱宽，可感应重金属、有毒有机物、营养型有机物等在内的几千

种化学物质；稳定性好，双路传感器，预警有保障；抗浊度、色度干扰能力强;运行费用低，使用寿命长、日常维护管理简单；试剂及耗材价格低；具备断电保护、缺水诊断、报警后自动启动修复保护、参数设定、自动记录数据日志等功能，运行智能，安全可靠。适用于饮用水水源地、交界水体、地下水；自来水厂；污水处理厂；工业聚集区、医院、企业。2020 年共计销售 10 套，试用 2 套。

地址：昌平区高新三街 3 号
邮编：102206
联系电话：80735700
传真：80735678
网址：www.chsdl.com
电子邮箱：Market@chsdl.com
法定代表人：敖小强

（任龙游）

京工人物

本栏目采用条目体，刊载2020年北京工业领域或北京市级、国家级劳动模范以及工业领域内先进人物的典型事迹。

【王涛——首钢焊工技师第一人】王涛，1991年6月出生，中共党员，大学本科学历，现为首钢集团有限公司矿业公司协力公司南区工程项目部焊工。

王涛在工作中，对自己坚持高标准、严要求，对所焊的每一道焊口都确保焊一道合格一道，绝不出现质量问题。凭着“稳扎稳打、追求卓越”的工作精神和严于律己的工作态度，练就了一身本领。参加工作7年来，他从学徒工到焊工技师，从默默无闻到首钢第一名焊工，成为全国钢铁行业职业技能竞赛的冠军。2018年，王涛获全国钢铁行业职业技能竞赛焊工组冠军后，丝毫没有放松对自己的要求，先后参与完成德达物流结构件制作、秘铁钢结构件制作以及内外部维检市场等多项焊接任务，严格对照焊接质量标准操作，数千块物料从未出现过失误。他在工作中先后解决了杏山井下铲运机大臂开裂的焊接与液压缸焊接、水厂铁矿抓斗天车大梁开裂焊接、大石河主场球磨机端盖焊接、大石河二马车间矿车大梁开裂焊接及装载机前桥轴头焊接以及物资公司药卷生产成型器衣领焊接等技术难题，保证了设备的稳定运行，为业主节约了成本。在首钢矿业协力公司“提素质　强本领　争工匠”人才建设工程中，王涛担任焊接导师。为学员制订培训计划和进度，有针对性地指导。对基础差的学员“开小灶”，具体动作“手把手”教学，直至其掌握为止。

王涛先后获首钢技术能手、首钢青年创新先锋、全国钢铁行业技术能手称号，2019年获首钢劳动模范称号。2019年12月，在中德“北京·南图林根”职工焊接对抗赛中获GTAW组冠军，取得德国焊接协会颁发的国际认可的DVS焊接证书。2020年被评为北京市劳动模范。

（马　晓）

【王月鹏——高压线上手术师】王月鹏，1979年11月出生，中共党员，大学本科学历，高级工程师、高级技师，现为国网北京昌平供电公司带电作业班班长。

1998年，18岁的王月鹏瞒着母亲，投身于带电作业——一个在万伏高压线上与死神碰撞的高危职业。在带电班，他刻苦练习，苦心钻研国内外先进带电作业技术，被国家电网公司聘为生产技能专家。2015年，王月鹏带领班组人员研制了“抱立杆型边相导线固定装置”，获发明及实用新型两项国家专利，并在北京市电力公司范围内推广使用，从根本上简化了工作程序，降低了作业风险，缩短了作业时间。截至2020年年底，王月鹏获得11项国家级专利成果。2016年，王月鹏代表国网北京市电力公司参加首届北京大工匠评选活动，他训练不分冬夏，不分早晚，经过两年层层比拼，被评为北京市大工匠。2018年夏季，北京电网负荷连创新高，为确保百姓可靠供电，王月鹏勇冲第一线。高空作业时，他绝缘服里温度一度高达50摄氏度，完成任务后摘下来的绝缘手套竟倒出半碗汗水。在从事带电作业的23年里，带领班组人员共安全开展带电作业20807次，累计多供电量1.17亿千万时，减少停电时户数183.9万时·户，为地方经济发展、百姓安居乐业，以及“2008奥运”“九三阅兵”“党的十九大”“国庆70周年”“抗击疫情”等重大保电任务做出突出贡献。

王月鹏曾获国网特等劳动模范、国网工匠、北京市大工匠、国网北京市电力公司特级专家人才、国网北京市电力公司2017年度“百佳工匠”、国家电网有限公司优秀共产党员、“最美国网人”等荣誉。2020年被评为全国劳动模范。

（王月鹏）

【王素玉——抗击新冠肺炎疫情全国三八红旗手】王素玉，女，1970年5月出生，中共党员，大学本科学历，高级工程师，现为燕山石化公司高科技术有限责任公司研究中心主任工程师。

王素玉从事合成树脂产品技术工作多年，在聚丙烯、聚乙烯新产品开发和改性研究应用领域积累了丰富

经验。主持或参与了50余项科研课题，开发出10余种聚丙烯、聚乙烯、聚苯乙烯专用料，多次获得中石化科技进步奖和燕山石化科技成果奖，为燕山石化公司产品创新创效、改进和提升现有装置产品的质量、提升产品附加值做出贡献。完成的中国石化重大专项“高透明低析出物热封用聚丙烯开发及应用”项目，自主研发的聚丙烯专用料总计生产1.3万吨，新增效益5000万元。完成三层输液袋共挤内层用三元共聚聚丙烯专用料F5606Y迁移实验报告、USP87报告等认证，已在国内输液膜企业完成吹膜评价，实现医用输液袋产品国产化的突破，获得北京市新技术新产品（服务）证书。

2020年初，新冠肺炎疫情暴发，燕山石化迅速成立熔喷料和熔喷布技术攻关组，紧急建设熔喷布生产线并进行熔喷料技术攻关。王素玉和科研团队立即停止春节休假，从2月8日开始，全力以赴进行聚丙烯熔喷专用料的研发和试生产，确立了72小时技术配方攻关目标。在小试装置的厂房内，一个条件一个条件地摸索，确定基料、筛选助剂配方、调整熔融指数、优化挥发份，不断根据生产线上的反馈，调整方案中的条件；生产线上的人员不断依据调整后的配方，进行设备的改装与调试，为确定最优的口罩料配方忘我工作。随着工艺条件愈加成熟，在保证产品质量的同时，如何提升产量成为科研人员关注的焦点。夜里，她汇总测试数据，交流探讨可能优化的方案，第二天一早又直接奔赴生产现场，终于在2月10日成功试产出聚丙烯熔喷无纺布专用料。随着2020年3月燕山石化熔喷布产出，保供熔喷料和提升熔喷布的质量成为科研人员的重任。王素玉和项目组员紧密配合，为产出质优的口罩用熔喷布，持之以恒，不懈努力。公司产出超千吨的熔喷布，满足了市场急需，在首都疫情战役中，贡献出了自己的一份力量。

2020年9月29日北京市抗击新冠肺炎疫情表彰大会上，王素玉被评为抗击新冠肺炎疫情全国三八红旗手。

（王善高）

【毛健——国庆70周年“2号焰火树”树长】毛健，1990年9月出生，大学专科学历，现为北京首钢建设集团有限公司第二冶金建设工程分公司迁钢电气安装检修项目部电气调试班班长。

毛健参加了首钢京唐二期工程施工，带领班组人员不畏辛苦，出色完成各项任务。在首钢股份迁钢炼铁、炼钢系统检修中，他工作仔细认真，保证检修质量，多次得到业主的肯定和表扬。2019年，毛健在国庆70周年联欢活动中承担“焰火树”装置保障运行任务，任“2号焰火树”树长。焰火装置7套，每套焰火装置总重量为200吨，分别由配重、底座、支腿回转支撑、树体树冠及上部机构组成。烟花树制造每一步都是挑战，结构成形后，面对的便是机械和自动化。他和技术团队对图纸的准确性及工艺性进行审核，并对烟花树底座制作图纸进行二次详细设计，将原图纸设计精度由5～10毫米提高至0.1～0.5毫米。他提出采用分段式加工后工装组焊的工艺方案，提高了组对精度，缩短了制造时间，从方案上保证了设备制造整体的工期。火焰装置运输双机故障应对问题是运行中的关键。毛健和专题攻关小组，与运输机械厂家专业对接进行考察咨询和论证，找出运输机械双机故障可预见和不可预见问题。他带领技术团队，先后解决自动化控制系统、焰火树吊运、定位难度大、焰火树运输路线地面承载力大、焰火树吊装重心不稳成品不易保护、焰火树“核心区”精准定位难等5项核心难题。他和项目技术团队在设备加工制造组装过程中，关注每一个制造、装配环节，配套件供货及服务环节，多次选择场地及测量标高，同时参与出厂标准及试车方案编制，保证了每套出厂烟火树的设备质量。在11次集中演练和5次核心区联合演练过程中，毛健总计编制实施演练运行流程15本，操作规程及手册2本，落实应急处理问题35项，优化和解决运行问题51项，研究制定《故障对照速查表》和《专项应急演练方案》《控制系统检查明细记录表》，要求每名操作手在每次测试前对自己负责设备的健康状况进行10类102项“体检”，力求将处理故障时间缩短到最小。组织单项装置试验、演练100余次；应急处置演练共87项，累计演练4批次，最终零差错完成70项目烟火树2号树的艰巨任务。2020年被评为北京市劳动模范。

（马　晓）

【白玉梅——抗击疫情先进工作者】白玉梅，女，1969年1月出生，中共党员，毕业于北京青年政治

学院，现为北京生物医药产业企业服务科科长。

自新冠肺炎疫情暴发以来，白玉梅积极创造条件组织复工复产。协调24小时完成日产口罩8万支生产线安装调试，为园区企业提供口罩100万个、额温枪500台、消毒液3.5吨，协调超过100家企业的2000名员工返回周边村租住地，解决企业复工复产的瓶颈问题。帮助北京以岭药业有限公司解决用工难题，保障连花清瘟生产供应，2020年连花清瘟颗粒累计生产超7000万盒。协调迪安诊断成为大兴区第一家具备新型冠状病毒核酸资质的第三方检测机构，新发地疫情期间，为大兴区提供30万人次的新冠检测服务。每天赴科兴中维疫苗生产基地施工现场查看施工进度，协调解决办理各种手续，历时4个月，完成科兴中维新冠疫苗生产车间建设。她身先士卒，经常工作到深夜。有一次崴了脚，脚背青紫，脚肿得穿不上鞋，就穿着拖鞋坚守工作岗位。她带领企业服务部严格落实基地工委、管委要求，履职到位，实现疫情防控数据动态更新，完成所有疫情政策下达和企业数据上传。

2020年，白玉梅被中共北京市委、北京市人民政府评为北京市抗击新冠肺炎疫情先进个人。

（张　龙）

【冯先进——原子光谱和ICP质谱分析领域知名专家】冯先进，生于1966年1月，中共党员，1991年研究生毕业于北京矿冶研究总院，同年获授钢铁研究总院工学硕士学位。现任矿冶科技集团北矿检测技术有限公司暨国家重有色金属质量监督检验中心研发部副主任，正高级工程师。兼任《冶金分析》《中国无机分析化学》杂志编委，国家科学技术奖励登记评审专家、北京市科学技术奖评审专家、有色金属智库专家、稀土新材料测试评价行业中心技术专家，全国仪器分析测试标准化技术委员会委员、全国标准样品标准化技术委员会有色金属标准样品分技术委员会委员、ISO/TC 183 WG25委员，北京理化分析测试技术学会光谱分会副理事长、中国质谱学会理事等。

冯先进致力于分析仪器技术及应用研究，是国内原子光谱和ICP质谱分析研究领域知名专家及学术带头人。他参与或主持完成各级科研项目40余项，其中国家级项目4项、部级项目8项。获各类成果奖20余项，其中获省部级特等奖1项、一等奖5项、二等奖6项、三等奖1项；获国家发明专利2项、实用新型专利4项、软件著作权2项。在国内外刊物及国际国内会议发表论文50余篇，参与出版著作10部，主起草或参与起草各类标准80余项，主持完成国家标准样品1项。结合光谱仪器分析特点，他对有色金属工业矿产资源、冶金产品及工艺流程和分析检测技术进行研究，取得多项分析技术突破，形成一系列有色金属矿产资源多元素分析相关的国际标准、国家标准、行业标准及标准样品。参与制定的国际标准已发布实施2项，国际标准提案“铜锌精矿中铊的测定”已在国际标准化组织ISO/TC 183成功立项并成立WG25工作组，成为项目中国区负责人。主起草或参与起草制定冶金产品分析技术术语及多项冶金产品的原子光谱和ICP质谱仪器分析方法国家标准和行业标准。制定《四极杆电感耦合等离子体质谱仪性能的测定方法》等仪器性能测定的国家标准方法，为国家分析测试仪器使用单位提供了客观、公正、详细具体的仪器性能测定方法。他还主持了一项有色标准样品的研制，用于评定标准分析检测方法的有效性。

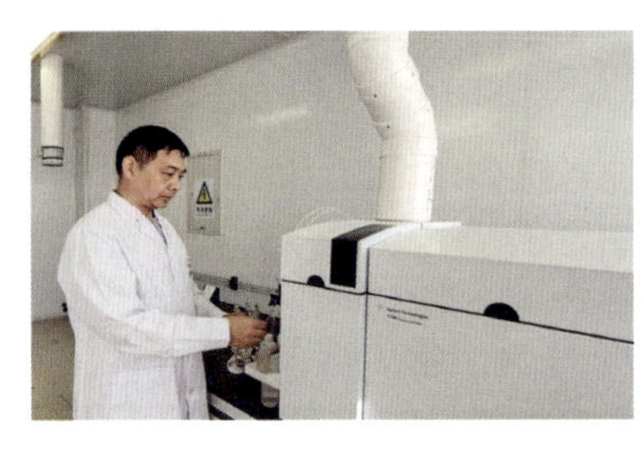

2020年成为国务院政府特殊津贴专家，2次获得中国有色金属标准化先进工作者等称号。

（袁司夷）

【刘锟——首钢耐候钢研发专家】刘锟，1979年12月出生，中共党员，博士研究生学历，轧制高级工程师，现为首钢集团有限公司技术研究院首席研究员。

2008年7月，刘锟从钢铁研究总院博士毕业，进入首钢集团有限公司技术研究院工作。他长期工作在生产科研一线，从事冷热轧耐候钢新产

品开发及相关技术研究。首钢的钢铁生产都在河北省唐山等地区，他克服困难经常到300千米之外、地处曹妃甸的首钢京唐公司和地处迁安的首钢股份公司开展科研攻关工作，每次都是不顾路途劳累，直接到生产现场解决一个个技术难题。刘锟担任首钢耐候钢品种开发负责人期间，刻苦钻研、攻坚克难，解决了国家“一带一路”建设及对外贸易运输集装箱用系列化高强钢生产技术瓶颈，达到国际先进水平；带领技术团队完成商用车、乘用车、能源和钢结构领域10余项产品的国内首发，占领了市场制高点。使首钢耐候钢取得长足进步，覆盖集装箱、铁路货车、电力塔架、环境保护、建筑工程等诸多领域的所有强度等级和厚度规格，市场占有率连续4年居国内第一位，最高年产量107万吨。通过系列技术攻关，他重点解决了耐候钢低镍化经济型批量生产铜脆缺陷的技术难题，使首钢冶炼特种钢加入贵重合金量大大降低，生产成本始终保持国内最低，创造近亿元经济效益。2017年，刘锟承担“十三五”工信部《环保型耐候杆塔绿色设计平台集成应用技术》、科技部《建筑结构用抗震耐蚀耐火钢》《苛刻环境下铁路车辆关键部件用钢》以及市科委《绿色装配式高层钢结构住宅产业化设计与建造》等项目的研发，实现420兆帕级耐候塔架钢的国内首发并应用于国内第一条免涂装耐候塔架示范线。他承担北京冬奥组委办公楼群及配套建筑耐候钢表面快速锈层稳定化处理技术研究，应用面积5万平方米；为滑雪大跳台赛道和裁判塔提供减涂装耐蚀钢及配套连接技术；为北京市政几十座天桥及匝道防撞墩提供延寿一倍的耐蚀钢解决方案，助力绿色冬奥和绿色北京建设。

刘锟2016年被评为首钢劳动模范，2018年获首都劳动奖章。他获得冶金科技二等奖1项，首钢科技一等奖3项、二等奖1项和三等奖4项，获国家发明专利授权16项，发表学术论文25篇，其中4篇SCI、3篇EI，编制国家标准2项，参与发表专著1部，2020年被评为北京市劳动模范。

（马　晓）

【刘胜利——燕山石化的开车达人】刘胜利，1970年10月出生，中共党员，大学专科学历，现为中国石化北京燕山分公司合成橡胶厂稀土顺丁橡胶区域工段长、燕山石化公司首席技师。

刘胜利1990年参加工作，30年来扎根一线，深耕合成橡胶生产技术，从一名学徒工逐步成长为班长、工段长，成为高级技师、燕山石化公司首席技师。2011年，刘胜利代表燕山石化公司到福建炼化协助镍系顺丁橡胶装置建设，在他的带领下，装置实现一次开车成功。2012年，燕山石化建成中国石化第一套稀土顺丁橡胶装置，在时间紧、任务重、困难多的情况下，刘胜利带领着新组建的稀土团队实现装置一次开车成功。2013年，刘胜利受邀到茂名石化协助制订镍系顺丁装置的开车投产方案，装置实现一次开车成功。刘胜利凭借自身过硬的本领，助力中国石化“十条龙”项目中“两条龙”的腾飞，他被同事们形象地称为“开车达人”。2013年，稀土顺丁生产因技术问题陷入被动，刘胜利带领团队，不断摸索钻研，技术攻关，优化流程，革新工艺，通过增加两组换热器，以“直接”控温方式改为“缓冲”控温，将催化剂配制成功率由之前的45%提高到100%，门尼合格率由之前的50%提高到95%。在2014年10月和2015年3月两次成功试产，一举扭转了稀土顺丁橡胶被动生产的尴尬局面，取得经济效益506万元。2017年，燕山石化公司组建了刘胜利工作室。在他的带领下，工作室为单位培养出工程师7人、基层管理人员4人、高级技师6人。工作室先后完成稀土高活性催化剂、稀土支化项目等技术攻关课题和工艺技术改造。2018年，刘胜利带领稀土前序团队实现高活性二代催化剂一次投料开车成功。在生产过程中，他与北京化工大学教授协作，二代催化剂用量下降70%，降低了装置运行成本，解决了困扰稀土橡胶生产的关键难题，稀土顺丁橡胶首次实现边际效益，全年降低生产成本1944.85万元。2018年至2019年年初，刘胜利协同顺丁区域将后处理3、4线干燥系统改造完成并投产，取得实质性效果，顺丁后处理3、4线两机改造后，堵料频次明显降低，产量及优级品率大幅度提高。2019年全年产量较2018年提高5000吨，优级品率由89.1%提高至92.7%，实现效益1509.2万元。

刘胜利曾获北京市劳动模范、市国资委系统优秀共产党员、“加油中国·传承铁人”十大年度人物、中国石化技术能手等称号，2020年被评为全国劳动

模范。

（王善高）

【刘博强——首钢制冰第一人】刘博强，1977 年 11 月出生，回族，大学专科学历，现为北京首钢建设投资有限公司首钢北京园区运动中心制冰扫冰工。

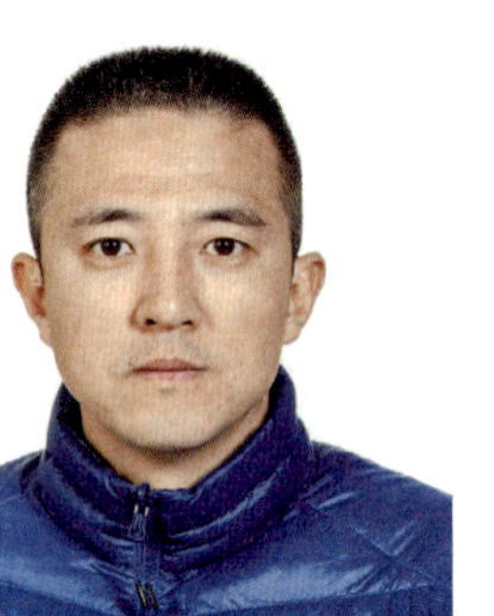

1996 年 7 月，刘博强从首钢技校焊接专业毕业，来到首钢初轧厂成为了一名轧钢工。初轧厂停产，他来到首钢第二炼钢厂，在维检中心从事焊工工作。二炼钢停产，他分配到首钢北京园区综合服务公司空调班，负责厂区、办公区空调的安装、维修、检修等工作。2017 年 3 月，公司下发职工自愿参加制冰工作培训的通知，一直对工作新领域保持好奇心和探索欲的刘博强当即报了名。开始还以为是去学做冰棍儿，7 月份去首都体育馆实习才知道，首钢要建设服务北京冬奥会的冰场，而他要学习制冰、扫冰等冰场的维护工作，他对这项工作产生了新鲜感。由于他对制冷系统十分熟悉，加上自身曾努力学习，当首钢的冰场投入使用时，他成为上手最快的人。制冰，对水温、洁净度、pH 值都有严格的要求。不同的比赛项目对冰的软硬、薄厚和温度的要求不一样，湿度大了房顶会滴水，温度高了冰面会有水，要想制成合格的冰场，须下一番功夫才行。不管室外多少度，刘博强穿上羽绒服和棉护腿，一遍又一遍地泡在体育馆里练习，最终掌握了技术。凭借在花滑馆、速滑馆的优秀表现，他被安排到维护难度更高的冰壶场馆学习。冰壶赛道在电视机中看似光洁无暇，近看实则打上了密密麻麻、分布均匀的点位，小点用凉水，大点用热水，使用专门的打点壶，手拿大、小孔喷头，通过平衡、均速的横向摆动，加之节奏稳定的倒退行走，让水点均匀地洒在冰面上，小点需时 40 秒至 45 秒，大点需时 30 秒至 35 秒。他借来打点壶，在晚上 8 点至 10 点，背着来到场馆外的水泥马路上，把非机动车道和机动车道的分界线当成是赛道的中线，反复练习洒水。随后的两个月，刘博强背着 40 余斤重的打点壶，重复着大约 150 千米长的打点路线，终于找到了感觉。一个顶级的制冰师，需要经过成千上万次的训练，才能形成“肌肉记忆”。由于每天高强度地练习，刘博强右胳膊明显比左胳膊粗了一圈。为了能和国际一流制冰大师更好地交流，学到最先进的制冰技术，他努力学习英语。全世界的顶级制冰师不超过 20 人（没有中国人），他的梦想是以中国工匠的身份挤进去。2018 至 2019 年赛季，他在为各支冰上国家队提供服务的同时，还参与保障北京市第一届冬季运动会、全国冰壶青年锦标赛、全国冰壶冠军杯、冰壶世界杯及沸雪世界杯等国际国内重大赛事。

2018 年，刘博强被评为首钢“担当之星”，2019 年在中华全国总工会主办的“时代新人说　我与祖国共成长”全国演讲大赛之“劳动筑梦”全国职工演讲比赛中获银奖，2020 年被北京市总工会授予首都最美劳动者称号，被评为北京市劳动模范。

（马　晓）

【杨鑫——中车集团金蓝领】杨鑫，1973 年 5 月出生，中共党员，大学专科学历，现为中车福伊特传动技术（北京）有限公司数控立车班班长。

杨鑫自 1992 年参加工作以来，扎根生产一线，爱岗敬业，努力钻研技术，不断提高技能，成长为公司拔尖技术能手，被原中国北车集团聘为金蓝领，被中国中车集团聘为中车技能专家，被北京市人民政府评为享受政府特殊津贴技师。他所在的数控立车班一直是齿轮厂的生产主力班，担负着 80% 以上的生产任务，作为班长，为了高效、安全地完成生产任务和新产品试制，他经常加班加点工作，总是随叫随到，得到各级领导的一致好评。他坚持边干边学，边学边优化。面对新产品和新任务，他都能独立完成，确保生产进度。他还经常利用业余时间阅读机械加工、刀具类专业书籍，撰写《浅谈数控机床的刀具成本节约》《浅谈数控车床在恶劣工况下加工淬火钢的方法》等多篇论文，并利用劳模工作室给年轻员工讲课，手把手教技术，培养了一批青年能手，为公司更好的完成生产任务奠定坚实基础。

杨鑫多次获得原中国北车集团劳动模范、优秀共产党员标兵等，获北京市国资委创先争优优秀共产党员称号，被中国铁路总工会授予火车头奖章等，2011 年，他所在的班组被全国总工会授予全国质量信得过班组。2020 年被评为北京市劳动模范。

（陈宗河）

【芮守祯——半导体专用温控设备技术专家】芮守祯，1981 年 1 月出生，中共党员，博士学历，高级工程师，中国制冷学会高级会员，现为北京京仪自动化装备技术股份有限公司技术总监，企业科协秘书长。

芮守祯本科毕业于北京科技大学热能与动力工程专业，博士毕业于北京航空航天大学制冷及低温工程专业。2011 年入职北京自动化技术研究院，2016 年随研究院混合所有制改革建立北京京仪自动化装备技术股份有限公司，组建半导体专用温控设备（chiller）技术团队，负责 chiller 的产品开发工作，研制出 40 余种型号半导体专用温控装置，用于集成电路制造刻蚀、物理气相沉积、化学气相沉积等关键工艺的温度控制，产品满足了美国泛林半导体 LAM、应用材料 AMAT、日本东电电子 TEL、屹唐半导体 Mattson、上海中微半导体 AMEC、北方华创 NAURA 等半导体主工艺设备需求，并进入中芯国际、华力、长江存储、英特尔以及京东方等集成电路及液晶面板厂商，覆盖国内所有 12 英寸集成电路制造厂，产品性能达到甚至超过了国外竞争对手的同类型设备。2020 年开发了国内首台应用于第 6 代 AMOLED（柔性屏）生产线的专用控温设备，打破了长期以来的国外进口设备的行业垄断，获得批量应用及二期、三期追加订单，推进了液晶面板行业的国产化进程。2020 年为中微半导体定制开发了配套超低温及多通道温控设备，满足 −70℃的超低温需求，达到国际领先水平，替代进口，为国产主工艺设备的发展提供保障。2020 年开发出先进三通道混合温控装置及低温双通道切换控温装置，满足 TEL 及 LAM 先进制程的温控需求，为国内集成电路制造厂 14 纳米以下制程及 128 层以上存储器制造提供了国产先进温控设备，替代进口，获得批量应用。2020 年开发了第二代节能温控设备，节能水平超过国外竞争对手，并获得批量应用。芮守祯发表论文 11 篇，拥有专利 48 项，其中 2020 年获得 12 项。2017 年获北京京仪集团科技成果奖一等奖，2018 年获北京市科学技术奖三等奖、中国机械工业科学技术奖三等奖、北京市企业管理现代化创新成果奖二等奖，2019 年获首都设计提升计划“杰出青年设计人才”称号，2020 年负责制定了半导体专用温控装置企业标准，产品获得国际半导体协会标准 SEMI 认证及北京市新技术新产品认证。

（京仪装备市场部）

【苏广朝——首钢焦炉领域技术带头人】苏广朝，1968 年 11 月出生，中共党员，大学本科学历，教授级高级工程师，现为首钢国际工程技术有限公司冶金分公司总设计师、高级设计经理。

2014 年，面对钢铁市场低迷、工程设计项目急转直下的情况，苏广朝千方百计与多家客户联系，了解客户需求，为客户量体裁衣，制订合理可行的技术方案，宣传推广先进的 6 米捣固焦炉技术、干熄焦、烟气脱硫脱硝及煤气净化等多项环保节能技术。经过不懈努力，终于签订首钢长钢焦化及干熄焦、焦炉煤气脱硫升级改造总承包合同，签订河南平顶山京宝焦化设计合同、山西潞安焦化可研及设计合同、景德镇焦化工业集团 4 号、5 号焦炉本体大修改造设计合同，总包合同额 10.76 亿元，设计合同额 1000 万元。在设计及施工进度重叠，设计出图和施工配合工作量巨大的情况下，他发挥多年来积累的组织管理经验，发扬敢打硬仗、能打硬仗的精神，完成了各项任务，2015 年至 2019 年，完成总包合同额 22.25 亿元。苏广朝为开拓国际市场，先后 3 次前往墨西哥，承揽阿姆萨焦化项目，引导业主将技术方案由两个分厂的旧焦炉炉体局部改造，改为两个分厂各建一座 60 孔 6 米顶装焦炉方案，再改为单独建设两座 60 孔 6 米顶装焦炉的更合理的建设方案。他的忘我工作精神和人格魅力，赢得了业主的信任和尊重，签订了可研合同。他带领设计团队经过数轮艰苦的谈判和无数个不眠之夜的鏖战，终于就每个技术细节、设计标准、施工及验收标准、设备制造及验收标准、交货条件、运输方

式、人员培训、工程考核验收、性能保证、价格构成、雇主要求等逐项达成一致。该项目总包合同额约3.26亿美元。在设计管理工作中，苏广朝通过制订严谨的设计策划方案和有效的管控措施，明确各阶段各专业的责任和任务，要求每个环节大家都把工作适当延伸，做到无缝衔接，严格控制设计质量，减少现场设计变更的发生，避免了工程浪费。他严格要求自己，只要有时间，都会对各专业交到设计管理部的施工图进行四审，重点解决整体方案的衔接把关问题，把问题解决在了会审之前、施工之前，以降低设计成本和施工成本。苏广朝经过长期的技术积累、经验沉淀和意志磨炼，在专业技术上成长为焦化领域的专家型人才，牵头组织的项目成为首钢国际工程公司的品牌。他2013年获得首钢技术带头人，2014年获内江市博威新宇化工有限公司焦化节能改造工程冶金行业优秀工程设计二等奖及优秀工程总承包二等奖，2014年被评为首钢劳动模范，2019年被评为首钢模范共产党员，2020年被评为北京市劳动模范。

（马　晓）

【杜建强——燕山石化科研带头人】杜建强，1970年8月出生，中共党员，硕士学历，高级工程师，现为燕山石化公司科技研发专家。

杜建强从事科研工作25年，热忱科研，专注创新，实现新产品开发20余项，获国家发明专利12项（已授权），其中“一种化工管道用聚丙烯组合物及其制备方法”取得经济效益超过2500万元。作为课题组长，杜建强带队进行了聚丙烯管道专用料项目4220、8101产品开发工作。2014年以来，他持续完善燕化聚丙烯系列管材料、板材料的开发，不断提高产品附加值，根据市场发展及需求进行PPR产品升级与更新换代的开发工作，改善PPR低温性能的开发，提高耐温耐压等级PP材料开发等。在汽车专用料开发方面，他带领项目组根据市场需求及高端产品需求，精耕细作，认真钻研，在完善和推广K7100、K9829H等特色优势产品基础上，进一步提高PP的刚韧平衡性，2015年以来开发了K67系列产品。为了适应汽车行业对气味要求越来越严格的要求，他带领项目组进行汽车气味性研究，为公司改善PP汽车料气味打下基础。2016年，他针对德资企业的高端需求，成功开发了产品附加值高的汽车膨胀壶专用料PPH2801、PPR4801。杜建强在装置开发新产品的同时，积极进行产品链完善、产业链延伸的探索。2015年至2016年成功开发了压滤机膜片、芯片专用料、育秧盘专用料和软质TPE材料。2017年进行长玻纤增强聚丙烯的开发；完善了化工管道专用料开发，实现工业化生产与市场应用，取得较好的经济效益；为遵循国家标准，他进行聚丙烯灰、白和绿3种颜色管材混配料的配方开发、材料论证，为促进聚丙烯管道行业的健康发展做出贡献。

杜建强研发成果多次获中国石化、燕山石化科技进步一等奖、二等奖。2016年被评为中国石化优秀共产党员，2019年被评为中央企业优秀共产党员、燕山石化公司劳动模范，2020年被评为北京市劳动模范。

（王善高）

【李玉江——扎根科研一线的劳动模范】李玉江，1968年1月出生，中共党员，大学本科学历，现为北京市北分仪器技术有限责任公司总经理。

李玉江1991年8月参加工作，历经20余载一线研发工作和近10年的经营管理工作，从一名普通员工逐步成长为研究室主任、副总工程师、总工程师、总经理，在科研一线攻克了一个个问题与困难，成功研制了多项型号产品，获第二届中国青年科技博览会新星奖、首届北京市青年创新创效成果二等奖、2004年度北京市经济技术创新工程优秀成果等多项荣誉。2008年北京奥运会、2010年上海世博会和广州亚运会、2011年深圳世界大学生运动会期间，李玉江带领团队相继完成奥运会场馆安保监测专用分析仪器项目、北京市工业促进局《色谱/质谱联用仪》的科研开发项目，完成重大活动的服务保障工作，分别获“科技奥运练精兵，技术保障筑平安”“奥运保障精彩，服务保障一流”锦旗荣誉。2010年，李玉江被评为北京市劳动模范。2014年，李玉江劳模创新工作室成立，他任项目总设计师，带领工作室团队研制了国内拥有自主知识产权

的某型军用车载质谱仪。该项目完成长达10个月的性能试验、环境试验、可靠性试验，还深入西北荒漠地区、西南深山地区进行部队试验。2015年，车载质谱仪取得定型批复和首批量产订单。他在研制过程中获得2项国家发明专利、5项实用新型专利，并在2020年首届全国机械工业设计创新大赛中获产组铜奖、京仪集团科技成果一等奖。李玉江作为某型侦察车项目的副总设计师，带领团队成员将一款世界领先的民用色质联用仪，改造成满足军用需求的车载化学侦察色质联用仪。节省了研发费用和装备成本，大幅提升了侦察性能。该型质谱仪获得1项国家发明专利、3项实用新型专利，获总装备部颁发的军队科技进步奖二等奖，产品批量装备于部队。他带领团队成员研制完成的某型化验质谱仪项目，在研发过程中突破4个创新点，获得1项国家发明专利、3项实用新型专利，荣获京仪集团科技成果三等奖。在天津港“8·12”爆炸事故中，该型质谱仪随整车进入一线，快速准确地完成了检测任务，为现场总指挥的决策提供了详细可靠的数据支撑。近5年，李玉江担任某轻型侦察车总体系统的副总设计师，研制了30余套关键工艺装置，打破了技术壁垒，实现了自主可控的加工工艺，达到国内领先的水平。该项目获得1个国家发明专利、2个实用新型专利。

2020年市场环境更加复杂，外部挑战持续增大，疫情防控形势严峻，外地员工无法按时到岗，原材料供货周期推迟，科研项目试验进度受阻，在李玉江的领导下，公司迅速成立防疫领导组，稳步有序开展疫情防控工作，引导员工在做好防疫工作情况下积极复工复产，克服任务紧急、人员短缺、疫情复杂等多种困难，调配大量技术骨干分赴全国各地，全力保障总体单位装备交付和项目试验。2020年公司全年经营指标保持高位运营，实现新增订货3.7528亿元（不含税）。2020年8月，李玉江劳模创新工作室获全国机械冶金建材行业示范性创新工作室称号。

（郑景坤）

【李清华——爱岗敬业的市级劳动模范】李清华，1962年11月出生，大学专科学历，工程师，现为北京华腾橡塑乳胶制品有限公司副总经理，安徽华腾乳胶制品有限公司董事长、总经理。

1981年，李清华进入华腾橡塑公司前身北京橡胶六厂工作。2014年，他受命前往安徽狸桥筹建新公司——安徽华腾乳胶制品有限公司，一干就是6年。其间，他带领干部职工克服地域问题，建设安徽华腾手套项目，将北京80%的产能转移到安徽华腾公司。安徽华腾公司通过BSCI的审核，为开拓欧盟市场打开了门槛。安徽华腾公司的经济指标一路攀升，工业总产值由原来的年千万元达到年1.5亿元，带动了狸桥镇经济发展，为北京的转型发展做出贡献。他爱岗敬业，舍小家为大家，把年迈的母亲托付给姐姐照看，家中托付给妻子照管，自己一心一意地扑在工作上，一年中有300余天在安徽工作，每天工作14～15小时。2017年，他的妻子生病需要做手术，他回北京看着妻子做完手术回到病房，就又奔赴工作岗位。2018年，安徽华腾公司被宣城区委区政府评为新成长型10强企业，2019年被评为宣州区工业企业10强。

2002年，李清华获北京市委工委颁发北京市国有企（事）业“爱献做”活动先进个人称号；2005年和2013年分别获北京市委统战部2003—2004年度和2011—2012年度北京市国有企（事）业“爱献做”活动先进个人称号。2020年，李清华被评为北京市劳动模范，同时被推荐为安徽省宣城市宣州区政协委员。

（化工集团）

【何彦彬——冬奥保障排头兵】何彦彬，女，1983年12月出生，中共党员，大学本科学历，现为国网延庆供电公司发策部主任兼管理二党支部书记。

何彦彬扎根延庆区15年，从一线班组专责工逐步成长为电网规划类地市级优秀专家人才。她牢牢把握世园会、北京冬奥会落户延庆区的历史机遇，带头开展电网规划方案的研究，主持、参与地区“十二五”“十三五”“十四五”配套电网规划及北京冬奥会、世园会、煤改电等专项规划，绘就电网规划蓝图。促成北京市电力公司与区政府签订战略合作协议，

联合成立工程现场指挥部。作为项目经理，她制定“时间表”和“路线图”，助力世园会、海坨、冬奥村、永东4项110千伏输变电工程如期投产，为冬奥赛区提供充足电力保障。2021年完成米家堡、延庆站改扩建2项110千伏输变电工程全部规划手续办理，助力年内发电投产，为北京冬奥会配套酒店及城市运行再添一道电力保障。建成冬奥赛区充储放充电站，为“相约北京”北京冬奥会测试活动提供495车次26000度绿色充电服务，践行绿色办奥理念。“自己规划，自己建；自己建完，又保电。”作为冬奥交通服务设施“1+N”保障团队经理，何彦彬带领团队对延庆南片区2座京张高铁站、2座公交枢纽场站、3座涉奥酒店等共计7个重要用户建立了实时联络机制，完成第一轮次的重要用户方案制订、电源梳理、隐患排查、自投传动等筹备工作，实现雪车雪橇测试赛期间重要用户电力设施安全运行。

何彦彬先后获国网北京市电力公司先进工作者、优秀共产党员、巾帼岗位能手、首都劳动奖章。2020年被评为北京市劳动模范。

（何彦彬）

【谷建峰——北京高铁工人的优秀代表】谷建峰，1977年3月出生，中共党员，大学专科学历，维修技师、助理工程师，现为南口公司控股的中车福伊特传动技术（北京）有限公司厂务及设备主管。谷建峰作为公司厂务及设备主管，勤于学习、善于钻研、勇于创新。2017年，中车北京南口机械有限公司机构重组，谷建峰管理的包括6个国家进口设备总数达到52台，价值2亿元。为维护好国有资产，他带领他的劳模工作室成员在传统维护保养方法上大胆改良，围绕生产现场重点难点，开展攻关立项，先后完成多项重点设备维护保养工作和管理创新任务。2019年，他应聘进入中车福伊特传动技术（北京）有限公司，在全公司推出全员维护活动TPM。他根据每台设备量身制定设备维保指导说明书，增加操作具体步骤，提高了操作人员设备使用维护保养水平，有效解决了重点设备的日常故障，减少停机时间5%，为提升产品加工品质做出重要贡献。他结合合资企业特点，虚心学习借鉴西方管理模式，创新管理方法，完善合资公司设备备件仓库建设，建立合资公司维修中心，启动合资公司设备资料电子化管理，为企业设备正常运行提供重要保障。

谷建峰先后获中华全国铁路总工会、原中国北车集团公司、中车南口公司多次表彰，2015年被评为北京市劳动模范，2020年被评为全国劳动模范。

（陈宗河）

【张明——首钢机器人调试能手】张明，1976年9月出生，中共党员，大学本科学历，现为安川首钢机器人有限公司工程部科长。

张明毕业于首钢技师学院，2003年入职安川首钢机器人有限公司，从事机器人系统安装调试工作。面对完全陌生的专业，他向师傅请教，攻读相关技术资料，不懂的记下来，直到弄懂为止。短短几个月时间，张明从机器人领域的门外汉，成为一名专业调试人员。张明刻苦学习和努力钻研，很快掌握了汽车风挡玻璃机器人涂胶系统的组装调试技术，并带领团队在汽车玻璃涂胶系统中，增加激光视觉跟踪和自动装配系统。这是国内首次在风挡玻璃的安装过程中应用机器人激光视觉检测技术，也是首次采用机器人搬运、涂胶、装配一次完成的生产工艺。全新的技术和生产工艺增加了机器人调试的技术难度，为解决最关键的激光定位问题，张明通过反复测试，对机器人的精度校准、修正，最终将机器人运动精度控制在比针尖还细的0.2毫米以内，实现高品质自动化安装，使生产线自动化程度和效率大幅提高。该项目完成填补国内空白，改写了国内汽车厂家机器人涂胶系统从国外直接引进的历史。安川首钢机器人公司承接了广汽本田公司的四门两盖机器人压模、搬运生产线的设计制造和安装调试项目，该项目前后车门需要采用间接点焊技术，点焊后只在门内侧留有点焊痕迹，且门外面板上不能有电流灼伤、压力过大造成的物理变形。张明在接到任务后，夜以继日、反复实验，通过调整机器人技术参数、焊接电流、伺服点焊钳压力和焊接参数，解决了一系列技术难题，仅用10天时间完成了调试任务，提高了汽车国产化率。在安川首钢机器人有限公司首条出口韩国的机器人生产线调试项目中，张明作为技术全能高手和团队一起赴韩国进行机器人生产线的安装、调试工作。在设备进入最后的调试阶段时，一台机器人突然报警，正常的生产工作被打断，现场人员包括德国、韩国专家排查了3个多小时仍然没有进展。张明得知后迅速从另一个车间赶往现场，一边询问故障现象，一边进行故障排查，仅用30分钟就查出了问题，很快将问题处理完毕，使机器人恢复正常运作，生产线恢复正常生产，德国和韩国专家们纷纷竖起大拇指，一致赞叹张明的高超技术。

张明从业近20年，攻克了机器人手臂在焊接、激光切割、搬运等不同生产项目中的一道道难关，技术成果在宝马、广汽本田、蒙牛等多家国内外知名企业中应用。他从一名专业调试人员成长为行业精英，2019年获全国五一劳动奖章，2020年被评为全国劳动模范。

（马　晓）

【张磊——追梦前行的电缆人】张磊，1979年7月出生，中共党员，大学本科学历，高级工程师，现为北京电力工程有限公司电缆施工分公司四级职员，具有机电工程、市政公用工程、建筑工程专业国家一级建造师执业资格。

张磊2002年7月毕业于华北电力大学，参加工作后一直在北京电力工程有限公司从事高压电力电缆施工工作。曾任海淀500千伏送电（电缆）工程项目总工，该项工程是500千伏电压等级的电缆工程第一次在北京地区建设，张磊作为项目总工，带领大家开展技术难点攻关，研制了接头安装环境控制系统，搭建冬季电缆敷设加热棚，改进了电缆敷设支架和电缆盘刹车装置，应用泄漏电缆通信新技术，施工过程中攻克一个又一个难题，使北京高压电缆施工安装水平迈上新台阶。作为北京冬奥会国家高山滑雪中心配电网工程项目经理，张磊把全部身心都投入到冬奥建设中，工程要在坡度接近45度的雪道上开挖2米深的电缆沟，随时有滚石、塌方、机械设备倾倒等诸多危险。面对困难和挑战，张磊长期驻扎施工现场，精心组织协调，最繁忙的时候晚上八九点钟才吃晚饭，曾经连续一周每天只能睡四五个小时，最终完成施工任务。张磊共取得发明专利5项；主持编写的《非开挖电缆保护管铺设施工工法》，被中国电力企业协会评为行业级工法；参与编写《电力电缆机械化施工技术》《10kV电力电缆接头安装图集》等多部专业书籍及规程规范；撰写《高落差大截面高压电缆的敷设》《500kV电力电缆施工工艺改进及研究》等论文10余篇。他作为项目负责人，开展的电缆线路故障快速恢复技术研究，在2018年国网公司第四届青年创新创意大赛上获金奖。2020年，张磊被评为北京市劳动模范。

（肖子阳　王晴）

【张浩——首钢天车操作行家】张浩，1977年2月出生，大学专科学历，现为北京首钢股份有限公司炼钢作业部炼钢天车作业区天车工。

张浩自2003年进入北京首钢股份有限公司以来，一直在炼钢作业部炼钢天车作业区从事吊运高温液体天车岗位工作。他认真学习、勤于思考、善于总结，全炼钢系统的每一部天车都了如指掌，不仅熟悉各种天车的“脾气秉性”，还用理论指导自己的操作手法。高温液体天车操作需要稳、直柄钩操作需要效率、电磁吸盘操作需要精细，每一种天车的操作他都做到稳、准、快。其所操作天车吊运钢水3000余万吨，连剐蹭事故都没有发生。他刻苦学习天车维护知识，参与天车抢修和优化改造，凭着多年的运行经验加上对机械力学、材料学的应用，主持了天车主梁裂纹处理的方案设计，参与了定滑轮直径增大以改善钢丝绳运行状态的优化。通过将电气控制系统国产化，利用大连美恒定子调压装置，彻底把电气控制系统变为符合首钢股份炼钢作业部环境、适应首钢股份炼钢作业部生产节奏的设备。2016年，张浩在北京市第四届职业技能大赛中取得第三名，获北京市技术能手称号；2017年，在北京市工业和信息化职业技能竞赛中取得第三名，获北京市工业和信息化高级技术能手称号；2018年获全国钢铁行业技术能手称号，2019年获全国技术能手称号；2020年获得全国五一劳动奖章。

（马　晓）

【张炳成——首钢国际领头人】张炳成，1963年11月出生，中共党员，硕士研究生学历，现为中国首钢国际贸易工程有限公司党委书记、董事长。

张炳成作为中国首钢国际贸易工程有限公司（简称首钢国际）的一把手，牢记肩上的使命和责任，在他的带领下，上级各项决策部署在首钢国际落地生根，企业经营效益连年上台阶。张炳成带领企业主动应对国内外风险挑战，把握大势、抢抓机遇、开拓市场。秘铁生产建设、矿产资源进口与经营、钢材出口贸易、海外工程承揽、设备技术引进、综合服务等核心业务能力不断加强。特别是作为“一带一路”落户拉美的第一个项目首钢秘铁新区，从建设、施工到达产达效的过程中，他统筹协调各方资源，拓展工作思路，创新工程模式，有序组织境内外团队协调配合、日夜兼程、挂图作战，确保按期竣工，如期达产达效，在秘鲁创造了“中国速度”和“首钢奇迹”。面对日益复杂多变的国内外环境给进出口工作带来的影响，张炳成带领企业主动求变，精准施策，多管齐下。矿石经营未雨绸缪，销售渠道提前布局，研判市场主动作为，跑赢市场多创效益；钢材出口深入推进国际市场开发，国际营销服务水平不断提升。海外工程承揽坚持自身定位、务求实效、聚焦中小型项目，内外联动化解短板，并积极转变思路，努力探索规模化经营方向和转型途径，实现了由传统冶金项目承揽向非钢产业的转型。张炳成坚持深化改革创新，优化业务结构，全面组织企业开展“瘦身健体”提质增效攻坚战，大力推动处僵治困、产权优化、劣势企业退出等，开展风控体系建设，扎实推进公司制改革，管控体系不断健全，管理能力不断提升。面对“难啃的骨头”，他总是亲自部署、亲自抓落实。推动完成了劣势企业退出15家，超出规划3家，连续两年提前完成市国资委下达的任务。他妥善应对贸易救济案件，维护中国企业权益，代表首钢牵头组织美国“337”调查应诉并获胜，受到中钢协的肯定和表彰。张炳成先后获首都劳动奖章、首钢劳动模范、首钢模范共产党员等荣誉，带领企业获北京市首都劳动奖状、首都文明单位、改革开放40周年企业文化优秀单位、新中国70年企业文化建设研究优秀成果、中国对外贸易500强企业等荣誉称号。2020年被评为北京市劳动模范。

（马　晓）

【张建松——成品油调油带头人】张建松，1976年11月出生，中共党员，大学专科学历，现为燕山石化公司储运厂油品车间主任技师。

张建松作为储运厂油品车间主任技师，“成品油调油工作室”带头人，主要负责成品油调和生产及研发工作。他扎根一线，好学善思，精心掌握了调油核心技术，练就了一身过硬操作本领，以匠人之心，调一流油品。依托成品油调油工作室，以他为核心的研发团队，经过多年实践摸索，成功主导并实施了国内第一套汽油在线调和系统的升级优化；他带领团队研发清洁能源，一路领跑全国油品质量升级道路；持续提高成品油一次调成率，极大加快半成品向成品的效益转换周期；加强成品汽油质量精细化管控，大幅降低汽油生产成本约2000万元/年；大胆创新，开拓市场，打破壁垒，带领团队成功研发75号航空汽油、95号汽车初装油、UL91号汽油、高饱和蒸汽压汽油等高端油品，成为亚洲唯一一家生产无铅UL91航空汽油，填补了国内在高标号无铅航空汽油领域的空白。

张建松获中国石化集团公司职业技能竞赛油品计量金奖、中国石化集团公司岗位练兵标兵、中国石化集团公司技术能手、燕山石化公司优秀共产党员、燕山石化科技进步一等奖，以及中国石化劳动模范称号，2020年被评为北京市劳动模范。

（王善高）

【陈香——首钢“全三脱”工艺能手】陈香，1981年7月出生，中共党员，大学本科学历，现为首钢京唐钢铁联合有限责任公司炼钢作业部炼钢工。

面对2008年北京奥运会、首都环境改善和企业发展等“京津冀一体化”要求，首钢开始“从山到海”的大搬迁。陈香主动投身于首钢京唐公司的建设、投产和达产工作，参与了工艺技术革新、提升质量水平等全过程的攻坚，并取得多方面成果。首

钢京唐公司炼钢转炉是世界上首个采取“全三脱”加干法除尘工艺的300吨大转炉，以前积累的技能和经验，大部分派不上用场，同时国外技术封锁，在投产初期遇到诸多问题，吹炼过程中经常出现多次的混气报警提枪，甚至导致电场泄爆，对生产稳定造成很大影响。陈香牵头成立了炼钢转炉降低碳氧积攻关团队，解决补炉料堵塞底吹孔的难题，优化转炉溅渣工艺。通过加入少量脱氧剂降低终渣氧化性，保证炉底粘渣效果；对转炉各个阶段底吹流量根据碳氧积情况动态控制，保证了底吹效果；将碳氧积由0.00279降低至0.00156，跨入了国际领先行列，降低脱氧剂创造效益3178万元/年。通过延长开吹“前烧期”，调整氧气流量、氧枪枪位、加料时机、降罩时机等操作调整，实现了转炉卸爆率由6.1%降低至近于0的世界先进水平。陈香还承担了“缩短转炉常规生产周期”“提高工序间衔接时间的合格率”两项课题，采取提高氧枪供氧流量缩短吹炼时间和使用180毫米出钢口降低出钢时间两项措施，持续缩短转炉冶炼周期至36分钟/炉，整体出钢温度由1678℃降低至1645℃，创造效益6227万元/年。陈香致力于品种研发，通过不断探索和不懈努力，在汽车板、热系品种、镀锡板、专用板用钢等均取得显著成效。他总结出“全三脱”少渣冶炼、少渣溅渣护炉、无氟化炼钢、留渣降石灰4种最佳操作法，大幅度降低生产辅料消耗，年节省成本6500万元。他申报专利4项，在国内炼钢期刊上发表论文4篇。培养出高级技师6人、技师13人、高级工18人，其中两人在北京市炼钢工大赛中获冠军。

陈香先后获首都五一劳动奖章、首都市民学习之星、首钢劳动模范、首钢三创标兵等称号，2020年被评为北京市劳动模范，他所在团队获曹妃甸突出贡献奖。

（马　晓）

【陈林云——中国航天员生理信号背心设计者】陈林云，女，1982年10月出生，中共党员，研究生学历、高级工程师，现为北京铜牛集团有限公司销售分公司副总经理。

陈林云自2008年参加工作以来，积极工作，迎难而上，奋力拼搏，投身于引领铜牛品牌健康持续发展和项目创新驱动的前沿，在品牌格局拓展、产品结构优化、重大项目实施、技术提升创新等方面做出卓越贡献。陈林云一直从事铜牛针织内衣的设计研发、技术管理工作，工作严谨、务实，专业技术精湛，具有较强的研发创新能力和组织管理能力。在技术管理中，富有创新精神，专业技术知识扎实，为国有企业的转型升级和企业的产品结构调整，扩大铜牛品牌的知名度，创造良好的社会经济效益做出了突出贡献。主要创新成果有中国航天员生理信号背心等系列纺织服装产品、中老年智能体征衣、北京2022年冬奥会特许产品、多功能针织服装产品等。她多年来始终从事铜牛功能性纺织服装产品的设计研发工作，不断研究新型纤维和采用新工艺技术研制新面料，承担了“竹纤维针织专利产品深度研发及产业化”“抗血栓健康舒适多功能针织产品的研发”“Cocona火山灰纤维针织产品的研发”“绿色环保汉麻针织产品的研究与开发”“基于生理信号采集的一体化纺织类产品研发设计”等多项国家级、市级、公司级研发和新产品产业化项目。在研发过程中，她坚持以市场需求为导向，密切关注行业类前沿技术动向，收集行业的流行信息，掌握市场潮流方向和流行元素的应用，注重技术与艺术的有机融合。在使用面料的成分、结构、色彩、风格、功能等方面求新求变，大胆创新。研发采用自主开发和联合开发双重模式，对研发出来投产的产品规格、加工过程和产品进行跟踪监督和检验。同时注重对成熟面料的二次改造，包括对面料的独特印染和后整理工艺、改造面料的组织结构等，逐步形成了铜牛的特色和专利产品。陈林云作为公司设计研发团队的带头人，发挥公司搭建的创新工作室平台作用，利用各方优势资源，精心专注打造匠心匠人。在团队日常管理中，坚持以人为本，通过观展交流、头脑风暴、文艺活动等，增强了设计研发团队的凝聚力，保持团队创新的激情和活力。注重利用社会培训资源，完善团队的知识结构，通过专业化培训，为团队中的面料、设计、版师等各专业岗位的人员提供更多的学习提升机会，提高设计研发人员的专业素养。她所带领的团队（铜牛品牌运营中心设计研发部）成为一支能啃硬骨头、能打硬仗、勇挑重担“匠心”队伍。

2012 年，陈林云获北京市科技进步奖三等奖，2019 年获首都劳动奖章，2020 年被评为北京市劳动模范。

（时尚控股公司）

【陈春光——天安门前掌灯人】陈春光，1976 年 2 月出生，中共党员，大学本科学历，高级工程师，国家一级建造师，现为国网北京电力城市照明管理中心华灯班班长。

陈春光毕业于重庆大学，2000 年入职国网北京电力公司城市照明管理中心，先后从事首都的城市照明设计、建设、运维等工作。在庄严肃穆的天安门广场上，五星红旗迎风飘扬，国旗周围闪耀的 253 基华灯。由北京市城市照明管理中心华灯班管理，带头人就是华灯班第五任班长陈春光。陈春光工作 21 年来勇于担当，甘于奉献，以党员标准践行“人民电业为人民”的服务宗旨，参与完成北京 2008 年奥运会、党的十九大、70 周年国庆、纪念建党 100 周年等重大活动保障；勇于创新，有 27 项专利、21 项获奖科技项目；作为城市照明领域专家、参编、审核了《路灯控制管理系统》《绿色照明检测及评价标准》《城市道路照明设计标准》3 个国家标准。参编了《智能照明控制系统技术规程》《城市道路照明安全检测标准》《多功能灯杆应用技术标准》《智能型地埋预装式变电站》4 个团体标准；作为课题负责人，带领团队完成了北京市科委重点项目“复合型路灯杆关键技术研究及示范”，获得全国能源化学地质系统优秀职工创新成果一等奖、第九届全国电力职工创新二等奖。作为创意人、带头人研发成功的模组化 LED 路灯有效解决了 LED 路灯部件通用性、一致性差的痛点，再次获评全国能化质系职工创新一等奖。陈春光甘于奉献，志愿服务社区百姓。作为华灯班共产党员服务队的一员，与服务队一同累计为北京市上百个胡同和老旧小区装灯千余盏。同时借助专业优势延伸服务到毛主席纪念堂、北京会议中心等，义务检修自管路灯。作为华灯班班长，他带领华灯班获全国工人先锋号、全国青年安全生产示范岗，华灯班共产党员服务队还荣获国家电网公司优秀共产党员服务队称号；华灯班党支部在建党百年前夕被评为北京市先进基层党组织。

2019 年，陈春光被评为首都市民学习之星、2019 年被评为北京市电力公司劳动模范，2020 年被评为北京市劳动模范。

（魏晓彬）

【周婷——首钢园区规划设计参与者】周婷，女，1985 年 1 月出生，中共党员，博士研究生学历，现为北京首钢建设投资有限公司规划设计部建筑设计师。

周婷于 2014 年毕业于清华大学建筑学专业，毕业后投身于首钢老工业区的改造更新，依托良好的专业积累迅速成长为业务骨干。作为首钢北京园区规划设计技术负责人，全过程参与园区规划编制，把控项目设计方案，在园区空间规划设计、整体风貌统筹、现状工业遗存梳理、生态景观格局构建上发挥了重要作用。周婷作为主要执笔人全程参与“首钢园区城市风貌研究课题”研究，将《中共中央国务院关于进一步加强城市规划建设管理工作的若干意见》中“有序实施城市修补”“延续历史文脉”“推进海绵城市建设”“推广绿色建筑”等具体要求与促进园区成为北京和谐宜居之都示范区的发展思路有机地结合。以该课题成果为基础编制完成“新首钢高端产业综合服务区北区详细规划”，获英国皇家城市规划学会 2017 年度国际卓越规划奖、国际城市与区域规划 2018 年度规划卓越奖。周婷牵头组织相关专业团队，针对首钢规划实施中存在的问题，研究编制首钢园区北区综合实施方案。2018 年 11 月方案完成，并由市规自委作为项目审批制度改革亮点在国家领导在京调研期间重点汇报。在首钢滑雪大跳台和国家冬季运动训练中心项目设计中，周婷从前期选址规划即全程参与，协调搜集资料、邀请专家指导、组织设计单位展开研究。她准确分析项目特点，严格按照国际赛事标准，基于对园区规划、现场条件及城市空间效果的深刻理解，提出选址建议并进行方案设计。2020 年被评为北京市劳动模范。

（马　晓）

【郑天然——首钢汽车板销售能手】郑天然，1975年11月出生，中共党员，硕士研究生学历，现为北京首钢股份有限公司营销中心华北分公司总经理助理。

郑天然从事首钢汽车板技术研发和营销服务10余年。他全力推进汽车板进入德系、日系等国内外高端车企，批量替代进口，首钢的重要用户宝马、奔驰、大众、丰田、一汽、北汽、长城等十几家国内外知名品牌，汽车板年销售量近100万吨。郑天然创建汽车零部件数据库，满足标准化与个性化需求。他组织和带领产研销团队，针对不同车企的技术标准，与首钢技术部门、生产部门通过产品的实物检化验分析、计算机仿真模拟分析等手段，确定化学成分、力学性能、成形性能、焊接性能、涂装性能、表观质量以及包装运输等技术指标，细化到具体车型和零部件，建立一整套的产品性能指标参数数据库，为首钢生产开发相关产品提供了目标数据支撑。截至2019年，完成1000余个零部件信息数据库建立，制定出一个个满足用户的产品标准，个性化技术协议（条件）达30余个。郑天然创管家式贴身服务，树首钢高端服务品牌。为让用户使用首钢产品满意、放心、省心，给每个重点用户都成立“产研销”营销服务小组，为用户提供一揽子解决方案。通过零部件数据库分析，与用户信息化系统对接，根据用户生产计划上订单，并组织生产备货，确保用户需求100%交付。根据车型生产计划，按零部件进行JIT配送至用户生产车间，用户可直接上线使用。2019年解决各类问题100余项，组织起草并签订汽车板供货技术协议5个，修订技术协议3个，涉及冷轧、镀锌、酸洗汽车板等20余个品种系列，满足用户特殊需求。2020年被评为北京市劳动模范。

（马　晓）

【赵满祥——首钢冶炼技术能手】赵满祥，1979年11月出生，中共党员，硕士研究生学历，冶炼高级工程师，现为北京首钢股份有限公司迁顺技术中心工艺研究室研究员。

赵满祥2004年7月毕业于北京科技大学，进入北京首钢股份有限公司工作，先后从事炼铁分厂高炉副工长、作业长，技术质量处、制造部炼铁专业技术管理，炼铁作业部冶炼工程师等岗位工作。他勤奋好学，善于钻研，注重实践，技术功底扎实。赵满祥在首钢炼铁领域工作16年，持之以恒，不断积累，在低碳绿色炼铁技术、高炉炉料结构及渣系优化、铁水预处理、高炉长寿与工艺安全等领域硕果累累，发表核心期刊科技论文19篇，其中1篇被第八届世界炼铁大会收录，2篇分别获得北京市金属学会优秀科技论文评选二、三等奖。累计获得国家授权专利16项，获国家冶金科学技术进步奖1项，获首钢科技进步成果奖3项。截至2020年年底，他共参与4个首钢创新工作室和专家工作站的工艺技术创新工作，带教出一批技能型、创新型员工。

赵满祥在2011—2012年度世界网络虚拟炼钢挑战赛中取得东亚—大洋洲地区企业组比赛第四名；2018年9月在“首钢杯”第九届全国钢铁行业技能竞赛中获高炉炼铁工第一名，被授予全国钢铁行业技术能手称号；2019年被中华人民共和国人力资源和社会保障部授予全国技术能手称号；2020年获全国五一劳动奖章。

（马　晓）

【赵国旗——油品分析与技术创新带头人】赵国旗，1978年4月出生，中共党员，大学专科学历，工程师，现任燕山石化公司检验计量中心分析一站站长。

赵国旗1997年参加工作，积极学习，努力提高专业技能，凭着踏实肯干的工作作风，先后任燕山石化公司检验计量中心分析一站班长、主任技师、站长。在他的带领下，分析一站连续多年实现零工伤、零职业病发病率，危险废物妥善处置率100%，为

公司绿企创建贡献了力量。赵国旗践行“勇争第一、勇扛红旗、勇创一流”的工作理念，带领职工实现分析数据准确率、航煤等产品出厂合格率和抽检合格率100%，高质量完成西郊机场和国庆70周年阅兵军用油保供任务，实现质量“零问题”、部队“零投诉”、数量“零缺少”。赵国旗积极创新分析方法、主动参与科研开发，助力高附加值产品生产。通过优化汽油辛烷值测定方法，降低汽油辛烷值损失；通过一机多用，优化仪器参数，延长配件使用寿命；建立炼油系统中间产品分析检验企业标准30余项，每年降本增效约1000余万元。赵国旗持续传帮带，注重人才培养。连续5年对中国石化分析检验骨干及高级技师授课15次；作为公司级职工创新工作室“油品分析与技术赵国旗工作室”的带头人，工作室创建以来开展导师带徒40人次，开展“学标准、强三基”大讲堂20次，受众160人次，培养技术人员15人，连续3年中石化油品分析大比对全项满意。

赵国旗先后获燕山石化公司十大明星员工、公司劳动模范、首都劳动奖章等称号，2020年被评为北京市劳动模范。

（王善高）

【荣彦明——首钢轧钢技术能手】荣彦明，1987年1月出生，中共党员，大学本科学历，轧钢工高级技师，现为首钢京唐钢铁联合有限责任公司钢轧作业部MCCR作业区精轧操作工。

2009年，荣彦明初到首钢京唐公司，为驾驭世界上最先进的热轧机，《钢材的控制轧制和控制冷却》《板带钢生产》《轧钢学》等50余本专业书籍学过多遍，光操控要点及心得记了29本。他攻克英文操作界面障碍，熟记2000余个热轧专业单词，操控70个按钮如同弹钢琴曲，练就了“眼、脑、手”合一，“稳、准、快”的精轧操作基本功。他主编和参与编写了130余个轧机操作方法，涉及1000余个标准化作业控制点，成了轧钢操作的“活词典”。荣彦明成功轧制了高强度汽车用钢、防爆钢、酸洗板、管线钢等130余个极限规格。第一个轧制出高强度汽车用钢，第一个轧制出SPA-H极限规格集装箱板，第一个轧制出出口瑞士的高表面等级的汽车外板。其中，SPA-H极限规格集装箱板荣获中国冶金钢铁企业特优质量奖（全国当年仅5个），车轮钢380CL、普碳钢SS400获中国钢铁工业协会冶金产品实物质量认定金杯奖。荣彦明将自己的所学和生产实践相结合，破解众多技术难题。他带领团队解决了换辊时间长、管线钢下表面划伤、事故处理时间长等20余项重点课题，创造经济效益2000余万元/年。通过在2号活套下加垫块，并控制F2轧制线标高、空过辊缝等措施，彻底解决管线钢下表面划伤问题，保证了产品质量，该项技术获得国家专利，创造效益1500万元/年。他申报专利13项，授权6项，发表4篇论文，其中《首钢京唐热轧2250薄带甩尾问题探究》发表于国内核心期刊《轧钢》。他反复摸索首创国内行业热轧板带轧钢操作法，在首钢京唐公司两条热轧生产线推广后，轧制操作事故降低50%。该操作法被命名为“荣彦明最佳轧钢操作法”，填补了行业空白。荣彦明始终将学习科学文化知识、掌握前端先进的技能本领作为第一要务，同时把自己的经验毫无保留地传授给同事和徒弟们，培养60余名优秀轧钢工。

荣彦明曾获北京市第十六届轧钢工比赛第一名、第九届全国钢铁行业职业技能竞赛第二名、北京市劳动模范、“国企楷模·北京榜样”十大人物、首都市民学习之星、全国五一劳动奖章等荣誉，2020年被评为全国劳动模范。

（马　晓）

【姜金玉——首钢冬奥组委金牌讲解员】姜金玉，女，1977年10月出生，中专学历，现为首钢北京园区综合服务有限公司冬奥物业事业部讲解员。

1997年，姜金玉技校毕业后被分配到首钢华禹铸造厂从事机加工，当时车间担负着一线生产所需备品备件的机加工，她勤学苦练，很快就掌握了车、铣、刨、磨、插等机床的操作。2007年年底，因为天车工紧缺，她又开起天车，成为厂里为数不多的多面手。首钢搬迁调整，她来到首钢运输部支援，别人不愿意去的料场露天跨天车她去，工作从不懈怠，得到一致好评。2015年年初，她调到首钢炼铁厂，负责高炉炉台和设施的卫生打扫和参观接待。每天都提前到班上冲洗厕所、擦拭楼道，高炉上的卫生有了质的提升。2016年5月13号，北京冬奥组委入驻首钢老厂区。领导通知姜金玉去冬奥组委当讲解员，她深知工作的光荣艰巨，开始收集整理讲解材料，为确保讲解词真实感人，多次到首钢档案馆找资料、走访劳动模范和老工人，编写出第一份讲解词。她在上下班的路上放声模拟讲解，不厌其烦为家人讲解。她学化妆，学礼仪，学解说，克服一个个障碍。很多客人被她满含深情的讲解所感染，一句句“首钢人可真不容易！首钢人真厉害”成为她继续努力的动力，也是对她工作的认可。冬奥组委领导称她为金牌讲解员。4年时间，她接待包括国际残奥会主席帕森斯、韩国平昌冬奥会主席李熙范、60国使节招待会及国内省部级领导的参观2027次44586人次。2019年7月，她被北京冬奥组委推荐到冬奥宣讲团，奔赴北京、河北等地的企事业单位和高校宣传奥运精神。9月参加北京“我和我的祖国”宣讲团，巡讲近20场。10月作为“不忘初心，牢记使命”报告会成员在各区县巡回宣讲26场。11月到首钢在全国各地企业宣讲19场。12月，她随冬奥宣讲团到河北省中国银行系统宣讲8场。她共宣讲60余场，受众2万余人次。2020年年初，她被评为首钢担当之星并上台宣讲。2020年被评为北京市劳动模范。

（马　晓）

【耿云峰——石化行业优秀科技工作者】耿云峰，1975年12月出生，中共党员，博士研究生学历，现为北京北大先锋科技股份有限公司副总经理，兼任北京百达先锋气体科技有限公司董事长。

2001年7月加入北大先锋公司以来，一直致力于变压吸附气体分离技术和工业尾气净化技术的开发与改进工作，助力企业取得一系列重大成果，为中国节能环保事业的发展做出重要成绩。他参与了“采用高效Cu吸附剂（型号PU−1）的变压吸附分离一氧化碳技术”的工艺开发、中试以及首套工业化装置的实施，为该技术开发成功做出重要贡献，是该项技术获国家技术发明二等奖的完成人之一。参加变压吸附制氧技术的开发和改进，指导北大先锋制氧径向吸附塔开发及工业应用、单塔制氧设备工艺开发及标准化设计。负责变压吸附制氧项目实施的管理工作，为变压吸附制氧技术进步做出了重要贡献。他指导设计建设了世界第一套电石尾气分离高纯CO装置和世界第一套转炉尾气分离CO装置，两套装置分别在2013年和2018年成功开车，分离后的高纯CO分别用于乙二醇与甲酸合成，开创了电石炉尾气和转炉尾气用于化工合成原料气的先例，解决了电石炉尾气及转炉尾气净化和分离的技术难题，为矿热炉尾气高效利用提供一条新的途径。作为国家重点研发计划重点专项《全氧冶金高效清洁生产技术开发及示范项目》子课题四《低成本制氧智能动态调控与CO_2高效脱除提质技术》负责人，他为开发粉矿—粉煤—全氧短流程高效清洁炼铁工艺，指导开发项目中低成本制氧技术以及高效CO_2脱除技术。在北大先锋工作的21年里，耿云峰除参与产品技术研发工作外，作为公司主要管理人员，为公司管理体系、组织机构、员工队伍和企业文化建设做出贡献，带领工程技术团队为多个行业设计建设了几百套变压吸附分离氧气、一氧化碳、氢气装置设备，建立了公司项目实施流程、工程项目实施标准、工程项目实施考核制度等系列公司项目管理制度，给生产企业带来了巨大的经济效益，赢得了用户的信任和尊重。他负责公司技术中心的研发项目实施及工程技术优化工作，参与制定了公司技术发展规划和一系列技术开发管理制度，指导公司各项新技术的开发及中试工作，完成制氧工艺优化、CO吸附分离技术优化、工业炉尾气净化等多个公司技术开发项目，加快公司新技术开发的开发进度，在公司的科技管理规范化、制度化、高效化做了大量工作。2020年，耿云峰被评为石化行业优秀科技工作者。

（北大先锋）

【贾晓丰——“北京健康宝”数据支撑带头人】贾晓丰，1985年11月出生，中共党员，中国科学院博士，正高级工程师，现为北京市大数据中心数据管理部党支部书记、负责人。

2020年1月28日，为满足快速、准确排查新冠肺炎疫情密切接触人员的需求，贾晓丰组织团队连夜启动相关工作，1周内相继协调交通、卫生、民政、教育、规划、住房、社保等10余个政府部门，以及滴滴、美团、京东等互联网企业，完成上亿条数据

的汇聚共享，有力支撑了公安部门的大数据分析。同时，针对特定的职业，支撑了法院干警、劳务派遣、家政服务等不同行业的人员管理；针对特定公共场所，支撑了市内公园、公众祭扫、医院就诊等场景的预约核验；针对特定的办公和居住场所，支撑了商务楼宇、社区和产业园区的通行检查。累计面向130余万人，提供1600余万次数据查询和比对服务，为不同类型的疫情防控场景提供数据支撑。按照市委、市政府的统一部署，2月17日起，贾晓丰组织团队研究建立数学模型，针对全市复工复产情况进行动态监测。仅用1天时间即建立覆盖电信、电力、燃气、供水、交通、物流、外卖等8个维度的监测体系。4个余月的时间对市、区两级，及房地产业、金融业、住宿和餐饮业等11个行业，CBD、金融街、中关村海淀园、北京经济技术开发区等4个区域进行全面监测，每天定时向市政府报送《监测日报》，为市领导决策提供大数据视角的辅助参考，受到市领导的肯定。3月1日，“北京健康宝”上线。针对查询效率问题，贾晓丰带领技术团队连续12天通宵论证、测试，平均每天睡眠不到2小时，最终将后台的并发性能提升近30倍。自“北京健康宝”上线以来，根据防疫态势、防疫政策和不同人员群体的动态变化，每天22：00后，贾晓丰带领团队进行数据处理和功能调整，凌晨3：00～5：00完成工作，6：00起床进行早高峰系统“重点保障”，按照“战时状态”连续坚持100余天，确保后台数据的“零故障”运行。按照登记人员、环京通勤人员、商务差旅人员、“离鄂返京”人员等各类群体的不同需求，贾晓丰带领团队完成“北京健康宝”后台50余次迭代研发，累计为2800余万人提供3.6亿次精准、快捷的健康状态查询服务。通过近4个月的努力，全力保障了“北京健康宝”后台的安全稳定，为服务首都疫情防控大局提供了坚实可靠的技术支撑。2020年9月8日，全国抗击新冠肺炎疫情表彰大会在北京人民大会堂举行，贾晓丰被评为全国抗击新冠肺炎疫情先进个人。

（市经济和信息化局）

【徐晓虹——恪尽职守的业务专家】徐晓虹，女，1967年10月出生，大学本科学历，高级工程师，现为北京市化工职业病防治院安全评价技术负责人。

徐晓虹自1997年到北京市化工职业病防治院工作，先后在职防部检测室、职业卫生评价室、安全评价室等岗位担任检测员、评价员，室主任、部副主任等职。她从事职业危害因素样品的现场采集、实验室样品分析、检测评价报告的编制与审核等工作，现场采样检测分析样品达1万余个，编制审核检测评价报告3000余份。她践行工匠精神，刻苦钻研业务，是院里的业务骨干，也是原国家安监总局职业卫生技术服务机构评审专家和北京市卫健委专家库成员。她主持编制的《职业卫生技术服务机构检测工作规范》在全国颁布实施；编写的《用人单位职业卫生管理工作基础与实务》《金属矿地下开采职业危害防控技术》出版发行；先后参与全国40多家职业卫生技术服务机构资质审查和检查；参与北京市20多家乙级机构现场审核工作。2020年，她作为主要负责人，承接了北京市应急管理局隐患治理——北京市安全评价检测检验机构现状评价评估项目等重大技术项目工作，获得北京市应急管理局的好评。2009年，她被检查出患有干燥综合征等疾病，在当年职业卫生甲级机构现场考核中，不顾疾病，排除困难，由于连续多日高强度工作，晕倒摔伤头部，仍坚持到评审结束。2010年因病住院期间，为不影响承接项目工期，在病房内坚持如期完成工作任务。作为多个科室负责人，她十分重视团队的凝聚力、向心力、战斗力建设，对青年同事手把手教，不保留，不保守，在她带领下，部门内形成埋头苦干、兢兢业业的良好风气。

她负责的科室多次被本单位和集团公司评为先进集体，2015年被团中央和有关部委联合授予全国青年文明号称号。她本人多次被院评为优秀干部，于2013年、2016年、2017年、2018年、2019年多次被评为集团公司级优秀职工、十佳科技工作者等称号，2020年被人力资源社会保障部和中国石油和化学工业联合会授予全国石油和化学工业先进工作者称号。

（化工集团）

【郭凤华——同仁堂高技能人才】郭凤华，女，1971年3月出生，中共党员，毕业于中央党校，高级技师，同仁堂（股份）一级大工匠，现任北京同仁堂股份有限公司同仁堂制药厂亦庄分厂综合车间安牛班班长。

1988年，郭凤华进入同仁堂从事传统手工制药，以同仁堂人的“四条标准”为准绳，恪守“严以律己、诚实敬业”的自律信条，严格执行生产质量管理规范，成为技能拔尖、技艺精湛的高技能人才。“安牛班”作为亦庄分厂对外宣传展示的窗口之一，每年都要完成几十次的政治接待任务。手工搓丸是展示线上受关注程度和回头率最高的工序之一，每当来宾经过展示线时，都会被郭凤华行云流水般的搓丸绝活所折服。郭凤华在工作中秉持着传承同仁堂传统手工技艺并发扬光大的信念，遵古炮制，练就了“一搓准”的手工搓丸绝活儿，丸药的一次成型率几乎为100%。郭凤华不光对自己的制药技艺严格要求，对药品质量也是精益求精。安宫牛黄丸市场订单逐年递增，为了确保生产任务完成，保质保量地生产出合格的安宫牛黄丸，作为班组的领头人，她将工作的重心放在了提高职工生产操作技能和严守质量、遵古炮制不走样上。在提高生产操作技能的同时，强化产品质量的初心与使命，通过班前会和岗位技术练兵、经验交流等方式，将同仁堂的诚信文化理念渗透到了班组的每一个职工中、每一个生产的细微环节中，生产出让老百姓吃着放心的良心药、救命药。郭凤华作为安宫牛黄丸传统制作技艺非遗传承人，为使独特的制药技艺代代传承，在同仁堂集团的支持和帮助下，于2018年11月成立郭凤华安宫牛黄丸传统制作技艺首席技师工作室，收徒9人，开展安宫牛黄丸手工制作技艺的教育传承工作。

郭凤华多次获得北京市级、同仁堂集团级、股份集团级技术能手、优秀女职工、优秀共产党员和劳动模范称号；2015年底被命名为东城区级安宫牛黄丸传统制作技艺非遗传承人；2016年6月获评优秀非遗传承人；2017年4月被市总工会推荐为首都劳动奖章获得者；2018年12月被市政府评选为享受政府特殊津贴技师；2020年12月被评为北京市劳动模范；2020年被中华人民共和国国务院评选为享受政府特殊津贴。

（张晓雨）

【崔凤玲——首钢电气自动化控制专家】崔凤玲，女，1968年12月出生，硕士研究生学历，教授级高级工程师，现为北京首钢自动化信息技术有限公司副总工程师。

崔凤玲作为首钢技术专家，紧密跟踪行业科技发展动向，持续开展技术进步和技术创新活动，多次主持完成重大工程设计、现场调试等工作，主持完成多项重大科研开发，形成了具有自主知识产权的核心技术。2019年，她是国庆70周年大型装置（网幕及烟花树）电气自动化控制系统总负责人，对设计调试过程高标准、严要求，坚持在一线指导工作，带领技术团队战高温、斗酷暑，最终实现了演出时间、控制时间和旋转位置三精准，所有动作“精益求精”，全部设备“万无一失”，在服务国庆70周年庆祝活动中做出突出贡献。崔凤玲作为首钢京唐二期一步工程3500毫米、4300毫米中厚板自动化项目的技术总负责，针对产线自动化程度高、资料不全、工作量大等困难，主持完成了原电气自动化系统利旧设备的修理、配套完善、恢复、调试，及为满足产品需求而新增改造设备的控制系统设计、系统成套和调试。3500毫米中厚板产线自主研发了电气传动控制系统，基础自动化控制系统，过程自动化控制系统，人机界面系统，开发出应用程序功能块792个，设计HMI画面473幅，形成了具有完全自主知识产权的中厚板生产线自动化控制程序，使搬迁后产线电气自动化控制处于国内领先水平。4300毫米中厚板产线修配改设备1476台，新制及改造设备500多台，仪表1500多只，计算机设备100多台，保证搬迁、工艺改造后的4300毫米中板产线达到国际先进水平。崔凤玲作为首钢京唐公司2号镀铝锌线自动化项目负责人，结合多年来在冷轧处理线控制技术积累的实践应用，带领项目组自主完成生产线的控制系统集成设计及编程调试工作，通过不断优化、创新，建立一套全新的适应于新工艺控制要求的控制系统，解决了原有产线所存在的影响生产稳定的诸多难点问题；自主研发一套具有过程自动化和基础自动化及电气传动的处理线三级控制系统，形成具有专利技术及自主知识产权的处理线自动控制系统，满足生产工艺要求，提高产品质量，为生产高端精品提供重要保证，实现控制系统的完整性、协调性、统一性、高效性，技术指标达国际先进水平，直接经济效益1519.8万元。

崔凤玲负责的“第二十九届奥林匹克运动会火炬塔制作与安装技术项目”获冶金科学技术奖二等奖，“首钢股份迁钢1580平整机组自动轧制控制系统”“首钢京唐镀铝锌生产线控制系统的研究与应用”获首钢科技进步奖二等奖。她曾获首钢三八红旗手、首钢劳动模范、首钢创新之星等称号。2019年被评为国庆70周年服务保障工作先进个人。2020年被评为北京市劳动模范。

（马　晓）

【董家琪——援疆扶贫的好干部】董家琪，女，1964年5月出生，中共党员，大学本科学历，毕业于中共北京市委党校成人教育学院，现为新疆京和纺织科技有限公司党支部书记、工会主席、行政副总经理。

2015年9月，在国家一带一路政策的指引下，北京时尚控股有限责任公司、北京光华纺织科技有限公司、北京佳华泰科技有限公司共同投资，在新疆和田市成立新疆京和纺织科技有限公司，董家琪出任党支部书记、工会主席、行政副总。京和纺织投产初期，3个月内招录815名维吾尔族农牧民。由于没有产业工人的素质，再加上语言不通，企业的规章制度难以落实。董家琪把各种规章制度简化成简单的数据，逐条翻译成维吾尔语，张贴在传达室、车间和食堂，对企业进行严格细致的全面管理。在董家琪和她带领管理团队的不懈努力下，企业规章制度植入维吾尔族职工的心中，保证了生产任务进行。董家琪组织党政工团联合成立了爱心基金会，号召大家献爱心，捐善款，帮助困难职工。把党支部活动和工会活动做到职工家里和田间地头，她与维吾尔族困难职工结为亲戚，结成互帮对子，鼓励他们通过自己劳动过上富裕的生活。

董家琪和管理团队的真情付出，赢得了职工的认可，职工们用民族特有方式送来锦旗、围巾和花帽表示感谢。董家琪为产业援疆做出的努力和贡献得到社会认可和赞誉并被北京援疆和田指挥部授予的北京援疆先进个人和北京市三八红旗手称号。2020年被评为北京市劳动模范。

（时尚控股）

【蒋敏——燕化节能技术能手】蒋敏，女，1980年2月出生，中共党员，大学本科学历，高级工程师，现为北京燕山石油化工有限公司热电部总工程师。

为解决燕山石化主电网抗电网波动能力不足的问题，蒋敏带领工作团队先从运行方式开始，以清华大学为该项目做的仿真报告为基础，结合假设的不同故障类型，确定不同的动作策略。她白天和技术人员、厂家、施工人员一起，从核对6个变电站主变继电保护装置的图纸和每一根电缆开始，一个接一个变电站的二次回路进行清查，晚上回到办公室对着说明书、仿真报告编写系统策略，对着系统图研究传动运行方式，拿着计算器算继电保护定值。最终，区域稳控项目从实施、现场调试传动到后来的实际动作效果都达到了预期。在2018年一次220千伏线路故障中，西区电网稳控系统准确动作，未造成重要生产装置停工，为历年来220千伏线路故障对生产装置影响最小的一次。2018年9月，蒋敏任热电部总工程师，她组织工作团队主攻降低燕山石化用电成本目标，开始学习电价的构成等知识，重点关注国家电改新政策。一手抓电力运行，一手抓降用电成本，在她的带领下，工作团队通过按日、旬、月周期对生产装置用电量和生产计划数据进行分析，查找规律，跟进异常数据，及时调整交易策略。2019年通过参与电力市场化交易节省购电成本6091万元，交易电量占全部用电量的98.14%。在国家发展改革委对企业基本电费收取标准进行调整后，她组织人员通过对燕山石化近5年用电数据统计分析，采取下级用电装置和热电厂发电机运行方式灵活调整等措施，降低110千伏向阳变电站和220千伏东风变电站用电负荷，达到两座变电站基本电费变更降低企业用电成本目标。该计费方式变更后，燕山石化月降低用电成本约300万元。

蒋敏先后获北京市三八红旗手、燕山石化公司优秀共产党员和劳动模范、首都劳动奖章称号，2020年被评为北京市劳动模范。

（王善高）

【程洪全——首钢高炉作业首席作业长】程洪全，1971年12月出生，中共党员，大学专科学历，钢铁冶金助理工程师，现为北京首钢股份有限公司迁钢炼铁作业部高炉作业区首席作业长。

程洪全1991年从北京钢铁学校毕业来到首钢炼铁厂，从炼铁高炉炉前工做起，历任作业长、技术员、生产调度长、首席作业长等职务。2018年，首钢股份迁钢三座高炉合并成一个高炉作业区，炉料平衡、人员协同、降本增效等各项工作的要求不断提高。他每天早来晚走，密切关注高炉参数变化和设备动态，及时发现并处理各种问题，确保了高炉的高水平顺稳。近年来，受各种因素影响，首钢股份高炉原料供给出现阶段性失衡，炉料结构稳定性受到极大破坏，针对不利因素，程洪全采用全风温、大风量、高富氧、优化煤气分布、提高炉缸活跃度等措施，高炉实现生产整体顺稳，超额完成生产任务。程洪全瞄准炼铁业难点、痛点、薄弱点组织开展技术攻关。采用大型高炉炉缸浇注技术，延长高炉使用寿命三年以上，高炉浇注投产后冶炼指标屡创新高。焦比294.76千克/吨、燃料比486.94千克/吨，在国内同立级高炉行业排名第一，为企业增加效益2.6亿元以上。开展高炉水温差攻关，实现了长期可控，持续稳定顺行，年经济效益1.4亿元。组织开展阿米巴精益经营管理，优化生产组织流程，提高管控水平，全年降低炼铁生产成本5.8亿元。推进以“大风量、高风速、大动能、高富氧”为高炉基本操作制度，高炉利用系数由2.27提高至2.35以上，铁水产量由2018年的689万吨提升至现在的771万吨。

程洪全多次获评首钢先进职工、首钢质量先进个人、首钢优秀党员、首钢总公司节能先进个人、首钢劳动模范等，2020年被评为北京市劳动模范。

（马　晓）

【裘俊清——国庆70周年巨型五星红旗灯光网幕制作者】裘俊清，1968年12月出生，中共党员，大学专科学历，电气工程师，现为北京首钢建设集团有限公司第二冶金建设工程分公司电气安装项目部党支部书记。

2019年1月，裘俊清接到国庆70周年天安门广场90米长、60米高的巨型五星红旗灯光网幕制作运行任务，担任网幕编制运行技术负责人和电源保障负责人。时间紧，从1月20日到9月30日，要完成方案制订、专家导演组论证审核、网幕制作、绑扎灯带、组装、入箱、吊装合练、转场、备场、彩排等工作，并且导演组只给一个思路概念，没有一张图纸和一条操作提示；任务重，五星红旗灯光网幕是国庆70周年联欢活动核心内容，是国庆之夜天安门广场最引人注目的景观；工艺新，网幕总面积超过5000平方米，是世界上体量最大的无附着单体LED灯光网幕；责任大，网幕必须按计划升起，按时间点亮，完美展示五星红旗。首钢和首建公司成立专门的指挥部和项目组。裘俊清具体负责网幕的制作、组装、运输、运行、升降操作和电源保障等工作。在概念深化阶段，他和身边的同事一起研讨导演创意，为把概念实体化，连续七八次去天安门广场勘查现场，几乎翻遍国内外所有的相关案例。初期做了一块6米宽、60米高的网幕试验品，试验改进后，又做了两块300毫米和400毫米点距网幕，最终确定点距350毫米，90米长、60米高，总面积5400平方米的网幕。由索网、网片、LED灯带、承重结构等组成，总重153吨，有灯点44376个，拉紧装置93套，扶臂索15套，需要采用6台600吨汽车吊同时提升。网幕的制作、运行和电气保障工作进入实施阶段，为了保证网幕绑扎有序推进，他每天早上5点多第一个到现场，摸透整体情况后再向操作工人布置当天工作、交代注意事项。他提出采用电气外线绑扎瓷瓶的方式绑扎网片，提高了网幕绑扎速度，保证了网幕绑扎强度和质量。他设计采用预拉紧高分子纤维绳的办法，保证了网幕在运行阶段的稳定性。为加快进度，他们引进大型投光灯照明以满足夜间绑扎需要，到6月24日，整个网幕的组装全面完成，比计划提前整整6天。完成后的网幕有44376个绑扎点，安装在网幕上的LED发光带串连起来总长度达到15.48千米。2019年8月份，网幕组装完成后转入演练阶段。每在天安门广场演练一次，需前后4天，他每天只能睡4个小时，有时甚至“连轴转”。经过多次改进，网幕制作日趋完美，取得导演组满意。2020年被评为北京市劳动模范。

（马　晓）

工业数据

本栏目采用表格形式，收录2020年北京市规模以上工业企业主要经济指标，2020年北京市规模以上工业企业主要经济指标（按行业分），2020年北京市规模以上国有控股工业企业主要经济指标（按行业分），2020年北京市规模以上港澳台及外商投资工业企业主要经济指标（按行业分），2020年北京市规模以上大中型工业企业主要经济指标（按行业分），2020年北京市规模以上工业企业主要效益指标，2019年、2020年北京市规模以上工业企业主要工业产品生产能力表，2019年、2020年北京市规模以上工业主要产品产量表，2020年北京市规模以上高技术制造业主要经济指标，2019年、2020年北京市规模以上工业战略性新兴产业总产值表。

2020 年北京市规模以上

项目	企业单位个数（个）	#亏损企业（个）	工业总产值（当年价格）	平均用工人数（人）	资产负债						
					资产总计	流动资产合计	#存货	#产成品	#应收账款	固定资产原价	负债合计
合计	3028	673	208792915	831344	551670139	210844748	29560594	10689907	45106263	171051449	241937868
按行业分											
采矿业	13	4	3191164	31290	40104027	7461829	200490	44076	1405758	10578688	25064107
制造业	2858	639	143943557	706433	249388580	161509045	29111552	10630584	37308104	57368908	132047607
电力、热力、燃气及水生产和供应业	157	30	61658194	93621	262177533	41873874	248552	15246	6392402	103103854	84826155
按轻重工业分											
轻工业	1010	251	29455403	261475	53976896	34319589	7013487	3459089	6579828	12863399	22980788
重工业	2018	422	179337512	569869	497693243	176525159	22547106	7230818	38526435	158188050	218957080
按规模分											
#大型	110	17	139743512	352495	404195210	123456117	14412694	5329844	19996959	136682006	173375329
中型	398	71	32370131	213733	71465391	38899936	5642927	1755324	10657925	16948059	31130660
小型	2310	530	35780243	258520	73954168	46904287	9190461	3455921	13984885	16993329	36253491
按隶属关系分											
中央	210	35	74567516	160638	271597614	55769408	5040664	1179056	8912867	95126726	88875278
地方	2818	638	134225399	670706	280072525	155075340	24519930	9510850	36193396	75924724	153062591
按登记注册类型分											
内资企业	2411	497	131278589	586448	451541418	140976402	17548275	5827746	33127832	140011107	182614632
#国有企业	31	7	7630014	19003	14431917	1904552	528361	36744	148113	21072096	9304838
集体企业	21	5	157789	2939	323760	234636	30403	10937	32673	117931	164720
股份合作企业	25	6	131477	1860	160040	124298	21569	10924	42504	49937	93618
有限责任公司	1053	219	88605824	310415	342895561	88053500	9283453	2940143	19720015	103017711	132699025
股份有限公司	250	52	21195695	135573	71016296	34290378	4180709	1493582	7918443	11947797	29001756
私营企业	1030	207	13556340	116484	22681228	16358643	3502364	1334122	5265436	3801822	11320033
其他企业											
港澳台商投资企业	147	40	23719705	59918	31556596	20979211	4647721	1559557	4275899	7440702	17874615
港澳台合资经营	79	20	3276088	24956	5794691	3512189	554377	278490	922654	3255022	2412019
港澳台合作经营	2	1	***	***	***	***	***	***	***	***	***
港澳台商独资企业	59	19	19645894	32110	24025969	16165635	3896539	1216910	3043130	4076095	14656843
港澳台商投资股份有限公司	6		230518	2162	859682	515424	152007	58922	264767	99417	364879
外商投资企业	470	136	53794621	184978	68572125	48889135	7364597	3302604	7702532	23599641	41448621
#中外合资经营	181	46	37178304	93729	35713983	21962116	3786980	1529210	3749489	14563746	19655958
中外合作经营	8	2	181017	4058	323979	285252	10886	1349	62473	120021	182802
外资（独资）企业	271	86	15751172	82215	30793675	25977243	3494088	1740624	3726730	8695473	21133241
外商投资股份有限公司	8	1	518636	4004	1487891	593581	56793	25705	147591	187273	360157
按控股类型分											
#国有控股	650	117	127004270	361458	399800384	106815047	12078156	3981451	21706754	141865050	162708924
集体控股	64	19	1170608	12940	3321500	2322853	455658	140459	808766	534752	1842937
私人控股	1767	383	30135005	260964	71373585	44780625	7641403	2778888	12549414	9591857	32025751
港澳台控股	106	30	21987810	45705	28098818	19109884	4328205	1450227	3712836	4725103	16812303
外商控股	392	110	26575257	132460	44367515	34711361	4838304	2281944	5518214	13412872	26623728

注：应缴税金合计包括应交增值税、所得税费用、税金及附加，下同。

工业企业主要经济指标

单位：万元

资产负债				损益							应缴税金合计		
#流动负债合计	#应付账款	所有者权益合计	#实收资本	营业收入	营业成本	销售费用	管理费用	研发费用	财务费用	利润总额	应缴税金合计	#税金及附加	#应缴增值税
193349136	52039356	309732257	211035219	238490246	197098948	12244018	8129415	4838011	2480202	17295493	9887209	3412823	3588334
13525333	1804491	15039920	6489204	5796352	5410628	11219	272650	77709	708178	18559	124426	48095	63707
118064274	41340224	117340961	47973543	169831947	132250925	12132503	7013796	4474838	923283	13220537	9171949	2998752	3886898
61759530	8894640	177351377	156572472	62861948	59437395	100296	842969	285463	848740	4056396	590834	365977	−362271
19584582	5336649	30996104	10076139	36044563	22330934	6287480	2254764	1095224	207057	3849347	2530587	704509	1266178
173764555	46702707	278736153	200959080	202445684	174768014	5956538	5874650	3742787	2273146	13446146	7356622	2708314	2322156
134734015	30377522	230819880	178220648	157504578	135635972	6907593	3430789	2085712	1870501	9737582	5618370	2631999	1322047
25863561	8513384	40334729	14593428	36526164	26480161	2866327	2065649	1239823	246695	4360853	2376036	533847	1152091
32029249	12877562	37700666	17865028	43290739	33953147	2437795	2558761	1486580	356209	3157215	1855691	242177	1090393
70868466	12179837	182722337	158086566	76148500	68972158	498021	1739898	936335	769917	4503224	2025958	1275068	50452
122480670	39859519	127009920	52948653	162341746	128126790	11745997	6389516	3901675	1710285	12792268	7861251	2137754	3537882
139376432	31837771	268926775	193124977	144447796	122569570	4921466	5507406	3534680	2276003	9815868	5202659	2086707	1761996
5885496	1187410	5127079	3245917	7851758	7141544	68292	272541	67769	116218	−5349	631565	337435	281036
117561	19982	159040	23473	168501	144796	5416	17316	3172	−215	4129	10307	1043	6458
89926	38204	66422	50910	134825	114955	6927	7955	2392	288	2736	5147	526	4163
99453936	20696943	210196531	174557845	96769799	86123378	1956398	2853484	1806600	1622842	5957673	1884596	603530	361326
23436606	5785179	42014539	11590536	24885529	18485504	1676702	1496716	1002821	422302	2398092	1980189	1073579	672741
10363874	4109325	11361191	3650296	14634005	10557661	1206396	858801	651670	114645	1459070	691209	70551	436669
15870075	7989130	13681980	3314415	35536299	30965551	2035823	590858	490269	76723	1948467	376217	63056	108164
2007765	690193	3382672	1847338	3692544	2578082	448545	183672	136898	12957	308610	218734	31985	121384
***	***	***	***	***	***	***	***	***	***	***	***	***	***
13306957	7201528	9369124	1337160	31417517	28205247	1532230	367992	325060	51110	1503029	126619	28482	−25913
163691	68542	494803	88600	262265	155987	39402	28936	7880	11364	45484	13052	1809	7064
38102629	12212455	27123502	14595826	58506151	43563827	5286728	2031151	813061	127476	5531159	4308333	1263060	1718173
17567647	8087125	16058024	9712340	37834220	28240094	2863317	1082440	566366	11980	4078927	3365362	1158805	1188809
171458	131875	141177	119430	341620	265428	29563	19850	1942	−2206	26305	14746	2040	10319
19952946	3746973	9660433	4299194	19428944	14372596	2260225	893407	221906	109556	1399617	907142	98490	504663
346565	222766	1127734	455353	689412	522378	116399	24703	20593	3066	13967	11072	2039	7917
121905342	28171632	237091458	185463494	136223180	118038272	3296309	3898974	2119562	1879033	8776587	6206332	2986204	1525397
1389288	542442	1478562	396847	1513870	1162252	116992	111356	73114	19888	176632	84171	10688	43926
28454275	8787527	39347825	12847578	33204735	23074948	3368738	2130036	1610312	393341	3759022	1723042	183980	1076865
15070893	7642224	11286514	2034583	33653794	29596240	1860988	477134	415463	68539	1790411	254539	41477	37901
24853200	6321158	17743785	9465337	31587668	23628104	3359137	1377231	505455	113485	2544228	1489597	158293	834756

2020 年北京市规模以上

项目	企业单位个数（个）	#亏损企业（个）	工业总产值（当年价格）	平均用工人数（人）	资产负债						
					资产总计	流动资产合计	#存货	#产成品	#应收账款	固定资产原价	负债合计
合计	3028	673	208792915	831344	551670139	210844748	29560594	10689907	45106263	171051449	241937868
采矿业	13	4	3191164	31290	40104027	7461829	200490	44076	1405758	10578688	25064107
煤炭开采和洗选业	1		***	***	***	***	***		***	***	***
石油和天然气开采业	3	2	***	***	***	***	***		***	***	***
黑色金属矿采选业	3		***	***	***	***	***	***	***	***	***
非金属矿采选业	1		***	***	***	***	***	***	***	***	***
开采专业及辅助性活动	5	2	1563450	16289	4617197	1946866	96451	1416	563777	2868610	1815030
制造业	2858	639	143943557	706433	249388580	161509045	29111552	10630584	37308104	57368908	132047607
农副食品加工业	107	27	2985426	20254	4703970	2491817	402911	188603	308421	796692	2432772
食品制造业	112	32	2912267	35531	4897481	3059377	354248	167444	645796	1503512	2206837
酒、饮料和精制茶制造业	37	13	2068471	24667	6165640	3899475	352318	132831	329748	1649409	2655680
烟草制品业	1		***	***	***	***	***	***	***	***	***
纺织业	11	3	102728	1327	164760	134701	38678	12668	35099	32590	64452
纺织服装、服饰业	70	28	692208	23022	1337614	1001956	344834	215875	191770	298850	722142
皮革、毛皮、羽毛及其制品和制鞋业	5	1	12265	444	90440	57696	37453	24526	10720	8805	49706
木材加工和木、竹、藤、棕、草制品业	9	2	67868	345	48241	42456	12319	2568	11938	8161	34559
家具制造业	34	7	737111	5755	1196199	758639	284834	195001	141551	243539	867701
造纸和纸制品业	28	5	545069	3534	524807	340777	94135	34915	87672	279085	271260
印刷和记录媒介复制业	90	20	1139802	18232	2193899	1411094	270856	88093	184352	1578008	722009
文教、工美、体育和娱乐用品制造业	22	5	280001	3264	812350	618289	361499	134326	53234	140837	656198
石油、煤炭及其他燃料加工业	13	6	4558799	8611	5061918	758253	324409	66947	155343	3794550	2477452
化学原料和化学制品制造业	143	29	2549554	18737	5035058	3192574	535547	290057	653889	1392742	1948743
医药制造业	241	51	13138910	82427	22046103	13934557	3447029	1833570	3311724	4566001	8485826
化学纤维制造业	1		***	***	***	***	***	***	***	***	***
橡胶和塑料制品业	62	13	483434	6124	667373	511721	121579	56077	163167	281876	333230
非金属矿物制品业	177	31	4709830	28450	9821204	6548790	685929	290894	3008258	1747032	5992254
黑色金属冶炼和压延加工业	7	2	988968	1267	738451	275039	102554	33196	73995	752368	796233
有色金属冶炼和压延加工业	22	3	747705	2899	762873	487013	165221	40680	89461	203713	264603
金属制品业	153	30	2829353	20428	6685877	4268582	715322	182295	847365	1180437	3865640
通用设备制造业	205	52	5243728	43535	11276606	7954479	1996388	637198	1698794	2161526	4860977
专用设备制造业	323	60	8055679	63592	23529297	14101447	2325605	764107	3415206	1975313	11445840
汽车制造业	203	77	41394326	93969	43257512	25809800	4237856	2009100	6691030	15154369	28311535
铁路、船舶、航空航天和其他运输设备制造业	82	9	4467149	29951	9184891	6917005	2153792	474824	1984173	1892296	4758682
电气机械和器材制造业	211	42	8482674	37606	12351648	9802470	1447675	383946	3609969	1457382	7229736
计算机、通信和其他电子设备制造业	280	59	28817662	86081	62633248	44751865	6699513	2081658	7088072	11916419	34237090
仪器仪表制造业	175	26	2683278	26499	6291827	4458750	963348	222690	1251103	747959	2708491
其他制造业	10	2	1582907	3307	2688175	2352393	361253	48774	855680	365542	2051938
废弃资源综合利用业	5		36147	541	124033	77395	2086	936	24644	68368	45656
金属制品、机械和设备修理业	19	4	1044553	14545	4557135	1076416	209527	8992	376052	860133	1416898
电力、热力、燃气及水生产和供应业	157	30	61658194	93621	262177533	41873874	248552	15246	6392402	103103854	84826155
电力、热力生产和供应业	103	17	55857182	68169	240573149	36372748	218145	9463	4453181	90749367	74774691
燃气生产和供应业	23	7	4640412	10959	8441176	2248222	5503	1590	313397	3511928	3361857
水的生产和供应业	31	6	1160600	14493	13163207	3252904	24904	4193	1625824	8842559	6689606

工业企业主要经济指标（按行业分）

单位：万元

资产负债				损益									
#流动负债合计	#应付账款	所有者权益合计	#实收资本	营业收入	营业成本	销售费用	管理费用	研发费用	财务费用	利润总额	应缴税金合计	#税金及附加	#应缴增值税
193349136	52039356	309732257	211035219	238490246	197098948	12244018	8129415	4838011	2480202	17295493	9887209	3412823	3588334
13525333	1804491	15039920	6489204	5796352	5410628	11219	272650	77709	708178	18559	124426	48095	63707
***	***	***	***	***	***	***	***		***	***	***	***	***
***	***	***	***	***	***	***	***	***	***	***	***	***	***
***	***	***	***	***	***	***	***	***	***	***	***	***	***
***	***	***	***	***	***	***	***		***	***	***	***	***
1433240	625618	2802167	3126942	1704604	1601258	4547	53124	35993	38737	3060	18253	7915	4577
118064274	41340224	117340961	47973543	169831947	132250925	12132503	7013796	4474838	923283	13220537	9171949	2998752	3886898
1807667	248071	2271198	1182589	4638746	4169289	207369	139719	43242	17960	175029	54474	7707	25915
2083810	747254	2690643	1200120	5228648	3479376	1105466	262943	34436	−376	357532	306260	29425	190819
2327624	342316	3509960	1196089	2530394	1730344	346645	187877	27511	−1118	243654	317757	208635	93809
***	***	***	***	***	***	***	***	***	***	***	***	***	***
64434	20827	100307	46001	178646	151608	4590	8187	4412	1474	13453	6282	766	3313
643488	135894	615473	253128	1080479	757748	175403	86173	19157	4337	39590	54459	7657	44138
42204	5762	40735	6734	35069	29554	2339	2843		127	889	612	92	227
34099	11972	13682	10656	74973	69214	2303	2803	229	154	191	938	123	724
703774	154988	328497	179068	716096	560249	48393	41453	13675	21018	32032	30983	4242	17838
258375	81159	253547	131834	651705	491329	29054	43150	4129	1076	91227	40627	3679	17280
596811	237876	1471890	807416	1457066	1108866	42668	149689	43169	−217	108946	89614	12925	54445
617003	280268	156152	211731	456361	367999	49553	28045	3670	5884	2535	11777	2411	7522
2183269	432850	2584466	983409	4583648	3554565	35777	240347	16096	12642	−72624	920527	762505	149682
1801513	552852	3086314	1667588	3339532	2348531	254956	231880	76971	13843	422994	199761	19724	111051
7232904	1976252	13560277	3274973	13442095	6185519	3722749	821484	592942	122503	2047455	941003	97652	596472
***	***	***	***	***	***	***	***	***	***	***	***	***	***
302896	120382	334143	178697	601077	490223	24493	39035	16896	3147	9740	24945	2786	16704
5454003	2720428	3828951	1633070	4933052	4163363	159554	247653	140742	59010	469159	213500	23688	149271
219329	137955	−57782	289793	1085531	1048598	3222	12635	3969	11773	611	15087	4264	11824
237449	72391	498270	115692	793761	704392	6209	29408	24434	2047	32449	14485	2583	8425
3466830	801795	2820237	1347665	3407074	2861384	79712	202231	72228	36181	283417	106002	15148	54204
4568597	1393046	6415626	2394680	5902123	4483963	327258	351696	202713	27504	528135	283632	31415	162796
9951454	2792208	12083453	3550444	9478318	6653129	645394	657816	490474	123985	1341142	511621	55502	250190
24742929	11034576	14945975	8150393	42832761	34713488	2200833	1213924	667345	143576	2920452	3234457	1199940	1103027
4355656	1710086	4426210	1476515	4483937	3459473	78196	272630	174339	27161	501536	169464	18616	90604
6466885	2914406	5121912	2591963	9167016	7200368	487845	388082	352578	29834	761511	417364	43948	257106
32397596	10783411	28396158	12478853	42125985	36624731	1828705	856799	1199124	204931	2269797	592170	114628	258653
2432537	853201	3583335	1213687	3195046	2195631	236559	254908	194200	22064	369338	181050	22823	115669
1950094	550977	636237	269057	1614066	1444283	3157	51891	32787	−1520	87232	23721	1964	8166
30653	8127	78377	30773	43614	34367	218	4675	2094	−298	9032	3090	456	2067
960615	210691	3140237	991100	1175986	997651	15197	116688	15472	41759	150628	44994	7839	33177
61759530	8894640	177351377	156572472	62861948	59437395	100296	842969	285463	848740	4056396	590834	365977	−362271
56961623	7438014	165798457	150638136	56749191	54152476	17791	621471	137447	730789	3661438	276264	147093	−415066
2157579	386205	5079319	1020502	4718920	4233458	14742	130729	136845	−15074	357487	68701	7573	24273
2640328	1070421	6473601	4913834	1393836	1051461	67763	90769	11171	133026	37471	245869	211311	28522

2020 年北京市规模以上国有

项目	企业单位个数（个）	#亏损企业（个）	工业总产值（当年价格）	平均用工人数（人）	资产负债						
					资产总计	流动资产合计	#存货	#产成品	#应收账款	固定资产原价	负债合计
合计	650	117	127004270	361458	399800384	106815047	12078156	3981451	21706754	141865050	162708924
采矿业	8	3	3165904	30504	39409737	7151644	181398	40169	1263052	10518493	24573630
煤炭开采和洗选业											
石油和天然气开采业	2	1	***	***	***	***	***		***	***	***
黑色金属矿采选业	3		***	***	***	***	***	***	***	***	***
非金属矿采选业											
开采专业及辅助性活动	3	2	***	***	***	***	***	***	***	***	***
制造业	535	98	66457804	250798	106876810	60308198	11690507	3932437	14392294	31710386	56789734
农副食品加工业	17	6	1287920	8263	1829925	1145070	175074	108426	90728	346702	965672
食品制造业	14	4	651860	6470	1242524	507232	50987	22395	130211	252238	402444
酒、饮料和精制茶制造业	8	4	895032	8101	2245220	1753728	188353	76395	29717	518394	1090843
烟草制品业	1		***	***	***	***	***	***	***	***	***
纺织业	2	1	***	***	***	***	***	***	***	***	***
纺织服装、服饰业	5		71884	700	86554	67896	24871	10844	17723	23879	64393
皮革、毛皮、羽毛及其制品和制鞋业											
木材加工和木、竹、藤、棕、草制品业											
家具制造业	1		***	***	***	***	***	***	***	***	***
造纸和纸制品业	3		***	***	***	***	***	***	***	***	***
印刷和记录媒介复制业	28	5	577569	8950	1200837	806498	168401	56409	64192	985227	309860
文教、工美、体育和娱乐用品制造业	6	2	98856	1159	273191	183002	86639	73785	15028	57666	206987
石油、煤炭及其他燃料加工业	8	3	4381530	7585	4789153	672617	304123	60222	135698	3755791	2356596
化学原料和化学制品制造业	24	4	1026734	4080	2261247	1295479	275917	193109	211297	717912	884548
医药制造业	31	8	2197260	15691	6163521	3487731	829695	265182	717418	1484738	2052417
化学纤维制造业	1		***	***	***	***	***	***	***	***	***
橡胶和塑料制品业	6		28356	757	115520	97549	12040	8265	21251	16494	22480
非金属矿物制品业	44	4	1730616	11172	4670226	2712392	307931	143030	1090708	937273	2505247
黑色金属冶炼和压延加工业	3		***	***	***	***	***	***	***	***	***
有色金属冶炼和压延加工业	7	1	544010	1267	564685	347707	112457	23037	56377	105135	147051
金属制品业	22	5	1483943	8406	3100965	1921217	408294	57442	260727	683265	1740582
通用设备制造业	40	10	1032242	11198	2601247	1865757	606123	100676	416517	530775	1617559
专用设备制造业	50	9	1821442	15714	7645731	3885571	727946	210887	1128720	605232	4314808
汽车制造业	39	12	31365050	57548	33164002	19159430	2940686	1437396	4522418	11564552	22120686
铁路、船舶、航空航天和其他运输设备制造业	35		3793694	24028	7185903	5457445	1922516	384805	1505851	1682985	4021640
电气机械和器材制造业	21	4	1393003	3289	1848538	1469054	184313	55520	470823	253231	1170562
计算机、通信和其他电子设备制造业	73	12	7231992	29679	16231687	8479002	1339539	471427	1948594	4743591	5633586
仪器仪表制造业	37	3	853696	7409	1711431	1356452	337418	75033	361568	208839	876228
其他制造业	3		***	***	***	***	***	***	***	***	***
废弃资源综合利用业	2		***	***	***	***	***		***	***	***
金属制品、机械和设备修理业	4	1	927915	13204	4157999	778048	169883		285655	817220	1319313
电力、热力、燃气及水生产和供应业	107	16	57380563	80156	253513838	39355205	206252	8845	6051408	99636171	81345560
电力、热力生产和供应业	68	9	55482224	63325	239480461	35837057	194290	4933	4356894	90305818	74072083
燃气生产和供应业	15	4	803049	2893	1277800	422906	1972	177	98909	556071	873989
水的生产和供应业	24	3	1095290	13938	12755576	3095242	9990	3736	1595605	8774282	6399487

控股工业企业主要经济指标（按行业分）

单位：万元

资产负债				损益							应缴税金合计		
#流动负债合计	#应付账款	所有者权益合计	#实收资本	营业收入	营业成本	销售费用	管理费用	研发费用	财务费用	利润总额	应缴税金合计	#税金及附加	#应缴增值税
121905342	28171632	237091458	185463494	136223180	118038272	3296309	3898974	2119562	1879033	8776587	6206332	2986204	1525397
13312909	1754143	14836106	6317918	5634570	5278186	6327	259162	75047	703477	7929	121321	47640	63036
***	***	***	***	***	***	***	***	***	***	***	***	***	***
***	***	***	***	***	***	***	***	***	***	***	***	***	***
***	***	***	***	***	***		***	***	***	***	***	***	***
49111271	17872241	50087074	23462293	72127879	57224152	3204165	2935376	1897654	327829	5100677	5560595	2580999	1846941
464253	43687	864253	419243	2547851	2378175	105035	51751	12585	−235	42767	19649	3504	11161
393872	226306	840080	279056	874204	665436	162919	38833	6524	−2335	14727	26827	3160	18540
820947	59582	1154378	255036	1053244	785833	20345	74130	2769	923	91226	212160	173862	32627
***	***	***	***	***	***	***	***	***	***	***	***	***	***
***	***	***	***	***	***	***	***	***	***	***	***	***	***
54267	17768	22161	53420	180965	170553	2267	3788	2426	785	834	2789	484	2252
***	***	***	***	***	***	***	***		***	***	***	***	***
***	***	***	***	***	***	***	***		***	***	***	***	***
248859	91754	890977	507251	777452	553110	15274	103306	22529	−2933	81225	58764	9275	33333
182725	129868	66204	158239	166257	137026	11204	10076	1918	3453	3914	5414	1202	3522
2114967	408170	2432558	967608	4357434	3380627	17284	228174	12981	7532	−85146	909930	760666	142821
856314	237853	1376700	1025317	1287827	1003353	25472	108473	30470	6406	92794	58210	5783	37255
1641045	256474	4111104	998035	2120441	912945	365076	188398	123115	14856	654757	210141	26278	113895
***	***	***	***	***	***	***	***	***	***	***	***	***	***
22445	6204	93040	25964	78813	52803	3271	8567	4243	−438	10569	5760	651	3190
2338568	1045969	2164980	889076	1907377	1564515	65584	104824	71067	21109	209296	83056	12171	59521
***	***	***	***	***	***	***	***	***	***	***	***	***	***
131781	38810	417634	85999	566901	511089	2858	16278	15148	377	25947	9109	1622	4639
1588355	357902	1360383	612601	1787481	1540645	13619	97927	41495	1020	126343	31485	8089	9568
1504259	440522	983687	634855	1203431	1007792	38459	92797	59024	9385	18857	53700	6932	34952
3814187	1081931	3330922	1132795	2261984	1806396	88876	160434	98889	42758	164833	105413	16315	62024
19132057	7943934	11043316	6485556	32541525	25522558	1910603	805993	470301	115811	2757510	2907963	1166184	915312
3667583	1457051	3164264	1156947	3787363	3055356	47795	199563	124411	22123	342683	113355	13958	61192
1069329	613190	677976	468108	1426299	1215530	28571	44497	56430	7962	108745	42521	5631	26081
5092872	2270356	10598102	5470667	8049835	6767751	210222	292754	620827	34447	167063	235479	49484	144396
820907	285352	835203	301999	936718	663271	48261	75146	67793	1458	88241	57941	8009	40812
***	***	***	***	***	***	***	***	***	***	***	***	***	***
***	***	***	***	***	***	***	***	***	***	***	***	***	***
865446	168154	2838686	882284	1034812	918309	6604	99021	10912	40797	113604	30122	6844	25720
59481162	8545248	172168277	155683283	58460730	55535935	85817	704437	146861	847728	3667981	524417	357566	−384580
56438599	7363971	165408378	150438174	56283989	53754200	11888	586536	133602	721964	3607389	263857	145570	−418173
492061	130598	403811	417235	850687	778240	7664	32232	3535	11447	14742	19132	2090	7283
2550501	1050680	6356089	4827874	1326055	1003495	66265	85668	9723	114317	45850	241428	209906	26311

2020年北京市规模以上港澳台及

项目	企业单位个数（个）	#亏损企业（个）	工业总产值（当年价格）	平均用工人数（人）	资产负债						
					资产总计	流动资产合计	#存货	#产成品	#应收账款	固定资产原价	负债合计
合计	617	176	77514326	244896	100128722	69868346	12012319	4862160	11978431	31040342	59323236
采矿业	1		***	***	***	***	***	***	***	***	***
煤炭开采和洗选业											
石油和天然气开采业											
黑色金属矿采选业											
非金属矿采选业											
开采专业及辅助性活动	1		***	***	***	***	***	***	***	***	***
制造业	605	174	72965344	234730	91304777	67582987	11984151	4860424	11531763	26468237	56116148
农副食品加工业	15	4	452610	3893	456844	335743	62254	11118	68202	146484	245940
食品制造业	37	9	1917523	20572	3209728	1930579	166239	85879	458852	1093715	1369796
酒、饮料和精制茶制造业	19	7	662562	7811	1144055	858281	72933	36260	222876	490523	919448
烟草制品业											
纺织业	2	2	***	***	***	***	***	***	***	***	***
纺织服装、服饰业	15	7	127364	5796	174270	139864	56989	20105	30558	48395	134055
皮革、毛皮、羽毛及其制品和制鞋业	1		***	***	***	***	***	***	***	***	***
木材加工和木、竹、藤、棕、草制品业											
家具制造业	6	3	400611	1799	562405	488506	232088	170919	59682	100293	599902
造纸和纸制品业	10	2	445079	1998	372721	244583	71559	21453	70545	225631	171875
印刷和记录媒介复制业	10	2	134762	2104	196924	144607	23539	10674	24767	167435	53010
文教、工美、体育和娱乐用品制造业	4	1	24565	859	46199	42172	18008	7543	15162	4983	31785
石油、煤炭及其他燃料加工业	2	1	***	***	***	***	***	***	***	***	***
化学原料和化学制品制造业	29	7	861202	6649	1172267	715355	143294	50294	128610	571489	430874
医药制造业	42	7	6640339	32154	8347058	5866212	1925506	1213822	1369917	1373473	4007705
化学纤维制造业											
橡胶和塑料制品业	14	2	200109	2048	220209	182058	41377	18397	61645	122026	86679
非金属矿物制品业	10	1	147278	2139	185309	146202	24010	7141	50444	109991	81666
黑色金属冶炼和压延加工业	2	2	***	***	***	***	***	***	***	***	***
有色金属冶炼和压延加工业	2	1	***	***	***	***	***	***	***	***	***
金属制品业	24	8	202492	2445	620588	420814	86588	29646	85608	108715	320014
通用设备制造业	53	9	3133612	18037	4253389	3574270	837087	312994	675484	1127954	1444911
专用设备制造业	72	18	1555310	12167	2527612	2166073	351049	108470	489230	465441	1140919
汽车制造业	98	48	33368748	50701	26441486	16077409	2916357	1367363	3004539	11880693	17330398
铁路、船舶、航空航天和其他运输设备制造业	2	1	***	***	***	***	***	***	***	***	***
电气机械和器材制造业	33	7	2178269	9252	2122102	1832711	251487	77157	615969	420581	1168739
计算机、通信和其他电子设备制造业	55	15	18353550	34563	36448687	30468079	4257259	1246723	3457082	7266845	25239831
仪器仪表制造业	38	7	815800	5856	1367793	1049413	222430	37387	322336	178181	607095
其他制造业	3	1	***	***	***	***	***	***	***	***	***
废弃资源综合利用业	1		***	***	***	***	***	***	***	***	***
金属制品、机械和设备修理业	6	2	915589	11709	806088	521855	156497	4993	246101	413828	509298
电力、热力、燃气及水生产和供应业	11	2	4547872	9766	8242249	2078164	14125	626	325175	4529775	2766753
电力、热力生产和供应业	4		630287	989	908026	212701	11262		100165	1524336	228175
燃气生产和供应业	3	1	***	***	***	***	***	***	***	***	***
水的生产和供应业	4	1	107458	863	229779	71156	317		22876	63725	94972

外商投资工业企业主要经济指标（按行业分）

单位：万元

资产负债				损益									
#流动负债合计	#应付账款	所有者权益合计	#实收资本	营业收入	营业成本	销售费用	管理费用	研发费用	财务费用	利润总额	应缴税金合计	#税金及附加	#应缴增值税
53972705	20201584	40805482	17910242	94042450	74529378	7322551	2622009	1303330	204199	7479625	4684550	1326116	1826338
***	***	***	***	***	***	***	***	***	***	***	***	***	***
***	***	***	***	***	***	***	***	***	***	***	***	***	***
51944076	19843434	35188625	16657450	89301013	70373598	7314419	2493670	1166806	223590	7016540	4566676	1311029	1773721
227121	54791	210904	128090	603264	510104	42182	30226	724	835	18474	14071	1818	8259
1286544	559821	1839932	750333	4067752	2651874	939575	190825	12129	−5237	279406	242328	22374	148406
912816	211137	224606	483003	816794	483904	224129	64656	7286	−1446	36125	56103	11099	34966
***	***	***	***	***	***	***	***		***	***	***	***	***
119823	16341	40214	28078	185001	153730	17564	10974	4225	1858	−2096	4655	855	4241
***	***	***	***	***	***	***	***		***	***	***	***	***
461870	98575	−37497	32099	322764	244697	23674	18602	6045	11322	17298	15642	2018	6805
168016	59029	200845	100964	530077	382936	26475	32900	2653	−642	77519	36487	3039	14373
51032	19725	143913	99691	149072	115472	6406	10228	5464	−159	11880	9304	953	5992
31785	18036	14413	10152	29866	23661	2273	2874	65	−564	1532	683	221	381
***	***	***	***	***	***	***	***	***	***	***	***	***	***
368181	137122	741393	402437	1090737	750385	157504	61397	8868	−2229	126398	79292	7114	45598
3161668	1083391	4339353	1041572	7172743	3743703	1966834	380449	170418	106699	588868	384065	37986	259441
86679	41355	133530	45497	242405	199274	12587	15170	5843	992	−8692	9790	1071	6700
76397	41524	103643	57337	173072	134107	6936	8947	4665	310	15573	9519	1315	6796
***	***	***	***	***	***	***	***		***	***	***	***	***
***	***	***	***	***	***	***	***	***	***	***	***	***	***
225339	61449	300574	143497	308751	263894	16950	19612	6106	7078	29109	9063	1684	4210
1375043	588537	2808477	815795	3457943	2575951	187194	149422	64435	−20476	498331	174889	16141	82913
1109876	465305	1386692	427619	1874823	1252017	131605	152491	120899	5823	219035	93629	10639	39147
15739242	7916896	9111088	5424282	32882199	25773751	1960832	718390	324915	−66	2932883	2943874	1118371	944052
***	***	***	***	***	***	***	***		***	***	***	***	***
1069979	580916	953363	278779	2462992	1742151	143230	107261	65923	4337	406516	170506	14456	80078
24322800	7461801	11208856	5859100	30428223	27404462	1354350	333723	315266	98864	1540294	189546	44973	16244
566947	210652	760698	232991	1060215	775997	66405	74994	30486	672	138286	51304	5334	25220
***	***	***	***	***	***	***	***	***	***	***	***	***	***
***	***	***	***	***	***		***		***	***	***	***	***
428850	158263	296790	232484	925569	815886	9453	84106	7715	9467	186	27112	5811	19030
1885166	313745	5475496	1146301	4603287	4034909	5133	119768	134866	−22943	455167	117663	14876	52895
225692	57726	679851	453153	659692	529569	3	9954	1437	442	100657	62524	8251	32965
***	***	***	***	***	***	***	***	***	***	***	***	***	***
34913	21711	134807	95331	109449	81331	9	13497	119	3257	9482	5513	1202	3550

2020 年北京市规模以上大中型

项目	企业单位个数（个）	#亏损企业（个）	工业总产值（当年价格）	平均用工人数（人）	资产负债						
					资产总计	流动资产合计	#存货	#产成品	#应收账款	固定资产原价	负债合计
合计	508	88	172113644	566228	475660600	162356053	20055621	7085168	30654884	153630065	204505989
采矿业	9	3	3167013	30904	39991432	7358839	195441	41279	1384545	10560823	25013965
煤炭开采和洗选业											
石油和天然气开采业	2	1	***	***	***	***	***		***	***	***
黑色金属矿采选业	3		***	***	***	***	***	***	***	***	***
非金属矿采选业											
开采专业及辅助性活动	4	2	1545280	16085	4587629	1925045	94460	1416	552265	2854734	1809295
制造业	463	79	110349241	454012	180831234	115263143	19683607	7038347	23365675	44962013	99036557
农副食品加工业	20	5	1452135	11519	3217307	1531596	174800	83730	96405	418179	1473616
食品制造业	29	10	1966817	25601	3040670	1709882	162655	74377	449927	1052913	1387353
酒、饮料和精制茶制造业	8	1	1727749	21039	5047534	3089659	268914	108154	97351	1157245	1879929
烟草制品业	1		***	***	***	***	***	***	***	***	***
纺织业	1		***	***	***	***	***	***	***	***	***
纺织服装、服饰业	13	5	348419	15089	760510	568144	164974	104167	92203	164864	317307
皮革、毛皮、羽毛及其制品和制鞋业											
木材加工和木、竹、藤、棕、草制品业											
家具制造业	6	1	599168	3594	684561	315201	89063	25553	92695	159960	342241
造纸和纸制品业	4		406767	1772	277954	196293	64398	20250	38675	184742	159397
印刷和记录媒介复制业	14	3	643515	9421	1255125	823278	163684	49380	102110	931114	312166
文教、工美、体育和娱乐用品制造业	1		***	***	***	***	***	***	***	***	***
石油、煤炭及其他燃料加工业	4	2	4360513	7938	4872333	681915	273191	46829	142085	3672553	2395028
化学原料和化学制品制造业	12	3	1052873	9084	2420026	1517971	254759	189202	227272	577339	928127
医药制造业	56	7	10500408	58402	17391641	11011172	2753431	1503636	2497617	3267607	6326194
化学纤维制造业	1		***	***	***	***	***	***	***	***	***
橡胶和塑料制品业	2		***	***	***	***	***	***	***	***	***
非金属矿物制品业	17	1	1743246	11307	4376811	2588300	211847	81757	965699	754818	2250571
黑色金属冶炼和压延加工业	1		***	***	***	***	***	***	***	***	***
有色金属冶炼和压延加工业	3		***	***	***	***	***	***	***	***	***
金属制品业	9	1	1542074	7274	3708190	2132030	335434	39622	244337	636824	2351881
通用设备制造业	33	4	3753736	26651	7701184	5350047	1288706	441777	1049675	1612550	2894424
专用设备制造业	55	9	5107736	35586	17117314	9265291	1212075	408136	2068137	1174200	8275302
汽车制造业	37	14	37047195	75172	37960492	22145957	3543570	1769556	5137973	13299817	25072179
铁路、船舶、航空航天和其他运输设备制造业	20		3481623	22279	6399898	4800105	1789672	341918	1337403	1593133	3771399
电气机械和器材制造业	29	2	5098812	20240	6757146	5462625	722411	131754	2000421	867316	4265984
计算机、通信和其他电子设备制造业	61	10	24382157	60936	47338458	36626310	5105380	1444148	5016333	10858541	29443715
仪器仪表制造业	19		953870	9410	2210774	1575656	339324	80816	465096	260931	789741
其他制造业	3		***	***	***	***	***	***	***	***	***
废弃资源综合利用业											
金属制品、机械和设备修理业	4	1	927915	13204	4157999	778048	169883		285655	817220	1319313
电力、热力、燃气及水生产和供应业	36	6	58597389	81312	254837934	39734071	176574	5543	5904663	98107229	80455467
电力、热力生产和供应业	27	5	53680321	60302	235709716	35089950	164467	1251	4076091	86663492	71934951
燃气生产和供应业	2	1	***	***	***	***	***	***	***	***	***
水的生产和供应业	7		985928	11996	11910484	2735583	9356	3736	1556857	8502084	5946613

工业企业主要经济指标（按行业分）

单位：万元

资产负债				损益									
#流动负债合计	#应付账款	所有者权益合计	#实收资本	营业收入	营业成本	销售费用	管理费用	研发费用	财务费用	利润总额	应缴税金合计	#税金及附加	#应缴增值税
160597576	38890906	271154609	192814076	194030742	162116133	9773920	5496438	3325535	2117196	14098435	7994407	3165846	2474139
13456370	1798548	14977467	6424409	5772720	5399056	9327	267732	76706	707029	15847	121532	47850	62758
***	***	***	***	***	***	***	***	***	***	***	***	***	***
***	***	***	***	***	***	***	***	***	***	***	***	***	***
1427505	623690	2778334	3120302	1686434	1591633	3000	52097	35142	38646	−1670	16856	7838	3924
87878920	28943589	81794675	32001907	128670929	100084997	9692612	4543765	2976059	634849	10369180	7480509	2791269	2863343
895260	76379	1743691	827008	2598043	2325061	132299	82731	23828	4639	138926	30298	4176	13278
1295546	563208	1653317	646121	4062482	2679312	935938	174547	19663	−4592	252081	233602	21291	148569
1553309	129783	3167605	593071	2137971	1477531	305719	125108	24684	271	204249	275406	196298	74895
***	***	***	***	***	***	***	***	***	***	***	***	***	***
***	***	***	***	***	***	***	***	***	***	***	***	***	***
267340	63774	443203	75587	568689	311892	131298	53420	13205	941	53324	43571	5132	35432
320818	124757	342320	91072	531279	406878	38542	28208	11333	9169	38108	25721	3325	14204
158912	45981	118556	37014	489313	347746	25838	29158	3642	936	80765	34582	2622	13222
290416	120391	942960	435572	835599	632816	15783	87464	25566	−169	71435	55195	7515	33347
***	***	***	***	***	***	***	***		***	***	***	***	***
2101180	407482	2477305	919269	4265729	3275951	30165	222898	14782	9518	−80778	902342	757101	141365
869231	236356	1491898	863401	1346296	776955	147351	127925	27220	6777	245760	106810	10887	58180
5295891	1423409	11065447	2180300	10785418	4941350	3060680	599878	428635	105756	1708297	730910	77777	465152
***	***	***	***	***	***	***	***	***	***	***	***	***	***
***	***	***	***	***	***	***	***	***	***	***	***	***	***
2024210	892708	2126241	798620	1718184	1422838	38279	108579	58252	19868	268225	75083	9071	47308
***	***	***	***	***	***	***	***	***	***	***	***	***	***
***	***	***	***	***	***	***	***	***	***	***	***	***	***
2083508	323454	1356309	562499	1840832	1567442	19254	104731	37562	11181	141112	35836	7524	13939
2802766	790645	4806760	1509602	4097365	3124604	218158	174771	114072	3982	467228	210608	21441	112327
7156513	1858056	8842012	2243085	5938566	4263640	390618	318710	290950	96430	988235	343749	35132	158557
21696416	9223125	12888312	7053755	37858013	30247554	2102770	1008273	601214	134032	2765228	3074750	1184861	1006704
3411006	1280252	2628500	926789	3430180	2752578	34770	183974	117673	24256	321400	103090	12564	55346
3718836	1511207	2491162	807407	5434892	4141826	320996	217938	183886	11766	604418	299865	30023	181268
27990341	8716696	17894743	9441141	35257938	31064480	1637839	557305	845387	155818	1703317	398650	87452	147394
683285	252437	1421032	420338	1118198	715961	82519	89485	66558	172	188473	78849	8051	46115
***	***	***	***	***	***	***	***	***	***	***	***	***	***
865446	168154	2838686	882284	1034812	918309	6604	99021	10912	40797	113604	30122	6844	25720
59262286	8148768	174382467	154387761	59587094	56632080	71981	684941	272770	775319	3713408	392365	326728	−451962
55190724	6938215	163774765	149203470	54440148	52171006	9323	512150	131078	695602	3340918	120276	127559	−494893
***	***	***	***	***	***	***	***	***	***	***	***	***	***
2316705	970780	5963871	4585914	1175077	898762	57631	70946	8160	106716	32913	220938	192997	25263

2020年北京市规模以上工业企业主要效益指标

单位：%

项目	总资产贡献率	资产保值增值率	资产负债率	流动资产周转率（次）	收入利润率	每百元营业收入成本费用（元）	人均营业收入（元）
合计	4.79	102.40	43.86	1.13	7.25	94.26	2868731
按行业分							
采矿业	2.03	97.81	62.50	0.78	0.32	111.80	1852461
制造业	8.30	101.36	52.95	1.05	7.78	92.32	2404077
电力、热力、燃气及水生产和供应业	1.87	103.51	32.35	1.50	6.45	97.86	6714514
按轻重工业分							
轻工业	11.03	114.46	42.58	1.05	10.68	89.27	1378509
重工业	4.11	101.21	43.99	1.15	6.64	95.14	3552495
按规模分							
#大型	3.80	102.57	42.89	1.28	6.18	95.19	4468278
中型	8.70	101.57	43.56	0.94	11.94	90.07	1708962
小型	6.46	110.12	49.02	0.92	7.29	94.23	1674561
按隶属关系分							
中央	2.41	103.56	32.72	1.37	5.91	95.76	4740379
地方	7.10	100.78	54.65	1.05	7.88	93.55	2420461
按登记注册类型分							
内资企业	3.48	103.84	40.44	1.02	6.80	96.10	2463096
国有企业	5.02	95.44	64.47	4.12	−0.07	97.64	4131852
集体企业	3.49	95.74	50.88	0.72	2.45	101.18	573328
股份合作企业	4.81	98.32	58.50	1.08	2.03	98.29	724866
有限责任公司	2.46	105.18	38.70	1.10	6.16	97.51	3117433
股份有限公司	6.32	94.15	40.84	0.73	9.64	92.76	1835581
私营企业	9.02	127.53	49.91	0.89	9.97	91.49	1256310
其他企业							
港澳台商投资企业	6.94	115.45	56.64	1.69	5.48	96.12	5930822
港澳台合资经营	8.11	107.99	41.62	1.05	8.36	91.00	1479622
港澳台合作经营	−10.15	146.53	32.93	0.37	−37.89	139.48	548579
港澳台商独资企业	6.48	113.59	61.00	1.94	4.78	97.02	9784340
港澳台商投资股份有限公司	7.56	112.02	42.44	0.51	17.34	92.87	1213067
外商投资企业	12.41	85.71	60.45	1.20	9.45	88.58	3162871
中外合资经营	17.88	76.62	55.04	1.72	10.78	86.60	4036554
中外合作经营	11.69	56.95	56.42	1.20	7.70	92.08	841843
外资（独资）企业	6.62	99.86	68.63	0.75	7.20	91.91	2363187
外商投资股份有限公司	1.60	175.60	24.21	1.16	2.03	99.67	1721808
按控股类型分							
#国有控股	3.75	102.58	40.70	1.28	6.44	94.87	3768714

2019年、2020年北京市规模以上工业企业主要工业产品生产能力表

主要工业产品名称	单位	2019年	2020年
原油加工能力	万吨	1100.0	1100.0
硅酸盐水泥熟料	万吨	305.0	305.0
发电设备容量总计	万千瓦	1237.2	1251.2
#火电设备容量		1120.1	1117.5
水电设备容量		93.1	93.1
风电设备容量		0.1	0.4
卷烟	亿支	288.0	287.8
水泥	万吨	400.0	400.0
钢材	万吨	171.8	171.4
金属切削机床	台	19693	19733
汽车	万辆	247.4	230.4
#基本型乘用车（轿车）		187.7	170.7
移动通信手持机（手机）	万台	1174.7	571.2
微型计算机设备	万台	1320.0	880.0

2019年、2020年北京市规模以上工业主要产品产量表

工业产品名称	单位	2019年	2020年
单晶硅	千克	190303.3	152134.2
中成药	万吨	3.5	3.7
沥青和改性沥青防水卷材	万平方米	71.5	16.5
纤维增强塑料制品	万吨	1.4	1.0
耐火材料制品	万吨	40.5	27.2
冷轧薄宽钢带	万吨	87.6	96.6
单一稀土金属	千克	1343806	1031183
发动机	万千瓦	19857.5	20186.7
气动元件	万件	31250.4	32552.0
数控金属切削机床	台	7611	8188
机床数控装置	套	8864	9237
工业电炉	台	729	735
环境污染防治专用设备	台套	58080	4544
汽车	万辆	164.0	166.0
#基本型成用车（轿车）		77.8	65.3
运动型多用途乘用车（SUV）		35.8	35.7
载货汽车		48.3	64.6
改装汽车	万辆	1.1	1.0
风力发电机组	万千瓦	167.3	547.7
锂离子电池	万只		1.9
移动通信手持机（手机）	万台	8373.3	9928.5
微型计算机设备	万台	513.2	552.4
服务器	台	55540	25215
液晶显示模组	万套	17832.3	19065.4
显示器	万台	470.1	577.8
集成电路	亿块	154.5	170.7
彩色电视机	万台	417.9	279.4

2020年北京市规模以上高技术制造业主要经济指标

单位：亿元

项目	工业总产值	营业收入	利润总额	应缴税金
合计	5128.9	6570.1	554.4	201.4
按登记注册类型分				
内资企业	2345.0	2483.3	309.9	129.7
国有企业	65.5	73.1	6.2	2.0
集体企业	2.1	2.4	−0.1	0.1
股份合作企业	2.3	2.1	…	0.1
有限责任公司	1384.3	1448.2	103.4	60.4
股份有限公司	485.6	534.3	131.7	41.5
私营企业	405.3	423.2	68.7	25.6
其他企业				
港澳台商投资企业	1708.8	2810.0	133.1	12.2
外商投资企业	1075.1	1276.9	111.4	59.6
按高技术领域分				
医药制造业	1313.9	1344.2	204.7	94.1
航空、航天器及设备制造业	352.7	345.1	21.6	8.4
电子及通信设备制造业	2652.8	3794.5	206.2	52.0
计算机及办公设备制造业	278.1	477.5	24.3	8.7
医疗仪器设备及仪器仪表制造业	531.4	607.9	97.5	38.3
信息化学品制造	0.2	0.9	…	…

2019年、2020年北京市规模以上工业战略性新兴产业总产值表

单位：亿元

项目	2019年	2020年
合计	5127.7	5794.7
节能环保产业	351.3	417.8
新一代信息技术产业	1989.0	2345.4
生物产业	1393.6	1540.3
高端装备制造业	722.9	788.4
新能源产业	195.2	218.9
新材料产业	325.3	365.2
新能源汽车产业	123.0	105.9
数字创意产业	27.4	12.9
相关服务业		

法规政策文件

本栏目采用文章体，主要收录市政府办公厅、市经济和信息化局年度内发布的有关工业的法规和规范化文件。

北京市人民政府办公厅关于应对新型冠状病毒感染的肺炎疫情影响促进中小微企业持续健康发展的若干措施

京政办发〔2020〕7 号

各区人民政府，市政府各委、办、局，各市属机构：

为深入贯彻落实党中央、国务院关于新型冠状病毒感染的肺炎疫情防控工作部署，切实减轻疫情对中小微企业生产经营影响，帮助企业共渡难关和稳定发展，制定以下工作措施。

一、减轻中小微企业负担

1. 停征部分行政事业性收费。疫情期间，对受影响较大的中小微企业停征特种设备检验费、污水处理费、占道费。（责任单位：市财政局、市发展改革委、市市场监管局、市水务局、市交通委、各区政府）

2. 减免中小微企业房租。中小微企业承租京内市及区属国有企业房产从事生产经营活动，按照政府要求坚持营业或依照防疫规定关闭停业且不裁员、少裁员的，免收 2 月份房租；承租用于办公用房的，给予 2 月份租金 50% 的减免。对承租其他经营用房的，鼓励业主（房东）为租户减免租金，具体由双方协商解决。对在疫情期间为承租房屋的中小微企业减免租金的企业，由市区政府给予一定资金补贴。对在疫情期间为承租房屋的中小微企业减免租金的特色园、科技企业孵化器、大学科技园、众创空间、创业基地、文化产业园、视听园区等各类载体，优先予以政策扶持。鼓励在京中央企业参照执行。（责任单位：市国资委、市财政局、市住房城乡建设委、市经济和信息化局、市科委、市委宣传部、市文化和旅游局、市广播电视局、市体育局、中关村管委会、市文资中心、北京经济技术开发区管委会、各区政府）

3. 为经营困难企业办理延期纳税。受疫情影响纳税申报困难的中小微企业，可依法办理延期缴纳税款，最长不超过 3 个月。对受疫情影响的“定期定额”户，结合实际情况合理调整定额，或简化停业手续。（责任单位：北京市税务局、各区政府）

4. 补贴小微企业研发成本。对中关村国家自主创新示范区内的科技型小微企业，根据研发投入实际情况，给予每家最高不超过 20 万元的研发费用补助。（责任单位：中关村管委会、市财政局）

5. 缓解疫情造成的突出影响。对符合条件的中小文化企业融资，通过“投贷奖”政策给予贴息、贴租等奖励。对符合条件的小微、初创型文化企业房租，通过“房租通”政策给予房租补贴。对受疫情影响的滑冰滑雪场所给予适当额度用水用电补贴。按照有关规定对经营规范、信誉良好的旅行社，全额退还旅行社质量保证金，待疫情结束后再适时重新缴纳。对受疫情影响严重或在疫情防控工作中保障市民基本生活的重点连锁餐饮（早餐）、菜店（生鲜超市）、便利店等网点设立项目，对其给予房屋租金等支持，支持比例上限由原 50% 提高至 70%。对于因疫情影响暂停举办的展会项目，如年内继续在京举办且参展中小微企业数量超过参展企业总数的 50%，给予一定的场租费用补贴。降低出租车运营成本，鼓励出租车企业对疫情期间继续正常从事运营服务的出租车司机适度减免承包金；市区两级按照管理事权，可对采取减免承包金等措施鼓励运营的出租车企业给予一定运营补贴。（责任单位：市委宣传部、市体育局、市文化和旅游局、市商务局、市交通委、市财政局、各区政府）

二、加大金融支持力度

6. 进一步增加信贷投放。全年普惠型小微企业贷款增速高于各项贷款增速，其中国有大型银行普惠型小微企业贷款增速不低于 20%。对因受疫情影响经营暂时出现困难但有发展前景的企业不抽贷、不断贷、不压贷，对受疫情影响严重的中小微企业到期还款困难的，可予以展期或续贷。（责任单位：人行营业管理部、北京银保监局、市金融监管局）

7. 降低企业融资成本。加快和扩大 LPR 定价基准的运用，推动 2020 年全市普惠型小微企业贷款综合融资成本较 2019 年再下降 0.5 个百分点。对疫情防控重点保障企业给予贷款贴息支持。（责任单位：人行营业管理部、北京银保监局、市金融监管局、市

财政局）

8. 拓宽直接融资渠道。中小企业股票质押协议在疫情防控期间到期，企业由于还款困难申请展期的，可与证券公司等金融机构协商，展期 3 至 6 个月。积极推进拟上市公司 IPO、新三板创新层企业申请精选层辅导验收工作，采取非现场等灵活高效方式进行辅导验收。疫情期间，加快资本市场线上服务平台建设，组织辅导机构加大企业挂牌上市线上培训力度。（责任单位：北京证监局、人行营业管理部、市金融监管局、中关村管委会）

9. 提高融资便捷性。加强金融服务快速响应机制和网络建设，开展“网上畅融工程”快速对接服务，充分发挥银企对接系统作用，提升金融服务可获得性，降低服务成本。完善本市企业续贷服务中心功能，加快建设企业首贷服务中心，持续提高中小微企业“首贷率”、信用贷款占比，小微企业无还本续贷占比提升 20 个百分点以上。建设基于区块链的供应链债权债务平台，为参与政府采购和国企采购的中小微企业提供确权融资服务。（责任单位：人行营业管理部、北京银保监局、市金融监管局、市政务服务局）

10. 优化融资担保服务。疫情期间，本市政府性担保机构对受疫情影响严重的中小微企业降低综合费率 0.5 个百分点；对疫情期间提供生活服务保障的相关企业，担保费率降至 1.5% 以下；对疫情防控相关企业，担保费率降至 1% 以下。（责任单位：市财政局、市金融监管局、市经济和信息化局）

11. 加强创新型中小微企业融资服务。进一步降低十大高精尖产业和中关村国家自主创新示范区等地区资金困难的中小微企业贷款利率。力争 2020 年科创类企业贷款同比增长不低于 15%，有贷款余额的户数同比增长不低于 15%，针对因疫情造成中小微企业信用评级负面影响的，暂不予以信用降级。对符合条件的中关村创新型中小微企业给予贷款贴息以及债券、融资租赁费用补贴。（责任单位：人行营业管理部、市经济和信息化局、中关村管委会、市发展改革委、市科委、市财政局、北京银保监局、市金融监管局）

三、保障企业正常生产运营

12. 实施援企稳岗政策。对受疫情影响较大，面临暂时性生产经营困难且恢复有望、坚持不裁员或少裁员的参保企业，可按 6 个月的上年度本市月人均失业保险金标准和参保职工人数，返还失业保险费。疫情期间，对符合首都功能定位和产业发展方向的中小微企业，截至 4 月底企业职工平均人数与上年平均人数相比持平或增长 20%（不含）以内的，一次性给予该企业 3 个月应缴纳社会保险费 30% 的补贴；截至 4 月底企业职工平均人数与上年平均人数相比增长 20% 及以上的，一次性给予该企业 3 个月应缴纳社会保险费 50% 的补贴。对于享受上述政策的企业，根据岗位需要组织职工（含待岗人员）参加符合规定的职业技能培训，可按每人 1000 元的标准享受一次性技能提升培训补贴。符合条件的本市失业人员按照有关规定可享受免费培训。（责任单位：市人力资源社会保障局、市财政局、各区政府）

13. 促进就业困难群体就业。用人单位招用本市登记失业人员和城乡就业困难人员，依法签订一年及以上期限劳动合同且按规定缴纳职工社会保险、按月足额发放不低于本市职工最低工资标准 1.2 倍工资的，可按规定申请享受岗位补贴、社会保险补贴。（责任单位：市人力资源社会保障局、市财政局）

14. 保障企业正常安全生产需求。各生产企业要严格落实本市疫情防控工作要求，保障生产工作人员健康安全。优化疫情防控货物、生活必需品及国家级、市级重大工程建设原材料和涉及保障城市运行必需、重要国计民生的相关项目建设原材料的调配、运输，为企业办理疫情防控应急物资通行证，保障运输通畅。加大企业复产用工保障力度，积极帮助企业协调解决防疫物资需求，加强防控工作技术支持，监督指导企业在疫情防控达标前提下开展生产经营活动。（责任单位：市住房城乡建设委、市交通委、市商务局、市经济和信息化局、市卫生健康委、各区政府）

15. 加大政府采购和中小微企业购买产品服务支持力度。全市预算单位在满足机构自身运转和提供公共服务基本需求的前提下，要加大对中小微企业的倾斜力度，进一步提高面向中小微企业采购的金额和比例。依托市中小企业公共服务平台发放中小微企业服务券，受疫情影响严重的企业采购远程办公、视频会议、法律咨询、在线检测、网络销售等指定服务产品的，对每家企业给予不超过合同额 50% 的补贴，最高额度不超过 20 万元。（责任单位：市财政局、市经济和信息化局、各有关部门）

16. 精心做好企业服务。发挥 12345 企业服务热线功能，及时帮助企业解决困难和问题。开通中小微企业法律咨询热线专席服务，组建律师专家服务团，为中小微企业提供咨询、代理、“法治体检”等多种形式的法律服务。出台涉疫情防控公证事项办事指引，为受疫情影响的中小微企业提供专门公证服务。（责任单位：市发展改革委、市司法局、市经济和信

息化局、各有关部门、各区政府）

以上政策措施适用于符合工业和信息化部、国家统计局、国家发展改革委、财政部联合发布的《中小企业划型标准规定》（工信部联企业〔2011〕300 号）且在北京注册的中小微企业，自印发之日起实施，有效期至 2020 年年底。（文中具体措施有明确期限规定的从其规定，因本市新型冠状病毒感染的肺炎疫情应急响应结束等原因政策措施不再有必要性的自然失效。）

北京市人民政府办公厅

2020 年 2 月 5 日

北京市人民政府办公厅关于印发《北京市区块链创新发展行动计划（2020—2022 年）》的通知

京政办发〔2020〕19 号

各区人民政府，市政府各委、办、局，各市属机构：

《北京市区块链创新发展行动计划（2020—2022 年）》已经市政府同意，现印发给你们，请认真贯彻落实。

北京市人民政府办公厅

2020 年 6 月 18 日

北京市区块链创新发展行动计划（2020—2022 年）

为深入贯彻落实习近平总书记关于发展区块链技术的重要指示精神，按照党中央、国务院部署，加快推动区块链技术和产业创新发展，特制定本行动计划。

一、总体要求

（一）指导思想

以习近平新时代中国特色社会主义思想为指导，全面贯彻党的十九大和十九届二中、三中、四中全会精神，深入贯彻习近平总书记对北京重要讲话精神，紧紧围绕首都城市战略定位，把区块链作为核心技术自主创新的重要突破口，全方位推动区块链理论创新、技术突破、应用示范和人才培养，打造经济新增长点，为加快全国科技创新中心建设、促进经济高质量发展提供有力支撑。

（二）基本原则

原创引领与需求驱动相结合。强化区块链理论研究和自主可控技术创新，推动部署社会影响大、预期效果明显的应用场景，进一步打通创新链、应用链、价值链。

系统布局与动态调整相结合。围绕区块链基础理论、关键技术、产业发展、要素配套等方面进行系统布局，适时调整发展战略、工作重点及计划安排。

即期投入与持续支持相结合。统筹把握区块链发展规律与阶段需求，按照长短结合的思路，建立健全差异化的财政政策机制，打造区块链创新发展的良好生态。

（三）主要目标

到 2022 年，把北京初步建设成为具有影响力的区块链科技创新高地、应用示范高地、产业发展高地、创新人才高地，率先形成区块链赋能经济社会发展的“北京方案”，建立区块链科技创新与产业发展融合互动的新体系，为北京经济高质量发展持续注入新动能新活力。

二、重点任务

（一）创新引领，打造区块链理论与技术平台

1. 强化区块链基础研究和关键核心技术攻关。聚焦区块链前沿基础理论，支持在密码学、高性能计算、可信芯片、众智科学等重点领域开展研究，突破区块链共性理论问题。围绕区块链高性能、安全性、隐私保护、可扩展性、数据真实性等方向，研究网络模型、共识机制、分布式存储、零知识证明、安全多方计算、跨链协议、智能合约、链上链下协同、监管科技等技术，形成成熟完善、可持续迭代的技术架构体系。（牵头单位：市科委，配合单位：中关村管委会、海淀区政府）

2. 构建区块链底层开源技术平台与生态。鼓励科

研机构、高等学校和企业立足区块链关键核心技术成果，建设自主可控的底层开源技术平台，探索开发基于区块链的可信芯片、智能服务器及操作系统，建设具有国际影响力的区块链开源社区，构建创新活跃的区块链开源生态。（牵头单位：市科委、海淀区政府，配合单位：市经济和信息化局）

3. 打造基于区块链的可信信息基础设施体系。完善市区两级目录区块链体系，开展共性应用基础设施建设，形成可信区块链服务支撑平台，初步建成统一数字身份平台、统一政务数据共享平台、统一社会信用平台、统一跨链交互平台，提供共性、安全的区块链基础支撑能力，降低技术使用成本和应用开发门槛。与北京政务云、大数据平台等信息设施结合，逐步形成支撑数字经济和数字社会发展的可信信息基础设施体系。（牵头单位：市科委、市经济和信息化局）

4. 推进区块链标准体系建设。鼓励科研机构、高等学校和企业发起或参与区块链国际、国家和行业标准制修订工作，加快研制面向核心技术的基础性、关键性和安全类标准，提升国际话语权和规则制定权。（牵头单位：市科委、海淀区政府，配合单位：市经济和信息化局、中关村管委会）

5. 建设国际一流的区块链新型研发机构。整合科研机构、高等学校和企业力量，成立北京区块链研究院，纳入本市新型研发机构体系；加快在区块链理论、方法、工具、系统等方面取得变革性、颠覆性突破，产出一批具有国际领先水平的原创性理论成果和关键技术。（牵头单位：市科委，配合单位：海淀区政府）

（二）需求带动，建设落地一批多领域应用场景

6. 推动政务服务“数据共享，业务协同”。推进基于区块链的政务服务共性基础设施建设，助力政务数据跨部门、跨区域可信共享，提高业务协同办理效率。率先聚焦不动产登记、京津冀“一网通办”、财税领域统一电子票据等场景开展示范应用，减环节、减材料、减跑动、减时限，提升企业和群众的获得感。（牵头单位：市政务服务局，配合单位：市财政局、北京市税务局等）

7. 促进金融服务“多方互信，降本增效”。围绕传统金融服务信息校验复杂、成本高、流程长等痛点，推动在供应链金融、资产证券化、跨境支付、贸易融资、智能监管等领域落地一批应用场景，支持相关项目申报金融科技创新监管试点（监管沙箱），促进政府、市场、机构之间多方互信和高效协同，提升金融服务效能。（牵头单位：市金融监管局，配合单位：中关村管委会等）

8. 加快信用信息“可信采集，可信共享”。基于全市信用信息平台，利用区块链技术实现社会信用监管，提供公共信用服务。创新政府与社会信用数据的采集融合、信息共享、监测评价和自主应用，构建共建、共治、共享的社会信用体系，在医疗、家政、招聘等领域形成基于区块链的信用应用创新示范模式。（牵头单位：市经济和信息化局）

9. 赋能城市管理“可信互联，精细治理”。探索区块链技术在城市交通、电力、水利、信息等基础设施建设中的应用，在公众绿色出行碳普惠示范、城市水资源可信监测等方面调动多方主体积极参与，推动城市数据的可信融通共享，促进城市资源的高效管理和有效配置，提升城市管理数字化、智能化、精细化水平。（牵头单位：市城市管理委、市交通委、市水务局）

10. 推进公共安全“全程可查，流程可溯”。面向食品、危险废物、应急装备物资、救援资金等重点管理对象，推动区块链技术在行政执法、数据存证和追溯管理等场景中的应用，强化安全风险分析评估和预警能力，增强政府部门存证、监管、执法、追责的透明度和便利性，提高数字社会公共安全管理水平。（牵头单位：市市场监管局、市农业农村局、市生态环境局、市应急局、市公安局）

11. 助力卫生健康“可信共享，存证溯源”。围绕数据安全、过程可靠、监管合规的医疗卫生管理体系建设需求，探索打造区块链技术应用场景；基于区块链技术数据共享、信息透明、智能可信等特点，探索其在医疗监管、疫苗管理、医疗废物管理及其他业务场景中的应用。（牵头单位：市卫生健康委）

12. 推动电商交易“高效透明，过程可溯”。推动区块链技术在商贸流通领域的应用，面向数字贸易、跨境贸易、在线零售等线上线下融合发展业务场景，提高交易主体、交易内容的可信度，提高交易过程的透明度、可溯性和安全性，提高交易效率，助力优化消费新供给。（牵头单位：市商务局、海淀区政府等）

（三）集聚发展，培育融合联动的区块链产业

13. 培育区块链创新企业集群。围绕构建区块链一体化产业链体系，打造具有全球影响力的创新型领军企业，培育一批独角兽企业和高成长性特色企业，为中小型创新企业提供应用场景支持，促进产业链上下游协同发展。积极对接国家有关部门和中央企业，推动其所属区块链研发机构落地北京。（牵头单位：海淀区政府、中关村管委会、市科委，配合单位：市经济和信息化局、朝阳区政府、通州区政府）

14. 打造区块链创新创业服务平台。支持科研机构、高等学校和企业共建联合实验室、技术转移中心等区块链协同创新平台，以成果转让、许可使用、作价入股等方式推进科技成果落地转化。支持区块链创新创业孵化载体建设，举办技术和产业创新竞赛，激发创新创业活力。（牵头单位：海淀区政府、中关村管委会，配合单位：市科委、市经济和信息化局、朝阳区政府、通州区政府）

15. 建设区块链产业创新发展基地。重点在海淀区、朝阳区、通州区等建设各具特色和优势的区块链产业创新发展基地，引进一批创新能力强、发展潜力大的区块链企业，健全完善配套服务体系，在办公用房租金补贴、研发经费补助、人才引进等方面积极给予支持。（牵头单位：市科委，配合单位：市经济和信息化局、中关村管委会、海淀区政府、朝阳区政府、通州区政府）

16. 设立区块链产业投资基金。在本市科技创新母基金下设立区块链产业投资专项子基金，统筹政府投入和社会资本，积极支持区块链创新项目做大做强。建立区块链企业对接资本市场服务机制，鼓励优势企业上市融资。（牵头单位：市科委、海淀区政府，配合单位：市经济和信息化局、市金融监管局、中关村管委会、朝阳区政府、通州区政府）

17. 推进区块链产业联盟建设。围绕技术、应用和产业发展推进区块链产业联盟建设，吸引政、产、学、研、资、用等多方主体加入，在区块链技术、成果、应用、标准、培训、评测等方面开展交流合作，构建协同创新、互利共赢的产业生态。（牵头单位：中关村管委会、海淀区政府，配合单位：市科委、朝阳区政府、通州区政府）

（四）要素保障，建设领先的区块链人才梯队

18. 引进区块链全球顶尖专业人才。实施专项引才行动，大力支持引进区块链关键核心技术领域急需紧缺的海内外人才及创新创业团队。在高聚工程、北京学者等人才计划中，加大对区块链人才的引进、培育和支持力度，为符合条件的人才提供便利条件。（牵头单位：市人才局，配合单位：中关村管委会）

19. 培养区块链高水平创新人才。充分发挥高等学校学科专业优势，鼓励其加强与科研机构、企业协同合作，依托科研项目及实验室建设，深入推进学科交叉融合，完善高层次人才培养方案，开展研究生教育改革试点，促进区块链科研创新和人才培养有机融合，培养一批高水平复合型创新人才。（牵头单位：市教委）

20. 建立区块链人才培训体系。鼓励区块链企业创办企业大学，加快培养区块链系统架构师、开发工程师、测试工程师等专业技术人才。在全市专业技术人员知识更新工程、高精尖产业技能提升培训中，重点开展区块链相关培训。将区块链培训纳入干部教育培训体系，建设高素质专业化干部队伍。（牵头单位：市委组织部、市人力资源社会保障局，配合单位：市科委）

三、组织实施

（一）加强组织领导

成立由市领导牵头的区块链工作推进小组，协调解决区块链技术和产业发展中的重大问题。工作推进小组下设办公室，成立工作专班，推动行动计划的落地实施。整合领域专家资源，建立“委办局＋专家组”的“1+1”工作机制，开展技术咨询、方案论证、过程指导等工作。（牵头单位：市科委）

（二）强化资金支持

聚焦前沿基础理论、自主可控核心技术等原始创新和底层开源技术平台、可信信息基础设施建设，围绕区块链应用示范研究、创新孵化平台建设、专业人才引进及人才培养、培训，市区两级财政加大支持力度，坚持长短期投入相结合，鼓励创新主体积极参与产业基地建设，为区块链技术和产业发展提供有力保障。（牵头单位：市财政局、市科委，配合单位：市经济和信息化局、中关村管委会、朝阳区政府、海淀区政府、通州区政府）

（三）完善监管机制

按照包容审慎的监管原则，探索制定区块链技术与应用管理相关政策规章，研究完善区块链风险管理机制。加大对代币发行融资活动的监管力度，保护投资者权益，防范系统性风险。在区块链技术研发、应用中加强数据监管，依法保护个人和商业信息。（牵头单位：市科委，配合单位：市司法局）

（四）营造良好氛围

加强区块链应用示范工程的推广推介，普及区块链基础知识。大力宣传区块链领域的先进典型，营造区块链技术和产业发展的良好舆论环境。（牵头单位：市科委、海淀区政府）

北京市人民政府办公厅印发《关于加快推进北京市社会信用体系建设构建以信用为基础的新型监管机制三年行动计划（2020—2022年）》的通知（节选）

京政办发〔2020〕27号

各区人民政府，市政府各委、办、局，各市属机构：

《关于加快推进北京市社会信用体系建设构建以信用为基础的新型监管机制三年行动计划（2020–2022年）》已经市政府同意，现印发给你们，请认真贯彻落实。

北京市人民政府办公厅

2020年12月29日

关于加快推进北京市社会信用体系建设构建以信用为基础的新型监管机制三年行动计划（2020—2022年）

为进一步改革优化营商环境，加强本市社会信用体系建设，推动首都治理体系和治理能力现代化，根据《国务院关于加强和规范事中事后监管的指导意见》（国发〔2019〕18号）、《国务院办公厅关于进一步完善失信约束制度构建诚信建设长效机制的指导意见》（国办发〔2020〕49号）、《国务院办公厅关于加快推进社会信用体系建设构建以信用为基础的新型监管机制的指导意见》（国办发〔2019〕35号）精神，结合实际，制定本行动计划。

一、总体要求

（一）指导思想

以习近平新时代中国特色社会主义思想为指导，全面贯彻党的十九大和十九届二中、三中、四中、五中全会精神，深入贯彻习近平总书记对北京重要讲话精神，坚持新发展理念、坚持深化改革开放、坚持首善标准，创新监管方式、提高监管效能、降低监管成本，全面构建贯穿市场主体全生命周期，衔接事前、事中、事后全监管环节的新型监管机制，进一步规范市场秩序，优化营商环境，推动首都高质量发展。

（二）建设目标

到2022年，基本形成以信用为基础的新型监管和治理机制，信用监管政策制度和标准体系比较完备，信用数据共享机制日臻完善，信用监管科技化、智能化水平显著提升，信用监管方式在重点行业和领域得到充分应用，在提升对市场主体服务和监管水平、降低监管和治理成本、改革优化营商环境、提高社会治理能力等方面成效显著，社会诚信意识普遍提升。

二、重点任务

（一）夯实信用建设基础

1. 完善信用信息归集机制。依托市大数据平台，加快市公共信用信息服务平台二期建设，完善全市统一的信用联合奖惩信息管理系统，实现与各行业业务系统的嵌入式对接。基于大数据目录区块链，制定全市统一的信用信息采集和分类管理标准，编制《北京市公共信用信息目录》。完善与信用服务机构、金融机构、社会组织等各类社会主体的信用信息共享合作机制，促进公共信用信息和社会信用信息融合互动。

2. 全面建立信用信息记录。各有关部门在办理注册登记、进行资质审核、开展日常监管、提供公共服务等过程中，以统一社会信用代码为标识，及时、准确、全面记录市场主体信用行为，特别是将失信记录建档留痕，形成完整的市场主体信用记录，做到可查、可核、可溯。建立信用信息异议处理机制，由信息提供单位对异议信息进行核实，经核实有误的信息应及时更正或撤销。在保护公共安全、国家秘密、商业秘密和个人隐私的前提下，依法依规公开信用信息。

3. 优化信用信息社会化服务。进一步优化完善“信用中国（北京）”网站、市企业信用信息网，为信用服务机构、社会公众提供信用信息查询服务，不断丰富服务方式，拓宽服务渠道，重点披露失信被执行人、行政许可、行政处罚、经营异常名录、严重违法失信企业名单、商品质量等信息。依托市大数据平台，进一步完善市企业信用信息网的企业信用信息归集、共享机制，拓展信用信息服务场景，为市场主体和社会公众提供便利的企业信用信息服务。

4. 建立健全信用信息自愿注册制度。在“信用中国（北京）”网站和市企业信用信息网开发市场主体信用信息自愿注册功能，研究制定鼓励市场主体自愿注册信用信息的激励措施。各有关部门应引导市场主体自愿注册资质证照、市场经营、合同履约、社会公益等信用信息；市场主体应对信息真实性作出公开承诺，并授权网站对相关信息进行整合、共享与应用。

（二）创新事前环节信用监管

5. 建立健全政务服务事项信用承诺制度。在除直接涉及国家安全、公共安全和人民群众生命健康以外的行业、领域，推行政务服务事项办理告知承诺制，编制《告知承诺事项清单》，对清单中的事项应一次性告知申请人办理条件、标准、技术要求、所需材料；申请人以书面（含电子文本）形式承诺其符合办理条件，并承担违反承诺的相应后果后，有关部门依据告知承诺书直接作出同意决定。建立行政许可容缺受理机制，各有关部门根据实际情况，对于申请人信用状况较好、部分申报材料不齐备但书面承诺在 7 个工作日内提供的，应先行受理。各类违诺失信行为信息应当纳入信用记录，作为事中事后监管的重要依据。

6. 推动自律性信用承诺制度建设。支持行业协会商会和社会组织建立健全行业内信用承诺制度，积极引导市场主体主动作出综合信用承诺或产品服务质量等专项承诺，并将签署的信用承诺书向社会公开，接受社会监督。

7. 建立完善经营者准入前诚信教育制度。各有关部门应制定本行业领域经营者准入前诚信教育制度，充分利用各级各类政务服务窗口，广泛开展市场主体守法诚信教育。为市场主体办理注册、审批、备案等相关业务时，适时开展标准化、规范化、便捷化的法律知识和信用知识教育，提高经营者和重点岗位职业人群依法经营及诚信执业意识。开展诚信教育不得收取费用，不得作为市场准入的必要条件。

8. 积极推广信用报告应用。引导各类市场主体在生产经营活动中更广泛、主动地应用信用报告。在政府采购、招标投标、行政审批、市场准入、资质审核等事项中，充分发挥公共信用服务机构和第三方信用服务机构出具的信用报告作用。按照国家统一部署，推动信用报告结果实现异地互认。

（三）加强事中环节信用监管

9. 建立完善信用分级分类监管制度。各有关部门研究制定以信用为基础的分级分类监管制度，编制本行业、本领域的信用评价指标体系、信用分级分类标准等。依据市公共信用信息服务平台形成的公共信用评价结果，利用多渠道归集的信用信息，结合行业管理数据，对监管对象进行信用分级分类，在“双随机、一公开”等监管工作中采取差异化监管措施。

10. 研究制定信用监管信息公示制度。在行政许可、行政处罚信息集中公示的基础上，研究推进行政强制、行政确认、行政征收、行政给付、行政裁决、行政补偿、行政奖励和行政监督检查等其他行政行为信息 7 个工作日内公开公示；推动在司法裁判和执行活动中应当公开的失信被执行人、虚假诉讼失信人相关信息通过适当渠道公开，在不危及国家安全、公共安全、经济安全、社会稳定，不侵犯商业秘密、个人隐私的前提下，做到“应公开、尽公开”。

11. 探索建立重点关注对象名单制度。在重点行业和领域对存在失信行为但尚未达到失信联合惩戒对象认定标准的市场主体，探索建立重点关注对象名单制度和相关管理规范，实施与其失信程度相对应的监管措施。

（四）完善事后环节信用监管

12. 完善信用联合奖惩机制。完善信用联合奖惩对象名单管理办法和全市统一的信用联合奖惩对象清单、行为清单、措施清单。各有关部门应依法依规对信用联合奖惩对象分别采取激励性、惩戒性措施，对与人民群众生命财产安全直接相关的重点领域实施严格监管，视情节在一定期限内实施市场和行业禁入措施。鼓励和引导行业协会商会、社会组织、商业机构等为信用状况良好的市场主体提供行业性、市场性激励措施。

13. 建立完善信用修复制度。对于完成信用修复的失信市场主体，按程序停止公示其失信记录，终止实施联合惩戒措施。鼓励符合条件的第三方信用服务机构向失信市场主体提供信用报告、信用管理咨询等服务。

（五）组织开展信用监管支撑系列专项行动

14. 开展技术创新驱动专项行动。探索和推动区块链技术在信用领域的规模化应用，构建社会信用区块链体系，形成以数据定义信用的管理与技术体系，充分发挥信用信息记录数据在分级分类监管规则中的应用。探讨利用智能合约机制，实现敏感数据“可用不可见”，推动信用数据有序流动和运转。

15. 开展信用监管大数据应用专项行动。鼓励各区、各部门结合实际，依托国家“互联网 + 监管”系统和市大数据平台，依法依规与信用服务机构合作，建立信用领域大数据监测机制，提升信用信息数据分析、风险研判预警和应急处置能力。支持各区在基层治理、商圈发展等方面深入应用大数据开展信用监管。

16. 开展行业组织和信用服务机构协同监管专项行动。支持行业协会商会开展行业信用建设和信用监管，加大行业失信惩戒力度，根据企业失信情节轻重在行业内实施通报批评、公开谴责、不予接纳、劝退等惩戒措施。鼓励行业协会商会建立会员信用记录，开展信用承诺、信用培训、诚信宣传、诚信倡议等活动。引导行业协会商会与信用服务机构在信用记录归集、信用信息共享、信用大数据分析、信用风险预警、失信案例核查、失信行为跟踪监测等方面开展合作。推动征信、信用评级、信用保险、信用担保、履约担保、信用管理咨询及培训等信用服务发展。

17. 开展个人诚信体系建设与守信惠民专项行动。探索依据个人公共信用信息，构建个人诚信激励机制，鼓励各行业和领域面向重点岗位职业人群等开展试点应用。支持社会机构开展信用 + 医疗、信用 + 交通、信用 + 消费等惠民创新应用，促进个人诚信激励机制在公共服务、市场交易、社会生活等领域拓展应用场景。

18. 推进京津冀信用监管协同机制建设。以交通、旅游、生态环境等行业领域为重点，推进京津冀统一的信用监管政策制度和标准体系建设，加强信用监管信息共享，支持社会机构合作建设“京津冀信用科技实验室”，促进信用评价和分级分类监管、信用惠民便企服务在京津冀区域的联合创新应用。

三、保障措施

（一）强化组织领导。加大推进信用监管工作统筹协调力度，进一步明确负有市场监管、行业监管职责部门的主体责任，加强信用监管与其他“放管服”改革事项衔接，加快完善相关配套制度。各区应强化区级社会信用协同推进机制，制定工作方案，明确职责分工，狠抓任务落实。持续开展各区、重点行业和领域信用状况第三方监测。

（二）推进试点示范。鼓励各区、各部门围绕信用承诺、信用分级分类监管、信用惠民便企应用、信用大数据开发利用等重点工作，加强与社会机构合作，积极开展信用建设和信用监管试点示范，形成可复制、可推广的经验。

（三）加强法治保障。加快推动《北京市社会信用条例》立法工作，完善信息安全保障体系。严格落实保护国家经济安全、信息安全，以及保护企业商业秘密、个人隐私方面的法律法规和管理制度。

（四）做好宣传解读。各区、各部门要通过多种渠道和形式，深入细致向市场主体做好政策宣传解读工作。要加强对基层和一线监管人员的指导和培训，加强对重点职业人群的诚信教育，深化校园诚信教育。组织媒体积极宣传信用监管措施及成效，营造良好社会氛围。

附件：加快推进北京市社会信用体系建设构建以信用为基础的新型监管机制三年行动计划（2020—2022 年）重点任务分工（略）

北京市经济和信息化局关于印发《北京市关于促进北斗技术创新和产业发展的实施方案（2020年—2022年）》的通知

各有关单位：

为加强全国科技创新中心建设，促进我市北斗技术创新和应用推广，进一步推动我市北斗产业发展，我局组织编制了《北京市关于促进北斗技术创新和产业发展的实施方案（2020年—2022年）》，经报市政府批准，现予印发，请遵照执行。

特此通知。

北京市经济和信息化局

2020年2月19日

北京市关于促进北斗技术创新和产业发展的实施方案（2020年—2022年）

北斗卫星导航系统是国家重要的空间基础设施，随着全球组网时代的到来，北斗技术应用已进入产业化、规模化、大众化、国际化全面发展的新阶段。北京是我国北斗卫星导航系统的发源地，产业创新资源集聚，发展优势明显。近年来，我市北斗导航与位置服务产业发展环境不断优化，产业规模保持高速增长，在全国具有领先优势。未来几年，我市将紧紧围绕“四个中心”城市战略定位，抓住北斗迈向综合时空体系升级跨越发展的新机遇，打造全新亮点，推动卫星导航产业发展实现新突破。为加强全国科技创新中心建设，推动本市北斗技术创新和产业发展，特制订本实施方案。

一、总体要求

（一）指导思想

贯彻落实习近平新时代中国特色社会主义思想，以建设具有全球影响力的科技创新中心为引领，充分发挥北京在北斗导航与位置服务技术创新方面的资源优势，加强关键技术和核心部件研发攻关，引导北斗导航与位置服务领域的技术、人才、资本、服务等创新要素聚集发展，加快培育优势企业，建设新一代空间基础设施和重大应用场景，构建良好产业生态，以技术创新带动产业发展，为加快构建高精尖经济结构提供有力支撑。

（二）基本原则

需求引领，创新驱动。面向经济社会发展的重大需求，加强技术创新、商业模式创新和机制创新，不断提升产业发展水平和竞争力，促进北斗技术在国民经济和社会生产生活中发挥更重要的作用。

产用协同，融合发展。坚持“政产学研用”五位一体协同发展，以典型场景示范应用为切入点，带动北斗与新一代信息技术的创新应用；坚持多维度融合发展，构建技术成果转化机制，推进资金、技术等资源要素融合，辐射带动京津冀北斗产业发展。

政府引导，企业主导。发挥政府统筹引导作用，通过加速资源集聚、优化创新创业环境等方式，为北斗产业发展营造良好环境；发挥企业在产业创新中的主体作用，鼓励北斗产业链各环节优势企业做大做强，引导全市软件和信息服务企业及其合作伙伴采用北斗技术和产品。

（三）发展目标

到2022年，我市北斗导航与位置服务产业总体产值超过1000亿元，建设1个具有全球影响力的北斗产业创新中心，形成1套北斗产业融合应用的标准体系，建成时空信息服务覆盖超亿级的城市应用节点，实施100个左右精品应用解决方案和具有国际显示度及影响力的北斗应用服务样板，打造1个国际领先的新一代时空信息技术应用示范区，实现北斗系统在关系国家安全与国计民生的关键行业领域全面应用。

二、重点任务

（一）构建“两网两平台”服务体系，强化基础支撑保障

1. 提升“高精度 + 室内外”定位服务能力。建设高精度信号服务网。基于我市现有的北斗连续运营参考站，建设具备高稳定、高可靠、高连续、可扩展及服务多样性的高精度信号服务网络，并做好相应的高精度空间数据服务，保障全市室外实时精密定位精度优于 1 米，重点区域优于 5 厘米。（市经济和信息化局、市财政局）

建设重点区域室内定位网。基于多源信号融合与地标特征匹配、室内空间特征表征与位置服务、GIS（地理信息系统）与 BIM（建筑信息模型）的深度整合等核心技术，并与我市 5G 规划布局有机融合，建设室内定位与位置服务网络，保障我市顺义、亦庄等重点区域室内定位精度优于 3 米。（市经济和信息化局、顺义区政府、北京经济技术开发区管委会）

2. 发挥“服务 + 数据”公共平台价值完善北斗导航与位置服务产业公共平台。加强北斗导航与位置服务产业公共平台能力建设，提升公共开发环境、服务运营环境及室内外定位信号性能测试评估环境水平，为北斗应用提供实时连续的高精度信号服务、短报文运营服务以及位置信息增值服务。采取“插线板”式的开发模式，结合北斗示范工程建设，实现百万级的北斗终端应用及千万级活跃用户群的位置服务网络。（市经济和信息化局）

打造空间数据运营服务云平台。建设基于“北京二号”的空间数据运营服务云平台，统筹全球主要的对地观测数据，建设面向产业服务的智能化地球空间数据应用基础设施平台，提供卫星观测能力在线、空间海量数据在线、处理分析能力在线等功能，形成数据共享、信息流动的空间数据和卫星遥感应用产业创新运营服务模式，为北斗、地理信息、遥感等领域创新创业提供空间数据支撑。（市经济和信息化局、海淀区政府、顺义区政府）

（二）运用两种技术创新模式，推动产业融合发展

1. 北斗 + 位置服务。基于位置服务技术的授时定位、地图服务、个性化位置服务等产业是时空信息产业发展的核心驱动力。在授时定位方面，突破高精度低成本安全可信智能终端，推进高精度服务体系的应用，支持北斗技术的创新与产业化，改造提升金融、电力、轨道交通等涉及国家信息安全的传统产业，探索融合共享经济、工业互联网等新业态的新机遇。在地图服务方面，突破高精度室内外无缝导航地图、实时动态高精度导航地图，构建多样化出行服务体系，打通地图“最后一公里”服务。在个性化位置服务方面，以重点行业应用为牵引，推动大众消费的规模化应用，通过创新社会治理模式、深化大众生活位置服务应用、探索新的商业模式等，打造我市万亿规模的位置服务产业集群和信息消费集群，建立基于北斗时空信息服务的智能、便捷、精准、高效的现代生活空间。（市经济和信息化局、市委网信办、市科委、中关村管委会、海淀区政府、顺义区政府）

2. 物联网 + 北斗。突破结合窄带物联网协议的系列低功耗北斗技术，以及利用北斗 B2a 信号宽带特性进行多路径检测和消除技术，大幅提升复杂场景的定位精度。研发超低功耗、低成本、快速定位的北斗芯片及其 IP 核，形成物联网 + 北斗产品模组以及一体化芯片解决方案，并具备支持多个细分领域的后台协议，实现在智慧城市、智能物流、安防监控、智慧农业、资产监管、环境监测等领域的规模应用，为物联网产业高效连接赋能。（市经济和信息化局、市科委、中关村管委会、海淀区政府）

3. 人工智能 + 北斗。突破北斗芯片与陀螺仪、里程计等多传感器融合定位技术，全面提升 PNT（定位、导航、授时）服务的定位精度、可用性和抗多路径能力。研发适用无人系统的高性能、高精度、小型化并符合 AECQ100（汽车电子系统通用标准）的多模多频北斗 /GNSS（全球导航卫星系统）芯片，形成北斗高精度技术在智能网联汽车、无人机和小型机器人等领域深度应用解决方案，为人工智能产业连接未来赋智。（市经济和信息化局．市科委、中关村管委会、海淀区政府、北京经济技术开发区管委会）

4.5G+ 北斗。突破 5G 融合北斗的室内外无缝定位技术，持续提升室外到室内、地面到地下的无缝连接时空信息服务。研发面向 5G 手机的多传感器融合定位软件 IP 核及云端性能增强技术，构建高精度室内外无缝导航新型商业模式，形成面向大型活动现场服务和管理、大型展览馆、体育场及商场、停车场等场所，组合导航技术在行人和车辆等物体超前应用的解决方案，为 5G 产业建设生态赋力。（市经济和信息化局、市科委、中关村管委会、海淀区政府、顺义区政府）

（三）实施七大应用示范工程，打造智慧城市标杆

我市围绕“城市精细管理、城市安全运行、便捷民生服务、高效产业提升”已形成一批典型北斗应用示范，七大应用示范工程将通过增强高精度定位、助力万物互联，深化我市北斗技术创新应用成果，辐射带动京津冀北斗产业发展，形成一批“用得好”的应用服务样板，加快环首都经济圈建设。

1. 北斗＋城市生命线保障示范工程在市政管网领域，深度推广“北燃经验”。重点利用北斗实时快速的精准时间和空间位置获取技术，结合物联网、大数据、AR/VR 等技术，依托建设的基于北斗的市政物联网平台，实现市政管线（水、电、气、热等）基础信息获取、动态更新，以及在智能巡检、作业管理、设施普查、应急救援、灾害预警等环节的全面应用，实现城市综合管网资源管理数字化、可视化、智能化，全面提升市政管网全生命周期管理、风险管控水平和防灾减灾能力。（市经济和信息化局、市国资委、市城市管理委、市水务局）

2. 北斗＋城市精细化监控示范工程。在公共车辆方面，积极推进高精度应用。充分发挥我市在公交车、出租车、互联网租赁自行车、环卫车辆等领域形成的创新应用成果，进一步面向公共交通和城市管理各个领域，深入推进北斗高精度位置服务技术在城市交通管理、垃圾分类收集运输处理、精细化城管等方面的精准化应用，推动北斗高精度时间同步技术在我市轨道交通运营管理的普及化应用。（市交通委、市城市管理委、市国资委、市经济和信息化局）

3. 北斗＋城市安全运行示范工程。在安全监测领域，突破传统实现全过程管理。针对北京部分地区易发地质灾害和地表沉降灾害等问题，建设我市桥梁、隧道、大型和重要建筑物等城市基础设施的城市信息模型网（InternetofCIM）数据平台；突破传统监测方法，利用北斗高精度监测技术，建设全过程动态监测预警信息化网络，实现对城市基础设施、滑坡灾害、地面沉降、重大活动区域的实时安全监测、风险管控及精细管理。（市住房城乡建设委、市交通委、市经济和信息化局）

4. 北斗＋城市生态环境保护示范工程。在生态环境领域，建立城市综合监控体系。充分利用北斗导航定位、短报文通信等功能，结合遥感地理信息技术和物联网技术，搭建面向京津冀区域的“北斗＋高分＋生态环境”卫星应用服务平台，形成 PM2.5 监测和气象信息等精准保障产品，提升大气污染监测和气象信息保障的精度和时效性。在京津冀、冬奥会等相关区域进行示范应用，建立“定量遥感监测普查＋北斗终端详查”的综合城市生态环境综合监控体系和服务模式。（市经济和信息化局、市气象局）

5. 北斗＋智慧出行服务示范工程。在公共交通领域，集成信息提供智行服务。依托我市北斗高精度室内外无缝定位信号播发服务网络，完善实时公交、实时轨道交通数据，为用户提供覆盖全市公交、地铁、驾车、骑行、步行等混合出行方式的门到门一体化智行服务，提升智能化公共交通服务水平。采集并构建大型商场、运动场馆、交通枢纽等人流密集的重点公共区域高精度室内图，结合智能手机提供具有良好公众体验的室内外无缝导航服务。（市交通委、市经济和信息化局）

6. 北斗＋高效物流提升示范工程。在高效物流领域，率先推动无人配送、冷链运输。通过对具备条件的物流无人机、配送机器人、无人配送车等设备安装北斗定位 / 状态监控，结合惯性、视觉、动力等传感器，实现对无人设备的高精度定位和运行状态的实时监控，保障配送任务正确、高效、可控地完成。推动冷链物流运输车辆使用北斗监控系统，结合温度传感器、门磁传感器、视频监控等设备应用，实现运输状态、温度及作业场景实时监控，切实提高冷藏、冷冻食品安全保障水平。（市经济和信息化局）

7. 北斗＋智慧冬奥示范工程。在智慧冬奥领域，示范一批先进成果。围绕冬奥场馆搭建高精度位置服务网络，建设室内场馆及室外园区数字化地图及 VR 全景，实现精准的室内实时导航和人员实时定位，方便观众快速找到对应座位。建立冬奥赛区全空间信息系统及北斗智慧冬奥服务系统，实现针对冬奥场馆建设施工管理、物资储运、赛场与场馆运行、赛事服务保障等方面的北斗综合应用示范，并推动形成赛后可持续发展的商业模式。围绕冬奥会应用需求，在交通运行、安保服务、环境质量监测等重点领域推动一批先进成果示范。（市经济和信息化局、朝阳区政府、延庆区政府、北京冬奥组委相关部门以及相关场馆业主单位）

（四）打造两个北斗特色基地，加快产业资源整合

1. 建设北斗产业创新基地。加强技术创新建设产业集群。以亦庄合众思壮卫星导航产业园区为核心，通过建设“一院两馆四平台”，即北斗新时空研究院、卫星导航应用体验馆及博物馆，以及协同创新平台、快速制造平台、位置数据运营服务平台、众创空间平台，形成产业创新发展综合服务能力，组织联合产业链各环节优势企业和机构力量，共同建设具有全球影响力的北斗卫星导航产业园，打造成为高水平、国际化、智能化的国家北斗时空产业核心集聚区。（北京经济技术开发区管委会、市经济和信息化局）

2. 建设北斗应用示范基地。加强应用示范带动成果转化落地。以顺义国家地理信息科技产业园为基础，通过建设“一中心、一基地、一园区”，即全国北斗综合应用示范展示中心、北斗科技教育培训实训

基地、北斗领域科技成果转化孵化产业园区，形成北斗创新成果转化推广服务支撑能力，吸收引进卫星导航领域创新应用成果，实现北斗在“城市精细管理、城市安全运行、便捷民生服务、高效产业提升”的开放应用，成为国家“北斗+”融合应用生态圈的核心示范区。（顺义区政府、市经济和信息化局）

三、保障措施

（一）加强统筹协调

由主管市领导牵头，市委网信办、市发展改革委、市科委、市经济和信息化局、市财政局、市人力资源社会保障局、市住房城乡建设委、市城市管理委、市交通委、市水务局、市国资委、中关村管委会、北京冬奥组委相关部门、市人才局、市气象局、朝阳区政府、海淀区政府、顺义区政府、延庆区政府、北京经济技术开发区管委会等部门共同参与，组成跨部门的创新管理机制和产业推进机制，在规划引导、政策支持、环境营造等方面加强指导，协调解决本市北斗产业发展过程中存在的重大问题。（各有关单位）

（二）建立多渠道资金扶持体系

充分利用现有财政资金渠道，发挥高精尖资金、区级财政资金作用，重点支持创新载体和重大应用场景建设。设立北斗产业发展基金，以并购、重组等方式支持北斗新企业的培育、创新型企业的成长和典型应用解决方案企业。积极拓宽融资渠道，支持市属国有企业引入多元投资主体参与北斗产业建设。（市财政局、市经济和信息化局、市国资委）

（三）加大应用推广政策支持力度

用好用足政府购买服务、首台套/首购等政策措施，推动重点领域、重点行业北斗产品的国产化替代和标配化应用。实施“北斗+”创新应用场景示范工程专项，推动北斗技术的深度应用。支持北斗与5G、物联网、人工智能、区块链等新兴产业的融合应用，建设新一代时空信息技术应用示范区。（市财政局、市发展改革委、市经济和信息化局）

（四）完善人才引进和培养机制

引进北斗领域科研产业创新人才，用好高精尖人才引进政策以及领军人才引进计划，支持北斗领域高端人才引进。发挥首都科技创新资源集聚优势，鼓励校企进一步合作，培养一批具有国际竞争力的北斗领域高端技术人才和综合应用类人才。（市人才局、市人力资源社会保障局、市经济和信息化局）

（五）筑牢位置信息安全防护

构建北斗位置信息安全保障体系，促进北斗终端、服务平台与安全产品的全方位多维度对接，实现终端使用、平台运行、运营服务、应用流转、数据存储等环节的安全防护，保护国家重要信息资源安全。（市经济和信息化局、市委网信办）

（六）加强产业宣传和科普

依托产业联盟和行业协会，加强宣传和交流，引导企业用足用好各项政策。建立北斗科普教育基地，弘扬传承北斗精神和内涵，提升北斗的知名度和品牌影响力。（市经济和信息化局、市科委）

北京市经济和信息化局关于印发《北京市促进数字经济创新发展行动纲要（2020—2022年）》的通知

各有关单位：

为加快推动北京市数字经济创新发展，打造全国数字经济发展先导区和示范区，经市政府同意，现将《北京市促进数字经济创新发展行动纲要（2020—2022年）》印发你们，请结合实际认真贯彻落实。

特此通知。

北京市经济和信息化局

2020年9月22日

北京市促进数字经济创新发展行动纲要（2020—2022年）

为贯彻落实党中央、国务院关于大力推进数字经济发展的战略部署，充分发挥北京市数字产业化和产业数字化优势基础，加快数字技术与经济社会深度融合，促进数据要素有序流动并提高数据资源价值，进一步提升我市数字经济发展水平和治理能力，打造成为我国数字经济发展的先导区和示范区，制定本行动纲要。

一、总体要求

坚持以习近平新时代中国特色社会主义思想为指导，全面贯彻党的十九大、十九届二中、三中、四中全会精神，牢固树立创新、协调、绿色、开放、共享的发展理念，立足北京市“四个中心”功能定位，体系化构建数字经济发展体制机制，全面提升基础设施支撑能力、技术产业协同创新能力、产业数字化转型能力、安全保障能力，坚决推动数据要素有序流动和培育数据交易市场，大胆探索关键领域对外开放及跨境数据流动等新模式新业态，积极稳妥推进与国际数字经济、数字贸易规则对接，引领和赋能国内数字经济发展，将北京市建设成为国际数字化大都市、全球数字经济标杆城市。

二、工作目标

数字经济发展水平持续提高，打造成为全国数字经济发展的先导区和示范区。到2022年，数字经济增加值占地区GDP比重达到55%；基础设施建设及数字产业化能力不断夯实提升，建设完善的数字化产业链和数字化生态；一二三产业数字化转型持续深化，中小企业数字化赋能稳步推进，产业数字化水平显著提升；基本形成数据资源汇聚共享、数据流动安全有序、数据价值市场化配置的数据要素良性发展格局；突破制约数字经济发展的体制机制约束和政策瓶颈，建立数字贸易试验区，开展数据跨境流动安全管理试点，构建适应开放环境的数字经济和数字贸易政策体系。

三、重点工程

以全面推动北京市数字经济高质量发展为方向，围绕基础设施建设、数字产业化、产业数字化、数字化治理、数据价值化和数字贸易发展等任务，开展如下工程：

（一）基础设施保障建设工程

构建高带宽、广覆盖的空天地一体化网络体系，提升5G网络、千兆固网、卫星互联网等网络覆盖水平和服务质量；建设国际领先的新一代超算中心、新型数据中心、云边端设施等数据智能基础设施；建设支撑跨境数据流动、数据交易等领域完善的安全防护基础设施，探索应用区块链、多方安全计算等技术提升数据流通安全保障能力。

（二）数字技术创新筑基工程

加快“三城一区”科技创新能力建设，鼓励央地企业、科研院所协同创新，推动建设世界级研发机构和创新中心；超前布局6G、量子通信、脑科学、虚拟现实等前沿技术，占据创新制高点，全面提升数字经济技术创新能力；坚持应用牵引、体系推进，组织数字化转型关键技术揭榜挂帅，突破集成电路、高端软件等数字技术领域重点“卡脖子”环节；继续加强云计算、边缘计算、大数据、人工智能、区块链、物联网等核心数字技术和网络技术的引领能力；聚焦数字孪生体专业化分工中的难点和痛点，开展数字孪生创新计划；推动建立融合标准体系，加快数字化共性标准、关键技术标准制定和推广。

（三）数字产业协同提升工程

发挥北京市科创中心优势，继续做大做强软件和信息服务业、电子信息制造业等数字产业，培育壮大和引进落地一批行业龙头企业、“单项冠军”企业以及创新型企业，布局一批战略性前沿产业，积极引领北京和国内相关产业发展。探索建设国际化开源社区，培育具有国际竞争力的开源项目和产业生态，汇聚创新资源，赋能数字产业建设。面向5G、工业互联网、北斗导航与位置服务、集成电路、云计算、大数据、人工智能、网络与信息安全等领域打造国际一流的产业集群，发挥集聚引领、产业协同和辐射带动效应，推动大中小企业融通发展，为提升我国数字产业能级发挥核心牵引作用。

（四）农业、工业数字化转型工程

围绕农业供给侧结构性改革、农业高质量发展等乡村振兴战略任务，发展数字田园、AI种植、农业工厂，推进农产品电子化交易，开展农业物联网应用示范基地建设，形成一批数字农业战略技术储备和产品储备，推进智慧乡村建设；推动农村地区公共服务资源的数据化和在线化，创新服务资源融合共享机制，加大涉农部门信息资源和服务资源整合力度，建设智能化的农业生产资源信息化管理平台，大力推进农业数字化转型和农村数字经济发展。

支持传统工厂开展数字化改造，推动工业数据分类分级、采集、汇聚、共享和数据管理能力成熟度评估工作，提升工业企业数字化水平，打造智能制造标杆工厂。促进5G、工业互联网、人工智能、大数据等技术融合应用，加快形成一批可复制、可落地的数字化解决方案，推动北京市制造业高端化发展。着力培育服务型制造业、个性化定制等新业态新模式，鼓励企业利用新一代信息技术创新生产、组织和商业模式。引导工业龙头企业、工业互联网平台企业与中小微企业进行供需对接，提供多层次、多样化服务，为中小微企业数字化转型赋能。

（五）服务业数字化转型工程

支持互联网企业与医疗机构协同创新，整合线上线下医疗资源，建设互联网医院，开展远程诊断和健康管理服务。全面推进医疗机构电子病历共享和电子医学影像共享，建立共享数据资源库和智慧医疗健康大数据平台。

鼓励和支持各类平台型企业运用数字技术开展云课堂等智慧教育业务，探索教育新模式。引导学校与平台型企业合作开发优质线上教育产品，在部分学校试点开展互联网教学，推进智慧校园建设。推进教育资源共享平台建设，实现优质资源汇聚共享。

发挥北京金融机构总部密集优势和国家级金融科技示范区引领作用，推动在供应链金融、资产证券化、跨境支付、贸易融资、智能监管等领域落地一批应用场景，打造标杆性金融科技企业和创新示范，促进政府、市场、机构之间多方互信和高效协同，提升金融服务效能。

探索智慧交通、智慧社区、智慧物流、智慧零售等智慧城市应用场景，运用新一代信息技术在数字经济、社会精准治理领域开展应用试点示范，打造服务业数字化转型全国高地，赋能新型智慧城市建设。

（六）数字贸易发展赋能工程

加强对数字贸易龙头企业多元化支持，推动一批数字贸易跨国企业总部、研发中心和运营中心等重大项目落地。建设数字服务贸易孵化平台，吸引和培育数字贸易中小企业集群化发展。搭建数字贸易服务平台，提供数字贸易大数据管理、政策咨询、分析预警、信用服务、金融服务、知识产权、人才培养等服务功能，实现对中小企业数字化赋能。发挥“中国国际服务贸易交易会”等国际会展交易平台功能，促进数字贸易发展。

（七）数据交易平台建设工程

组建大数据交易所，建立健全数据交易规则、安全保障体系和平台监管机制，开展数据交易商业模式创新试点，推动数据交易供给侧和需求侧双向驱动改革。培育数据市场，推动多行业、多领域、跨部门、跨层级数据有序流通，实现数据资源化、资产化、资本化。构建数据交易生态，实现数据价值最大化，释放数据红利，提升数字经济效益。

（八）数据跨境流动安全管理试点工程

探索数字经济、数字贸易相关管理制度创新，加快推进在数字贸易试验区先行先试，努力打造符合我国国情、与国际接轨的科技创新监管工具。针对数字服务贸易领域商业存在、跨境交付、境外消费、自然人移动等贸易形态涉及的跨境数据流动、数据保护能力认证等内容，最大限度放宽和创新管理政策机制，营造安全开放的发展新环境。

（九）数字贸易试验区建设工程

立足中关村软件园国家数字服务出口基地、金盏国际合作服务区、自贸区大兴机场片区构建“三位一体”数字贸易试验区，加快形成一批高端数字经济新兴产业集群，打造对外开放国际合作新窗口，构建数字贸易跨境服务支撑体系。开展跨境数据分类分级，建立数据跨境流动规则、安全保护及风险管控机制，推动跨境数据安全有序流动；在数字经济新业态准入、数字服务、国际资源引进、跨境电商等领域开展试点，集聚一批数字贸易企业和示范项目；推动数字贸易重点领域政策创新，打造守正开放、包容普惠的数字经济和数字贸易营商环境。

四、保障措施

（一）建立健全责权统一、分工明确的推动落实机制。各责任主体将相关任务纳入年度计划，加强落实。建立专家咨询委员会，在研究制订战略规划、实施方案、技术途径、重点技术攻关等领域加强论证，提高决策科学化水平。

（二）加快制定相关政策。支持数字经济领域的龙头企业和创新企业拓展融资渠道，打通相关产业链；用好用足北京市相关先行先试政策，研究制定相关新技术新产品示范应用支持措施，积极在北京市重点建设工程项目中应用。

（三）完善人才储备和培养机制。鼓励校企进一步深入合作，培养一批具有国际竞争力的相关产业技术人才和技能型人才，以多种方式吸引相关人才和创新创业人才，吸引海外高端专业人才来京发展。

北京市经济和信息化局关于印发《北京市氢燃料电池汽车产业发展规划（2020—2025年）》的通知

各相关单位：

为加快本市氢燃料电池汽车产业发展，推动氢燃料电池汽车产业集群建设。我局研究制定了《北京市氢燃料电池汽车产业发展规划（2020—2025年）》。经市政府同意，现予印发，请遵照执行。

北京市经济和信息化局

2020年10月29日

北京市氢燃料电池汽车产业发展规划（2020—2025年）

为深入贯彻国家关于发展新能源汽车产业的决策部署、落实市委市政府关于发展氢燃料电池汽车的指导意见，充分发挥北京市科技创新资源优势，促进北京市氢燃料电池汽车产业创新发展，特制定本规划。

一、发展现状及面临形势

（一）国内外产业发展现状及形势

从国际看，各发达国家积极推进氢燃料电池汽车产业布局、技术研发及配套设施建设，美、日、欧等主要国家和地区将氢燃料电池汽车纳入国家或地区发展战略体系，设立研发专项，开展试点示范，并制定各类政策，以求在氢燃料电池汽车推广和基础设施建设方面抢占先机。截至2019年年底，国外氢燃料电池汽车累计销售17702辆，氢燃料电池汽车产业已进入加速发展的新阶段。

从国内看，近年来国家陆续出台汽车领域多项政策规划，支持燃料电池汽车的示范推广和产业培育。在产业链建设方面，已初步形成京津冀、长三角和珠三角等氢燃料电池汽车产业集群，带动越来越多的企业将氢燃料电池汽车纳入发展计划。截至2019年年底，我国氢燃料电池汽车产业链企业超过400家，基本形成了产业链体系雏形。在核心技术方面，已基本掌握氢燃料电池汽车及其关键部件等核心技术，形成了氢燃料电池电堆、发动机系统和储氢、供氢系统等关键部件的配套研发体系，具备氢燃料电池汽车动力系统平台与整车生产、试验能力。在推广应用方面，我国通过与联合国开发计划署（UNDP）“中国燃料电池公共汽车商业化示范项目”的合作，积累了运营经验。同时，国家拟采取“以奖代补”的方式支持氢燃料电池汽车产业发展。截至2019年年底，我国累计生产氢燃料电池汽车突破5000辆，建成加氢站60余座。

总体来看，氢燃料电池汽车已成为全球能源转型和汽车动力转型的重大战略方向，我国氢燃料电池汽车产业也将进入快速发展期。在此趋势下，北京市应把握机遇，发挥优势、明确发展策略，加快培育和发展氢燃料电池汽车产业，将其打造成为北京市科技创新的一张新名片。

（二）北京市产业发展基础和优势

经过近二十年的产业培育和发展，北京市氢能与燃料电池汽车产业布局核心要素基本齐全，产业生态圈初具雏形。北京市在科技创新、产业基础、政策环境和市场腹地方面具备明显优势，能够有力支持氢燃料电池汽车产业发展。

一是高精尖科技创新优势。北京市拥有研发能力较强的世界一流高校和科研院所，聚集了一批行业技术领先的企业，具备高端技术资源和尖端人才资本的领先优势。清华大学、航天科技六院等知名高校及科研院所，长期在氢能、燃料电池及燃料电池汽车等相关领域开展研发，具备较好的研发基础和技术创新能力；商用车产品研发方面，属地车企开展国际合作，正积极开发续驶里程超过450公里的新一代氢燃料电池客车；燃料电池发动机、双极板等部分关键零部件技术处于国内领先水平。

二是产业发展基础良好。北京市氢燃料电池汽车产业链相对完善，已形成氢燃料电池整车、关键零部件、车载供氢系统、加氢站设备及车辆推广应用的产业链条体系。整车产品方面，规模化投产的氢燃料电池汽车可实现 −30℃低温启动、−40℃低温存放和停机自动保护，加注氢气15分钟，续航里程可达300公里以上；关键零部件方面，氢燃料电池电堆企业具备较强自主研发实力，电池电堆已实现国产化；车载供氢系统方面，自主研发的车载储氢瓶和车载供氢系统已广泛应用于国内不同品牌车辆。大流量高压减压装置、氢燃料系统高压管路已具备量产配套能力；加氢站设备生产及建设方面，属地企业已形成成熟的加氢站系统解决方案，并已在国内建成加氢站20余座；氢能保障方面，高纯度氢气制、储、运具备规模化投产能力；车辆推广应用方面，北京市氢燃料电池汽车推广示范初见成效，累计运营200辆团体客车、5辆公交车和165辆物流车，投运加氢站2座。

三是支撑和组织保障能力强。市委市政府高度重视氢燃料电池汽车产业发展，为氢燃料电池汽车的推广应用创造了良好的环境。2008年北京夏季奥运会首次开展氢燃料电池汽车示范运营，积累了重大赛事车辆推广组织管理经验，2022年冬奥会和冬残奥会将开展氢燃料电池汽车示范应用，为氢燃料电池汽车推广应用和产业发展带来重大契机。

四是周边腹地发展前景广阔。以北京市为核心的京津冀地区氢燃料电池汽车市场潜力较大，产业链资源禀赋互补，具备良好的协同发展基础。氢能供应方面，天津市立足石化产业资源优势，加快氢能制备和加氢设施建设。河北省积极培育氢气制、储、运、加和燃料电池产业集聚发展，具备丰富的可再生能源和工业副产氢优势，能够实现氢能制备和利用的产业生态闭环；市场方面，借助冬奥会重大工程示范应用，引领北京市及张家口、保定、雄安新区、天津港等津冀重点区域的氢燃料电池汽车应用场景充分释放，推动加氢基础设施布局建设，逐步带动氢燃料电池汽车在京津冀地区跨区域物流、长途客运等重点领域的应用，逐步扩大“柴改氢”在京津冀区域的应用。

二、总体要求

（一）总体思路

以习近平新时代中国特色社会主义思想为指导，深入贯彻《京津冀协同发展规划纲要》要求，牢牢把握首都城市战略定位，充分发挥北京科技、产业、人才优势，坚持创新发展理念，提升氢燃料电池汽车产业技术创新水平，培育具有核心竞争力的技术产品，协同津冀氢能供应和应用场景资源，开展氢燃料电池汽车示范应用，以示范推广带动产业发展。

（二）基本原则

坚持科学布局与协同发展相结合。立足北京市既有科研和产业基础，重点发展氢燃料电池汽车整车及其关键零部件核心技术、关键材料和高端装备制造。引导企业在京津冀地区布局，大力发展车用氢气制储运产业，推动京津冀形成跨产业、跨地区的产业生态协同发展体系。

坚持自主创新与开放合作相结合。把握世界氢燃料电池汽车发展趋势，依托首都科技资源和创新高地优势，着力突破高端装备和关键零部件“卡脖子”技术。充分利用全球创新资源，深层次开展国际科技合作与交流，探索合作新模式，引领我国氢燃料电池汽车技术创新水平整体提升。

坚持政府引导与市场驱动相结合。积极发挥政府在新兴产业培育初期的引导作用，完善政策支持体系，引领高精尖技术发展，推动企业间按市场规则加强产业和资本合作。以冬奥会等重大示范场景应用为牵引，促进形成绿色低碳、高水平、国际化的市场环境，推动氢燃料电池汽车规模化推广应用，扩大市场需求对产业发展的拉动作用。

坚持安全有序与规范高效相结合。以安全运营为首要原则，强化氢燃料电池汽车运行服务保障，形成全天候、系统化的氢能设施及车辆运行安全监控保障体系，筑牢首都安全红线。按照安全第一、便捷高效、优化审批的原则，完善加氢站建设和运营管理流程，努力构建布局合理、科学高效的加氢基础设施体系，保障氢燃料电池汽车安全高效运营。

（三）发展目标

1. 总体目标。以科技创新驱动为核心，强化政策引领和产业培育，努力把北京市建设成为具有国际影响力的氢燃料电池汽车科技创新中心、关键零部件制造中心和高端应用示范推广中心，在打造燃料电池汽车供氢链、产业协同发展链和车辆推广应用链方面夯实基础、筑成优势，着力打造“全球领先、国内尖端、区域协同、辐射发展”的氢燃料电池汽车产业创新高地。

2. 阶段目标。2023 年前，做好冬奥会和冬残奥会重大示范工程保障，培育 3 ～ 5 家具有国际影响力的氢燃料电池汽车产业链龙头企业，力争推广氢燃料电池汽车 3000 辆、建成加氢站 37 座，氢燃料电池汽车全产业链累计产值突破 85 亿元。

2025 年前，培育 5 ～ 10 家具有国际影响力的氢燃料电池汽车产业链龙头企业，形成氢燃料电池汽车关键零部件和装备制造产业集群，建设 2 家国际一流的氢燃料电池产业研发创新平台，推动科技创新与产业化落地深度融合，力争实现氢燃料电池汽车累计推广量突破 1 万辆、再新建加氢站 37 座（共计 74 座），形成城市公交、旅游客运、重型货运和中型物流相结合的推广结构，氢燃料电池汽车全产业链累计产值突破 240 亿元。

三、空间布局

立足环首都氢能供应体系，根据海淀区、北京经济技术开发区、延庆区、大兴区、昌平区和房山区等示范区不同的区域功能定位，依托其各自的氢燃料电池汽车产业既有基础，结合区域资源禀赋，构建“一环一轴两区多点”的氢燃料电池汽车产业布局新形态，通过产业链科技攻关补齐短板、构建环首都氢能供应体系、进一步推进氢燃料电池汽车在示范区、全市范围的推广应用。

环首都供氢链。按照“适度超前、远近结合、安全有序”的原则，优化氢能基础设施供应布局，鼓励社会资本参与氢能基础设施建设，立足房山区丰富的氢能制取优势，充分开发河北省张家口市、天津市等区域氢源供应互补能力，多渠道强化氢源保障，构建环首都供氢链。

产业链科技创新轴。依托清华大学、中国科学院等一流科研院所，聚合国内外氢能产业核心优势资源，培育和组建一批国际一流的氢能技术研发平台、检测平台，重点实验室等，构建沿海淀区—北京经济技术开发区的全国领先的氢能产业核心技术创新轴，以科技研发带动产业化落地，支持中央企业与科研机构研发合作，促进高精尖科技成果转化应用，进一步促进北京市氢燃料电池汽车产业有序、快速发展。

示范应用先行区。北部区域以冬奥会为契机，在延庆区率先开展氢燃料电池汽车示范运行，以点带面推动氢燃料电池汽车在延庆区公共领域推广应用；依托昌平区车辆高端制造和应用示范基地、技术创新与高精尖产品研发与制造平台，开展氢燃料汽车示范应用。南部区域依托中国（河北）自由贸易试验区大兴片区，集合大兴国际机场和货运物流集散中心优势，通过氢燃料电池汽车在机场巴士、货运物流等领域的推广应用，进一步将大兴区打造成为国际氢能示范区。

多点全面覆盖。立足环首都供氢链、产业链科技创新轴和示范应用先行区先行先试的发展成果，逐步拓宽全市范围内氢燃料电池汽车推广运行区域，逐步带动津冀地区跨区域物流、长途客运等重点领域的潜力释放，形成以北京市为核心的产业辐射、市场联动的发展态势。

四、主要任务

（一）打好氢燃料汽车创新攻坚战

依托既有科研院所，聚合国内外优势资源，按市场化模式运作，构建多层次、多元化、产学研协同的燃料电池汽车产业创新体系，以创新驱动产业化能力提升。聚焦产业关键环节的“卡脖子”技术难题，集中突破整车、氢燃料电池发动机、膜电极、质子交换膜、催化剂、氢气循环泵、高压管阀件、液氢制储运等核心技术，积极探索可再生能源电力制氢解决方案，开展制氢、储氢、运氢、加氢等安全技术研究，攻克车用液氢存储与应用技术。

（二）开展重点场景示范推广应用

借助北京冬奥会和冬残奥会契机，在核心赛区服务、外围服务保障、公共服务三个重点场景，开展氢燃料电池客车和货车的示范应用，做好赛事相关车辆和加氢基础设施赛后可持续利用的前瞻性规划。打造氢燃料城区公交、城郊公交、市政环卫示范车队，设立机场巴士示范线，组织开展京津冀地区重型车示范（载货车、渣土车、砂石骨料运输车等）。通过创建重点示范场景示范，引领氢燃料电池汽车产业发展。

（三）完善氢燃料电池汽车产业链

培育北京市燃料电池汽车发动机、氢瓶等关键零部件制造企业成为行业头部；引导企业布局氢能装备和关键零部件生产基地，做大做强氢燃料电池汽车产业关键零部件产业链。支持企业围绕膜电极、质子交换膜、催化剂、车载供氢系统等关键技术，打造创新创业集群。鼓励能源生产、供应和销售企业加快车用氢能基础设施布局建设，做好氢能产业基础设施配套。

（四）促进产业生态主体协同发展

鼓励产业生态主体深度合作，加强与央企、国企合作共建，整合产业生态键要素，在技术创新、研发生产、推广应用等方面开展深层次互动与协作，实现产业链补短、强化与扩充；结合延庆区、昌平区、海淀区、房山区、大兴区和北京经济技术开发区为重点示范区的发展定位，鼓励建设氢燃料电池汽车产业配套园区，结合各区产业基础及资源禀赋，凝聚产业链相关环节头部企业，支撑北京市燃料电池汽车产业集群建设。

（五）构筑国际产业交流合作高地

深度整合国内外创新要素资源，鼓励和支持重点企业与世界知名氢燃料电池和核心零部件企业及研发机构等开展跨国合作，建立联合研发平台，推进项目成果应用于北京冬奥会。发挥科研机构、高校等资源，与联合国工业发展组织（UNIDO）合作，建设集标准研究、技术研发、检测认证和技术交易为一体的国际氢能中心。鼓励国内外企业在基础材料、电堆及关键零部件、加氢站设备、液氢制储运等方面开展合作研究，对标国际先进企业，支持企业制定或发布国内外高水平专利与标准，形成一批具有全球影响力的原创成果和企业集群。搭建交流磋商机制，支持举办全球峰会、全球前沿技术交流大赛等，面向海外展示北京国际影响力，促进国际先进技术、原始创新技术的对接与转化，同时以平台为基础向天津、河北等地拓展氢能产业市场化、社会化服务。

（六）强化环首都多渠道氢源保障

按照“适度超前、远近结合、安全有序”的原则，充分发挥政府规划引导作用，鼓励社会资本参与氢能基础设施建设，优化氢能基础设施供应布局。立足北京房山区氢能保障优势，充分开发张家口市、天津市等区域氢源供应互补能力，构建环首都供氢链。推进绿电制氢、工业副产氢提纯等供氢保障项目；积极调动河北张家口可再生电力资源，为北京市提供安全可靠、经济高效的绿电制氢支撑。逐步引入可再生能源分布式制氢项目，推动深冷液态储氢运氢等前沿技术和先进装备应用，研究适宜长距离、大规模的储运氢技术，多渠道、多方式保障氢气供应。

（七）构建基础设施配套管理体系

重点完善公交车始末站点、环卫车停靠场站附近及城市物流集散地加氢站建设，鼓励企业建设加氢加气、加氢加油等多种形式合建站，支持建设具有自备制氢系统的加氢站，探索建设液氢储氢加氢站，保障公共服务领域氢能供给能力。落实主体责任，成立加氢站建设专项领导组织机构，明确本市加氢站的行业管理工作牵头部门，形成权责一致、规范有序、互相协调、运行高效的协同联动机制，研究制定氢气制储运和加注等实施方案和设计验收规范，制定加氢站建设审批、运营监管和安全管理等政策文件。

（八）赋能京津冀产业链联动发展

借助冬奥会、天津氢能应用示范中心、张家口可再生能源示范区、保定氢能产业链一体化示范城市建设契机，加强京津冀区域的制造链、供氢链、应用链和管理链的协同。加强京津冀地区燃料电池、车载供氢系统和加氢站方面合作，促进跨区域产业制造链条贯通。充分利用京津冀地区清洁电力及津冀的工业副产制氢潜力，打造区域供氢链。加强以跨区域物流和长途客车为重点的应用场景的潜力释放，联通京津冀跨区域市场应用链。加强京津冀地区氢燃料电池汽车和氢能运营体系管理，建设区域大数据监控平台，在应急管理响应、氢能供需调节、整车运行监控等方面形成联动管理机制，构建国内领先运营管理链。

（九）加大顶层政策培育支持力度

聚焦技术创新与氢能产业集群建设，在科技攻关和产业化落地、车辆购置、加氢站建设与运营等方面给予政策支持和资金保障。研究制定氢燃料电池汽车应用领域优先通行、优先发放专用营运额度等政策，全力保障氢燃料电池汽车产业发展和推广应用。

（十）强化关键环节产业安全监管

坚持北京政治中心城市战略定位，筑牢首都产业发展安全红线。建立安全保障工作机制，加强有关人员安全防患意识和事故应对能力，定期开展应急预案演习活动。加强氢能供应体系安全管理，制定完善相关制度和标准，加大对违规建设运营等行为的查处和惩治力度。

五、保障措施

（一）加强组织保障

充分发挥市新能源汽车联席会议制度的统筹协调作用，将氢能基础设施建设审批涉及的市城市管理委、市应急局、市消防救援总队、市市场监管局等单位纳入联席会议成员单位，形成市级协同推进工作机制。同时建立市、区协同推进工作机制和定期会商制度。切实加强对加氢站建设管理工作的组织领导，将氢能基础设施建设管理作为政府专项工作纳入议事日程，积极营造良好的产业发展环境。组建政府主管部门、整车和零部件供应商、加氢站建设和运营单位、行业专家参与的产业发展专家委员会，重点协助制定氢燃料电池汽车产业发展的技术路线和政策措施。

（二）加大金融支持

充分利用现有政府投资基金的引导作用，吸引和鼓励有条件的社会资本支持氢燃料电池汽车产业发展。进一步发挥市场资源配置作用，提升市场活力，激发产业主体发展潜力；搭建银企对接平台，鼓励和引导金融机构加大对氢燃料电池汽车产业企业重点项目的资金支持；支持企业在规范的互联网金融平台融资，支持产业链整车、关键零部件等相关企业上市、挂牌融资。

（三）促进人才发展

一是坚持以人为本，引导燃料电池汽车科技领军人才、关键技术人才向北京聚集，努力构建尖端科技人才涌现新格局；二是鼓励企业、科研院所开展国内外科技交流与合作，加快高层次研发人才、产业技术人才的培育；三是优化人才引进政策，在高聚工程、北京学者等人才计划中，积极落实燃料电池汽车产业人才相关政策奖励，对产业发展急需的尖端人才给予破格引进。

（四）做好宣传引导

拓宽宣传渠道，开展全方位、多角度的产业发展规划宣贯解读，支持举办具有国际影响力的氢能与燃料电池汽车产业发展论坛、研讨会和展览会，充分展现北京市氢燃料电池汽车产业的发展和创新成果，不断扩大北京在全球氢燃料电池汽车行业的影响力。积极开展氢能与燃料电池知识普及、应用引导、典范创建等主题宣传活动，利用互联网、展览会、公众活动等多种形式构建良好的社会推广舆论氛围。

附 录

本栏目采用表格形式，刊载2020年度北京市企业技术中心新创建名单、2020年北京市工业企业部分发明授权专利一览表和北京市部分工业企业名录。

2020 年度北京市企业技术中心新创建名单

序号	企业名称	序号	企业名称
1	北京中创信测科技股份有限公司	36	北京斯利安药业有限公司
2	北京中宸泓昌科技有限公司	37	北京首都在线科技股份有限公司
3	北京同有飞骥科技股份有限公司	38	云知声智能科技股份有限公司
4	紫光同芯微电子有限公司	39	中节能天融科技有限公司
5	云丁网络技术（北京）有限公司	40	北京世纪东方通讯设备有限公司
6	北京天智航医疗科技股份有限公司	41	北京世纪国源科技股份有限公司
7	北京泽华化学工程有限公司	42	航天云网科技发展有限责任公司
8	北京中航科电测控技术股份有限公司	43	金瓜子科技发展（北京）有限公司
9	北京博科测试系统股份有限公司	44	中金金融认证中心有限公司
10	北京广利核系统工程有限公司	45	北京极智嘉科技有限公司
11	北京英视睿达科技有限公司	46	北京因特睿软件有限公司
12	倍杰特集团股份有限公司	47	北京航天泰坦科技股份有限公司
13	中化环境控股有限公司	48	通号城市轨道交通技术有限公司
14	北京旭阳科技有限公司	49	网易有道信息技术（北京）有限公司
15	北京江河幕墙系统工程有限公司	50	北京合力亿捷科技股份有限公司
16	北京联合荣大工程材料股份有限公司	51	北京奇虎科技有限公司
17	北京市燃气集团有限责任公司	52	掌阅科技股份有限公司
18	北京金房暖通节能技术股份有限公司	53	北京睿至大数据有限公司
19	北京钢研高纳科技股份有限公司	54	北京掌趣科技股份有限公司
20	中国大唐集团科学技术研究院有限公司	55	北京亚鸿世纪科技发展有限公司
21	安泰环境工程技术有限公司	56	北京腾云天下科技有限公司
22	航天科工惯性技术有限公司	57	拓尔思天行网安信息技术有限责任公司
23	北京卫星制造厂有限公司	58	北京拓明科技有限公司
24	北京汽车集团越野车有限公司	59	北京轩宇空间科技有限公司
25	北京黎明文仪家具有限公司	60	北京安博通科技股份有限公司
26	北京格雷时尚科技有限公司	61	北京海誉动想科技股份有限公司
27	北京凯达恒业农业技术开发有限公司	62	北京博源恒芯科技股份有限公司
28	北京雁栖月盛斋清真食品有限公司	63	北京讯腾智慧科技股份有限公司
29	北京爱康宜诚医疗器材有限公司	64	国网电子商务有限公司
30	北京品驰医疗设备有限公司	65	北京交大微联科技有限公司
31	北京怡和嘉业医疗科技股份有限公司	66	北京明朝万达科技股份有限公司
32	北京远大九和药业有限公司	67	北京京东振世信息技术有限公司
33	甘李药业股份有限公司	68	北京京东乾石科技有限公司
34	同方药业集团有限公司	69	中云智慧（北京）科技有限公司
35	北京热景生物技术股份有限公司	70	北京神州数码云科信息技术有限公司

（续表）

序号	企业名称	序号	企业名称
71	北京中农富通园艺有限公司	99	北京京西重工有限公司
72	北京绿京华生态园林股份有限公司	100	北京威克多制衣中心
73	北京城建八建设发展有限责任公司	101	北京东方百泰生物科技股份有限公司
74	华润建筑有限公司	102	北京明略软件系统有限公司
75	中铁十八局集团北京工程有限公司	103	北京天拓四方科技有限公司
76	中交四公局第二工程有限公司	104	北京文思海辉金信软件有限公司
77	中交四公局第三工程有限公司	105	鲁班（北京）电子商务科技有限公司
78	北京建工路桥集团有限公司	106	完美世界（北京）软件科技发展有限公司
79	中国地质工程集团有限公司	107	北京梆梆安全科技有限公司
80	中国建筑标准设计研究院有限公司	108	北京数盾信息科技有限公司
81	中国寰球工程有限公司	109	艺龙网信息技术（北京）有限公司
82	北京博奥晶典生物技术有限公司	110	北京世纪好未来教育科技有限公司
83	国投信开水环境投资有限公司	111	北京帝测科技股份有限公司
84	北京城建中南土木工程集团有限公司	112	北京华海基业机械设备有限公司
85	北京硬创梦工场科技有限公司	113	北京深演智能科技股份有限公司
86	北京市市政工程设计研究总院有限公司	114	北京天润建设有限公司
87	有研工程技术研究院有限公司	115	北京阳光诺和药物研究股份有限公司
88	西门子（中国）有限公司	116	华电重工股份有限公司
89	华航环境发展有限公司	117	中国电建集团北京勘测设计研究院有限公司
90	北自所（北京）科技发展有限公司	118	中国恩菲工程技术有限公司
91	北京京安佳新技术有限公司	119	中国能源建设股份有限公司
92	北京北元电器有限公司	120	中国有色金属建设股份有限公司
93	北京六合伟业科技股份有限公司	121	中建二局安装工程有限公司
94	中冶赛迪电气技术有限公司	122	中铁建设集团基础设施建设有限公司
95	北京铝能清新环境技术有限公司	123	中铁六局集团丰桥桥梁有限公司
96	中科鼎实环境工程有限公司	124	北京擎科生物科技有限公司
97	北京朗新明环保科技有限公司	125	中国化学工程重型机械化有限公司
98	中石化催化剂（北京）有限公司	126	中国冶金科工股份有限公司

2020 年北京市工业企业部分发明授权专利一览表

申请号	WIPO 分类标引	专利权人名称	专利权人地址
CN2020114468629	计算机技术	中国搜索信息科技股份有限公司	东城区三元街 17 号 8 幢
CN2020114457145	计算机技术	北京百度网讯科技有限公司	海淀区上地十街 10 号百度大厦 2 层
CN2020114451825	计算机技术	北京百度网讯科技有限公司	海淀区上地十街 10 号百度大厦 2 层
CN2020114446206	测量	北京晶众智慧交通科技股份有限公司	海淀区曙光花园中路 11 号 9 层 901–B905、B911、B912
CN2020114418634	计算机技术	北京本源云建科技有限公司	通州区新华东街 116 号 3 号楼 4 层 81752 室
CN2020114418456	计算机技术	国网区块链科技（北京）有限公司	西城区广义街 7 号楼 5 层 5016
CN2020114412731	生物技术	博奥生物集团有限公司	昌平区生命科学园路 18 号
CN2020114412337	计算机技术	北京世纪好未来教育科技有限公司	海淀区中关村大街 32 号蓝天和盛大厦 1702–03 室
CN2020114410736	测量	北京雷信科技有限公司	延庆区中关村延庆园风谷四路 8 号院 27 号楼 1–94
CN2020114410721	测量	北京雷信科技有限公司	延庆区中关村延庆园风谷四路 8 号院 27 号楼 1–94
CN202011440717X	装卸	北京航天新立科技有限公司	海淀区永定路 50 号
CN202011440555X	生物技术	北京健为医学检验实验室有限公司	昌平区回龙观镇科学园路 30 院 1 号楼 5 层 501 室
CN202011439600X	计算机技术	北京左医科技有限公司	西城区高梁桥路 6 号 2 层 A 区（T4）02A1
CN2020114388060	电机、电气装置、电能	北京天地玛珂电液控制系统有限公司	顺义区林河南大街 27 号（科技创新功能区）
CN2020114376025	计算机技术	中国搜索信息科技股份有限公司	东城区三元街 17 号 8 幢
CN2020114373597	计算机技术	北京百度网讯科技有限公司	海淀区上地十街 10 号百度大厦 2 层
CN2020114355866	计算机技术	北京易真学思教育科技有限公司	石景山区实兴大街 30 号院 3 号楼 2 层 A–2667 房间
CN2020114355832	生物技术	博奥生物集团有限公司	昌平区生命科学园路 18 号
CN2020114354702	计算机技术	北京基调网络股份有限公司	朝阳区霞光里 5 号 301 室
CN2020114353945	电机、电气装置、电能	中腾微网（北京）科技有限公司	朝阳区酒仙桥路 13 号 148 号楼 1 层 168 号
CN2020114350716	计算机技术	北京百度网讯科技有限公司	海淀区上地十街 10 号百度大厦 2 层
CN2020114338663	计算机技术	北京远鉴信息技术有限公司	海淀区西四环北路 158 号 1 幢 7 层 80001–2
CN2020114338502	半导体	北京芯可鉴科技有限公司	昌平区双营西路 79 号院中科云谷园 11 号楼一层
CN2020114338413	音像技术	首望体验科技文化有限公司	朝阳区化工路 59 号院 1 号楼 1 至 14 层 01 内 A 座十层 1106C 室
CN2020114337590	计算机技术	统信软件技术有限公司	大兴区经济技术开发区科谷一街 10 号院 12 号楼 18 层
CN2020114337406	音像技术	北京电信易通信息技术股份有限公司	海淀区昆明湖南路 51 号 B 座一层 108 号
CN2020114337181	计算机技术	北京每日优鲜电子商务有限公司	朝阳区创远路 34 号院 7 号楼 08 层 801 室
CN2020114322858	生物材料分析	北京科牧丰生物制药有限公司	大兴区中关村科技园区大兴生物医药产业基地祥瑞大街 25 号
CN2020114322580	测量	矿冶科技集团有限公司	丰台区南四环西路 188 号总部基地十八区 23 号楼
CN2020114321978	计算机技术	全时云商务服务股份有限公司	东城区青龙胡同甲 1 号、3 号 2 幢 2 层 203–35 室
CN2020114319041	生物技术	康妍葆（北京）干细胞科技有限公司	大兴区中关村科技园区大兴生物医药产业基地永大路 38 号 1 幢 4 层 402–5 室
CN2020114318994	热工过程和器具	北京住总第六开发建设有限公司	东城区龙须沟北里 1 号

（续表）

申请号	WIPO 分类标引	专利权人名称	专利权人地址
CN2020114318015	电机、电气装置、电能	中腾微网（北京）科技有限公司	朝阳区酒仙桥路 13 号 148 号楼 1 层 168 号
CN2020114261695	计算机技术	中国电力科学研究院有限公司	海淀区清河小营东路 15 号
CN2020114261252	计算机技术	北京云测信息技术有限公司	朝阳区酒仙桥路 52 号东方科技园 4 号楼
CN2020114259708	生物技术	爱龄医美国际健康咨询服务（北京）有限公司	通州区运河园路 9 号院 1 号楼 5 层 507
CN2020114256663	计算机技术	中影年年（北京）文化传媒有限公司	昌平区北七家镇王府街 32 号
CN2020114254935	电机、电气装置、电能	中国电力科学研究院有限公司	海淀区清河小营东路 15 号
CN2020114251960	计算机技术	北京智芯仿真科技有限公司	海淀区信息路甲 28 号 B 座（二层）02B 室 -350 号
CN2020114251852	计算机技术	北京智芯仿真科技有限公司	海淀区信息路甲 28 号 B 座（二层）02B 室 -350 号
CN2020114249227	计算机技术	萱闱（北京）生物科技有限公司	东城区王府井大街 138 号新东安办公楼 2 座 7 层 787 号写字间
CN2020114249119	半导体	晶芯成（北京）科技有限公司	大兴区经济技术开发区科创十三街 29 号院一区 2 号楼 13 层 1302-C54
CN2020114248239	计算机技术	北京顺达同行科技有限公司	海淀区学清路 10 号院 1 号楼 A 座 14 层 1402
CN2020114247679	计算机技术	金锐同创（北京）科技股份有限公司	海淀区闵庄路 3 号玉泉慧谷 8 号楼二层 01
CN2020114244755	计算机技术	北京易真学思教育科技有限公司	石景山区实兴大街 30 号院 3 号楼 2 层 A-2667 房间
CN2020114235474	计算机技术	电科云（北京）科技有限公司	石景山区石景山路 54 号院 6 号楼 5 层 501-3
CN2020114234289	计算机技术	万邑通商（北京）信息科技有限公司	顺义区金穗路 2 号院 6 号楼 7 层 703
CN2020114229100	计算机技术	萱闱（北京）生物科技有限公司	东城区王府井大街 138 号新东安办公楼 2 座 7 层 787 号写字间
CN202011422905X	计算机技术	萱闱（北京）生物科技有限公司	东城区王府井大街 138 号新东安办公楼 2 座 7 层 787 号写字间
CN2020114211198	音像技术	首望体验科技文化有限公司	朝阳区化工路 59 号院 1 号楼 1 至 14 层 01 内 A 座十层 1106C 室
CN2020114210890	计算机技术	北京求臻医疗器械有限公司	大兴区经济技术开发区经海四路 156 号院 3 号楼 403 房间
CN2020114209889	计算机技术	富通云腾科技有限公司	平谷区中关村科技园区平谷园兴谷 A 区 7 号 -203
CN2020114208509	生物技术	北京健为医学检验实验室有限公司	昌平区回龙观镇科学园路 30 号院 1 号楼 5 层 501 室
CN2020114208481	计算机技术	北京百度网讯科技有限公司	海淀区上地十街 10 号百度大厦 2 层
CN2020114208072	计算机技术	北京沃东天骏信息技术有限公司	大兴区北京经济技术开发区科创十一街 18 号院 2 号楼 4 层 A402 室
CN2020114208068	计算机技术	北京每日优鲜电子商务有限公司	朝阳区创远路 34 号院 7 号楼 08 层 801 室
CN2020114206838	材料、冶金	小跃科技（北京）有限公司	朝阳区霄云路 35 号（6-5）45 幢 1 层 1012
CN2020114202273	计算机技术	智道网联科技（北京）有限公司	东城区北三环东路 36 号 1 号楼 B601
CN2020114201444	计算机技术	北京易真学思教育科技有限公司	石景山区实兴大街 30 号院 3 号楼 2 层 A-2667 房间
CN2020114201228	计算机技术	北京沃东天骏信息技术有限公司	大兴区经济技术开发区科创十一街 18 号院 2 号楼 4 层 A402 室
CN2020114199887	音像技术	首望体验科技文化有限公司	朝阳区化工路 59 号院 1 号楼 1 至 14 层 01 内 A 座十层 1106C 室
CN2020114199266	测量	智道网联科技（北京）有限公司	东城区北三环东路 36 号 1 号楼 B601

（续表）

申请号	WIPO 分类标引	专利权人名称	专利权人地址
CN202011419830X	半导体	晶芯成（北京）科技有限公司	大兴区经济技术开发区科创十三街 29 号院一区 2 号楼 13 层 1302-C54
CN2020114198244	计算机技术	北京星际荣耀空间科技股份有限公司	西城区西外大街 136 号 2 层 1-14-214
CN202011419809X	发动机、泵、涡轮机	北京星际荣耀空间科技股份有限公司	西城区西外大街 136 号 2 层 1-14-214
CN2020114197491	音像技术	恒玄科技（北京）有限公司	海淀区彩和坊路 11 号 3 层 301
CN2020114172085	计算机技术	北京神州慧安科技有限公司	大兴区北京经济技术开发区科谷一街 10 号院 6 号楼 5 层 505-3B
CN2020114171716	生物技术	北京求臻医疗器械有限公司	大兴区经济技术开发区经海四路 156 号院 3 号楼 403 房间
CN2020114167778	控制	北京和利时系统工程有限公司	大兴区经济技术开发区地盛中路 2 号院
CN2020114165556	计算机技术	北京深思数盾科技股份有限公司	海淀区西北旺东路 10 号院东区 5 号楼 5 层 510
CN2020114156275	光学	北京华图宏阳教育文化发展股份有限公司	海淀区复兴路甲 23 号十二层 1-116-1201
CN2020114145800	数字通信	北京欣博电子科技有限公司	海淀区丰豪东路 9 号院 2 号楼 4 单元 701
CN2020114140099	计算机技术	北京沃东天骏信息技术有限公司	大兴区北京经济技术开发区科创十一街 18 号院 2 号楼 4 层 A402 室
CN2020114137876	计算机技术	北京沃东天骏信息技术有限公司	大兴区经济技术开发区科创十一街 18 号院 2 号楼 4 层 A402 室
CN2020114136869	材料、冶金	鑫精合激光科技发展（北京）有限公司	昌平区沙河镇能源东路 1 号院 1 号楼 11 层 1 单元 1106、1107
CN2020114135264	计算机技术	中科驭数（北京）科技有限公司	海淀区科学院南路 6 号中科院计算所 715 室
CN2020114134473	计算机技术	北京电信易通信息技术股份有限公司	海淀区昆明湖南路 51 号 B 座一层 108 号
CN202011413412X	数字通信	北京达佳互联信息技术有限公司	海淀区上地西路 6 号 1 幢 1 层 101D1-7
CN2020114132020	计算机技术	北京易真学思教育科技有限公司	石景山区实兴大街 30 号院 3 号楼 2 层 A-2667 房间
CN2020114131352	生物技术	北京纳百生物科技有限公司	大兴区北京经济技术开发区科创十四街 11 号 3 号楼
CN202011413067X	测量	北京慧荣和科技有限公司	通州区中关村科技园区通州园金桥科技产业基地景胜南四街 13 号 26 号楼 A
CN2020114121384	材料、冶金	安泰科技股份有限公司	海淀区学院南路 76 号
CN2020114116140	音像技术	北京贝思科技术有限公司	昌平区科技园区振兴路 307 室
CN2020114096880	电机、电气装置、电能	联想（北京）有限公司	海淀区上地信息产业基地创业路 6 号
CN2020114087097	计算机技术	北京三维天地科技股份有限公司	海淀区彩和坊路 11 号 601
CN2020113997856	计算机技术	北京百度网讯科技有限公司	海淀区上地十街 10 号百度大厦 2 层
CN2020113989559	生物技术	北京东方百泰生物科技股份有限公司	大兴区经济技术开发区荣京东街 2 号 1 幢 406 室
CN2020113987500	生物材料分析	中科三清科技有限公司	海淀区东北旺西路 8 号院 36 号楼 5 层 523 室
CN2020113985257	计算机技术	北京声智科技有限公司	海淀区北清路 81 号院一区 1 号楼 6 层 601
CN202011397371X	计算机技术	中国电力科学研究院有限公司	海淀区清河小营东路 15 号
CN2020113973705	计算机技术	中国电力科学研究院有限公司	海淀区清河小营东路 15 号
CN202011397029X	计算机技术	北京优特捷信息技术有限公司	朝阳区阜通东大街 1 号院 3 号楼 22 层 2 单元 122611
CN2020113967070	计算机技术	北京口袋财富信息科技有限公司	海淀区知春路甲 48 号 1 号楼二十三层 28B

（续表）

申请号	WIPO 分类标引	专利权人名称	专利权人地址
CN2020113957295	计算机技术	北京沃东天骏信息技术有限公司	大兴区经济技术开发区科创十一街18号院2号楼4层A402室
CN2020113930201	计算机技术	北京紫光青藤微系统有限公司	海淀区王庄路1号清华同方科技大厦D座15层1511—05号
CN2020113924130	计算机技术	北京电信易通信息技术股份有限公司	海淀区昆明湖南路51号B座一层108号
CN2020113921908	计算机技术	飞天诚信科技股份有限公司	海淀区学清路9号汇智大厦B楼17层
CN2020113920479	计算机技术	飞天诚信科技股份有限公司	海淀区学清路9号汇智大厦B楼17层
CN2020113919950	计算机技术	印迹信息科技（北京）有限公司	海淀区马甸东路17号金澳国际写字楼617
CN2020113917118	测量	北京航天驭星科技有限公司	海淀区西北旺镇邓庄南路南侧、友谊路西侧的土井村盛景创业园T01地块1号楼6层A601房
CN2020113917052	计算机技术	北京达佳互联信息技术有限公司	海淀区上地西路6号1幢1层101D1—7
CN2020113916242	计算机技术	光大科技有限公司	石景山区石景山路乙18号院1号楼1206
CN2020113882867	计算机技术	北京知优科技有限公司	大兴区西红门镇欣雅街15号院5号楼17层1701室
CN2020113880823	材料、冶金	北京机科国创轻量化科学研究院有限公司	海淀区学清路18号
CN2020113879455	计算机技术	北京梦知网科技有限公司	朝阳区广顺北大街五号院内32号内5017
CN2020113860548	发动机、泵、涡轮机	北京南方斯奈克玛涡轮技术有限公司	顺义区顺通路25号5幢249室
CN202011384649X	发动机、泵、涡轮机	蓝箭航天空间科技股份有限公司	大兴区经济技术开发区荣华南路13号院中航国际广场H1号楼
CN2020113846127	音像技术	北京中科开迪软件有限公司	海淀区知春路23号15层1505室
CN2020113846004	音像技术	北京中科开迪软件有限公司	海淀区知春路23号15层1505室
CN2020113845779	计算机技术	零犀（北京）科技有限公司	海淀区上地信息路2号1号楼19层19B—3
CN2020113828773	发动机、泵、涡轮机	蓝箭航天空间科技股份有限公司	大兴区经济技术开发区荣华南路13号院中航国际广场H1
CN2020113823873	电机、电气装置、电能	国家电网有限公司	西城区西长安街86号
CN2020113820339	计算机技术	北京博瑞彤芸科技股份有限公司	朝阳区东三环北路甲26号楼17层1702室
CN2020113820273	计算机技术	北京博瑞彤芸科技股份有限公司	朝阳区东三环北路甲26号楼17层1702室
CN2020113814041	表面加工技术、涂层	北京中科开迪软件有限公司	海淀区知春路23号15层1505室
CN2020113802896	计算机技术	北京九章云极科技有限公司	海淀区上地西路41号院1号楼4层E—002
CN2020113791209	测量	矿冶科技集团有限公司	丰台区南四环西路188号总部基地十八区23号楼
CN2020113790259	计算机技术	掌阅科技股份有限公司	朝阳区四惠大厦2029E
CN202011378887X	计算机技术	中国航空油料集团有限公司	海淀区马甸路2号中航油大厦
CN2020113788386	计算机技术	北京灵伴即时智能科技有限公司	海淀区王庄路1号院2号楼9层10—A1—3
CN2020113787453	计算机技术	北京达佳互联信息技术有限公司	海淀区上地西路6号1幢1层101D1—7
CN2020113785142	计算机技术	北京志翔科技股份有限公司	海淀区学院路35号世宁大厦11层1101室
CN2020113784968	机器零件	北京中科原动力科技有限公司	海淀区上地信息路12号中关村发展大厦A207
CN2020113773520	音像技术	北京中科开迪软件有限公司	海淀区知春路23号15层1505室
CN2020113773291	音像技术	北京中科开迪软件有限公司	海淀区知春路23号15层1505室
CN2020113758234	计算机技术	中国电力科学研究院有限公司	海淀区清河小营东路15号
CN2020113757231	电机、电气装置、电能	中国电力科学研究院有限公司	海淀区清河小营东路15号

（续表）

申请号	WIPO 分类标引	专利权人名称	专利权人地址
CN2020113752859	计算机技术	掌阅科技股份有限公司	朝阳区四惠大厦 2029E
CN2020113751771	发动机、泵、涡轮机	蓝箭航天空间科技股份有限公司	大兴区经济技术开发区荣华南路 13 号院中航国际广场 H1
CN2020113751733	计算机技术	北京京东尚科信息技术有限公司	海淀区知春路 76 号 8 层
CN2020113728188	电机、电气装置、电能	中国电力科学研究院有限公司	海淀区清河小营东路 15 号
CN2020113718025	计算机技术	北京中关村智连安全科学研究院有限公司	延庆区延庆镇妫水北街 5 号院 2 号楼 1 至 2 层
CN2020113696331	计算机技术	北京沃东天骏信息技术有限公司	大兴区经济技术开发区科创十一街 18 号院 2 号楼 4 层 A402 室
CN2020113679482	计算机技术	同方威视技术股份有限公司	海淀区双清路同方大厦 A 座 2 层
CN2020113678776	计算机技术	全时云商务服务股份有限公司	海淀区上地东路 1 号院 4 号楼鹏寰国际大厦九层 1102 室
CN2020113675903	计算机技术	北京优炫软件股份有限公司	海淀区学院南路 62 号中关村资本大厦 11 层
CN2020113675886	计算机技术	北京金山云网络技术有限公司	海淀区西二旗中路 33 号院 4 号楼 6 层 006 号
CN2020113675744	计算机技术	北京麟卓信息科技有限公司	海淀区西三旗昌临 801 号院 27 号 3 层 310、312
CN2020113675710	计算机技术	北京麟卓信息科技有限公司	海淀区西三旗昌临 801 号院 27 号 3 层 310、312
CN2020113674968	计算机技术	统信软件技术有限公司	大兴区经济技术开发区科谷一街 10 号院 12 号楼 18 层
CN2020113668083	计算机技术	中国电力科学研究院有限公司	海淀区清河小营东路 15 号
CN2020113667930	化学工程	北京艾科美特新材料开发有限公司	海淀区西四环北路 15 号依斯特大厦 3 层 309 室
CN2020113667837	电机、电气装置、电能	中国电力科学研究院有限公司	海淀区清河小营东路 15 号
CN2020113496640	发动机、泵、涡轮机	中家院（北京）检测认证有限公司	大兴区博兴八路 3 号
CN2020113457519	计算机技术	德联易控科技（北京）有限公司	朝阳区东大桥路 8 号院 3 号楼 22 层 2501
CN2020113454192	材料、冶金	北京城建九混凝土有限公司	海淀区什坊院甲 1 号
CN2020113423211	计算机技术	飞天诚信科技股份有限公司	海淀区学清路 9 号汇智大厦 B 楼 17 层
CN2020113422967	电机、电气装置、电能	北京晶品特装科技股份有限公司	昌平区科技园区超前路甲 1 号 5 号楼 603 室
CN2020113422011	计算机技术	海辉医学（北京）科技有限公司	大兴区经济开发区经海三路 109 号院 11 号楼二层
CN2020113357455	材料、冶金	北京仁创科技集团有限公司	海淀区上地三街 9 号 B 座 5 层 508 室
CN2020113223465	计算机技术	掌阅科技股份有限公司	朝阳区四惠大厦 2029E
CN202011321819X	计算机技术	北京智谱华章科技有限公司	海淀区中关村东路 1 号院 6 号楼 6 层 603A
CN2020113204568	计算机技术	北京智谱华章科技有限公司	海淀区中关村东路 1 号院 6 号楼 6 层 603A
CN2020113203512	音像技术	中标慧安信息技术股份有限公司	海淀区昆明湖南路 51 号 A 座二层 217 号
CN2020113195319	计算机技术	中标慧安信息技术股份有限公司	海淀区昆明湖南路 51 号 A 座二层 217 号
CN2020113195164	音像技术	中标慧安信息技术股份有限公司	海淀区昆明湖南路 51 号 A 座二层 217 号
CN2020113194706	计算机技术	中标慧安信息技术股份有限公司	海淀区昆明湖南路 51 号 A 座二层 217 号
CN2020113182643	计算机技术	蘑菇车联信息科技有限公司	东城区北三环东路 36 号环球贸易中心 B 座 6 层
CN2020113180972	计算机技术	北京圣点云信息技术有限公司	怀柔区雁栖经济开发区乐园大街 17 号 2 层
CN2020113179759	计算机技术	北京世纪好未来教育科技有限公司	海淀区中关村大街 32 号蓝天和盛大厦 1702—03 室
CN2020113179725	计算机技术	北京易真学思教育科技有限公司	石景山区实兴大街 30 号院 3 号楼 2 层 A—2667 房间
CN2020113164912	发动机、泵、涡轮机	蓝箭航天空间科技股份有限公司	大兴区经济技术开发区荣华南路 13 号院中航国际广场 H1 号楼

（续表）

申请号	WIPO 分类标引	专利权人名称	专利权人地址
CN2020113162601	生物技术	北京达熙生物科技有限公司	大兴区北京经济技术开发区荣华中路 5 号院 2 号楼 8 层 801
CN2020113156403	音像技术	北京首信圆方机电设备有限公司	大兴区北京经济技术开发区经海二路 28 号 7 幢
CN2020113151414	计算机技术	北京赛目科技有限公司	海淀区紫竹院路 66 号 4 层 401
CN2020113151359	计算机技术	北京赛目科技有限公司	海淀区紫竹院路 66 号 4 层 401
CN2020113151255	计算机技术	北京赛目科技有限公司	海淀区紫竹院路 66 号 4 层 401
CN2020113147300	其他特殊机械	北京中仪智控科技有限公司	海淀区北三环西路 43 号青云当代大厦 901
CN2020113137421	纺织和造纸机器	北京京隽科技有限公司	海淀区温泉镇高里掌路三号院 11 号楼 301C
CN2020113124101	计算机技术	完美世界（北京）软件科技发展有限公司	海淀区上地东路 1 号院 5 号楼 7 层 701-14
CN2020113121476	计算机技术	北京赛目科技有限公司	海淀区紫竹院路 66 号 4 层 401
CN2020113120543	计算机技术	北京声智科技有限公司	海淀区北清路 81 号院一区 1 号楼 6 层 601
CN202011311587X	计算机技术	北京云从科技有限公司	门头沟区石龙经济开发区永安路 20 号 3 号楼一层 102 室
CN2020113113889	计算机技术	推想医疗科技股份有限公司	海淀区上地信息路 12 号 1 幢 4 层 B401 室
CN2020113109968	计算机技术	北京沃东天骏信息技术有限公司	大兴区经济技术开发区科创十一街 18 号院 2 号楼 4 层 A402 室
CN2020113096417	计算机技术	北京思明启创科技有限公司	海淀区厂洼街 3 号 2 号楼二层 A2228 号
CN2020113094322	计算机技术	北京易真学思教育科技有限公司	石景山区实兴大街 30 号院 3 号楼 2 层 A-2667 房间
CN2020113074704	电机、电气装置、电能	国家电网有限公司	西城区西长安街 86 号
CN2020113074136	材料、冶金	北京玻钢院复合材料有限公司	延庆区八达岭经济开发区康西路 261 号
CN2020113036539	计算机技术	推想医疗科技股份有限公司	海淀区上地信息路 12 号 1 幢 4 层 B401 室
CN2020113035979	其他特殊机械	北京天创凯睿科技有限公司	海淀区青云里满庭芳园小区 9 号楼青云当代大厦 17 层 1706D4 房间
CN2020113030509	材料、冶金	有研工程技术研究院有限公司	怀柔区兴科东大街 11 号
CN2020112971083	材料、冶金	北京安颂科技有限公司	大兴区北京经济技术开发区科创六街 88 号院 6 号楼 1 单元 109 室
CN2020112837741	电机、电气装置、电能	中国电力科学研究院有限公司	海淀区清河小营东路 15 号
CN202011283760X	电机、电气装置、电能	北京格林伟迪通信技术有限公司	昌平区中关村科技园区昌平园何营路 8 号院 16 号楼 1 层
CN2020112834565	计算机技术	北京津发科技股份有限公司	海淀区清河安宁庄东路 18 号 23 号楼北辅房 202 号
CN2020112832911	生物技术	北京全式金生物技术有限公司	海淀区永泰庄北路 1 号天地邻枫 4 号楼
CN2020112832061	计算机技术	北京圣点云信息技术有限公司	怀柔区雁栖经济开发区乐园大街 17 号 2 层
CN2020112831533	计算机技术	北京圣点云信息技术有限公司	怀柔区雁栖经济开发区乐园大街 17 号 2 层
CN2020112830704	计算机技术	北京壁仞科技开发有限公司	海淀区上地信息路 26 号 1 层 0106-508 室
CN2020112830297	半导体	晶芯成（北京）科技有限公司	大兴区经济技术开发区科创十三街 29 号院一区 2 号楼 13 层 1302-C54
CN2020112821828	音像技术	首望体验科技文化有限公司	朝阳区化工路 59 号院 1 号楼 1 至 14 层 01 内 A 座十层 1106C 室
CN2020112821245	计算机技术	首望体验科技文化有限公司	朝阳区化工路 59 号院 1 号楼 1 至 14 层 01 内 A 座十层 1106C 室
CN202011281756X	医学技术	北京健康有益科技有限公司	朝阳区阜通东大街 6 号院 3 号楼 10 层 11013

（续表）

申请号	WIPO 分类标引	专利权人名称	专利权人地址
CN2020112799307	生物材料分析	北京美联泰科生物技术有限公司	大兴区北京经济技术开发区凉水河二街8号院19号楼B座3层
CN2020112788092	电机、电气装置、电能	国网电子商务有限公司	西城区广安门内大街311号
CN2020112785484	其他特殊机械	中农微念（北京）科技有限公司	朝阳区广渠路98号K3栋一层101室
CN2020112748979	医学技术	北京健康有益科技有限公司	朝阳区阜通东大街6号院3号楼10层11013
CN2020112746117	音像技术	北京世纪好未来教育科技有限公司	海淀区中关村大街32号蓝天和盛大厦1702-03室
CN2020112746102	音像技术	北京世纪好未来教育科技有限公司	海淀区中关村大街32号蓝天和盛大厦1702-03室
CN2020103613953	计算机技术	京东方科技集团股份有限公司	朝阳区酒仙桥路10号
CN2020103611680	音像技术	北京猎户星空科技有限公司	朝阳区姚家园南路一号惠通时代广场8号
CN2020103611341	计算机技术	预见你情感（北京）教育咨询有限公司	通州区西一街1号院4号楼5层501-76号
CN2020103611197	音像技术	中电保力（北京）科技有限公司	朝阳区延静里中街3号院甲6号楼-2至22层101内21层2102-2105室
CN202010361113X	电机、电气装置、电能	北京妙微科技有限公司	朝阳区利泽中园106号楼5层502A
CN2020103609498	其他特殊机械	北京鸣犀科技有限公司	海淀区清河嘉园东区甲1号楼六层638-1号
CN2020103607327	计算机技术管理方法	北京芯盾时代科技有限公司	门头沟区莲石湖西路98号院5号楼2201室
CN2020103605478	音像技术	京东方科技集团股份有限公司	朝阳区酒仙桥路10号
CN2020103598991	计算机技术	北京房江湖科技有限公司	顺义区杨镇二街村农场路62号24室
CN2020103595160	计算机技术	北京江融信科技有限公司	海淀区苏州街55号3层01-A44
CN2020103594967	半导体	北京北方华创微电子装备有限公司	大兴区经济技术开发区文昌大道8号
CN2020103593381	音像技术	京东方科技集团股份有限公司	朝阳区酒仙桥路10号
CN2020103591723	表面加工技术、涂层	京东方科技集团股份有限公司	朝阳区酒仙桥路10号
CN2020103590858	化学工程	志峰（北京）环境科技集团有限公司	通州区潞城镇武兴路7号
CN2020103589371	机器零件	中国北方工业有限公司	西城区广安门南街甲12号
CN2020103582476	热工过程和器具	国电龙源节能技术有限公司	海淀区西四环中路16号院1号楼16层
CN2020103580610	材料、冶金	矿冶科技集团有限公司	西城区西外文兴街1号
CN2020103579929	有机精细化学	思达威（北京）能源科技有限公司	海淀区西四环北路160号玲珑天地A座731室
CN2020103577976	材料、冶金	钢研昊普科技有限公司	海淀区学院南路76号23幢
CN2020103576441	热工过程和器具	北京建院装饰工程设计有限公司	西城区骡马市大街8号楼5层
CN2020103571626	计算机技术	掌阅科技股份有限公司	朝阳区四惠大厦2029E
CN2020103571310	表面加工技术、涂层	北矿机电科技有限责任公司	丰台区南四环西路188号十八区23号
CN202010356838X	音像技术	京东方科技集团股份有限公司	朝阳区酒仙桥路10号
CN2020103561840	音像技术	京东方科技集团股份有限公司	朝阳区酒仙桥路10号
CN2020103561126	音像技术	京东方科技集团股份有限公司	朝阳区酒仙桥路10号
CN2020103554813	测量	国开启科量子技术（北京）有限公司	海淀区昆明湖南路51号A座203

（续表）

申请号	WIPO 分类标引	专利权人名称	专利权人地址
CN2020103551957	医学技术	数坤（北京）网络科技有限公司	昌平区科技园区创新路11号3号楼303室、304室、305室、321室、322室
CN202010355111X	医学技术	北京天智航医疗科技股份有限公司	海淀区西小口路66号东升科技园C区1号楼二层206室
CN2020103529169	计算机技术	北京仁和汇智信息技术有限公司	昌平区回龙观镇朱辛庄北农路2号主楼D座731室
CN2020103528683	机器工具	北京烁科精微电子装备有限公司	大兴区经济技术开发区泰河三街1号
CN2020103525064	生物技术	北京贝尔生物工程股份有限公司	大兴区黄村芦城工业区创新路99号
CN2020103522954	计算机技术	北京字节跳动网络技术有限公司	石景山区实兴大街30号院3号楼2层B-0035房间
CN2020103520094	计算机技术	北京字节跳动网络技术有限公司	石景山区实兴大街30号院3号楼2层B-0035房间
CN2020103519504	计算机技术	北京无限光场科技有限公司	海淀区中关村南大街52号3号楼七层715号
CN2020103517848	计算机技术	百度在线网络技术（北京）有限公司	海淀区上地十街10号百度大厦
CN202010348765X	医学技术	北京领健医疗科技有限公司	大兴区中关村科技园区大兴生物医药产业基地永旺西路26号院12-1号楼501室
CN2020103486820	机器零件	北京京西重工有限公司	房山区窦店镇普安路85号
CN2020103477323	音像技术	北京飞马拓新电子设备有限公司	昌平区回龙观镇龙域北街8号院1号楼0902
CN2020103474857	计算机技术	北京百度网讯科技有限公司	海淀区上地十街10号百度大厦2层
CN2020103469539	热工过程和器具	中国建筑科学研究院有限公司	朝阳区北三环东路30号
CN2020103467764	机器工具	蔚蓝计划（北京）科技有限公司	顺义区复兴四街3号院4号楼1至8层101内4层408室
CN2020103465364	基础材料化学	矿冶科技集团有限公司	西城区西外文兴街1号
CN2020103465330	表面加工技术、涂层	矿冶科技集团有限公司	西城区西外文兴街1号
CN2020103464304	纺织和造纸机器	中冶京诚工程技术有限公司	大兴区北京经济技术开发区建安街7号
CN202010346398X	音像技术	北京三快在线科技有限公司	海淀区北四环西路9号2106-030
CN2020103463956	计算机技术	北京小米移动软件有限公司	海淀区西二旗中路33号院6号楼8层018号
CN2020103463918	基础材料化学	北京金鱼科技有限责任公司	通州区玉带河大街12号
CN2020103461931	音像技术	北京小米移动软件有限公司	海淀区西二旗中路33号院6号楼8层018号
CN2020103461908	热工过程和器具	北京小米移动软件有限公司	海淀区西二旗中路33号院6号楼8层018号
CN2020103461378	音像技术	京东方科技集团股份有限公司	朝阳区酒仙桥路10号
CN2020103459325	计算机技术	数坤（北京）网络科技有限公司	昌平区科技园区创新路11号3号楼303室、304室、305室、321室、322室
CN2020103439904	表面加工技术、涂层	北矿机电科技有限责任公司	丰台区南四环西路188号十八区23号
CN2020103438668	音像技术	峰米（北京）科技有限公司	顺义区仁和镇军营南街10号院3幢3层301
CN2020103435532	计算机技术管理方法	中国银行股份有限公司	西城区复兴门内大街1号
CN2020103434154	电机、电气装置、电能	北京视佳伟业科技有限公司	石景山区实兴大街30号院3号楼2层A-0233房间
CN2020103434116	音像技术	北京字节跳动网络技术有限公司	石景山区实兴大街30号院3号楼2层B-0035房间
CN2020103371371	测量	中国建筑第二工程局有限公司	丰台区汽车博物馆东路6号院E座

（续表）

申请号	WIPO 分类标引	专利权人名称	专利权人地址
CN2020103370472	计算机技术	北京启迪区块链科技发展有限公司	海淀区中关村东路1号院8号楼21层A21
CN2020103370078	土木工程	中国建筑第二工程局有限公司	丰台区汽车博物馆东路6号院E座
CN202010336747X	其他特殊机械	蓝箭航天空间科技股份有限公司	大兴区经济技术开发区荣华南路13号院中航国际广场H1
CN2020103364999	计算机技术管理方法	北京全路通信信号研究设计院集团有限公司	丰台区丰台科技园汽车博物馆南路1号院B座7层
CN2020103363144	计算机技术	北京外号信息技术有限公司	大兴区亦庄经济技术开发区荣华南路15号中航技广场B座8层801室
CN2020103360057	其他特殊机械	北京胖龙丽景科技有限公司	顺义区赵全营镇解放村村委会西侧500米
CN2020103357406	机器工具	北京普凡防护科技有限公司	房山区燕山迎风街11号双益商务楼B座319室
CN2020103354183	环境技术	大唐环境产业集团股份有限公司	海淀区紫竹院路120号
CN2020103347264	计算机技术	北京嘀嘀无限科技发展有限公司	海淀区东北旺西路8号院34号楼
CN2020103339304	计算机技术	大唐环境产业集团股份有限公司	海淀区紫竹院路120号
CN2020103334353	计算机技术	北京嘀嘀无限科技发展有限公司	海淀区东北旺西路8号院34号楼
CN2020103322892	电机、电气装置、电能	中海石油（中国）有限公司	东城区朝阳门北大街25号
CN2020103320844	计算机技术管理方法	中科天盛卫星技术服务有限公司	海淀区北清路81号中关村壹号A3座10层
CN2020103320401	基础材料化学	润方（北京）生物医药研究院有限公司	大兴区经济技术开发区科创十四街99号19幢
CN2020103318882	计算机技术	掌阅科技股份有限公司	朝阳区四惠大厦2029E
CN2020103309525	电机、电气装置、电能	北京石墨烯研究院有限公司	海淀区苏家坨镇翠湖南环路13号院3号楼4层B401
CN2020103306279	发动机、泵、涡轮机	北京汽车集团越野车有限公司	顺义区赵全营镇兆丰产业基地同心路1号
CN2020103289979	基础材料化学	中国建筑第二工程局有限公司	通州区梨园镇北杨洼251号
CN2020103288251	音像技术	东电创新（北京）科技发展股份有限公司	海淀区学院路29号2区120号楼二层210室
CN202010328755X	计算机技术	中筑创联建筑科技（北京）有限公司	通州区光华路甲1号1幢3层308号
CN2020103286190	其他特殊机械	北京天域科技有限公司	房山区良乡凯旋大街建设路18号-D2769
CN2020103286025	测量	中铁十六局集团有限公司	朝阳区红松园北里2号
CN2020103282147	机器零件	蓝箭航天空间科技股份有限公司	大兴区经济技术开发区荣华南路13号院中航国际广场H1
CN2020103281464	计算机技术	大唐环境产业集团股份有限公司	海淀区紫竹院路120号
CN2020103281286	计算机技术	北京小白世纪网络科技有限公司	海淀区王庄路1号院清华同方科技大厦D座19层1903-1号
CN2020103281125	计算机技术	北京吉因加医学检验实验室有限公司	昌平区回龙观镇生命园路8号院一区2号-1至5层101（5层501室、502室）（昌平示范园）
CN2020103277030	发动机、泵、涡轮机	北京和达数讯信息技术有限公司	海淀区海淀西大街36号6层603-059
CN2020103271424	音像技术	京东方科技集团股份有限公司	朝阳区酒仙桥路10号
CN2020103250644	材料、冶金	北京钢研高纳科技股份有限公司	海淀区大柳树南村19号
CN2020103249276	计算机技术	北京瑞莱智慧科技有限公司	海淀区中关村东路1号院8号楼16层B1801A-2

（续表）

申请号	WIPO 分类标引	专利权人名称	专利权人地址
CN2020103242243	计算机技术	北京捷通华声科技股份有限公司	海淀区东北旺西路8号中关村软件园2号楼A座一层2101
CN2020103241683	计算机技术	北京智芯微电子科技有限公司	海淀区西小口路66号中关村东升科技园A区3号楼
CN2020103239147	控制	北京三快在线科技有限公司	海淀区北四环西路9号2106-030
CN2020103237226	计算机技术	北京百度网讯科技有限公司	海淀区上地十街10号百度大厦2层
CN2020103232735	计算机技术	北京嘀嘀无限科技发展有限公司	海淀区东北旺西路8号院34号楼
CN2020103230585	计算机技术	中国华能集团清洁能源技术研究院有限公司	昌平区北七家镇未来科技城华能人才创新创业基地实验楼A楼
CN2020103227582	电机、电气装置、电能	京东方科技集团股份有限公司	朝阳区酒仙桥路10号
CN2020103218846	环境技术	北京中电国核节能环保科技股份有限公司	朝阳区久文路6号院宇达创意中心80号楼
CN2020103203380	测量	北京港震科技股份有限公司	大兴区金星路20号甲
CN202010320153X	计算机技术	北京百度网讯科技有限公司	海淀区上地十街10号百度大厦2层
CN2020103200626	生物技术	北京中科微盾生物科技有限责任公司	西城区宣武门西大街28号大成广场7门3层301
CN2020103194574	发动机、泵、涡轮机	三一重能有限公司	昌平区北清路三一产业园
CN2020103193035	计算机技术	北京橡鑫生物科技有限公司	海淀区海淀南路19号5层5036室
CN2020103192545	计算机技术管理方法	北京嘀嘀无限科技发展有限公司	海淀区东北旺西路8号院34号楼
CN2020103192047	计算机技术	北京思特奇信息技术股份有限公司	海淀区中关村南大街6号14层
CN2020103186309	发动机、泵、涡轮机	北京中科宇航技术有限公司	大兴区北京经济技术开发区科创十三街18号院6号楼11层1101
CN2020103185575	计算机技术	北京百度网讯科技有限公司	海淀区上地十街10号百度大厦2层
CN2020103184500	电机、电气装置、电能	中国电力科学研究院有限公司	海淀区清河小营东路15号
CN2020103113327	电机、电气装置、电能	北京空间飞行器总体设计部	海淀区知春路82号
CN2020103100384	其他特殊机械	三一重能股份有限公司	昌平区北清路三一产业园
CN202010309474X	音像技术	北京爱芯科技有限公司	海淀区中关村大街1号14层1407室
CN2020103083410	医学技术	北京经纬传奇医药科技有限公司	东城区青龙胡同1号10层1001号
CN2020103075537	电机、电气装置、电能	北京中科宇航技术有限公司	大兴区北京经济技术开发区科创十三街18号院6号楼11层1101
CN2020103072613	计算机技术	北京嘀嘀无限科技发展有限公司	海淀区东北旺西路8号院34号楼
CN2020103071076	音像技术	北京奕斯伟计算技术有限公司	北京经济技术开发区科创十街18号京东贝科技园
CN2020103070675	计算机技术	滴图（北京）科技有限公司	海淀区东北旺西路8号院34号楼二层217号
CN2020103066720	音像技术	北京百度网讯科技有限公司	海淀区上地十街10号百度大厦2层
CN202010306480X	土木工程	北京城建华晟交通建设有限公司	顺义区焦各庄街9号院3号楼-2至10层101内6层601室
CN2020103063667	计算机技术	贝壳找房（北京）科技有限公司	海淀区西二旗西路2号院35号楼01层102-1
CN2020103063099	计算机技术	北京中科宇航技术有限公司	大兴区北京经济技术开发区科创十三街18号院6号楼11层1101
CN2020103054884	计算机技术	北京百度网讯科技有限公司	海淀区上地十街10号百度大厦2层
CN202010305039X	音像技术	京东方科技集团股份有限公司	朝阳区酒仙桥路10号

（续表）

申请号	WIPO 分类标引	专利权人名称	专利权人地址
CN2020103045546	计算机技术	北京如影智能科技有限公司	朝阳区北苑路乙 108 号 5 幢 1 层 7 号
CN2020103044670	测量	中海石油气电集团有限责任公司	朝阳区太阳宫南街 6 号中海油大厦
CN202010304099X	计算机技术	贝壳找房（北京）科技有限公司	海淀区西二旗西路 2 号院 35 号楼 01 层 102-1
CN2020103040519	计算机技术	北京房江湖科技有限公司	顺义区杨镇二街村农场路 62 号 24 室
CN2020103040468	控制	中国海洋石油集团有限公司	东城区朝阳门北大街 25 号
CN2020103038260	计算机技术	北京帝派智能科技有限公司	海淀区海淀大街 34 号 8 层 820 室
CN2020103033498	材料、冶金	中铝材料应用研究院有限公司	昌平区北七家镇未来科技城南区
CN2020103033426	材料、冶金	中铝材料应用研究院有限公司	昌平区北七家镇未来科技城南区
CN2020103032033	材料、冶金	中铝材料应用研究院有限公司	昌平区北七家镇未来科技城南区
CN2020103031844	材料、冶金	中铝材料应用研究院有限公司	昌平区北七家镇未来科技城南区
CN2020103031755	音像技术	北京迈格威科技有限公司	海淀区科学院南路 2 号融科资讯中心 A 座 316-318
CN2020103030432	计算机技术	北京灵伴即时智能科技有限公司	海淀区王庄路 1 号院 2 号楼 9 层 10-A1-3
CN2020103029863	计算机技术	北京灵伴即时智能科技有限公司	海淀区王庄路 1 号院 2 号楼 9 层 10-A1-3
CN2020103029793	生物技术	北京天广实生物技术股份有限公司	大兴区北京经济技术开发区科创十四街 20 号院 16 号楼 5 单元一层
CN2020103029789	生物技术	北京天广实生物技术股份有限公司	大兴区北京经济技术开发区科创十四街 20 号院 16 号楼 5 单元一层
CN2020103029774	生物技术	北京天广实生物技术股份有限公司	大兴区北京经济技术开发区科创十四街 20 号院 16 号楼 5 单元一层
CN202010302976X	生物技术	北京天广实生物技术股份有限公司	大兴区北京经济技术开发区科创十四街 20 号院 16 号楼 5 单元一层
CN2020103029007	生物技术	北京天广实生物技术股份有限公司	大兴区北京经济技术开发区科创十四街 20 号院 16 号楼 5 单元一层
CN2020103021518	音像技术	北京雷石天地电子技术有限公司	朝阳区天畅园 8 号楼 3 层 8-307
CN2020103016257	计算机技术	北京龙软科技股份有限公司	海淀区中关村东路 66 号世纪科贸大厦 C 座 2106 室
CN2020103015894	音像技术	北京纳米维景科技有限公司	海淀区北清路 68 号院 1 号楼一层 1-06
CN2020103000278	计算机技术	云和恩墨（北京）信息技术有限公司	东城区后永康胡同 17 号
CN2020102999909	基础材料化学	中国石油化工股份有限公司	朝阳区朝阳门北大街 22 号
CN2020102992897	计算机技术	北京中关村智连安全科学研究院有限公司	延庆区延庆镇妫水北街 5 号院 2 号楼 1-2 层
CN2020102985728	计算机技术	北京思特奇信息技术股份有限公司	海淀区中关村南大街 6 号中电信息大厦 16 层
CN2020102983309	数字通信	新石器慧通（北京）科技有限公司	昌平区未来科学城英才北二街鞍钢未来钢铁研究院三号院 122 室
CN2020102981835	计算机技术	北京百度网讯科技有限公司	海淀区上地十街 10 号百度大厦 2 层
CN2020102971439	电机、电气装置、电能	国联汽车动力电池研究院有限责任公司	怀柔区雁栖经济开发区兴科东大街 11 号
CN2020102949948	发动机、泵、涡轮机	国电联合动力技术有限公司	海淀区西四环中路 16 号院 1 号楼 8 层
CN2020102947410	电机、电气装置、电能	北京金茂绿建科技有限公司	西城区新街口外大街 28 号 A 座 220 号（德胜园区）
CN2020102942597	音像技术	京东方科技集团股份有限公司	朝阳区酒仙桥路 10 号
CN2020102931183	计算机技术	智者四海（北京）技术有限公司	海淀区学院路甲 5 号 1 幢三层 1 号厂房 3-011

（续表）

申请号	WIPO 分类标引	专利权人名称	专利权人地址
CN2020102924508	热工过程和器具	北京小米移动软件有限公司	海淀区西二旗中路 33 号院 6 号楼 8 层 018 号
CN202010292168X	音像技术	北京迈格威科技有限公司	海淀区科学院南路 2 号融科资讯中心 A 座 316–318
CN2020102916963	计算机技术	北京迅达云成科技有限公司	朝阳区酒仙桥路 14 号 53 幢 8 层 808 室
CN2020102916179	计算机技术	北京精准沟通传媒科技股份有限公司	海淀区西三环北路 50 号院 8 号楼 8 层 905
CN2020102907127	计算机技术	北京沃东天骏信息技术有限公司	大兴区北京经济技术开发区科创十一街 18 号院 2 号楼 4 层 A402 室
CN2020102904167	数字通信	中国联合网络通信集团有限公司	西城区金融大街 21 号
CN2020102903573	电机、电气装置、电能	北京天恒建设集团有限公司	大兴区黄村镇农贸市场东
CN2020102897021	测量	北京汽车集团越野车有限公司	顺义区赵全营镇兆丰产业基地同心路 1 号
CN2020102890709	音像技术	京东方科技集团股份有限公司	朝阳区酒仙桥路 10 号
CN2020102888164	机器工具	首都航天机械有限公司	丰台区南大红门路 1 号
CN2020102882098	数字通信	北京创享苑科技文化有限公司	朝阳区傲城融富中心 B 座 1606
CN2020102882079	数字通信	北京创享苑科技文化有限公司	朝阳区傲城融富中心 B 座 1606
CN2020102882064	数字通信	北京创享苑科技文化有限公司	朝阳区傲城融富中心 B 座 1606
CN2020102875624	装卸	北京他山科技有限公司	门头沟区莲石湖西路 98 号院 7 号楼 901 室
CN202010287360X	电机、电气装置、电能	北京聚能鼎力科技股份有限公司	朝阳区建国门外大街 8 号楼 10 层 1001 内 1049 室
CN2020102872221	计算机技术	推想医疗科技股份有限公司	海淀区上地信息路 12 号 1 幢 4 层 B401 室
CN2020102862361	计算机技术	推想医疗科技股份有限公司	海淀区上地信息路 12 号 1 幢 4 层 B401 室
CN2020102847499	材料、冶金	北京仁创砂业铸造材料有限公司	海淀区上地东里一区 4 号楼 602
CN2020102845347	测量	中国石油天然气股份有限公司	东城区东直门北大街 9 号
CN2020102841401	电机．电气装置、电能	电土精密电器（北京）有限公司	顺义区大孙各庄镇西尹家府村杜石路西尹段 1 号
CN202010282700X	计算机技术	北京花兰德科技咨询服务有限公司	昌平区北七家镇七北路 42 号院 2 号楼 C 座 608A
CN2020102826986	计算机技术	北京花兰德科技咨询服务有限公司	昌平区北七家镇七北路 42 号院 2 号楼 C 座 608A
CN2020102825521	光学	国科天成科技股份有限公司	海淀区北清路 81 号一区 4 号楼 9 层 901 室
CN2020102825396	音像技术	国科天成（北京）科技有限公司	海淀区北清路 81 号中关村壹号 A3 座 10 层
CN2020102811571	计算机技术	北京城市网邻信息技术有限公司	朝阳区酒仙桥北路甲 10 号院 101 号楼 1–7 层内 1 层 103 室
CN2020102809834	材料、冶金	北京钢研高纳科技股份有限公司	海淀区大柳树南村 19 号
CN2020102805208	计算机技术	中科驭数（北京）科技有限公司	海淀区科学院南路 6 号中国科学院计算技术研究所科研综合楼
CN2020102805104	计算机技术	北京云梦阁网络科技有限公司	丰台区南四环西路 188 号一区 4 号楼 3 层
CN2020102803698	其他特殊机械	北京玻钢院复合材料有限公司	延庆区八达岭经济开发区康西路 261 号
CN2020102799175	计算机技术	北京城市网邻信息技术有限公司	朝阳区酒仙桥北路甲 10 号院 101 号楼 1–7 层内 1 层 103 室
CN2020102789046	计算机技术	掌阅科技股份有限公司	朝阳区四惠大厦 2029E
CN202010278142X	基础材料化学	圣德光科技发展（北京）有限公司	西城区教场口街 1 号 6 号楼 5 层 511
CN2020102776991	计算机技术	推想医疗科技股份有限公司	海淀区上地信息路 12 号 1 幢 4 层 B401 室

（续表）

申请号	WIPO 分类标引	专利权人名称	专利权人地址
CN2020102776347	材料、冶金	北京首钢股份有限公司	石景山区石景山路
CN202010277452X	电机、电气装置、电能	北京倚天凌云科技股份有限公司	丰台区科技园富丰路 4 号 19 层 19B05（园区）
CN2020102773796	电机、电气装置、电能	华鼎国联动力电池有限公司	怀柔区雁栖经济开发区兴科东大街 11 号（北京有色金属研究总院怀柔基地 5 号楼 5208）
CN2020102773599	生物技术	科稷达隆（北京）生物技术有限公司	昌平区科技园区生命园路 27 号 1 号楼 D 区三层
CN2020102763493	音像技术	北京小米移动软件有限公司	海淀区西二旗中路 33 号院 6 号楼 8 层 018 号
CN2020102761483	数字通信	星辰天合（北京）数据科技有限公司	海淀区蓝靛厂金源时代购物中心 B 区 2 号 B 座 806－1
CN202010276032X	计算机技术	北京五八信息技术有限公司	海淀区学清路甲 18 号中关村东升科技园学院园三层 301 室
CN2020102760315	计算机技术	北京五八信息技术有限公司	海淀区学清路甲 18 号中关村东升科技园学院园三层 301 室
CN202010276025X	计算机技术	北京五八信息技术有限公司	海淀区学清路甲 18 号中关村东升科技园学院园三层 301 室
CN2020102760141	音像技术	北京金茂绿建科技有限公司	西城区新街口外大街 28 号 A 座 220 号（德胜园区）
CN2020102757187	其他特殊机械	北京普凡防护科技有限公司	房山区燕山迎风街 11 号双益商务楼 B 座 319 室
CN2020102742938	纺织和造纸机器	北京机科国创轻量化科学研究院有限公司	海淀区学清路 18 号
CN2020102741070	机器工具	中建一局集团第五建筑有限公司	朝阳区定福庄北里 1 号
CN2020102730911	计算机技术	北京声智科技有限公司	海淀区北四环西路 67 号中关村国际创新大厦 3 层 306 室
CN2020102725487	电机、电气装置、电能	北京神州数码云科信息技术有限公司	海淀区上地九街 9 号 3 层 301 号
CN2020102715894	光学	北京夏禾科技有限公司	门头沟区谭园路 1 号院 3 号楼 6 层 601 室
CN2020102710867	材料、冶金	中国恩菲工程技术有限公司	海淀区复兴路 12 号
CN2020102710439	计算机技术	北京瑞策科技有限公司	海淀区上地九街 9 号一层 108 号
CN2020102710335	计算机技术	北京智因东方诊断科技有限公司	大兴区中关村科技园区大兴生物医药产业基地宝参南街 16 号院 1 号楼 3 层 302
CN202010270376X	材料、冶金	中国恩菲工程技术有限公司	海淀区复兴路 12 号
CN2020102703187	计算机技术	北京瑞策科技有限公司	海淀区上地九街 9 号一层 108 号
CN2020102703030	计算机技术	北京瑞策科技有限公司	海淀区上地九街 9 号一层 108 号
CN2020102699637	计算机技术	北京方元星美儿童健康科技发展有限责任公司	昌平区回龙观东大街 318 号院 1 号楼 2 层 105 号
CN2020102696075	机器零件	中国建筑股份有限公司	朝阳区安定路 5 号院 3 号楼
CN202010269598X	其他特殊机械	北京航天新风机械设备有限责任公司	海淀区永定路 52 号
CN2020102694830	机器工具	北京博清科技有限公司	大兴区北京经济技术开发区荣昌东街 6 号 1 号楼 3 层 6308 室
CN2020102693768	计算机技术	中科驭数（北京）科技有限公司	海淀区科学院南路 6 号中国科学院计算技术研究所科研综合楼
CN202010269319X	计算机技术	北京精准沟通传媒科技股份有限公司	海淀区西三环北路 50 号院 8 号楼 8 层 905
CN2020102690897	音像技术	华威普惠（北京）科技有限公司	丰台区南四环西路 128 号院 4 号楼 12 层 1515、1516
CN2020102682496	电信	NANO 科技（北京）有限公司	海淀区永丰路 9 号院 2 号楼 4 层 101

（续表）

申请号	WIPO 分类标引	专利权人名称	专利权人地址
CN2020102679169	电机、电气装置、电能	北京和瑞储能科技有限公司	昌平区未来科学城国家电投集团科学技术研究院A座7层
CN2020102673957	测量	北京迈格威科技有限公司	海淀区科学院南路2号融科资讯中心A座316-318
CN2020102668944	材料、冶金	华钛空天（北京）技术有限责任公司	昌平区中关村科技园区昌平园超前路11号四幢一层138室
CN202010266759X	计算机技术	北京波谱华光科技有限公司	朝阳区酒仙桥路2号院内11所1号楼3层
CN202010265265X	医学技术	北京火龙果科学仪器有限公司	大兴区大兴生物医药产业基地永大路31号5幢105室
CN2020102639759	计算机技术	北京东方金信科技股份有限公司	海淀区成府路45号中关村智造大街F座3层301
CN2020102638277	音像技术	京东方科技集团股份有限公司	朝阳区酒仙桥路10号
CN2020102629367	计算机技术	北京全景德康医学影像诊断中心有限公司	丰台区西四环中路78号院3号楼1层101、2层201
CN202010262137X	电信	北京马尔马拉科技有限公司	房山区城关街道顾八路1区1号-Q115
CN202010261503X	材料、冶金	原子高科股份有限公司	房山区新镇
CN2020102614304	电机、电气装置、电能	中铁电气化局集团有限公司	丰台区万寿路南口金家村一号
CN2020102611626	材料、冶金	北京机科国创轻量化科学研究院有限公司	海淀区学清路18号
CN2020102608159	电机、电气装置、电能	中铁电气化局集团有限公司	丰台区万寿路南口金家村一号
CN2020102608002	发动机、泵、涡轮机	北京中科宇航技术有限公司	大兴区北京经济技术开发区科创十三街18号院6号楼11层1101
CN2020102603456	材料、冶金	北京机科国创轻量化科学研究院有限公司	海淀区学清路18号
CN202010260098X	计算机技术	百度在线网络技术（北京）有限公司	海淀区上地十街10号百度大厦3层
CN2020102599681	计算机技术	红石阳光（北京）科技股份有限公司	朝阳区关东店北街核桃园30号5幢2层201-205室
CN2020102598566	生物技术	百世诺（北京）医学检验实验室有限公司	昌平区中关村生命科学园北大医疗产业园14号楼502
CN2020102591815	音像技术	京东方科技集团股份有限公司	朝阳区酒仙桥路10号
CN2020102591590	控制	北京安达维尔航空设备有限公司	海淀区知春路1号学院国际大厦11层1112室
CN2020102591548	材料、冶金	北京璞域环保科技有限公司	朝阳区柳芳南里甲5号1号楼1-5层1-1三层
CN2020102587010	计算机技术	联想（北京）有限公司	海淀区上地西路6号2幢2层201-H2-6
CN2020102584652	数字通信	北京运安智维科技有限公司	海淀区唐家岭村南2幢二层227
CN2020102578524	其他特殊机械	中国北方工业有限公司	西城区广安门南街甲12号
CN2020102575117	发动机、泵、涡轮机	中国海洋石油集团有限公司	东城区朝阳门北大街25号
CN2020102574275	纺织和造纸机器	北京泰微华赢技术有限公司	昌平区回龙观西大街35号院1号楼1层162
CN2020102567816	计算机技术	贝壳找房（北京）科技有限公司	海淀区西二旗西路2号院35号楼01层102-1
CN2020102563887	测量	国家电网有限公司	西城区西长安街86号
CN2020102563660	计算机技术	推想医疗科技股份有限公司	海淀区上地信息路12号1幢4层B401室
CN2020102560713	电机、电气装置、电能	国家电网有限公司	西城区西长安街86号

（续表）

申请号	WIPO 分类标引	专利权人名称	专利权人地址
CN2020102526407	音像技术	中国工商银行股份有限公司	西城区复兴门内大街 55 号
CN2020102521988	计算机技术	北京完美知识科技有限公司	朝阳区望京东路 1 号 4 层 401 内 A408
CN2020102520364	计算机技术	北京龙软科技股份有限公司	海淀区中关村东路 66 号世纪科贸大厦 C 座 2106 室
CN2020102509026	热工过程和器具	北京诺德曼电子技术有限公司	石景山区实兴大街 30 号院 3 号楼 2 层 A–1872 房间
CN2020102476802	音像技术	北京奇艺世纪科技有限公司	海淀区北一街 2 号鸿城拓展大厦 10 层、11 层
CN2020102474900	机器工具	北京博清科技有限公司	大兴区北京经济技术开发区荣昌东街 6 号 1 号楼 3 层 6308 室
CN2020102474864	计算机技术	北京博清科技有限公司	大兴区北京经济技术开发区荣昌东街 6 号 1 号楼 3 层 6308 室
CN2020102474756	光学	京东方科技集团股份有限公司	朝阳区酒仙桥路 10 号
CN2020102473433	计算机技术	北京金山安全软件有限公司	海淀区小营西路 33 号二层东区
CN2020102472765	计算机技术	北京市商汤科技开发有限公司	海淀区北四环西路 58 号 11 层 1101–1117 室
CN2020102472040	计算机技术	北京九章云极科技有限公司	海淀区上地西路 41 号院 1 号楼 4 层 E–002
CN2020102471226	其他特殊机械	北京义利面包食品有限公司	大兴区北兴路（东段）6 号
CN2020102470168	材料、冶金	中国华能集团清洁能源技术研究院有限公司	昌平区北七家镇未来科技城华能人才创新创业基地实验楼 A 楼
CN2020102469601	计算机技术	北京奇艺世纪科技有限公司	海淀区海淀北一街 2 号鸿城拓展大厦 10 层、11 层
CN2020102463709	音像技术	高拓讯达（北京）科技有限公司	海淀区王庄路 1 号院 2 号楼 8 层 A1、A2、D 号
CN202010246308X	计算机技术	北京博清科技有限公司	大兴区北京经济技术开发区荣昌东街 6 号 1 号楼 3 层 6308 室
CN2020102461991	音像技术	京东方科技集团股份有限公司	朝阳区酒仙桥路 10 号
CN2020102460363	计算机技术	联想（北京）有限公司	海淀区上地西路 6 号 2 幢 2 层 201–H2–6
CN2020102458700	音像技术	联想（北京）有限公司	海淀区上地西路 6 号 2 幢 2 层 201–H2–6
CN2020102456940	计算机技术	北京九章云极科技有限公司	海淀区上地西路 41 号院 1 号楼 4 层 E–002
CN2020102456461	数字通信	云知声智能科技股份有限公司	海淀区西三旗建材城内 1 幢一层 101 号
CN2020102455191	其他特殊机械	北京义利面包食品有限公司	大兴区北兴路（东段）6 号
CN2020102455045	计算机技术	联想（北京）有限公司	海淀区上地信息产业基地创业路 6 号
CN2020102455007	音像技术	联想（北京）有限公司	海淀区上地信息产业基地创业路 6 号
CN2020102454998	音像技术	联想（北京）有限公司	海淀区上地信息产业基地创业路 6 号
CN2020102454856	机器工具	北京瑞投安信科技有限公司	朝阳区裕民路 12 号 E2 座 5 层 2508–2510 室
CN2020102453800	计算机技术	中国建设银行股份有限公司	西城区金融大街 25 号
CN2020102453054	计算机技术	北京伟杰东博信息科技有限公司	顺义区南法信镇信中街 12 号院 8 号楼 102 门 3 层 3001 室
CN2020102447477	计算机技术	北京润科通用技术有限公司	海淀区知春路 7 号致真大厦 5 层
CN202010244653X	生物材料分析	北京贝尔生物工程股份有限公司	大兴区黄村芦城工业区创新路 99 号
CN2020102434636	音像技术	北京瑞森新谱科技股份有限公司	朝阳区阜通东大街 1 号院 5 号楼 1 单元 10 层 311001、311010
CN2020102434617	计算机技术	北京城市网邻信息技术有限公司	朝阳区酒仙桥北路甲 10 号院 101 号楼 1–7 层内 1 层 103 室
CN2020102432611	材料、冶金	北京科技大学设计研究院有限公司	海淀区学院路 30 号北科大科技楼

（续表）

申请号	WIPO 分类标引	专利权人名称	专利权人地址
CN202010242945X	其他特殊机械	华电中自（北京）科技有限公司	昌平区回龙观镇北清路 1 号院 7 号楼 10 层二单元 1008
CN2020102428067	材料、冶金	北京机电研究所有限公司	海淀区学清路 18 号
CN2020102427350	音像技术	联想（北京）有限公司	海淀区上地信息产业基地创业路 6 号
CN2020102419744	计算机技术	掌阅科技股份有限公司	朝阳区四惠大厦 2029E
CN2020102412143	电机、电气装置、电能	国网经济技术研究院有限公司	昌平区北七家未来科技城北区国家电网公司办公区
CN2020102411598	基础材料化学	中电保力（北京）科技有限公司	朝阳区延静里中街 3 号院甲 6 号楼 -2 至 22 层 101 内 21 层 2102-2105 室
CN2020102411117	其他特殊机械	中材人工晶体研究院有限公司	朝阳区东坝红松园 1 号内
CN2020102401609	计算机技术	北京小唱科技有限公司	朝阳区太阳宫中路 12 号楼 18 层 1803 内 1803
CN2020102395788	音像技术	高拓讯达（北京）科技有限公司	海淀区王庄路 1 号院 2 号楼 8 层 A1、A2、D 号
CN2020102389861	表面加工技术、涂层	北京北方华创微电子装备有限公司	大兴区北京经济技术开发区文昌大道 8 号
CN2020102388657	发动机、泵、涡轮机	三一重能股份有限公司	昌平区北清路三一产业园
CN2020102387974	计算机技术	掌阅科技股份有限公司	朝阳区四惠大厦 2029E
CN2020102386558	计算机技术	滴图（北京）科技有限公司	海淀区东北旺西路 8 号院 34 号楼二层 217 号
CN2020102386454	计算机技术	滴图（北京）科技有限公司	海淀区东北旺西路 8 号院 34 号楼二层 217 号
CN2020102386327	计算机技术	北京百度网讯科技有限公司	海淀区上地十街 10 号百度大厦 2 层
CN2020102380960	测量	北京经纬恒润科技股份有限公司	朝阳区酒仙桥路 14 号 1 幢 4 层
CN2020102380072	电机、电气装置、电能	北京当升材料科技股份有限公司	丰台区南四环西路 188 号总部基地 18 区 21 号
CN2020102374599	计算机技术	推想医疗科技股份有限公司	海淀区上地信息路 12 号 1 幢 4 层 B401 室
CN2020102374546	计算机技术	北京沃东天骏信息技术有限公司	大兴区北京经济技术开发区科创十一街 18 号院 2 号楼 4 层 A402 室
CN2020102372339	热工过程和器具	普泛能源技术研究院（北京）有限公司	海淀区中关村大街 45 号兴发大厦 2 层 201 室
CN2020102361103	计算机技术	掌阅科技股份有限公司	朝阳区四惠大厦 2029E
CN202010235957X	音像技术	北京智美智学科技有限公司	海淀区上地信息路 18 号 4 层 4003 室
CN2020102358774	材料、冶金	北京北大先锋科技有限公司	海淀区中关村北大街 151 号燕园资源大厦 401
CN2020102354839	计算机技术	北京达佳互联信息技术有限公司	海淀区上地西路 6 号 1 幢 1 层 101D1-7

2020年北京市部分工业企业名录

单位名称	办公地址	联系电话	邮政编码	主要产品与业务
北京远东仪表有限公司	东城区和平里北街6号	64513808	100013	自主品牌温压物流工业过程测量仪表，罗斯蒙特品牌温压物流工业过程测量仪表，工业自动化解决方案，工业物联网，市政民生物联网等
北京同仁堂股份有限公司	东城区崇外大街42号	67179817	100062	同仁牛黄清心丸、同仁乌鸡白凤丸、同仁大活络丸、安宫牛黄丸、坤宝丸等
北京直真科技股份有限公司	朝阳区望京东园四区7号楼绿地中心B座9层	13910222133	100102	信息通信技术（ICT）运营管理领域的软件产品开发和技术服务
北京市工业技师学院	朝阳区化工路甲1号	67387521	100023	技能培训、职业技能培训鉴定、就业服务
北京普莱克斯实用气体有限公司	朝阳区化工路6号	67714766	100022	氮气、氧气、氩气、二氧化碳
北京华腾旌凯经贸有限责任公司	朝阳区松榆南路54号54—3	87310158	100022	销售危险化学品、销售化工轻工材料、机械电器设备、化肥、金属材料、家居装饰等
北京京仪绿能电力系统工程有限公司	朝阳区成寿寺路甲135号院3号楼8层	87153606	100164	光伏系统集成、大规模光伏电站、光伏建筑一体化、光伏农业、渔光结合及综合利用、智能运维管理、光伏电站运行维护、清洁能源供热运维等
北京华新发展有限责任公司	朝阳区垡头东里1号	67374765	100023	开发技术、发展化工产品；为企业提供咨询、管理、服务
北京华腾大搪设备有限公司	朝阳区南磨房路37号	53779936	101111	大型搪玻璃设备、铆焊制品
北京大有工贸公司	朝阳区大郊亭4号	58076895	100022	销售建筑材料、装饰材料等
北京华腾通标检测与校准技术研究中心有限责任公司	朝阳区化工路6号2号楼1、2层	67758350	100022	产品质量测试；仪器仪表计量与校准；技术研究；技术培训；技术咨询；销售化工产品（不含危险化学品）
北京市化工产品质量检测站	朝阳区化工路6号2号楼1、2层	67758350	100022	化工产品及其原辅材料质量监督检验；化工产品及其原辅材料仲裁检验与鉴定；化工产品及其原辅材料质量生产许可证检验；检测技术方法与标准手段研究；检测设备研制
北京中纺海天染织技术有限公司	朝阳区光华路8号	65830839	100026	舒适整理剂、氨纶纺丝油剂、绿棉纤维技术产品
北京天彩纺织服装有限公司	朝阳区光华路8号光华大厦A座9层	65815275	100026	服装、面料
北京京工雷蒙服装服饰有限公司	朝阳区松榆西里29号	67336655	100021	梭织服装
北京京工服装集团有限公司	朝阳区松榆西里29号	67356943	100021	服装设计生产加工
北京京工伊里兰服装服饰有限公司	朝阳区松榆西里29号	87372863	100021	羽绒服
北京费森尤斯卡比制药有限公司	朝阳区太阳宫中路16号院1号楼冠捷大厦	1059096800	100028	开同、万衡
北京大华天坛服装有限公司	海淀区中关村大街人民大学南路三义庙	62612565	100086	梭织服装
北京华腾新材料股份有限公司	海淀区中关村北大街123号	62551996	100084	溶剂型/无溶剂型聚氨酯胶粘剂、水性胶粘剂、密封胶、功能助剂

（续表）

单位名称	办公地址	联系电话	邮政编码	主要产品与业务
北京市化学工业研究院有限责任公司	海淀区中关村北大街123号	62567814	100084	PBT、PET、PA6、PA66、PPO、PPS为主的改性工程塑料产品
北京市化工职业病防治院	海淀区香山一棵松50号	62591713	100093	医疗、体检、职业病危害检测评价、安全评价、环境监测等
北京北分瑞利分析仪器（集团）有限责任公司	海淀区北清路160号	62403048	100095	原子吸收分光光度计、原子荧光光谱仪、气相色谱仪、紫外可见分光光度计、光电直读光谱仪
北京启明峰科技有限公司	海淀区清河镇安宁庄东路18号12号楼	62929294	100026	燃烧器控制系统
北京京仪椿树整流器有限责任公司	丰台区三顷地甲3号	66175725	100040	污水处理、固废处理、军工等
北京超羽纤维制品有限公司	房山区良乡工业开发区	65080450	102488	床上用品
北京东光实业总公司	通州区张家湾镇通州工业开发区光华路16号A栋3层023号	61561473	101149	丙烯酸酯类、乳液、树脂产品
北京华腾橡塑乳胶制品有限公司	通州区光机电一体化基地兴光五街6号	81501488	101111	雪莲牌乳胶家用手套、工业手套、医用手套、鲸鱼牌橡胶板、橡胶模压制品、宜刚牌全胶鞋等
北京瑞京乳胶制品有限公司	通州区光机电一体化基地兴光五街6号	81502529	101111	医用手套、检查手套、家用手套
北京宜刚鞋业有限公司	通州区光机电一体化基地兴光五街6号	81501429	101111	工业用橡胶鞋、时装橡胶鞋、特种性能橡胶鞋
华腾软科（北京）信息技术有限公司	通州区光机电一体化基地兴光五街6号	81508116	101111	软件产品、软件开发、硬件服务、网络维护
北京华腾东光科技发展有限公司	通州区张家湾镇通州工业开发区光华路16号A栋3层023号	61505749	101149	丙烯酸酯类、乳液、树脂产品
北京佳泰新材料有限公司	顺义区高丽营镇金马工业园6号	67662420	100078	双轴向布、帐篷、充气产品
北京燕阳新材料技术发展有限公司	大兴区瀛海工业区南二路2号	69276011	100076	聚氨酯软管、消防水带、软体油罐
北京雪莲羊绒有限公司	大兴区瀛海镇瀛海工业园区中路1号	69285267	100076	羊绒衫
北京华腾天海环保科技有限公司	大兴区安定镇安定北街58号	80216557	102607	收集、储存、生产加工化工类、废溶剂、废试剂化学品、废药物、药品等
北京化工厂有限责任公司	大兴区安定镇安定北街58号	80239216	102607	502胶、化学试剂、环保试剂、彩色胶粉
北京华腾化工有限公司	大兴区安定镇安定北街58号	80239296	102607	生产工业气体、仓储服务、物业管理、设备租赁、劳务服务等
北京化学试剂研究所有限责任公司	大兴区安定镇安定北街58号	80239006	102607	超净高纯试剂、扩散源、中钞特种防伪制剂
北京北汽模塑科技有限公司	大兴区采育经济开发区育政街1号	80278488	102606	设计、制造汽车保险杠总成、门槛边梁总成、汽车柱类装饰件等汽车轻量化内外饰产品。
北京天科合达半导体股份有限公司	大兴区中关村科技园区生物医药产业基地天荣大街9号2幢301室	61256850－715	102629	4～6英寸导电型碳化硅衬底、4～6英寸半绝缘型碳化硅衬底
蜀海（北京）食品有限公司	大兴区黄村镇阜顺南路6号	61269772	102600	沙拉类、净菜类、半成品、菜肴、速冻调理肉制品、卤制品、调味料等

（续表）

单位名称	办公地址	联系电话	邮政编码	主要产品与业务
北京三元食品股份有限公司	大兴区瀛海镇瀛昌街 8 号	56306177	100076	极致 A2、布朗旎、芭缔欧、72℃鲜奶
益海嘉里（北京）粮油食品工业有限公司	大兴区黄村镇矿林路 2 号	61219125	102600	金龙鱼澳大利亚小麦粉、香满园 800 饺皮用小麦粉、香满园美味富强粉、丰苑小麦粉、蓝匙专用粉 3 号等
利亚德电视技术有限公司	大兴区西红门镇鼎业路 11 号	69280888	100076	高清显示产品、LED 电视产品、信息显示管理系统、集成电路产品等
北京博泽汽车部件有限公司	大兴区西红门镇鼎业路 23 号	56590710	100076	汽车门系统、座椅调节器、玻璃升降器、冷却风扇等
北京味多美食品科技有限责任公司	大兴生物医药产业基地天荣街 24 号	60279333	102629	金砖、老婆饼、半熟芝士、吐司面包、蛋糕等
北京北仪创新真空技术有限责任公司	大兴区盛坊路北京仪器仪表工业基地	60251397	102600	真空应用，真空定制设备等
北京京仪北方仪器仪表有限公司	大兴区盛坊路北京仪器仪表工业基地	60257647	100026	DDZY47 单相费控智能电能表、DTZY47 三相费控智能电能表、智能燃气表、DDSSY47-NB 单相物联网电能表、DJGJ23 集中器
北京京仪仪器仪表研究总院有限公司	北京经济技术开发区兴业街 2 号	67816830	100176	机器视觉与人工智能基础平台、QR 码全自动扫码系统、激光熔覆系统
北京京仪自动化装备技术股份有限公司	北京经济技术开发区凉水河二街 8 号院 14-A	58917300	100176	半导体温控装置系列（Chiller）、机器人系列（Wafer Sorter/AMR）、废气处理装置系列（Local Scrubber）等专用设备
北京化学工业集团有限责任公司	北京经济技术开发区西环北路 23 号	67864201	100176	精细化工、化工装备、工业及民用气体、电子化学品、新能源、新材料、循环经济产业、环保产业
北京中盾安民分析技术有限公司	昌平区科技园区火炬街 2 号	13911027887	102200	X 射线安全检查设备及其相关系列产品
北京海林自控科技股份有限公司	昌平区回龙观镇北京国际信息产业基地发展路 9 号 1 幢 1 层 109 室	13601018702	102206	中央空调及采暖节能温控系统末端产品
北京新雷能科技股份有限公司	昌平区科技园区双营中路 139 号院 1 号楼一、二、三层	13701089371	102200	电源变换器研发、制造及销售
北京品驰医疗设备有限公司	昌平区科技园区双营西路 79 号院 19 号楼	13910704530	102200	医疗器械研发、生产、销售
北京佰仁医疗科技股份有限公司	昌平区科技园东区华昌路 2 号	13001176630	102200	外科植入用组织材料改性方法及改性材料
北京勤邦生物技术有限公司	昌平区回龙观镇高新四街 8 号 1 幢	13717955496	102206	开发食品安全快速检测设备和免疫试剂、产品生产、市场营销和技术服务。
北京利龄恒泰药业有限公司	昌平区科技园区白浮泉路 10 号 2 号楼 1006A	13910537216	102200	微粒型格列本脲片、盐酸二甲双胍肠溶片
北京百奥药业有限责任公司	昌平区科技园区超前路 29 号 101 室	13311538808	102200	蚓激酶及蚓激酶肠溶胶囊生产工艺
北京亚东生物制药有限公司	昌平区科技园区振兴路 8 号	18911292198	102200	生产片剂、硬胶囊剂、颗粒剂、丸剂、合剂、糖浆剂
北京倍肯恒业科技发展股份有限公司	昌平区科技园区兴昌路 1 号	13810248885	102200	提供基层数字化实验室、村医健康一体机、院前急诊救治、军民用快速检验和食品安全等整体解决方案及相关的临床检验系列仪器产品、试剂耗材及相关服务
维泰瑞隆（北京）生物科技有限公司	昌平区生命科学园医科路 9 号院 2 号楼 8 层 801	18701621422	102200	抑制剂等疾病的新药研发

（续表）

单位名称	办公地址	联系电话	邮政编码	主要产品与业务
北京指南针科技发展股份有限公司	昌平区北七家镇北七路42号院2号楼1单元501室	18600028365	102209	证券分析软件开发和证券信息服务
二六三网络通信股份有限公司	昌平区城区超前路13号	18610098606	102200	电子商务、信息发布、软件开发及互联网相关技术
北京小鸟科技股份有限公司	昌平区回龙观西大街龙冠商务中心银座501室	18810671995	102208	拼接处理器、矩阵切换器、座席管理系统
爱美客技术发展股份有限公司	昌平区科技园区白浮泉路10号北控科技大厦4层416B室	13522193844	102200	医疗器械、药品、化妆品等技术开发及生产
北京京兰非织造布有限公司	平谷区马坊镇工业区西区191号	89965194	101204	无纺布
北京科兴源热电有限公司	北京平谷马坊工业开发区西区189号	60999728	101204	热力生产及供应
北京铜牛服装有限公司	密云区工业开发区科技路31号	51279898	101500	梭织服装

索引

说明

本索引采取主题词索引（也称内容分析索引）法编纂。主题词（标目）主要以《北京工业年鉴（2021）》版正文中出现的专业名词、名词性词组、机构名、人名为主。

综述、特载、专文、大事记、工业数据、法规政策文件、附录栏目内容不在标引范围内。

本索引基本按汉语拼音音序排列，汉字打头的标目按首字的音序、音调依次排列，首字相同时则以第二字排序，依次类推；以阿拉伯数字开头的标目，排在最前面；以英文字母开头的标目，列于其后。

本索引的文字部分为标目，标目之后的阿拉伯数字表示该标目所在正文中的页码（地址页），其后的小写英文字母（a、b）表示正文中的栏别（a 为左栏，b 为右栏）。

A

B

C

D

E

F

G

H

J

K

L

M

N

O

P

Q

R

S

T

W

X